国家出版基金项目
NATIONAL PUBLICATION FOUNDATION

李文信考古与文博辑稿

东北历史地理研究卷

李文信 著 李仲元 辽宁省博物馆 整理

北方联合出版传媒(集团)股份有限公司
万卷出版公司

图书在版编目（CIP）数据

李文信考古与文博辑稿. 东北历史地理研究卷 / 李文信著；李仲元，辽宁省博物馆整理. — 沈阳 ：万卷出版公司，2019.10
ISBN 978-7-5470-5212-9

Ⅰ. ①李… Ⅱ. ①李…②李…③辽… Ⅲ. ①历史地理—东北地区—文集 Ⅳ.①K870.4-53②K928.6-53
中国版本图书馆CIP数据核字（2019）第228386号

出 品 人：刘一秀
出版发行：北方联合出版传媒（集团）股份有限公司
万卷出版公司
（地址：沈阳市和平区十一纬路25号 邮编：110003）
印 刷 者：辽宁奥美雅印刷有限公司
经 销 者：全国新华书店
幅面尺寸：170mm×240mm
字 数：290千字
印 张：20
出版时间：2019年10月第1版
印刷时间：2019年10月第1次印刷
图书统筹：李仲元 冯顺利
责任编辑：赵新楠
责任校对：张希茹
装帧设计：冯顺利 张 莹
ISBN 978-7-5470-5212-9
定 价：115.00元
联系电话：024-23284090
传 真：024-23284448

目录

分卷序言

祖州城址现况

史迹调查团李文信手记

林东辽代史迹

林东史迹调查团，为我国建国[①]以来最大之考古工作团体。曾以经费数万元，于五月、六月两月间在热河林东满其克一带，实行调查辽代太祖陵墓及祖州城址之史迹。该团长为东京帝大教授原田淑人，团员为东大驹井和爱（据当历史）、同和岛城（人类）、东方文化研究所岛田正男（辽史）、文教部属托三宅俊成（考古）、国立博物馆李文信（考古）、满日文化协会三枝朝四郎（写真）、林东保存馆大内健（碑记）一行，已抵现地工作，颇有收获。现接该团团员李君文信二十七日于现地手记祖州史迹，并所制祖州城附近平面及殿址平面图。祖州去林东西十五里，山川奇秀，颇有王气，前有高山，奇岩如柱，故裂石“满其克”，即辽史地志祖州之独石山也；后山尤

①结合文章写作年代，当指“伪满洲国”。

图李文信氏

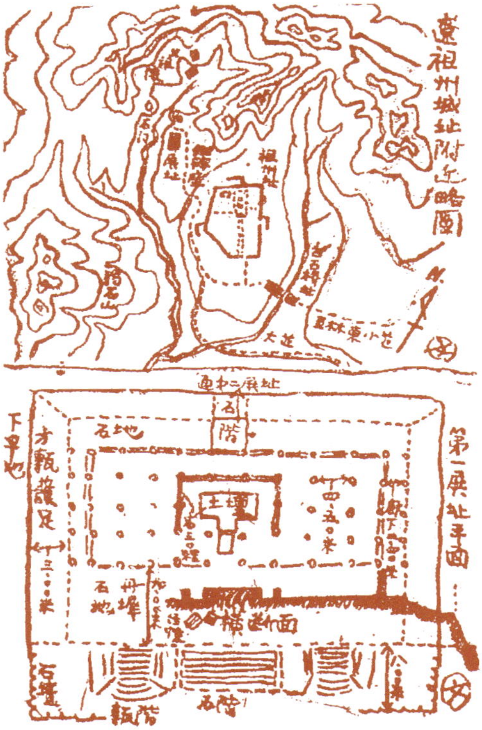

祖州城址及古殿遺跡佈置平面圖

祖州城址及古殿遗迹布局平面图

秀拔奇突，或即祖山等。

址位山足下，南北600米，东西半而强。内城居后部，门有三洞，巨石大柱，经火显然。而炭质不败保存尤佳。每洞阔5米余。枕门限，皆石质，昂卧地表，计高6米余。铁钉别，与代不异。殿址东面约60余米，南北40米许，计一间中三间内。有高环，绕以石阁，满刻凤孔雀云龙之属，彩槽藻饰，开泥金。柱础亦皆巨作细雕，殊足叹。殿上铺以方石，壁白而界朱阁。殿前白石经幢，折坠地上字迹毁，不存一文。出铜祭器碎片极多，有盖等据合之属皆薄劣不文，无一少存状者。又出白简二种，一稍宽大，一较薄小，上下有横穿，盖可逋缀如古简之可成卷册者。文装以泥金，文多残断，不可句矣。金兵毁而付之一炬，盖事质也。

北里许，一谷口，二峰峙变柱，土名石门，中有门迹。前有殿址。殿东山坡上，存石龙一，首已不存。盖太祖述德碑趺乎。入石门，高山四合，石壁陡削，低处足以石垣，如山城状。太祖陵居中，南向。前有殿址数处，皆没草莽中。一代王陵，夷发如此。吾观之，能不怅然。总之，祖州祖陵古址。今年调查城址，来年调查祖陵，并立耳碑，以资保存云。

（原载《盛京时报》1943年7月10日）

吉林市附近之史迹及遗物

绪　言

吉林满名“吉林乌拉”，实为沿江聚落之意，明初“造船”于此，故又有“船厂”之称。市街负山带水，风景佳绝，盖通古斯人“天河”之“松加里毕喇”，古称“粟末水”，今名“松花江”者，发源于长白山北，千回百转，激荡于险峻溪谷中，至此而达平原，水阔岸平，波涛浩瀚。在交通上言，水路溯江南通辉发、佟家、浑河三水。顺流北达黑龙江、萨哈连海。陆路西沿南北满分水岭之坦途，可通东蒙及辽河平原。东越森林山地，可至宁古塔及图们江流域，南抚朝鲜，北窥沿海各地。此种水陆交通，今日固失其优势，而在古代及中世，吉市实握此水陆交通之枢纽。其聚落都邑之形成甚早，文化甚高势必然也。故通古斯各部之兴亡，以此为中心。汉文明之北进，亦以此为起点。欲研究东北古文化之陈迹者，必舍往日之辽沈中心而远拓至吉市，亦理所当然者也。

抑有进者，清代学者，为维持帝室种族之私见，抹杀古史，妄造俗说，谓汉人势力不出开铁，周秦郡县之旧封，视为大荒之外，文中不足，少人究讨。况吾国学者，素忽边疆之研究，吾人生长斯土，曷忍默视，爰据管窥所得，摘其遗迹古物有关文史之重要者，略加说明，以当抛砖之引。

一、史前时期

此地史前遗迹之分布，市东沿松花江东岸，南起炮手口子、东团山子、龙潭山、口前村之蛇山，北达九站之猴石山，以及其北各无名小山岭。市西侧西团山子、平顶山、欢喜岭、阎家岭诸冈陵。市东西各遗迹，皆曾发现史前期之陶、石、骨、角器。以今日地表所得微少材料，固不能确知其相互关系及相对年代，然其时间久暂、聚落稀密、文化高低等问题，则可由遗迹古物之本身，推测而得其大致，藉可窥知当时人类生活之形式以及其他一切情况。

又必须先加说明者，此等遗迹之特殊地形是也。凡是沿江遗迹，皆为人工筑成阶段状之独立小山岳，尽为一种防御设施，意同后代之山城无疑也。此种事实不特在吾南满已有发现，即日本、欧陆亦有之。居住址多在阶段山丘斜度较小之山梁上。每现聚集状态，盖山梁适于居住生活，山上便于防守攻袭也。由遗迹古物之资量而观之，东可以东团山子、西以西团山子为代表的标准遗迹，略加说明如下。

（一）东团山子

位于长春、图们间铁路吉林松花江铁桥东端之南侧。标高258.3米。南、西、北三面临江，石壁削拔，不易登陟，东面稍联丘陵，皆为农田。山腹有人工筑造阶段三层，故远望如古埃及额顶金字塔（图一：上）。围山足有历史时期之城壁一道。遗物多散布于山东及山南城壁外之田地中。

图一　东、西团山子

1.陶器（图二）

红色者最多，褐色次之，黑陶最少。质粗多含石英砂粒。火度颇高，每有过火烧歪者。技工拙劣，不用陶钧，不见有装饰花纹者。黑陶以豆为大宗，器面研磨极光亮。出土较多者为：

（1）豆——大体分三种。一种上为半球状盘，下有圆柱形座，座有空实二种；又一种上下有盘，中接圆柱；第三种为二盘俯仰相接者。

（2）鬲——上为圆罐状，下有三支足，足形圆如角椎，亦有切成六面角椎形者，支足基部之袋状极为退化，几有化为鼎形之势。

（3）瓮罐——胎粗厚，技工拙笨，直口平底，无甚纹饰。其把手（器耳）有三式，一为圆蔓状，二为曲桥状，三为突瘤状。

（4）钵盂——质细不坚致，多直壁厚底，毫无纹彩，出土量亦较少。

（5）纺轮——全属平板轮形，间有利用陶器残片改磨者。

2.石器（图二）

多用黑色玄武岩，制作技术颇佳，磨制最多，半磨次之，打者最少，用淡绿色类软玉或砚石磨制者，多为小石斧及装饰品，在当时或系贵重珍品也。又出土黑曜石残片不少，唯未见成器。

（1）石斧——圆凿形，短刨形，偏圆形最多，尖头斧、有肩斧等奇形者极少。打制技术较粗，且多大器。黄河流域最多见之有孔斧及南满常见之方头斧，从未一见。

（2）石刀——多半月、长方二形，背稍厚。不穿孔者多，横列二孔者少，偶有打制者，一面刨刃者更少。概用黑色或绿色泥片岩。其穿孔技术较稚拙不精。

（3）石剑——出土有两种，第一式剑身厚重，两面起高脊，断面成菱形；第二式剑身板平，两侧磨刃，一面中央顺磨线沟一道，技工均精巧可爱。

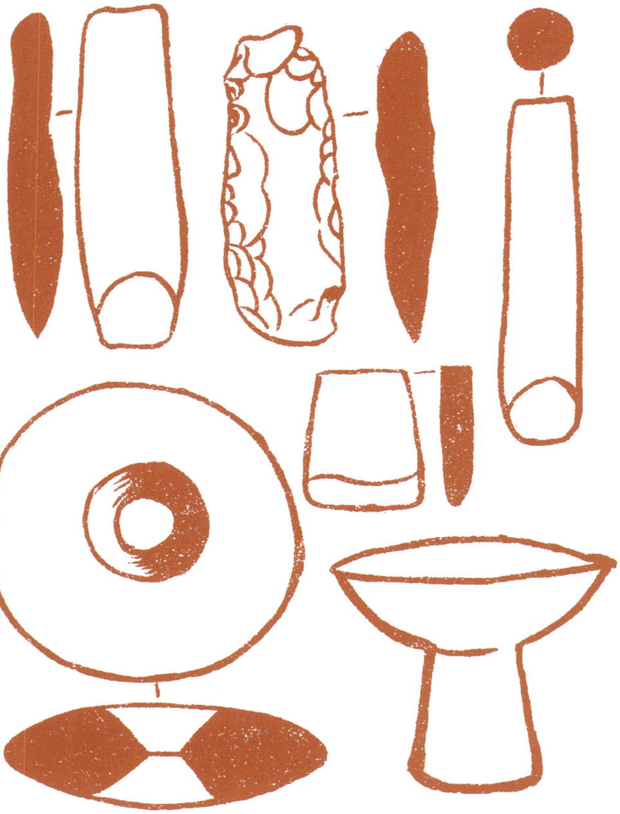

图二　东团山子遗物

（4）石棒——圆柱形，一端突起部研磨光滑，盖为一种特用具，与蒙疆最多见之横用磨棒不同也。

（5）石环——约有四种，第一类型为薄圆轮形，由两面穿一大孔，外周薄刃极锋利，亦可称有孔圆斧；第二型为圆环状；第三型为短筒状，外面中部微膨胀；第四型为梅花形；唯最后一种出土极少，技工亦不精巧。盖装于棒首者。

（6）网锤——小形者用椭圆形板岩，在长轴两端打成缺刻，以便系绳。亦有利用陶片制作者。大者用10余厘米之自然卵石穿一大孔以便穿绳。盖鱼网有大小，沉网石亦必有轻重之不同故也。

由上记遗物观之，豆、鬲、石斧、石刀、黑陶等，有中原、黄河流域史前文物之形式。石环、梅花形石斧等，皆混有北亚大陆史前文物之色彩。黑曜石之使用，又有长白山东史前文物之特点。此皆吾人应加注意者，其人类生活之形式，盖由牧畜渐进于农耕，傍水障山，故仍兼渔猎。筑造堡寨，以备攻袭，是为定居民族铁证。独无东北上古有名之“石镞”，或亦农耕文化民族之又一旁证也。

（二）西团山子

位于市西奉吉路黄旗屯站南二里许之铁路西侧。山脉由西来，至此突起，标高200余米。因山形浑圆，又与东团山子隔市遥遥相对，故有斯名（图一：下）。西去约10里有“平顶山”，形略同而较大。西北二里许有欢喜岭、阎家岭、牛家坟、沙河子、九站西南诸小山，皆出有相类之石器、陶器。由遗物比较研究之后，知与东团山子新石器文物别成系统，独自发展者。居住址在西坡平坦山梁上，出土数量及分布范围则较小。

1.陶器（图三）

陶器较少，多赤、褐二色。土质粗劣，火度不足。技术拙稚，无用橹辘痕迹，纯用手制，且有指捏制饰及突起瘤状制饰者。但绝少高足陶豆及黑

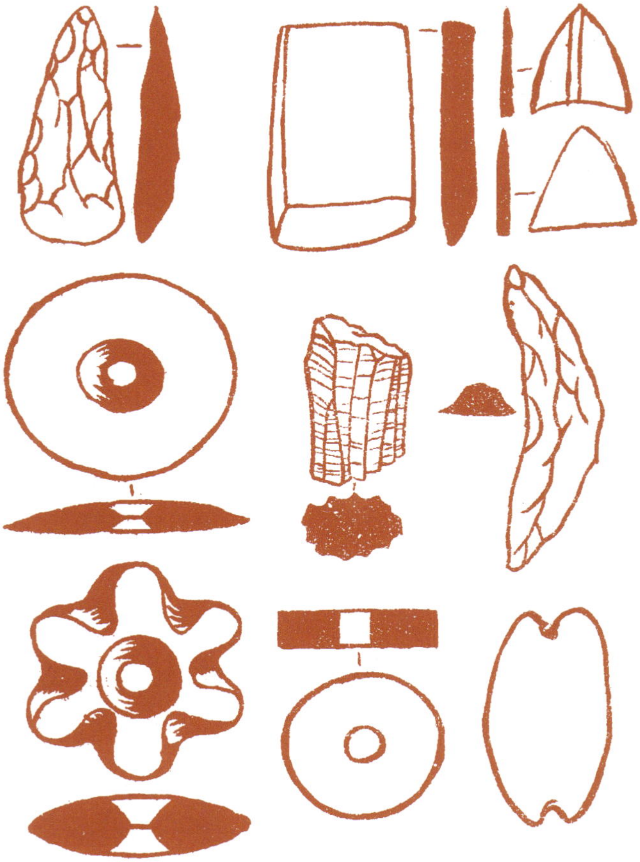

图三　西团山子遗物

陶。一般陶器多直壁平底，且极厚重。无外展或内收之口唇，亦无划印等花纹。器有小至寸许者，亦史前所少见者也。

（1）鬲——形与东团山子出品同，三足之袋部发达，足部有存绳纹者。肩部有瘤状者亦不少。

（2）鼎——三足形器，器有方、圆二式。足亦有方柱、圆柱二形。此器足与鬲足不同，一望而知，唯出土量较鬲为少。

（3）器耳——皆瓮罐之附属，亦可谓为把手，盖耳限在肩颈部分，此种把手则在器腹为多，且有在器底周围者。称为器耳，殊觉不伦。总括约有三种，圆蔓状、板桥状、突瘤状是也。最后一种尤见发达，且有用为装饰之趋势，则与热河史前陶器多同也。

（4）网锤——概为利用陶片磨制者，形椭圆长轴两端有缺刻，亦有十字方向作四缺刻者。

（5）纺轮——有平板轮及四角菱形、半球形三式，后二式出土极少。

2.石器（图三）

磨制者少，打制技术纯熟，形式复杂，石器材料种类亦多。若水晶石斧、黑曜石器、软玉斧、蛇纹岩斧，皆他处所少见者。更有用他种色彩美丽、硬度较高之石材，打成小片及残余核心如多面小柱形之所谓石核者出土，他若玛瑙、琥珀、绿孔雀石、蛋白石、黑曜石、紫水晶、白水晶等打破之小块极多，更有磨成特殊形式者，其用途虽不明了，当为一种爱玩好奇而保存者无疑也。

（1）石斧——磨制者多扁平体，两面磨成平刃。打制者形式极多，其中尖头片面刃，斧体断面呈二等边阔底三角形者，最为常见。黄河流域之方板形面刃小斧亦极多。又有打成蕉实形、蛤贝形、短梳形者。环状斧、梅花形斧尤属多见之品。小斧有大同手指者，似属玩具，非实用物也。

（2）石刀——约有三式。一为半月形，刃部或俯或仰；一为长方形；一为大杏叶形，二孔者多，无孔者少，三孔者更少；另一式如三角形厨刀，一长边为刀背，一短边磨成薄刃，另一短边磨圆为耙，绝无穿孔者，此种石刀他处尚未发现，形式颇见进步。

（3）石镞——出土量极多，概用泥片岩裁成二长边三角形，再加磨工，是为无柄镞，有平尾、燕尾二式。有柄镞较少，镞身细长，磨工精致，断面为四方、三角、菱形，圆锥形者少见。

（4）网锤——出土量极多，皆为椭圆板形卵石，打二或四缺刻，属极普通之一种形式也。

（5）垂饰——此地出土色彩美观之石制品颇多，已如上述，确然知为身体制饰者有二种。一为绿色软玉磨成板轮形，中央穿孔，以孔为中心，交磨十字线为花纹；一为磨成悬胆形之自然石块，研磨光滑，上尖端穿一小孔，石色亦美好可爱。

其他陶、石、骨、角、贝等残器尚多。铺石灶迹，炭灰、热土亦有数处，又皆足究明当时文明生活诸情况者。盖此地文化多蒙古游牧民族小石器文化色彩。黄河新石器文化之渗入则较少。又特具东满黑曜石（胶石）文化区技术之特点。其人民以渔猎为主要生活，始入定居时期，农业未甚发达，爱美思想甚高。堡寨筑造草率，又为定居未久之证。

以上为吉林市东西两新石器文化遗迹古物之概况，其相对年代，则似西团山子人有早于东团山子若干年之形迹。西团山子今距江流甚远，山前虽有河迹、池沼之痕迹，但其冲积时期甚古可知，由是可见以渔猎为生之西团山子人类，亦必甚古也。反观东团山子今日仍当江流，其人类纯为农耕民族，而暗示渔猎生活之遗物甚少，且属黄河新石器文化之继承者，时期必较迟于西团山子也。总之两遗迹距离如此之近，而遗物反如斯不同，显为年代或民族不同之明证。其文化编年，固须将来详细调查而后定，其绝对实在年代方面吾人可据国史作一参证而推测得之。盖扶余族在秦汉之际居秽貊故地，为一农业国家，文化已达相当高度，“名马赤玉”称誉于中国久矣。及汉并朝鲜，满鲜南半，区为郡县，龙潭山既有时代性确实之汉物出土，则吾人置此新石器时期之下限于西纪前五百年，似无过早之感。即此新石器文化人类最后生息于此地者，去今至少当在二千五百年以前也。其开始或接续于扎兰诺尔及顾乡屯旧石器时期亦未可知也。

二、历史时期

吉市史前时期人类生活之繁荣，已如上述矣。及至历史时期，乃由前期之小聚落，发达至一大都邑，唯其中心地仍在龙潭山西麓。今日吉市当时或为河道，或一片沼泽耳。以出土物表现之时代推测之，辽、金后始向今日市心发展，下经元、明、清始形成今日幽静都市大吉林之伟容。故龙潭山附近文化之遗存，非常复杂。兹据遗迹性质，古物形式，出土层位明了时代者说明之。

（一）高句丽以前

高句丽领有此地，当在广开土、长寿两王朝，国力膨胀，并有扶余以后（420）。前此早有扶余人生息于此沿江平原中数千年明矣。及两汉经略满鲜，扶余族为“玄菟郡”属国，是扶余文物必有存于今日，而汉文明亦必有达于此地之可能也。此不特在史文上如合符节，即考察出土古物之结果，亦无不吻合。故此期遗物，一为汉文化所产，一为土著民所遗者。

1.汉族文化遗物（图四）

皆出土于龙潭山车站至东团山子间之铁道两侧。种类极多，出土范围亦广（图四）。层位清楚，时代确实，非单物孤证，疑似不确者可比也。

（1）五铢钱——文字明晰，制作精好，由古泉学上观之，确系前汉铸。每同明器残片出土，或为古墓中物，出土约50余个。

（2）白铜镜——虽存一片，由铜实及花纹上观之，确系汉物。

（3）铜镞——微损，断面呈不等边三角形，确为汉镞之一种。

（4）玉饰——黄白色质极温润。纹理莹洁，形如兽齿，上端一孔，似

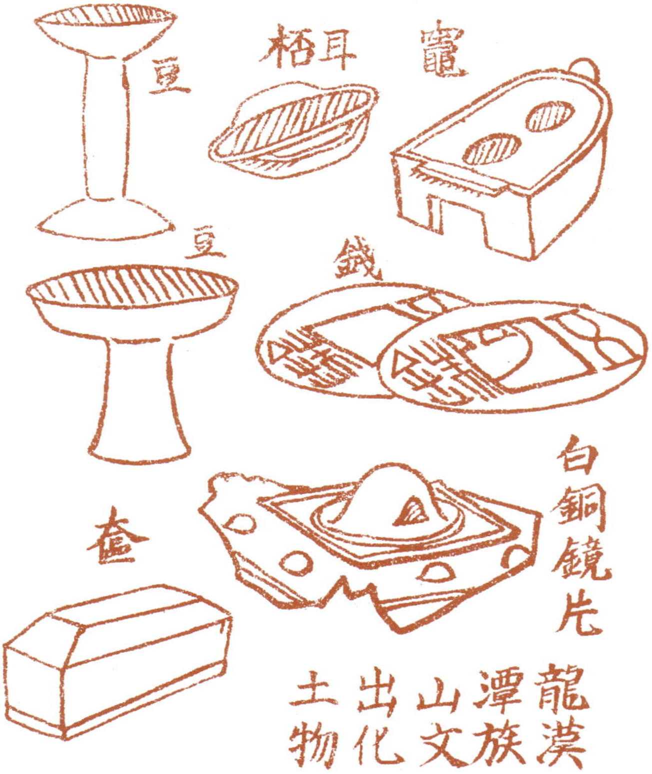

图四　龙潭山出土汉文化遗物

垂饰之一种。

（5）耳饰——琉璃质，入土年久，外部变质，内部青色，辽南汉墓多有出土者。

（6）瓦当——存约全当四分之一，正灰色，质细而坚。面存宽缘及“长”字大部分，与辽阳、抚顺出土之汉当同式，非高句丽以后各朝所有也。

（7）耳杯——灰色细瓦质，胎薄而坚致，椭圆形，两长侧面有长耳，仿漆耳杯之明器也。此种耳杯出于汉墓者最多，若朝鲜乐浪时期及外蒙脑因乌拉、汉代古墓，均有漆器出土，而各地汉墓出土此种明器尤多。

（8）陶灶——存大半部，灰色胎厚，火口及釜口均明显。此种明器亦为汉墓出土最多见者。

（9）陶甑——形如大陶罐而平底有多孔，为蒸粟专用器，东北土民无用之者。

（10）陶片——特殊者二种，一种为灰色薄胎，似大罐腹部，外绕器腹有用五铢钱印成花纹带一道为装饰，钱文清晰，确为汉钱；另一种淡灰色，火力极高，似器腹部，器形不能推测，器面划有线纹，用王莽货泉钱印为花纹，此种陶器之制作者必为汉人无疑，在东北其他土著民族遗迹中，从未发现类此之陶器也。

除上述各物外，若绳纹陶片、白色陶片及他种有花纹陶器确属汉物者尚多，即在技术、陶质、火度、装饰上，亦皆可确然知其为汉物，而绝非东北各代土著民族所有者也。汉人移住此地颇久，人数甚多，毫无容疑。究为汉代北边何地，虽不能确知，其为汉人一大聚落，且有颇富颇高之文化，则为不能抹灭之事实也（清人有主张吉市为前汉上殷台县治，或其辖境者，笔者亦颇同意）。

2.土民文化遗物（图五）

以东团山子东三里许之帽儿山为出土中心，多为古墓遗品。古墓多以自

图五　帽儿山出土遗物

然大石筑造。今尚存有三四座，居住遗迹地在山前朝阳坡，唯久垦为大田，其遗迹之原来面目，久已不可知矣。

（1）铜面具——铜铸镀金，略小于人面，背有环鼻可系挂。容貌窄长，额窄颧高，鼻平眼细，额上有横纹三道，唇薄髭稀，顶留全发，结为椎髻，一耳缺失。其用途不明，但与契丹人墓中发现覆尸面者不同。

（2）金具——铜铸镀金，与上记铜面同时同地出土。分大小二种，大形者为纵切半卵形，两个相并，中连一横梁；小形者多一个，背面有一或二横梁。盖衣甲或马具金饰品也。与西伯利亚及蒙疆出土者多同。

（3）青铜扣——上为圆笠形顶，下面中空连二方框足。颇似鄂尔多斯及赤峰出土物。

（4）玛瑙珠——色纯赤，有五六种样式，技工掘劣，孔多不正直。数量极多，亦有较大者。每同金具及饰物出土。

（5）骨鸣镝——椭圆形，腹部相等距离穿三小孔，与后世之号箭骨镞不同。

以上物品虽少，其独特性则极强。且颇多北方游牧民族文化色彩。吾人以为扶余族颇受匈奴文化之影响。“赤玉”“名马”又为其名产，此种遗物，或其遗存者。否则亦当与其同时生息于此地之其他民族所留者。总之此种遗物，不特非汉人所应有，亦东北高句丽各族遗迹地中所未尝见者。考之文献，亦多可为前说之证据，非好奇立异之论也。

（二）高句丽时期（图六）

此期以龙潭山、东团山子、九站南山三个山上城郭为主要遗迹。出土物以红色绳纹瓦及方形把手（耳）陶器为特帜。山城构造，红瓦形态，与朝鲜及东北各地发现者全同。吾人以为高句丽中期国势膨胀时所遗者也（图六）。

龙潭山城，围峰为壁，内平坦，外峻峭，周回四里余。西北有正门，亦为水门所在。城内为一盆地，东北隅有水池一，土人呼为“龙潭”，并有锁

图六　龙潭山出土高句丽遗物

困毒龙之传说，盖池北有石砌泻水孔一个，以故四季不见池水干涸，土人以为神耳。正门东面、山城南壁上各有望台一座，北可望见九站群山及江上帆影，南可望见东团山子及吉市沿江一带。城西南隅有用二尺上下石块筑造之巨井一眼，其中无水，俗名“旱牢”，不明用途。考渤海、辽金均有使用土牢习惯，土人呼此，或有因由也。此山城极大，保存良好，中有观音古刹，又为吉市游观胜地，唯以树木茂密，知为山城者甚少。

东团山子城，为一小型堡寨，南有正门，外有瓮门。西临江流，却东隅起一复壁，南去西折，约长四五百米，造成山城东面一外罗城。外城东北隅有已涸池迹一，池西为古建筑物遗址。柱础瓦片散乱遍地。

九站南山，独峙于松花江西岸上。北、西、南三面绕筑高壁，盖与东团山子城分握江流上下之要隘，补强其大本营龙潭山之军事作用者也。

遗物在此三城中者，仅红色板瓦、筒瓦二种。板瓦表面有绳纹及方点母型纹。筒瓦细长，表无纹，尾无接榫，里面均为粗布纹。其他遗物出土于东团山子及龙潭山车站一带。

1.瓦当——一种红褐色，火力高，土质固，面印蕨蔓间花片状纹。一种正赤色，土质粗，面为简单菊花纹。依制作及花纹观之，似为高句丽中末期物。

2.纹砖——较薄小，多有几何形纹，似汉砖而技巧远不及。多有似辑安（今集安）古墓出土者，其花纹有若出自一范者。

3.铁镞——略有古镞情趣，与辽、金物不同。通沟、高句丽及抚顺新城址均出有同式者。

4.铁器——环形马镫，上一直柱，端有孔可穿韦。铁斧有二种，一种无柄孔，一种有柄孔，皆与高句丽古墓物同。铁车辖形如镩，有横孔可贯铁钉。他若甲札铁片，各式铁钉甚多，其形式多具高句丽特征。高句丽为铁器发达国家于此亦可见一斑矣。

以上仅将高句丽之特有物，略加说明，其他日常用品尚多，不及详载。总之，吉林市为高句丽北疆重镇，毫不容疑。山上为城寨，守以重兵，山下为民居，得渔猎农工之便。一旦有警，则军民同入山城以拒守，此为其固有战法，考之史书，证例尤多。且此种文化地域颇宽，地层颇厚，其年代甚长，人民甚多亦可知矣。后虽灭于唐，转瞬又由涑末靺鞨重作新国，称盛于海东者，良有由来矣。

（三）渤海时期

此期遗迹仍以东团山子为中心，龙潭山子附近则较少。由遗迹性质上观之，多为居住址，官署寺庙则较少。遗物皆散布于东团山子外罗城中。渤海特征最强者如：

1.鸱尾——亦名“蚩吻”，屋脊两端装饰物也。瓦质坚致，淡灰色，火度颇高。一种作鱼尾形，一种作兽头形，大耳长牙巨目，表态狞恶。大致与渤海上京址出土者同。

2.灰瓦——分板、筒瓦二种。皆质细色灰，技工整齐。板瓦长大特甚，前端上棱有指压或方木棒压印斜纹；筒瓦长与板瓦等，尾有接榫，未见有瓦当者。

3.花砖——出土量虽多，完整者极少。花纹属于一种变形卷草，颇有新罗统一时期花纹风趣，盖皆导源盛唐故也。与高句丽、辽、金时代不同。

按渤海初称震国，以涑末靺鞨为中心，故渤海州郡中有“涑州独奏州”，独奏者直隶中央，盖尊异其发祥故地也。然此州是否利用龙潭山城不能确知，唯依史文观之，涑州应在吉市附近，且此地出土渤海遗物，则吾人此种大胆推测，不得视为毫无理由者也。

（四）辽金时期

此期遗物出地甚广，出土量则较稀薄。且有由江东渐向今日吉市中心及江南迁移之痕迹。古物出土多为偶然的发现，特少成层的遗存。

1.火葬墓——龙潭山站南方三百米许，铁路东侧筑路时，发现古墓一处。皆用瓷坛埋葬火化骨灰，约有七墓，坛黄胎黑釉，形式甚古，作风则与近世同，其燔造窑场，或即今仍烧造缸、瓮、罐之属之缸窑镇欤。底或腹部每有穿孔，此种事实古已有之，近世仍有行之者。同墓出土宋代古钱甚多，年呈有“祥符”“皇祐”“治平”“天禧”“元祐”“崇宁”“大观”“政和”等。是此墓为金代遗存，无疑也。

2.居住址——东团山子附近为多，出土兽面花纹瓦当，外缘宽而薄，中央兽面凸起，样式花纹皆辽代特有之形式。瓷器片有白定、白釉铁彩磁州、茶绿鸡腿坛、黑釉四耳罐以及辽、金时期最普通之赭釉器片。此种瓷片作年代之证明，甚为可靠也。

3.古钱——吉林市东关区于民国二十年秋，因水道工程曾出土古钱一坛，多“宣和”“大观”等北宋末年物。且皆方正如新出范者。不杂辽金及后代钱，殆为金代所遗者欤。

4.石人兽——吉市江南改集街屯西田地中有红色石人一，高三尺余，倒卧于荒草中，面目残破不清，衣服宽博，拱手如有所持。屯中关帝庙前有石虎二，高尺余，色彩石质与石人同。据屯人云系于清雍正某年松花江泛滥为洪水漂来者，乡人将成对石虎运置庙前，以为庙貌壮严之具。吾人依石人兽之形式观之，与金代宗室完颜希尹、完颜娄室二王墓道上石造物同点颇多，盖系金代古墓遗物。因年久湮没土中，被水复出地表者耳。乡人漂来之说，未足信也。

5.钧窑瓷——吉市江南于民国十九年夏筑路之际，曾发现宋代钧窑瓷器片甚多。器胎灰褐色，极细致坚牢。釉色蔚蓝娇艳，莹如堆脂。釉至器足，底下亦满淋釉水，其为宋物无疑，显系金代遗存者。

辽、金时期之吉市，不过为州县之辖境，无甚大发展与广大遗迹。聚落盖在今日吉市中心，江南则为死者墓地，大致与今日正同。嗣经明初造船运粮，远抚努儿干土人，广设街所及城站地面，为经略东北亚洲之中心，遂造成开元东北一大重镇矣。

（五）明及清初

清代学者多谓明代实力不过开元，实谬论也。以吉市论，元为建州，明代在此造船三次，为经营黑龙江及库页岛之根据地。“阿什哈达”固有当时明军题名碑记，足为考证也。

1.阿什哈达摩崖碑——在吉林市东南二十五里松花江东岸岩壁上，题名二处，南北相距数十步，下距地面约三丈余。

第一碑

“甲辰　丁卯　癸未　□□

骠骑将军辽东都指挥使刘

大明永乐拾玖年岁次辛丑正吉日□□”

第二碑

“钦委造船总兵官骠骑将军辽东都司都指挥使刘清

永乐十八年领军至此

洪熙元年领军至此

宣德七年领军至此

本处设立龙王庙宇永乐十八年创立

宣德七年重建

宣德七年二月卅日”（下十余字不清）

此碑与俄属沿海州黑龙江下游永宁寺碑颇有关联，皇明实录中记载较详。盖明初经略辽东边境。一遣内官张信（亦名张童儿）率东宁卫官军千余名经营长白山及北鲜延珲一带，在长白山中建有长白山寺。一遣内官亦什哈（亦名亦信下）率辽东都司官军千余，招抚混同江及库页岛一带土人。于元代努儿干元帅府之故址，创立努儿干都司，并建永宁寺，勒碑记事。在出发前钦差内官阮尧民、总兵官刘清等率官军于建州松花江上船运粮，其役兴罢数次，刘清终始其事。后以边事日坏，军丁逃亡者众，明廷不勤远略，卒罢此役，苟无此碑，今日几无详知此事者。

2.宜罕山城——乌拉部沿江五城之中心（图七）。

明初松花江下流扈伦族之乌拉部（亦称兀者、吴喇）溯江南上，建都于今日永吉县北乌拉街，其处有土名老城之古城址是也。传至明初，兵强国富，辖境西接蒙古，东达沿海，为当时海西女直领袖。实力可与建州（满洲）相抗。其国都既位于松花江中部平原，极少险要可守，以故为防建州沿辉发江松花江顺流来侵，乃于沿江建筑五城以备御。吉市江东之"宜罕山城""伊兰茂城"为沿江五城之最上流且为最雄大者。拉、建州两部之兴衰，亦以此山城之得失为关键。故后金太祖于万历三十六年戊申岁，命褚英、阿敏二将率兵五千先破宜罕山城。继于四十一年癸丑岁，亲统大军，连破沿江五城，直入乌拉而灭其国，括其民户，领有其土地。

此兴亡关键之城池，究属今日何地，现状若何，皆为吾人所欲知者。考乌拉沿江五城之名称，仅宜罕山、鄂谟、金州三城曾见清初战事记录中。兹统括明清关此史料复加本人多年实地之考察，对此研究之，其位置现状等，可得而言也。

五城之最要者厥为宜罕山城，鄂谟城次之。由史文观之二城应在松花江上流沿岸，由此二城往乌拉部都城之中间，有一大城位于富勒哈河上者，金州城也。除此史文明记之三城外，沿江古城遗址可能为五城资格者二：一在密什哈站屯西北方，西距江流二里许，土名"土城子"；一在九站南方江西岸小山上，暂称为"九站山城"。吾人此推测，实有文献上及遗迹物上之根据也。

由乌拉街老城沿江上溯，除吉市江东龙潭山城址外，沿江别无山上城址一也。且龙潭山在清中叶名"尼什哈山"，今日山北仍有一大村落名"密什哈站"者，可为明证。此山名之"尼什哈"与村名之"密什哈"实皆"宜罕"之异译二也。据此二端，可知旧名"尼什哈山"者，即古之"宜罕山"，则龙潭山城址，即宜罕山城无疑也。宜罕山城既定，可进而考定其附近之"鄂谟城"。龙潭山附近唯一山城为东团山子城，是东团山子城可能为

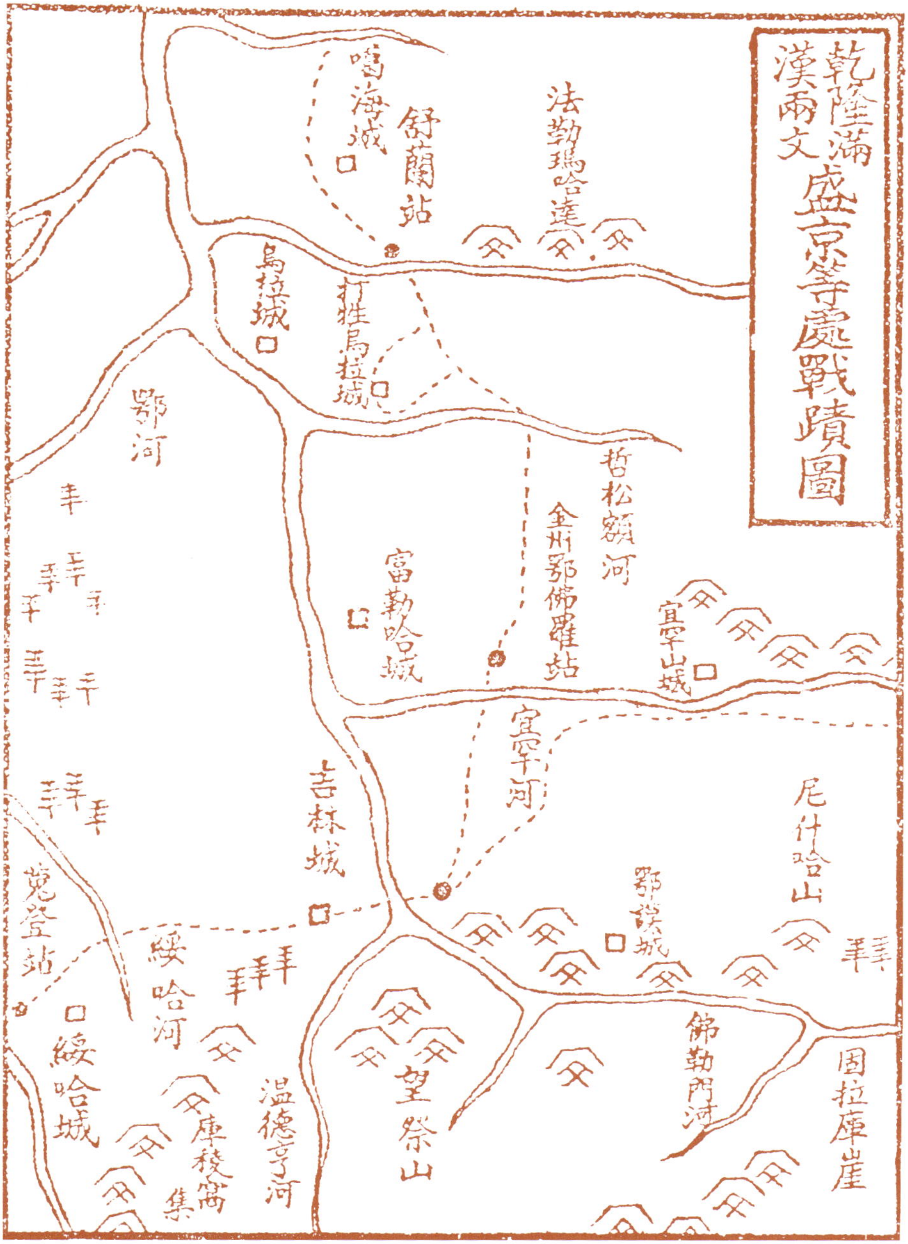
乾隆滿漢兩文盛京等處戰蹟圖
噶海城
舒蘭站
法勒瑪哈達
烏拉城
打牲烏拉城
鄂河
哲松額河
金州鄂佛羅站
富勒哈城
吉林城
宜罕山城
宜罕河
尼什哈山
鄂謨城
覺登站
綏哈河
綏哈城
溫德亨河
望祭山
錦勒門河
固拉庫崖
庫稜富集

图七　盛京等处战迹图

“鄂谟城”之理由一；东团山子城清中叶名“一拉木”或“伊兰茂”，此二名殆皆“鄂谟”之新译理由二。是古之“鄂谟城”即今日东团山子城亦无可疑也。

至于宜罕山城位置之大概，吾人可于乾隆年刊《满汉两文盛京、吉林、黑龙江等处战迹舆图》（图七）中，得其仿佛。战争激烈之情况，则可由盛京崇谟阁藏清初老满文档案内战功折偿清册中窥见一斑。唯老满文档案曾由北平故宫博物院所出版之《故宫周刊》临时刊印。战迹舆图则由中日文化协会复印，部数不多，皆为少见之参考文献，附此说明。

三、结语

吉林市一湾江水，绿柳烟堤，以江山为城郭，在东北都会中，可称风景清丽区。由文化遗存观之，举凡史前人类文化之复杂，扶余、高句丽两族之交涉，汉族文化北向发展，渤海、辽、金兴亡之陈迹，元、明远略，清初女真两部之血战，皆可于此区区一隅之遗迹古物中得之。其意义可谓重要。

今者水力发电工程完成，吉林市为全东北动力之中枢，不独其本身将由中世寂静都市一跃而为近代产业化都市，即在全东北将来之发展上，其所负之新使命，至重且要，亦可知也。

自来语东北文化者，多不出秦汉边塞，吾人依地下材料观之，殊为不然。先人之丰功伟业，片瓦残砖，皆为许多血泪所注积，发扬光大，吾人责无旁贷也。文献虽有不足之病，以遗迹古物为研究之中心，亦吾人从事于文化史者之正路，岂吉市一隅为然耶。不过笔者留吉多年，知之较详，仅就遗迹古物略加解说，其他清代史迹，人多知者，略而不书。照片若干，以印刷不便，不得已择要草为略图，附近焉。仓卒草稿，谬漏必多，如蒙教正，衷心感荷。

1946年10月重写

（原载《历史与考古》沈阳博物馆专刊第一号，1946年10月）

金临潢路界壕边堡址

一、序言

金世中叶以后，蒙古渐强，时来侵寇，为防御计，乃有兴边堡浚界壕之议。唯当时国势尚强，朝议从违，兴罢不时；故虽有局部经画，迄未全部完成。章宗时国力日微，边警益亟，防患之计不可一日缓，始完成此中世史上之伟大工程。

“界壕”为金西北与蒙古邻接境界上之一大壕堑。“边堡”为沿边军事要隘屯兵戍守之堡垒。其名虽殊，其用为最高防线则同。不过因地形上、兵要上、资材上种种关系，或单用，或并用之为不同耳。后世著录者多称为“长城”或“塞”，清人称为“乌尔库”，蒙胞称为“夫尔穆”，今日士人呼为“边墙”，称堡垒为“古城子”“土城子”等。然金代当时实无此等名称。故本题不用雅称之“长城”、俗称之“边墙”等，而采用界壕边堡字，从史实也。《金史·地理志上》：

金之壤地封疆，北自蒲与路之北三千余里，火鲁火疃谋克地为边，右旋入泰州婆卢火所浚界壕而西，经临潢、金山，跨庆、桓、抚、昌、净州之北，出天山外，包东胜，接西夏（下略）。

是金界壕由泰州西经临潢路之金山（内兴安岭山系巴颜乌兰峰一带）、庆州（林东白塔子村）址北，过林西、经棚北境，西南经达里泊沿闪电河，西沿阴山脉直抵河套西曲之北，其长三千余里，余所目验者则为临潢路境内之一部分，视全长十分之一耳。

后世著录此壕者，以南宋赵珙《蒙鞑备录》为最早，散见于元人记载者尤者。地理书图之收入，则以清西清《黑龙江外纪》、屠寄《黑龙江舆地图》为最早。作文献上总括考说者有海宁王国维《金界壕考》。对遗迹作考古学调查者，以法人牟里（今译闵宣化）神甫《东蒙古辽代旧城探考记》以及日人鸟居龙藏博士《辽代文化之再访》为嚆矢。阴山山脉中壕堡址之记载，则以日本东亚考古学会调查班及京城帝大蒙疆学术探险队之发见为最长。凡此诸贤皆有功于金代边堡界壕遗迹发扬推阐者也。

余得访临潢庆州古址及其附近，为时该晚；对界壕边堡遗址之探检约有3次：

（一）在民国二十八年七月，参加辽永庆陵考古调查队时，由沈阳经四平通辽开鲁天山而达临潢府址之林东及庆州址之白塔子（蒙名查干苏博尔罕）。事毕由白塔子经林西、乌丹、赤峰、朝阳、义、锦各地而归沈阳。其间得调查由庆州址往永庆陵途中经过之一段。归途由白塔子村至林西北部永顺号村（今名新林镇）间界壕本线一段，长约50公里许。复由永顺号村南经鹿山、噶岔，直达吉灵大坝（土人呼为边墙梁子）岭上隘口西去之南向支线一段，其长20公里以来。

（二）在民国三十二年十一月及三十三年七月，余率人发掘调查林东县乌尔吉村兴隆山屯辽墓时，其地为二吉木伦上源，内兴安岭巴颜乌兰峰之西，亦巴林与乌珠穆沁二旗分界线。墓去金代界壕址3里余，登高可望见之。再北为巴颜乌兰山之主峰，以上各隘口蒙语谓坝口，称岭后为坝后，指乌珠穆沁沙丘高地牧场也。其间得调查东北由阿鲁科尔沁旗至巴颜得利根坝，西经爱林坝及青羊砬子山前一段，长约30余公里。

（三）为民国三十三年八月，余发掘调查白塔子（辽庆州址）北山古墓时，事毕取道寒山北余所未经之路线回林东县城，得视察由白塔子向东北至会通河一段。于敦敦大坝西坡，石棚沟口之阿山河岸得调查边堡址一处。此段虽仅20公里以来，但纯属山地牧场，烟户稀绝，访古者不易涉足；且东北接青羊砬子爱林大坝之兴隆庄，西南与林西县境五十家子界壕接，在余之工作上观之，颇为重要也。

余调查时对界壕之构造、壕垒之距离、边堡之分布、要隘之支壕散堡、谷之山坡之防水施设，以及遗物性质、附近旧迹山川道路等，均曾加以测量采集记录绘图。且此数段又幸可连成一线，虽非全部旧状，确属片段真形。又兼僻在大兴安岭群山中，交通梗阻，治安不佳；有时车骑不通，村落绝少，非有特殊准备，不易前往。故虽属一得之微，犹觉足资参考，幸我同道，有以教之。

二、界壕边堡之位置

金代西北界壕自黑龙江迄河套，全长1500余公里，作全线遗址之专门研究者，至今尚无其人。

属泰州境之界壕址，清武进屠敬山寄测制《黑龙江省舆图》时，曾按遗迹之位置精确绘入。计分二线：（一）在兴安省扎兰诺尔北方，东起根河上流，沿根河南岸西走，至河口复沿额尔古纳河东岩溯而西南，止于哈喇哈达山之北，为一小段。又西西南自额尔古纳河西岸额尔德尼山起，西南经察罕诺尔（胪瑸西南）及哈喇诺尔之北，直抵克勒木图泊为一小段。此线界壕边堡之建筑本末、性质现状，以及其起讫遗物等，至今全不明了。（二）由黑龙江省纳河县（博尔多）西北嫩江右岸起，西南过诺敏河、阿伦河，经甘南县北境过音河（今称卧牛河）、雅尔河、济沁河（今作麒麟）。于札赉特旗王府西北过绰尔河，西南于科尔沁右翼后旗界过洮尔河，西南至右翼中旗北境之桂勒尔河（今作霍勒河）为一大段。屠氏图于东北段注金源长春边堡，西南段注泰州边堡；按之《金史》实即东北路泰州婆卢火所浚之界壕也。唯其所绘之位置是否精确，尚不能遽下断语；必俟异日之调查也。由察哈尔多伦闪电河西起，至包头北方止，届西南西北两路边界者，日本京城帝国大学蒙疆学术探险队曾加调查，并绘入其报告书之地质图中。其位置东由多伦正西方沿闪电河西岸，阴山山脉东端南南西，直至沽源县北境止为第一段；内有东向支线二小段。后由沽源西北境起，沿阴山南麓，初向西南，转而西微南为第二段。后由德化县西北境（张库官道上）高房子村起，初向西南，转而西北直达阴山北部；北折处有内向支线一。后转向西南直抵绥远包头北方阴山中；中有数处未相连属。该调查队报告书《蒙疆之自然与文化》探险日志一节云：

民国二十七年七月三十日午前作德化附近之调查，定午后往西苏尼特。各班长协议结果，经济地理地质学班视查德化西北高房子村附近之土城及古长城遗迹。（中略）土城调查班登上德化西方之冈阜，由此经过甚多之小丘陵；过高房子小村即达所谓古长城。古长城为壁宽2米至3米，高不足1米，埋于草莽中之土壁。土人虽有以为外长城以前之长城说，然恐与其北之土城同为元代前后所遗者；其附近并无片瓦之遗。土城在古长城北约1公里；其周围东西长为400米，南北长为300米，壁高5米，最宽壁为7米至8米。东西南北各有可推测为门址之低处一所。中央稍北有宽4米长5米之土台，附近遍生高草，虽欲采集遗物而竟一无发现（下略）。

日人元代前后所遗之推测甚误，然其调查记录绘图等颇为详确，正可考见金代西南西北两路界壕边堡之情状。

总观上述东北及西南两大段界壕之位置，东北段沿嫩江流域平原西边，大兴安岭山脉东麓，以东北西南方向横走，所经诸水皆为嫩江右派支流。西南段则起自险山东端，沿阴山山脉东西向横走，所经诸水皆为注入渤海者。总之，壕外地形为山地、为高原、为沙漠，灌莽黄沙，极望无际；系游猎与牧畜民族分布地。壕内河内河川纵横，土地肥美，雨量气温，适于农耕；故城郭村落，星列棋布。是此一道长壕不特为当时政治区划限界，在地理、生物、气象等学上，亦为极重要之参考。以上为临潢路辖区外东西两区界壕之情况。

临潢路界壕之经路位置史无明文，而这堡之东西起讫及数目，则见于《金史・地理志》泰州条下：

> 边堡，大定二十一年三月，世宗以东北路招讨司十九堡在泰州之境，及临潢路旧设二十四堡障参差不齐，遣大理司直蒲察张家奴等往视其处置。于是东北（应有路字）自达里带石堡子至鹤五河地分，临潢路自鹤五河堡子至撒里乃，皆取直列置堡戍（中略）。自撒里乃以西十九堡，旧戍军舍少，可令大盐泺官木三万余，与直东堡近岭求木，每家官为构室一椽以处之。

可知金东北、临潢、西南、西北四路沿边戍堡，皆取直列置，而其后所浚之界壕，亦当准此。临潢路东起鹤五河，为今科尔沁右翼中旗境之霍勒河。西至撒里乃，今地不可考。然按《金史・地理志》界壕“西经临潢、金山，跨庆、桓、抚、昌、净州之北”，则撒里乃地必居庆、桓二州界首，与鹤五河堡子为东北、临潢两路分界点者同。同志：“庆州西至桓州九百”，则桓州应在今日多伦诺尔附近，且为西南路招讨司治所（据《兵志》），二州境界以道里计之，应在今热河省经棚县西南边境。总结上述各点，是临潢路所属界壕边堡应东起科尔沁右翼中旗之霍勒河流域，西止经棚县西南边境也。

其沿边详细位置依今日政治区划言之，大致东起科尔沁旗界霍勒河上源，西南经扎鲁特旗（鲁北县）境，阿鲁科尔沁旗（天山县）、巴林左右旗（林东林西二县）北境，复绕克什克腾旗（经棚县）北、西二境，西南至察哈尔省多伦县之闪电河流域与西南段连接。余得目验调查者则为林东、林西二县中之一段耳。

林东县设治于辽上京临潢府故城，原为巴林左翼旗贝子庙，东与阿鲁科尔沁旗以乌尔吉木伦河东分水岭为界；北接西乌珠穆沁旗以大兴安岭分水岭为天然境界；西与林西县毗连。林西设治较早，位置较林东稍南，原为巴林右翼牧地，清末放垦，其北以大兴安岭为界，外与乌珠穆沁旗接壤，西与经棚县接（原克什克腾旗地），故林西、林东二县之北皆以大兴安岭分水岭为界，此天然境界亦即为热河、察哈尔二省、昭乌达、锡林郭勒二盟分界线。二县南皆以西拉木伦河为界。其面积略近等边三角形，西拉木伦河则为底边。境内诸水道皆与成为三角左边线之大兴安岭分水岭作垂直方向，东南注入西拉木伦河。而本题之界壕边堡即与大兴安岭山脉平行，越山跨谷绝河横走。故此一线壕堡故址可谓为自然地理区界线，亦可谓为牧畜农耕两族接触线，即谓为今古政治之自然疆界亦不为误。盖大兴安岭与西拉木伦河造成之三角形区域，皆为西拉木伦河北派各水所造成之谷地及小形河原；不独土较肥厚，气候雨量亦较佳，且有若干地区可行灌溉，故全面可行耕垦。今日壕南农村分布颇密，古代耕地遗痕（土人呼为地影子）面积亦颇广。唯近接壕址各处，邻近山脉正峰，地势高寒，泉水较深，早寒迟暖，农作期较短，速熟之特殊作物为多；若中原普通作物及蔬菜则有若干种不能培植者。至若壕外则为内陆河流域，沙丘高地，不适于农耕，故至今尚无垦民，亦无农耕生活之村落。蒙胞称高山为“大坝”，故称兴安岭后若乌珠穆沁东西旗为坝后，其地皆系蒙民牧畜草地，农民绝无前往者。以此知金代疆界划定于此不无卓见也。

金界壕边堡址既沿内兴安岭分水岭东北西南方向横瞳，在林东、林西二县内者，大体为二县北界线。故所经各地多为高山地带，交通不便，烟村稀少。由林东二界开始，顺序记其所经要地于后。

（一）巴颜得利根坝 界壕由东北方天山县（阿鲁科尔沁旗）北境嘎巴契梭木（梭木，蒙语庙）稍北大兴安岭一高峰名乌蓝坝处而来。此处则为山西一大隘口，巴颜得利根为富裕多宝之意，与乌蓝坝同为北通乌珠穆沁旗要道。地属林东县最北乌尔吉村（乌尔吉木伦发源处），距县城约70公里。隘口前方谷地中有半农半牧之汉户七八家，谷口中小部落名边墙上，有汉蒙户五六家，多为赤峰、乌丹垦民。谷口两侧山势极险，两山对峙，一谷中通车骑而已。山上多蒙古种山杏树，高三四尺，实小肉薄不可食；亦无其他乔木，盖天然环境使然，金代即有地瘠樵绝，苦于求木建屋事，可知自古已然也。壕由谷口两山前坡下中部横过，当谷口山溪左岸留有出入关门之迹。关门外北里许谷路东山足下有石筑碉堡遗址一，高存3米，圆径12米余；远望隆然如古墓，余得来此地以此也。其址圆而上平，上有被掘痕迹，掘穴中皆为积砌之天然石块，周围又有类似女墙形迹；在地形上观之，亦确非墓地，其为关门前卫之官堡遗址殆不可疑。壕内谷西山坡上较平坦处有接壕堡址一，地址高旷，东望关门内外如观掌纹，西南望长壕一线，远接天际，真伟观也。

（二）庞家湾西沟 在庞家湾小部落西北约2.5公里，距巴颜得利根坝约7.5公里上下。壕内1公里许较宽之谷地中有方形边堡址一。稍西南1公里处有接壕小堡址一。此处界壕内外多古墓群；分石筑、砖筑二式，封土亦有方、圆两种，惜多为土人破坏，不能作科学整理矣。又发现二处居屋址不甚大。

（三）兴隆庄 地面仍属乌尔吉村，距县约65公里。盖巴颜得利根坝为乌尔吉木伦北源，此则为西源干支嗄川之上端也。蒙名爱林坝，亦为通西乌珠穆沁旗孔道之一也。村落位谷口西偏，汉户十余家，开垦未及十年，汪姓较为富裕，余多半农半牧之贫农。地较巴颜得利根坝尤为高寒，与距此4公里余工作站之兴隆山屯在气候植物上亦截然不同。故农作物多为油麦、小麦、燕麦、荞麦及早熟谷类玉蜀黍等，若大豆高粱及蔬菜之晚熟者皆不可植。附近半定居之牧畜蒙户尚多，故时起牲畜践田之争，农牧两族之斗争表现于此界壕一线者极为显著。其谷口较宽，谷路亦较巴颜得利根坝坦夷；唯西去七八里有高山名青羊砬子者，山势高峻，深秀如列笏，50公里内唯一高峰也。界壕址横过谷口前，形势略同巴颜得利根坝。壕外绝无居民，1.5公里外为西乌珠穆沁境。谷口前涸溪西岸平坦处有一接堡址，近方形每面长约百米。堡中央有建筑物基址，大小形式与巴颜得利根坝者略同，唯堡址东壁外另有长约40米之高大遗址一处，及堡壁高大为稍异耳。出关门外沿谷路行1.5公里许处，有由东山足至谷路横筑之石垒一道，附近有类似圆形废窑址者一处，似经人类用过之石块亦不少；盖皆为关门外之守御设备也。部落中居屋院墙版筑基础中多有古代石臼、石磨之遗存，亦有利用为井上水槽及饲养牛马之草槽者。又有利用古代墙基建屋或筑圆墙者，盖今日小村亦即为古代居住遗址也。界壕西南去稍为内曲，经青羊砬子山前麓，入碧流汰村界，再西南入白塔子村界；二村为蒙民牧场，故汉户极少。

（四）会通河　地属白塔子村界，在骆驼井子部落东南，有山溪西南流，为查罕木伦正源，查罕木伦古之黑水也。东为罕山（蒙名罕乌拉）北麓最大隘路之敦敦大坝。附近无村落，纯为荒漠山地，亦无高大林木。界壕距河西北约七八里。阿山河左岸谷地上有小土城址一，土人呼为会通河古城或土城子，盖亦边堡遗址也。

（五）白塔子　为白塔子村所在地，位于辽庆州故城中，中有辽圣宗时敕建之多层砖塔，外涂白灰，故蒙胞呼为查干苏博尔罕（国语白塔）。北西去约二十五六里，有蒙胞小部落名瓦儿满哈（瓦儿为蒙用汉语，满哈为沙地，意为有瓦的沙坨也），为辽圣宗、兴宗、道宗三帝后陵所在地。出土城北门往辽陵途中约5公里处有界壕遗址，《金史·地理志》庆州条所谓“北至界二十里”是也。壕址由东北沿查干木伦东源右侧诸山而来；至查干木伦本流两岸平坦处，有用自然石块砌筑者，盖防风沙向内移动也。壕址横过陵路西上山坡，在水口东向之一小谷中筑接壕堡一，大小形式与巴颜得利根及爱林二大坝隘口关门者略同。唯地势位置在兵要上不若二谷之要害，但筑于小谷环抱中，四方不易了见，正伏兵之所也。南南西过岭为林西县五十家子村界，壕位渐趋山险，与横过查干木伦溪谷之地势平阔者又不同矣。

（六）边墙屯　在林西县东北五十家子村西北方约5公里，其西南方不远有地名老房身屯，盖为屯戍军居住遗址也。附近除界壕遗址外，乌牛台谷中又有一土城址，不甚广大，盖边堡址也。堡址西谷有无首石人一及石猿一，岭上一；土人谓石猿一对原在谷中，不知何时逃往山上者。其地山路险恶，车行于此者多颠覆。故御者多以车毂油脂涂猿口为敬，否则不可免云。此处因故未往视察，以上为五十家子村商会长卢某及最先来此营商之李姓老父说，讯之余旅行时之车户，亦如此说，或不大误，惜无机会作详细调查为恨耳。

（七）新林镇　余旅行时地名永顺号，为林西县北部警察署所在地，故又称为北部署，后改今名。由白塔子经五十家子直至珠尔钦梭木（亦作朱尔沁庙）方向为南南西，路途则沿查干木伦右岸河谷；而界壕遗址则在右方山脉中。查干木伦本流至朱尔钦庙转而南南东，高尔旗河即朱尔钦河由西来注，而此镇即位于此小河发源处之岭上者。其西南有小山，峰上岩面石色有鹿形，故名鹿山，为经吉林大坝至林西县孔道，山下有名四方城一小土城遗址。西北为板石房子村。界壕由北东来，经村北数里群山中，蜿蜒横走，成一伟观。

（八）板石房子　位于林西县正北方，北经英上村之石门子部落，过二只莫力大坝、温特尔大坝（为热河省与锡林郭勒盟交界点，距县约60公里），北可通西乌珠穆沁王府，西北可通东浩济特王府，为兴安岭上最要隘口之一。此村所在地土人呼为英上大川，长约25公里，山川峻险，气候高燥。附近有头道城子、二道城子、三道城子、四道城子之土城址四处，正为界壕经过中心，四土城中有接壕堡址二，较大之边堡址一，关门堡址一。界壕由此西南入经棚县界之木石匣村，直抵达来诺尔东北岸，为余未得再经调查者。

（九）边墙梁子　正北距林西县25公里，为乌梁苏台（意为有杨柳处）川源分水岭，岭上有隘口，蒙胞呼为吉林大坝。北15公里经英上沟门，再20

公里二只莫力大坝；故此岭上隘路在兵要上极为险要，可为林西北方第二道门户。岭北为噶岔川，长约15公里；谷口东北为鹿山四方城等地，西北接英上谷口、石门子等地。谷中地味较肥，气候亦较暖，产麦甚丰。谷中至琥珀屯、曹家大院屯地势渐高，山亦益险。南望天际横岭齐云，一口缺然如门，即隘路所由也。谷西山上有界壕遗址一道，直达岭顶而西。岭上关门为人工凿就者，古道盘旋数曲，亦皆宛然如新。界壕存高米余，接壕堡皆建于壕东。古代耕地痕迹（土人呼为地影子）甚宽，有直低山岭者，盖为屯戍军所垦者。其北端是否与界壕本线连接，余未详细调查，故不得知，但其为界壕内向支线一关门屯戍遗迹甚为明了也。

界壕址由林东巴颜（或作白音）得利根坝东来至林西板石房子西去，长约200公里。边堡址之已知者有五：

（一）庞家湾　在巴颜得利根坝西南，庞家湾西沟溪谷较坦外，北距界壕1.5公里余。

（二）会通河　在白塔子村东北，罕乌拉（古黑册）北脉敦敦大坝西谷中。北距界壕七八里，为古庆州向西乌珠穆沁旗必经之路，其兴安岭隘路名顺大坝，运盐队商所常往来。

（三）边墙屯　在林西县北区五十家屯北群山中，距县65公里，北为洛布都坝筒子（坝筒子为汉人长形峡谷之俗称），北山浩布都大坝为西乌珠穆沁旗界。运盐商队多由此路，故五十家子村设有缉私盐卡。谷中有城址古墓石人兽等。

（四）四方城屯　在林西县北42.5公里查干木伦河支流高尔旗河（亦称珠尔沁河）上游，东北可通珠尔沁梭木五十家子达古庆州址之白塔子。西北溯英沟河可达兴安岭二只莫力大坝隘口。南通吉林大坝（汉人呼为国墙梁——梁为高岭）隘口，过乌梁苏汰可达林西，故其地理之地位极为重要。

（五）板石房子　属林西县西区，仍位于高尔旗川中，南距县治45公里。其附近有土城址四基，西有小城子村城址，为兴安岭隘谷前面之关门堡址。东岭上五六里处有相距1公里许之接壕堡二，名二道城子、三道城子。

上三城址皆为界壕上之戍堡。东南方14.5公里处，约在甘珠庙下小井子二村间有四道城子村土城址一基，形式较大，其位置约与四方城址东西相望，且皆在边墙梁之北，高尔旗河南岸山地中，其为一边堡址无疑。

此等小城址距界壕远者5余公里，近者二三里不等；其间距亦因山川地形险夷之不同而不等；唯无去壕过远者，且皆以兴安岭山脉为依，其为边堡遗址似无疑也。

三、界壕边堡之实态

金代西北边境先设边堡，屯种戍守，唯以土地形势之宜，必生参差疏密之失，以故难防侵轶。其后浚筑界壕，取直列置，虽斥卤不毛之地，亦不少避，故界壕边堡遗址亦有略不一致处。至于边堡于界壕浚筑后是否并存使用，史无明文，不得详知；唯由今日边堡遗址皆位于壕内一点观之，似有并存仍用可能。兹就壕堡遗址之实态，分项说明于后。

临潢路界壕浚筑于承安三年（1198），为丞相内族襄出兵时所经营者；唯壕堑之构造形式，史未详记。今依遗址观之，其构造可分5部：

（一）壕堑　壕壁为界壕主体部分，壕壁外凿有断面稍近方形之深堑。壕壁外侧斜度较大，内侧较小，顶上平如砥路。由壕壁外面及破断面观之，纯用黄土堆筑，并无使用晒甓及板筑成层形迹；每当沙地、涧口，及多石处，则往往用自然石块包砌。壕壁之厚度高度亦均甚一致，大体厚约8～12米，高存3～6米，堑沟多为沙壅塞，存最深处约1～1.5米上下。为拒马防敌之重要部分。

（二）马面　为壕壁上每相当间隔处外突之土橹，亦即古之埤堄，中世筑城术语谓之马面。为与壁平行之长方形土台，较壁稍高，突出部分宽约10～12米，长约10～15米。其间隔距离约为130～150米，上顶平面微凹，往往有柱础及陶瓷器残片散布于其间；或为有屋盖可住戍卒者，然非全数皆然也。其为用盖一为增强壕壁之牢固，再则居高临下更于掩护壕壁使敌不得驰

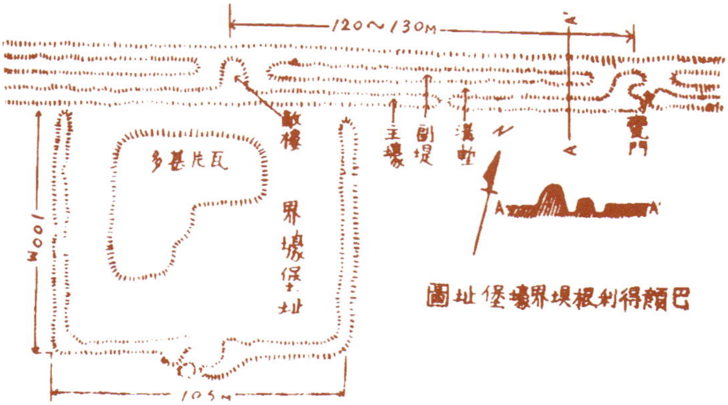

图　巴颜得利根坝界壕堡址

至壁下也，其施设与砖城时代城角瓦门之埤堄正同。

（三）瓮门　设于接壕堡垒附近之壕壁上，外观之位置高低形态皆与马面略同。其构造为壕壁上留一门道，外筑一半方形土壁，右侧留一仅通行人小门；在外观上似一马面，不知为可出入瓮门也。在地势上观之，此种可通内外之壕门，盖为樵采及完善壕壁时所用者，一旦有警可自塞之，故除接壕堡垒附近则未一见也。

（四）副堤　为壕壁外取土所凿垒沟堑中所留之短堤。位于堑沟正中，与壕壁平行，其长每以马面之间隔距离为度。宽约5米上下，高约4米余，此种尺度虽随处略有不同，总之其宽高均较主壕为低小。以遗迹情形观之，其为用当有二：一为缓和雨水山洪暴入堑沟，荡颓主壕外基。二为增强主壁之防御能力。又每当谷涧坡脚斗斜处，必有防水堤以杀水势，免冲壕壁，亦属副堤之一种；其长短高低远近则视地势水量而不同。

（五）壕堡　为接筑于壕壁内侧之方形戍堡。其位置多在谷路涧口及荒僻空虚处所或附近。垒壁多近正方，与壕壁相对之正面中央有门址，外筑瓮壁绕之，左右壁近主壕处亦有较小门迹各一处。堡中略近主壕方面有建筑物基址，堡外之左右或堡门前之左右亦往往有之。堡壁每面长约百米，宽高度每与相接之主壕壁等，而无池堑女墙埤堄等城郭必备之构造。此等堡址附近往往多有耕田遗痕，土人呼为老地影子者，盖戍座屯垦之遗迹也。堡间距离因地势险夷关隘空僻道路川涧等而不齐一；依林东巴颜得利根坝及庞家湾西沟二堡七八里，再西至爱林坝堡十五六里观之，每有二堡密接情形。白塔子北山后堡至林西五十家子村边墙屯堡，又同县板石房子村二道城子、三道城子二堡亦然。大体密接二堡约距3～6公里，余为6～10公里上下。至每二堡密近之用心，由今日位置之地形及兵要条件观之，不外聚而不单，疏而不远，便于屯垦樵苏守望呼应而已。其间有余未目验部分，土人云亦大致如是。

（六）支壕　林西县第四区戛岔屯沿吉林大坝山北谷南至岭顶西去支壕一道，长约10公里，故土人呼此山为边墙梁（梁为高岭之土称，山居县治正北，故又称为北大山）。界壕沿谷路西侧山岭蜿蜒向西斜走。立于山头北望，形势颇为伟壮，其壕壁规模较小，存高约1～1.8米，宽约1～1.5米，而无埤堄及副堤，沟堑痕迹亦不显著。接壕堡址居于主壁东侧，规模甚小而距离则较近。垦种遗痕，几达山顶。岭顶有古代人工开凿之隘路，远望如门。山北斗绝处古道迹盘旋迂回数四，盖古代一孔道关隘也。

按《金史》边堡之设，早于界壕，而兴罢者数四。属临潢路内者，内鹤五河至撒里乃皆取直列置戍堡。大定间为数24，后增为37。（海宁王国维先生《金界壕考》二，"临潢路之界壕"节谓自鹤五河至撒里乃凡五堡云云，实缘《金史・地理志》故会海奏言：泰州九堡，临潢五堡之地斥卤，官可为屋，而致误者）。每堡建筑人工为9000，居戍户约20家；堡壁则有女墙、副堤。

今日临潢路内界壕线上所有之小形城堡遗址，经余调查而敢断定为边堡者有林东县乌尔吉村庞家湾、林西县板石房子村兴小城子二城址。若林东县白塔子村寒山北麓会通河城址，其中居住遗址颇密，文化遗物亦较复杂，又有被火废毁痕迹，与仅屯20戍户、界壕完成而自动放弃者不同。林西县四方城屯城址性质亦与此相近，而遗物则更较丰富，皆不敢必其为边屯也。又林西县五十家子村边墙屯老房身间之小城址余未亲往，据土人云其中并无高大建筑物遗址，而陶瓷瓦残片亦少，似为边堡无疑，但亦不敢臆断其必不错误。故只举明确堡址之实态二例于后：

（一）庞家湾边堡　位于林东县乌尔吉村庞家湾西北方山间平地中，距县治70余公里。其地形上未甚侵蚀，绝无沟渠。西北距界壕约2.5公里（在蒙古地方用目测往往估计过近）。城址近方形，大东南向。前壁中央有缺口似门址者一处，外无瓮门，城壁无埤堄（辽县址多有之），亦无女墙痕迹；或已崩颓殆尽。壁外沟堑甚浅而又不整齐，视为取土所遗，实为近是。壁高3米上下，宽约5米余；每面壁平均长约220米，内距堡门址约88米处有建筑物址一，四方形高约1米，每面长约17米；仅有灰色瓦片及兽面纹瓦当片一小片，竭力搜集而卒未得陶瓷器片及日用废弃之他物。即日用不可缺之臼磨

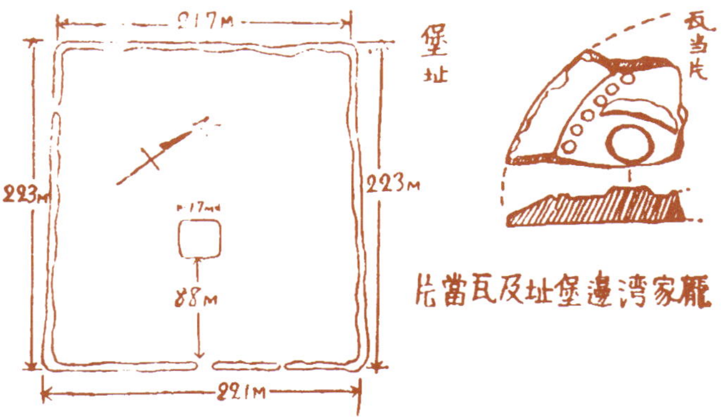

图　庞家湾边堡址及瓦当片

亦无遗存。除此屋址外则平芜漫漫，一无所有；故在考古学上观之，其为屯兵戍堡而非官署肆市民居具备之县址，甚为明显。

（二）小城子边堡 位于林西县西区敖包河村南1公里；土名小城子，南距县治45公里，北距界壕200余米。地为查干木伦河上游右侧一大支流高尔旗河上源之山地溪谷。北经兴安岭山脉好陶克鄂拉之温特尔大坝隘口，北通西乌珠穆沁，西北通东浩济特两王府，实握兴安岭南北通路之中枢。其东不远界壕上有接壕堡址一座，此外无他遗迹。其城方形，每面约长50米，壁高3米强；壁上无女墙埤堄瓮门等防御施设。城址内外无显明之建筑物基址，亦无任何遗物。由一东距接壕堡甚近，二堡内外无显然屋街址，三无任何遗物观之，其为屯戍边堡无疑也。

以上为临潢界壕边堡遗址之实际状况，且皆系余得调查之实例，视为全体定制则未必然也。

四、遗迹出土之古物

界壕边堡遗迹所出古物数量既少，而质又粗杂不精，且皆日用器物之残遗；然在考古学上观之，其价值并不因之而稍减。盖此等遗迹年代明确，时间较短，所出各物足为研究此证之标准也。总括之可分陶瓷、砖瓦、古钱、石造物等四类。

（一）陶瓷器片 出土于边堡及接壕堡者较多，壕壁上下者较少，瓦器多正灰色，质端而坚致；少数有横磨亮纹者。盆坛等大形器物较多。有釉陶器（低火力挂釉器），胎质多粗，色多黄赤；胎外挂粉而后淋釉。釉色有甘白、淡黄、淡绿各种。此种釉陶胎质釉药均易脱落破碎，盖为地方窑场所燔造，与今日黄绿釉子盆之农村窑器正同。瓷器仅有白黑二种；黑器胎质细腻有黄灰二色，黑釉厚而莹亮，往往有垂流如烛泪痕者；多碗盂之属，制作技术颇佳。以上各种约占出土量40%。白瓷约占60%许。有真定器及仿定器二种。真定器胎质细而莹白，断口有光泽，瓷化程度较高。体极薄，旋制刀痕甚清晰；器外下部每有细沟纹数道。釉色白而闪黄如重乳，原外有细小泡沫含釉中，器底亦多有釉。光素者为多，印花者较少，划花者绝少。划花多以萱草莲花鱼水为题材，印花器边多有细雷纹一道，内印鱼水花草等为多，而画法均纤弱琐碎。又有一等碗盘口作葵花式，器内外作凸起纵条纹数道者亦不少。就大体比较而论，较出土于辽代遗迹者稍为粗劣，而花纹尤见堕落退化痕迹。仿定白器量较多，胎多白黄色或夹杂质而露黑灰褐色颗粒状小点。瓷化程度较低，破断面无光泽。胎体稍厚，而偶有甚薄者。釉色甘白者时现灰色斑片，而多碎纹。釉面亮而不润，每易失光或暴釉。黄白釉者多无纹片，技术尤劣。此种仿定窑场，似有三四处，至今吾人尚不知何在？此外尚有三色彩釉器片、灰绿釉器片、赭黑釉器片等，则为数极少。是否确为金代所遗者，吾人已不敢遽下断语矣。至若龙泉汝钧饶镇各器片则均未见。盖边戍屯户，多以放良人为之，其生活文化较低，力不能有较为精致高贵之器也。

（二）砖瓦　多散布于接壕堡及边堡址中或附近。瓦片较多，砖头则较少。瓦当则仅于庞家湾西沟堡中采得一片耳。砖多灰青色而火力多有不足者，表无任何印痕花纹，形状略大于今日青砖一等耳。瓦片仅板瓦一种，筒瓦极为少见。正灰色者多，黄褐色者较少。质皆细而松软，前端漫圆而无刀切痕，表面亦不甚平滑。瓦当存全当四之一弱，为兽面图纹，所存仅眼目眉毛及边缘一部。兽目圆而平，眉曲如反八字样；边缘宽而薄，近边尤甚。边缘内有凸起连珠纹一围。由此瓦当花纹上观之，已非辽式兽面旧形。若就绝面观之，仍存辽代瓦当中央较厚边缘渐薄之特包。盖前一点为年代较晚之表示，后一点则为地方技术之残遗也。此戋戋者有助于考古良多矣。

（三）石造物　隘口接壕堡及壕壁埤垷上每有柱础，但埤垷上较少而形稍小耳。多用自然石块略加修治而成者。石臼亦多用一米上下石块中凿径约15厘米、深约30厘米之凹孔而成，石外无加磨砻者。石磨多存下合，磨口凿为沟齿，中央部分稍凹，正中有植磨脐方孔。全径约80厘米，厚约20余厘米；亦有下连大石块未加细凿如磨床者。小磨多已破碎，形式与今略同；盖亦手挽拐磨也。以上各物今多为土民运归利用于墙基井台等处，且有略加钻凿别作他物者。总之此等粗物纯为农耕村舍遗品，较之通都大邑遗迹所有者大为不同也。

（四）古钱 界壕边堡出土古钱较多，然皆北宋物，吾所得者有“元丰通宝”及“祥符元宝”二种（土人云有“崇宁”“皇祐”各种）。铜质不甚佳，皆为小平钱，并无特殊品。若辽若金各朝钱则从未一见也。

五、都市址山川交通道

金临潢一路为契丹旧壤及对蒙国防要地，故在军事上以临潢府为经营镇抚北边之中心，大定府为军民政治之基地，较他三边之重要不可同日而语也。后虽改并为北京路以大定为首府，而在军事上仍未失其重要，此为前史可证之事实。然界壕所经，东起泰州鹤五河，西至桓州撒里乃，其总长将及千里，实皆庆州辖境。故辽祖、怀、饶、永诸州虽皆废并，而族帐繁栖，汉与渤海尤多杂居于其间，繁荣富庶未异畴昔也。至若山川道路易代不改，名号亦有古今相袭者，兹将其近界遗迹文物推考确实者著之，或亦读辽金二史者之参考也。

（一）都市址

（1）临潢府 为此路首府，故辽上京，金因之不改，北去界壕75公里。故址在热河省林东县治（原小巴林贝子庙）南1公里，蒙名波罗的托，汉人呼为高丽城或盖苏文城。地为二赤木伦上游一大平原，北有铁木尔大坝、罕吐柏诸山，南有陪娄大坝诸山，西有野猪山、巴颜坝诸山；皆奇峰深秀，崖壁如屏。东隔河为阿鲁科尔沁旗西境诸岭。山河形胜，可谓塞外第一。城建于二赤木伦西岸、巴颜高老河汇流处之北。城址规模极大，分为二部；皇城在巴颜河北，略近方形，每面一门。壁存高十四五米不等，有敌楼（埤垸）之迹。中央为大内址，建于天然之高台上。近西壁为一小山角，地势较高，有寺址二，龟形碑趺仍存于山门内及大殿前左侧。东南部存石雕观音像一躯，高丈余，相好壮严，屹立于寒烟蔓草间，辽代佛教美术品之巨迹也。其他官署邸宅，池苑亭台，通衢巷道亦基址宛然。石栏雕础碧瓦纹砖往往仍存原位，故屋舍宫殿寺观之构造形式方向格局，皆可一目了然。皇城前接筑一横矩形外城，土人呼为汉城或买卖城，规模较小，城壁低平，无埤堞之迹，若干部分已夷为田圃。其中市街屋舍之遗址亦多夷灭矣。城北二三里许丘陵上存三进大寺址一，今存六角五层高约14米之砖塔一基，县人以在县治西门内，故称西塔。又因与城南山上之砖塔通过古城为北南一线，又称二塔为子午塔。古城中另有一砖塔址（张石洲《蒙古游牧记》亦谓有三塔）亦与南北二塔成一线，此为往岁测制临潢府址地图时得知者，亦一奇也。城南十二三里小山上有八角七层高约20余米之空心式砖塔一基。初层雕有菩萨飞人等石像，而龛中之佛像则已不存矣。塔南帐房山前为一大古墓地带，墓多火葬，出土梵汉文字陀罗尼经幢残片甚多，亦有雕刻各式花纹及佛像佛名者。城西北1.5公里许有小土城址一，仅存北东二壁规模甚小，盖一县城址也（当是易俗或迁辽县）。皇城内西山角下有仿定州窑黑白瓷窑址一区，外城西南山上有三色釉系低火釉陶窑址一处，仅存窑具及器片散乱于地表，窑室已湮灭不存矣。城西2.5公里余巴颜高老屯北丘陵上有灰绿釉黑釉鸡腿坛窑址一区，窑室十余基，埋存器片厚米余，是皆近年发现而对辽代陶瓷文化之研究大有裨益者。城北1公里许贝子庙（今改为县政府）后出土“上京都商税务朱记”铜印一颗，为辽代铜印之仅见者。此为临潢府址遗迹古物之大要情形也。

（2）祖州址　辽太祖祖陵奉陵邑，金天会改为奉州，皇统后废。在临潢府址西南20公里，位于林东县查罕哈达村满其克山东谷中。蒙胞呼为绰老梭木（石庙），汉人呼其地为石房子，因故城内有巨板岩筑造之一大石室也。城址东南向，北东南三壁为直线方形，西壁因溪谷关系而南北两端均作内向罄折形。大致南北长约四百七八十米；南北二壁东西宽约300米上下；中部即东西门址外则较宽。四壁中央各一门，均有瓮墙；壁上无敌楼之迹，无守御设施之密要也。城中后半筑为内城，门址三门，右左各有角楼遗址之高大土阜一。内有两进大殿址，前殿庭中有石经幢一基，字迹部分为人工凿灭矣。殿中雕缠枝牡丹础石成列，水磨方块青绿石灰版岩铺地，极为雄大华丽。两庑配殿规模格局亦皆与此相称。内城门直通城南门，大路两侧皆为官署屋舍。城南门前至小溪约200米许为市肆，屋址稠密，街衢巷路纵横如织。涸涧宽约30米以内，两岸有石砌桥基，过桥则古道宛然，可通临潢。内城西北隅较高处有巨岩版支筑之大石室一，宽约6米，高稍减，不详用途。其石侧散布之定州白瓷及饶州影青瓷器片甚多。城北三四里为一大山，巨崖特起，势极雄伟，盖祖山也。山西一谷口，两峰对峙，中缺如门，有横墙门迹，胡峤《陷北记》所谓“大山门”，《辽史》所谓“黑龙门”也。谷中有泉清而甘，四季不涸，蒙胞呼为伊克波拉噶（小泉），殆即液山泉也。石门外左侧山足上有殿址二处，旁存龟形碑趺一，盖太祖游猎纪念碑所遗者。相对涧西亦有一大殿址，方径米余之在础石尚存原位。谷中深约四五里，如一大山城，高岭四周，缺处补以高厚石墙，盖太祖陵域也。谷内有似古陵墓者三处。近谷中者规模较大，位于涧右山坡中，前有殿址，左方小岭上有两进殿址一处，为削坦山顶建筑者，前有汉文陀罗尼经幢已碎为残片。殆所谓“凿山为殿”者欤？稍进涧右一小谷口，二石人半埋土中，头首已佚；体态简瘦，与汉服宽衣博带执笏或冠兜环甲杖剑之文武翁仲不同。小谷中到处无显示为陵墓存在之痕迹。山谷最深处有较为显著之古墓一，墓前及右方均有殿址，唯规模则较小。此外又有类似小形古墓者数处，既无享殿遗址，在地形上亦不类得要陵墓，盖为后世（金元）埋入者。往岁发掘祖州内城正殿址及门址，正殿出土白石阴刻汉字泥金谥册残简一种数段。简制一大一小，字体亦微异，盖为太祖阿保机及述律后二人者。铜祭器多成残片，器为簠、簋、鼎、豆之属；光素无纹饰，技术不甚精巧。唯石栏镜板作隐起花草龙凤之纹；兼填杂采，描以泥金，豪华茂美，独为秀绝。其图纹全袭唐式。黑釉瓷胎之瓦当花纹则纯仿渤海，其文化渊源由此可知矣。内城门三洞，似经巨火，烬余之焦柱梁扉遗存颇多，镀金扉钉尚纵横成列。盖女真兵捣坏复纵火焚毁者，可知《辽史》所记为不虚矣。州址东南5公里有一大聚落址，西约10公里亦有一处，或为祖州原领之长霸、咸宁二县址也。东南15公里许一土城址，规模不甚大，遗址古物亦较少，以史文核之盖于越王城也。

（3）怀州址　辽太宗怀陵奉陵邑，穆宗亦葬此，金州废。在临潢府西北40公里，林东县王府岗岗梭木。正当祖庆二州官道间，土人呼为小城子。位于寒山（古黑山）床金梭木河上源一大谷口之左岸。城近长方形，壁东西长约70余米，南北长约50余米，高四五米不等。无埤垷角楼之迹；现存南东各一门，西壁大半为溪水侵崩，北壁近山无门。近西壁有较大殿址一，今建喇嘛寺其上，即岗岗梭木也。他处屋基尚多，唯规模较小。石狮雕础、瓦当纹砖、白定瓷片多撒乱于地表。其瓦当纹砖之花样亦有纯类渤海者，殊堪注意也。城西北为谷口，其中山势斗绝，林木葱郁；怀陵当在其中，唯至今尚未发见确址。谷深处西山上有大殿址，础石成列，绿釉及灰色瓦片层颇厚，或显清凉殿址，否则当与怀陵有关也。附近有床金梭木（或作川济或川心）为一小喇嘛寺。草莽中有石雕龟形碑座及花岗岩板状石碑一版，长约3米余，宽米余。字迹略现漫灭，其内容似建寺喜舍施主题名者，文多某地某人银钱若干，地名皆汉称，人名有宋回回、王娘子之类。考其文词及碑式，似属金元遗物，恐与怀陵无涉也。唯碑石卧地颇深，力不能反，不得彼面之内容为憾耳。

（4）庆州址　辽圣宗奉陵邑，金因之不改，为林东县西北方白塔子村所在地。故城中有辽重熙十八年敕建八角十三层释迦佛舍利砖塔，塔身白色，蒙语称查罕苏巴尔汉，国语白塔子，故有斯称。城位于查干木伦（白河）右岸小平原上，此水古名黑水（卡拉木伦），因发源于寒山（古名黑山）及辽庆陵所在之瓦儿漫汁山（古名黑岭）故有此称，城初建时亦名黑河州也。其地群山纠纷，气候高寒，林莽葱茏，百兽繁息，故为契丹各帝避暑及秋猎之所。圣宗爱其山势奇秀，自定为寿城，死葬州西北10公里之一大山前，其子及孙亦葬此。陵在界外，盖庆州址北距界壕才5公里许耳。州址方形，正子午向，每面一门。规模宏大，与专为奉陵而建之祖、怀二州不同。

城内宫殿遗址多而且大，东北角类子城者一处，平芜无物，或为帐居之所。西北角一大寺址，牌楼、山门、正殿、后殿、两庑及其他屋址甚多。此等遗址多保存原态，为研究契丹佛教建筑之贵重材料也。正殿前为八角十三檐有门可登眺之空心式舍利砖塔，惜木梯撤除，正门封闭，今已不得详其内部各层情形矣。据余友小巴林旗王府西协理台吉鲍贵卿氏谓第五檐内有砖刻汉字辽敕建舍利塔铭及释迦涅槃像。初阶外面各有砖刻天人力士供养佛幢等物，上部每阶嵌悬大小各式铜镜甚多，间有锥刻愿文者。吾国现存辽塔中之白眉也。城中部一大殿址门前有石经幢二基，左刻陀罗尼经咒文，右侧者刻记事文，中载宗曹利用奉誓书议监事，盖颂圣宗圣德者。惜两端多坏，倒卧地中。莲座久为贝子庙俗僧运作石狮材料矣。城址北北西方12.5公里查罕木伦西源北面有一大山，山脉东西横亘，石峰嶙峋，岩山极为雄大。山下有蒙胞小聚落名瓦儿漫汗（瓦儿为蒙用汉名，漫汗为沙坨，有瓦的沙地也），盖由辽三陵遗址得名也。其山今呼瓦儿漫汗山，按之《辽史》即黑岭之地，后更名庆云山者。山脊奇岩壁立，前坡下延支岭五，前端各结一小石峰；正中三脉为三陵兆域。三陵东西横列，各距三四里，世人多以东中西陵呼之；某陵为某帝今尚聚讼不一。数年前有人于西陵拾得背面朱书“乾三年”绿釉筒瓦一方，知西陵为天祚乾统三年建，盖为道宗也。东中二陵至今尚无积极有力之判明材料。陵寝前百米外均有享殿址，殿基园墙历然可寻；直前有殿门遗址，诸址碧瓦残砖，瓷陶器片遍地。中陵殿址最大，中有白石雕刻佛幢及大形梵文经幢各一，幢座精雕羊马图像，工致可爱。各陵室砖筑于地下，均遭掘发。明中六室连属，通长20余米，伟大精巧，出人意表。东陵主室壁画设色四季山水。前两侧室画等身大文武高官蕃汉功臣、乐人护卫等；眼饰容貌，各不相同；像左肩上各有契丹字题名。穹隆式顶盖亦画有龙凤等几何式装饰图纹，中陵因侵水从无探其究竟者，往岁曾于陵中拾得小块壁画残片，原亦有壁画可知，惜乎伟大珍迹已不在人间矣。各陵出土物因妄人无知，久已散佚，唯已残之木俑木狗及契丹国书汉字哀册石刻，哀册两石间防磨册文垫置之银质“大康通宝”钱，尚多保存于国立沈阳博物院中。三陵居界外，本与界壕无关，唯每因之引起学者对界壕之注意，又为界壕线上最大史迹之一，故附及之。《金史·地理志》庆州条下史文错简，故所记祖、怀二陵与实际多不符，亦为读史考古所当注意者。

（5）其他接近界壕之城址 除以上记诸城址外，尚有数城址应加说明备作参考者。狼河上流有古城二：甲、可称为土木呼舟故城。在土木呼舟（驼颈山）村西方谷口右岸；前有二赤木伦河，西近山冈。址近方形，每面一门，城内存有屋舍遗址。位置扼要，再北已近界壕。稍上流为小巴林旗东协理台吉府，由阿鲁科尔沁旗来一水注入之，溯此支流涧谷可通阿札各旗北境，为上京长春州羊要道。乙、可称为十三鄂博故城。在前城西南，林东县北，老房身谷口，二赤木伦河西岸上。其地去临潢约15公里许，西南为王安池村谿谷。西北通黑山东川之碧流台村。溯二赤河上通海力根台庙（为辽代古寺址，有石经幢石狮等），由此西北可通四方城，东北可通土木呼舟村。正东地势坦平，过二赤河直达瓜加拉嘎村。南有十三鄂博山横亘如屏，山上可望临潢府城。形势极为重要，其为临潢北一要县可知。城址不甚大，略近方形，四面各一门，南北二门正为今日官道所经。城内屋址殆满，城外亦巷路纵横。西北半里余为一高山，前坡山角上有屋址阶路石台四五处，非本地所有之园庭观览树木仍有存者。西去二三里地名老房身，居住村址尤密。石狮柱础多为居民所利用，陶瓷器片散乱遍地；当时人烟繁稠可知矣。丙、为四方城村故城。北距界壕15公里以来，为一规模较大之废城。位于林东县治西北百里许，属海力根台村，四方城屯，开垦十余年，宜于农牧，故居民多殷富。四方城河由北山东西二谷发源，直南流至海力根台入二赤木伦河。故其地势北东西三面高山，中为三角形一小平原。城位于小平原北面近山足处。城址分东西两处：西城正方形，四面各一门，壁高七八米，有敌楼址。近北壁今为民宅，遗址原状不详。此方形城东约200米许有一多边形城址，面积较大而周壁低小。其中小形屋址较多而不成行列，今已大半为居民垦耕建屋湮灭殆尽。遗物定窑白瓷片甚多，间有画花纹者，瓷质极为优秀，北宋物也。陶器砖瓦片则多辽代特征。石臼、磨石、柱础及石材亦多，土人云古有井泉一眼，今已涸废。依遗迹及古物观之，西城殆官署及贵族邸第所居，东城当为俘户所居，或为辽贵族私有之头下军州也。城北一高山，前坡有谿谷三，每谷中奇岩下有古墓一处，10余年前均被土人掘发。最西一墓地上有坟园享殿遗址，八方柱形笠顶汉字陀罗尼经幢一座，已运往林东县治保存，今余直径米余精雕莲花纹之幢座石仍存原处。幢身经文末有“咸雍二年岁次丙午五月甲寅二十七日，大横帐故曷鲁，次孙阿哩牙阿、边霍哩钵郎君”等纪年及署名，盖为辽皇族曷鲁之墓。辽耶律曷鲁有二，一为太祖族弟，为创业功臣之一，死于神册三年七月，辽史有传。幢立于咸雍二年，去其死约140余年，末署次孙某，似于世代不合。另一曾为北院大王，事迹无考，年代约略稍晚，但亦不能确定其人。墓室砖筑六方形，墓道两侧各有一小室，其形式或与永庆诸陵具体而微，壁无藻绘为异耳。出土物相传有绿釉凤首壶、白釉鸡冠壶、三色釉印花陶砚，黄釉陶洗；洗外壁近足周围有墨书契丹字十余，为契丹国书资料之一，又有墓志铭状方石一，表面并无镌刻任何文字，或为书而未刻，经久脱失者。总之城址及古墓为极得要之辽代遗迹，其二者更应有相互关系也。

此外若林东县北王安池古城、寒山中古城、查布干庙（查布干蒙语流沙也）、天山口南白城子古城、林西县南区近潢河之南小城子西城，皆距界壕较远，与沿边守御无关，故皆从略。

（二）山川　临潢为契丹旧壤，皇居陵寝多在境内，避暑游猎亦多在近境，故山川见于记载者较多。高山密林宜猎之区既多在北境，诸水又多发源于其间，故与界壕之关系极密。兹据多年实际考察所得，摘要说明其位置形状及与诸史迹之关系于后。

（1）赤山　在临潢府庆州东北境，辽初诸帝多射猎于此。其名颇古，按《新唐书·契丹传》，大贺氏窟哥内属，命为使持节十州诸军事；伏部为匹黎赤山二州，赤山州盖以此山得名也。今蒙古名巴颜乌兰，土人多称乌蓝坝或乌蓝大坝，国语大赤山或赤山也。盖漠北游牧生活，迁徙无常处，其地名之起源与城郭民族居有定所者不同。每多用色彩、形状、有无、大小等以区别之，故异地同名者极多；即此赤山以吾人今日已知者不下七八处，若详查地书则多不可胜数矣。知其必为辽金时代赤山者：一则确属临潢庆州境内，此外别无同名较大之山；二则兴安岭北来西转，于此结为高峰，山势极险，为临潢府内二大高山之较大者（他为寒山，古名黑山详后），且为巴林、阿鲁科尔沁、乌珠穆沁三族分界点，东蒙与高原蒙古出入之关门。今日如此，古亦宜然也。南距临潢府约90公里，流经府址东之二赤木伦河（狼河）即发源于山南西各谷。山中隘口极险峻，土名乌兰坝口，山西隘口名巴颜得利根坝，皆为北通乌珠穆沁旗及车臣汗部孔道。界壕由此始沿兴安岭山脉正峰前向西南斜走，直至达里海子沙原地带。其东界壕则横绝阿札科三旗北境之草原或拆卤地带，至霍勒河上流；盖兴安岭由此北向，界壕不能沿之平行矣。山中今少林木，父老云百年前尚多巨木，今则偶见根株而已。野兽多狍鹿野猪青羊蟠羊土豹黄狼，若虎熊已多年不见矣。狐兔之属到处有之，结队黄狼为害于人畜者颇烈，余曾一度亲见之，实极好之虞猎区域也。

（2）黑山　今蒙名寒山或罕山，盖黑山之音讹也，在林东县白塔子村河东，西北距界壕才数里。为兴安岭一支脉，周约七八十里。山势雄大，岩壑深幽；最高峰奇岩林立，云带烟笼，苍然如墨画，其名或由此也。蒙疆山多童秃，此则林木葱茂，松柏边运，为东蒙唯一产木区。盖蒙胞视此山如神明，年有祀典，禁伐树木及耕垦放牧，故得保存到今也。其西北麓隔白河东源为庆陵所在之庆云山，古名黑岭；山前涧水为白河西源，故今日白河实古之黑河也。河水沿山西南流，右岸平原上白塔子村之故城即辽金庆州址也。山南川心庙谷口废城为怀州，谷中辽太宗怀陵在焉。东南一支脉结为祖州诸山，若祖山、独石、天梯皆其奇秀者。东谷中一大平原名碧琉台，河水为二赤木伦右侧之一支。居住遗迹甚多，耕地旧痕布满川谷，当时汉民居此者必甚多也。山中各谷殊少人迹，而辽代之砖窑场、寺观址、聚落址等近年亦多有发现者。顶有潭水极清，四时不涸，此闻诸土人云，余尚未实见；《辽史》谓池有金莲，不知今仍存植否？关于此山之考证，日人鸟居龙藏博士据实地所见曾著《黑山黑岭考》一文，刊于《燕京学报》中，记述详尽，考证确凿，大足参考，故史文上之比证，兹皆从略。唯博士不以宋沈括所记之“夜来山”为《辽史》中所载之“拽剌山”同音异字，谓别具意义一点，吾人未敢深信，不知博士今日以为如何？

（3）狼河　发源于巴颜乌兰峰西南各谷，皆为界壕所经。即乌兰坝、巴颜得利根坝、爱林坝三小水源，先后汇合于乌尔吉村左右，水势渐大。屈曲南流至东协理台吉府南，受左侧由阿鲁科尔沁旗境来一水。南流经土木呼舟村转西而南，对海力根台梭木右侧受四方城及碧流台二水。南经十三鄂博村，过临潢府址东南七八里，受西来穿过临潢府故城之巴颜高老河。南七八里至蜘蛛山。山小而圆，正当川原中，左右山势迫近，如临潢平原一大门户。水出此稍东而入平地，东南至阿鲁科尔沁旗南境，合天山河水稍东注入布苏图泊，今名乌尔吉木伦（或作二赤木伦），古名乌尔图绰农，国语长狼河也，据蒙胞父老谈古时小巴林人户不旺，牲畜倒毙，百计不能繁兴。某年西藏佛爷喇嘛巡锡至贝子庙，谓河名不利于人畜，乃改今名。二赤为佛典中吉祥用语，此后始人畜日盛云云。更改河名确乎不疑，唯其确实时代今已无人知晓。此河纵贯临潢址东，巴颜高老河穿城注之。而以《辽史·地理志》上京临潢所记涞流、曲江、按出三水按之则一无所合，此显为元人修史者误将金上京会宁府史料混入所致。案涞流今名刺林河，按出即按出虎水；而曲江为会宁府属县，更非水名。两史俱在，覆案可知也。以故此水虽密迩临潢，而史中竟无详细记载；致后之读史考古者虽百方考索，甚者变易河道以就史文，而终无是处。按《辽史》上京有狼河，且为游猎之区，可知非沙原草地，必接近山林之河川也。依此河名称及狩猎性质言之，其为二赤木伦上游之山岳地方无疑。唯以别无证佐，作一假说以俟异日可矣。

（4）黑河　今名查干木伦河，发源于庆州东5公里黑山西北各谷，故名。今称白河者则因庆州址有白色砖塔，俗呼该地为白塔子（蒙名查干苏巴尔汗），复由白塔子河简化成今名矣。其上二源，正为界壕所经处。东北源由会通河西南至和硕漫汗，西源由永庆陵山前瓦儿漫汗来会。经庆州东1.5公里，西南至五十家子入林西界。西南流至珠尔钦庙前，右有高尔旗河由克什克腾旗西北发源，经林西县北40公里之琥珀沟门高尔旗村来汇。界壕即沿二河西北面山脉横走，折而南微东流，入大巴林界，水势渐大。经龙头山、官地屯，至太白庙；右有木石匣河发源于克什克腾旗木石匣沟，经林西县治南2.5公里左偕模胡鲁河来会，转而东南经大板上庙南，左有巴林左旗一小河来注之，东南至阿贵庙东南注入潢河。林东西二县仅有此二水最为重要，且溯任何一河或支流，均可抵达界壕址上之一地。

（三）道路 辽金临潢为北边一大都会，其交通道以大定府（辽中京，金北京，今热河省宁城县大名城址）为中心，与各州军县镇互相连络。界壕上各隘口关门则为控制外裔及交易出入之所；二代情形略同，即与今日亦不大异也。

（1）大定临潢道 分东西二线：西道大体由大定正北稍西经赤峰、乌丹二县治，过巴林石桥，渡黑水河（查干木伦）转而东北直至临潢府西门。北宋使臣多从此路，今日亦通行之。又由巴林石桥起有潢河庆州支线一。潢水北岸巴林桥西不远有辽饶州，为古饶乐松漠督都府址，其地似为今林西县南区雷壁山谷口樱桃沟古城址。溯雷劈山谷道北上经南小城子（似一县址）、方家店，渡木石匣河，为林西县治。复北经大营子（天主教传道根据地，著《东蒙古辽代旧城探考记》之牟里神甫曾驻锡），登吉林大坝岭上关门（岭上有人工开凿之古道遗址），岭北西有界壕支线一道。由此路分为二：一西北由板石房子附近出界壕，经兴安岭内温特尔大坝之隘口，可通高原蒙古之东浩济特及西乌珠穆沁二旗；一东北经鹿山、四方城、新林镇，折而东沿高尔旗河至高尔钦庙。复东北溯查干木伦河经五十家子直达庆州。其途中遗迹古物颇多，关门古道证佐尤确，为古代一交通要道无疑也。若由潢水石桥北首驿之黑水铺（金卢川县），沿黑水河大板、上五十家子亦通庆州。唯此河水量大小不时，沿流又无城站遗址，在当时恐非正路，可能为一地方道耳。东道由大定北渡老河而东，北渡建平河（辽为羖羱水），经敖汉旗菜园子（古惠州），经新庙附近之池沼草地，再渡老河而北，即为辽木叶山旁之永州。北宋贺生辰使至永州者由此路。唯今日潢土二河汇流处是否与辽代同，殊不敢定。因今之合流处无山岳丘陵，一片平沙衰草，河流迁转无常，故道遗迹甚多。今日新开河及三通湾子河皆有为古代潢河上道可能。故永州之真正位置仅据今日二河合处求之，实不免有胶柱之讥也。由永州北渡潢水，经沙原草地直至二赤木伦下游。天山县河注入二赤河处之西北不远有一古城址，蒙名查干和托（白城），似一辽金州县址。由此北而转西，经天山县刁家段（有土城址已大半湮灭，遗址古物不甚多，依方位里至考之，盖珍珠寨也）、石人沟、衙门庙、蜘蛛山，直至临潢府南门。此为辽人临潢、永州间正路，亦为临潢、东京、乾、显诸州官道之首段。若以临潢府为交通中心言之，又有东西二道在当时亦颇重要，且皆与金代界壕接近。

（2）临潢黄龙道　出临潢府溯狼河而北，至土木呼舟北沿左侧支流入阿鲁科尔沁旗汗庙及昆都一带，经札鲁特东王府（大致仍沿界壕南侧山麓地带），渡霍勒河下流，东过图谢图王府所在之代钦塔拉。东沿洮儿河直达月亮泡（鸭子河泺）及松嫩二江合流点之扶余、肇州、大赉一带。东接女真旧壤，又为春水钩鱼驻帐之所。辽平渤海，天祚东征，金破上京，盖皆从北道，其在二代史上之重要可知矣。

（3）临潢大同道　出临潢西门正西转南黑河铺，西溯潢水至河曲处之饶州，溯河过经棚县治，直抵达里泊。折而南经滦河之源抵阴山东端，西接桓、抚、昌、净、东胜诸州，直通西夏。南连山后诸州可达西京大同。避暑炭山，亦由此道。且由达里泊起，大体皆沿金代界壕地带。此道在军事外交上之重要，亦不减于上记各道也。

六、结语

关于临潢路内一部界壕边堡址之一切情形，略如上述，概括之可得下列各事：

（一）金代界壕边堡为吾国中世史上一大史迹，直至今日尚无人作专门性之调查与研究；而外人则颇多注意，殊觉遗憾。

（二）其位置经路大体由嫩江中流起，沿兴安岭山脉东南倾斜面西南斜走，接阴山而西，直达河套西曲。在地文上为海洋河川与内陆河川之分水岭，在人文上为农耕牧畜两族活动之接触线，为史地学者殊应注意之一点。

（三）其原来状态大致尚可由遗迹现状考察明了，界壕虽皆由主壕、别堤、沟堑、敌楼、接壕堡所构成，然其大小高低疏密材料等则每因地形及地质之性质而不同。边堡之形状大小，距离疏密更不齐一，可能有利用前辽故城及边堡而兼县镇者。

（四）遗迹出土之文物虽属无多，且皆粗杂不精，陶瓷砖瓦石作等技术文明，尤远逊于辽：然遗址性质明确，时代起讫清楚，在考古学比较研究上实为重要。极边戍堡亦通行宋钱，而本国铜钱反不一见，借可考见当时经济上通货之一斑。

（五）临潢为契丹祖宗旧壤，金代北边重地，接近界壕之古都旧县，星罗棋布，山川道路亦皆有关考史；详案遗迹，可发元修两史之误。

本篇基本材料皆访古该地之副产物，自与专作本题报告者疏陋简略多多，插图为谋印刷便利，择要附入。如能因之引起同道作全部或更详确之研究，实为至幸。

（原载《辽海引年集》，1947年7月版）

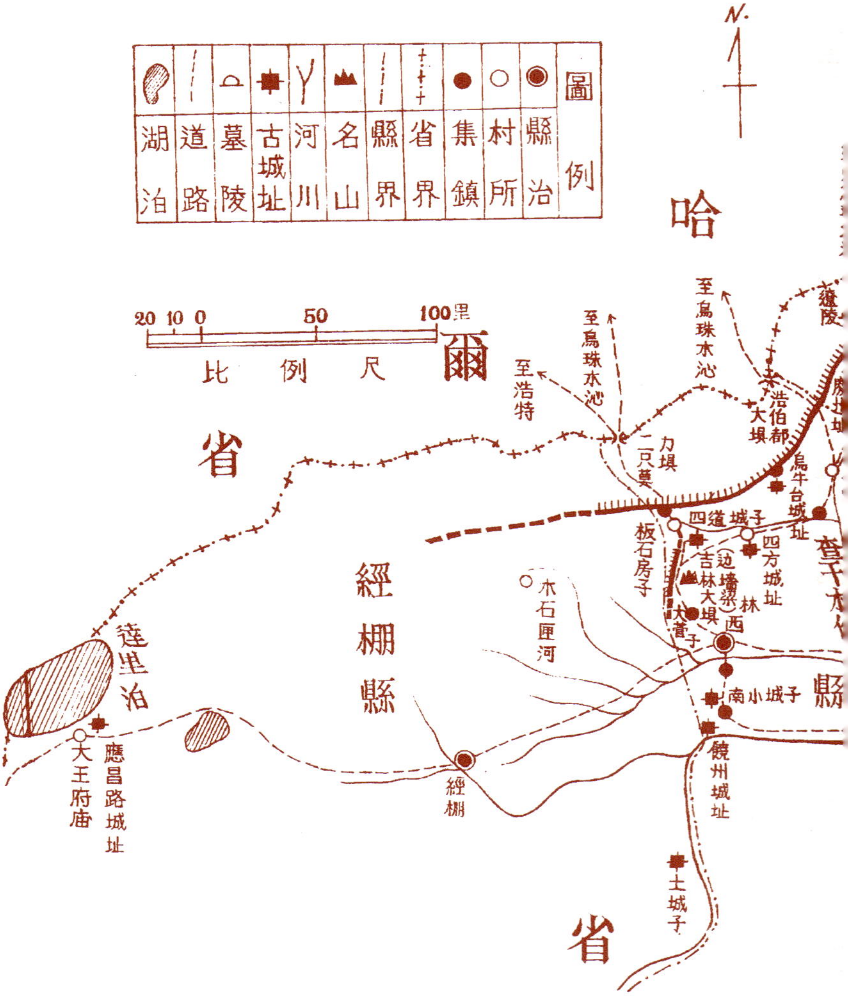

圖例
縣治
村所
集鎮
省界
縣界
名山
河川
古城址
墓陵
道路
湖泊
20 10 0 50 100里
比例尺
N.
哈
爾
省
經棚縣
省
縣
達里泊
大王府廟
應昌路城址
經棚
木石匣河
至浩特
至烏珠木沁
至烏珠木沁
浩伯都
大垻
二只莫
力垻
板石房子
四道城子
四方城址
烏牛台城址
吉林大垻
(边墻梁)
林
西
大營子
南小城子
饒州城址
土城子

至東烏珠木沁
至東烏珠木沁
至東烏珠木沁
烏兰埧
赤山
白音得利
根埧
愛林埧
烏尔吉
四方城
土木乎舟城
十二鄂包城
林東
赤木倫（狼河）
王安池城
寒山城
懷州城
會通河城址
黑山
祖州城
王府
臨潢府城址
于越王城
衙門庙
刁家叚城
天山
查不干庙
白城子
罕庙
昆都
天山縣
林東縣
察
林
西
熱
河
大板土
盧川城
西拉木倫
永州城址？
老哈河
巴林橋
烏丹

金臨潢路界壕邊堡址圖

关于辽代懿州城址的讨论

一、李文信

刘谦和许道龄二同志指正我在《考古学报》第8册“义县清河门辽墓发掘报告”中说辽懿州城故址在彰武四方城的错误是正确的。这个不应有的错误表明我工作不够认真严肃，很易造成混乱。这个教训对我今后的工作有很大帮助。

错误发生的主要原因当然是我未经调查了解古城址，也没很好地检查材料，另外也是轻信了一个地方人士的说法造成的。元懿州城南学田碑我是早已知道的，并且早在1938年曾看到过拓片，据说是由彰武前往一个靠河古城附近拓得的，但没说明确实地点。到1943年我调查阜新县那哈大巴辽肖德温墓时，问该地一位比较熟习阜彰二县古迹的人，辽代一位公主的住城懿州古址所在，并说明该城靠大河有古碑各特点，当时他毫不迟疑地告诉说那个公主城是四方城，除有碑靠大河以外，还有点将台及种种传说。我又以辽史懿州在显州东北三百里（百衲本作二百里）的记载来估计，觉得方向里数都相近，因此就信以为真了。后来我自己也发觉了这个错误：首先觉得《辽东行部志》所记由同昌到懿州的里程与四方城不符；《阜新县志》记懿州址在卧龙岗，《满洲金石志》稿记学田碑在阜新塔子营，辽宁省文化局社会文化科的金德宣同志也告诉我说元学田碑在阜新塔子营古城。但我当时认为清河门辽墓发掘报告中是在括弧里所注懿州址在彰武四方城的，不是专题研究，没很重视；又加几年来也没有更正的机会，就马虎下去了，这是完全错误的，今后当引以为戒。

刘、许二同志对辽懿州故城所在的不同看法，我因为对故址还没有调查，对文献也没有翻阅，一时不能说出子午卯酉；但我想在考古调查和文献相结合的研究之下，是可能得到解决的。比方金王寂《辽东行部志》说：“懿州宁昌军节度使，古辽西郡柳城之域，圣宗女燕国长公主初古（当即公主表中的槊古）所建，公主纳国舅肖孝惠，以从嫁户置，城市遂为州焉，旧名广顺军。”这是金懿州就是辽懿州的当时的明确记载，按王寂对地史沿革很熟习，又由大定到明昌好几次到懿州，所记较元明人记载更足重视，许道龄同志的主张也还有值得研究的余地。至于辽懿州城究竟是哪位公主建的也是个很难解决的问题，许同志提出的意见是一方面，另外也还有应该注意的。在文字资料上除许同志举出的（1）《圣宗纪》七“太平三年赐越国公主私城曰懿州”和（2）《地理志》一头下军州条“懿州广顺军节度，圣宗女燕国长公主置”而外，还有两条材料值得考虑：（甲）《地理志》二东京道“懿州宁昌军节度，太平三年越国公主置，隶上京，清宁七年宣懿皇后进入，更今名”；（乙）上引金王寂《辽东行部志》“圣宗女燕国长公主初古所建，公主纳国舅肖孝惠”。这四条材料中说越国公主的二条，燕国公主的也是二条，表面上看不出哪条正确，但都是圣宗女则是一致的。又燕国公主是景宗女，初封魏国，进封齐国，景福中封燕国大长公主，下嫁北府宰相肖继先，皇后尤加爱赐奴婢万口，重熙中薨（公主表）按史继先于乾亨初（979）尚齐国公主拜驸马都尉，圣宗统和二十八年（1010）亲征高丽时，以继先年老，留守上京卒（肖继先传）。可知懿州建置（1023）迟于燕国大长公主下嫁时约五十余年，继先死时十余年，两者是毫无关系的。另一个问题是，懿州究是圣宗哪个公主的私城？在这个问题上，（甲）条的“清宁七年宣懿皇后进入，改今名（宁昌军）”和（乙）条的“燕国公主初古，纳国舅肖孝惠”的记载是最值得考虑的。首先惹人注意的是，懿州是一位公主的私城，何以要由宣懿皇后把它进给朝廷？其次，史公主表明说越国公主槊古下嫁肖孝忠，王寂为什么说燕国公主初古纳国舅肖孝惠？至此不难想象：懿州、肖孝惠、宣懿皇后三者当有一定关系。按史道宗宣懿皇后是钦哀皇后弟枢密使（肖）惠之女（《宣懿皇后传》）；惠于重熙十七年尚帝（兴宗）姊秦晋国长公主（肖惠传）；秦晋国长公主则为圣宗二女岩母堇，她历封魏国公主、秦国长主公、秦晋国长公主，后加大长公主，下嫁肖海里，肖胡睹均不谐，乃嫁肖惠。由此略可推知王寂所说的肖孝惠当即肖惠（圣宗太平三年纪有肖孝惠不知是否一人），公主当为岩母堇，其女清宁初册为宣懿皇后时，才把她母亲的私城懿州进给朝廷，所以懿州广顺军也由上京头下军州划归东京道管辖，并把军号改为宁昌，因此可见懿州又很可能是圣宗次女岩母堇公主建置的。

许道龄同志说：“重熙十一年兴宗又以懿州赐封道宗为燕国王，二十四年道宗即位后，改军号曰宁昌，隶东京道（原隶上京道），统宁昌（本名平阳县），顺安二县。”这大概是指“重熙十一年十一月梁王洪基（道宗）进封燕国王”一事说的，但辽制皇子封王无就国食封例，并且懿州与燕国无关，也不可能把燕国公主头下私城，变成皇子的封国。至于懿州为什么改归东京道，并改了军号，已如上述，那是由于宣懿皇后把懿州进入的缘故，似乎与道宗即位无关，许同志的这一主张尚值得讨论。

总之，我认为这些地方还需大家进行深入研究。

二、许道龄

我和刘谦同志在关于古懿州城址的讨论一文（《考古通讯》1958年第一期）中，曾涉及李文信同志因为他主张辽懿州城故址在彰武县的四方城，此说我和刘同志都不同意，李同志已经知道错误，不再谈了。但现在李同志又提出几个问题，并希望“进行深入研究”。我依据文献材料，略提意见如下：

一、金懿州城是不是辽懿州城　关于这个问题，根据文献和勘查，认为阜新县塔子营村的古城址，就是辽懿州城，也就是金元懿州城。我上次曾据方舆纪要“辽懿州城在宁昌，金徙州治于顺安”之说，驳了刘同志。现在李同志又根据金王寂《辽东行部志》：明昌元年二月己酉，宿懿州宝严寺。懿州、宁昌军节度使，古辽西柳城之城。圣宗女燕国长公主初古（李同志原按：“初古，当即辽史公主表中的槊古。”这个见解很正确，我完全同意）所建。公主纳国舅肖孝惠，以“从嫁户置，城市遂为州焉，旧名广顺军”为一条记载，来维护刘同志的主张。他说：“这是金懿州就是辽懿州的当时的明确记载。”我认为这一段与本问题有关的主要话是在后面，我的读法是：“……以从嫁户置市城，市遂为州焉”，与李同志的断句不同。考辽代懿州原统宁昌、顺安二县，金灭辽后，把宁昌并入顺安，宁昌成为废县。金王寂于明昌元年因公过懿州，住地当在顺安，而不在宁昌，他当年所说的是懿州地理沿革。开头的主语是懿州，末了说的是：“（燕国公主初古）以从嫁户置市城，市遂为州。”他的意思是“公主以从嫁户置（顺安）市城，（金灭辽后）市（城）遂为州（城）焉”。如果我的理解不错的话，这不但不是“金懿州城就是辽懿州的当时的明确记载”，反而是金懿州城不是辽懿州城的明确记载。同时，也可证明《方舆纪要》的记载是有根据的。

二、辽懿州城究竟是哪个公主建的　关于这个问题，刘谦同志上次曾根据《辽史》卷三十七地理志一，头下军州条“懿州广顺军节度，圣宗女以燕国长公主以上赐媵臣户置，因建州城”这一条记载，主张辽懿州城是燕国长公主建的。我在上次曾根据《辽史》卷十六圣宗纪七："太平三年（1023）正有赐给越公主私城之，名曰懿州，军曰庆懿。"和《辽史》卷六十五公主表"景宗四女观音女第一，封魏国公主，景福（1031，按景福纪元只有此一年）中，进封燕国大长公主，重熙（1032—1055）中薨"这二条记载，来反驳刘同志。我认为辽懿州的始封，和建城者都是越国公主，次封者为燕国公主。现在李同志又根据王寂《辽东行部志》"懿州宁昌军节度使，圣宗女燕国长公主初古所建，公主纳国舅肖孝惠"和《辽史》卷七十一后妃传"道宗宣懿皇后肖氏，钦哀皇后弟枢密使惠之女"及《辽史》卷九十三肖惠传"（惠）重熙十七年尚帝姊秦晋国长公主"、《辽史》卷三十八地理志二懿州条"清宁七年，宣懿皇后进入，改今名"这几记载推知：（1）懿州城很可能是岩母堇所建。（2）王寂所说的肖孝惠当即肖惠。（3）公主当即岩母堇。李同志根据许多文献，归纳出这三点，我认为主要的目标是想把公主岩母堇和宣懿皇后拉上母女关系，然后解决辽史地理志懿州条"清宁七年宣懿皇后进入"这一个问题。我们现在根据辽史的记载，共同来讨论：（1）懿州城是不是岩母堇所建？《辽史》公主表说："景宗四女，观音女第一，下嫁北府宰相肖继先，封魏国长公主景福中（1031）进封燕国大长公主，重熙中薨。延寿女，第三，封越国公主，下嫁肖恒德，年二十一以疾终。圣宗十四女，岩母堇第二，开泰七年封魏国公主，进封秦国公主，改封秦、晋国长公主，后加大长公主，下嫁肖啜不……改适韩王肖惠（按：惠也曾任枢密使）。槊古（即初古），第三，封越国公主，景福初（1031）封晋蜀国长公主，下嫁肖孝忠。"查辽史公主表，在景、圣、兴、道四朝一百三十余年间，封建国公主者只有上述二人，而景宗第三女夭寿，二十一岁就死了。景宗公元969年即位，983年死掉。而懿州创建于太平三年，上距景宗死时已四十年，可见辽史圣宗纪七所说的"太平三年赐给越公主私城之，名曰懿州"，其人当不是景宗第三女，而是圣宗第三女，而且在这一百三十余年间，公主的名槊古者只有一人。由此，更足证明辽懿州城的创建者是圣宗第三女越国公主槊古。又查辽史公主表中，在这一百三十余年间，只有景宗第一女观音女，于景福元年进封燕国大长公主；而越国公主也于景福元年进封晋国长公主。两位公主进封的时间即同。而越国公主的懿州军号曰庆懿，燕国公主懿州军号曰广顺，依照《辽史》地理志二所记懿州军号“初曰庆懿，次曰广顺”的先后次序看来，更足以证明懿州在圣宗太平三年至重熙十一年间，赐封的公主，清清楚楚是二人，第一人上面已经说过是圣宗第三女，越国公主槊古；第二人是景宗第二女，燕国公主观音女。这两件事，与公主岩母堇都没有关系。懿州的赐封共有公主二人，而金王寂把二人合并为一人，第一个公主只记名字（初古），第二个公主只记封爵（燕国公主），并颠倒其先后次序，就把懿州变为“燕国公主，初古所建”了。这可能是由于传闻之误（按：《辽史》写成于元至正四年，王寂没看见此书，其所说当系得于传闻。辽东行部志清缪荃孙跋说：王寂，蓟州玉田人，海陵天德二年进士，曾任祁县令，真定少尹、通州刺史，中都（今北京）留守等职。由此可见生长、供职都在关内）。王寂《辽东行部志》中虽把越国漏掉，但初古之名尚存，就足以证明上面所引《辽史》圣宗纪七那一段记载的不误。可见辽懿州城是越国公主槊古所建。（2）越国公主槊古下嫁何人？肖孝惠是不是萧惠？上面所举《辽史》公主表，已经说过越国公主槊古下嫁肖孝忠。又《辽史》卷八十一肖孝忠传说“（孝忠）开泰中，尚越国公主，拜驸马都尉。太平中擢北府宰相，重熙中封楚王”，而王寂作“初古下嫁肖孝惠”？二者有一字之差，究竟是孝忠正确，还是孝惠正确？《辽史》卷十六圣宗纪说：“太平三年（正月越国公主城懿州），六月戊申，以参政知事肖孝惠为副检点。”肖孝惠当年既是副检点，没有按照辽国例，拜驸马都尉，可见越国公主是下嫁肖孝忠，不是下嫁肖孝惠，“忠”与“惠”两字形近，惠很可能是忠的误文。如果是这样，李同志所谓“王寂所说的肖孝惠当即肖惠”之说，就没有根据了。（3）燕国公主初古是不是就是岩母堇？和这问题有关的公主有三位。由上面所举的《辽史》公主表看来：（1）景宗第一女，观音女，景福中封燕国大长公主，下嫁肖继先。（2）圣宗第二女岩母堇，封魏、秦晋等国公主。下嫁韩王肖惠。（3）第三女，槊古，封越、晋蜀等国公主，下嫁肖孝忠。按三位公主名字既不同，下嫁的驸马也不同，而岩母堇又没有燕国公主的封号，可知王寂所说的“燕国公主初古”很可能不是岩母堇。公主岩母堇，虽然是肖惠之妻，但她是不是宣懿皇后的亲母呢？《辽史》卷九十三肖惠传说：“惠重熙十七年（1048）尚帝姊秦晋国长公主拜驸马都尉。”《辽史》卷二十一道宗纪一说：“重熙十二年，进封燕赵国王，二十四年八月即帝位。”同上卷七十一后妃传说：“道宗宣懿皇后肖氏，圣宗钦哀皇后弟枢密使惠之女。重熙中帝王燕赵时纳为妃，清宁初立为后。”由此看来，肖惠尚岩母堇公主，和道宗纳宣懿为妃，时间上不知谁早谁晚，反正相差很少，可见公主岩母堇不是宣懿皇后的亲母。据《辽史》肖惠传：惠生王统和元年，重熙十七年，已经66岁。而公主也是第四次下嫁，岁数当也不少。他们俩的婚事，上距太平三年懿州建城时已经26年。《辽史》地理志一说：“徽州宣德军节度，景宗女秦晋大长公主（即岩母堇）所建。”此可为懿州城不是岩母堇建置的旁证。

三、懿州和皇子洪基（道宗）、宣懿皇后的关系　肖惠传说：“惠有二子，长慈氏奴（殿前副点检），次兀古匿（北府宰相）。”假设懿州是公主岩母堇的私城，她死后，应由肖姓子孙献给朝廷，为什么由宣懿皇后献给朝廷？由此可见，懿州与道宗、宣懿皇后有一定的关系。依我个人的看法，懿州可能是道宗未即位前的封地。李同志说：“辽制皇子封王无就国食封例。”我认为当时虽有此例，有遥远地方可以适用，近畿的头下军州，可能例外（按：《辽史·地理志》一说，头下军州皆诸王外戚大臣所建）。又假设不就国食封，在京师遥领，也未尝不可。不论就食或遥领，都可说是他的封地，即位后，就让皇后献给朝廷。还有一种不成熟的解释法：宣懿皇后于道宗未即位前，也许曾出居于懿州城，清宁初进京入朝，就把此地划归东京普通州，改军名曰宁昌。我认为以上这两种解说，也是近情近理的，李同志以为如何？

（原载《文物参考资料》1956年第3期）

辽宁省市县建置沿革

编者说明：此稿清抄于“大众艺术编辑部”绿格横排稿纸上，从内容看，当作于1962年之后，1965年安东市改称丹东市之前。

辽宁省现行市县建置沿革简介目录

一、沈阳市辖市县：

1.沈阳市　2.辽中　3.台安　4.康平　5.法库　6.新民　7.昌图　8.开原　9.铁岭　10.西丰

二、旅大市辖市县：

1.旅大市（金县）　2.庄河　3.复县　4.新金　5.长海

三、鞍山市辖市县：

1.鞍山市　2.辽阳市（县）　3.海城

四、抚顺市辖市县：

1.抚顺市（县）　2.新宾　3.清原

五、本溪市辖市县：

1.本溪市（县）　2.桓仁

六、安东市辖市县：

1.安东市（县）　2.凤城　3.宽甸　4.岫岩

七、锦州市辖市县：

1.锦州市（县）　2.锦西　3.黑山　4.北镇　5.义县　6.绥中　7.兴城

八、营口市辖市县：

1.营口市（县）　2.盖平　3.盘山

九、阜新市辖市县：

1.阜新市（县）　2.彰武

十、朝阳市辖市县：

1.朝阳市（县）　2.北票　3.凌源　4.建昌　5.建平　6.喀左

沈阳市（县）建置沿革简介

周秦

幽州地。战国燕辽东郡辖境。秦因之。

汉魏

西汉辽东郡候城、高显、辽阳三县境。后汉三县改隶玄菟。魏襄平北境。

晋—隋

晋平州襄平县北境。前燕、前秦、北燕、后燕玄菟郡高显、望平二县境。402年（东晋元兴元年、北燕光始二年）高句丽好大王攻燕，玄菟、辽东二郡陷。市属新城、盖牟二城境。

唐

安东都护府新城州、辽州辖境。668年（总章元年）收复辽东后置州。传后复设沈州。

辽

东京道沈州昭德军，领乐郊、灵源二县。

金

东京路沈州。治乐郊，领章义、辽滨、双城、挹娄四县。

元

沈州。1297年（大德元年）改称沈阳。后改州为路，领乐郊、章义、辽滨、进城四县。设安抚高丽军民总官府。

明

沈阳中卫。1386年（洪武十九年）设，后领抚顺、蒲河二千户所。沈阳左右二卫后均废。沈阳中屯卫后迁治河间县，隶北平都司后军都督府。

清

承德县。1621年（明天启元、后金天命六年）略得沈阳。1625年由辽阳新城迁都沈阳，后定名盛京。1657年（顺治十四年）设奉天府。1664年（康熙三年）设县。1905年（光绪三十一年）改称奉天省，即为省治。

民国

沈阳县。因与热河省县名重复，改承德为今名，仍为省治。旋改省名为辽宁（日本侵占时期仍为市县，属伪奉天省）。

现代

沈阳市。1945年抗战胜利，八路军进驻，成立东北行政委员会冀热辽行署和市政机构。1946年春为蒋匪军占据。1948年11月2日，重获解放，成立特别市政府，归东北行政委员会管辖。同年12月6日东北行政委员会由哈迁治本市。1954年8月1日东北大区政府撤销，辽东西两省并为辽宁省，设治本市。同年8月11日改特别市为省辖市。1959年1月1日省设十市，划辽中、台安、康平、法库、新民、昌图、开原、铁岭、沈阳、西丰十县，归市管辖。1960年1月1日撤销沈阳县。

辽中县建置沿革简介

周秦

幽州地。战国燕辽东郡地。秦因之。

汉魏

西汉辽东郡辽阳县地。东汉辽阳改属玄菟。魏省辽阳，地属襄平。

晋—隋

平州辽东郡襄平辖境。后为前燕、前秦、后燕领有。后燕时辽东为高句丽所据，地属辽东城。

唐

辽城州地。收复辽东后，改辽东城为州。

辽

东京道广州昌义，衍州安广军宜丰二县地。

金

东京县辽阳府宜丰、沈州章义二县地。

元

辽阳县西北境。有崖头为辽东西交通驿站。

明

定辽诸卫辽阳城长胜堡辖境。有边墙，刺榆埚、马军埚、宋家埚等大小墩台。

清

辽中县。1906年（光绪三十二年）7月，分新民、海城、承德四县地置县，治阿司牛录镇，隶奉天省。

民国

辽中县。仍属奉天省，省后改名辽宁，仍隶属之（日本侵占时期仍为县，属伪奉天省）。

现代

辽中县。1945年抗战胜利后为蒋匪军占据。1948年11月1日解放，成立人民政府，属辽西省。1954年8月1日辽东西合并为辽宁省，隶属辽宁。1959年1月1日省设十市，归沈阳市领导。

台安县建置沿革简介

周秦

幽州地。战国燕辽东郡地。秦因之。

汉魏

辽东郡险渎县地。后汉改属辽东属国。魏为辽东郡无虑县东南境。

晋—隋

平州辽东郡无虑县东境。前燕、前秦、后燕、北燕险渎县境。后为高句丽所据，属辽东城。

唐

辽城州西境。收复辽东后置州，属安东都护府。有怀远镇，隋曾置县，后废。

辽

东京道显州山东县梁鱼务南境。

金

广宁府望平县境。

元

广宁府路望平县境。

明

广宁卫广宁地方镇宁、镇武二堡地。

清

辽中、镇安（今黑山）二县南境。

民国

台安县。1914年（民国三年）1月分辽中、镇安二县南境置县，治八角台，属奉天省，省改称辽宁，仍属之（日本侵占时期仍为县，属伪锦州省）。

现代

台安县。1945年抗战胜利后为蒋匪军占据。1945年10月解放，成立人民政府，属辽东省。1949年5月改属辽西省。1954年辽东西两省合并为辽宁，县仍属之。1959年1月1日省设十市，县属沈阳市。1960年并入辽中县，1962年初恢复县制（见公报）。

康平县建置沿革简介

周秦

幽州地。战国为燕辽东郡塞下地。秦因之。

汉魏

辽东郡无虑、望平二县属境。

晋

无虑、望平二县属境。后为前燕、后燕领有，属平州宿军县北境沙城地。

北朝

北魏营州东北境。契丹部落住地。

隋唐

契丹部落东境。

辽

祺州祐圣军庆云县、宗州熊山县、荣州荣安县境。

金

咸平路咸平府庆云、荣安二县境。西部兼得灵山县境。

元

懿州辖境。有熊山、洪州二站。

明

广宁后卫屯辖境。后卫移治义州，弃为福余卫蒙古牧地。

清

康平县。初为科尔沁左后旗地，1880年（光绪六年）分科尔沁中后二旗南境、前宾图王旗东境置县，治康家屯，隶昌图府，属奉天省。

民国

康平县。属奉天省，省改称辽宁，县仍属之（日本侵占时期仍为县，属伪奉天省）。

现代

康平县。1945年抗战胜利后为蒋匪军占据。1947年4月8日解放，成立人民政府，属辽北省。1949年5月19日调整省治，改属辽西省。1954年8月1日辽东西两省合并为辽宁省，县隶属之。1959年1月1日省设十市，县归沈阳市领导。

法库县建置沿革简介

周秦

幽州地。战国燕辽东郡北境。秦因之。

汉魏

辽东郡望平县西、无虑县东北境。

晋

辽东无虑、望平二县境。后为前燕、前秦、后燕领有。

北朝

北魏营州东北境。属契丹部落。

隋唐

营州东北境。后为契丹住地。

辽

辽州安定、祺州庆云两县境。西部兼得乾州灵山县境。

金

懿州灵山、沈州辽滨、咸平府庆云三县地。

元

辽阳路懿州东境。

明

铁岭卫属境。西部为泰宁卫蒙古牧地。有马鞍山、上下塔山、刁山、跸山，均在辽河西。

清

法库门厅。科尔沁左前旗地，柳条边穿过县境，1662年（康熙元年）设法库边门。1906年（光绪三十二年）分开原、铁岭、康平三县地置厅于法库门。法库亦作发库，原出满语巴尔虎，为强盛之意。县西八虎山，亦取此为名。

民国

法库县。1913年（民国二年）改厅为县，属奉天省，后改名辽宁省，县仍属之。

现代

法库县。1945年抗战胜利后为蒋匪军占据。1948年1月8日解放，成立人民政府，属辽北省。1949年4月21日调整省治，撤销辽北省，改设辽东西两省，县属辽西。

1954年8月1日辽东西两省合并为辽宁省，县仍属之。1959年省设十市，县归沈阳市领导。

新民县建置沿革简介

周秦

幽州地。战国燕辽东郡地。秦因之。

汉魏

辽东郡无虑县东境。

晋

平州辽东郡襄平辖境。前燕、前秦、后燕、北燕相继领有。

北朝

北魏营州辽东侨郡新昌县东境。

隋

辽西郡怀远县北境。辽河西岸高句丽设有武厉逻城，即前代武列城。有通定镇近辽河。

唐

安东都护府辽州境。初为辽州襄平守提城领境，有通定镇，颇利城（当即武厉城）。收复辽东后，改辽东城为辽州，县境属之。

辽

东京道辽州始平军辽滨县境。有辽河、羊肠河、锥子河（今珠子河）、黑山。

金

沈州辽滨、广宁府望平县境。皇统三年废辽州，辽滨改隶沈州。1189年（大定二十九年）望平置，治梁鱼务。

元

广宁路望平县境。

明

广宁右屯卫地。后弃辽河套空地为泰宁、福馀卫牧地。

清

新民府。初为噶海城地，城为1636年（崇德元年）3月筑，名开城，通称巨流河城。1682年（康熙二十一年）设巨流河巡检。1813年（嘉庆十八年）6月分承德、广宁二县地置新民厅，设治新民屯。1902年（光绪二十八年）6月升为府。

民国

新民县。1913年（民国二年）改府为县，属奉天省，省改称辽宁，县仍属之（日本侵占时期仍为县，属伪奉天省）。

现代

新民县。1945年抗战胜利后为蒋匪军占据。1948年11月1日解放，成立人民政府，属辽北省。1949年5月调整省治，撤销辽北省，改属辽西省。1954年8月1日合并辽东西两省为辽宁省，县仍属之。1958年1月1日省设十市，县属沈阳市。

昌图县建置沿革简介

周秦

幽州地。战国燕辽东郡北边地。秦因之。

汉魏

辽东郡望平县北境。魏改县属玄菟郡，为扶余地。

晋—隋

玄菟郡望平县北境。后为前燕所有。493年（北魏泰和十七年、齐永明十一年）高句丽灭扶余领有之，属扶余城。

唐

渤海扶余府。唐收复辽东后，不久为渤海所有，立扶余府，领扶、仙二州。仙州领强师、新安、渔谷三县；扶州领扶余、布多、显义、鹊川四县。扶州治扶余县。

辽

黄龙府，后改通州安远军。太祖平渤海扶余城，改为龙州黄龙府，后移府改为通州，治通远县。南部兼得肃州清安县，西北兼得安州归仁县，韩州柳河县地。975年（保宁七年）龙州卫将渤海人燕颇反，州废；1020年（开泰九年）迁龙州黄龙府于今农安。

金

咸平路咸平府归仁、清安及韩州柳河县地。

元

开元县咸平府辖境。后降府为县，又改隶辽东宣慰司。

明

辽海卫指挥使司辖境。司为1390年（洪武二十三年）2月置，治开原城。西北为福余卫蒙古牧地。

清

昌图府。1806年（嘉庆十一年）以蒙古科尔沁左翼后博多勒噶台王旗地，设昌图额勒克理事通判，办理农民事件。1864年（同治三年）改为边防抚民同治。1877年（光绪三年）11月升为昌图府。

民国

昌图县。1913年（民国二年）改府为县（日本侵占时期仍为县，属伪奉天省）。

现代

昌图县。1945年抗战胜利后为蒋匪军占据。1947年9月解放，成立昌图、昌北二县政府，属辽北省。1949年5月撤销辽北，改属辽西省。1954年8月辽东西两省合并为辽宁省，县仍属之。同年12月撤销昌北，并入本县。1959年1月1日省设十市，县属沈阳市。

开原县建置沿革简介

周秦

幽州地。战国燕辽东郡北边近塞地。秦因之，所谓秦筑鄣塞，以限要荒。

汉魏

辽东郡望平县境。魏改县属玄菟郡。

晋—隋

玄菟郡望平县境。前燕、前秦、后燕相继领有。402年（东晋元兴元年）后为高句丽所据，属扶余、金山二城西境。

唐

渤海扶余府地。高丽灭后，地为渤海领有，属扶余府南境。

辽

东京道咸州安东军咸平县。初为耗里太保城，后为州治。南部兼得同州东平县境。

金

东京路咸平府平郭县。南北兼得铜山、荣安二县境。

元

开元路咸平府。1342年（至正二年）1月徙路治于咸平，降府为县，自此咸平始改称开元。

明

三万卫城。1387年（洪武二十年）置，初治元开元城，后以粮饷难继，退至咸平府立卫，称三万卫城或开原城，1405年（永乐三年）后避朱元璋（太祖）讳，改元为原。辽海卫初治牛家庄，后迁此同治。安东卫由此徙治关内，隶北平都司。安乐州设治城内。

清

开原县。1639年（天命四年）略取开原城。1664年（康熙三年）设开原县，属奉天省。

民国

开原县。属奉天省（日本侵占时期仍为县，属伪奉天省）。

现代

开原县。1945年抗战胜利后为蒋匪军占据。1948年1月27日解放，成立人民政府，属辽北省。1949年4月21日调整省治，撤销辽北，改属辽西省。1954年8月1日辽东西两省并为辽宁省，县隶属之。1959年1月1日省设十市，县属沈阳市。

铁岭县建置沿革简介

周秦

幽州地。战国燕辽东郡辖境，秦因之。

汉魏

西汉辽东郡候城、望平二县地。后汉二县改属玄菟郡。魏省候城，为玄菟郡望平县境。

晋—隋

平州玄菟郡望平县境。前燕、前秦、后燕相继领有。后燕初为高句丽占据，属新城辖境。

唐

新城州辖境。668年（总章元年）收复辽东后置州，属安东都护府。

辽

东京道银州富国军。治延津，领新兴、永平县。西南部兼得双州双城、兴州常安县地。

元

辽阳行中书省咸平路新兴县。北部兼得铜山县境。后废归咸平县。

明

铁岭卫。1388年（洪武二十一年）3月依元代旧疆置卫于鸭绿江东古铁岭城。1393年（洪武二十六年）4月徙卫于辽东沈阳、开元二界间古嚚州之地，自此始称铁岭。所领左右中三千户所，驻城南六十里懿路城，中左千户所驻城南三十里汎河城。

清

铁岭县。1619年（后金天命四年）7月略取铁岭。1664年（康熙三年）6

月设铁岭县，属奉天省。

民国

铁岭县。隶奉天省（日本侵占时期仍为县，属伪奉天省）。

现代

铁岭县。1945年抗战胜利后，蒋匪军占据。1948年12月28日解放，成立人民政府，属辽西省。1954年8月1日辽西东两省并为辽宁省，县仍属之。1959年1月1日省设十市，县归沈阳市领导。

西丰县建置沿革简介

周秦

幽州地，肃慎西界。战国燕辽东郡塞下地。秦因之。

汉魏

辽东郡望平县东北、玄菟郡高句丽县北境。魏改望平属玄菟。

晋—隋

玄菟郡望平县边境。前后燕时为高句丽所据，属扶余城。

唐

渤海国扶余府辖境。高丽灭后，地为渤海领有。

辽

咸州咸平县东境。多女真部落。

金

咸平府平郭县东境，后为玉山县地。玉山于1198年（承安三年）以马速集、平郭林之间相去六百余里之地置。1214年（贞祐二年）升为玉山州顺安军，县为州治，金末废。有叩畏（今作滚河，汉语意为清河）千户营。

元

开元路咸平府咸平县东境。

明

叶赫、哈达二部落属境。

清

西丰县。初为围场禁地，1902年（光绪二十八年）6月，以围场西流水空地立县，治淘鹿，属海龙厅。

民国

西丰县。属奉天省，省改称辽宁，县仍属之（日本侵占时期仍为县，属伪奉天省）。

现代

西丰县。1945年抗战胜利后，为蒋匪军占据。1947年9月15日解放，成立人民政府，属辽北省。1949年4月21日调整省治，改属辽东省。1954年8月1日辽东西两省并为辽宁省，仍隶属之。1958年9月23日省设十市，归沈阳市领导。

旅大市（金县）县建置沿革简介

周秦

幽州地。战国燕辽东郡南境。秦因之。

汉魏

辽东郡沓水氏县地。魏改称东沓，有沓渚为登陆口岸。北部兼得北丰县境，北丰即公孙氏丰城。

晋—隋

北丰县地。后为前燕、前秦、后燕领有。有马石津，为海上口岸。后燕时为高句丽所据。有卑奢城。

唐

安东都护府辖境。后废府改属平卢淄青节度使。有都里镇，在马石山东。有青泥浦、三山浦。

辽

东京道苏州来苏县及顺化城境。有镇东关，俗称苏州关。铁山镇东海口驻防军七千人。

金

金州化城县南境。初为苏州，后降为县属复州。最后升为金州，苏州关改称化成关，女真语名曷撒罕关，意为藩篱。

元

金复州万户府地。初属盖州路，后属辽阳路。征倭军还，屯田于此。

明

金州卫地。1371年（洪武四年）元平章刘益降，设金州。1375年设金州卫，领中左千户所。有望海埚备倭堡，1419年（永乐十七年）总兵刘江歼倭处。旅顺口有南北二城，中左千户所备御；1602年（万历三十年）山东游击率水师千余驻防于此。青泥岛（今大连市）为一村落。

清

宁海县。1734年（雍正十二年）改金州为宁海县，属奉天省。1843年（道光二十三年）改为金州厅。旅顺口于1711年（康熙五十年）设水师。1880年（光绪六年）撤水师建北海军；1888年（光绪十四年）建要塞。1896年（光绪二十二年）租与俄国，筑青泥洼港，称达鲁尼。1904年（光绪三十年）日俄战后，日本强占设关东州总督府；1909年（宣统元年）定名大连。

民国

金县及大连市地。日本强占，1913年（民国二年）改金州厅为金县。

现代

旅大市（金县）。1945年8月22日苏军击败日军，旅大解放，11月8日成立大连市及旅顺市政府。1946年1月成立金县政府，仍治金县城。同年2月7日成立大连县；10月22日成立旅大金行政联合办事处。1949年4月3日撤销办事处，设关东公署，同月27日改称旅大市行政公署。1950年12月1日，改行政公署为旅大市人民政府；同时，撤销大连市、县政府。设长海县。1959年1月1日省设十市，增辖复县、新金、庄河三县。1960年撤销旅顺市，改为旅顺口区。市辖一市五县。

庄河县建置沿革简介

周秦

幽州地。战国燕辽东郡辖境。秦因之。

汉魏

辽东郡西安平、沓氏二县辖境。魏改沓氏为东沓，旋废。地属西安军县。

晋—隋

辽东郡西安平西境。后为前燕前秦后燕领有。后燕时为高句丽所据。

唐

安东都护府地。沿海有石人三亚、橐驼湾。

辽

东京道盐州及濒海女直国地。

金

盖州秀岩县南境。东部兼得婆速路地。

元

婆娑府巡检司辖境。

明

金州卫黄骨岛堡地。北部兼得岫岩堡地。有石城、大鹿等岛。

清

庄河厅。初为岫岩州沿海地，1906年（光绪三十二年）设厅，治大庄河；为直隶厅，次年改隶东边道。有大孤山、花园口、庄河口、青堆子等港口。

民国

庄河县。1913年（民国二年）改庄河厅为县，属奉天省（日本侵占时期仍为县，属伪安东省）。

现代

庄河县。1945年8月15日解放。1946年10月蒋匪军入据。1947年春重获解放，恢复县人民政府，属安东省。1949年5月改属辽东省。1954年8月辽东西两省合并为辽宁，县仍属之。1959年1月1日省设十市，县属旅大市。

复县建置沿革简介

周秦

幽州地。战国燕辽东郡南境。秦因之。

汉魏

辽东郡地。北部属文县（后汉改汶），南部属沓氏县境。魏北丰、东沓二县境。

晋—隋

辽东郡北丰县及汶县境。前燕、前秦、后燕、北燕相继领有。后为高句丽所据。

唐

安东都护府辖境。后改属平卢淄青节度使。

辽

复州永宁、德胜二县。州治永宁，北部兼得曷苏馆，治所宁州新安县境。

金

复州永康县。

元

金复州万户府地。征倭军还，屯田于此。

明

复州卫地。1371年（洪武四年）元平章刘益降，设辽东卫于得利嬴城，并置复州。后辽东卫徙辽阳，1381年（洪武十四年）设复州卫，州卫并存。1395年（洪武二十八年）州废。有辽东苑马寺永宁监城，领清河、深河两苑。有平山苑草场碑（在得利寺公社杨屯）。

清

复州。1618年（后金天命三年）归清。1664年（康熙三年）废复州并入盖州。1726年（雍正四年）置复州厅，1733年（雍正十一年）改为州。1908

年（光绪三十四年）5月徙治瓦房店。

民国

复县。1913年（民国二年）改州为县，属奉天省（日本侵占时期仍为县，属伪奉天省）。

现代

复县。1945年8月15日解放，成立县人民政府。仍治瓦房店，属辽南省。1946年为蒋军占据，1947年获得解放，同年撤辽南设辽东省，县仍属之。1954年辽东西两省合并为辽宁，县仍属之。1959年1月1日省设十市，县属旅大市。

新金县建置沿革简介

周秦

幽州地。战国燕辽东郡南境。秦因之。

汉魏

辽东郡沓氏、北丰二县境。魏因县民度海居青齐郡，改沓氏为东沓，丰城为北丰县。

晋—隋

北丰县地。晋省东沓地属北丰。前燕、前秦、后燕、北燕为力城地。后为高句丽领有。

唐

安东都护府辖境。府为收复辽东后置。后改属平卢淄青节度使。沿海有桃花浦港口。

辽

东京道顺化城响义军地，南部为苏州怀化县境，东部多曷苏馆女真户。

金

金州化成县顺化营地。金改苏州为金州，省怀化县，改顺化军城为营来属。东部女真户称合斯罕猛安。有苾里海河（今碧流河）。

元

金复州新附军屯田万户府地。有沙河、双山皆沿海屯田防倭地。

明

金州卫红嘴（貔子窝附近）、归服（城子疃附近）二堡地。有孛罗铺（今普兰店）为本卫铺舍。

清

宁海县东北境。县1734年（雍正十二年）设。

民国

金县境。1913年（民国二年）改宁海为金县。

现代

新金县。1945年8月解放，10月设县，治貔子窝。1946年冬为蒋匪军占据，1947年4月最后解放。1948年1月15日移治普兰店，不久移回旧治。

长海县建置沿革简介

周秦

幽州地。战国燕辽东郡南部沿海岛屿。秦因之。

汉魏

辽东郡沓氏县沿海诸岛。魏东沓县地。

晋—隋

北丰县地。前燕、前秦、后燕相继领有。后为高句丽所据。

唐

安东都护府地。后改属平卢淄青节度使。

辽

苏州怀化县境。

金

金州化成县东南沿海岛屿。

元

金复州屯田万户府辖境。

明

金州卫望海埚、红嘴、归服三堡备倭地。

清

宁海县东南部沿海诸岛。后被帝俄、日本强占为租地。

民国

金县境辖。

现代

长海县。1945年8月解放，先后为金县、新金县辖境。1949年10月设长山县，治长山岛。1953年改名长海。

鞍山市建置沿革简介

周秦

幽州地。战国燕辽东郡襄平城南境。秦因之。

汉魏

辽东郡襄平县境。

晋—隋

辽东国襄平县境。前燕、前秦、后燕、北燕相继领有。后为高句丽所据，属辽东城。

唐

辽城州辖境。州收复辽东后，以辽东城置，属安东都护府。后废府改属平卢淄青节度使。

辽

铁州汤池县。

金

东京路辽阳府辽阳县境。

元

辽阳路辽阳县。

明

鞍山驿堡。堡1387年（洪武二十年）设，定辽中卫带官。站内设递运所、安插百户所。有沙河铺长店铺，均辽阳城所属铺舍。

清

辽阳府辽阳县境。鞍山驿城驻兵防守。

民国

辽阳境辖。

现代

鞍山市。1945年抗战胜利后为蒋匪军占据。1948年2月19日解放，成立市人民政府，属东北行政委员会辽东省。1954年东北人民政府撤销，辽东西两省合并为辽宁省，市仍属之。1959年1月1日省设十市，3月划辽阳市、县、海城县归市管辖。

辽阳市（县）建置沿革简介

周秦

幽州地。战国燕辽东郡襄平城。前222年秦灭燕，燕王喜、太子丹东奔辽东，以襄平为都，后五年灭。秦得辽东仍为郡，治襄平。有衍水。

汉魏

辽东郡治襄平县。东南兼得居就地。魏东夷校尉治。有首山、梁水。

晋—隋

平州辽东国襄平县。274年（泰始十年）置州领辽东等东方五郡。前燕、前秦、后燕相继领有。后燕时高句丽攻取辽东，改称辽东城，隋四次出兵，未能收复。

唐

安东都护府辽城州，东境兼得白岩州地。668年（总章元年）收复辽东后置州于汉襄平故城。一度为都护府治所。

辽

东京道辽阳府治辽阳县。907年（太祖元年）唐平州刺史刘守亲降，领有辽东。919年（神册四年）葺辽东故城建东平郡。928年（天显三年）升为南京，为东丹王国都。最后定为东京辽阳府。

金

东京路辽阳府治辽阳县。外领宜丰县，东部兼得石城县地。

元

辽阳路辽阳县。

明

辽东郡指挥使司治。定辽前、后、中、左、右、东宁卫及自在州均治此。

清

辽阳州辽阳县。1621年（后金天命六年）迁都辽阳，次年筑新城迁入。1653年（顺治十年）设府，辖附郭辽阳县。1657年（顺治十四年）府移盛京，改称奉天。1664年（康熙三年）升县为州，隶奉天府。

民国

辽阳县。1913年（民国二年）2月改辽阳州为县，隶奉天省（日本侵占时期仍为县，并设市，属伪奉天省）。

现代

辽阳市。1945年抗战胜利后，为蒋匪军占据。1948年10月1日解放，成立市县政府，属辽东省。1954年辽东西两省合并为辽宁省，本县归辽阳专区公署领导。1959年1月1日省设十市，撤销县和专署，市属鞍山市。□年□月（原稿未标年月）复设辽阳县，治□□□（原稿未标明）。

海城县建置沿革简介

周秦

幽州地。战国燕辽东郡境。秦因之。

汉魏

辽东郡安市县地。东部兼得新昌县地。

晋—隋

平州辽东国安市县地。前燕、前秦、后燕相继领有。后为高句丽所据，属安市城。

唐

安市州地。州收复辽东后设，隶安东都护府。

辽

海州南海军治临溟县。兼得铜州广利军析木、嫔州柔远军地。

金

澄州南海军临溟县。改海州为澄州，仍治临溟。省嫔州、铜州、以析木县来属。

元

辽阳路澄州临溟县。

明

海州卫。1371年（洪武四年）设海州于旧澄州。1376年（洪武九年）设海州卫，州、卫并存。1395年（洪武二十八年）废州。

清

海城县。1621年（后金天命六年）略得海州。1653年（顺治十年）置海城县，属辽阳府；1664年（康熙三年）改隶奉天府。有牛庄防守尉城。

民国

海城县。隶奉天省（日本侵占时期仍为县，属伪奉天省）。

现代

海城县。1945年抗战胜利后，为蒋匪军所据。1947年秋解放，设县人民政府，属辽东省。1954年辽东西两省合并为辽宁，县仍属之。1959年省设十市，3月县归鞍山市领导。

营口市（县）建置沿革简介

周秦

幽州地。战国燕辽东郡境。秦因之未改。当时市区尚未形成大陆。

汉魏

辽东郡辽队、安市二县境。译称辽口，司马懿征辽东公孙渊，由此乘船溯梁水（太子河）直达辽东城下。

晋—隋

历林口属平郭县。后为鲜卑前燕据有。暮慕容皝率兵讨慕容仁，由昌黎郡（今大凌河口一带）践冰东进三百余里至此，舍辎重轻兵趣平郭（今盖平），仁败死。后燕时为高句丽所侵据，属建安城（遗址在盖平青石铺高丽城村山上）辖境。

唐

安东都护府建安州都督府辖境。后改属平卢淄青节度使。

辽

东京道耀州严渊县辖境。译称辽河大口。

金

东京路盖州汤池县神乡镇境。镇即辽耀州严渊县（今大石桥镇岳州村城），译称辽口，为辽东漕运上达咸平府的起点。

元

辽阳行中书省辽阳路盖州建安县西境。

明

海州卫耀州堡地。译称梁房口或梁房海口（梁房当是辽河二字音讹），东南距盖州卫九十里。辽东都司定辽左、右、中、前、后，辽海、东宁、沈阳中卫，均在此设盐厂百户所，共有制盐军工四百四十三名，年产食盐一百四十六万五千余斤。有梁房口关。海运船由此入辽河，上经三叉河、牛庄码头，远达开原西辽河老米湾码头，是金元以来漕运及海运深入内陆的老路。

清

营口厅。市区在清初业已形成市镇，为海河航运和渔盐生产的地方中心，称没沟营，地当辽河海口，故简称营口。1866年（同治五年）设营口海防同治，镇海营防军驻西河口海岸。1882年（光绪八年）建炮台于河口东岸，遗址犹存。1909年（宣统元年）分海盖二县地置营口直隶厅，属奉天府。先在1858年（咸丰八年）不平等条约的天津条约成，牛庄被迫开为商埠，英人因牛庄深入内地，海船出入不便，于1860年强驻于此，并横称营口为牛庄，清政府不能拒，从此营口又有牛庄之称，称牛庄为旧牛庄或牛庄城。故清末国际关系文件和外人记录中的牛庄，大多系指营口而言。从此营口就成为帝国主义侵略我东北最早的一个据点。

民国

营口县。属奉天省辽沈道，道尹公署即驻于此。

现代

营口市。1945年8月抗战胜利，9月中国共产党地下组织公开出现，成立“东北行政委员会冀热辽行署营口行政特派员办事处”，由东北工作委员会领导。蒋匪军于1946年4月1日、同年年末、1948年11月，前后三次短期侵入营口。1948年11月11日最后解放。1949年10月1日建国后，市县属辽东省，县移治大石桥镇。1954年东北大区行政委员会撤销，辽东辽西合并设辽宁省，市县属辽宁，归辽阳专区管辖。1959年1月1日省设十市，撤销专区，本市管辖营口、盖平、盘山三县。

盖平县建置沿革简介

周秦

幽州地。战国为辽东郡南境。秦因之未改。

汉魏

辽东郡平郭县，西南兼得文县境。平郭有官铁厂和官盐厂。

晋—隋

辽东郡平郭县。后为前燕领有，慕容仁据城反，旋被平灭。继为前秦领有。后燕为平州治，北燕仍领有此地。后为高句丽侵据，属建安城（遗址在青石铺高丽城村山上）。

唐

建安州都督府。收复辽东后建，属安东都护府。645年（贞观十九年）都督张俭、水师张亮先后与高丽兵战城下。

辽

辰州奉国军建安县。南部为卢州玄德军熊岳县（今熊岳镇），归州归胜县（今归州村城）地。有曷苏馆女真国治设归州南，统辖熟女真。

金

盖州建安、熊岳二县地。有曷苏馆路，节度使署在熊岳南李官村南近境。

元

盖州路建安县。熊岳汤池二县并入本县。

明

盖州卫。初为辽东卫（初治复州得利嬴城，即得利寺龙潭山城），旋改为定辽后卫，由盖州徙治辽阳城，另立盖州卫与盖州并存，1395年（洪武二十八年）州废。

清

盖平县。1621年（后金天命六年）略有盖州，努尔哈赤（清太祖）巡视，州人献金代人铜钟，后用于盛京钟楼。1664年（康熙三年）6月置县，属奉天省。

民国

盖平县。属奉天省，隶辽沈道。

现代

盖平县。1945年抗战胜利，10月建立人民政权县政府。1946年划复县、盖平、庄河交会地区设万福县，设治于万福庄，1948年11月撤销。1946年10月蒋军一度入据，1947年4月最后解放，属辽东省。1954年辽东辽西合并为辽宁省，县仍属辽宁，由辽阳专区领导。1959年1月1日省设十市，撤销专区，县归营口市管辖。

盘山县建置沿革简介

周秦

幽州地。战国燕辽东郡南境。秦因之。

汉魏

辽东郡房县地，后汉改属辽东属国，魏废房县改属辽东郡无虑县。

晋—隋

安市县西境。晋废辽队、无虑，地当属安市。后为前燕、前秦、后燕、北燕相继领有，为险渎县南境。东近历林口（营口），前燕慕容皝率兵讨慕容仁，率军自昌黎（锦州大凌河口一带）趋平郭（盖平）践冰东进，凡三百余里至历林口，所经皆本县沿海地。北朝为辽东侨郡新昌县属地，时辽东久为高句丽所据，故置侨郡于辽河西，以新昌为治所。隋为辽西郡怀远镇地。

唐

辽州西南境。收复辽东城后，改为辽州，属安东都护府。后为怀远县南境。

辽

东京道显州山东县东南境。

金

广宁府望平县南境。当时称为望平海口地。

元

广宁府路望平县南境。

明

东部属海州卫西兴、西宁、西平二堡，有朱子河、沙岭驿及大小墩台。西部为广宁卫镇武堡境，有高平驿为辽东辽西南路交通孔道。

清

盘山厅。1906年（光绪三十二年）分广宁县及盘蛇驿牧场地置厅，设治双台子，属锦州府。

民国

盘山县。1913年（民国二年）改厅为县，属奉天省。

现代

盘山县。1945年8月抗战胜利，10月31日八路军入城，11月成立县人民政府。同年12月14日蒋军入据，1946年1月16日二次解放。2月10日蒋军再度入据。1948年2月1日最后解放，县属辽西省。1954年8月辽东辽西两省合并为辽宁省，县属辽宁。1959年省设十市，县归营口领导。

本溪市（县）建置沿革简介

周秦

幽州地。战国燕辽东郡地，秦灭燕因之。

汉魏

辽东郡襄平县东境。

晋

辽东郡境。前燕、前秦、后燕相继领有。后逐步为高句丽所据，为白岩城东境。

隋

高句丽白岩城东境。

唐

岩州东境。收复辽东后，改白岩城为岩州，隶安东都护府。

辽

岩州白岩县东境。

金

辽阳府岸州石城县东境。1219年（兴定三年）移岩州治于灵岩寺，定名东安县，仍领石城。

元

辽阳路辽阳东境。元末高家奴保聚于平顶山，1371年（洪武四年）明军破之于老鸦山寨。

明

威宁营、清河城地。有平顶山、鸦鹘关。三万卫设铁厂百户所于威宁营东，定辽后卫设铁厂于平顶山。

清

本溪县。康熙时市为较大村落，乾隆时已成工商业繁荣市镇。1906年（光绪三十二年）分辽阳、凤凰、兴京三厅地置县，治本溪湖街。本溪湖当时窑业发达，故又称窑街。

民国

本溪县。属奉天省，后改称辽宁，县仍属之（日本侵占时期仍为县，属伪奉天省）。

现代

本溪市（县）。1945年抗日胜利后，为蒋匪军占据。□年□月（原稿未标年月）解放，成立人民政府，隶安东省。1949年6月建立辽东省，市县属之。1959年1月1日省设十市，本溪桓仁二县归市领导。本溪县于□年□月（原稿未标年月）移治于小市镇。

桓仁县建置沿革简介

周秦

幽州地。东北与肃慎为邻，有徒太山。战国燕辽东郡近塞地，秦因之。

汉魏

玄菟郡西盖马县境。魏时为高句丽所有。有盐难水、马訾水。

晋—隋

高句丽地。有沸流水。

唐

渤海西京鸭绿府桓州西境。高丽灭亡，地为渤海领有，改高丽旧京丸都为桓州，县为西境。

辽

东京道桓州西境。

金

婆速路地。居民多猛安、谋克户。

元

婆娑府巡检辖境。有兀剌山城。

明

建州卫女真部。有婆猪江为建州卫根据地。

清

怀仁县。初为建州栋鄂部落。1877年（光绪三年）分岫岩东边地设县，治六道河子，隶兴京府。

民国

桓仁县。1913年（民国二年）因与山西县名重复，改怀仁为桓仁，属奉天省东边道。省改名辽宁后，县仍属之（日本侵占时期仍为县，属伪安东省）。

现代

桓仁县。1945年抗战胜利后，为蒋匪军占据。（原稿后缺）

安东市（县）建置沿革简介

周秦

属幽州，战国燕辽东郡东境。在长城障塞内，为陆路东通朝鲜、真潘、长韩诸国孔道。秦灭燕仍属辽东郡。蒙恬筑长城东起遂城，市在长城内。

汉魏

辽东郡西安平县。有马訾水（鸭绿江）发源于玄菟郡西盖马县，经县东、南流入海，入海处名安平口。248年（魏正始九年）高句丽王宫来寇掠。吴孙权与高句丽相勾结，遣人往丸都封宫为单于，路经此地。

晋—隋

西安平县。311年（晋永嘉五年）高句丽来寇掠。前燕领有此地，后赵横海将军王华率舟师来袭破之。公元4世纪末为高句丽所据，属泊汋城。城在鸭绿江西岸，南距江口百余里，因山设险，阻鸭绿以自固。612年（隋大业八年）隋炀帝（杨广）遣将攻高句丽，宇文述率九军至鸭绿水粮尽，强进至平壤附近败还，一日夜行四百五十里，退至鸭绿水。

唐

安东都护府辖境。645年（唐贞观十九年）二月，唐攻辽东。张亮率舟师自东莱渡海袭破卑沙城，分遣总管丘孝忠耀兵鸭绿江上。648年（贞观二十二年）六月，唐将薛万彻率兵战于泊汋城南四十里之大行城下，高丽乌骨（凤凰山城）安地（海城英城子）二城兵来援，唐兵退回。668年（总章元年）收复辽东后，属安东都护府。鸭绿水为水路通渤海国要道，江上有泊汋城，附近泊汋口为唐渤交界，南至江口百余里。又有大行、辱夷二城，均在泊汋城南鸭绿水上。陆路可东通新罗、百济。

辽

来远城辖境。本熟女真地，后建来远城于夹江岛上，驻宣义军。并建大营、太子、蒲州、新营、加陀、王海城、柳白、沃野等八营，驻正兵三千六百名以防守，各营皆在本市附近。西接开州（凤城）北邻桓州。915年（辽阿保机九年）10月，耶律阿保机钓鱼于鸭绿江上。1010年（统和二十八年）辽圣宗（耶律隆绪）东侵高丽，亲出此地，大败而还。后为出兵便利，命国舅详稳萧敌烈、东京留守耶律团石等造浮桥于江上。1117年（天庆七年）来远城刺史常孝孙与都统耶律宁等避金兵，以城及保州予高丽；泛海而遁，契丹王国在此地的统治，至此结束。

金

婆速府来远城地。置婆速府于市北（遗址在九连城一带）按婆速即高句丽泊汋辽蒲州（元婆娑、明婆猪一音的异写），以统治女真族猛安、谋克户。有来远驿为金国高丽使节往来必经之路。附近有石城（今名石头城，在叆河右岸）。1215年（贞祐三年）蒲鲜万奴反，自称天王于东京（辽阳），步骑九千侵婆速府近境，同知兵马都总管纥石烈桓端击退其军，元又败其别军于宣城，皆市郊地。

元

婆娑府，后改为巡检司，继属东宁路。改来远军为来远城。附近有大虫江（叆河），经府转南合于鸭绿江。婆娑府屯田军驻鸭绿江西岸以防海道。1287年（至元二十四年）九月大雨，鸭绿江泛滥，婆娑府路民田大被水害。

明

江沿台备御及镇江城地。镇江城仍有婆娑堡、婆娑铺之称，1522年（嘉靖元年）以来九连城之名大行，婆娑一称遂不复存。1388年（洪武二十一年）五月，高丽王辛禑遣李成桂（朝鲜太祖）等率兵五万号十万，欲攻辽东，作浮桥鸭绿江，屯兵威化岛上，后因内部矛盾，退回开京。1621年（天启元年）毛文龙袭后金安奠堡入镇江城。西接汤站江治台二堡，北连宽甸等六堡，始以鸭江与朝鲜为界。又为两国往来驿路。

清

安东县。原为凤凰城边外禁地，属岫岩厅。1878年（光绪四年）分大东沟至叆河地设县，设治沙河镇即今市。清与朝鲜交易，初设为市（沿明代旧称）于中江岛为交易场，并设榷税官，后迁于凤凰边门。1882年（光绪八年）准与朝鲜在交界处所随时交易，开九连城为互市场，并驻兵防守。1903年（光绪二十九年）中美通商及中日通商航海等不平等条约成，被迫开为商埠。甲午、甲辰两役，日兵皆由此侵入我国。1910年（宣统二年）鸭绿江铁桥成，朝鲜釜义铁路与我安奉铁路通轨，成为日本侵略我东北一大通路。

民国

安东县。属奉天省东边道，道尹公署治此。后改奉天为辽宁，县仍属之。

现代

安东市县。1945年抗战胜利后，一时为蒋匪帮所据，次年解放。同年我军计划撤退。1947年我军三下江南、四保临江，市县重得解放并建立政府，属安东省。1949年5月并辽南安东两省为辽东省，县市属辽东，由安东地区专署直接领导。1959年安东专署撤销，省设十市，安东市领导安东、凤城、宽甸、岫岩四县。

凤城县建置沿革简介

周秦

幽州地，战国为燕辽东郡东境，秦仍属辽东郡。

汉魏

辽东郡武次县地，县为东部都尉治所。东部兼得西安平县地。后汉及魏废武次，为西安平西境。

晋—隋

辽东郡西安平县西境。后为鲜卑慕容诸燕及前秦所有。后燕时为高句丽所侵据，建乌骨城于凤凰山上。唐人高丽记谓“乌骨山在平壤西北七百里，东西二岭，壁立千仞。高丽于南北谷口筑断为城，此即夷藩枢要之所”即指此城。613年（隋大业九年）薛世雄东征高丽，至乌骨不克，率师回辽西。

唐

安东都护府辖境。648年（贞观二十二年）薛万彻率兵围泊汋城，乌骨城兵往援。668年（总章元年）收复辽东后，地属安东都护府。

辽

开州镇国军开远县。初为女真部落住地，1014年（开泰三年）辽圣宗耶律隆绪为便于东侵高丽，始立军州，修建城郭，迁双韩二州民千余户来住。初名开封府开远军，后改名。

金

婆速府路来远城西境。地多女真、猛安、谋克户。

元

婆娑府巡检司开州站地。为东通高丽驿路，设有开州站。

明

险山参将地方。设有凤凰城堡及通远、镇东（叙列站即今雪里站）、汤站等堡。为明鲜两国陆路孔道。

清

凤凰厅。1621年（后金天命六年）略取凤凰城。1776年（乾隆四十一年）设凤凰城巡检司。1876年（光绪二年）2月改为厅。

民国

凤城县。1913年（民国二年）改厅为凤凰县，次年因与湖南凤凰县重名，改为凤城。

现代

凤城县。1945年抗日胜利后，为蒋匪帮所据。1947年夏重获解放，成立县人民政府，属安东省。1949年5月安东辽南两省合并于辽东省，县属辽东。1954年辽东辽西两省合并为辽宁省，县属辽宁，由安东专署直接领导。1959年省设十市，撤销专署，由安东市领导。

宽甸县建置沿革简介

周秦

幽州地，战国为燕辽东郡东境，秦仍属辽东，地近长城。

汉魏

辽东郡西安平县北境。北接高句丽族住地。

晋—隋

辽东郡西安平县北境。后为鲜卑慕容诸燕领有。最后为高句丽侵据，属泊汋城北境。

唐

安东都护府辖境。668年（总章元年）收复辽东不久，为渤海所领有，属西京鸭绿府。有泊汋口为水路通渤海国上京龙泉府孔道，且为唐渤两国分界。

辽

东京道来远城宣义军蒲州营辖境。地近鸭绿江熟女真部落，有鸭绿江女真国，为契丹属国之一。

金

婆速路来远军北境。地皆女真、猛安、谋克户。

元

婆娑府地。初为东宁路婆娑府，后改为婆娑巡检司。

明

宽甸六堡地。1573年（万历元年）移孤山堡于张其哈甸，险山五堡于宽甸、长甸、双墩、长岭、建散等处，扩地二百余里。传六堡为：苏甸、长甸、永甸、围（亦作坦）甸、宽甸、赫甸，遗址仍存。

清

宽甸县。1877年（光绪三年）分岫岩州东边地置县，设治宽甸堡，属凤凰厅。

民国

宽甸县。属奉天省东边道，改称辽宁省仍旧属。沦陷时期，有抗日联军根据地。

现代

宽甸县。1945年抗战胜利后，一度为蒋匪帮所据。1947年夏重获解放，成立人民政府，属安东省。1949年5月安东辽南两省合并于辽东省；1954年辽东辽西两省合并为辽宁省，县均属其管辖，后由安东专署直接领导。1959年省设十市，撤销专署，由安东市领导。

岫岩县建置沿革简介

周秦

幽州地，战国为燕辽东郡境，秦仍旧未改。

汉魏

辽东郡新昌武次二县境。

晋—隋

辽东郡新昌县境。鲜卑慕容诸前燕、前秦及后燕相继领有。后为高句丽所据。

唐

安东都护府辖境。

辽

穆州保和军会农县境。州在开州（今凤城）西南一百二十里。南部兼得濒海女真国大王府地。

金

盖州秀严县地。后废为大宁镇，旋又升为县。金末一度为蒲鲜万奴所据。传距盖州城二百四十里。县有上古城、望云驿、三叉里诸地。

元

盖州路建安县东境。后撤销县制，地属州辖。

明

盖州街岫岩抚民地。抚民驻山城子。有勺子河。

清

岫岩州。初为岫岩城，1772年（乾隆三十七年）设岫岩厅。1876年（光绪二年）改为州，属凤凰厅。

民国

岫岩县。1913年（民国二年）改厅为县，属奉天省东边道。

现代

岫岩县。1945年抗战胜利后，一度为蒋匪帮所据。1947年夏重得解放，成立人民政府，属安东省。1949年5月安东辽南两省合并于辽东省，县仍属辽东。1954年辽东辽西两省合并为辽宁省，县属辽宁，由安东专署直接领导。1959年省设十市，撤销专署，由安东市领导。

锦州市（县）建置沿革简介

周秦

幽州地，战国燕辽西郡地，秦因之。市内发现当时货币、铁生产工具和生活用品。

汉魏

辽西郡徒河县地。西部兼有狐苏县境。东汉废狐苏。徒河县改属辽东属国。魏昌黎县地。

晋

昌黎郡，昌黎、徒河二县地。前燕、前秦、后燕、北燕为昌黎郡棘城县及营丘郡地。

北朝

北魏乐良郡广兴县辖境，北齐冀阳郡永乐县地。

隋唐

营州柳城县汝罗守捉城辖境。

辽

锦州临海军附部永乐县，西部为安昌县境。永乐为本市建城之始。大广济寺砖塔为当时所建。

金

锦州临海军永乐县。外领安昌、神水、兴城多县。金末为张致所据。

明

广宁中屯卫。1391年（洪武二十四年）置卫于东关驿，1392年徙治锦州城，领中左千户所，驻镇城南松山堡。1403年（永乐元年），广宁左屯卫治徙此防守。城为1391年指挥曹奉因元永乐旧址修筑。四门、中为十字街，有钟鼓楼一座。

清

锦州锦县。1642年（崇德七年）取得锦州。1662年（康熙元年）改州为县，隶奉天府，后升锦州府，仍治锦县。宣统时废县存府。府城于1778年（乾隆四十三年）、1880年（光绪六年）曾加增修，四角添设炮位。

民国

锦县。改府为县，隶奉天省辽沈道。后省改称辽宁，县仍旧（日本侵占时期仍为县，并设市，隶属伪锦州省，即为省治）。

现代

锦州市（锦县）。1945年抗日胜利后，为蒋匪军占据。1948年10月15日，重得解放，成立市县人民政府。1949年5月建辽西省，市县属之，即为省治。1954年8月，辽东辽西两省合并为辽宁省，市县仍属之。1959年1月1日，省设十市，为锦州市；领锦县、锦西、黑山、北镇、义县、绥中、兴城七县。锦县治大凌河。

锦西县建置沿革简介

周秦

幽州地，战国燕辽西郡地，秦因之。

汉魏

西汉辽西郡狐苏、徒河县地。后汉省狐苏存徒河，改属辽东属国。魏阳乐县境。

晋

辽西郡阳乐县地。后赵、前燕、后燕、北燕仍为阳乐。

北朝

北魏乐良郡永乐县西境，北齐因之，改属冀阳郡。

隋唐

营州柳城县地。

辽

锦州安昌县、大定府神水县地。

金

锦州安昌、神水二县地。有红罗山。

元

和州地。初置和州，旋废，后为锦州红罗山寨地。

明

广宁中屯街及宁远街地。有塔山、连山驿。

清

锦西厅。初为锦西州境，1906年（光绪三十二年）6月置厅，治江家屯。

民国

锦西县。1913年（民国二年）改厅为县，隶奉天省辽沈道。省改称辽宁，县仍属之（日本侵占时期仍为县，属伪锦州省，后徙治连山关）。

现代

锦西县。1945年抗日战争胜利，为蒋军所据。1948年10月16日解放，成立人民政府。1949年5月建辽西省，县隶属之。1954年8月，辽东西两省合并为辽宁省，县仍属之。1959年1月1日，省设十市，县归锦州市领导。

黑山县建置沿革简介

周秦

幽州地，战国为燕辽东郡地，秦因之。

汉魏

辽东郡无虑县地。

晋

辽东郡无虑县境。后为前燕、前秦、后燕、北燕所领有，属辽东侨郡。

北朝

辽东侨郡地。

隋—唐

隋辽西郡怀远县地，东有通定镇近辽水。唐营州巫闾守捉城怀远镇地。

辽

显州、辽州辖境，北部兼得闾州境。有羊肠河、锥子河、黑山。

金

广宁府望平县北境。

元

广宁府路望平县北境。

明

广宁卫镇安堡，兼得镇静、镇远二堡地。有白土厂、大黑山、小黑山。

清

镇安县。初为广宁属境，1902年（光绪二十八年）分广宁东境置，设治小黑山。

民国

黑山县。1914年（民国三年）1月，因与陕西镇安重名，改名黑山，属奉天省辽沈道。后省改名辽宁，县仍属之（日本侵占时期仍为县，属伪锦州省）。

现代

黑山县。1945年抗战胜利后，为蒋军占据。1948年10月26日解放，成立人民政府。1949年5月建辽西省，县隶属之。1954年8月，辽东西两省合并为辽宁省，县仍属之。1959年1月1日，省设十市，县归锦州市领导。

北镇县建置沿革简介

周秦

幽州地，有镇山医巫闾，出珣玗琪。战国为燕辽东郡地，秦因之。

汉魏

辽东郡无虑县。为西部都尉治所。无虑即医巫闾县以山得名。

晋

辽东郡无虑县。前燕、前秦、后燕、北燕相继领有。

北朝

辽东侨郡地，郡治固都城。

隋唐

辽西郡辽西怀来二县地。有通定镇近辽水。唐营州巫闾守捉城及怀远镇地。

辽

显州奉先军，领奉先、山东、归义三县，治奉先为本县建城之始，双塔为当时所遗。乾州广生军，领奉陵、延昌、灵山、司农四县，治奉陵，在显州西南七里。显州为耶律信（东丹王），乾州为耶律贤（景宗）陵置，陵园均在医巫闾山中。山上有东丹王望海堂。

金

广宁府镇宁军，治广宁县。外领钟秀、闾阳、望平三县。为本县旧称广宁之始。

元

广宁府地。广宁县废于金末兵火，徙治钟秀城，领闾阳、望平二县。

明

广宁卫。1390年（洪武二十三年）置，左右中三街均治城内。1392年（洪武二十五年）封朱植为辽王都广宁。有都察院、总镇府、儒学书院等机关，为辽西重镇。

清

广宁县。1622年（后金天命七年）取广宁。1664年（康熙三年）改为府，设广宁县，旋废府为县，隶锦州府。

民国

北镇县。1914年（民国三年）因与广东广宁县重名，改为北镇，属奉天省辽沈道。后省名改称辽宁，县仍属之（日本侵占时期仍为县，属伪锦州省）。

现代

北镇县。1945年抗战胜利后，为蒋匪军占据。1948年9月解放，成立人民政府。1949年5月建辽西省，县隶属之。1954年辽东辽西两省合并为辽宁省，县仍属之。1959年1月1日，省设十市，县归锦州市领导。

义县建置沿革简介

周秦

幽州地。战国为燕辽西郡地，秦因之。

汉魏

辽西郡夫黎（东部都尉治）、临渝二县地。后汉夫黎改属辽东属国，并改称昌黎。魏复为辽西郡，领县如旧。

晋

昌黎郡昌黎县地。后为诸燕及前秦所据，为徒河新城地。有青山在柳城东北。

北朝

营州昌黎郡地，有辽东侨郡及汝罗城。北近契丹。万佛堂石窟寺为北魏所凿。

隋

营州辽西郡辽西县。地在白狼水汝罗城之北。

唐

初为燕州总官府。即隋辽西故郡城，领辽西、泸河、怀远三县。一度（天宝二年）为安东都护府治。有怀远军、保安军、燕郡守捉城。后为契丹侵据。

辽

宜州崇义军弘政县。南部兼海北州开义县，东南兼辽西州长庆县境。为本县建城之始，奉国寺大雄殿、嘉福寺砖塔，皆当时遗构。

金

义州崇义军弘政县。南境为开义县境。

元

义州弘政县。外领开义、同昌二县，后同昌改隶懿州。州初隶北京路、懿州路，后属大宁路。

明

义州卫治。1388年（洪武二十一年）置。广宁后屯卫，1393年（洪武二十六年）置，初治旧懿州城，1410年徙此同治。

清

义州。1622年（后金天命七年）正月，略取义州。1721年（康熙六十年）设义州通判，1732年（雍正十年）改同知，次年设州，隶锦州府。

民国

义县。1913年（民国二年）2月，改州为县，隶奉天省辽沈道，后省改辽宁，县仍属之（日本侵占时期仍为县，隶伪锦州省）。

现代

义县。1945年抗战胜利后，为蒋匪军占据。1948年10月1日解放，成立人民政府。1949年5月建辽西省，县隶属之。1954年8月辽东辽西两省并为辽宁省，县仍属之。1959年1月1日，省设十市，县归锦州市领导。

绥中县建置沿革简介

周秦

幽州地，战国为燕辽西郡地。秦因之。

汉魏

辽西郡阳乐县。

晋

平州辽西郡阳乐县。后赵、前燕、前秦、后燕、北燕因之。

北朝

营州乐良郡及昌黎郡广兴县地。

隋

辽西郡境。后改为柳城，地仍属之。

唐

营州柳城郡地。后置瑞州，以处突厥部落。

辽

来州归德军来宾县地，东部兼得显州海滨县地。

金

瑞州瑞安海滨县地。初改来州为宗州，后改瑞州，领瑞安、海滨、海阳三县。

元

瑞州打捕屯田总官府辖境。

明

广宁前屯卫，领中前、中后两千户所。县城为中后所治。城为公元1428年（宣德三年）建。

清

绥中县。1644年（顺治元年）略有广屯前屯卫及中前、中后二所。1664年（康熙三年）并入宁远州。1902年（光绪二十八年）6月，分出置县，治中后所，隶锦州府。

民国

绥中县。隶奉天省辽沈道，后省名改辽宁，县仍属之（日本侵占时期仍为县，隶伪锦州省）。

现代

绥中县。1945年抗日胜利后，为蒋匪军占据。1948年9月28日解放，成立人民政府。1949年5月建辽西省，县隶属之。1954年8月辽东辽西两省并为辽宁省，县仍属之。1959年1月1日省设十市，县归锦州市领导。

兴城县建置沿革简介

周秦

幽州地，战国为燕辽西郡地，秦因之。

汉魏

辽西郡阳乐县地。

晋

平州辽西郡阳乐县地。鲜卑前燕及前秦、后燕、北燕相继领有。前燕后阳乐西徙，为成周郡地。

北朝

营州乐良郡地。

隋

辽西郡辖境。

唐

营州柳城郡地。

辽

严州保肃军兴城县地，西部兼得隰州海滨县，北部兼得神水县地。有觉华岛、女河、松林温泉、海云、龙宫寺。

金

锦州神水、瑞州海滨县地。

元

锦州西境。

明

宁远卫。1430年（宣德五年）正月置，统五千户。原无城郭，立卫后始于汤池北建城，为本县建城之始。东有塔山中左千户所，西有沙河中右千户所城。海运口在卫南海岸，海运五城为明末征辽屯储粮秣之所。

清

宁远州。1644年（顺治元年）略得宁远城。1664年（康熙三年）六月设宁远州，隶广宁府；后改隶锦州府。

民国

兴城县。1913年（民国二年），改州为宁远县，次年正月因与山西、甘肃、湖南、新疆等省县名重复，改称兴城（日本侵占时期仍为县，隶伪锦州省）。

现代

兴城县。1945年抗日胜利后，为蒋匪军占据。1948年9月28日解放，成立人民政府。1949年5月建辽西省，县隶属之。1954年8月辽东辽西两省并为辽宁省，县仍属之。1959年1月1日省设十市，县归锦州市领导。

抚顺市建置沿革简介

周秦

幽州地，战国为燕辽东郡境，秦无改变（市内两次发现大批明刀钱及其他共存文物）。

汉魏

西汉辽东郡高显县东境（遗址上柏官屯土城），后汉及魏为第三次西徙的玄菟郡治（遗址市内劳动公园土城，城址内曾出土大批汉魏时期五铢钱、铜镞、绳文砖瓦、千秋万岁瓦当等）。

晋—隋

玄菟郡治高句丽县。后迭为鲜卑慕容诸燕领有，为玄菟郡地。北燕时为高句丽侵据，属新城（遗址高尔山城）为高丽西方重镇，北与南苏、东与木底二城邻接。

唐

新城州。668年（总章元年）收复辽东后建，属安东都护府。有贵端水（即今浑河），故新城亦称贵端城，因与玄菟城隔河相望，故又常与玄菟并称或互用。薛仁贵、李绩、苏定方、程名振、李道宗等，均曾在此作战。李绩围攻西壁外壘，遗迹犹存。有赤峰镇，传在城东。

辽

贵德州宁远军。州治贵德县（遗址在高尔山前），外领奉德一县（遗址古城子露天矿土城，今已不存）。贵德即由贵端一音转来（高尔山砖塔下曾出大安四年石经幢，东山顶有塔址，皆当时物）。

金

贵德州。仍治贵德县，废奉德县；又废集州为奉集县（遗址奉集堡土城）来属。

元

贵德州巡检司。属沈阳路，有公孙废城、大宝城，公孙废城似即指公孙康西徙的玄菟城。

明

抚顺千户所城。所为1388年（洪武二十一年）设，驻兵一千一百八名防守。附设有会安、东州、马根单等堡。所东三十里边墙上设抚顺关（今关口村中），外置马市，为建州女真朝贡道路和交易市场。1618年（万历四十六年）建州女真首领努尔哈赤率兵围攻抚顺城，游击李永芳畏死降敌，东州、马根单二堡同时沦陷。东有萨尔浒山，为明清有名战场。

清

抚顺县。初为承德县（后改名沈阳）东境，1902年（光绪二十八年）分设兴仁县，寄治沈阳，后徙治抚顺城，故改名抚顺，属奉天府。

民国

抚顺城。属奉天省东边道。煤矿于1901年（光绪二十七年）国人集股商办，自行开采，名华兴利煤矿公司。日俄战后，日本帝国主义借口有帝俄银行投资，强占煤田，归满铁经营。抚顺自此成为侵略我国据点之一。当时煤矿有千金寨、古城子、小瓢屯、杨伯堡、老虎台、龙眼河、褡裢嘴子等处。后以矿区千金寨为中心，逐步发展扩大成抚顺市（日本侵占时期，市县有抗日联军根据地多处）。

现代

抚顺市。1945年8月抗战胜利，东北人民自治军进驻抚顺，建立人民政权。1946年10月21日蒋军入据。1948年10月31日获得最后解放，成立抚顺市人民政府，属安东省。1952年9月19日撤销县制，辖区并入市内。1953年直属于东北行政委员会。1954年8月1日划归辽宁省管辖。1959年1月1日省设十市，将清原、新宾两县划归本市直接领导。

新宾县建置沿革简介

周秦

幽州地，东近肃慎族住地。战国为燕辽东郡近塞地，秦因之未改。

汉魏

玄菟郡高句丽县地。郡为武帝建，县多高句丽族。初治于盖马山东，后徙县境。公孙度时再次西徙于抚顺市。有辽山为辽水所出，辽水亦称小辽水，即今浑河。

晋一隋

玄菟郡高句丽县东境。郡领西盖马县已被高句丽人所据。鲜卑慕容前燕及前秦、后燕、北燕相继领有，高句丽时来侵寇，后为所据。有木底、仓岩诸城，为东通国内城南道。

唐

木底仓岩二州地。总章元年收复辽东后建州，属安东都护府。南苏、金山二城，皆为邻境。

辽

贵德州东境。多女真部落，东有长白山女真大王府。

元

沈阳路总管高丽女真汉军都万户府东境。

明

建州卫。后金女真根据地，有赫图阿拉等六城。

清

兴京府。初为赫图阿拉城，1634年（后金天聪八年）改名兴京，设城守御。1773年（乾隆三十八年）设理事通判。1877年（光绪三年）改抚民同知，设治新宾堡。1909年（宣统元年）改为兴京府。

民国

新宾县。1913年（民国二年）改兴京府为县，后改名新宾。

现代

新宾县。1945年抗战胜利后，9月4日八路军进城并建立民主政府，属辽宁省。1946年10月为蒋帮侵据，我党政机关转入游击活动，1947年6月再度解放，民主政府改为县政府，属安东省。1949年改属辽东省。1954年8月1日大区撤销，辽东辽西合并为辽宁省，县属辽宁。1955年12月1日由铁岭地区专署直接领导。1959年1月1日省设十市，县归抚顺市管辖。

清原县建置沿革简介

周秦

幽州地，与肃慎族杂居。战国为燕辽东郡东北境，秦因之。

汉魏

玄菟郡高句丽县境。有辽山为辽水所出。

晋—隋

玄菟郡属境。后为高句丽所据有，慕容诸燕时来攻袭。

唐

安东都护府辖境。后为渤海国所据，有长岭府，为中原经辽东城陆路通渤海国道。

辽

咸州平郭县东境。地多山险，东近长白山女真部落。

金

咸平府玉山县南境。皆女真、猛安、谋克户。

元

咸平府地。

明

浑河部女真部落。北境兼得哈达部落地，设有罕达河街（小清河又称哈达河），后为建州女真努尔哈赤所并灭。

清

开原、兴京两县辖境。有英额门为柳条边16边门之一，奉吉孔道。

民国

清原县。1925年（民国十四年）置设治局，1929年（民国十八年）改为清原县，设治八家子。日本侵占时期，有抗日联军根据地。

现代

清原县。1945年抗战胜利，10月八路军进城，并建立县人民政府，属辽宁省。1946年9月为蒋匪帮所侵据，1947年5月获得最后解放，仍属辽宁。1948年8月划归辽北省管辖。1949年5月10日改属辽东省。1954年8月1日辽东辽西合并为辽宁省，县属辽宁。1955年由铁岭地区专署领导。1959年1月1日撤销专署，省设十市，县归抚顺市管辖。

阜新市（县）建置沿革简介

周秦

幽州地，战国燕辽西郡北边，与山戎、东胡杂居。秦因之。

汉魏

西汉辽西郡临渝、交黎（夫黎）两县北境。后汉辽东属国扶黎北境。魏昌黎北境，为乌丸鲜卑所据。

晋

前燕棘城县境，隶属平州昌黎郡。前秦、后燕、北燕相继领有。

北朝

元魏、北齐为营州东北境，邻接契丹部落。

隋唐

隋辽西郡辽西县境，以处粟末靺鞨降附部落。唐营州契丹部落。

辽

中京道成州长庆军，上京道懿州宁昌军辖境。

金

北路地。废成州为同昌县，东部仍为懿州境。后为义州弘政县地境。

元

辽阳行省懿州同昌县境，东部仍属懿州。1269年（至元六年）废同昌并入顺安，市为其西境。

明

广宁后屯卫辖境。卫于1392年（洪武二十五年）立，1410年（永乐八年）徙治义州，弃为泰宁卫蒙古牧地。

清

内蒙古卓索图盟土默特部左翼旗地。元臣济拉玛十三世孙善巴，于1629年（后金天聪三年）率部归附，受札萨克，掌左旗事务，世袭，为默特转左旗。1905年（光绪三十一年）析置阜新县隶朝阳府。初治鄂尔吐板，1911年（宣统三年）八月徙水泉儿（新秋）。

民国

阜新县。属热河特别区（日本侵占时期仍为县，1940年设市，属伪锦州省）。

现代

阜新市（蒙古族自治县）。1945年8月抗战胜利，9月成立市人民政府。1946年1月1日蒋匪军入据，同年6月撤销市制仍为县。1948年3月18日重获解放。5月成立人民政府。1949年5月建辽西省，市县均属之。1954年8月辽东西两省合并为辽宁省，市县仍隶属之。1959年省设十市，县归市领导。

彰武县建置沿革简介

周秦

幽州地，山戎、东胡部落。战国燕辽东郡塞外地。秦因之。

汉魏

辽东无虑县北境，乌丸鲜卑部落住地。

晋

慕容诸燕平州宿军县境。北有沙城，在龙城东北六百里。

北朝

魏齐营州东北境，契丹部落住地。

隋唐

营州东北境，契丹、室韦部落。

辽

东京道懿州宁昌军宁昌、顺安县境。

金

北京路懿州顺昌、灵山县境。

元

懿州属境。

明

广宁后屯卫辖境。后卫徙治义州，为泰宁卫蒙古牧地。

清

彰武县。初为蒙古牧地，1647年（顺治四年）献与清政府，1692年（康熙三十一年）设苏鲁科（养息牧厂），放牧祭祀三陵（永、福、昭）牛羊。1902年（光绪二十八年）6月设县，以近彰武台边门故名，设横道河子。

民国

彰武县。属奉天省，省改名辽宁，县仍属之（日本侵占时期仍为县，属伪锦州省）。

现代

彰武县。1945年8月抗日胜利后，为蒋军占据。1947年12月解放，成立人民政府，属辽北省。1949年改属辽西省。1954年8月辽东西两省合并为辽宁，县仍属之。1959年1月1日省设十市，县属阜新市领导。

朝阳市（县）建置沿革简介

周秦

幽州地。邻近山戎、东胡。战国燕辽西郡地。秦因之。

汉魏

辽西郡柳城县地。为西部都尉治所。东汉辽东属国扶黎西境。魏昌黎郡昌黎县地。

晋

平州昌黎郡昌黎县。前燕国都龙城，前秦、后燕、北燕相继领有。通称黄龙城。

北朝

北魏营州昌黎郡龙城县。北齐因之。后为高保宁所据。

隋

辽西郡柳城县。郡大业初置，县开皇元年仍旧置龙城，寻改称龙山，十八年改柳城。

唐

营州柳城县。隶营州都督府，督营、辽、昌、师、崇、顺、慎七州。西北接奚、北接契丹。有平卢军，开元初置。

辽

兴中府。初设霸州彰武军。完葺古柳城为州治。后升为府，隶中京道，领安德、黔二州，兴中、营丘、象雷、闾山四县。亦名平卢城。

金

兴中州。属北京路，领兴中、永德、兴城、宜民四县。

元

兴中州。属大宁路。

明

营州右屯卫。初为永平卫北边，后立卫。最后弃为泰宁卫蒙古牧地。

清

朝阳府朝阳县。初为土默特蒙古牧地，1738年（乾隆三年）设塔子沟厅，市为东境三座塔。1774年（乾隆三十九年）析置三座塔厅，市为厅治。1778年改设朝阳县。1904年（光绪三十年）升府，领五县，仍治朝阳。

民国

朝阳治。1913年（民国二年）废府存县，属热河特别区（日本侵占时期仍为县，属伪锦州省）。

现代

朝阳市（县）。1945年抗战胜利后，为蒋匪军所据。1947年解放，设立朝阳县政府。1949年建国后，县属热河省。1954年热河省撤销，县属辽宁省，由锦州专区公署领导。1959年1月1日省设十市，市与县同治朝阳。辖朝阳、北票、凌源、建昌、建平、喀喇沁左旗蒙古族自治县。

北票县建置沿革简介

周秦

幽州地。战国燕辽西郡北境，地接东胡。秦因之。

汉魏

西汉辽西郡柳城县境。后汉辽东属国扶黎。魏昌黎郡昌黎县北境。

晋

平州昌黎郡昌黎县境。前燕、前秦、后燕、北燕相继领有。

北朝

北魏营州昌黎郡龙城县北境。北近契丹部落。

隋

辽西郡柳城县北境。北近契丹部落。

唐

营州柳城郡柳城县北境。696年（万岁通天元年，旧书地理志作二年），为契丹族李万荣所陷，717年（开元五年，旧书地理志作四年）复。

辽

兴中府白川州长宁军，弘理、咸康、宜民三县境。东南兼得黔州、东北兼得徽州境。州治咸康县。

金

川州宜民、徽川二县及黔城、咸康二镇地。州治宜民。

元

川州境。州治宜民县。

明

初为营州右屯卫及广宁后屯卫地。后弃为泰宁蒙古牧地。

清

朝阳县东北境。初为土默特蒙古牧地，后属塔子沟厅东北境。1774年（乾隆三十九年）析置三座塔厅，四十三年改设朝阳，后升府领五县，仍属朝阳。

民国

朝阳县东北境。1913年（民国二年）废府存朝阳县（日本侵占时期为土默特右翼旗地，旗治北票镇属伪锦州省）。

现代

北票县。1945年抗战胜利后，为蒋匪军占据。1947年春季解放后，建立县人民政府，1949年建国后划属热河省。1954年8月热河省撤销，划归辽宁省，由锦州专署领导。1959年1月1日省设十市，归朝阳市领导。

凌源县建置沿革简介

周秦

幽州地。邻近山戎。战国燕右北平北境。秦因之。

汉魏

右北平郡字县地，有榆水东流。南部为石城县地。有白狼山、亦曰白鹿山。后汉为乌桓鲜卑侵据。魏正始五年立昌黎郡，属昌黎县。

晋

昌黎郡昌黎县境。后为前燕、前秦、后燕、北燕相继领有。

北朝

北魏营州建德郡石城县北境。郡治白狼城。北齐仍旧，时为库莫奚侵据。

隋

辽西郡柳城县地，北近库莫奚。

唐

营州柳城县西境。后为奚所据。

辽

榆州高平军和众县地。州以榆水得名。

金

北京路大定府和众县地。1143年（皇统三年）弃州存县，改属大定府。

元

大宁路和众县地。

明

大宁都司新城卫地。后弃为兀良哈三卫牧地。

清

建昌县。初为喀喇沁右旗地，1738年（乾隆三年）置塔子沟厅，设治县卫。后改建昌县，隶承德府，1904年（光绪三十年）改隶朝阳府。

民国

凌源县。改建昌为凌源，属热河省（日本侵占时期仍旧）。

现代

凌源县。抗战胜利后为蒋匪军占据，1947年5月解放，成立人民政府。1949年建国后属热河省。1954年撤销热河省，划属辽宁省，由锦州专署领导。1959年1月1日省设十市，归朝阳市领导。

建昌县建置沿革简介

周秦

幽州地。战国燕右北平郡地，秦因之。

汉魏

右北平郡广成县，西北部兼得石城县地。后汉为乌桓鲜卑侵据。魏昌黎郡昌黎县境。

晋

昌黎郡昌黎县境。后为前燕、前秦、后燕、北燕领有。

北朝

北魏营州建德郡广都、石城二县地。北齐因之。

隋

辽西郡柳城县地。

唐

营州柳城郡柳城县西南境。

辽

中京道潭州广润军龙山县地。

金

北京路利州龙山县地。有兰州寨、漆河镇。

元

大宁路龙山县地。

明

大宁都司新城卫境。后弃为兀良哈朵颜三卫牧地。

清

建昌县南境。初为喀喇沁左旗地，1738年（乾隆三年）置塔子沟厅，后设建昌县，治塔子沟，县为其南境。

民国

凌南县。民国□年（原稿未标年份）分凌源县南境置凌南设治局，后为县，治蟒牛营子（日本侵占时期改称建昌县，隶伪热河省）。

现代

建昌县。抗战胜利后为蒋匪军占据，1947年解放，成立县人民政府。1949年建国后属热河省。1954年撤销热河省，改属辽宁省，由锦州专署领导。1959年1月1日省设十市，归朝阳市领导。

建平县建置沿革简介

周秦

幽州地，邻近山戎。战国燕右北平郡北境。秦因之。地近长城。

汉魏

右北平郡北境。后汉为乌桓鲜卑侵据。魏昌黎郡昌黎县境。

晋

昌黎郡昌黎县境。后为前燕、前秦、后燕、北燕所领有。

北朝

北魏营州建德郡石城县北境。邻近奚族。北齐因之。

隋

辽西郡柳城县境。邻近奚族。

唐

营州柳城郡师州阳师县境。

辽

中京大定府富庶、金源、惠州惠和三县地。

金

北京路大定府富庶、金源、惠和县地。

元

大宁路富庶、金源、惠和县地。

明

大宁都司新城卫地。后弃为兀良哈朵颜三卫蒙古牧地。

清

建平县。初为喀喇沁右旗地，后为塔子沟厅北境。光绪三十年（1904）析建昌、平泉二县东北境设县。取二县头字建平为名，设治于新丘，属朝阳府。

民国

建平县。属热河特别区热河道（日本侵占时期仍为县，隶伪热河省，由新丘移治叶柏寿）。

现代

建平县。抗战胜利后，为蒋匪军占据，1947年解放，成立县人民政府，仍治新丘，1949年建国后划属热河省。1954年移治叶柏寿；同年撤销热河省，改属辽宁省，归锦州专署领导。1959年1月1日省设十市，归朝阳市领导。

喀左蒙古族自治县建置沿革简介

周秦

幽州地。战国燕右北平郡地。秦因之。

汉魏

右北平郡字县地。有榆水。南部兼得白狼县地。后汉为乌桓、鲜卑侵据。魏昌黎郡昌黎县境。

晋

昌黎郡昌黎县境。后为前燕、前秦、后燕、北燕相继领有。

北朝

北魏营州昌黎郡龙城、建德郡广都二县地。北齐因之。

隋

辽西郡柳城境。北近奚、契丹。

唐

营州柳城郡柳城县地。

辽

中京道利州阜俗县。

金

北京路利州阜俗县。

元

大宁路利州。

明

大宁都司新城卫东境。后弃为兀良哈三卫牧地。

清

喀喇沁左旗地。后为塔子沟厅及建昌属境。

民国

凌源县地。民国初改建昌为凌源，地为其东南境（日本侵占时期，立喀喇沁左旗，设治公营子）。

现代

喀左县。抗战胜利后，为蒋匪军占据，1946年解放，12月成立旗政府，1949年新中国成立后属热河省。1954年撤销热河省，改属辽宁，由锦州专署领导。1959年1月1日，省设十市，归朝阳市领导。

中国北部长城沿革考

前　言

长城是人类伟大建筑工程之一，东起河北山海关，西抵甘肃嘉峪关，蜿蜒不断通过五省，号称万里。这座高大雄伟的城壁，横走在高山峻岭的峰顶，碉堡、望台踞险分布，水口、关门因地设置，这样完善的防御工事，即或在建筑技术已很进步的现代，也是一项十分艰巨的工程，而在古代却全靠人们的两手来完成，确实说明了我先民创造智慧和劳动能力的伟大，也是中华民族反抗侵略、保卫祖国这一优良传统的象征。但中国北部长城，自战国、秦、西汉、东汉、西晋、北魏、北齐、北周、隋、唐、明等十几个朝代，都曾或大或小地修建过，究竟现存砖石筑造的高大长城是哪代的遗留？有人说是秦汉旧址，明朝重修；有人说是明代创修，秦汉长城另在别处。在秦汉长城位置上的争论更大，可说是众说纷纭。有人写出专文参加讨论，一时也不能统一。我们想，有这样争论是好事，真理是越争越明的。现在应该把北部历代长城由文献到遗迹，总的清理一下，以考古遗迹和出土文物为基准，自能得出一个较近正确的答案。

这个问题，是我1952年初，于原东北博物馆（即现在的辽宁省博物馆）举办“伟大祖国创造发明展览”设计制作“万里长城”沙盘模型时就考虑过的。为了更好地讨论这个设计方案，我就仓促地写了这篇稿子，就教于同志们，这是20多年前的事了，时过境迁，本可不提，但近年来由于边疆史学得到重视，考古工作日益发展，对古代长城的研究更加受到人们的重视，因此，把这个旧稿修订发表，以期得到同志们的指正，使得它有助于“万里长城”问题的彻底解决。如果它能够在长城考古勘查上有所补益，那就更好了。

我曾设想，祖国文献丰富，根据重要文字记载，就能把古代长城线路正确地画出，但经过一段工作之后，发现自己的想法不切实际。主要的困难是：（一）记载简略不详：例如“燕筑长城自造阳至襄平”，“（秦长城）起临洮至辽东万余里”。从文字看来都很简要明白，但依此记录是做不出燕国和秦代的长城地图的。因为战国的“造阳”迄今不知何在？“辽东”地域广泛，无处定下终点；东端若画到“襄平”西门，也不合于长城防御的本义。（二）记载混乱矛盾：例如“阴山位置”，《史记索隐》《后汉书·地理志》同引徐广一人之说，竟互不一致。又如“造阳所在”更为突出，司马迁《史记·匈奴传》、班固《汉书·匈奴传赞》、《汉书·食货志》引应劭、《史记·匈奴传》索隐引《太康地记》、唐司马贞《史记·匈奴传》索隐、张守节《史记·匈奴传》正义，这六家包括史汉作者司马迁和班固在内，也都各具一说，互相矛盾，终不知“造阳”在什么地方。（三）我国历史久远，自古就是个统一的多民族国家，朝代屡更，经制不尽相同，封域日在改变，再加迁置侨治，这就造成历史地理上很多麻烦。（四）古人记录地理位置，准望不确，道里不实是一般通病。古书又经过几千年反复传抄和翻刻，误字脱简所在多有，残篇破字臆补的也不少。这种几千年的积尘迷雾，也增加了使用文字材料的极大困难。因此等等，每要解决一个问题，必须掌握全部材料，逐条鉴定审查，实事求是地进行比较研究，这样还往往事倍功半。光从书本到书本的老做法更不行，必须文献与考古相结合，历史地理科学才能大步前进，这是这次工作中得到的教训。

历代史籍上有关长城的记载，使用过各种不同的名称。举例如下：

1.城堑——《史记》卷八十八《蒙恬传》，蒙恬曰：“恬罪固当死矣，起临洮属之辽东，城堑万余里。”蒙恬自称其所筑长城为城堑。

2.长城亭障——上书同传，太史公曰：“吾适北边，行观蒙恬所为秦筑长城亭障。”司马迁看到的“长城亭障”是长城的整体名称，包括瞭望的亭和山口要隘的小城堡。若亭、障各点联成一线，也是边防工事的一种。

3.塞——《史记》卷一百一十《匈奴传》：“复缮故秦时蒙恬所为塞。”又《史记》卷一百一十五《朝鲜传》：“复修辽东故塞。”

4.塞垣——《后汉书》卷九十《乌桓传》，蔡邕议曰：“秦筑长城，汉起塞垣。”

5.长城塞——《晋书·唐彬传》：“遂开拓旧境，却地千里，复秦长城塞。”

6.长堑——《北史·契丹传》：“契丹犯塞，文帝北讨至平州，遂西趣长堑。”

7.广长堑——《水经·鲍邱水注》：“水出县北广长堑南，太和中掘此以防北狄。”这两个名称虽是深沟而与长城的高垒不同，但它防御内侵的作用是与长城相同的。秦蒙恬筑长城也是“边山险，堑溪谷”，可知堑也是长城结构的一体。

8.长城障塞——杜佑《通典》古冀州上：“密云县东北至长城障塞一百十里。”

9.夹道（橐驼城）——《明史·兵志边防》成化二十年：“内复堑山堙谷曰夹道，北人称为橐驼城。”

10.边墙——上书《兵志边防》嘉靖二十九年：“乃请修宣大边墙千余里。”

11.墙堑（垣堑）——《明史·余子俊传》：“寇扼于墙堑，散漫不得出。”又“阮勤治垣堑三十余里”。

这些可以说都是长城的一种名称，但有的是互相通用的，有的是一地方或一时期用的，有的仅是表示一种特殊形式的长城，有的就表现了比较完备的长城构造。合拢来看它的构造，是一种建筑在辖境上的防御工事，形式和城壁相近，但只是一条直线，所以才叫长城。这些名称中最易使人迷惑不清的是“塞”，它除了代表长城一个意思以外，又有两种用法：一是表示边界的塞徼，使用较少，如《史记·南越尉佗传》“使人函封汉使节置塞上”的即是。另一是表示关口要隘的险塞，使用较多，又极易和表示长城的“塞”相混，如苏秦对秦说“四塞之固”，对齐说“此所谓四塞之国也”，《淮南子》说“天下有井陉、居庸、太汾、句注、方城等九塞”；又武州塞、卢龙塞等随地为称的塞都是。所以把塞都当长城看是显然的错误，认为随地为名的塞没一个与长城有关的见解也是一样的错误。

本稿目的在说明历代防御北族侵入的长城沿革和路线位置，所以对战国时齐、楚、韩与燕国南部长城都在中国腹地；金代界壕远在大北方，都不收录。在文献上的基本材料，尽量引用当时人或年代较早人的材料，异说很多的就采用比较合理的通说，少用孤证。引文较长较多，是为了便于比较研究，免得翻检材料的麻烦。现分战国、秦、西汉长城及东汉、西晋、北齐、北周、隋、唐长城两项来说明。

一、战国、秦、西汉长城

（一）由文献上观察

战国修建北部长城的有魏、秦、赵、燕四国。

1.魏长城

《史记·魏世家》：“（惠王）十九年诸侯围我襄陵，筑长城塞固阳

（同书六国年表同）。”同书《秦本纪》：“孝公元年楚魏与秦接界，魏筑长城，自郑滨洛，以北有上郡。”

魏筑长城最早，据魏世家和六国表，是在公元前352年，它的目的在于防秦和戎翟。本纪较世家早10年的原因，可能是出于两种材料，《史记》中此例很多；不然也许是在秦孝公元年开始经营，10年后才全部完成了。这里应特别说明的一点，是“筑长城、塞固阳”是一回事还是两回事？后世史家都认为是一回事，以汉的“稒阳”为“固阳”，所以魏长城的北端就达到了九原郡的稒原县了。但我们在当时秦魏军事关系上看，或从文献记录上看，都觉得不对路。第一点：魏惠王十九年“筑长城、塞固阳”，据六国表，明年（惠王二十年，秦孝公十一年）“秦卫鞅围固阳降之”。又后二十一年（魏襄王五年——据六国表）“与秦河西地”（世家作“襄王七年魏入上郡于秦”），由此可知秦得“固阳”时，河西包有“稒阳”的大片土地尚属魏的北边，“固阳”“稒阳”不是一地很明白。第二点：在军事上说，稒阳远在北边，当时为胡人居住地域，与秦国当中又隔有义渠戎占住的河套，非两国军事必争之地，商鞅没有必要也不可能先降这个城。况且“稒阳”是套北阴山附近的汉县，与魏国的“固阳”仅是发音相同，而位置相距悬远，就是文字也不同，指为一地，实觉纰缪不足取。

因此，我主张根据秦本纪材料来定魏长城的位置。按古郑地在今陕西省华县西北方，北沿洛河流域，中经靖边、榆林，东北到河曲一带，北段与明代长城位置约略相近。但这段长城修筑后约20多年（前330），河西土地都被秦国所占，就失掉了作用。后60年秦宣太后也修长城以拒胡，大体用了这城的北段。

2.秦宣太后长城

《史记·匈奴传》：

（秦）惠王击魏，魏尽入西河及上郡于秦。秦昭王时，义渠戎王与宣太后乱，有二子，宣太后诈而杀义渠戎王于甘泉，遂起兵伐残义渠，于是秦有陇西、北地、上郡，筑长城以拒胡。

同书《范雎传》：

时昭王已立三十六年……会义渠之事急，寡人旦暮自请太后，会义渠之事已，寡人乃得受命。

由此可知秦得魏及义渠地设陇西、北地、上郡三郡，修长城当在昭王三十六年，即公元前271年前后。筑长城的目的是防御北族内侵，必在三郡的北边。考秦三郡：“陇西”是兰州及其东南到渭河上源一带，首府在狄道，今该县西南；“北地”是宁夏黄河东南到甘肃东北部，首府在义渠，今环县西北；“上郡”是陕西北部及鄂尔多斯旗一部，首府在肤施，今延安县东。那么这长城的经过线路，约略西起宁夏横城，东到洛水上源，再与魏国长城相接，也就是经榆林直到河曲黄河。

这道长城到蒙恬北逐匈奴收河南地“筑长城河上”时，也包在秦国领土以内，失掉了防御作用。但秦末农民起义，经楚汉相争，到汉武帝刘彻初年，北族又复南入套内，这段长城又一度作了南北两族的地界。

《史记·匈奴传》：

南并楼烦白羊河南王，侵燕代，悉收复秦使蒙恬所夺匈奴地者，与汉关故河南塞，至朝那、肤施，遂侵燕代。

按《汉书·地理志》：“北地郡富平县浑怀都尉治塞外‘浑怀障’。”又“上郡秦置，高帝元年更为翟国，七月复故。匈归都尉治塞外‘匈归障’”都指的是这个“塞”。称“故河南塞”正是与蒙恬后修的“河北塞”相对，也说明这是前朝的“故物”，而不是秦汉新修的。

3.赵国长城

《战国策》：

（赵武灵王说）："今吾国东有河、薄洛之水，与齐、中山同之，而无舟楫之用。自常山以至代、上郡，东有燕、东胡之境，西有楼烦、秦、韩之边，而无骑射之备。故寡人变服骑射，以备燕、东胡、楼烦、秦、韩之边。"

《史记·匈奴传》：

而赵武灵王亦变俗，胡服习骑射，北破林胡、楼烦，筑长城自代并阴山下，至高阙为塞，而置云中、雁门、代郡。

《史记·赵世家》：

（武灵王）二十六年复攻中山，攘地北至燕代，西至云中、九原。二十七年武灵王自号为主父，主父欲令子主治国，而身胡服，将士大夫西北略胡地，而欲从云中、九原直南袭秦。

赵武灵王二十六年略取西北胡地，设置云中、雁门、代郡三郡，明年欲由云中、九原直南袭秦，这是公元前299年的事。当然修筑长城也应在同时。要确定赵长城位置，必先说明赵四郡的辖境和阴山、高阙的位置。

（1）赵四郡辖境

由汉郡可窥见一些赵郡情况。"代"郡管18县，为今宣化、阳高、蔚县一带，首府桑干，在今桑干河上流；"雁门"郡管14县，为今右玉、大同、阳高一带，首府善无，在今右玉县南："云中"郡管11县，为今呼和浩特、包头一带，兼有河套南一部，首府云中，在今托克托县；"九原"郡汉改名五原，管16县，为今内蒙古自治区乌拉特中前旗一带，首府九原县，在今包头西黄河北五原县附近。郦道元《水经注》所谓“河水又东经九原县故城南，秦始皇置九原郡治此”的正是。

（2）阴山位置

据《汉书·匈奴传》侯应说：“北边塞至辽东，外有阴山，东西千余里。”这座大山的位置，古人虽有很多异说，多不足信。今从自然地理来说，河套内地多沙漠，无大山岭。今包头、五原北面，有大青山、乌拉山、狼山等东西连接的大山，仍称阴山；山北为沙漠草地，山南是肥沃农田，正是当时两族天然界限，史文相合。

（3）高阙所在

“高阙”的位置，据郦道元《水经注》河水屈从临戎县北东流注说：

“河水又屈而东流为‘北河’，汉武帝元朔二年大将军卫青绝梓岭，梁北河是也，东迳高阙南。”是高阙确在河套黄河北流屈而东流名为北河的西北方，约在今狼山西端。

总括本节材料，可知赵国长城概略：

甲、赵武灵王修筑长城于公元前300年前后，较秦宣太后长城早约30年。

乙、赵驱胡得地设代郡、雁门、云中、九原四郡。

丙、长城线由内蒙古自治区张北、呼和浩待、九原直到狼山西端。

4.燕国长城

《史记·匈奴传》：

其后燕有贤将秦开为质于胡，胡人甚信之，归而袭破走东胡，东胡却千余里。燕亦筑长城，自造阳至襄平，置上谷、渔阳、右北平、辽西、辽东郡以拒胡。

《史记·朝鲜传》：

王满故燕人也。自始全燕时，尝略属真番（徐广曰辽东有番汗县，番音普寒反）、朝鲜，为置吏，筑障塞。汉兴，为其远难守，复修辽东故塞，至浿水为界，属燕。

《魏略》（《三国志·魏书》东夷韩传注引）：

昔箕子之后，朝鲜侯自称为王，子孙稍骄虐。燕乃遣将秦开攻其西方，至满番汗为界。

这是燕国开辟北边设置沿边五郡的详细材料。但秦开是在何时破走东胡筑长城的？司马迁说赵筑长城之后，秦开破走东胡，燕亦筑长城。按《史记》世家赵取九原筑长城在周赧王五十六年，燕昭王十三年，公元前299年。看来燕长城的建筑至迟也不过在此后的三五年之内。

燕国长城线路位置，最原始的材料仅有“自造阳至襄平”及“至满番汗为界”三个地名，中经何地，史无明文。因此除必须确定造阳、襄平、满番汗的位置，而后又须于其间找出根据，才能约略定出长城线路。

（1）造阳

“造阳”一名，两见于《史记·匈奴传》，第一条：“燕亦筑长城，自造阳至襄平。”集解引韦昭曰“地名，在上谷”。第二条：“汉亦弃上谷之斗辟县地以予胡。”集解“骃案汉书音义曰，言县斗辟西近胡”。《汉书·匈奴传》也两见，第一条与《史记》同；第二条，班固《汉书·匈奴传赞》：“亦弃造阳之北九百余里。”散见于地志注释和地书中的另有三条，一为《汉书·食货志》充朔方以南新秦中七十余万户注引：

应劭曰秦始皇遣蒙恬攘却匈奴，得其河南造阳之北千里，地甚好，于是为筑城郭，徙民充之，名曰新秦。

《史记·匈奴传》索隐引《太康地记》：

秦塞自五原北九里（一本作九百里）谓之造阳，东行终利贲山南汉阳西是也。

《寰宇记》引志云：

自北地郡北行九百里得五原塞，又北九百里得造阳。

上列文献中，韦昭因袭班氏，无新材料。应劭以为造阳在河南千里，《太康地记》以为在五原北九里或九百里，《寰宇记》引地志虽较详，但与《太康地记》为近而年代尤晚。而且两地一属秦，一属赵，都不是燕上谷地，自然都不是燕长城西端起点的造阳。后世地理书图多指上谷郡治沮阳，今河北省怀来、延庆一带为造阳，这自然是不对，就是指独石一带为造阳县也是错的。其如此异说纷纭的主要原因，是汉初自动放弃，城邑湮灭，又没留下文献记录，后人自然少有较详细正确的说法。

按上谷原是燕郡，秦灭燕仍为郡，造阳是上谷一城，秦时一县，汉武帝时因斗辟难守，弃入匈奴，所以汉志上谷郡不见造阳一县。根据政治地理位置、自然地理环境讲，和文献记录的里距推论，大体上独石口到滦河源一带，地近草原，无险隘可守的地方，南与赵国长城的东端，尚有一定距离。

（2）襄平

襄平是燕国辽东郡治，其旧址就是现在辽宁省辽阳市旧城。古代史地学者如顾祖禹、杨守敬等人说襄平在辽阳城西北35公里，那是错误的。此处应加说明一点，“燕长城至襄平”，是不是说燕长城筑到襄平城西门而止呢？我们认为不是的。司马迁是以辽东郡治襄平城来代表辽东郡全境，和说长城到辽东一样，不是长城止点的小地名。这段长城应画在辽东郡辖境的外围。

（3）满番汗

“满番汗”本真番旧地（真番一作莫番），现与朝鲜邻接。

造阳、襄平、满番汗三地中间的长城线路，史文虽没有具体记载，但根据间接理由，通过地点还是可以推测明白的。首先，“燕开北边，东胡却千余里”，由燕国北境北去千余里，可到今乌丹、赤峰一带。其次，这一大片土地，是和东汉放弃西起五原、东到辽西这沿边六郡，西汉所领44县的广大地区相符合，也是旁证。由山川的记载上看，记录秦汉长城线路的也不少，而且城邑因时改变，山川永久不移，这种证据可信。

在西段有：《水经注》：“沽水（今白河）从塞外来，迳独石北界”“鲍丘水（今河北潮河）从塞外来”“濡水（今河北滦河）从塞外来”。《汉书·地理志》：“渔阳沽水出塞外”，“白檀、洫（濡即滦）水出北蛮夷”。这三条河都是从西北向东南的流向，由三河上源东北西南划定一线，大致可假设为秦代接筑赵燕长城不相连结的一段。滦河上源经过的长城线，可能就是后来汉武帝弃入匈奴的斗辟县造阳地区。由此向东经渔阳、右北平、辽西、辽东郡内，也有几处有关秦代长城的记载。首先是《晋书·唐彬传》：“（太康二年）北虏侵掠北平，以彬监幽州诸军，至镇遂开拓旧境，却地千里，复秦长城塞。”按里程求之，大致和秦筑的长城是相合的。长城东去有参柳水。按《汉书·地理志》：辽西郡柳城县“参柳水北入海”。按辽西郡内北流水只有今日敖汉旗的教来河，别无他河可指。长城又东，有滥真水。《水经注》：“白狼水又北迳黄龙城（今朝阳）东，又东北滥真水出西北塞外，东南入白狼水。”考滥真水是今北票县的牤牛河，发源于奈曼旗，东南流入大凌河。这两河一南一北流向不同，但上源均为秦代长城所经。据汉人应劭的记载：“秦始皇遣蒙恬筑长城，徒士犯罪，止依鲜卑山。后遂繁息，今皆髡头衣赭，亡徒之明效也。”（《风俗通》见御览697引）关于此山的位置，最明确的材料见于《三国志·鲜卑传》注引《魏书》：“鲜卑东胡之余，保鲜插山因以为号。其地东接辽水，常以春季大会作乐水上。自为冒顿所破，远窜辽东塞外。”由此可知，鲜卑族住地东接辽河，作乐水（今西拉木伦河）在其北。鲜卑山则当是今日阜新、北票一带西北部的高大群山。这和宋欧阳忞《舆地广记》“鲜卑山在柳城县（今朝阳）东北二百里”的方位里到均合。应劭鲜卑族形成之说虽不足信，但此山应是长城通向辽东的一处重要地点是肯定无疑的。长城又东通过大辽河。《水经注·大辽水》：“大辽水自塞外东流，直辽东之望平县西，屈而西南流，迳襄平县故城西。”按辽河干流流向的曲折求之，“直望平县西，屈而西南流”的地点，正在今日开原县（今为开原市）中固和铁岭县平顶堡之间，而长城通过点，则当在二地之北。长城东去，东南走，通过今新宾苏子河。《汉书·地理志》：“玄菟、高句丽县，有南苏水，西北经塞外。”南苏水今苏子河是其明证。长城又南经大梁水。《水经注·大辽水》：“玄菟高句丽县有辽山，小辽水所出。（大梁）水出北塞外，西南流至辽阳入小辽水。”考大梁水即今太子河，其上源当在本溪东境。长城由此折向东南，经宽甸北部向东延伸。

根据上述材料，可得燕长城的概略情况：

甲、燕筑长城约在公元前290年前后，较魏、赵长城稍晚，而较秦宣太后所筑长城时间为早。

乙、长城包括上谷、渔阳、右北平、辽西、辽东五郡，北防东胡，因此在五郡的北部辖地。

丙、长城线路，当由独石口北滦河南的大滩一带，东经围场、赤峰、敖汉，由奈曼、库伦南部，进入阜新，又经彰武、法库、开原一带，跨越辽河，再折而东南，经新宾、宽甸，向东至当时国境。

5.西汉长城

汉初国内初定，社会经济力还没有得到恢复和发展，而匈奴贵族首领冒顿单于却趁中原多事的机会，征服了邻接诸族，并力南侵，夺取了秦使蒙恬收回的河南地。又不断侵入沿边郡县，掠夺人畜财物，破坏生产，甚者烽火警报达到京城。高祖有白登之围，吕后有谩书之耻。后虽忍气和亲，远嫁宗女，竭力奉献大量衣食器用，而匈奴欲壑难填，仍盗边穿塞，侵扰不常。到武帝刘彻时，鉴于前朝的教训，才采取了坚决抗击的方针，屯田戍边，武装防御，主动追击，积极进攻，使匈奴失去了南侵时“大入大利，小入小利”的有利局面，陷入了畜牧凋残、部落离散的境地，但汉也不得不在战略上放弃了上谷北边斗入匈奴的造阳县地。

汉承秦制，领有天下，西汉高祖时期经营北方，一开始就对北边诸郡和长城的保卫极度重视。公元前205年（汉二年），高祖在扫平封建残余势力的军事繁忙中，“修缮了河上长城”。又亲率周勃等将军平定勾结匈奴、叛离汉朝的韩王信、陈豨、卢绾等人，保证了国家统一，恢复了社会秩序。据《史记·周勃世家》说：勃以将军从高祖击反者，破绾军沮阳，追至长城。前后定云中十二县（《汉书·地理志》：十一县）、雁门十七县（地理志：十四县）、代九县（地理志：十八县）、上谷十二县（地理志：十五县）、渔阳二十二县（地理志：十二县。前‘二’当是衍字）、右北平十六县（地理志：十六县）、辽西、辽东二十九县（地理志：辽西十四县、辽东十八县，合三十二县）。高祖又使樊哙（见《史记》本传）“击燕王卢绾，绾悉将其宫人家属骑数千居长城下。高祖崩，绾亡入匈奴，居岁余死胡中”。由此可见，高祖时期北边八郡各县和长城经营管辖的具体情况，这是个宝贵的材料。

汉代关于修筑长城的记载如下：

《史记·高祖本纪》：

汉二年，缮治河上塞（集解晋灼曰：“秦时北攻胡，筑河上塞”）。

《史记·匈奴传》：

（元朔二年）汉遂取河南地，筑朔方（新设的朔方郡城），复缮故秦时蒙恬所为塞，因河为固；汉亦弃上谷之斗辟县造阳地以予胡。

《史记·朝鲜传》：

自始全燕时，尝略属真番、朝鲜，为置吏筑障塞，秦灭燕，属辽东外徼。汉兴，为其远难守，复修辽东故塞，至浿水为界。

《汉书·晁错传》：

遣将吏发卒以治塞，甚大惠也。然令远方之卒守塞一岁而更，不知胡人之能，不如选常居者，家室田作以备之，以便为之高城深堑。上从其言。

《汉书·匈奴传》：

（竟宁元年郎中侯应曰）起塞以来。百有余年，非皆以土垣也……卒徒筑治，功费久远，不可胜计，欲以一切省徭戍，十年之外，百岁之内，卒有他变，障塞破坏，亭隧灭绝，当更发屯缮治，累世之功，不可卒复。

这五种材料一作“缮治”，一作“复缮”，一作“复修”，余作“治塞”“起塞”，可知西汉长城，基本上是重修秦长城的。虽然武帝曾把斗辟县弃入匈奴难守的地方弃掉，就必须新筑一段，但因这种防守工程巨大，“功费久远，不可胜计”，“累世之功，不可卒复”，就不得不尽量利用前代旧物加以缮补。况有秦汉相承，年代相接，防御能力也相差不远，没有必要重筑一道长城。

汉代长城在汉匈奴两族间的作用如何呢？从大体上说，这种消极防守的长城，还是在一定程度上起到了防御匈取侵暴和保护边郡人民安全的作用。在史籍上又有这样的记载。

《史记·匈奴传》：

文帝（刘恒）后二年使使遗匈奴曰："先帝（刘邦）制，长城以北引弓之国，受命单于，长城之内，冠带之国，朕亦制之。匈奴无入塞，汉无出塞，犯令者杀之。"

《汉书·匈奴传》：

单于曰："孝宣孝元皇帝哀怜为作约束，自长城以南，天子有之，长城以北，单于有之，有犯塞辄以状闻，有降者不得受。"

这是西汉初期为了巩固初建的政权，匈奴为了取得汉朝大量财物，两族在约章上都表明了严明约束，但匈奴从不信守，入长城，侵边郡，烽火连年，人民不得安生乐业，这两个文件只是麻醉人民的废纸。

汉初长城因秦，秦因赵燕，这三期除汉武帝在造阳北有弃地以外，线路上大致相同，并且他们的长城基本上是修建在自己辖区的外缘，消极防守，来保护郡县人民的安全。长城外虽也有些斥候、亭障、外城、烽燧的设备，但那都是长城防线的附属设施。而绝不会把防止匈奴族的长城，反修在自己很远的后方，长城外反扔掉若干郡县的。

秦汉长城构造实体是怎样的呢？秦代长城的形状，据目睹者司马迁的记载说："行观蒙恬所为秦筑长城亭障"，"起临洮属之辽东，城堑万余里"（《史记·蒙恬传》），"边山险，堑溪谷，可缮者治之"（《史记·匈奴传》）。同时人王恢说："蒙恬为秦侵胡，辟数千里，以河为竟，累石为城，树榆为塞。"（《汉书·韩安国传》）

汉代的长城形状，也可由当时人的记载中看出个大概。

《汉书·晁错传》文帝时上守边备塞劝农力本策说：

陛下幸忧边境，遣将吏发卒以治塞，甚大惠也。然令远方之卒守塞，一岁而更，不知胡人之能，不如选长居者，家室田作且以备之，以便为之高城深堑，具蔺石，布渠答；复为一城其内，城间百五十步；要害之处、通川之道，调立城邑，毋下千家，为中周虎落，先为室屋，具田器，乃募罪人及免徒复作令居之。

《汉书·匈奴传》竟宁元年匈奴单于愿保汉塞，请罢边备，郎中侯应反对说：

臣闻北边塞至辽东，外有阴山，东西千余里，匈奴依阻其中，来出为寇。孝武世斥夺此地，攘之于幕北，建塞徼，起亭隧，筑外城，设屯戍以守之，然后边境得用少安。起塞以来，百有余年，非皆以土垣也，或因山岩石、木柴僵落，溪谷水门，稍稍平之，卒徒筑治，功费久远，不可胜计。臣恐议者不深虑其终始，欲以一切省繇戍，十年之外，百岁之内，卒有他变，障塞破坏，亭隧灭绝，当更发屯缮治，累世之功，不可卒复。

概括所引史文，可得如下情况：

1.因山川地形险要，加以人工，有土壁、石壁，或利用山坡岩石的陡壁，或利用林木枯柯倒木的障碍，或利用山谷水口的沟坎，完成一条防御工程。

2.长城系用土石修筑城壁，备有擂石，并开凿沟堑，植防御林，散布蒺藜，以限出入，并附有瞭望报警的亭障和往来交通联系的隧道，住戍边兵。

3.长城壁内每相当间隔，再修一接壁内堡，城方约百五十步。险要山口、川谷水道地方，别立城邑，各住千家以上，周围用木柴做成不能通过的篱落。修建房舍，预备农具，招募罪人，免其罪，在此住种守边。

秦汉长城虽然都是修在自己郡县外缘，以防侵扰，但随着各方军事势力的消长，长城线路自然也随之有所伸缩。复线的出现，城外亭障城堡的设置，驻戍屯田，都是不足为怪的。但在这里需要特别说明的，并为过去史家所误解，即在长城外远达一二千里修筑一列外城，屯田驻守，认为是又一道长城外的长城，实为汉武帝时独有的光禄塞，这是史无前例的。武帝对匈奴采取武装防御、积极进攻的政策，以卫青、霍去病指挥数十万兵，对匈奴贵族的侵扰加以打击，前后十余年。如是过大漠，追奔逐北，穷极其地，袭击王庭，破寘颜山，虏名王贵人以百计。其左部王战败远逃，部族离散，汉兵封狼居胥山（亦称卢朐山），禅于姑衍临瀚海（即呼伦池），胜利而还。自是以后匈奴震怖，益求和亲，边郡也少寇掠。在这种情况下，武帝又采取了一劳永逸的策略，在太初三年命光禄勋徐自为筑塞外列城，通称光禄塞或光禄城。

《史记·匈奴传》：

太初三年，汉使光禄徐自为出五原塞数百里，远者千余里，筑城障列亭至庐朐，而使游击将军韩说、长平侯卫伉屯其旁。

这是司马迁记载光禄塞建筑的始末，班固有较详细的论述。

《汉书·地理志》：

五原郡，稒阳县注：北出石门障，得光禄城，又西北得支就城，又西北得头曼城，又西北得虖河城，又西北得宿虏城。

《太康地记》也说：

自北地郡北行九百里，五原塞即此地。后汉光禄徐自为出五原塞数百里，筑城障列亭至卢朐山。

汉光禄勋徐自为筑城障列亭所至之卢朐山，即卢朐河（克鲁伦河）北岸的山，也即所封之狼居胥山。过去我国史籍上卢朐山也简称为卢山。《汉书·匈奴传》记扬雄上书说：“运府库之财，填卢山之壑而不悔也。”师古曰："卢山，匈奴中山也。"卢即黑也。元张德辉《岭北纪行》说："（卢朐）河之北大山曰窟速吾，汉言黑色也。自一舍外望之，然若有茂林者，近而视之，皆苍石也"，即指此山。

这条光禄塞，长千余里，系自塞外起程，不是从塞内算的，因此一二千里即达卢朐山。这条塞基本上是南北走向，与东西走向的长城接近垂直状态，因此不是长城外的又一道长城，而是为军需用的一条行军道路，过去史学家认为是复线长城的结论是错误的。但武帝的这个设计和建筑，没有取得成功，因其单线深入匈奴腹地，不久就被破坏了。《史记·匈奴传》"行破坏光禄所筑城列亭障"，就是最明确的记载。

总括上述材料，可对西汉长城情况得出如下认识：

甲、西汉高祖刘邦深谋远虑，从汉二年即公元前205年就开始注意到修缮北部的长城了。

乙、长城线路，西汉时期基本沿袭秦代。东段除武帝时弃入匈奴的斗辟县地须另筑一段以使衔接外，无大变动；西段高阙以下，正是黄河两岸土质肥沃地区，西汉在此设34县，徙戍以充之，筑长城在这一地区的外缘以防匈奴，大体是南由榆中起，过兰州，沿黄河东北去，经景泰、中卫、银川，绕磴口以西，北至高阙，转而东走，穿行于狼山、阴山之间，与东段长城相接。

丙、光禄塞不是长城，是武帝时所筑的一条进军道路。

（二）由考古学上观察

战国、秦、西汉长城建筑始末，所在位置、结构布置等，都已从文献上简要地做了一些说明。但关于这一时期的长城，历来就有很大争议，尤其是常和后世长城混同起来，造成混乱，因此，现再把后世文字记载这一时期的长城址和我们发现的长城址及出土文物等，做些概略介绍，以便两相印证，进行研究。

1.文献记录上的长城遗址

（1）赵长城遗址

《水经注》卷三，屈从县（朔方临戎）北东流注：

> 河水又屈而东流为北河，东迳高阙南，史记赵武灵王既袭胡服，自代并阴山下至高阙为塞。山下有长城，长城之际，连山刺天，其山中断。两峰双阙，善能云举，望若阙然，故有高阙之名。

又东过云中桢陵县南注：

> 有城在右，萦带长城，背山面泽，谓之白道城。顾瞻左右山椒之上，有垣若颓基焉，沿溪亘岭，东西无极，疑赵武灵王之所筑也。

按高阙在内蒙古自治区后套西北狼山中，山下有长城，长城之际，连山刺天。芒干水为黑河上源（呼和浩特东北），其流出的谷口有白道城，左右山上有颓垣，郦氏疑为赵武灵王所筑。依史文记载看，秦、汉长城也是经过这一线的。

（2）秦长城遗址

《水经注》卷二，又东北过安定北界麦田山注：

“高平川水又北出秦长城，城在县（安定郡治高平）北一十五里。又西北流，合一水，水有五源，咸出陇山西，东水发源县西南二十六里湫渊。渊在四山中，湫水北流，西北出长城北与次水会，水出县西南四十里长城西山中。”

按高平川为今宁夏回族自治区固原县山水河（清水河），发源于县西南六盘山（古名陇山），则秦长城遗址应由今固原北十余里，向西南四十里，到陇山中。这是临洮长城见于著录的一小段。

《晋书·唐彬传》：

以彬为使持节监幽州诸军事，遂开拓旧境，却地千里，复秦长城塞。

按幽州今北京市，以千里计之，秦长城塞当在昭乌达盟境内。

《辽史·地理志》西京道：

天德军本中受降城，乾元中改天德军，移永济栅，今治是也，后置招讨司。有秦长城。

按辽丰州天德军，系太祖阿保机神册五年伐党项，归破丰州天德军，俘其民东移，设西南面招讨司。遗址在今内蒙古自治区呼和浩特市东20公里。那么这秦长城也就是蒙恬所筑的遗址了。

（3）西河、上郡长城遗址

汉西河、上郡境内古代长城遗址，郦道元以为即秦始皇命蒙恬所筑，实在是错误的，在此加以解说，以备参考。

《水经注》河水又南过赤城东注："湳水出西河郡美稷县，东南流。其水又东南流，羌人因水以氏之，其水俗亦谓之为遄波水，东南流入长城东。咸水出长城西咸谷，东入湳水。湳水又东，迳西河富昌县故城南，又东流入于河。"

按湳水入河在吕梁洪入河处之北，吕梁洪为今大涧河，西至河曲县天桥镇入河。则湳水当为陕西省府谷县北内蒙古自治区准格尔旗内的河。又湳水东南入长城，咸水东入长城，则这段长城址似乎是南北走向，或西南东北走向。位置当在今河套内明代长城北方。

《水经注》又南过西河圁阳县东注："湳水出上郡白土县圁谷，东迳其县南，地理志曰圁水出西，东入河。东至长城与神衔水合，水出县南神衔山，出峡东至长城入于圁。又东迳圁阴县北，又东迳圁阴县南，东流注于河。"

按圁水为今陕西省秃尾河，东南到佳县北入黄河。发源于内蒙古自治区南境，二派皆自西往东过长城，则这段长城遗址路线，约和现存明代长城线路位置极为相近。

又：

> 诸次水出上郡诸次山，其水东迳榆林塞，即《汉书》所谓榆溪旧塞者也。缘历沙陵、届龟兹县西北，其水东入长城。

按诸次水，为今无定河，其水东入长城，其遗址位置似在榆林怀远县一带。

又南离石县西注：

> 奢延水西出奢延县西南，汉破羌将军段颖破羌于奢延泽，虏走洛川。洛川在南，俗因县土谓之奢延水，又谓之朔方水矣。奢延水又东迳肤施县南，历长城东出于白翟之中。奢延又东，走马水注之，水出西南长城北，阳周县故城南桥山。其水东流，昔段颖追羌出山桥门即此处也，门即桥山之长城门也。其水东北流入长城。

按奢延水今仍名延水，发源明代长城南，迳陕北延安延长而东入黄河。肤施在延安东北，延河之北，河由县南东过时迳长城，则长城位置当在今延安附近或稍西。而其大体是南北走向。奢延水又东有走马水注之，走马水为今延安西北小平川，发源于万安古城南马条山东，则桥门长城遗址，应在马条山中。其水东北流入长城，长城也是南北走向的。郦道元说这段长城是"始皇令太子扶苏与蒙恬筑长城，起自临洮至于碣石，即是城也"是很错误的。因蒙恬收河南地和斥逐匈奴在河北阴山修城，西接临洮东到辽东，既不会东到碣石，也不会把长城修在上郡首府的肤施附近；而况延安西北甘肃东北，久已是秦国领土，这由神谷县北方向西南经榆林、怀远、延安的长城，就不可能是蒙恬所筑。按它的方位经路上看，很像《史记·秦本纪》“孝公元年魏筑长城，自郑滨洛以北有上郡”的魏国上郡长城遗址，但其北段可能为秦宣太后修长城时所利用，谓为始皇命蒙恬所筑，实在是不对的。

（4）和龙及木兰的长城址

《魏书·长孙陈传》：

> 陈世祖时为羽林郎。征和龙，贼自西门出将犯外围，陈击退之，追斩至长城下，以功赐爵五等男。

按和龙城为今辽宁朝阳县旧城，魏世祖时这一带除战国燕、秦、汉三代外，没有在此筑过长城的。西晋似曾修缮过一段（见上引唐彬传），但不一定在和龙附近。贼自西门出将犯外围，击退追斩至长城下，则此长城应在和龙北或东北，因魏军自西来，而城东又是大凌河，故败军必向北或东北逃散。追斩至长城下，必为当日事，则长城去和龙，即朝阳旧城不能过远。

清弘历（乾隆）古长城说（见承德府志）：

> 木兰自东至西，延袤数百里中，横亘若城堑之状，依山连谷，每四五十里辄有斥堠、屯戍旧迹，问之蒙古及索伦，皆云此长城也，东始黑龙江，西至于沙流，类然。

据群众反映，当时乾隆帝《古长城说》刻有高大石碑，树立在围场县代尹沟梁，其地距长城遗址不远。按清“木兰”为今河北围场县，在赤峰西，多伦诺尔东南，东西150公里。有城堑横亘，依山连谷，每距四五十里有屯戍、城堡旧迹。这些情况很与西汉晁错建议筑造的长城结构相近。蒙古人和索伦人以为是由黑龙江省起，向西南到河套的金边壕址，这是很错误的。按金代边堡界壕有南北两道：北边一道从黑龙江省根河向西南入蒙古人民共和国；南边一道从黑龙江省齐齐哈尔北起，向西南沿大兴安岭，经我省林东、林西、景峰、达里湖、多伦诺尔至河套一带，绝不从围场县经过。前人已有考证（王国维），我们也曾调查过一段（专文发表于《辽海引年集》），因此我们认为木兰的古长城址，应是燕、秦、汉长城的一段。

2.亲自调查的长城址

提起战国、秦、汉长城，知识界都知道是通过今日辽宁而东去，但问起遗址何在，从来没有人知道。史地著作和历代地志，大都这样说："古长城即秦将蒙恬所筑，其在辽东界者，东西千余里。东汉以来，城皆湮没。"（《辽东志·古迹》）我们想，两千年来的风雨侵蚀，会使土筑长城受到严重破坏，但不会一点痕迹也没有遗留，而况古书上也曾记载过我省某地方，有过长城遗址，我们如果积极努力，总会找到一些线索的。因此，我在考古工作中随地观察，逢人打听，希望有所发现。1941年我在巴林左旗调查时，向一位蒙古族朋友那苏图了解当地史迹文物情况时，他告诉我，他原是喀喇沁旗人，老家住在建平县西北部老哈河东岸的黑水镇。那附近有土城，出土过大量"得一元宝"大铁钱，问我是什么时代，谁铸的，又说老哈河东西有"老边"很长，是什么时候修的，等等。因此，建平北部到赤峰市一带，引起了我的注意。后不久发现了赤峰英金河上的长城址，解放后又在黑水镇东西首先发现了古代长城址。近年有关各省也都在积极勘查，取得很大成绩。这是我国考古工作大力开展的结果，是个重要发现，也是考古工作必须依靠群众的一条经验。

1943年春，我们以赤峰为考古工作中心，调查辽代文化遗迹。在调查辽金元高州故城过程中发现了一大段古长城址。概略情况，已见同行佟柱臣的报告（《赤峰附近新发现之汉前土城址与古长城》，见沈阳博物馆专刊《历史与考古》第一号）。现把遗址及出土遗物简介于后。

（1）位置及构造

赤峰市位置在英金河和上源二水交汇后的南岸上。东北距红山（蒙名为乌兰哈达，也译作赤峰）不远，北通乌丹和巴林桥，南连大明城和承德，在山川形势、交通往来上看，是中原通向蒙古东部最重要的一处地点。市街北河岸上有一处较高的地方，称作蜘蛛山，就是战国秦汉的一个古城址，由遗物上看年代很清楚（几年前秦诏文陶量就是此地出土的）。当时我们由赤峰向西沿锡伯河到60公里许的猴头沟村缸瓦窑屯调查辽代古窑址。沿路西行到西牛波罗村以后，发现了很多山上城堡和烽燧台址，山岭上也多有人工修筑的痕迹，山下有不少文化灰层的堆积，很远就可望见。那些烽燧台址多利用较高山顶，修成高台，四面有围墙址，地方人都呼作“草帽山”“奶头山”等等。当时我们认为这必是一种古代防御线如烽堠、亭障之类，可能与长城有关，但后来虽很注意，终没发现有长城的壕壁痕迹。英金河上源流域没得机会了解。

后来由赤峰市沿英金河向东，到老哈河沿的哈拉木头村调查辽金元高州遗址时，沿路就发现了长城遗址已如上述。它连山跨谷，一望无际，十分雄伟，并且沿长城壁内，每隔10公里就有一座连壁的小城。长城内外都利用高山建筑烽台，星罗棋布，有很近的，也有5公里10公里以上较远的。河口、山空也都筑有小型城堡。这样一来，我们就毫不迟疑地知道这确是古代长城遗址无疑了。当时我们心情的喜悦激动是无法形容的，从此，辽宁省内秦、汉长城址以前那种“只在此山中，云深不知处”的状态，已成过去了。

这道长城的路线是由赤峰市红山北面的山岭开始向东延伸的。赤峰北哈达和硕小城子有土城，上水泉土城附近有烽台址两座。旧协理府东山湾子土城，北山上有烽台一座。稍东长城壁遗址极为明显，附近内外有烽台四座。东经老爷庙，有烽台一座，折而东北到山头屯有小城。又东北经郭家湾北山上，内有烽台一座。折而东到撤水坡屯北有小城。再折而东北，离开了我们应走的大道，就没有追踪视察的机会了。等我们到了老河西岸的哈拉木头屯以后，又在该屯北小山上和西方平顶山上，发现有和各小土城出土同样的遗物。距此东北不远的老河西岸，也有同样的一座小城子，都足以证明这是与长城一线相连的。这一段全长约60公里。它的主要构造：甲、土质或石筑长城壁；乙、长城内接壁筑造的小堡；丙、在长城内不太远的地方有独立的小城；丁、在长城壁内外分建有烽台或亭址；戊、长城内多有聚落址，并有垦田的遗痕。

由赤峰市向西说。赤峰市北河岸俗名蜘蛛山，是一小城址（前已述及），市西南郊有烽台或亭址一座，形势高大。市西小西牛波罗屯山上有小城，在锡伯河南，沿山有烽台数座。西南经画匠沟门村，再折西北过锡伯河，沿高家店、黄家地、猴头沟一带，北山上有连接的小城和烽台很多。据群众说，由缸瓦窑屯再西，过河南，经六棱子山而西，也是这样情况。全长约65公里。它的主要构造是：甲、山上小城；乙、山上烽台或亭址；丙、垦田址；丁、居住址。

总合两段全长约100公里，东段以长城城壁为主，西段以小堡烽台为主，其余构成部分都是相同的。

（2）各城堡址出土的主要遗物

甲、哈拉木头北小城址：出土明字刀钱、一刀小圆钱、汉式陶片。

乙、撤水坡屯接壁城址：出土有三棱式铜箭头、铁柄铜箭头、山字纹半圆瓦当、变形饕餮纹半圆瓦当、如意云纹圆瓦当、明字刀钱的残片以及汉式陶器片、瓦片，堆积层很厚，并有磨制石锛和石刀、粗陶片等。

丙、山头屯城址：出土铜箭头两种，战国、秦、汉陶器片和瓦片很多，陶器口沿下有的印有陶文。

丁、老爷庙屯古聚落址：出土明字刀钱、锛状铁斧及战国秦汉陶、瓦片，磨制石斧、石刀、粗质红褐陶片也很多。

戊、山湾古城址：出土有铜箭头、铁柄铜箭头、锛状铁斧、明字刀钱，诸物数量很多，陶器片、瓦片也不少。

己、赤峰市北哈大和硕附近土城址：出土有一刀小圆钱、明字刀钱、五铢钱，贝货数量较多，有真贝、骨贝（染绿色）、铅锡贝各种，铁柄铜箭头、铁斧、残铁器，光素起边半圆瓦当、陶器片更多。

庚、蜘蛛山城址：出土有明字刀钱、铁器残部、如意云纹圆瓦当、山字纹半圆瓦当、环状纹半圆瓦当，陶器如鬲、豆、甑等无一不有，汉瓦片更多。

以上长城堡址出土的遗物，有的是战国燕国特有的，有的是秦代和西汉时期的，都足以证明这段长城的明确年代。这次发现虽是些残垣断壁、废铜烂铁，但它是两千多年前千百万劳动人民为了保卫祖国付出的血汗，缅怀当年，对此遗存又是何等宝贵！

我们综合文献记载和考古观察结果，认为赵、燕、秦、汉的北部长城，当是相沿使用的，它和现存明代长城相距很远，没有因袭的可能，也就是说现存明代长城和汉前古代长城，根本是两条线路，不能把西起嘉峪关、东到山海关的明代长城当作秦始皇的“万里长城”。

二、东汉、西晋、北魏、北齐、北周、隋长城

这一期的长城与上期赵、燕、秦、西汉长城的位置线路，南移很远，不是同一线的。西晋以后，北族渐强，经过一段长期战乱，到隋才得全国统一。其时，各族各自为守，长城的位置、规模多有不同，分述于后。

1.东汉长城

王莽篡汉后，北方少数落后族势力日强，东汉初期多侵居塞内。边郡疆土日损，较之前汉，大不相同。建武三年彭宠反于渔阳，光武欲往亲征，伏湛上书反对，对北边当时情况说得很翔实。

《后汉书，伏湛传》：

> 今京师空匮，资用不足，未能服近，而先事边外，且渔阳之地，逼接北狄，黠虏（彭宠）困迫，必求其助。渔阳以东，本备边塞，地接外虏。

《后汉书·乌桓传》：

建武二十五年，辽西乌桓大人郝旦等九百二十二人率群向化，或愿留宿卫，于是封其渠帅为侯王君长者八十一人，皆居塞内，布于边缘诸郡，令招来种人，给其衣食，遂为汉侦候，助击匈奴鲜卑。

这是辽东、辽西、右北平、渔阳缘边四郡的乌桓，侵居塞内，人民不但把郡县视作边外，而且还要加重负担，给其衣食。

《后汉书·光武纪》：

建武二十六年，遣中郎将段彬授单于玺绶，令入居云中。始置使匈奴中郎将，将兵卫护之。南单于遣子入侍，奉奏诣阙。于是云中、五原、朔方、北地、定襄、雁门、上谷、代八郡民归于本土。

这是河套、雁、代以北，让南匈奴与汉人杂居的情况，而且这仅是一时的情况，其后这八郡有大部分土地被放弃了。

究竟东汉北边各郡丢掉了多少土地，现依两地志把两汉北边各郡所领的县数和郡址南移及全部取消的情况，列表于后。

西汉			东汉		
云中	治云中	辖十一县	云中	治云中	辖十一城
五原	治九原	辖十六县	五原	治九原	辖十城
朔方	治三封	辖十县	朔方	治三封	辖六城
定襄	治成乐	辖十二县			
上谷	治沮阳	辖十五县	上谷	治沮阳	辖八城
渔阳	治渔阳	辖十二县	渔阳	治渔阳	辖九城
右北平	治平冈	辖十六县	右北平	治土垠	辖四城
辽西	治且虑	辖十四县	辽西	治阳乐	辖五城

由上表看，东汉北边比西汉丢掉了54县，这是东汉最盛时的情况，中后期当然就是这个情况也保持不住了。前汉的北边长城就有大部分或全部不能

利用，所以就不得不另修长城或其他防御工程，当然有的地方也就不用长城作防御了。

东汉筑北边长城一类的记载有如下几条：

《后汉书·光武纪》：

建武十二年十二月，遣车骑大将军杜茂将从郡驰刑屯北边，筑亭障，修烽燧。

《后汉书·杜茂传》：

十二年遣谒者段忠将众郡驰刑配茂镇守北边，因发边卒筑亭候，修烽火。

《后汉书·王霸传》：

建武十三年卢芳与匈奴乌桓连兵寇盗尤数，缘边愁苦。诏霸将驰刑徒六千人，与杜茂治飞狐道，堆石布土，筑起亭障。自代至平城三百余里。

这以上三条材料所说的“筑亭障，修烽燧”和“堆石布土，筑起亭障”，都是说杜茂、王霸二人修建飞狐道长城的事。但这一防御工程的位置，绝非沿袭前汉旧址。而工程结构只有亭障、烽燧，规模也大不如前。按飞狐道即飞狐关，在今河北蔚县东南30公里。自代至平城150公里，代郡治高柳，今山西阳高县一带，平城为今大同一带，则这段长城也就在这二地之北不远，其方向大体是东西一线的。

《后汉书·马成传》：

建武十四年，屯常山、中山以备北边。又代骠骑大将军杜茂缮治障塞，自西河至渭桥，河上至安邑，太原至井径，中山至邺。皆筑堡壁，起烽燧，十里一候。

马成所筑堡壁、烽燧、哨所，都在京城附近或腹里要隘，是重点防守工程，推想北边也当有些经营，可惜史文缺略，不能详知了。

《后汉书·马援传》：

援曰方今（建武二十年）匈奴、乌桓尚扰北边，欲自请击之，明年秋援乃将三千骑出高柳，行雁门代郡上谷障塞，乌桓候者见汉军至，虏遂散去，援无所得而还。

马援所巡行的北边障塞，是在雁门、代郡、上谷三郡，这里应注意的有两点：第一，这北边障塞已不包括云中、定襄二郡，代、上谷两郡也丢掉不少领土，实际较前汉长城线南移了很远；第二，这三郡的障塞绝不仅指王霸所筑那150公里，足见另有筑障塞的事实，而史文不详而已。

《后汉书·郡国志》引《汉宫》：

世祖中兴，海内人民可得而数，才十二三。边陲萧条，靡有孑遗。障塞破坏，亭隧绝灭。

建武二十一年始遣中郎将马援、谒者（当是段忠）分筑烽堠堡壁，兴立郡县。

因此可知东汉北边防御工程——障塞的位置，西起雁门，东经上谷，确与现存明长城位置接近了。再东的渔阳，右北平二郡，若有长城的话，依失掉的领土估计，也与现存长城线差不了很远。雁门以西的障塞情况，可从下文了解。

《后汉书·匈奴传》：

永建元年（东汉晚期）以辽东太守庞参代为将军，先是朔方以西障塞多不修复，鲜卑因此数寇南部。

由此可知云中五原诸郡，实际是南匈奴的住地，障塞也就多不修复了。

2.西晋长城

西晋继曹魏统治中国，北边领土较前代缩小，国内战乱，引起北族兴起，西北并州诸郡，陷于南匈奴后裔刘渊，东北幽州诸郡，多沦于乌桓和鲜卑慕容廆，因此晋筑长城的记录较少。

《晋书·唐彬传》：

（太康二年）北虏（鲜卑）侵掠北平（晋去右字），以彬为使持节监幽州诸军事，领护乌丸校尉右将军。彬既至镇，训卒利兵，遂开拓旧境，却地千里，复秦长城塞。自温城洎于碣石，绵亘山谷，且三千里，分军屯守，烽堠相望，由是边境获安，无犬吠之警，自汉魏征镇莫之比焉。

这段材料，没有确切缮筑长城的字句。训卒利兵，开拓旧境千里，至秦的长城塞，分兵屯守，边境获安，是这段史文的主要目的。下接自温城洎于碣石，绵亘山谷，且三千里，烽堠相望。看来，很像一条烽台、堡障连接三千里的防御工程，但不是修建一道新长城，也不像重修秦代长城。因秦长城由幽州辖境东过辽东，达于水，不止三千里。可知这“洎于碣石”的碣石，当是毛主席词“东临碣石有遗篇”的碣石，在今河北省昌黎一带，但此地绝非秦汉长城起止的地点，这在文献上和遗迹文物上都证明了这点。此处应加说明的一点是，“复秦长城塞，自温城洎于碣石”之说，这是《晋书》

初次出现的新说。此外北魏郦道元《水经注》一方面说秦长城到辽东，又在河水奢延水注说“蒙恬筑长城起自临洮，至于碣石”。后世史地学者也多因袭此说。但汉魏时期古文献都一致说“秦长城到辽东达于浿水”，确没有到碣石的记载。因此就有人解释说碣石有左右两处：一在辽西临渝，为右碣石，秦皇、汉武曾登临望海；一在乐浪遂城县，为左碣石，才是秦长城东端所止之处。如《晋书·地理志》：“平州乐浪郡遂城秦筑长城之所起。”《太康地记》：“乐浪遂城县有碣石，长城所起。”杜佑《通典》等的主张也大致相同。对此应深入研究，纠正谬误。

3.北魏长城

鲜卑拓跋氏，初起于代北，398年拓跋珪南入中原，迁都平城。12月建号称皇帝（魏道武帝），形成了南北朝对立的局势。为了防御柔然等北族南侵，魏也采取了修筑长城的措施。

甲、赤城阴山长城

《魏书·太宗纪》；

（泰常）八年（423）正月丙辰，蠕蠕犯塞。二月戊辰，筑长城于长川之南。起自赤城，西至五原、阴山，延袤二千余里，备设戍卫。

起自赤城，西到五原，全长二千余里，考定其位置于后：

（1）长川位置

《水经㶟水注》：

㶟水又东，左得于延水口，水出塞外柔玄镇西长川城南小山，东南流经且如县故城南，于延水出县北塞外，即修水也。修水又东南经马城县故城北。

按㶟水为今河北省桑干河。于延水今为河北省怀安县东洋河的支流，其上源出于伊玛图山，南经内蒙古兴和县境，正汉且如故县地。则“长川”当在于延水发源北方不远伊马图山脉中。

（2）赤城位置

《水经注·沽水》：

沽水出御夷镇西北九十里，东南流大谷水注之，大谷水又南径独石西，又南径御夷镇西，南注沽水。沽水又西南径赤城东，城在山阜之上，下枕深隍，故河有赤城之号矣。

按沽水为今白河，发源于河北独石口北，南流经赤城，则赤城即今河北赤城。别有赤城，在今内蒙古鄂尔多斯左前旗境，与此有别。

（3）五原位置

《魏书·地形志》：

朔州本汉五原郡，延和二年置为镇，后改为怀朔。领五郡、县十三。

《水经注·河水》：

又东过临沃县南注：“河水又东流，石门水南注之，水出石门也，地理志曰北出石门障，即此小山也。西北趣光禄城，城东北即怀朔镇城也。”

按北魏世祖太武帝焘设怀朔镇于汉光禄城东北，在汉五原郡稒阳县西北方，故用汉郡旧称。石门水当是今内蒙古固阳县发源、至包头市西注入黄河的小河，则怀朔镇应在今稒原县西方山谷中。

（4）阴山位置

按阴山是山系名称，前文屡有引述，是历代军事争夺的要地。北魏高祖孝文帝元宏于太和十八年北巡六镇，先到朔州，次到阴山，最后遍历六镇而后南还。其山脉位置在内蒙古后套北方，西接狼山，东连大青山。

根据上述材料，还不能明确定出这条长城线路，仍须考虑两点：一为“延袤二千余里”，不是东西一条直线；二是“备设戍卫”，它包括了不少军城哨所。因此这条长城线路，应由今河北赤城县东方山脉北行，包括滦河发源地区和独石口，转而西行，经张北及内蒙古武川、固原之北，西到阴山山脉中。这条长城线路，有些地段似与秦汉长城线路接近一线。在这条长城线内设置了一些军镇和哨所，以防柔然等北族南侵。至于这条长城的线路、结构、规模，史无较详记载，已无从了解了。

乙、六镇长城

北魏太武帝焘，神麚二年（429）亲征柔然、高车，胜利而还。徙柔然、高车降附之民于漠南。东至濡源，西及五原、阴山，使之耕牧而收其贡赋。命长孙翰等四人镇抚之，先后建成了六镇。到孝文帝宏，太和八年（484）由高闾建议，修筑了六镇长城。

《资治通鉴·齐纪二》：

> 太和八年高闾上表曰：六镇势分，倍众不斗，互相围逼，难以制之。昔周命南仲，城彼朔方，赵灵、秦始，长城是筑。今以依故于六镇之北筑长城以御北虏，虽有暂劳之勤，乃有永逸之益，如其一成，惠及百世。即于要害，往往开门，造小城于其侧，因地却敌，多置弓弩，狄来有城可守，有兵可捍。计六镇东西不过千里，若一夫一月之功，当三步之地，三百人三里，三千人三十里，三万人三百里，则千里之地强弱相兼，计十万人一月必就。魏主优诏答之。

高闾说依赵灵秦始之故，于六镇北筑长城以御蠕蠕（即柔然）。对按工、计里、构造、利益，都说得很详细。后来魏主宏就采纳了他的意见，修建了六镇长城，十年后，他又亲自视察了六镇和阴山上的情况。

《魏书·高祖宏纪下》：

（太和）十有八年，秋七月壬辰，车驾北巡，辛丑幸朔州。八月甲辰行幸阴山观云川。癸丑幸“怀朔镇”，己未幸“武川镇”，辛酉幸“抚冥镇”，甲子幸“柔玄镇”，乙丑南还。所过皆亲见高年，问民疾苦。丙寅诏六镇及御夷城人，年八十以上而无子孙兄弟，终身给其廪粟。

这是拓跋宏西由五原的怀朔镇南还途中，依次巡视的四镇：怀朔、武川、抚冥、柔玄——下余怀荒、御夷二镇在都城东和东南，并且此时已在腹地内，不是北边重镇，既不重要，又不当边，更不顺路，所以就不去巡视了。现把各镇的约略位置考定于后：

（1）怀朔镇：位置应在汉五原郡稒阳县石门障西北，光禄城东北，唐中受降城附近，今为内蒙古包头市北方固阳县西方山谷中。

（2）武川镇：在今内蒙古武川县境。《水经注·河水》：

荒干水又西南迳云中城北，白道中溪水注之，水发源武川北塞中，其水南流，迳武川镇城，城以景明中筑，以御北狄矣。荒干水又西，塞水出怀朔镇东北荒中（入荒干水）。

《元和郡县志》：

武川镇今名黑城，在东受降城北三百里。

可知武川确在怀朔镇东，其位置约在今内蒙古呼和浩特市西北大青山古白道谷附近。

（3）抚冥镇：位于武川、柔玄两镇中间，而与武川为近。以地理方位考之，应在呼和浩特市北，四子王旗境内。

（4）柔玄镇：约在今尚义县北伊玛图山脉中。已见上述长川条内。

（5）怀荒镇：在柔玄之东、御夷之西，约为今张北一带。

（6）御夷镇：初镇设在濡源，即滦河上源闪电河一带，后移今独石口一带。

《水经注》：

> 濡水出御夷镇东南，西北径御夷镇故城东，镇北（后移的镇北）百四十里。

这是魏初的御夷镇，镇南移以后，此地似乎改称御夷城。

《魏书·高祖纪下》：

> （太和）十有八年七月壬辰，车驾北巡，八月幸怀朔等镇。丙寅诏六镇及御夷城人，年八十以上给其廪粟。

这个六镇以外的御夷城，当然不是包含在六镇中的御夷镇城，因此，我们以为它就是郦氏注中“镇北百四十里的御夷故城”，但也应是魏长城所经过的一个地点。镇南移的地点，是独石口南方的旧候卤城。

《水经注·沽水》：

> 沽水出御夷镇西北九十里，丹花岭下。又东左与候卤水合，水出西北山，东南流经候卤城北。城在居庸县北二百里，故名云候卤，太和中更名御夷镇。

现在根据以上的说明材料，可画出北魏六镇长城线路如下：东由河北省赤城县东方山脉北行，包括内蒙古滦河发源地区，转而西行，经沽源、尚义、陶林、武川、固原各县，西抵阴山中。此城北面路线也可能与汉前长城线接近，高闾所谓“今以依故于六镇之北筑长城”也显明有依故基修筑之意。它是太和八年（484）开始修造，目的是在防御蠕蠕南侵。在史文中对这道长城的施工情况，经过地点、构造细节都不见记载，只凭高闾一表，对六镇长城是否修建，难免生疑，下列两条材料做了肯定的回答。

《水经·鲍邱水注》：

> 大渝河又东南出峡，径安州旧渔阳郡之滑盐县南，左合县之北溪水，水出县北广长堑南，太和（魏孝文帝年号）中掘此以防北狄，其水南流径滑盐县故城东。

《北齐书·文宣纪》：

> 天保四年九月契丹犯塞，北讨契丹，帝至平州，遂从西道趣长堑。潘相乐自东道趣青山，至白狼城。韩轨东趣，断契丹走路。帝逾山岭奋击大破之。

按大渝河为鲍邱水上源的俗名，就是今潮河的上游。《水经注》说它的西源出于孔山，孔山上有孔，今名窟窿山，在河北丰宁县西北，则滑盐县北溪水源，也当在丰宁县东方，或东北方。齐文宣帝北讨契丹，由平州西道趣长堑，我们以为就是北魏太和时所掘的广长堑。北魏平州治“卢龙”，即今河北卢龙县，当时河北方面，出塞有东中西三道，东道出青陉（界岭口），中道出卢龙塞（喜峰口），西道出蠮螉塞（古北口），则文宣帝由平州趣长堑，亲逾山岭之处，可能就是今日古北口，长堑既在其山岭西北，则方位与郦氏《水经注》所记正合，当是一物无疑。《读史方舆纪要》作者顾祖禹以为长堑就是三国曹操征乌桓时田畴堑山堙俗五百余里的遗物，这是他没精读郦书所出的错误。

长堑的位置既在河北省丰宁县一带，则其西端必接连于六镇长城，其地点可能在独石口北到滦河源之间一带地方。东方不会过长，因为濡水中没有记载，况且滦河流域当时还不是拓跋氏的势力范围，那么广长堑的规模也就不算大了。

附：魏畿上塞围和东魏肆州长城

魏在修筑北部长城之外，太武帝又于太平真君七年（446）修筑了畿上塞围。东魏孝静帝善见武定元年（543）修筑肆州长城。但这两次工程都不能算作北部长城，今附此作为参考。

《魏书·世祖纪》：

> （太平真君）七年六月丙戌，发司、幽、定、冀四州十万人，筑畿上塞围。起上谷，西至于河，广袤皆千里。九年二月罢塞围作。

按畿上塞围，就是围绕京城地方四面修建的防御工程。当时魏都于平城，在今大同市东。东起上谷，魏上谷郡治居庸县，为今河北延庆，西到横河，今山西偏关一带，约千里。南北也约略有相同的里数。司州今洛阳东北，幽州燕郡，今北京市。定州中山郡，今河北定县。冀州长乐郡，今河北冀县。远由四郡驱使民工十万人，修筑了将及二年，工程是不小的。

《魏书·孝静帝纪》：

> 武定元年八月，齐献武王（高欢）召夫五万人，于肆州北山筑城，西至马陵戍，东至土隥，四十日罢。

这段长城为东魏丞相高欢所筑，肆州是今山西忻县代县一带地。马陵戍在静乐县北汾水之源，土隥戍在今代县崞阳镇西北，其地正在吕梁山脉中。

东由土隥寨，西到马陵戍，系东北向西南的走向，两地实距75公里，这段长城工程是不大的。

4.北齐长城　附：北周长城

北齐高欢父子篡东魏政权以后，西有西魏，余势尚强，北有蠕蠕、突厥、库莫奚、契丹，侵扰边境，于是就在西北两面边境上大筑长城。

现把修筑长城的材料抄录于后。

《北齐书·文宣帝纪》：

（天保）三年九月幸离石，十月至黄栌岭，仍起长城，北至社平戍，二百余里，立三十六戍。

（天保）五年十二月庚申帝北至达速岭，览山川险要，将起长城。

（天保）六年发夫一百八十万人筑长城，自幽州北夏口至恒州，九百余里。

《北齐书·赵郡王琛附子睿传》：

天保二年出为定州刺史，六年诏睿领山东兵数万，监筑长城。

《北齐书·文宣帝纪》：

（天保）七年，先是自西河总秦戍筑长城，东至于海，前后所筑东西凡三千余里。率十里一戍，其要害置州镇，凡二十五所。

（天保）八年于长城内筑重城，自库洛拔而东，至于坞纥戍，凡四百余里。

《北齐书·斛律金附子羡传》：

> 河清三年转幽州刺史，羡以北虏屡犯边，须备不虞，自库堆戍，东拒于海，随山屈曲，二千余里，其间二百里中，凡有险要或斩山筑城，或断谷起障，并置立戍逻五十余所。

北齐长城工程，主要都在高洋时期完成的。天保三年由黄栌岭向北筑长城至社平戍，200公里。按黄栌岭在今山西省汾阳县西北30公里，由此北去200公里，大致可到山西省五寨县北境，社平戍当在汾水上源。五年高洋亲到北边勘察山川地形，预备建筑北边长城。六年他亲派高睿监工修筑了由幽州北夏口至恒州450公里的一段。按幽州“北夏口”是今居庸关下的南口，“恒州”原是北魏“平城京”迁移以后的改称，但到北齐时，北边六镇和代、朔相继沦陷，又把恒州侨置于肆州秀容郡城，其地在今山西省崞阳镇西南。可知这段450公里的长城，是东由北京市南口，西到山西省原崞县一带。这段长城西端，正包含着高欢时所筑“肆州北山、东至土隥”的那一段长城，因“土隥”今为镇，在崞县西北，很足证明此点。其次恒州以西，似乎是和三年所修“黄栌岭仍起长城、北至社平戍四百余里”一段北端的社平戍相接，接连地点应在汾水上源一带，已如前述。

到天保七年，这段长城工程大体全部完成了：自西河的总秦戍起，东至于海，先后所筑的全长凡三千余里。按“西河郡”北魏初设于今山西临汾县西南境外，北接黄栌岭长城。东端则由北夏口——即今南口附近，直东到渤海，可能就是山海关一带。以三千余里计算，由山海径居庸、崞县、汾阳、临汾一带地也大致符合。这道长城很和雁门以东到山海关的现存明长城线相近，但也有的段落是绝对不在一条线上的。如：

宋王曾《上契丹事》：

> 出燕京北门过古长城，四十里至孙侯馆，改为望京馆。

宋路振《乘轺录》：

自幽州北行三十里过长城。

宋沈括《熙宁使虏图抄》（用《永乐大典》本）：

幽州东北三十里有望京馆，东行少北十余里出古长城。古长城望之，出东北山间至顾州乃折而南，负城西走，出望京之北。西南至广信之北二十里，属于西山。

《辽史·地理志》南京道：

顺州归化军中刺史，南有齐长城。

都证明今北京市北方25公里的顺义县境有齐长城址，这一古长城址，北到古北口现存的明长城还有50公里，当然不能说它是一条线上筑的了。

天保八年所筑的内重长城，自库洛拔而东至于坞纥戍，凡200公里，因鲜卑语的军戍名称，多不见后世记载（《读史方舆纪要》的说明，也多无根据），又限于我们地理知识，不能确指今地。大胆推测这四百里距离的两个军戍，可能在代县稍北的东西一线上，又应在今日明长城之南、滹沱河北方。

河清三年明州刺史斛律羡自库堆戍东拒于海，随山屈曲1000公里，其中仅有100公里是“斩山筑城，断谷起障”的，则这一工程规模较小。库堆戍虽不能指实今地，但以“东拒于海”观之，应在汾河上源一带。其线路似与七年所筑“东至于海”的长城为一线，也可说是重修或补修而已。

北周宇文氏，亦筑有长城。

《周书·宣帝纪》：“大象元年六月，发山东诸州民修长城。”立亭障，西自雁门，东至碣石，大体是接修北齐长城的，今附记于此。

5.隋代长城　附：唐长城

隋高祖杨坚扫灭了中原割据势力，结束了南北朝对立局面，统一了全中国。但北方的少数族突厥、契丹、库莫奚、吐谷浑仍时时南侵，所以有隋一代，开始就连年大修长城。

《隋书·长孙晟传》：

开皇元年，摄图曰：我周家（宇文氏）亲也，今隋公（杨坚）自立而不能制。复何面目见可贺敦（宇文公主）乎？因与高宝宁攻陷临渝镇（今河北抚宁县东境），约诸部落谋南侵。高祖新立，由是大惧，修筑长城，发兵屯北境。

按突厥可汗摄图，与北周和亲，娶赵王女千金公主为可贺敦（汉语皇后），故反隋篡周，见之行动。可见当时有不得不如此的情况。隋筑长城的主要材料：

《隋书·高祖纪》：

开皇元年四月，发稽胡修长城，二旬而罢。

开皇三年，二月突厥寇边，三月癸亥城榆关。

开皇六年，二月丙戌发丁男十一万修筑长城，二旬而罢。

开皇七年二月，发丁男十万余修长城，二旬而罢。

《隋书·炀帝纪》：

大业三年七月，发丁男百余万筑长城，西距榆林，东至紫河，一旬而罢（通鉴作“二旬而罢”，食货志多“绵亘千里”），壬午车驾发榆林，乙酉（突厥可汗）启民饰庐清道以候乘舆。

大业四年三月乙丑，车驾幸五原，因出塞巡长城。七月辛巳，发丁男二十万筑长城，自榆林谷而东。九月辛巳，诏免长城役者一年租赋。

上引材料中，杨坚时期筑三次长城，都没记述位置和起止。创筑榆关城，在今河北抚宁，南有碣石山。杨广时期两次大修筑，也都说得不很详细。而诸臣传里却有些足以确定隋长城位置的材料。

《隋书·韦世康弟冲传》：

高祖（杨坚）践祚，赐爵固安县侯，岁余发南汾州胡千余人北筑长城，在涂皆亡，因命冲复绥叛者，月余皆至，并赴长城，上下书劳勉之，寻拜石州刺史，甚得诸胡欢心。

同书《崔仲方传》：

阴劝高祖应天顺人，高祖从之，及受禅（篡位）进爵固安县公。令发丁三万朔方、灵武筑长城，东至黄河，西拒绥州，南至勃出岭，绵亘七百里。明年上复令仲方发丁十五万于朔方已东，缘边险要，筑数十城，以遏胡寇。

同书《卫玄传》：

高祖受禅未几拜岚州刺史，会起长城之役，诏玄监督之。

同书《周摇传》：

开皇初突厥寇边，燕蓟多被其害，拜为营州总管、六州五十镇诸军事，摇修障塞，谨斥候，边民以安。

同书《杨子崇传》：

> 炀帝嗣位，出为离石郡太守，自是突厥屡寇边塞，子崇上表请兵镇遏，帝复大怒，下书令子崇巡行长城，子崇出百余里，四面路绝，不得进而归。

杨坚时韦冲抚绥叛胡去修筑长城，后为石州刺史，甚得诸胡欢心，则所筑长城当是开皇元年发稽胡修筑的那一条。其城必在石州境内，或在北境。按“石州”北周置，隋初仍之，后废，为今山西离石县一带，其北境所筑的长城，似乎和北齐恒州的长城县很相近，也可能是按北齐旧底修筑的。杨广命离石太守杨子崇巡行长城，子崇出50余公里，不得进而归的长城，也正是这一段。

崔仲方所筑朔方、灵武长城，传文“东至黄河，西拒绥州”，应作“东至绥州，西拒黄河，南至勃出岭”。按“朔方”是夏州的改称，旧治在今陕西省横山县西。“灵武”是炀帝广改灵州的名称，旧治在今宁夏灵武县西南黄河东岸。“绥州”为今陕西省绥德县地，其南的勃出岭无考。不改原传文，则与地理方位、里数都是不合的。由此可知隋朔方、灵武长城线是西起今宁夏灵武县黄河东径陕西横山县境，直东南抵绥德，黄河以东自然和离石的长城相接连。但其中间又由何地南到勃出岭，史无明文，似乎是一条内向支线，则与现存的明长城不同。

这是隋朔方、灵州一带长城。

炀帝广大业三年所筑长城，西距榆林，东到紫河，绵亘千余里。按此榆林定为隋榆林郡不妥，榆林郡唐改为胜州，在今内蒙古鄂尔多斯旧左旗境。紫河是隋定襄郡大利县境内一条河水，在今内蒙古和林格尔县北境。这样，榆林和紫河两地方位是西南向东北，而与史“西距榆林，东至紫河”不合，而从里程计算，也不到千余里。由此可知这个榆林当是指在河套北的榆林塞，也就是“大业四年筑长城，自榆林谷而东”的榆林谷。紫河是在内蒙古托克托县入黄河的大黑河，其北源古称紫河，另一条紫河今称浑河或红河，在清水县西入黄河，与此无关。由此看来，这条长城西起后套北狼山一带，沿阴山山脉而东，至凉城一带。它大体和赵、秦、汉和北魏六镇长城的线路有些一致或相近。这和《隋书·突厥传》“启民可汗率部落归降，或南入长城，或住白道”，白道在今呼和浩特市北，也是吻合的。

这是隋代榆林、紫河一带的长城。

卫玄为岚州刺史，监督修筑长城，则长城必在岚州辖境或北境。按“岚州”北魏置，隋初仍之，后废。州治在今山西省旧岚县北，距岢岚不很远，这段长城是在离石之北，也正和北齐长城线相近，也同样可能照北齐旧址修筑的。

这是隋代岚、石二州一带的长城。

周摇为营州总管，因突厥侵寇燕蓟，就修障塞，谨斥候，边民以安。按隋“蓟州”，即今天津市蓟县地，隋初“燕州”，为今北京市延庆县地，则他所修的这条障塞线（长城），也就自然在今北京市延庆和天津市蓟县两地的北境，很可能在北齐幽州长城稍北，和现存明长城线极为接近，其东端很有可能接连到开皇三年所修筑的榆关城。

这是隋代燕蓟一带的长城。

其次，把《隋书·地理志》记录长城的各郡县列下，也可有助于了解当时长城线路：

（1）雁门郡，后周肆州，开皇五年改代州，统县五，“雁门”有长城，“繁畤”有长城。

（2）定襄郡，开皇五年置云州总管府，统县一，“大利”有紫河，有阴山，有长城。

（3）楼烦郡，大业四年置，统县三，“静乐”旧曰岢岚，有汾水、汾阳宫，有长城。

（4）涿郡，旧置幽州，统县九，“昌平”旧置东燕州及昌平郡，有长城。

（5）安乐郡，旧置安州，统县二，“燕乐”有沽河，有长城，“密云”有渔水，有长城。

（6）渔阳郡，统县一，“无终”有燕山，有海，有长城。

（7）北平郡，统县一，“卢龙”有碣石山，有海，有临渝宫、关官，有长城。

总括隋代修筑长城情况观之，它一方面继续利用了北齐、北周的旧底，一方面又添筑了河套南和阴山长城两大段。它的线路虽和前代长城不完全相同，但有段落是和后来的明长城很相接近的。主要线路分段列后：

甲、朔方灵武段：西起今宁夏灵武县西北黄河东岸，东经陕西省横山县、绥德县，东到吴堡一带黄河岸，过河与岚石段相接。复向南出一支线，地点位置已不可考。

乙、岚石段：西由山西省离石县西北境继灵、朔段向东北，径岚县、繁峙、灵丘（《元和郡县志》注有长城）而东抵北京市居庸关。

丙、燕蓟段：西由北京市延庆县与岚石段相接，直东经昌平、密云、蓟、卢龙、临渝，到海。

丁、榆林紫河段：西由套北榆林塞起，东抵今内蒙古托克托县大黑河北源一带。可能东接于今北京市延庆一带的燕蓟段。

这一期长城修筑构造等情况的记述较少，难得其详，但由下列两种记载，尚可了解其一斑，可惜仅知确系此期而不能确定是哪朝的遗构。

《九宫私记》引《图书集成》：

余尝至雁门，抵岢石，见诸山往往有剷削处，逶迤而东，隐见不常，大约自雁门抵应州，蔚（州）东山、三涧口诸处亦然。问之父老，则云古长城迹也。夫长城始于燕昭、赵武灵，而极于秦始皇。燕昭所筑，自造阳至襄平；赵灵所筑，自代并阴山高阙；始皇所筑，起临洮历九原、云中至辽东；皆非雁门岢石应蔚之迹也。

《癸辛杂识》：

> 长城之房居人以积雨后，或得坚木于城土中，识者谓名黄栌木，乃当时用以为城杆者，性极坚劲，不畏水湿而耐久，至今一二千年，犹有如楹大者，以之为枪杆最佳，盖筑城无以为杆不可。

由此可知这期长城的构造也和汉前相同，有时“剷削诸山”，有时以“如楹坚木为城杆”。与现存砖石长城是不同的。

附：唐长城

唐代国力很强，领土恢复了秦汉的旧观，因此历世的长城也就失掉了主要作用，但在某一地域、某一时期，也曾有所利用或修建。

《通典》州郡古冀州上：

> 妫川郡，北至张说新筑长城九十里，西北到新长城为界，三百八十里。妫州今理怀戎县。

这个张说新筑的长城和所谓新长城，当然是有别于其他各郡县所记的前代长城。按唐“怀戎”为今河北省怀来县，其北45公里、西北190公里的长城线，大体也和北魏赤城长城和现存宣化的明代外长城很相接近的。

关于明代长城，原是后一部分，但考虑到遗迹雄伟壮观，建筑都基本保存，而且线路复杂，文献材料也多，使得篇幅过大，不便在本文中收录，因此也就割舍了。这个工作，今后会更有条件，望有关方面组织人力，进行实地勘察，编出足以反映这道西起嘉峪关东到山海关的“万里长城”伟大工程的专著来。

（原载《社会科学辑刊》1979年创刊号、第2期）

西汉右北平郡治平刚考

宁城县黑城村古城址

燕北筑长城，设上谷、渔阳、右北平、辽西、辽东五郡，是祖国历史发展上的一件大事。它密切了东北各族人民的接触，促进了经济开发和生产技术交流，给先民们创造白山黑水广大地区的整个文化体系，奠定了牢固的基础。右北平是五郡之一，秦汉因之；西汉时，右北平领县十六，治于平刚。东汉因地入北族，郡治南徙土垠，仅领四县，平刚就湮没无闻，很少再见文献记载了。平刚城究在何地？后世许多致力于史地的学者做过不少考证[①]，但由于文献记载简略，又受时代限制，没有遗址调查和文物材料的证实，诸家只能从文献到文献，自然存有很大分歧，长期没能解决。

关于右北平郡治的考订，总括前人意见不外两说：一说认为其地在今河北省的平泉，一说认为在今辽宁省的凌源。近年由于在凌源县安杖子村发现

①吴卓信：《汉书地理志补注》："方舆纪要：汉右北平郡平刚县，在今蓟州北境。又云平刚城，在营州故城西南五百里。汉县，为右北平郡治，后移治土垠，县遂废。"钱坫、徐松：《新注地理志集释》："平刚，在今永平府城东北四百里。"沈维贤：《前汉匈奴表》："元朔元年秋，拜李广为右北平太守，治平刚。故城在热河八沟界。"吕吴调阳：《汉书地理志详释》："平刚，今承德府东南清河口。平者，水东西平，刚者，土坚强，其水西入滦也。"汪士铎，《汉志释地略》："平刚，承德府平泉州豹河间地。"

了战国——汉的古城址，因此就有更多的人倾向于安杖子城即为西汉右北平郡治平刚，最近出版的《中国历史地图集》[①]，即取此说。

中华人民共和国成立前，我们发现了赤峰英金河北的燕秦长城遗址，佟柱臣同志在凌源发现了安杖子古城；1959年辽宁省博物馆文物队的同志又发现了建平县烧锅营子乡南王家店西至赤峰县美丽河车站北的这段长城遗址，这就引起了我们对宁城县甸子乡黑城村古城址的更大注意，开始搜集有关这座古城的文献和考古材料。

对于黑城古城址的调查，1958年内蒙古自治区文物队同志报道了宁城黑城古城址的情况[②]，1976年昭乌达盟文物工作站和宁城县文物组在古城址内发掘清理了新莽钱范作坊遗址[③]；最近我们辽宁省博物馆文物队的同志又在此基础上，进行了较为详细的调查，并有一些新发现[④]，这更进一步明确了我们对黑城古城址的认识。因此，我们认为西汉右北平郡治平刚县，即应是今内蒙古自治区宁城县（天义）西南60公里的甸子乡黑城村古城址。本文拟从文献记载和考古材料作一些说明，以就教于读者。

一

文献记载平刚城应在集军出塞的道路上

右北平郡始设于战国燕，据《史记·匈奴传》的记载，建郡时间约在公元前299年以后的三五年内。[⑤]在五郡中，右北平地处中部，它左护渔阳、上谷，右捍辽西、辽东，五郡呼吸相通，构成一个灵活机动整体，是燕山北口的一个天然门户，镇护着祖国的北疆，为我国古代通向漠北的三条重要道路

①中华地图学社，1974年版。

②张郁：《内蒙古宁城县古城址的调查》，《考古通讯》1958年4期。但当时调查未发现“外罗城”。

③昭乌达盟文物工作站等：《辽宁宁城县黑城古城王莽钱范作坊遗址的发现》，《文物》1977年12期。

④冯永谦、姜念思：《宁城县黑城古城址调查》《考古》1982年2期。

⑤参阅拙著：《中国北部长城沿革考》“燕长城”部分，载《社会科学辑刊》1979年创刊号。

之一，平刚设在这条道路的咽喉要地上才是合乎道理的。据《太平寰宇记》引《冀州图》记载：

入塞三道，自周秦汉魏以来，前后出师北伐，唯有三道：

其中道，正北，发太原，经雁门、马邑、云中，出五原塞，直向龙城，即匈奴单于十月大会祭天之所也。

一道，东北，发向中山，经北平、渔阳，向白檀、辽西，历平刚，出卢龙塞，直向匈奴左地，即左贤王所理之地。

一道，西北，发自陇西，经武威、张掖、酒泉、敦煌，历伊吾塞，（直向）匈奴右地，即右贤王所理之处。”

此所谓“东北”一道“历平刚”者，即指今河北省青龙县青龙河口，古称卢龙塞，北经右北平郡的平刚，通往今内蒙古自治区的呼伦贝尔草原的道路，呼伦池西汉称作“姑衍临瀚海”，这里是匈奴左贤王住地。这条道路穿过燕山天险，路途径直，历史悠久，齐桓公北伐山戎、离支（令支）、孤竹走的是这条道，秦开北逐东胡当然也走这条道，西汉时出兵匈奴左地，走这条道路的记载很多，重要的如《史记·卫青传》：

元朔之五年春，汉令车骑将军青将三万骑，出高阙；卫尉苏建为游击将军、左内史李沮为强弩将军，俱出朔方；大行李息、岸头侯张次公为将军，出右北平，咸击匈奴。

《霍去病传》也记载：

（元狩二年）夏，骠骑将军与合骑侯敖，俱出北地，异道；博望侯张骞、郎中令李广，俱出右北平，异道，皆击匈奴。

（元狩三年）匈奴入右北平、定襄，杀略汉千余人。

（元狩四年）骠骑将军亦将五万骑，车重与大将军等，而无裨将，悉以李敢等为大校，当裨将，出代、右北平千余里，直左方兵，所斩捕功已多大将军。

由此可见，右北平郡治的平刚，是东北方向出入的必经之路。匈奴南下侵扰，必入右北平，汉朝出师征讨，亦必出右北平。这一重要的地理位置，就决定了它必然成为当时东北的一个重镇。因此之故，当时西汉朝廷派往右北平郡驻守的官员中，大都是一些最著名的将领。像李广、韩安国等人都曾做过右北平郡太守，在五郡官员中，右北平郡常是以秩爵比较高的人来充任，如李广就是五郡中职位最高的一个人。《史记·李广传》说：

（武帝时）匈奴入杀辽西太守，败韩将军（安国），后韩将军徙右北平。于是天子乃召拜广为右北平太守。……居顷之，石建卒，于是上召广代为郎中令。元朔六年，广复为后将军……。后三岁，广以郎中令将四千骑出右北平，博望侯张骞将万骑与广俱，异道行，可数百里……

所谓“异道”，系指出右北平的边塞后，有两条道路通往今呼伦贝尔，即左贤王住地：大体一条路沿兴安岭东麓走，另一条路沿兴安岭西麓走。这两条路都必须经过平刚这道关门；直到后世仍然如此，并有明确的文献记载[①]。

曹操北征乌桓，仍走平刚道，方位里距更为明确。

东汉以后，因右北平郡北部大部地区（12县）没入匈奴和乌桓，郡治南徙土垠，仅领4县，这条道路遂废弃不通。曹操在建安十二年北征三郡乌桓时，因为“大水，傍海道（今山海关一带）不通”，所以请地方田畴做向

①《明实录》洪武二十一年三月“大将军蓝玉同申国邓镇等七公侯率师十五万，由北平经大宁，进至庆州，闻虏主在扑渔儿海，从间道兼程而进。经游魂、百眼井，去扑渔儿海尚四十余里。黎明至海南，侦知虏主营在海东北八十余里”。

导，“行军出卢龙塞，塞外道绝不通，乃堑山湮谷五百余里，经白檀、历平刚”[①]，这条经路，仍旧是西汉时期的平刚道，只是堑山湮谷又开通了。此事在《三国志·田畴传》中记载得更为明晰：

> 畴曰：右北平郡治在平刚，道出卢龙，达于柳城，自建武以来陷坏断绝，垂二百载，而尚有微径可从。若回军从卢龙口越白檀之险，出空虚之地，路近而便。

曹操接受了田畴的建议，于是出卢龙，历平刚，在白狼堆（《后汉书》记在凡城）大破乌桓。这条道路的走向，根据田畴所说，由卢龙口至平刚城距离500里，则平刚故城的具体位置定在黑城是可以确定的。

郦道元观察卢龙塞道对凡城平刚里距的记载

郦道元曾亲到青陉，观察了卢龙塞道险要形势，并记载了北出卢龙山口至凡城、凡城至平刚故城的里程数字，并批判了前人的错误记载，是我们推定平刚位置的头等依据材料。他在《水经注》卷一四“濡（滦）水”注中说：

> 卢龙塞道，自无终县东出濡水，向林兰陉东至青陉。卢龙之险，峻扳萦折，故有九峥之名矣。燕景昭元玺二年（前燕慕容儁元玺二年，为353年），遣将军步浑治卢龙塞道，焚山刊石，令通方轨，刻石岭上，以记事功，其铭尚存；而庾杲之注扬都赋言，卢龙山在平刚城北，殊为孟浪，远失事实，余按卢龙东越青陉至凡城二百许里，自凡城东（应作西）北出趣平刚故城可一百八十里，故陈寿《魏志》田畴引军出卢龙塞，堑山湮谷五百余里历平刚；平刚在卢龙东北远矣，而仲初言在南，非也。

据此可知，卢龙塞道是由青陉，即今河北省青龙县的青龙河在桃林口附

①《三国志·魏武帝纪》。

近流出燕山隘口青河口（约东经199° 强、北纬40° 10′ 左右）起，溯青龙河北上，至凡城100公里，再沿河北进90公里即到平刚。郦氏这些里程数字仅举整数，这和田畴引军的里程数字大体也是相近的。

关于凡城位置所在，由于文献较少，至今没有定论，但我们知道它和白狼山是在同一个地区的。按《三国志》曹操阵斩三郡乌桓首领塌顿于白狼山，《后汉书》则记斩塌顿于凡城，是其明证。确定了白狼山，凡城的位置也就大致可定了。白狼山在郦道元《水经注》（卷一四）辽水右会白狼水注中有明确记载：

> 白狼水出白狼县东南，北流西北屈。径广城县故城南。又西北石城川水注之，水出西南石城山，东流径石城县故城南。北屈径白鹿山西，即白狼山也。魏书国志曰：（曹）公出卢龙塞，堑山湮谷五百里，未至柳城二百里，登白狼山望柳城，卒与虏遇，纵兵击之，虏众大崩，阵斩塌顿，胡汉降者二十万口。

按白狼水即今大凌河，发源于建昌县南。石城川水今名森吉河，也作渗津河，发源于凌源县的白石嘴子、沟门子群山，东流北屈经过白狼山西，东流至喀喇沁左翼蒙古族自治县桃花池村注入大凌河。郦氏所指白鹿山即白狼山，正是今凌源县天盛号公社的窟窿山。这座山海拔849米，是凌源南部最高的山峰，山顶岩石有孔，远望透亮，故又有崆峒山的称呼。白狼山既定，就可在它附近寻觅凡城遗址，特别应在就近卢龙塞道所沿的青龙河谷中寻找。但多年来没有找到明确遗址。如按郦道元所说由“卢龙东越青陉至凡城二百许里”的记载加以推定，凡城当在凌源县南部的叨尔登公社一带。在叨尔登公社头道河子大队小河西生产队的村南和村北临近青龙河左岸的丘陵台地上，各发现一座石筑不规则的城堡，城周大约为500米和200米，采集遗物有早有晚，晚的可到魏晋时期，这样城址亦未可遽定。但是它雄踞青龙河向西北转折之处，地理形势非常险要，由此沿河北上可直达平刚，东沿渗津河

（石城川）入大凌河，北进，可经白狼城（喀喇沁左翼蒙古族自治县平房子公社黄道营子村东），东达辽西、辽东、玄菟等郡。因此我们认为这处城堡有可能是凡城，它东距白狼山顶峰约30公里。据史文观察，凡城应在卢龙塞道之西，白狼山的群山在东，这和曹操“登白狼山望柳城”的地理形势方位里距是完全吻合的。至于出青陉（青山口）至凡城，凡城至平刚的里距，按地图测算，青山口至刀尔登，约为85公里；由刀尔登至黑城（平刚故址），约为75公里，共160公里。用汉里（按今里约小十分之三）核算，为208公里。这个数字，大体与田畴引军里程和郦道元所举里数是相合的。

这条道路的形成很早，它随着时间的推移，名称曾有几次改变。山戎、东胡侵扰中原多由此路。秦汉设郡治平刚以扼守燕山北口，故称平刚道。曹操北征乌桓筑卢龙城后，又称卢龙塞道。辽金元由于经济的发展和城镇布局的改变，开辟了松亭关北走瀑河河谷的松亭关路，明设宽城、会州、富峪（黑城）直通大宁卫（即辽中京大定府址），亦是这条松亭关路。清称此道为喜峰口路。

平刚地理环境与李广在郡日常射虎的记载相合

平刚城（黑城古城址）在燕山北口的峡谷之中，正当青龙河、瀑河、老哈河南北分流的谷底，地处天险，真是一夫当关万夫难开之地。北距赤峰英金河北岸战国秦汉万里长城约100公里，距建平热水、老烧锅内线长城百多里，多是丘陵草地。城东北有努鲁儿虎山脉，由阜新、北票、建平、宁城西南来；西北有七老图山脉，由围场、隆化、平泉东南来，同到平刚会合成一个喇叭形山口。口外有坤头河、老哈河北流注入西拉木伦河，南屈为大辽河入海。平刚南不远有青龙河，南流过桃林口，至卢龙与滦河汇合；瀑河亦发源于平泉北部，南流经会州（应作惠州）故城、宽城注入滦河，经喜峰口（即后世松亭关和喜峰口路）东南注入大海。因此平刚正当隘口，东西都是连绵不断的群山，山高谷深，路途稀少。城东南5公里有山海拔1100米，再东不远有山高1176米，稍南有山高1168米。依次向东、北两面的群山，也多在1000米上下。城西面高山更多更密，5公里内外一山高735米，西南一山高

910米，稍远的龙山高1042米，西北烟子窑岭高1423米，正西骆驼甸南山高1868米、光头山高1929米。这些高山距黑城都不过百里之外，再西北接连河北省隆化、围场二县，山脉更密，山势更高。平刚城东西两翼几十里内有这样多的高山，配合着北面两道长城，更显得平刚地理位置的重要，也更可了解李广在郡日常射虎的地理条件。

李广家族世代以善射有名当时，到了李广本人，臂力过人，弓马娴熟，不但当时人人称赞，连皇帝也很敬重他。景帝为防北族侵扰，亲召将军李广做右北平郡守，说："将军其帅师东辕，弭节白檀。"广在郡威名远震，匈奴称他是飞将军，很久不敢盗边，他就日常带兵以射虎为事，锻炼弓马和胆略。据传一次被猛虎咬伤，他毫不畏惧终于把猛虎射死。当时人民群众曾流传着李广"射虎石"故事①，这也充分证明李广在平刚日常射虎，当是千真万确的事实。黑城周围几十里内这些崇山叠障的自然条件，给李广平刚射虎的记载做出了无可辩驳的注脚。

城址规模只有右北平郡才可具有

从古城址结构看（图一），"外罗城"虽具有城壕，但城墙没有后世角台、马面等结构（图五），对于较早期的"花城"（图六）也有所打破；北面城墙被压在后世"黑城"城墙的下面（图二），这个"外罗城"城址庞大，东西长1800米，南北宽800米，总面积达144万平方米，这在汉城中是比较少见的。同时由于右北平郡治平刚在当时不仅仅是作为郡治存在，而且是集结兵力的场所，从前引的几条材料可看出，当时驻右北平的兵力数量是很大的。如元朔五年春出高阙、朔方、右北平的这一次，卫青"将三万骑出高阙"，朔方与右北平未系数字，但由高阙一路兵力估计，出右北平的也不会很少。又如"（李）广以郎中令将四千骑出右北平、博望侯张骞将万骑与广俱"，则是很明显的记载。再如元狩四年，霍去病"将五万骑""出代、右

①《史记》卷一百九《李广传》："广居右北平……出猎，见草中石，以为虎而射之，中石没镞，视之石也。因复而射之，终不能复入石矣，广所居郡闻有虎，尝自射之，及居右北平射虎，虎腾伤广，广亦竟射杀之。"

北平千余里”，兵力亦非常可观。总之，当时驻右北平郡的很多是著名将领，由此也可反映出屯驻大量兵力的情况。由于这种原因，平刚城才可修筑得这样大。

出土遗物也证实黑城古城址即为右北平郡治

整个“外罗城”内地上地下遗物均十分丰富，种类数量均很多，如外绳纹、内印网格纹的汉式筒瓦、板瓦等仍密集成堆，目前已出土的遗物，有许多非当时一般县城所能具有。从现存的残瓦看，当时的建筑具有很大的规模，并且很密集，特别是所见瓦当，很不一般，如“千秋万岁”（图十）或羊头纹、云纹瓦当（图八、九、十一）等，均涂彩敷朱，建筑应是很富丽堂皇的。又如出土的“渔阳太守章”“白狼之丞”封泥（图四），别郡公文往来，说明黑城行政建置级别很高，再如“部曲将印”“假司马印”等铜印（图三），很能说明当时驻军的情况，这些印章的军衔都是很高的。如果当地不驻守相当数量的军队，是不会有上述印章遗存的。这和文献记载当时一些著名将领屯驻右北平并出塞等活动联系起来，恰好得到证明，此地就是右北平郡治平刚，在城址中还有一处非常重要的考古发现，这就是新莽钱范作坊遗址（图十二），按当时制度，铸钱是由朝廷直接控制的，绝对不许分散或私下冶铸；只是到了新莽时，改变制度，“分铸钱于郡国”[①]，外郡才可以铸钱。今天在“外罗城”内清理发掘的新莽钱范作坊遗址，说明它是郡国一级的行政建置，这是我们考订黑城古城址为右北平郡治平刚的极为有力的证明。

由上述各点考察，我们认为宁城县甸子乡黑城村古城址，即为西汉右北平郡治平刚故城，是没有任何问题的。

二

右北平郡治平刚既经考定，对于西汉以后平刚故址的利用改修情况，也应加以说明。

①《汉书·王莽传》。

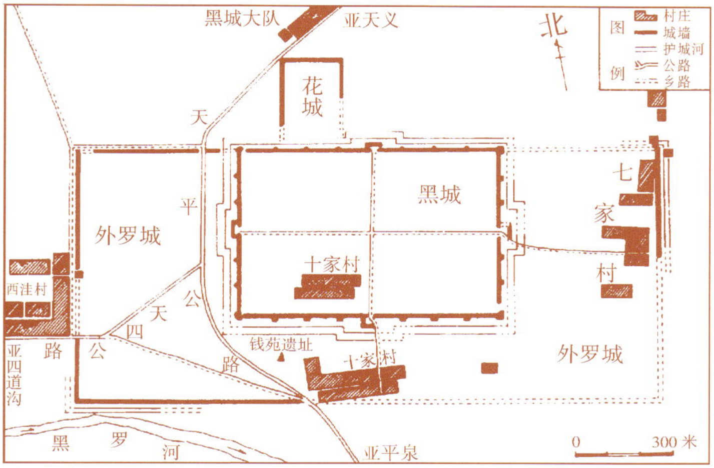

图一　黑城古城址地理位置图

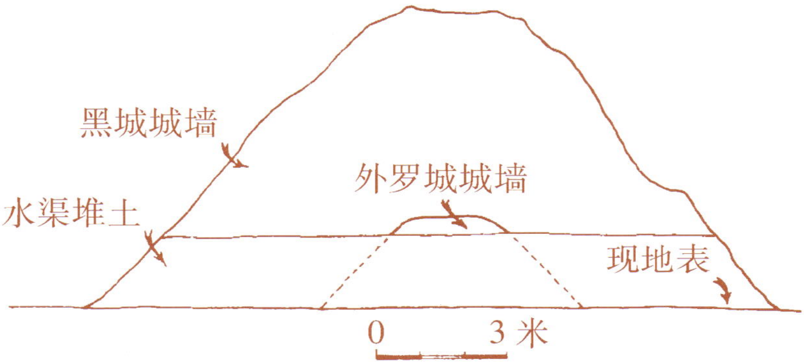

图二　“黑城”北墙与“外罗城”北墙叠压关系剖面图（图西视东）

左为“部曲将印”铜印印模
右为“假司马印”铜印印模

图三　铜印印模

左为“渔阳太守章”封泥
中为“白狼之丞”封泥
右为“卫多”封泥

图四　封泥拓片

右北平郡，在东汉时由于范围缩小，徙治土垠，原来的平刚故城没入北族，也就废弃了。自此以后，很长时期未再有任何行政建置。从这次调查看，“外罗城”内的“黑城”，根据其本身结构和出土遗物分析，此地在辽代始有建置，并历元、明两朝。

现存的“黑城”，是建于右北平郡故城之上的。这已有明确的地层关系：“黑城”北城墙下部是“外罗城”的北墙，即右北平郡治平刚故城，两者叠压说明后世的“黑城”北墙是借用了“外罗城”北墙中段的墙基的。从调查所见情况看，大约是地入北族后，由于不事耕垦，甚或成为“空虚之地’，因而城墙仅为自然损坏；现在“外罗城”颓圮成顶部漫平的土岗，是其自然颓圮的应有现象，也说明其经历了相当长的历史时日，大约自东汉以来直至辽代中期才又开始利用改建。

“黑城”城墙四角有角台，城壁外部筑有马画（图七），应该起自辽代，后经重修，直至明朝。在城址遗物中，有辽代陶瓷器片、铜镞母范、铁刀、“圣”字铜印等，在“黑城”城墙的中心部分，夯土中不含有上述遗物，有的土较纯净，有的则见汉代遗物，这应是城墙筑自辽代的证明。在城址除上述遗物外，还有时代较晚的白瓷片、钧窑瓷片、小铜权和小型印花条形砖等，这是元至明所常见的；城墙也到处呈现重修的迹象，在四面城墙中尤其是南、东、北三壁，城墙内外两侧大片脱落，外层土质颜色与中间截然不同，这是由于后世补修造成的，有的并可区分出夯土中的夹杂物，如南墙上部外侧夯土中有辽代的白瓷片，但在中间就没有这种情况，再如马面残坏又经补修，南墙东数第一马面至今仍保存接筑痕迹。这些都说明了“黑城”城墙所经历的沧桑。

“黑城”辽代属何县，史无明文。大约圣宗建中京前，此地尚无建置。王曾《上契丹事》称：

> 自此渐出山，七十里至富谷馆，八十里至通天馆，二十里至中京大定府。①

①《辽史》卷三十九《地理志》中京道。

图五　“外罗城”西城墙南段城墙（由南向北摄）

图六　“花城”西北角城墙及夯层情况（由北向南摄）

图七 “黑城”西城墙（由北向南摄）

图八　方格云纹瓦当

图九　三角云纹瓦当

图十　“千秋万岁”瓦当

图十一　羊头云纹瓦当

图十二　新莽“始建国元年三月”钱范

王曾行程自富谷馆经通天馆北至中京（即今大明城镇）九十里。沈括也说：

自（铁浆）馆东北行二十里……中顿，过顿，东行山间之川，二十五里，折而小北，五里至富谷馆。……自馆东北行四十里，至中顿，过顿稍东出，又三十里至长兴馆，皆行山间。……依北山之迤，循虎河逶迤，正东至中京。中京西距长兴馆二十里，少南。①

沈括行程自富谷馆经长兴馆循虎河（即土河，今老哈河）逶迤北至中京亦45公里。这些记载是很明确的，富谷馆地点应在“黑城”附近，由此北至中京，方位、里距均合，“黑城”建县情况不甚清楚，所幸过去在河北省平泉县北驿马图乡邢家沟出土了辽贾师训墓志，对此有所记述，颇为重要。志称：

（贾师训于）寿昌二年薨于中京之里第，次年四月葬于京南劝农县西、德山之阳。②

贾师训墓在“黑城”之西，与志所说之劝农县相符，因此，由于贾师训墓志的发现，我们就可确认“黑城县即为辽之劝农县。按《辽史·地理志》劝农县属中京大定府，为所辖九县之一，是开泰初年建置的。③清时李慎儒考劝农县时，限于材料，未能实指。④现在，从考古学上能够确定下来，并可测知其规模，亦应是一件可喜之事。

金代此地无建置。据《热河志》引《大元大一统志》大宁路古迹条载：“劝农县，金废劝农县，析其地属长兴。”

元代在此地设富谷站。《热河志》引《大元大一统志》称：

①沈存中：《熙宁使虏图抄》，载《永乐大典》卷一万八百七十七虏字诗文二。
②罗福颐：《满洲金石志》卷二《贾师道墓志》。
③《辽史》卷三十九《地理志》中京大定府条：“劝农县，……开春二年析京民置。”
④李慎儒：《辽史地理志考》：劝农县“在今内蒙古喀喇沁右旗”。

富谷馆（原注：案在大宁路），富谷有站。

《元经世大典》（引自《永乐大典》）：

大宁路所辖陆站二十三个，富峪站，马一百匹，车十辆，牛一百只。

《析津志·天下站名》（引自《永乐大典》）：

“宽河一百里神山，一百里富峪，北京今大宁。”这是元代的大略情况。此时真“黑城”古城未有更大建置，但仍不失为北通草原地区的要道。

“黑城”在明代为富峪卫。《明史·地理志》对建置经过记载较详：

富峪卫，本富峪守御千户所，洪武二十二年二月置。二十四年五月改为卫。永乐元年二月徙置京师，直隶后军都督府。距今都司一百二十里。

行都司为大宁，即今宁城县大明城镇古城。对于富峪卫的营建历史背景和经过情况，《明实录》中有许多记载。现为摘引几条加以说明：

洪武十九年十一月“谕冯胜曰：纳哈出据金山，数侵扰辽东，宜于大宁诸边隘分兵置卫以控制之。诏户部令发民夫二十余万，运米一百二十三万余石，予送松亭关及大宁、会州、富峪四处，以备军饷”。又：

“洪武二十年三月，冯胜等率师松亭关，筑大宁、宽河、会州、富峪四城，提兵驻大宁。”这是明代富峪筑城之记录。同时《明实录》中还记载了筑城的大小规模，这对于了解古城址情况，是不无益处的。兹将有关部分录下：

洪武二十二年“春正月壬午，北平行都指挥使司都指挥周兴，奏修拓大宁等城成，并上其规制：……富峪城，门四，周九百丈，濠长九百八十二丈，深一丈二尺”。这些记载和我们今天调查所得情况，是完全一致的。四门，城周900丈，换算为3000米，调查“黑城”实测尺寸为东西810米，南北540米，总计城周长2700米。明尺略小于今尺，加上修筑与测量计算点上的误差，尺寸基本一致，因此，其制是完全符合的。

三

通过对黑城大队古城址的调查，鉴于其所处地理位置，考虑城址本身的结构情况和遗物特点，综合文献记载材料，我们有依据确定其为西汉的右北平郡治平刚故城；但其地东汉以后为北族所有，城址废弃，城垣颓坍，中间荒废很长一段历史时日，至辽又经利用，始有建置，其在辽为劝农县，元为富谷驿，明为富峪卫。这就是黑城古城址的大体建置概略，它完全符合我们调查时所见到的情况，因此得出如上结论。过去这个问题长期未得解决。今天通过考古调查搞清楚了，亦是治历史地理之一快事。

附记：我想写这样一篇稿子已有多年了。但在这次写出之前，又由冯永谦、姜念思二同志对黑城大队古城址进行过一次调查，取得了不少第一手材料。冯永谦同志对照相、拓片、绘图以及文献材料与文稿的整理上，更多所帮助。对二位同志我表示衷心感谢。

1980年10月整理

（原载《社会科学战线》1983年第1期）

李氏《辽海丛书》批注

《盛京疆域考》批注

《宁远州志》批注

《翰苑》批注

《辽东行部志》批注

《大元大一统志》批注

序

先君子致力考古工作50多年，足迹几遍东北，对辽、吉、黑三省的山川形势、地理沿革极为熟悉，晚年更留心东北历史地理，颇具卓识，多有发明。十年动乱之起，深受迫害，研究计划被迫中断，积累的资料亦散失甚多。粉碎“四人帮”后，虽得平反，恢复工作，但已临风烛之年，身心交瘁，久卧病榻，研究成果未及整理便赍志而逝，抱憾终古。仲元驽钝不才，于史地之学尤无修养，遗稿整理工作迟延不进。时览先君手泽，面对尘封旧稿，不胜惭悚之至。先君生前阅读有关东北历史地理著作时，多有批注，或补其未备，或指其讹误，或述己见，或有新解。于《辽海丛书》有关地志著作之批注尤多。虽为零札片语，然皆长期研究之所得，实为修治东北史地之学的重要资料。此项整理稍易着手，遂将批注分篇辑录成帙，拟陆续刊出，以飨学界。适逢《辽海丛书》重版印行，并有批注附印之举，实可慰先德于地下，惠后学于当前，乃学界之盛事也。此次择要附印635条，注后皆附原文以资对照。在摘编整理工作上或有失误，厚望识者督责仲元所不逮，则幸甚焉。

李仲元

1984年11月20日于沈阳故宫

《松漠纪闻》批注

宋·洪皓撰（载《辽海丛书》第一集之七册）

一、后唐明宗时渤海已灭。

〔原文〕“（女真）唐谓之靺鞨……讫唐世，朝献不绝。五代时始称女真。后唐明宗时，尝寇登州，渤海击走之。”（卷上第1页）

二、契丹建寨即宁江州，扶余县三岔河石头城子是其故址。

〔原文〕“契丹自宾州混同江北八十余里建寨以守。”（卷上第1页）

三、热者，即乌舍，后世乌拉。南应为北字，盖黄龙今农安，松花江（当时称混同）正在其北百余里，其南不得有江也。

〔原文〕“热者，国最小，不知其始所居。后为契丹徙置黄龙府南百余里，曰宾州。州近混同江，即古之粟末河，黑水也。”（卷上第3页）

四、象戏，今象棋戏。

〔原文〕“亦学弈象戏点茶。”（卷上第4页）

五、此渤海国去燕京、去金上京皆千五百里，似误以东丹国的辽阳府为渤海京城也。

〔原文〕“渤海国去燕京、女真所都皆千五百里，以石累城足。”（卷上第4页）

六、西楼是契丹上京，非金上京。

〔原文〕“自上京至燕二千七百五十里。上京即西楼也。”（卷下第4页）

七、春山秋水，应为春水秋山。

〔原文〕“虏中中丞唯掌讼牒，若断狱会法，或春山秋水，从驾在外。”（补遗第1页）

仲元按：辽制有捺钵。春季皇帝率臣僚百官去湖畔水滨射猎天鹅，称春捺钵。至秋则去山陵草场围猎虎、鹿，称秋捺钵。因春在水滨，秋在山区，故原书称春水秋山。

《扈从东巡日录》批注

（清·高士奇撰，载《辽海丛书》第一集之七册）

一、三韩、百济与满洲何干？有名学者毫无史学知识，一般诗人可知。

〔原文〕“友人宠斯行也，得赠行诗若干首……左春坊左赞善兼翰林院检讨徐乾学一首：……三韩风尚朴，百济地形便。……”（卷上第1页）

二、西汉右北平治平刚，李广为守，不在永平。

〔原文〕“己亥，渡滦河，经永平府城南。永平，古孤竹国，秦汉时为右北平地。李广曾守北平，夜出见虎，弯弓射之没羽，比明乃知为石。”（卷上第6页）

三、以明长城为秦长城所在，错误得很。

〔原文〕“辛丑，出山海关。……出关数里有姜女祠，祠前土丘为姜女坟，望夫石在其侧。”

“昔秦后来包并六国之后，命将蒙恬堑山堙谷，筑长城万余里为地界。”（卷上第6页）

四、以闾阳驿为辽乾州，实误。

〔原文〕“丙午，过杏山，驻跸闾阳驿……按《金史》闾阳本辽之乾州广德军，以奉乾陵，故名。”（卷上第9页）

五、以显州为渤海显德府之地，实沿《辽史》之误。

〔原文〕“丁未，经广宁城。按《辽史》为显州，奉先军，上节度。本渤海显德府地。”（卷上第10页）

六、涂为金。以辽河划分辽东辽西，实误。

〔原文〕“庚子，驻跸辽河。……河西为辽西，河东为辽东，源出靺鞨北诸山中，经涂山，至洪州崖头牛家庄，出梁房口入海。”（卷上第11页）

七、札凯，今名夹河，有上下二村。

〔原文〕“戊午，驻跸札凯。”（卷下第2页）

八、嘉祜禅，按即柳条边二十一边门之一的加木禅，在兴京、英额二门之间。

〔原文〕“庚申，驻跸嘉祜禅。”（卷下第2页）

九、阿尔滩讷门，或即赫尔苏门。

〔原文〕“戊辰，驻跸阿尔滩讷门。由开原至乌喇驿道也。”（卷下第4页）

十、萨龙河，今名岔路河，属吉林省永吉县。

〔原文〕“辛未，宿雨未霁，行五十里，驻跸萨龙河。”（卷下第5页）

十一、苏敦，今名蒐登站。

〔原文〕“壬申，驻跸苏敦。”（卷下第5页）

十二、乌喇鸡陵，即乌拉吉林，今吉林市。

〔原文〕“（壬申）日亭午，将至乌喇鸡陵。”（卷下第5页）

十三、船厂为明代旧称，非清造船地。

〔原文〕“甲戌，雨，驻跸乌喇鸡陵。又因造船于此，故曰船厂。”（卷下第6页）

十四、大乌喇虞村，今名乌拉街。

〔原文〕“乙亥，冒雨溯松花江，顺流而下……驻跸大乌喇虞村。去船厂八十余里。”（卷下第6页）

十五、乌稽亦作窝集，汉语老林也。喇母乌稽，通作纳穆窝集。

〔原文〕“丁丑，驻跸大乌喇虞村。是日，上欲往观乌稽，因雨不果。访之土人云：喇母乌稽在松花江东可百里许。”（卷下第8页）

十六、塞赤，后多作色出。

〔原文〕“（丁丑）……又东四十里曰塞赤乌稽。”（卷下第8页）

十七、高侍讲以乌拉城为宁江州，以火茸城即东京城为会宁府，实是史学外行。

〔原文〕“（乙亥）按乌喇即辽时宁江州，混同军，观察兵事，属东北

统军司。（卷下第7页）……（丁丑）东南十五里曰火茸城，金之上京会宁府也。”（卷下第8页）

十八、羌突里噶尚，今称秦得利、勤得利。噶尚，满语村也。地在黑龙、松花二江汇口之下，指为李陵战败之地更属可笑。

〔原文〕“自宁古塔东行六百里，曰羌突里噶尚，松花、黑龙二江于此合流，有大土城。……此城乃汉将李陵战败之地，今以他出考之，地里远近不甚相合。”（卷下第9页）

十九、三道铺，今名山头铺。

〔原文〕“壬辰，过开原县，……是日驻跸三道铺。”（卷下第12页）

《柳边纪略》批注

（清·杨宾撰，载《辽海丛书》第一集之八册）

一、《盛京通志》康熙本边门21。《会典》作20门，且有9门名目不同。长城指山海关附近。喇林山即吉林市北拉林河源西方诸山。

爱哈门即瑷河门；碱厂，满语“加木禅”，记汉语音也。

〔原文〕“柳条边，又曰条子边。西自长城起，东至船厂止，北自威远堡门起，南至凤凰山止。设边门二十一座（各门名称略——仲元）。按：此《盛京志》所载者也。而《会典》则又称西自长城起，东至喇林山止，设边门十四座（各门名称略——仲元）。北自威远堡门起（各门名称略——仲元）凡六门，共二十门。”（卷一第1页）

二、关墙即外城土墙，设有八边门，如大西、小西边门之类。门改为八是天聪五年事，民国十五年时，我仍见抚近门砖额有汉文“大金天聪五年”款，是其明证。

〔原文〕“盛京城……康熙十九年筑关墙，周围三十二里四十八步，高七尺五寸，门改为八，大东曰抚近……”（卷一第2页）

三、今仍有老边屯，边墙为明代早期所修，非明失辽阳后所筑。

〔原文〕“盛京城六十里有土墙基，号曰老边，疑即明朝失辽阳后边墙。”（卷一第2页）

四、北到发忒哈边为盛京将军界，置此误矣。你不楮后作尼布楚。

〔原文〕“宁古塔将军所属东至东海……北至发忒哈边。爱浑将军所属东至海，西至你不楮阿罗斯界……”（卷一第3页）

五、苦，备考本作若。

〔原文〕“山海关……或有汉人附满洲起票者、冒苦独力等辈到北衙亦放行矣。”（卷一第5页）

六、“余驟马观之”后，备考本作“木龛中有一妇像作悽恻状”。

〔原文〕“山海关外三里曰悽惶岭……余驟马观之像一妇木龛中作悽恻状。”（卷一第5页）

七、开原城实就古咸州旧址上重建者，有金时佛塔可证。

〔原文〕“古咸州应在开原站、威远堡之间。”（卷一第6页）

八、黄龙府原在开原北，后迁于东北四百余里伊通河畔，今农安县，有辽佛塔。

〔原文〕“黄龙府，盛京志作开原县……当日黄龙府洎应在今石头河、双阳河之间……若开原则去混同江六百余里，金太祖安能一渡江即据有之耶？”（卷一第6页）

九、也合后多作叶赫。

〔原文〕“也合老城在驿路边，新城亦可望见。”（卷一第6页）

十、明造船于吉林市南15余公里松花江上之阿什哈达，江上石壁上有当时摩崖题字数段。船厂之名由此而来。

〔原文〕“船厂设于顺治十八年，昂邦章京萨儿昊代造船于此，所以征俄罗斯也……”（卷一第7页）

十一、乌喇即吉林乌喇，汉语沿江城市也。今名单称吉林。

〔原文〕“吴喇国旧城。”（卷一第7页）

十二、会宁府，即指东京城，渤海上京龙泉府，清人误为金上京会宁府，故云。温德恒山，实为船厂西南4.5公里之望祀山，俗称小白山，在温德恒河旁故名，上有望祀殿，系于宁古塔误。

〔原文〕“内大臣觉罗武等看验长白山……又往看宁古塔等处地方……遍看会宁府等处地方。……册为长白山之神，初于宁古塔西南九里温德恒山致祭，今改于船厂城外。”（卷一第8页）

十三、冷山，为张广才岭亦名老岭之西端，主峰称太子山，在舒兰县小城子南，北去阿城白城子故城约125余公里。小城子附近有完颜希尹族墓，神道碑犹存。小城子当即其居城故址也。

〔原文〕“冷山，宋洪忠宣公皓所居也。”（卷一第9页）

十四、己巳为康熙二十八年，庚午为次年。

〔原文〕“混同江……余去时为己巳十月二十一日……归时为庚午二月二十一日。”（卷一第10页）

十五、亦拉，亦作依兰，亦拉江西岸有小村落名亦拉岗，1925年余作尼什哈站屯小学教师时常经其地。尼什哈山也作宜罕山，即今吉林市龙潭山，上有潭石筑，在高句丽山城内。

〔原文〕“混同江……余策马从亦拉江径涉。亦拉者，汉言三也……尼失哈站南山，上有潭，产小鱼，鱼皆逆鳞，人不敢食。尼失哈者汉言小鱼。”（卷一第10页）

十六、显州实为辽州之讹，今称辽滨塔城。西北应为西南之误。

〔原文〕“辽河套在开原西北旧显州城下。”（卷一第10页）

十七、高士奇指大吴喇（乌拉街）为辽宁江州固误。杨大瓢厄黑木站之说亦误。来流河今呼拉林河，去此二三百里，自非一地。

〔原文〕“古宁江州应在今厄里木站。《扈从东巡日录》指为大吴喇者非是。《松漠纪闻》来流河去混同江百十里，而来流城即在宁江州西，金太祖纪，十月朔克宁江州城，次来流城可证。”（卷一第10页）

十八、大瓢（按：指杨宾）所释多不确切，有的错误，如必拉为满语河，拉伐、哈达等满语解释也不正确。

〔原文〕“边外多山……戴石者曰拉，亦作砬，如拉伐必儿汉必拉之类……山之锐者曰哈达，如山阴哈达之类。”（卷一第10页）

十九、席百今多作锡伯，其地既系吉林往黑龙江孔道，谓在船厂边外西南500余里，方向全误，应为西北。锡伯绰尔城在今黑龙江泰来，俗呼塔子城，附近有绰尔台，北到齐齐哈尔二百三四十里，为由齐市经喜峰口入北京便道的一个台站。见《黑龙江舆地图说》。曹氏《东三省舆地图说》又以位于陀喇河归喇里河相汇之南岸的洮南古城子为锡伯城，未知谁对。

〔原文〕“席百一作西北，又作席北，在船厂边外西南五百余里……凡自船厂往墨儿根、爱浑、黑龙江者由此。按天聪八年十一月霸奇兰等征黑龙江，命由科尔沁国舅吴克善所属之席北绰尔门地方经过，则为东北冲要途也久矣。”（卷一第11页）

二十、腊底诺即腊丁或作拉丁。虚糕即面包。

〔原文〕“黑龙江爱浑城……与西北阿罗斯为邻，注：其钱银质……阳则其国书也，若梵经，一钱必书数十字，不可辨，或曰文字用腊底诺话，腊底诺者，西洋诸国之官话也……所食多虚糕。”（卷一第12页）

二十一、雅克萨城在黑龙江阿穆尔河口对岸，今俄名阿尔巴金。

〔原文〕“（黑龙江爱浑城）筑城于雅克萨为边患者二十余年。”（卷一第12页）

二十二、虎儿哈河条前，《全辽备考》本多自船厂至爱浑一条45字。

〔原文〕：“虎儿哈河。”（卷一第12页）

二十三、唐忽汗河，今牡丹江。

〔原文〕“虎儿哈河即镜泊下流。”（卷一第12页）

二十四、德林，女真语盘石也，或作达里带，《全辽备考》本“莫不□鱼鳖焉”之空格作“冻”字。

〔原文〕“宁古塔西八十里有大石曰德林。……曲池横沼……莫不□鱼鳖焉。”（卷一第12页）

二十五、明纳木河卫。

〔原文〕“自混同江至宁古塔，窝稽凡二，曰那木窝稽，曰色出窝集。”（卷一第13页）

二十六、此柳条边指威远堡门；混同江指吉林市；尼失哈站多作密什哈站，在吉林市东北松花江左岸。

〔原文〕“自奉天至柳条边山野相错，或断或续。……自混同江东尼失哈站至必儿汉必拉……”（卷一第13页）

二十七、大瓢疑非东京和金上京很对，但推测色出窝集土城是上京，而东京城古址为金北京更为错误。来流河铺即第四铺。

〔原文〕“宁古塔西南六十里沙阑南有旧城址……土人呼为东京，而中原之流寓者皆指为金之上京……余按，土人之言固非而盛京志亦未可尽信……以今之道里度之应在色邮窝集左右……然则沙阑之金碧犹存者其殆熙宗天眷以后之北京欤！”（卷一第14页）

二十八、威伊克阿林系外兴安岭东部主峰，为牛满河和横滚河分水岭。尼布楚条约定于1689年12月，次年定界立碑。

〔原文〕“威伊克阿林，极东北大山也……康熙庚午与阿罗斯国分界……遂立碑于山上。”（卷一第14页）

二十九、沙阑城，即沙阑站南古城，土人呼东京城。渤海国上京龙泉府。康熙二十九年（庚午）二月初六日宾仍未离去。

〔原文〕“沙阑城内存石塔一、石观音一……庚午二月初六ヨ破土，此余所目击者也。”（卷一第14页）

三十、羌突里噶尚，在抚远县松花江上游右岸，今称秦得利、勤得利，清代有时称青得林，有古城址。噶尚，满语村或乡，或作噶珊。

〔原文〕“五国城……或以为在羌突里噶尚。”（卷一第15页）

三十一、大瓢抢头街旧城址为五国城之揣测极错。

〔原文〕“（五国城）余以为……五国城自在鹘里改路境内……抢头街之说庶几近之。”（卷一第15页）

三十二、《金史》混同江亦号黑龙江，系指松花、黑龙两江汇流后一段。松花江在辽代前无混同之名。

〔原文〕“黑龙江发源塞北，南流而东，混同江发源长白山北流而东。虽入海处合而为一，而其源则相去甚远。《金史·世纪》称混同江亦号黑龙，大误。”（卷一第15页）

三十三、永平府，今卢龙县，八里铺城址犹存。中后所，今绥中县。宁远州，今兴城县。闾阳驿非辽乾州。二道井，今呼二道镜子。一半拉门，今呼半拉门。白旗堡，解放后改红旗堡。刘河沟，今呼柳河沟。开城，通称巨流河城，已拆除砖皮，土壁仍存。顾家子，今孤家子。大石桥今为永安村。平定堡，今作平顶堡。棉花街，今称莲花街。黑而苏，今作赫尔苏，易屯河，今作伊通河，为县。衣儿门河，今称饮马河。萨龙河，今称岔路河。水哈，今称大水河或大缓河。色出窝稽，通称张广才岭之威虎岭。那木窝稽，通称老爷岭。俄墓贺索落，今额穆县，后移治蛟河镇。

〔原文〕“自京师至宁古塔凡二千八百七十八里……二十五里至永平府……五里至八里铺……三十里至中后所……十里至宁远州……四十至闾阳驿……三十里至二道井。二十里至一半拉门。三十里到白旗堡。三十里至刘河沟……二十二里至巨流河。十五里至顾家子……三十里至大石桥……五里至平定堡……四十里至棉花街……三十里至黑而苏站……三十五里至易屯河……六十里至衣儿门。二十里至沙彝……二十里至水哈……十里至那木窝集……三里至色出窝集……五十里俄墓贺索落站。”（卷二第1、2、3页）

三十四、盛京驿、凤凰城诸站为通朝鲜贡道。石榴河今名十里河。

〔原文〕“山海关外奉天将军所辖二十四站。”（卷二第3页）

三十五、拖伊屯站即上记退屯。吉林城至白都讷村站为吉林通黑龙江道。锦州俄佛罗站，今称金珠站。白都讷今扶余县。

〔原文〕“宁古塔将军所辖二十二站。”（卷二第3页）

三十六、阳石木即杨柽木牧场也。

〔原文〕“三陵……六晶官一员专司阳石木地方供祭牛羊。”（卷二第

4页）

三十七、易州，当是义州。

〔原文〕“奉天府……易州设城守尉一员。”（卷二第4页）

三十八、开成应作开城，即巨流河城。易屯河今通作伊通河。河口在今农安县北入松花江。

〔原文〕“关东粮运始于康熙二十二年，按《会典》于开成、邓子村、易屯门及易电口等处设仓……由易屯河舟运至易屯口直达混同江。”（卷二第5页）

三十九、康福袭职为宣德六年十月乙未，非八年八月。柴门据《辽东志》应作柴河。虎城即虎栏哈达城，《辽东志·经略》又称古城。猛哥帖木儿子童仓，下作子董山、童山。镜池地面，在图们江南。阿速江即乌苏里江。速平江即绥芬河。卜鲁丹河卫为女直野人来朝置，黑龙江省博物馆指雅克萨城为其辖境似有可疑（见《文物》1975年第12期）。

〔原文〕“明时辽镇边外部落……置都司一曰奴儿干都司，按《实录》宣德八年八月以都指挥使康旺之子康福袭为都指挥同知。……建州卫，按《实录》成化三年……分左军出浑河柴门……渡苏子河至虎城。……建州左卫，按《实录》宣德八年猛歌帖木儿子童仓……潜往朝鲜镜池地面。……阿速江卫、速平江卫……卜鲁丹河卫……”（卷二第6、7、8、9、10页）

四十、吴喇，今称乌拉，实即古代兀惹、兀儿、乌舍、乌者、吾者、兀者。

〔原文〕“海西则有扈伦之吴喇。”（卷三第1页）

四十一、绥哈城，在吉林市西22.5公里大绥河村内，土筑规模很小，方形每面长百余米，东一门，高约2米。城内比城外地面较高，多灰土瓦砾。名土城子，民初尚存，今不知存否？

〔原文〕“哈达，王台奔席北之绥哈城。”（卷三第1页）

四十二、鸭绿江即益州江，或呼瑷江，益州指朝鲜义州，原又称谊州。瑷江为瑷河，本非鸭绿，因其下流汇鸭绿入海，故有此称。

〔原文〕“鸭绿江，即益州江，或呼瑷江。”（卷三第2页）

四十三、兀尔格臣与乌尔古辰当是一部。

〔原文〕“兀尔格陈……乌尔古辰。”（卷三第2页）

四十四、库尔克即库尔喀，诸部皆在精奇里江汇黑龙江口一带两江左右岸。额苏里城在瑷珲、雅克萨二城间。

〔原文〕“库尔克……额苏里。”（卷三第2页）

四十五、蜚悠城在珲春县境，故址犹存。

〔原文〕“东北边部落举国内附者二十有六瓦尔喀则有蜚悠。”（卷三第2页）

四十六、虎尔哈即牡丹江流城。

〔原文〕“虎尔哈则有格克里。”（卷三第2页）

四十七、松阿里即松花江流域。

〔原文〕“松阿里则有摆牙喇。”（卷三第2页）

四十八、精格里河即精奇里江，归俄罗斯后称塞亚河，或结亚河。浑泰，《源流考》作珲春。

〔原文〕“黑龙江则有……精格里河，浑泰。”（卷三第2页）

四十九、三喀喇即三姓也，女真语原作依兰喀喇，俗称窝稽鞑子。

〔原文〕“东北边部落现在贡宁古塔者八……此三喀喇役属久。”（卷三第2、3页）

五十、穆连连部落当在穆棱河流域。河东北注入乌苏里江。明毛怜卫。

〔原文〕“自宁古塔东行千余里往乌苏里江两岸者，曰穆连连。”（卷三第3页）

五十一、伊瞒河在穆棱河口稍下的乌苏里江右侧，与我虎头村隔江相对。今作呢玛河。欺牙喀喇今称乌德盖人。

〔原文〕“又东二百余里住伊瞒河源者曰欺牙喀喇。”（卷三第3页）

五十二、库牙喇在今珲春河一带，即库尔喀地方，东包沿海诸地。

〔原文〕“东边部落贡盛京者曰库牙喇。”（卷三第3页）

五十三、使鹿部为另条，不应接上。喀木尼汉亦作喀木尼堪，其今地有主张在贝加尔湖附近的乌兰乌德，不知何据云焉。

〔原文〕“使鹿部大约在使犬诸部之外……追毛安部下逃人至使鹿部喀木尼汉地方。”（卷三第4页）

五十四、蓟为苏字之讹，清金州在辽为苏州，当是由旅顺口泛海。

〔原文〕“东北部落素产马，宋建隆中，女直尝自其国至蓟州泛海至登州卖马。”（卷三第4页）

五十五、库尔喀部在珲春一带，与瓦尔喀住地相近。

〔原文〕“凤凰城处……库尔喀人每二年一次往高丽庆源地方互市以八月。”（卷三第4页）

五十六、会宁瓷瓮类钧窑器，釉色颇佳。

〔原文〕“市会宁者多以羊皮袄、布匹往易牛马纸布瓮盐。”（卷三第4页）

五十七、甲子乙丑为康熙二十三、二十四年。黑金阿机，即赫哲族居住之森林。

〔原文〕“辽东人参……甲子乙丑已后，宁古塔一带采取已尽……非东行数千里入黑金阿机界中或乌苏江外不可得矣。”（卷三第6页）

五十八、诺尼江，今作嫩江。达斡尔族住地多参、多貂。

〔原文〕“宗室人参过山海关皆有定额……沿松花江至诺尼江口……”（卷三第7页）

五十九、东北沦陷时，日本侵略者借重修该塔机会，已将古铜镜全部盗去。镜皆金代物。该塔系金上京都僧录宣微弘理大师骨灰塔。当时有蔡正父所撰弘理大师碑，今不存。

〔原文〕“开原县城中有浮图一，土人云有镜二十四著顶上。”（卷三第9页）

六十、打呼，长袍，袖短而肥，绒毛朝外的外套衣。

〔原文〕“陈敬尹为余言……天寒披重羊裘或猞猁狲狼皮打呼。”（卷

三第10页）

六十一、莲花石承柱即莲纹柱础。

〔原文〕“宁古塔有七庙……莲花石承柱二亦自地中出者。”（卷三第11页）

六十二、拉发，前作拉筏站；多洪本作昂邦多红，此谓大渡口也，又名退屯站，今作退抟，皆属蛟河县。

〔原文〕“己巳七月……以问吏，吏曰，无他，取多洪拉发三人耳。”（卷三第11、12页）

六十三、席百即锡伯，这个民族居住地约在嫩江下流，即由黑龙江泰来到吉林扶余一带。

〔原文〕“席百北有鹿，大若橐驼，名康大罕。”（卷三第12页）

六十四、阿机亦作窝集、窝稽，森林也。

〔原文〕“大发哈鱼……本产阿机各喀喇。”（卷三第12页）

六十五、肇州产鱼，《元史》志附于广宁实误，不在盛京界内自明。祁班孙字奕喜，明祁忠敏公彪佳子。明亡聚众谋抗清，事泄被捕，流宁古塔。著有《风俗记》及《紫芝轩集》。后逃归为僧，称咒林明大师。见全谢山祁氏墓碣铭。

〔原文〕“盐……上京胡里改等路食肇州盐。原注：乃颜故地曰阿八剌忽者产鱼……名其城曰肇州。《元史·地理志》附肇州于广宁府后，其地应在盛京界内。……祁奕喜《风俗记》出沈阳者斤八分。……”（卷三第12、13页）

六十六、桃花水今称草莓，俗呼高丽果，多栽于园圃。

〔原文〕“桃花水，草本，状若杨梅而无核，色红，味甘，质轻脆，过手即败矣。”（卷三第13页）

六十七、吉林永吉县西亦有桦皮厂，今为吉长铁路一小站，清代设厂后遂形成村落。

〔原文〕“桦皮……拉发北数十里特设桦皮厂。”（卷三第14页）

六十八、帮识，东北今仍有此语，多写作把势，意为内行。下作把式亦同。

〔原文〕“边外驿站相去远近不一……每站设笔帖式一，俗呼帮识。”（卷三第14页）

六十九、棉花街在开原县东北赫尔苏河流域，今称莲花。

〔原文〕“牛鱼，鲟鱼也……塞外凡鱼皆肥美，余去时于棉花街市一鲢鱼，重十斤。”（卷三第16页）

七十、合重浑谋克印，大同二年少府监造。它为金未建国时物误，万奴所遗。

〔原文〕“康熙丙寅……掘一铜印……印面篆‘合重浑谋克’六字……右一行刻‘大同二年少府监造’八字……余观斯印则金未建国号，为辽属国时已有斯爵而后特广之耳。”（卷三第16页）

七十一、辽阿保机陵虽不在此，但清代于中安堡举行祭仪，故老传说确有其事。《明史》地志又将木叶山系于广宁中屯卫治锦州东。皆不可信。

〔原文〕“北镇医巫闾山在辽东广宁县，辽太祖陵在广宁县中屯卫。有大事遣一官致祭。”（卷四第1页）

七十二、元夜条《全辽备考》本多悬灯一条，计63字。

〔原文〕“元夜，好事者辄扮秧歌。”（卷四第2页）

七十三、此记恐误。按烧酒即白酒，经蒸馏生产，需有烧锅设备。黄酒是发酵米酒，才能家自为之。

〔原文〕“宁古塔烧酒曰汤子酒……烧酒家为之不须沽，惟黄酒多沽饮耳。”（卷四第3页）

七十四、南关，《全辽备考》本作南门。

〔原文〕“设堆子巡夜始于己巳，南关定更钟始于庚午。”（卷四第4页）

七十五、“坑”当是“炕”字，备考本作“炕”。

〔原文〕“宁古塔薪不须买……大率二钱一车，冬春间所烧皆湿木，然

入坑即爇。”（卷四第4页）

七十六、宾离去当在上元后。

〔原文〕“有孔和尚者……余行时未已也。”（卷四第5页）

七十七、福儿哈当即虎儿哈。

〔原文〕“前宁古塔将军安珠瑚于福儿哈河边得一残碑。”（卷四第5页）

七十八、即奴尔干永宁寺碑，除汉文外，有女真和蒙文，中有都指挥同知为明证。己巳康熙二十八年是此碑著录最早者。

〔原文〕“己巳年人传飞牙喀一碑……”（卷四第5页）

七十九、必儿汉必拉地名，在宁安县镜泊湖石头甸子西南。

〔原文〕“宁古塔流人地方官防范向不甚严……遂自宁古塔放喀路至必儿汉必拉，无官票者始不得出境矣。”（卷四第6页）

八十、瑷珲将军原驻宁古塔，康熙二十九年始移驻于瑷珲。

〔原文〕“船厂宁古塔流徙者多瑷珲将军调度……”（卷四第7页）

八十一、备考本阿机人与上条接连不另起行，而已作不巳，尚有一句，计18字。

〔原文〕“阿机人相见，无男女，皆相偎抱，或亲嘴而巳。”（卷四第7页）

八十二、完颜娄室神道碑前，《全辽备考》本多金华朱大典孙媳刘振英1条，计51字。

〔原文〕“船厂西二百里薄屯山有金完颜娄室神道碑……”（卷四第9页）

八十三、战蒺藜山，下川、成、徽三州。山必在三州东北境。

〔原文〕“金完颜娄室碑文……战于蒺藜山，大破之，遂下川、成、徽三州，徙其人民于咸州黄龙之地。”（卷四第9页）

八十四、阿克束当即阿疏。

〔原文〕“金完颜娄室碑文……叛人阿克束于是始获。”（卷四第9页）

八十五、“柳条三尺认边门”为柳边初建不久的写照。

〔原文〕“出威远边门……芦管一声催过客，柳条三尺认边门……”（卷五第5页）

八十六、刷烟，今称双阳，河名，有县。

〔原文〕“叶赫行……臂鹰走马刷烟冈，醉酒征歌瓦子堂……”（卷五第6页）

八十七、乌腊城即吉林城，满语作吉林乌拉。蓝旗堆子是当时该旗办事机关，在粮米行街东头，今仍存其名。

〔原文〕“捉人行……乌腊城头鼓声绝，乌腊城下征车发，蓝旗堆里晓捉人……”（卷五第7页）

八十八、此为吉林市龙潭山北密什哈站松花江，为由吉林往宁古塔首站。

〔原文〕“混同江”（卷五第7页）

八十九、纳木窝稽今称老爷岭。

〔原文〕“纳木窝稽”（卷五第7页）

九十、色齐亦作色出，今称威虎岭。

〔原文〕“色齐窝稽”（卷五第8页）

九十一、德林石，通称石头甸子。

〔原文〕“德林石”（卷五第8页）

九十二、沙阑，通称沙拉站。

〔原文〕“沙阑”（卷五第8页）

九十三、宁古塔为唐黑水府实误。

〔原文〕“宁古塔杂诗三……黑水新城近，黄龙旧府逢（注：宁古塔唐时为黑水府）。”（卷五第10页）

九十四、三韩无据。

〔原文〕“宁古塔杂诗四……三韩迷姓氏，五国失山河……”（卷五第11页）

《凤城琐录》批注

（清·博明希哲撰，载《辽海丛书》第一集之八册）

一、中江税即在鸭绿江中威化岛中设立的交易市场中的税收也。

〔原文〕“雍正五年十月十七日奉上谕，凤凰城中江税着盛京五部堂官于五部司员内拣选奏闻，派出管理，一年更换，钦此。”（第2页）

二、马市即中朝国际交易市场。

〔原文〕“马市设于中江。”（第2页）

三、今仍呼汤山城，即明汤站堡也。

〔原文〕“栅外三十里有故城曰汤山城。”（第4页）

四、今称九连城，或作九联城，即明之镇江城。

〔原文〕“叆河西三里山下有废城九相联，志称为镇江城。”（第5页）

五、盖牟、沙卑之说明皆误。指凤凰城为安市尤误。

〔原文〕“凤凰山麓有故山城，一周十余里……相传为旧凤凰城，朝鲜人呼之曰安市城。按盖牟今盖州，辽州今辽阳，沙卑今海城。……计其地势无不吻合当日兵机，其为安市无疑。”（第5页）

六、虫虫鱼即重唇鱼之音讹。

〔原文〕“土人有呼为虫虫鱼者，似鲫而狭，唇倍厚，盖重唇也。”（第8页）

《沈故》批注

（清·杨柏馨撰，载《辽海丛书》第一集之九册）

一、古城、庆云二堡皆隶开原。

〔原文〕“明马市……《广兴记》称一设开原城南，一设抚顺，一设广

宁古城堡，嘉靖间改庆云堡。”（卷一第9页）

二、巴纳应作纳巴，即《辽史》捺钵，行宫之意也。

〔原文〕“取鹏……辽时岁征其贡，每春巴纳于鸭子河泺，望有天鹅处举旗驰报。”（卷一第10页）

三、九为兀字之伪。“兀弥府”亦称“斡眉府”，《东国舆地胜览》五十五称，府在鸭绿江外，距理山郡240鲜里，约在今桓仁县城东方，当时为野人（女真）所居。

〔原文〕“九弥府：明成化年间用兵征建州，敕朝鲜王助兵，朝鲜遣将康纯统众万余渡鸭绿、泼猪二江，攻破九弥府诸寨。九弥之名前史所无，当在今兴京海龙一带。”（卷一第13页）

四、此记甚误，所谓海贼实为倭寇。

〔原文〕“望海埚之战：明刘江于永乐十五六年间充总兵官镇辽东。海贼数扰海上，北抵辽，南迄浙闽，濒海郡邑多被害。”（卷二第1页）

五、此说误，古铁岭在朝鲜，见《高丽史》辛禑传。

〔原文〕“古铁岭：《明一统志》云：古铁岭在铁岭治东南五百里，接高丽界。洪武即彼地为卫，寻徙于此。以今计之，其通化怀远境内欤。”（卷二第10页）

六、应是东丹王陵之误，先生博雅，亦有此疏忽。

〔原文〕“辽太祖陵：辽太祖陵在广宁城北闾山之麓。金时即已平毁。土人耕于此者，往往得旧瓦，以之为砚不减铜雀也。”（卷三第4页）

七、今拆城后已现出明万历时旧门，为清初包筑墙内者。

〔原文〕“九门：省城两北门间俗呼为九门，势亦似曾有门者，然志不载。”（卷四第1页）

八、当是柞蚕丝也。

〔原文〕“玄菟山：《玄中记》云，玄菟北有山，山有花，人取纺织为布。按今之海龙围场地即玄菟郡也，惜无有仿而为之者。”（卷四第2页）

九、奉化，后改为梨树县，老边今在昌图界内。时代，现尚未经调查，难定。

〔原文〕“老边：奉化县东北，土阜蜿蜒，由怀德县（今为公主岭市）西南入界，至小城子过龙王庙至老壕屯，长数十里，高丈余，土人名之曰老边冈。殆明初辽东都司之北鄙也。”（卷四第2页）

十、九为丸字。

〔原文〕“香水梨：《新唐书·渤海传》，九都之李，乐游之梨。乐游于今无地可考。”（卷四第3页）

十一、九城当为丸城。

〔原文〕“火炕，燕书曰：公孙凤隐昌黎九城，寝于土床。此土床即今之炕。”（卷四第8页）

十二、谓汉辽东故郡在今辽阳西北，先生亦大误。

〔原文〕“管公屯……汉辽东故郡在今辽阳西北，则通志所考似属非是。”（卷四第9页）

十三、先生未见辽东、鸭江二行部志。又大定十五年实为大定十四年之误。见《辽东行部志》懿州返照庵条。

〔原文〕“金王寂《拙轩集》：王寂，字元老，蓟州玉田县人……卒谥文肃，《金史》不为立传。以寂所著《拙轩集》考之，父础亦进士……寂于大定十五年，尝奉使白霫治狱，其往还所著有柳城西闻蝉有感诗……皆补《金史》之缺而备辽东山川人物之掌故也。”（卷四第10页）

《全辽志》批注

（明·李辅修，载《辽海丛书》第二集之五至十册）

一、马云、叶旺改建之说甚误，称辽东郡城为辽阳是辽太祖时开始的。马、叶在旧址上重建是实。

〔原文〕“辽阳城（注）……洪武壬子因辽阳旧城之失，都督马云、叶旺改建于此，非水北曰阳之义也。”（卷一第3页）

二、十六年以前与《辽东志》同。本年为四十四年。

〔原文〕“儒学（注）……丁酉……重修殿庑堂斋……辛丑……建名宦乡贤二祠……甲子……先师殿两庑戟门俱灾……本年……呈准优等生员给粮……”（卷一第3页）

三、万历时门额：南门曰日永，东曰寅宾，西曰迎恩（？）。门额石刻，东门的一角微损，镶于门右壁上。西门的已落地，移于菜园中。唯南门的仍旧保存原样。儿时曾亲见之。

〔原文〕“永宁监城（注）……东西南三门。”（卷一第20页）

四、旧宜州，实即元懿州。

〔原文〕“广宁后屯卫（注）……初治旧宜州，永乐八年徙于此。”（卷一第24页）

五、开元为万奴东真国之首都，南京在开元之南。元收其地设二万户府。洪武改元为原。初设兀者野人乞列迷女真军民万户府，后改三万卫，移开原城，即旧咸州。

按：开原条，叙开原沿革，文繁不录——仲元。（卷一第25页）

六、永宁监在古熊岳县故址南约七十里，是复县（今为瓦房店市）永宁公社所在地。

〔原文〕“永宁监（注）在辽阳城南四百六十里，古熊岳县故地。”（卷一第25页）

七、大虫江也作短错江。

〔原文〕“辽阳大虫江”（卷一第26页）

八、新安河，城南九十里，当在熊岳南，可能与浮渡河有关，新安之名，当由新安铺而来。

〔原文〕“盖州卫新安河注：城南九十里。……浮渡河注：城南一百里。”（卷一第27页）

九、温泉，百里者为龙门汤温泉；六十五里者为熊岳温泉。

〔原文〕“温泉（注）二、一在城南一百里；一在城南六十五里。”

（卷一第27页）

十、毕里河，盖州下作毕利河。

〔原文〕“复州卫毕里河。”（卷一第28页）

十一、鸿胪岛以唐鸿胪寺卿崔忻井而得名。

〔原文〕“金州卫鸿胪岛。”（卷一第28页）

十二、臭水岛今称周水子。

〔原文〕“金州卫臭水岛。”（卷一第29页）

十三、青泥岛今称青泥洼。

〔原文〕“（金州卫）青泥岛。”（卷一第29页）

十四、东川州即辽川州，今黑城子。

〔原文〕“义州隘口河（注）城东北八十里，源出东川州双峰山，流入清河。”（卷一第30页）

十五、木叶山不在锦州。

〔原文〕“锦州木叶山。”（卷一第31页）

十六、今锦县右屯卫村。

〔原文〕“广宁右屯卫。”（卷一第31页）

十七、今绥中县前卫镇。

〔原文〕“广宁前屯卫。”（卷一第31页）

十八、今兴城县（今为兴城市）。

〔原文〕“宁远卫。”（卷一第32页）

十九、义德府不详，可能是贵德州之误。

〔原文〕“沈阳中卫，浑河（注）……西流经义德府……”（卷一第33页）

二十、马鞍山在吉林市东北属额穆。在东经127度强，北纬44度强，张广才岭一支。

〔原文〕“马鞍山（注）城东北四百里，在建州东。”（卷一第33页）

二十一、细河今泉头河，西流至西双山入二道河。

〔原文〕“细河（注）……源出那木川西石岭山西流循归仁县北入小创忽儿河。”（卷一第34页）

二十二、小创忽儿河今二道河，即牡牛哨河。

〔原文〕“小创忽儿河”（卷一第34页）

二十三、大创忽儿河今招苏太河。

〔原文〕“大创忽儿河”（卷一第34页）

二十四、艾河今赫尔苏河，即东辽河上源。黑嘴在公主岭西，新河口附近。

〔原文〕“艾河（注）……源出那丹府，西流至黑嘴与土河会，别名辽海。”（卷一第34页）

二十五、稳秃河，今名温道河，在吉林市入江。

〔原文〕“稳秃河（注）……源出房州北山，北流入松花江。”（卷一第34页）

二十六、案察河，今名卡岔河，发源于舒兰县（今为舒兰市），北流入拉林河，经榆树县东。

〔原文〕“案察河（注）……源出艾河北流入松花江。”（卷一第34页）

二十七、扫兀河，今名绥河，清初称绥哈河，距吉林市西22.5公里。

〔原文〕“扫兀河”（卷一第34页）

二十八、秃鲁麻河当是鳌龙河。

〔原文〕“秃鲁麻河”（卷一第34页）

二十九、一迷河今名饮马河。

〔原文〕“一迷河”（卷一第34页）

三十、一秃河今名伊通河。

〔原文〕“一秃河”（卷一第34页）

三十一、斡莫河今拉林河。

〔原文〕“斡莫河”（卷一第34页）

三十二、金水河，今阿什河。

〔原文〕“金水河”（卷一第34页）

三十三、理河今亮子河。

〔原文〕“理河”（卷一第34页）

三十四、忽儿海河今牡丹江。

〔原文〕“忽儿海河”（卷一第34页）

三十五、艾葱河应为绥芬河。

〔原文〕“艾葱河”（卷一第34页）

三十六、莽哥河当是穆棱河或门河，但都不入海。

〔原文〕“莽哥河”（卷一第34页）

三十七、忽剌温江今呼兰河。

〔原文〕“忽剌温江”（卷一第34页）

三十八、托温江今汤旺河，发源于屯鄂模即湍湖，在伊春河附近。

〔原文〕“托温江”（卷一第34页）

三十九、混同江今东流松花江。

〔原文〕“混同江”（卷一第34页）

四十、阿速江今乌苏里江。

〔原文〕“阿速江”（卷一第34页）

四十一、土木江今图们江。

〔原文〕“土木江”（卷一第34页）

四十二、嘴，《辽东志》《九边图》均作堆。

〔原文〕“边台：石嘴空台。”（卷二第25页）

四十三、兴水，辽之神水县故城，兴、神一音之讹也，故址在女儿河旁，《辽史》所谓置神水县于女河川是也。

〔原文〕“兴水县堡”（卷二第25页）

四十四、正安堡乃旧名。

〔原文〕“镇安堡（注）……堡西正安堡可按伏。”（卷二第25页）

四十五、东安堡今名中安堡。

〔原文〕“镇远堡（注）……堡西东安堡可按伏。”（卷二第25页）

四十六、今刺榆埚小城址，有碑。

〔原文〕“长胜堡”（卷二第37页）

四十七、彰义站小城址，原有石门额，今佚。

〔原文〕“长勇堡”（卷二第38页）

四十八、清河等堡位置，详见《筹辽硕画》卷一“弃地啗虏疏”。

〔原文〕“清河堡等处墩台障塞操守。”（卷二第39页）

四十九、大东州属抚顺市。

〔原文〕“东州堡”（卷二第39页）

五十、今名马群郸，属抚顺市。

〔原文〕“马根单堡”（卷二第39页）

五十一、散羊峪今名三龙峪，属抚顺市，在救兵台南。

〔原文〕“散羊峪堡”（卷二第39页）

五十二、本溪县清河堡村。

〔原文〕“清河堡”（卷二第39页）

五十三、松树口乃旧名，属新宾。

〔原文〕“（清河堡）松树口墩”（卷二第39页）

五十四、鸦鹘关旧在清河堡东北35公里。

〔原文〕“（清河堡）鸦鹘关墩”（卷二第39页）

五十五、一堵墙堡遗址即马家城子。

〔原文〕“一堵墙堡”（卷二第40页）

五十六、小夹河，今乃旧名，属新宾县。

〔原文〕“（一堵墙堡）小夹河墩”（卷二第40页）

五十七、代子河即太子河。

〔原文〕“（一堵墙堡）代子河台”（卷二第40页）

五十八、碱场属本溪县。

〔原文〕“碱场堡”（卷二第40页）

五十九、南河峪今名蓝河峪。

〔原文〕“（碱场堡）南河峪墩”（卷二第40页）

六十、南孤山，在碱场南，属本溪县。附近新城子或即其遗址。有小孤山。新城有石碑。

〔原文〕“孤山堡”（卷二第40页）

六十一、赛马集，属凤城县。

〔原文〕“洒马吉堡”（卷二第46页）

六十二、叆阳堡，据《辽东志·经略》韩斌于成化四年建，在碱场堡南60公里，遗址在。

〔原文〕“叆阳堡”（卷二第46页）

六十三、新安既与叆阳、凤凰二堡邻近，遗址当即凤凰城东北的石头城。

〔原文〕“新安堡”（卷二第46页）

六十四、汤室城或其遗址。在凤城县东汤河。如此为宁东堡时，则险山应为蒲石河上的土城子。

〔原文〕“险山堡”（卷二第46页）

六十五、故址土城子，属凤城县，在叆河左岸。也可能是其北汤河上的汤室城。以有汤头孛罗台，似属后者。

〔原文〕“宁东堡”（卷二第47页）

六十六、今名石头城，在丹东市北17.5公里，杨家沟子屯，该屯小学即设在沟内。

〔原文〕“江沿台堡”（卷二第47页）

六十七、今名汤山城，属凤城县。

〔原文〕“汤站堡”（卷二第47页）

六十八、镇东堡，今雪里站土城。

〔原文〕“镇东堡”（卷二第47页）

六十九、镇夷堡，今名通远堡。

〔原文〕“镇夷堡”（卷二第47页）

七十、草河城，在通远堡东北，草河口车站东方。

〔原文〕“草河堡”（卷二第47页）

七十一、青苔峪，在凤城县西北青城子。

〔原文〕“青台峪堡”（卷二第47页）

七十二、甜水站，在辽阳县东南，浪子山东，东距摩天岭甚近。是由辽阳东趋朝鲜大道。

〔原文〕“甜水站堡”（卷二第47页）

七十三、大黑山俗称大和尚山，上有高句丽山城。

〔原文〕“本城，大黑山台。”（卷二第48页）

七十四、铁山通称老铁山。

〔原文〕“旅顺口铁山台”（卷二第48页）

七十五、黄井山实即皇井山。

〔原文〕“（旅顺口）黄井山台”（卷二第48页）

七十六、木场驿包括大连市区。沙河口、青泥洼其明证。

〔原文〕“木场驿，沙河口台、青泥洼台。”（卷二第48页）

七十七、孛罗店今称普兰店。

〔原文〕“石河驿，孛罗店台。”（卷二第49页）

七十八、团瓢与归州二村邻近，一东一西，归州在西近海。

〔原文〕“本城，团瓢山台。”（卷二第50页）

七十九、五十寨，今复县土城子公社所在的土城。

〔原文〕“本城，五十寨堡。”（卷二第50页）

八十、礲城，张鳌《苑马寺兴修记》作宣城；卷四《宦业》张鳌传作线城。东沟县玄城村山上有城址是其遗构，砖瓦陶瓷都具明代特点。

〔原文〕“东山草场一千四百九十九顷……查得东山礲城一带荒芜草甸……俱给永宁等余牧种。”（卷二第73页）

八十一、二员，一驻河东，一驻河西，河指辽河而言。

〔原文〕“管粮通判。注：弘治初添设山东济南府带衔管粮通判二员，一驻河东辽阳城，一驻河西广宁城。”（卷三第23页）

八十二、捏吉伯当是据墓志入录的。

〔原文〕“元，捏吉伯，注：西夏国人……后以寿终，葬复州城东百步许。豫章窦仲清志其墓，”（卷四第6页）

八十三、江沿台、险山、孤山、一堵墙、散羊峪五堡，嘉靖时建。

按：张铎条记张铎建五堡事，文繁不录。（卷四第10页）

八十四、线城，今称玄城村，在东沟县，小山上有城址，系明代所建，附近平原广阔，延至海边。

〔原文〕“张鏊：……奏开线城田几千顷。”（卷四第12页）

八十五、长广道在辽河西，三岔河之北，向广宁的人工大道。

〔原文〕“叶旺：乙卯冬，纳哈出由长广渡水，直趋金州。”（卷四第12页）

八十六、（周鹗）洪武时人，东宁安抚司。鸭绿江，东宁、黄城。又东宁、那丹府、嘉州相连，东宁位置可知大概。黄城与江界相近，黄城亦称皇城，今辑安县（今为集安市）。

〔原文〕“周鹗：……寻又总率诸军往东宁……招讨东宁安抚司等处……又总率诸军征鸭绿江与东宁、黄城等地方……继往东宁、那丹府、嘉州……自黄城招致江界。”（卷四第14页）

八十七、益都山，前作一都山。

〔原文〕“陈玉：……率领步骑进征上都北鱼儿泊，直抵益都山。”（卷四第14页）

八十八、略地海西，至松江招谕人口，回经一迷河，海西地方位置约略可知。一述河应为一迷河，即今饮马河，北流入伊通河。

〔原文〕“徐玉：未几又略地海西，至松江，招谕人口五千余……至一述河，虏踵其后，玉自以精甲为殿，终莫敢逼。……”（卷四第15页）

八十九、宣城即秀岩城音讹。杓子河今称哨了河。

〔原文〕“房暠……与吴立共守盖州。乙卯，虏复来寇，暠、良佐乘胜追击，至宣城杓子河……”（卷四第15页）

九十、得利赢城，即得利寺龙潭山城，原为高句丽山城遗址。

〔原文〕“张良佐：……诏谕开设辽东卫于得利赢城……”（卷四第16页）

九十一、塔儿山在新立屯北30余里。此云在镇城北20里，当是另一塔儿山。

〔原文〕“阎懋官：……虏犯广宁，同镇守殷尚质追至塔儿山……血战而殁……死于镇北二十里。”（卷四第19页）

九十二、宽甸峪，当即宽甸堡之地方名。

〔原文〕“周益昌，注……虏又拥众人犯宽甸峪。”（卷四第38页）

九十三、团山子、江沿台、长安堡三捷，当在嘉靖四十年左右。

〔原文〕“杨照，注……寻擢辽阳副兵于团山子、江沿台、长安堡三捷并奏，诏复前职。”（卷四第38页）

九十四、古城丘在辽阳砖城东北角的北墙外，其处城堡内缩一段，丘上多高句丽砖和红瓦片。

〔原文〕“飞山无敌之神庙：辽阳城东北古城丘上，旧有祭。”（卷四第45页）

九十五、成化无戊午，当是戊子，即四年。

〔原文〕“褒功祠：……成化戊午开设叆阳以北诸堡。”（卷四第45页）

九十六、河西游击即辽河西游击。

按：“阎忠愍公”“贾忠壮公”条下皆有。（卷四第45页）

九十七、仰山寺在归州南五里仰山村。

〔原文〕“仰山寺，注，盖州城南九十里。”（卷四第56页）

九十八、白塔弥陀寺在白塔铺。塔日俄战毁，舍利石棺有辽时铭刻，在辽宁省博物馆。

〔原文〕“白塔弥陀寺：沈阳城南二十里。”（卷四第56页）

九十九、盖州玄真观俗称上帝庙。

〔原文〕“玄真观：二，一盖州西门里……”（卷四第57页）

一〇〇、金州营城，在城南，人称土城子。即下之毛家营。又一称营城子距州较远。

〔原文〕“营城：金州城南有土城一座，”（卷四第57页）

一〇一、旧辽阳城实指辽滨塔古城。实为辽州辽滨县址。

〔原文〕“旧辽阳城：沈阳城西北八十里。今在境外。”（卷四第57页）

一〇二、金望平县设于梁鱼务，在广宁东南。

〔原文〕“望平县：广宁城东北一百五十里。”（卷四第58页）

一〇三、兴水县为辽神水县音讹。

〔原文〕“宁远城西北三十五里，今在境外。”（卷四第58页）

一〇四、海滨，东关驿者为是，即辽隰州治，即汉阳乐地。阳乐故城可能为今绥中北方不远的龙王山故城。所谓前卫西者，乃因《辽史·地理志》之误。

〔原文〕“海滨县：二、一宁远城西六十五里，今为东关驿。一前屯城西八十里……”（卷四第58页）

一〇五、进城县址今名营城子，在上柏官屯西南方。

〔原文〕“进城县：沈阳城东四十里，今废。”（卷四第59页）

一〇六、汉州烽台应作韩。

〔原文〕“归仁县：开元城北一百余里，在汉州烽墩之北。”（卷四第59页）

一〇七、铜馆驿后讹为中固驿。

〔原文〕“铜山县：开原城南三十里，俗传铜馆驿即古县址。”（卷四第59页）

一〇八、成化丁酉始敕设郎中一员管理。

〔原文〕“刺户部管粮郎中。”（卷五第2页）

一〇九、北城以宅外国降氓，即东宁卫自在州。

〔原文〕《重修辽阳内城记》：“洪武己未都指挥潘敬附筑土城以宅外国降氓。”（卷五第20页）

一一〇、河东七堡：彭家湾、李屯堡、散羊峪、一堵墙、孤山堡、险山堡、江沿台堡。嘉靖丙午（二十五年，1546年）事。

按：事载《增建河东七堡记》，叙述增建七堡缘由和山川形势，文繁不录——仲元。（卷五第22页）

一一一、由广宁至开原建立边墙城堡，改造毕恭万字边墙，实为开拓土地，加强边防的最正确建议，惜当时朝中柄政者无此卓识，致被搁阻。所谓显州废城辽之中京者，当是误指辽州故址。

按：事载《奏复辽东边事疏》叙开复旧边，建边台墩空之议甚详，文繁不录。——仲元。（卷五第32页）

一一二、实即弘治时李善的建议也。正德间始立边墙，弃辽河套与达虏。盘山、高平、沙岭自古缺水。

〔原文〕《使朝鲜回奏》计奏边事五项，文繁不录——仲元。（卷五第36页）

一一三、可惜当朝文恬武嬉，贪黩成风，岂有兴举改途之望?

〔原文〕《严边防以预消虏患疏》“如该镇之议，修边墙，行令就彼招兵，多造火器为得策也”。（卷五第39页）

一一四、十岔口逾山而入则犯新安、凤城西南等堡，险山其要；短错江沿流而入则犯九连城，江沿台东南等堡，康家哨其要。有险山而汤站为腹里。险山堡15公里外有一地方名大佃子。大佃子系十岔口以里之二关，险山以东之外蔽。

〔原文〕《补议经略东方未尽事宜以安边境疏》文繁不录——仲元。（卷五第49页）

一一五、开原为开元，非后日的开原城，乃七姓野人住地之开元。

〔原文〕《平夷赋》：“建州一卫女直，东方之黠虏也……永乐间开原降虏杨木达户者悖逆，率数百骑往投之。”（卷六第24页）

一一六、喜昌口当即什岔口，古城指建州卫所居，有时称虎城，即虎兰哈达城。

〔原文〕《平夷赋》：“成化丁亥秋九月二十有四日，兵分五路深入虏地。左掖左哨出浑河、柴河、越石门、土木河至分水岭。右掖右哨由鸦鹘关、喜昌口过凤凰城、黑松林、摩天岭至泼猪江。中军自抚顺经薄刀山、鲇鱼岭过岭，渡苏子河至古城。”（卷六第24页）

一一七、三江越虎城不知何指，亦不知何出，或指凤凰山城？九连城？

〔原文〕《平夷赋》：“建州之地东南接鸭绿江朝鲜国。正南则三江越虎城。正东则毛怜卫七姓野人、黑龙江奴儿干诸夷……”（卷六第24页）

一一八、唐太宗勒马于凤凰山无史实根据。

〔原文〕《平夷赋》：“唐之太宗乃奋东征之举，仅勒马于凤凰之山。”（卷六第24页）

一一九、旧开原不知何指，但非指金元之开无可知，因方位道里皆不同也。

〔原文〕“兀良哈：福余、泰宁二卫韃靼在开原迤西古城堡境外住牧、旧开原一带地方到古城在八九十里，至开原一百十余里。”（卷六第32页）

一二〇、野若河，或是野苦之讹，即清人所称爱滹江。

〔原文〕“生女真：长白山在故会宁府南六十里……其岭有潭周八十里，南流为鸭绿江，北流为混同江，东流为野若河。”（卷六第35页）

一二一、《辽东志》《实录》马作麻。

〔原文〕“外夷卫所：亦马河卫。”（卷六第36页）

一二二、《辽东志》兰作阑。

〔原文〕“外夷卫所：忽兰山卫。”（卷六第36页）

一二三、《辽东志》阿吉河卫下有密剌秃山卫。

〔原文〕“外夷卫所：阿吉河卫。”（卷六第37页）

一二四、《辽东志》诸作渚。

〔原文〕“外夷卫所：诸冬河卫。”（卷六第38页）

一二五、《辽东志》蒲作满。

〔原文〕“外夷卫所：蒲径卫。”（卷六第38页）

一二六、《辽东志》盖作益。

〔原文〕“外夷卫所：盖实左卫。”（卷六第38页）

一二七、《辽东志》丹作舟。

〔原文〕“外夷卫所：塔山丹卫。”（卷六第38页）

一二八、《辽东志》远作速。

〔原文〕“外夷卫所：也远伦卫。”（卷六第38页）

一二九、《辽东志》出万山卫下有兀夫卫。

〔原文〕“外夷卫所：出万山卫。”（卷六第39页）

一三〇、《辽东志》作真河、锁郎哈二千户所。

〔原文〕“外夷卫所：真河镇郎哈千户所。”（卷六第39页）

一三一、《辽东志》河作山。

〔原文〕“外夷卫所：河鲁六河千户所。”（卷六第39页）

一三二、《辽东志》河作阿。

〔原文〕“外夷卫所：河鲁木千户所。”（卷六第39页）

一三三、洪州，当是横州之音讹，横州为辽头下州，州有横山因以得名，在辽州西北九十里，今彰武东北土城子。

〔原文〕“开原西陆路：庆云站熊山站洪州站懿州站。”（卷六第40页）

一三四、会宁府为朝鲜咸镜北道之会宁，非金上京会宁府即今阿城县白城地。

〔原文〕“史考：（至正）十九年贼将关先生、破头潘、董太岁、沙刘儿引兵自开平会宁陷大宁、懿州路，并海盖复金四州及辽阳路，所过杀斥逃

窜殆尽。二十年陷上京会宁府。”（卷六第41页）

一三五、威宁营方位，《辽东志·总图》在奉集堡西，大误。信按：威宁营属本溪，奉集堡属沈阳市郊区。此为是。

〔原文〕“图考志：全辽总图：威宁营堡：原宁营误灵宫，据《辽东志》及本志开原铁场注改，其方位与《辽东志·总图》所列互易，未知孰是，各仍其旧。”（《全辽志》校勘记第1页）

一三六、本志海州境脱麻崖墩。

〔原文〕“麻岸墩：《辽东志》岸作崖。”（《全辽志》校勘记第5页）

《塔子沟纪略》批注

（清·哈达清格撰，载《辽海丛书》第三集之五、六册）

一、以塔子沟为秦长城之外，清格亦疏于史学者。

〔原文〕“……古称漠北，向在《禹贡》九州之外，三代以上固难深悉，秦筑长城，此为边外无疑。”（塔子沟纪略序第一页）

二、东塔似仍未倒。

〔原文〕“三座塔部员署：驻札土默待办事部员向来未有衙署，自乾隆十三年七旗王子始捐赀建署……遂改建于城东塔之左。”（卷一建置第3页）

三、凌源南至刀儿百三十里。

〔原文〕“西南至刀儿四十里。”（卷二疆域第3页）

四、此《蒙古游牧记》所载，非古时白鹿山。

〔原文〕“布古图山在塔子沟境内喀喇沁左翼东三十里，汉名白鹿山。”（卷四诸山第1页）

五、塔子沟敖汉旗东南九十五里，方位里程均与古白鹿山不合。

〔原文〕“（敖汉）布古图山东南九十五里，汉名白鹿山。”（卷四诸

山第6页）

六、森吉图河今作渗津河或渗金河，古作石城川。

〔原文〕“有考河道：森吉图河，由塔子沟西南一百二十里窟窿山下发源，由山咀子至平房儿经流，汇入大凌河。”（卷一河道第1页）

七、即凌源南河，汉语名应为塔子河，古名榆河，辽榆州在塔子附近。

〔原文〕“苏巴尔喀河，由塔子沟正西三十里发源，经五官营子汇入大凌河。”（卷五河道第1页）

八、凌源东河。

〔原文〕“呵喇善河，由塔子沟西北四十里热水汤发源，流至东南接各郎营子，归大凌河，距塔子沟八十里。”（卷五河道第1页）

九、今建昌河经牤牛营子、喀喇沁贝子府、三台营子为大凌河南源。自水泉子发源，过塔子沟南，东流至大城子入大凌河者为凌源南河；古称榆河，为大凌河北源。

〔原文〕“大凌河，发源于塔子沟正南土心塔二百二十里……至九关台门入义州界。其界距塔子沟四百四十里。”（卷五河道第1页）

十、古塔一座已倒坏，系辽建。有重修金山神庙碑，俗称此地为金岭寺。

〔原文〕“哈拉桃花图：三座塔东北距城四十里平阳之中有山壁立……其山顶平坦处东西南北各长十丈，中有古塔一座……塔旁有断碑两截，字多模糊，尚存有重修金山神庙数字。”（卷六古迹第2页）

十一、辽第二建州址。

〔原文〕“黄河滩黑城子：庄头营子东去五里至黄河滩，西距塔子沟二百里，东距三座塔一百里，有古城基址，东西长二百七十丈，南北长三百六十丈，方圆七里有余。”（卷六古迹第3页）

十二、《大元大一统志》（《热河志》九十八、《蒙古游牧记》二引）秦王石鱼云：秦王石鱼在和众县北三里七宝山中，其石皆有鱼形。则塔子沟古城址当是辽榆州和众县址。

〔原文〕“鱼儿石：塔子沟西北二十五里有村名西北地，四面皆山，村北五里山之麓，掘地尺余可得鱼儿石……”（卷六古迹第3页）

十三、六州河桥碑记，计其方位里至，似与绥中的六州河（亦名六股河）相关。

〔原文〕“毛头大坝：塔子河南去一百六十里至毛头大坝，有古碑一块，其小字皆模糊，尚存‘为报皇恩盘岭义院六州河桥道邑特建碑记’十八大字，其年月则无可考。”（卷六古迹第5页）

十四、可能是利州址，天成观前古碑有利州长寿山云云，至元二十四年建，则城址为元利州无疑，见前大城子条。

〔原文〕“小城子：塔子沟东北六十五里为小城子，因东去五里有大城子之名，故名……西南去四里有长寿山……”（卷六古迹第6页）

十五、白川州。有人因幢有川州刺史字样，遂定土城为川州，恐不确，据《武经总要·北番地理》川州应在此，或系早期州址，后迁宜民。

〔原文〕“四家板上城基：三座塔东北六十七里有四家板上……营子西面有城基一处……城内有石幢两截，字迹不全，一截……‘川州刺史’字样……而城名迄无可考。”（卷八废城第1页）

十六、辽榆州之和众县，由城南榆河得名。

〔原文〕“二十里铺土城：塔子沟西北二十里有土城旧址……城垣坍塌不整，东西尚有城门遗迹……”（卷八废城第2页）

十七、山坡有古塔一座，西有城基一处。当是武安州遗址。

〔原文〕“塔子城基：塔子沟东北三百八十里至塔上……山坡有古塔一座…西有城基一处，四面各长一百九十丈，并无人烟。”（卷八废城第2页）

十八、龙山县，今建昌县黑城子址是。

〔原文〕“林泉禅寺碑记：有千户王公敦请禅师于龙山郭家寨创建小兰若名曰兴圣禅林……”（卷十一艺文第13页）

十九、利州榆河，即今凌源二十里铺河，辽榆州位于河北，汉字县亦在此流域。

〔原文〕“利州长寿山玉京观地产传后弭讼碑……跋利州之西，凭榆河之渡。”（卷十一艺文第17页）

二十、文内称“白川岳祠奠于坤隅”，则题利州似误。可参看卷八废城黑城子条。

〔原文〕“利州重修东岳庙记……白川岳祠奠于坤隅……”（卷十一艺文第18页）

二十一、金源县在兴中府西北。

〔原文〕“兴中州达鲁花赤也先公平治道涂碑记……邻封金源，民人闻之，亦与助工……”（卷十一艺文第20页）

二十二、当时东塔尚未倒坏。

〔原文〕“佑顺寺碑记：康熙癸巳秋，余衔命办事口外，来兹土默特旗。……落成于（康熙）四十六年之正月十一日……暨东西两庑、若塔若钟鼓楼……等合计一百五十楹。”（卷十一艺文第22页）

《岫岩志略》批注

（清·李翰颖撰，载《辽海丛书》第三集之七、八册）

一、青苔峪堡今名青城子，在岫岩县北偏东，属凤城县。镇江城即九连城。宣城在安东县大东沟西北大房身屯东南方山上。娘娘城在安东南鸭绿江右岸上，与岫岩南7.5公里娘娘城同名异地。

〔原文〕“凤凰城村镇附：青苔峪堡，城西一百七十里……镇江城，城东南一百里……宣城，城东南一百七十里……娘娘城，城东南一百四十里。”（卷三舆地志第3、4页）

二、宣城在大东沟西北不远小山上，系明时牧马草场，与辽宣州无关。

〔原文〕“凤凰城古迹：……宣州：辽置宣州定远军与怀化军，并隶保州，金废。今有宣城在城东南一百七十里。”（卷三舆地志第4页）

三、辽宗州熊山县在今康平县境，非此。

〔原文〕“凤凰城古迹：……宗州：辽圣宗置辽东石熊山，统熊山县。”（卷三舆地志第4页）

四、婆娑府址今安东（丹东）北郊九连城附近。

〔原文〕“婆娑府：《金史》作婆娑路总管府，天德二年置。”（卷三舆地志第5页）

五、按语大误。

〔原文〕“临溟县：辽置，属海州。金属澄州。元废。按：《明一统志》：在海州卫东一百八十里，今其地属凤凰城所辖界内。”（卷三舆地志第5页）

六、按语大误。

〔原文〕“率宾府：渤海率宾地属康州，辽改率宾，金废，旧址无考。按：《渤海传》渤海于古率宾国地置率宾府，领华、益、建三州。辽废州存府。金、元州府俱废。今按建州在兴京界内，而率宾府及华、益二州皆在凤凰城界内。”（卷三舆地志第5页）

七、亦称艾州，见《舆地胜览》。

〔原文〕“益州：渤海置，辽废，今城东南一百二十余里，朝鲜界有义州城，朝鲜人呼爱州。”（卷三舆地志第5页）

八、或系山城址。

〔原文〕“娘娘宫山：城北三十五里……山之阳垒石为墙，长数丈，疑系昔人避兵处。”（卷三山川志第1页）

九、高句丽乌骨山城。

〔原文〕“凤凰城境内山川附：凤凰山：城东南五里……上有垒石古城，可容十万众，唐太宗征高丽驻跸于此，即指此山也。”（卷四山川志第7页）

十、《明一统志》平顶山，即今本溪市工源平顶山。此按语甚误。

〔原文〕“青云山：即平顶山……按：《明一统志》在辽东都司城东北

一百里，山周围三十里，其顶平敞，可耕稼，有泉涌出，以石八角甃之，中有鱼，即此山也。”（卷四山川志第12页）

《东北舆地释略》批注

（清·景方昶撰，载《辽海丛书》第三集之九册）

金上京会宁府考

一、景氏定白城为金会宁府很对，但使用史料多有错误。

〔原文〕“金上京会宁府，《盛京通志》谓在今宁古塔西南。方昶按：会宁府非今之宁古塔也。”（卷一第1页）

二、景氏以扶余珠赫城为金肇州，与辽金二史不合。但此非景氏首倡。

〔原文〕“考肇州故城在今伯都讷城南，旧名出河店，今名珠赫城。”（卷一第1页）

三、以伊通河为鸭子河，大误。

〔原文〕“按鸭子河即今伊通河。”（卷一第1页）

四、以扶余县为宁江州，大误。宁江州址为今石头城子，在拉林河西南。

〔原文〕“考之辽志宁江州，混同军，观察使，县一，曰混同县。当为今伯都讷是也。”（卷二第2页）

五、出河店遭遇战是在金军渡鸭子河即松花江之后，且史文明记辽军会于鸭子河北，则出河店不在松花江右岸，指珠赫城为出河店即金肇州，实误。但此误来源很久，也很普遍。

〔原文〕“出河店在宁江州之南，即今伯都讷之珠赫城，金置肇州于此。”（卷一第2页）

六、伊通河即鸭子河说误。南曰宾州，非谓宾州在黄龙府之南。

〔原文〕“今之农安即在伊通河之侧，伊通河即鸭子河，当时改名混同。宾州在农安之南，故曰州近混同江。知黄龙府之所在即知宾州之所在，

皆在肇州之南为无疑也。”（卷一第2页）

七、以洮儿河为绕京三面之涞流河，愚怪可笑而近于梦呓。

〔原文〕“所谓自西北南流绕京三面东入于曲江者，舍今之洮儿河，别无他水与所述流域方位相合者。”（卷一第5页）

八、涞流、来流皆拉林河之同音异字，本不误。景氏不悟元人修《辽史》时，误将金上京附近河流指为辽上京河流耳。临潢故址在巴林左旗林东，其地并无绕城三面的河水或故河道旧迹，知其确为修史所误。后人作任何解释都不可通。

〔原文〕“如谓涞流即来流水，则与《辽史》、北盟会编、洪宗宣路程、许亢宗行程录皆牴牾不合矣。”（景氏对临潢水道之辩证，文繁不录）（卷一第5页）

金史上京路属地释略

九、蒲与路在上京北670里，指为西北之齐齐哈尔附近，误。按路旧址在富裕尔河南，克东县境。

〔原文〕“方昶按：蒲与路当即今之齐齐哈尔城一带。”（卷二第1页）

十、以耶懒、押懒即合懒、曷懒，误。

〔原文〕“合懒路……或作曷懒，或作耶懒，亦作押懒，皆译音之变。”（卷二第1页）

十一、长宜镇曷苏馆为小地名，非一路之总称，亦非路治所在地。案曷苏馆在辽为盖、复、金各地统治女真人机关，到金则为统治猛安谋克户机构，与当时州县分治居民而无专治的区域。路治在宁州治新安县，今复县西北境李官乡西阳台（即新安台）村，即新安河畔。

〔原文〕“曷苏馆路，方昶按：此路方隅四至地志阙载。……曷苏馆路今辽阳、岫岩、盖平皆其地也。”（卷二第2页）

十二、苾里海水即今碧流河，发源于盖县（今为盖州市）东山，经新金（今为普兰店市）、庄河（今为庄河市）二县（为界河）南注于黄海。

〔原文〕“合住传云：曷苏馆苾里海水人，仕辽为曷速馆女直部长。”（卷二第2页）

十三、曷撒罕西当是曷撒罕关之误。即化成关，辽时苏州关。址在金县（今为大连市金州区）南关岭上，左右为长城。

按：此注写于曷苏馆路条上（卷二第3页）

十四、暮棱水今穆棱河，明设毛怜卫。今有穆棱县。东北流入乌苏里江，非霍伦河。

〔原文〕“活剌浑……方昶按：今霍伦即活剌浑之音转。……暮棱水即今磨伦河，亦曰霍伦河。”（卷二第6页）

十五、土温水即下节之陶温水，后代称屯河，今呼汤旺河，设有汤原县地。

〔原文〕“（活剌浑）太祖纪云，与乌古论兵沿土温水过末邻乡。磨棱即末邻之异文也。”（卷二第7页）

十六、陶温水部族人阻五国鹰路，则陶温水必在五国与金会宁府之间。指为嫩江甚误。当是汤旺河，古名屯河者。徒古笼水今称都鲁河，在汤旺河下，东南流在万里河通对岸下方不远注入松花江。河口上不远的松花江左岸有古城址。

〔原文〕“陶温水，徒古笼水……方昶按：陶温水即今嫩江，金蒲与路地也。”（卷二第7页）

十七、吉伦泊大误，斡论泺今名乌兰诺尔，在茂兴站之北。

〔原文〕“斡论泺，方昶按：斡论泺即今吉伦泊，吉读若格……其地在伯都讷西南二百余里……今属郭尔罗斯前旗。”（卷二第8页）

十八、冷山系悟室聚落，按希尹墓在舒兰县小城子附近，所居当不远。小城子当即其居址。悟室、谷神同音异字耳，非两名也。

〔原文〕“冷山：……按《松漠纪闻》，悟室者，女直人。或云悟室名希尹，《金史》希尹传，本名谷神，欢都之子也。”（卷二第11页）

十九、五家站东北无山，即有山也非冷山。方位里程都不合于记载。

〔原文〕“今拉林河迤西逊查包站（原注，国语逊查，五也；包，家也。俗名五家子站）东北之山即冷山也。”（卷二第12页）

渤海五京考

二十、四京所考多不足据。据《辽史》地志考渤海史地必然误谬。

〔原文〕“渤海上京诸家既误，其中京、东京、西京、南京所在更无可考。按中京即平壤城。……其东京龙原府亦曰栅城府者，则在今朝鲜咸兴府。……其西京鸭绿府则在今鸭绿江东岸同金河一带。……其南京南海府则在东北二百里德州一带。”（卷三第3页）

高句丽新旧国

二十一、沸流水当为佟家江一带，有人认为富尔哈江是，而太子河非是可知。

〔原文〕“高句丽新旧国沸流水：……渌州即渤海西京，沸流水在其西北三百八十里，即今之太子河，为旧国所在明矣。”（卷三第5页）

大辽水

二十二、大辽水出靺鞨西南山者，指大辽东源而言，非不详确。

〔原文〕“大辽水，唐书东夷传：……大辽水出靺鞨西南山，亦约略言之，未之详确。”（卷三第7页）

勿吉七部考

二十三、溯难河即溯嫩江，不必以溯松花江解之。因由其国大水出发，经难溯洮极为方便。

〔原文〕“七曰白山部……初发其国，乘船溯难河西上，至太沵河……松花江唐以前本名粟末，其伯都讷以下至黑河口皆名难河，亦作那河，即今之嫩江。……太沵河即洮儿河。”（卷三第9页）

阔滦海子（原文滦误为泺）

二十四、呼伦池在东北隅流出复成一河，今名额尔古纳河，大误，实则池东北方有小河注入，名木图纳雅河，非流出者。

〔原文〕“呼伦池在东北隅流出复成一河，今额尔古纳河。”（卷四第

2页）

和林城

二十五、郭罗和河当即喀喇和林河之对音。

〔原文〕“和林当在今三音诺颜右翼中右旗之东中前旗之西北、集尔玛台河之南，郭罗和河之北。”（卷四第3页）

起辇谷

二十六、胪沟河即胪朐河，亦即龙居河，亦称克鲁伦河。

〔原文〕“徐霆疏证云：霆见忒没真墓在胪沟河之侧，山水环绕。”（卷四第8页）

《黑龙江舆图说》批注

（清·屠寄撰，载《辽海丛书》第三集之十册）

一、完、望建、乌桓为一音之转。元的刊，后称根河，实为黑龙江上源之一支。室建，石里罕、石勒喀、石里很为一音之转。元之撒合儿、清之萨哈连为一音之转。

〔原文〕“黑龙江……《北史》所谓完水，唐书所谓室建河，旧书所谓望建河，《太平寰宇记》所谓乌桓水，《金史》所谓石里罕河，一作石里很，《元史》所谓撒合儿兀鲁也。”（第4页）

二、达里带，女真语盘石。达里带亦可作德林，宁古塔西有德林石，即数十里之盘石，其名可证也。

〔原文〕“又西南流百有五里，径旧布物哈总管府之东府所在，即金源长春边起筑地，所谓达里带石堡子也。”（第6页）

三、屯河、吞河俗名汤旺河，金陶温、土温、涛温水，元桃温、陈河。

〔原文〕“又东北流八十四里屯河即吞河。”（第7页）

四、涉罗为百济所灭事，与黑龙江远不相涉。

〔原文〕“齐齐哈尔城图说……后魏北齐豆莫娄国地西南本属涉罗国，

始光中涉罗为百济所并。”（第10页）

五、乌里、乌道皆以直线计算远近，如乌直线飞行也。

〔原文〕“水则以黑龙江、精奇里江为境内之经流……又曲曲东流，乌道五百余里……南会松花江入吉林界凡行境内乌道二千四百余里。”（第17页）

六、特默包珠，蒙语骆驼之首，巴林旗有土木乎舟村。

〔原文〕“其东曰特默乌珠山。”（第42页）

七、达兰鄂罗木河，译言大渡河，今名扎兰诺尔。

〔原文〕“分一支左出曰达兰鄂罗木河。”（第47页）

八、巴兰河，今称八里河，《元史》霸郎儿。

〔原文〕“次东曰巴兰河，源出老黑山，东北流。”（第57页）

九、乌尔河即乌屯河，今称梧桐河。都尔河，都鲁、图勒、堆河，《金史》秃答水。

〔原文〕“次东曰乌尔河，自哲温山东南流百余里，注于松花江。……次东曰都尔河，即《金史》所谓秃答水。”（第58页）

《东三省舆地图说》批注

（清·曹廷杰撰，载《辽海丛书》第七集之二册）

《二圣墓说》条

一、此说误，徽钦迁五国城，约在依兰一带，死不能厝于宁安西南可知。所谓二帝墓即今三灵屯古墓，通测为渤海所遗者。

〔原文〕“宁古塔西南沙兰站驿路旁有大冢，俗呼二圣墓。……岂当日厝葬之处，相沿而传至于今。”（第4页）

《冷山考》条

二、此考不确，按皓流冷山15年，曾与完颜希尹近，按希尹寨及墓均在舒兰县小城子附近，墓碑尚存，可知为冷山所在。

〔原文〕“《宋史》洪晧使金，金人流递冷山十五年。……则冷山应在今五常厅山河屯巡检地方界内。”（第4页）

《挹娄国越喜国考》条

三、此说沿《辽史》之误，毫无根据。

〔原文〕“铁岭县南六十里懿路河，一作奥娄河。通志谓即挹娄国。……六朝及隋自立为越喜国。”（第4页）

《黑水部考》条

四、按《旧唐书》北狄黑水靺鞨最处北方，掘地为穴，相聚而居。又渤海靺鞨，东北至黑水靺鞨。则黑水靺鞨应为黑、松、乌三江东至混同江口一带地方。又，开元十四年以其地为黑水州，遣使镇押，渤海郡王大武艺谓其属曰：黑水途经我境始与唐家相通。亦黑水在渤海国东北之证。

〔原文〕“廷杰按：今瑷珲城以西为古室韦地，则自今黑龙江以东俄界海兰泡，东至庙尔地方，凡混同江之南北两岸皆古黑水部落，惟东西地约径三千里，不止一千里也。”（第5页）

《怀德县即信州考》条

五、买卖街非信州，按信州遗址在新集堡，新集即信州一音之转。

〔原文〕“是今怀德县治即故信州城也。……怀德县土人通呼买卖街。”（第6页）

《石碑岭说》条

六、黄龙府说误，见下眉注。

〔原文〕“石碑岭在吉林城西二百十余里，伊通边门内。……查济州为黄龙府，即农安城。”（第6页）

《扶余府黄龙府夫余路扶余国考》条

七、金代扶余路地当在今黑龙江齐齐哈尔市东富裕尔河一带地方，亦称乌鱼尔河。傍河曾设有富裕县。地与《金史》相符。

〔原文〕“金之扶余路当在齐齐哈尔城东呼兰迤北一带。”（第7页）

《得胜陀瘗碑记》条

八、以乌拉部城即吉林乌拉街古城为宁江州实误。该州址今石头城子。在扶余县东稍南，长哈铁路所经站也。

〔原文〕“进军宁江州（注）即今乌拉城。”（第8页）

九、定农安为古黄龙府甚误。按辽黄龙府即渤海扶余府。保宁七年燕颇反而废。开泰九年迁城于东北今农安。金改济州，大定改隆州。非扶余。

〔原文〕“然则农安城之即古黄龙府盖卓卓可据。……”（第9页）

《金会宁府考》《海古勒白城》附条

十、率宾路在绥芬河东岸双城子，今为苏联东海滨省地。古城遗址尚存，土城壁有楼橹遗址的大土堆。西古城附近有古墓，石人石马古碑在清末犹存。率宾、绥芬是同音异字。

〔原文〕“东南至率宾路一千六百里。”（第10页）

十一、肇州在松花江西岸，指为珠赫城甚误。

〔原文〕“牡丹江西沿古城肇州即今逊札堡站东北珠赫城。”（第11页）

十二、海兰城不知所指，或即和龙县（今为和龙市）东古城子址，在龙井村西方海兰河北。但以里数计之，海兰路即所谓曷懒甸，应在朝鲜咸镜北道境内。

〔原文〕“海兰路即今图们江北海兰河海兰城。”（第11页）

十三、珊延白，和屯城也。

〔原文〕“白城，国语呼珊延和屯。”（第12页）

《渤海建国地方考》条

十四、指敖东城为渤海旧国虽误，然其地确为旧国所在，有渤海贞惠公主墓碑和渤海陵墓为证。真卓见也。

〔原文〕“至吉林鄂多哩城建国。查鄂多哩城在今牡丹江源西岸。……按今土人呼鄂多哩城为敖东城。”（第12、13页）

《伯力考》条

十五、不耐城。

〔原文〕“颇黎、博和哩音同字异也。今华人称伯利二字皆呼波力，是与唐、辽音同。”（第15页）

《嫩江陀剌河喀鲁伦河黑龙江考附临潢府考》条

十六、忽剌温江今称忽兰河。非嫩江之另一称呼。

〔原文〕“嫩江……又曰忽剌温江。”（第16页）

十七、将涞流河记于辽上京临潢府，实元人著《辽史》时误将金上京会宁府之河流记于临潢，故后人无法解释明白。

〔原文〕“《辽史》言：涞流河绕京三面，东入曲江，其北东流为按出河。所谓曲江即今伯都讷松花江屈曲之处。按出河即阿勒楚喀河，古称按出水。是涞流入今松花江可知。若在巴林地界则入西辽河，于史文不通矣。”（第17页）

十八、以锡伯城即洮南古城子为辽上京，大误。

〔原文〕“临潢总管府地名西楼，辽为上京。……今科尔沁右翼前旗东南五十里有西伯城，亦作锡伯城……是锡伯城即临潢府。”（第17页）17、18条对临潢府所在之考证皆误，廷杰已于光绪十五年补注纠正，定为巴林之地。——仲元注。

十九、以广宁馆为后之广宁县殊为可怪。

〔原文〕“考之广宁即今之广宁县。”（第19页）

《使犬部说》条

二十、音达木河在佳木斯市。

〔原文〕“自音达木河顺松花江两岸，东尽海中库叶岛各部俱用狗车，所谓使犬部也。”（第19页）

《贡貂诸部说》条

二十一、尼满河是乌苏里江东一支流，河口在穆棱河口稍下。

〔原文〕“奇雅喀喇居尼满河源。”（第20页）

二十二、库叶，明人称为苦夷、苦兀。

〔原文〕“库叶岛中之库页、雅丹、嵩阔、洛社、瓦狼五部则从未见诸

记载。”（第20页）

《特林碑说》条

二十三、永宁寺碑阴无俄罗斯字。曹氏推测实误。

〔原文〕“其小碑之阴有二体字，两旁又各有四体字。”（第21页）

《库叶岛说》条

二十四、《明开原志》，并无此书，清人读明志书致误。

〔原文〕“《明开原志》：苦兀在奴儿干海东。”（第21页）

《库叶岛考》条

二十五、日本称华态岛，唐即华也。

〔原文〕“日本万国史记序阿波冈本监辅单身航北海，历览唐太全岛。”（第21页）

《鸭绿江佟佳江高句丽高丽考建国地方附》条

二十六、以哈达城为纥升骨城不对，高句丽出于扶余本为该族自拟的传说，实无遗迹可证。

〔原文〕“按高句丽本出于夫余，其先祖朱蒙弃扶余东走，渡普述水，至纥升骨城，遂居之，号曰高句丽国。……纥升骨城即明时哈达城。”（第22页）

二十七、九连城一带应有西安平城址的推测精确。

〔原文〕“宽甸县南九连城一带应有安平城故址。”（第23页）

《辽水考》条

二十八、大辽水即今东辽河甚误。

〔原文〕“考辽水有大辽小辽之名，大辽水即今东辽河。”（第23页）

二十九、苏克素护河不出英额边门。苏子河也非浑河正源。误。

〔原文〕“小辽水即今浑河，其源为苏克素护河，出英额边门外，西南流过奉天府。”（第23页）

三十、安市城不在东西辽河相会之处。

〔原文〕“东辽河与西辽河相会之处，旧有安市城。”（第23页）

三十一、纥升骨城被鯱毁，无据。

〔原文〕“旧都纥升骨城被慕容鯱焚毁。”（第23页）

三十二、柳条边塞出秦时，误。

〔原文〕“柳条边塞始自秦时。”（第23页）

《西伯利东偏纪要》批注

（清·曹廷杰撰，载《辽海丛书》第七集之三册

一、莫宏库，今名莫力洪口。

〔原文〕“一、查徐尔固地方……黑龙江从西北折到正西入松花江，有二口……上口在徐尔固上六十五里，松花江南岸莫宏库地方。”（第2页）

二、精奇里汉语黄河，为索伦语名，俄名结亚河也由精奇里而来。

〔原文〕“一查海兰泡地方……又黄河（原注：即精奇里江，俄呼也也）黑河交汇之处有大房二洞。”（第3页）

三、黑水府或即在斯实为无据，案《唐书·黑水传》，其国东界大海，东西千里，可知府当在黑龙江汇合乌苏里江以下两岸。

〔原文〕“一、查海兰泡地方……居黄黑二河交汇之间，背北面南，黄河居左，黑河居右，拥二江之水利，为东北之咽喉，先代所置黑水府或即在斯，今入俄界。”（第3页）

四、双城子，俄名乌苏里斯克。

〔原文〕“一、查双城子……俄人名其城曰玉果斯克。”（第6页）

五、三岔口今为东宁县东边国境。

〔原文〕“一、探三岔口地方在双城子正西一百四十里。”（第8页）

六、有阿济密河东入海。

〔原文〕“一、探阿济密地方。”（第8页）

七、默些，今作波西图或波谢特。

〔原文〕“一、查摩阔崴……俄人名摩阔崴地方为默些。”（第8页）

八、彦楚或作岩杵、烟秋。

〔原文〕“一、查彦楚河。”（第8页）

九、据地图奇吉湖在南。

〔原文〕“一、查札依地方在伯利下一千五百三十余里……其北七十里东岸亦有湖，号奇吉侯温，即奇去泊。”（第9页）

十、乞塔即赤塔，尼布即尼布楚。

〔原文〕“一、查该国近分六大部……光绪十年定于伯利，统辖乞塔、尼布……”（第16页）

十一、索伦河发源于外兴安岭东支亚穆阿林山，东北流入北海。今俄名土库尔河。

〔原文〕“一、查东海滨省相通各道……其中由黑河东岸海兰泡地方，溯精奇里江，上外兴安岭，至索伦河口，又别为一道。”（第19页）

十二、吞昂河今称汤旺河，都鲁河今仍名。

〔原文〕“一查江吉二省通俄界之道……其吞昂河、都鲁河等处踏荒向北行数日，俱可抵黑龙江，则间道也。”（第20页）

十三、明人称为北山野人。

〔原文〕“一、查外兴安岭以南，黑龙江以东，恒滚河以西以北，旧有奇勒尔、俄伦春二种。”（第21页）

十四、革居亦称格格、宗女也，娶者称额驸。《清会典》有黑金部落进贡，如格格额附来赏给绸缎等。

〔原文〕“一、查伯利下四百余里……四屯各有铜坛一件，呼曰奇勒革特二拉荡。云系先代取革居陪嫁之物，以为传家至宝。”（第22页）

十五、特林古城，即奴儿干遗址。

〔原文〕“一、查由特林刺嘛庙西北下山，沿江行里许，有石岩高数丈，上甚平旷，有古城基……”（第23页）

十六、青得林古城。青得林今名秦得利。

〔原文〕“一、查由额图顺流东下四十里松花江南岸，青得林地方有古

城基周数里。”（第23页）

十七、乌通河古城，乌通河今呼梧桐河，在松花江左岸。富尔涧河，今呼半截河。

〔原文〕“一、查松花江岸乌通河、都鲁河之间有古城基……乌通河即舆图乌尔河。由乌通河顺江沿西行三十余里有小河，今无名，当即舆图富尔涧河。”（第24页）

十八、额勒河今称哈利亚河，在叩碧河北，同入东海，约索、约色，今名教撒河，为叩碧河上源。

〔原文〕“一、查伯利正东千余里海滨奇雅喀喇地方……天聪九年所征额勒、约索地，额勒即舆图额勒河，约索即舆图约色河。二河今无此名。”（第25页）

十九、推测各部落多有取证确实者。

〔原文〕“一、恭查国初屡次征服瓦尔喀部诸地。”（第25页）

二十、莫宏叩今作莫力洪口，在黑龙江入松花江口的松花江东岸。依江亦作浓河，在抚远县西，向北注入松花江。

〔原文〕“一、见俄官孤备往查黑河金厂，特见随员二人在轮船用仪器测量松花江南岸地势，从依江地方上至莫宏叩止。”（第28页）

二十一、黑顶子属珲春县。

〔原文〕“二、探闻俄人于黑顶子地方，分界狡展，其意在由旱路通高丽，由高丽窥日本。”（第28页）

二十二、旗喀喇，即欺雅喀喇，今通称乌德海或乌得盖人。

〔原文〕“一、查伯利东北行一千二百余里至阿吉大山以上，沿松花江两岸居者，通称黑斤……若夫坐快马持鱼叉取鱼则以剃发黑斤及旗喀喇人等为最。”（第32页）

二十三、奇雅喀喇通呼二腰子，多牛姓王姓。今通称乌德海或乌得盖人，古乌舍、乌者、无敌哥人。

〔原文〕“一、查俄镇因拔纳斯克以南、阿勒翰以北、伯利以东，纵横

各千余里奇雅喀喇地方，共约四五千人，通呼二腰子。”（第35页）

二十四、后设同江县。

〔原文〕“一、查黑河口为江吉二省门户，在三姓东北七百里。”（第39页）

二十五、后设密山县。

〔原文〕“一、查峰密山在三姓东南六百里。”（第39页）

二十六、后设抚远县。

〔原文〕“一、查通江地方在三姓东北一千四百余里。”（第39页）

二十七、呼玛尔河口立呼玛县。

〔原文〕“一、查有事时，江省由卜魁驿路呼兰小道可出爱珲抵黑河屯……出奇制胜之方莫若于黑龙江呼玛尔河上数百里……伐木塞江以断俄入水道。”（第39页）

《东北边防辑要》批注

（清·曹廷杰撰，载《辽海丛书》第七集之四册）

一、新城在抚顺高尔山上。

〔原文〕“兴京北旧有新城……晋咸康五年，慕容皝击高句丽，兵及新城。”（卷上第1页）

二、木底城不在复州，在新宾木奇村附近山上，当时高都国内城不在平壤，其南道自不在复州。

〔原文〕“木底城在今复州东，高丽之南道也。”（卷上第1页）

三、盖马县实为西盖马之误，汉志玄菟郡有明文。

〔原文〕“汉志注元菟郡西盖马县有马訾水，西南至辽东郡西安平县入海。”（卷上第1页）

四、三山岛在旅大市（今为大连市）南海中。

〔原文〕“明天启中毛文龙言：西弥岛相连有三山，周广二百余里……

按三山岛在复州南海中，天启中毛文龙言三山岛在旅顺东三百里。”（卷上第1页）

五、大路今作大鹿岛，在安东县（今为东港市）。

〔原文〕“大路至朝鲜之义州百六十里。”（卷上第1页）

六、镇江今九连城。

〔原文〕“义州与镇江相对，止三四十里。”（卷上第1页）

七、卑奢不在海城，在金县（今大连市金州区）老黑山上，石筑甚大。

〔原文〕“海城县境内有沙卑城，亦曰卑沙城，高丽所筑，垒石为城，幅员九里，或讹卑奢城。自登莱海道趋高丽之平壤必先出此。”（卷上第2页）

八、安市在海城县（今为海城市）东营城子山上，李道宗攻城时所筑土山犹在。

〔原文〕盛京险要考：“又南一百二十里为盖平县……唐咸亨二年，高丽酋钳弁寻叛……诏讨之，破安市城，又败之于泉山即此，廷杰按：安市故城在今盖平县东北。”（卷上第2页）

九、马石津即旅顺口，在马石山东，谓在苇子套，实误。

〔原文〕“又西南百十里曰苇子套，波涛险恶，不利行舟。晋遣使者由海道致命于慕容皝，船下马石津，皆为慕容仁所留。”（卷上第2页）

十、首山在辽阳府西南十五里，非奉天府。盖奉天府三字为辽阳府之误。

〔原文〕“奉天府西南十五里有首山”（卷上第2页）

十一、河里真陂当是今彰武县南白泡子，俗称泡子。其西北距懿州故城塔营子约90公里。

〔原文〕“金将斡鲁古等与（耶律）淳战，淳走，金人追至河里真陂，遂拔显州。廷杰按：显州在今广宁东界，则河里真陂亦当在今广宁界也。”（卷上第3页）

十二、清人忌讳说明时统治东北之真实情况。但不知开元本在吉林延吉之北、牡丹江流域之东，也是一因。以后迁之开原，为元代之开元也。

〔原文〕明季三卫分建诸国考："明初东北边塞止于开原，迨永乐、正统间自开元迤北因其部落所居建置都司一、卫一百八十四、所二十。"（卷上第5页）

十三、曹考甚误，奴儿干在混同江特林地方。元设有元帅府，明设努儿干都司，有宣德建永宁寺碑为证。

〔原文〕明季三卫分建诸国考："说者以东濒海，西接兀良哈，南邻朝鲜，北至奴儿干北海。廷杰谨考：黑龙江呼兰城西北通肯河地方有奴儿城故墟，今呼女儿城，即明时奴儿干卫也。其云北海，恐以察汉泊或呼伦贝尔池当之。"（卷上第4、5页）

十四、西北为西南之误。

〔原文〕明季三卫分建诸国考："一曰叶赫，在吉林西北四百九十里。"（卷上第6页）

十五、宜罕山城后称尼什哈或密会哈山，今称龙潭山，在吉林市东，上有高句丽时山城址，乌拉部利用其险也。

〔原文〕明季三卫分建诸国考："一曰乌拉，即今吉林北打牲乌拉城，旧有宜罕山城，伊罕河出焉。"（卷上第6页）

十六、虎尔喀河，古忽汗河，今称牡丹江。

〔原文〕明季三卫分建诸国考："虎儿喀河出吉林乌拉界，经宁古塔城，北行七百里至三姓城入混同江。"（卷上第6页）

十七、阿库尔河在尼满河下，西流入乌苏里江。

〔原文〕明季三卫分建诸国考："天聪八年武巴海征瓦尔喀尼满地方。"（卷上第7页）

十八、乌尔吉即大小乌吉密河，在雅兰、锡琳二河之间。

〔原文〕明季三卫分建诸国考："崇德二年喀觊等分四路征瓦尔喀……一率绥芬雅兰瑚叶乌尔吉壮丁入绥芬路。廷杰按：乌尔吉即雅兰、锡琳二河之间地。"（卷上第7页）

十九、阿雅哈河今称嘎呀河，会布尔哈通河、朝阳川河、海兰河、依兰河（也称一两河）而入图们江。”

〔原文〕明季三卫分建诸国考：“查绥芬河西有阿雅哈河，阿瓦同音。左带乌苏里，右绕图们江。”（卷上第7页）

二十、诺雷又作诺罗，今称挠力河，不属依兰喀喇。三姓为努雅喇、克宜克勒、祜什哈里三姓黑斤。

〔原文〕三姓疆域考：“居呼尔喀河、松花江两岸者曰诺雷、曰克宜克勒、曰祜什哈哩，此三喀喇。廷杰按：满洲语呼三姓为依兰喀喇。”（卷上第9页）

二十一、异齐，汉语新也。

〔原文〕三姓疆城考：“皆称伊彻满洲。注：一作异齐、一作伊车。”（卷上第9页）

二十二、陆行乘舟，即冬季雪上用滑雪板也。舟行冰上用爬犁即雪橇也。南方人不知东北生活故有此误也。

〔原文〕三姓疆域考：“其人陆行乘舟，或以舟行冰上。驾以犬，所谓使犬国也。”（卷上第9页）

二十三、斐优城在珲春县境，其遗址犹在。

〔原文〕征东海渥集瓦尔喀部：“丁未年春，命弟舒尔哈齐、长子褚英、次子代善、大臣费英东、扈尔汉率兵三千，徙东海瓦尔喀部斐优城之众于内地。”（卷上第11页）

二十四、鄂漠和苏噜亦作额穆贺索罗，简称额穆索，设站。

〔原文〕征东海渥集瓦尔喀部：“往征东海窝集部之赫席赫路、鄂漠和苏噜路……”（卷上第11页）

二十五、呼尔喀路当即虎尔哈河，今牡丹江流域部落。

〔原文〕“戊申年九月，窝集部之呼尔喀路千人侵我宁古塔城。”（卷上第11页）

二十六、东海沿边岛居者当是指图们江口及海参崴东西沿海诸小岛屿而言。

〔原文〕“天命二年……遣兵收海边部众。时东海沿边诸部尚多未服。太祖遣兵四百往征，凡散处部众悉收之。其岛居负险不服者，乘小舟飞取之而还。”（卷上第12页）

二十七、雅兰、锡琳、瑚叶三地岛屿甚多，当在沿海。

〔原文〕“（九年）两红旗多济里为帅，率兵三百五名，进兵之地三，曰雅兰、曰锡林、曰瑚叶……又谕多济里，所往之地岛屿甚多，有可取者，造船取之。”（卷上第13页）

二十八、拉发地方，今拉法河上源一带，有拉法站为吉林向宁安及延吉孔道。

〔原文〕“四年七月遣萨尔纠等四将率兵百人往瓦尔喀收其余党。谕曰：尔等可于拉发地方牧马前进。”（卷上第13页）

二十九、乌扎拉部既要水陆两路前往，则其地当在大江长河和陆路冲要之地。

〔原文〕“（五年二月丙辰）太宗遣多济里等往宁古塔会同章京钟果兑等，带兵三四百名往征乌扎拉部，谕以或由水路，或由陆路，往返宜速。”（卷上第14页）

三十、哈瞻、木栅栏，古作合苏馆或合斯罕。

〔原文〕“九百六十余里哈瞻河。注：源出纳秦窝集，北流入混同江，满洲语哈瞻，木栅栏也。”（卷上第18页）

三十一、辽贵德州址在抚顺旧城附近。唐贵端城在贵端水北，贵端水会浑河，汉小辽水也。

〔原文〕“三百二十里辉发河。注：《明一统志》有辉发江源出沈阳卫废贵德州，东北流入松花江，西去开原城三百五十里即此。”（卷上第18页）

三十二、明志徒门河入于海，实即图们江入东方日本海也，非此。

〔原文〕“五百里图们河。注：明志有徒门河，流经建州卫东南一千里

入于海。”（卷上第18页）

三十三、绥哈河今名绥河，有大绥河（今为大绥河镇）、小绥河两村，当日吉京孔道。伊拉齐今名一拉溪，鄂河今名鳌龙河。

〔原文〕“西四十里绥哈河。注：与蒐登河、伊拉齐河北流为鄂河。……九十里伊拉齐河。”（卷上第19页）

三十四、萨喇河今名岔路河。

〔原文〕“一百二十余里萨喇河。”（卷上第19页）

三十五、伊勒们河今称驿马河，汇伊通河入松花江。

〔原文〕“一百四十五里伊勒们河。”（卷上第19页）

三十六、克尔素今作赫尔苏。

〔原文〕“四百余里克尔素河。”（卷上第19页）

三十七、海兰窝集为海林河发源。

〔原文〕“西北二百里海兰窝集。”（卷上第20页）

三十八、巴兰窝集为巴兰河源，在松花江北，稍下为屯河；再下为温登河，今呼梧桐河；再下为都尔河，今称都鲁河。又，巴兰河今称八里河，皆发源于西北各窝集。

〔原文〕“东北六百五十里巴兰窝集。八百余里屯窝集。一千一百里温登窝集。一千二百里都尔窝集。”（卷上第20页）

三十九、阿库密亦作阿库里或阿库。

〔原文〕“东一千三百八十里阿库密河。”（卷上第20页）

四十、呼兰河今称珲春河。

〔原文〕“东南五百里呼兰河。”（卷上第20页）

四十一、哈济密河，其附近有阿济密镇，在苏沿海省，东入海，口外有二岛。

〔原文〕“五百三十里哈济密河。”（卷上第20页）

四十二、噶哈哩河，今称嘎呀河。

〔原文〕“南一百五十里噶哈哩河。”（卷上第21页）

四十三、玛展河今称密占河。海兰河今称海浪河。玛展之在东南者似珲春密河。

〔原文〕“北五十里玛展河。注：南流会海兰河入瑚尔哈河。河有二，一在城东南五百四十里。”（卷上第21页）

四十四、舍赫河今称石河。

〔原文〕“北五十里舍赫河。”（卷上第21页）

四十五、富达密河口今称佛塔密。

〔原文〕“一百二十里富达密河。”（卷上第21页）

四十六、阿斯罕河今称乌斯浑河。

〔原文〕“四百里阿斯罕河。”（卷上第21页）

四十七、翁锦河今称倭肯河，又名发尔图浑河，又名欧肯河。

〔原文〕“东北六百里翁锦河。”（卷上第21页）

四十八、巴兰河今称八里河，河口有迎兰镇。

〔原文〕“六百余里巴兰河。”（卷上第21页）

四十九、屯河今名汤旺河，上源伊春河。

〔原文〕“七百里屯河。”（卷上第21页）

五十、温登河今称乌通河、梧桐河或梧洞河。

〔原文〕“九百余里温登河。”（卷上第21页）

五十一、都尔河今称都鲁河。

〔原文〕“一千一百余里都尔河。”（卷上第21页）

五十二、玛展窝集流出的水当然可称为玛延，宁古塔北之玛展河俗又称密占河，当是玛、密和展、延、占一音转化而来。

〔原文〕“又，阿勒楚喀城东北二百余里玛延河。注：源出玛展窝集。北流入混同江。”（卷上第22页）

五十三、东海卦勒察与蒙古卦勒察当非一族。蒙古卦勒察即郭尔罗斯同名异字。

〔原文〕卦勒察考：“廷杰谨按：初，太祖遣大臣雅护喀穆达尼率兵征东海卦勒察部……崇德二年十二月太宗命叶克舒等十六人率兵六百往征卦勒察……魏源《圣武记》载，谓卦勒察在嫩江左右，近伯都讷。”（卷上第22页）

五十四、锡伯即席北，属科尔沁蒙古，但非蒙古族，1764年一部分调往新疆边防，今住海拉尔原地者不多，故后人多不知原居地确实所在。只知世代相传与伯都讷（扶余）为近云。讯之该族文化人安文朴、东北工学院关教授皆言如此。又去其族在清初有入新满洲旗来沈居住的，家庙在实胜寺（皇寺）东邻，有满文碑今存。

〔原文〕卦勒察考：“魏源《圣武记》载，蒙古三部曰科尔沁，曰锡（从书误为赐）伯，曰卦勒察。”（卷上第22页）

五十五、何秋涛所述吉林历史沿革多误，不足据。

〔原文〕吉林根本说：“何愿船《形胜论》……”（记述吉林历史文繁不录）（卷上第23页）

五十六、阿济密附近有哈济密河。

〔原文〕吉林根本说：“珲春东北阿济密、蒙古街、虾蟆塘、海参崴等处地方。”（卷上第23页）

五十七、奇讷林今称七虎林河。

〔原文〕吉林根本说：“至乌苏里江口以上诺罗、奇讷林二河之间，部落仍属赫真疆域。”（卷上第24页）

五十八、鄂勒欢地方当是那尔轰，在吉林靖宇县北，有同名大岭为浑发河和松花江的分水岭。尼堪外兰所居之鄂勒欢城当在浑河流域，去明边不远。指在齐齐哈尔西南者大误。

〔原文〕征索伦：“太祖癸未年征尼堪外兰……携其子及兄弟数人逃于鄂勒欢地方，筑城居之。鄂勒欢在齐齐哈尔城西南三十余里，周二里许。丙戌年秋七月，太祖往征鄂勒欢，克其城。尼堪外兰遁入明边境，旋伏诛。”（卷下第1～2页）

五十九、东海萨哈连部当然是指由伯力沿江至庙尔海口之黑龙江而言，非指爱珲城一带黑龙江，极为明白。

〔原文〕征索伦："天命元年七月丁亥，太祖遣大臣安费扬古扈尔汉率兵二千征东海萨哈连部。"（延杰按语谓指黑河口达瑷珲城一道。文繁不录——仲元）（卷下第2页）

六十、锡伯绰尔门即锡伯绰尔台，在锡伯绰尔城，为齐齐哈尔入北京大道。距齐齐哈尔市二百三十里。今黑龙江泰来县塔子城，位在绰尔河南岸，为卜魁经喜峰口入京道。非入法库门道。法库门道经茂兴站南渡嫩江，经郭尔罗斯前旗、长岭子、郑家屯、康平县。

〔原文〕征索伦："天聪八年十二月，太宗命巴奇兰、萨木什喀分两翼率官四十一员、兵二千五百名，往征黑龙江地方，谕以奏捷送俘必由锡伯绰尔门地方经过。廷杰按：必于此地经过者，即由今卜魁经科尔沁地进法库门之路地。"（卷下第2页）

六十一、黑龙江萨哈连与东海萨哈连非一地。

〔原文〕征索伦："崇德二年十二月，赐朝贡诸外藩宴，时黑龙江诸部至者曰黑龙江萨哈连。"（卷下第3页）

六十二、锡伯地方是由黑龙江城回盛京必经之路，中经叶赫、威远边门为直径，故不使降人知。

〔原文〕征索伦："太宗命每旗率兵往迎出征索伦大军，谕曰：尔军此行如能过锡伯地方，至克勒朱尔根处相会可谓神速矣。会后由哈尔必雅勒回军，沿途加意防护，入境时须从法库门入，不可由叶赫行，以伊等习知路径，恐再至逃亡也。"（卷下第4页）

六十三、黑龙江之呼尔哈或呼尔喀，当是松花江黑龙江口下至乌苏里江一带沿江居住，各部落，非索伦族。

〔原文〕征索伦："（六年）三月命阿尔津等征黑龙江之呼尔哈部，所向克捷……十一月命鄂罗塞臣巴都哩征黑龙江呼尔喀部……顺治元年黑龙江全境索伦诸部皆称臣妾。"（卷下第4页）

六十四、库尔瀚江今称库鲁河或库尔河。在伯利稍下，东南注入松花江。非乌鲁苏河湾。

〔原文〕征罗刹："（顺治）十五年复败之松花、库尔瀚两江之间。廷杰按：库尔瀚即瑚乐瀚乌鲁苏河湾，在黑龙江城东南，达呼尔原驻札处。"（卷下第5页）

六十五、钮满即牛满河，在逊河口稍下，西南流入黑龙江。恒滚河发源于都萨阿林岭之东，与牛满河源相对不远，东流注入黑龙江。赫真或作黑斤、赫哲。斐雅喀即吉里迷人。

〔原文〕征罗刹："（康熙）二十年八月，遣副都统郎谈、公彭春率兵往达虎尔索伦觇视情形。谕曰：罗刹犯我黑龙江一带，近闻蔓延益长，过牛满、恒滚诸处，至赫真、斐雅喀虞人住所，侵掠不已。"（卷下第5页）

六十六、额苏哩和黑龙江既系水程，显然是指乌苏里江。下有自瑷珲至黑龙江、混同江会口马程和宁古塔督修战舰事也是佐证。《通志》《何氏方略注》及曹氏之说皆误。

〔原文〕征罗刹："尔等还时其详视自黑龙江至额苏哩水程。并访自额苏哩至宁古塔道路。注：《通志》额苏里城在黑龙江城西北八十余里。《何氏方略注》在黑龙江城东北四百十里。廷杰按：卓伦河下、精奇里江上有额苏里河，《通志》盖指其入江之处而言，何氏则指其发源之处而言，故方隅里到虽不同，实同此一地也。……郎坦疏言从瑷珲至黑龙江混同江会合处，马行可半月程。二月戊子命尚书伊桑阿赴宁古塔督修战舰。"（卷下第5、6页）

六十七、锡伯乌拉官屯为科尔沁蒙古族之农耕地带。

〔原文〕征罗刹："所需军粮取诸科尔沁十旗，锡伯乌拉之官屯，约得一万二千石，可支三年。"（卷下第6页）

六十八、额苏里为索伦村。

〔原文〕征罗刹："瑷珲、呼尔玛之间额苏里地方可以藏船，且有田陇旧迹。"（卷下第7页）

六十九、锡伯地通嫩江，水运可至爱珲、额苏里等地。

〔原文〕征罗刹："上谕：来年运锡伯诸地粮米于额苏里……俟来年冰解与猎户协运。"（卷下第7页）

七十、纳木尔河即嫩江。

〔原文〕征罗刹："（康熙二十四年）九月，伊桑阿等遵奏自纳木尔河口至温察屯详勘。"（卷下第9页）

七十一、由嫩江南行可至锡伯。库尔瀚江即今牡丹江。古称忽汉水、虎尔哈江或呼里改江。与库鲁河同名异水。

〔原文〕征罗刹："由松花江而下可至嫩江，南行可通库尔瀚江及乌拉、宁古塔、锡伯、科尔沁、索伦、达呼尔诸处，若向黑龙江口可达于海。"（卷下第10页）

七十二、鄂嫩即斡难河。

〔原文〕征罗刹："索额图等以鄂嫩尼布楚系我国所属茂明安诸部落旧址。"（卷下第10页）

七十三、希尼客今名锡尼克河，入伊敏河。开拉里今名海拉尔河。依木今名伊敏河，注于海拉尔河。

〔原文〕黑龙江察边考："卜魁往者……涉希尼客、开拉里、依木等河。"（卷下第17页）

七十四、曹氏对《柳边纪略》威伊克阿林之按极误。其所指各路出入恰恰相反，结果，将威伊克阿林武断为特林，并将明宣德永宁寺碑指为同时所建，谬之远矣。永宁寺实明宣德时钦差亦失哈等招抚黑龙江口及库页岛时路出奴尔干时建寺碑。

〔原文〕界碑地考："廷杰又按：（前略）盖威伊克阿林在混同江南岸奇吉泊下，今其地名特林，即威伊克阿林之合音，界碑巍然尚存，并有一碑额曰永宁寺，亦勒满蒙汉数体字，当系立界碑时所建。固非在外兴安岭极东北隅近北海处也。"（卷下第20页）

七十五、以海兰儿即今海拉尔为辽上京临潢府大误。

〔原文〕黑龙江险要："《呼伦贝尔形胜论》：呼伦贝尔，一作呼伦布

雨尔，通称海兰儿……昔辽太祖金龊一箭定都兹土，所谓上京临潢府……地在齐齐哈尔西北八百四十里。”（卷下第21页）

《盛京疆域考》批注

（清·杨同桂、孙宗翰辑，载《辽海丛书》第七集之五册）

一、引《通典》《通鉴》而不用《史记》《汉书》等第一手材料，殊不可解。

〔原文〕“杜氏《通典·北狄叙》云：燕将秦开袭破东胡，却千余里。”（卷一第3页）

二、郡治在永平，大辽水所受诸水在辽西郡，实为大误。

〔原文〕“幽州：辽西郡注：治在今直隶永子府境……辽即大辽水，发源塞外，受水甚多，所受诸水多在辽西郡。”（卷一第3页）

三、海阳，按肥如注：玄水东入濡水。濡水南入海阳。则海阳在濡水下游，不在前屯卫东。

〔原文〕“海阳注：今宁远州前屯卫东。”（卷一第3页）

四、阳乐不得在海阳西。阳乐故城在绥中县北古城子，六股河右岸龙王山前。

〔原文〕“阳乐注：今宁远州前屯卫西。”（卷一第3页）

五、交黎为夫黎之误，即后汉之夫梨也。

〔原文〕“交黎注：今义州境。”（卷一第4页）

六、信按：汉志文例各郡治所在，则且虑应在奉天境内。他如柳城、新安平、临渝、文成、宾从也尚待研究。

〔原文〕“且虑、新安平、柳城、令支、肥如、宾从、文成、临渝、絫以上九县非奉天境，从省。”（卷一第4页）

七、郡治在州北七十里，大误。

〔原文〕“（西汉幽州）辽东郡注：治在今辽阳州北七十里。”（卷一

第4页）

八、应在辽河东，三国时曾同高显改属玄菟。《水经：大辽水注》自塞外东流至辽东之望平县西，屈而西南流，经襄平县故城西，皆为在辽河东的铁证。

〔原文〕“望平注：今新民厅西北境。”（卷一第4页）

九、当在辽河西辽阳县对岸，故后汉改属属国也。

〔原文〕“房注：今海城县境。”（卷一第4页）

十、候城应近边塞，铁岭应属其境。

〔原文〕“候城注：今开原县东南。”（卷一第5页）

十一、清辽阳州治系汉辽东郡治襄平县，辽代始将汉辽阳县名移加于襄平。古辽阳在今辽阳西北约七八十里，小辽水之北。

〔原文〕“辽阳注：今州治。”（卷一第5页）

十二、居就原注：室伪山室伪水所出，北至襄平入梁也。沙河不符北至襄平入梁的记载，以山水方位考之，汤河为是。亮甲山屯河右岸古城址是其遗址。

〔原文〕“居就注：陈氏《水道图说》云：室伪水即今辽阳州沙河，出千山，北流至州西北境入太子河。”（卷一第5页）

十三、高显址在沈阳市郊东南上柏官屯，城址颓夷将平，附近多汉魏砖墓。

〔原文〕“高显”（卷一第5页）

十四、沓氏县当在金州境，若在东境则渚临黄海，与沓渚至渊道里尚远不符。因越海通辽航路必沿渤海岸北进，则旅顺西至金州弯为近。否则金州西境又为何县?

〔原文〕“沓氏注：按李氏《地理韵编》为沓氏在今辽阳州境。……县西南临海渚，谓之沓渚。三国吴嘉禾二年谋讨公孙渊，陆瑁曰：沓渚至渊道里尚远。盖泛海至辽，沓渚其涉之所也。”（卷一第5页）

十五、南苏水指赫尔苏河甚误。属高句丽县者自然是今苏子河。

〔原文〕“（西汉）玄菟郡高句丽注：南苏水今奉天昌图厅东境黑尔苏河。按今昌图境内东来之水无大于黑尔苏河者，发源海龙厅围场山内，西北流折而西南入大辽，古名南苏。”（卷一第6页）

十六、辽阳既同前汉，为今州治，前注辽东郡治又在今州北七十里，则辽阳县如何能悬越郡治而改属于东北方的玄菟郡？其误显然。

〔原文〕“（东汉幽州玄菟郡）辽阳注：同前汉。”（卷一第8页）

十七、辽阳三国复置，但为辽东县，不属玄菟，此误。

〔原文〕“辽阳注：同前汉。续汉书郡国志本无辽阳。……郝经续后汉书……宫密遣军攻玄菟，焚烧候城，入辽队，杀吏民。观此则辽队县固在。……”（卷一第8页）

十八、西汉有宾从，东汉有宾徒，不知从徒二字必有一讹，其地则一。西汉无宾从，实误。又以后世记录，当以宾徒为正。

〔原文〕“（辽东属国）宾徒注：当在今锦州府境。”（卷一第9页）

十九、夫犁当是西汉之交黎，“交”“夫”二字因形近致讹，唯不知孰是。交黎为东部都尉治，约在义县一带，与无虑夹山相对，北近塞垣，鲜卑时来侵袭。东汉地理志又改称昌辽，注称故天辽。天字亦当是与交夫形近致讹，黎、犁、辽为一音之转。故昌辽又变昌黎耳。安帝纪误，文在鲜卑传。

〔原文〕“（辽东属国）夫犁。”（卷一第9页）

二十、北丰县应作丰县，齐郡立南丰处流民在后，原立之县自不能先加北字。如后世有安州，后立北安州等等，其例极多，后因有南丰故称丰县为北丰耳。

〔原文〕“曹魏幽州辽东郡北丰注：考《三国志》魏正始元年以辽东汶、北丰县民流徙度海，规齐郡之西安、临菑、昌国县界为新汶、南丰县以居流民。观此，则北丰本辽东属县，县与汶并称，当去汶不远。”（卷一第10页）

二十一、昌黎郡既在直隶境，如何能去龙城不远？

〔原文〕“十六国前燕平州昌黎郡注：当在直隶境，去龙城不远。”

（卷二第2页）

二十二、龙城置于河北，谓非奉天境，真是大错特错。

〔原文〕“（昌黎郡）龙城注：汉柳城，在今直隶非奉天境，从省。”（卷二第3页）

二十三、力城非汉县。

〔原文〕“辽东国力城原志汉旧县。”（卷二第4页）

二十四、武次，汉为辽东郡东部都尉治。

〔原文〕“（辽东国）和阳原志以下三县《晋书》皆皝征辽东所置武次。”（卷二第4页）

二十五、此亦阳乐县在海阳东之证，则阳乐在绥中为是。

〔原文〕“辽西郡阳乐注：当在今锦州府境。海阳原志有碣石、秦长城……”（卷二第5页）

二十六、《辽史》地志不足为证。

〔原文〕“集宁注：按《辽史》隰州注：汉海阳县地，慕容皝于此置集宁县。观此则集宁固前燕所设之县，今特补系于末。”（卷二第5页）

二十七、北丰不得在辽西。

〔原文〕“北丰”（卷二第5页）

二十八、指龙城在义县北边外，前谓在直隶，真成笑话。

〔原文〕“元魏营州昌黎郡定荒注……按龙城在今义县北边外。”（卷三第1页）

二十九、武历逻可能是唐代汝罗守捉所从出，其地约在辽河西医无闾山东。又，武历逻、汝罗或由无闾一音而来亦未可知，汉作无虑。

〔原文〕“隋注……惟在辽水西拔高丽武历逻，置辽东郡及通定镇而归。”（卷三第2页）

三十、辽东新城即隋置于辽水西之武历逻者，辽东郡新城之简称，后世史家多误为高句丽新城而指为沈州者，误之远矣。

〔原文〕“唐安东上都护府原志……上元三年徙辽东郡故城。仪凤二年

又徙新城。”（卷三第3页）

三十一、辽西故郡城，明辽西镇。

〔原文〕“天宝二年，又徙于辽西故郡城。”（卷三第3页）

三十二、高句丽各城大多筑于山上，或石或土，随山势而就。

〔原文〕“高丽降户州十四府九太宗亲征得盖牟城置盖州，得辽东城置辽州，得白岩城置岩州。”（卷三第3页）

三十三、李氏地理韵编为是，其他诸说皆误。

〔原文〕“南苏州注：今海龙厅大围场内。……似即颇利城，或谓即奉化县境。……方舆纪要诸书均以为金州厅境。……李氏地理韵编以为今兴京境者，亦未确。”（卷三第3页）

三十四、盖牟考独为得之，可却诸迷。今沈阳南郊陈相屯塔山城是其遗址。

〔原文〕“盖牟州注：今辽阳州东北境。……今按唐贞观行军之道，渡辽水先拔盖牟，次攻辽东、白岩，次及安市，系由北而南。……辽金史志及释地各书均以为今盖平县治，则沿误矣。”（卷三第4页）

三十五、仓岩在浑河上源，或苏子河流域。

〔原文〕“仓岩州注：今昌图府境。”（卷三第4页）

三十六、木底城在苏子河木奇村山上。

〔原文〕“木底州注：今海龙厅大围场境。”（卷三第4页）

三十七、安市在海城东英城子山上。李道宗攻城所筑的土山犹屹然存在。

〔原文〕“安市州”（卷三第4页）

三十八、新城即抚顺北高尔山城。其地近南苏、木底；其城有郭；其城前临贵端水，即浑河，辽于其地置贵德州；西南山有李勣之土壁；在辽水东不远，等等观之，无一不合其遗址。

〔原文〕“新城州都督府注：今新民厅东北。”（卷三第4页）

三十九、建安为盖平东北石城山城，后称高力城山城，去青石铺村东南不远，非盖平西南。

〔原文〕“建安州都督府注：今盖平县西南六十里。”（卷三第5页）

四十、用《辽史·地理志》来考证渤海国地理，除鸭一府足资参考外，余多无据。如渤海有潘州、益州而无沈州、盖州就是显例。按：渤海西南疆域由今宽甸蒲石河口向西北经英额门、开原、昌图一线，西与唐朝接壤。

〔原文〕“渤海注：……今考其地属奉天者，据《辽史》沿革录之，州县或失其本属亦为散附于末。”（以下各州府多据《辽史·地理志》加注，文繁从略。——仲元）（卷三第5页）

四十一、《辽史》地志多以侨置京府州县为渤海实地，且多捏造杜撰，毫无根据，甚至把铁利、挹娄、越喜、拂涅等乌苏里江东沿海和黑龙江口诸地渤海所置诸州县都移于开原、铁岭、沈阳一带，更奇事是把渤海潘州定为沈州，益州指为盖州。后世读史者不察，大受其愚，杨同桂已有察觉，但未彻底明白耳。

〔原文〕“辽注：地理志元托克托等修。”（卷四第1页）

四十二、契丹有辽东地非因灭渤海而得，唐末辽东大半仍属唐幽州，当是因幽州卢龙军节度使刘仁恭、长子守光囚其父自为节度使，其弟守奇为平州刺使，于太祖元年率众降契丹，辽土全归契丹。因此，太祖二年筑长城于镇东海口，即今金县（今大连市金州区）南关岭古长城址，称苏州关，金称合思罕关。三年幸辽东。九年钩鱼于鸭绿江，高丽贡宝剑。神册四年修辽阳故城，改为东平郡。六年徙檀州顺州民于东平、沈州。天赞三年徙蓟州民实辽州地，渤海杀其刺史张秀实西掠其民。四年十二月征渤海，围扶余府，次年（天显元年）正月平渤海，改为东丹，封太子人皇王以主之。三月攻长岭府，八月破之。综计之，契丹太祖二年为907年，天显元年为927年，即契丹经营辽东20年之后，才平渤海而有其地。《辽史》地志说辽东得自渤海，全无根据。又因迁东丹于辽东，遂将渤海州县名侨置辽东各地，以致缺误不全。既非原地，而方位里至亦不相符。以渤海京、郡、州、县记录，强加于辽东，自然一无所合。可惜千年以来承谬沿误直至今日，无人揭其情况也。

〔原文〕“东京辽阳府……统县九。辽阳，原志本渤海国金德县地，又为常乐县。仙乡，原志渤海为永丰县。……鹤野，原志渤海为鸡山县。……析木，原志渤海为花山县。紫蒙，原志佛宁国置东平府领紫蒙县。……兴辽，原志渤海为长宁县。肃慎，原志以渤海户置。归仁。顺化。”（卷四第2、3页）

四十三、天显元年反之铁州，乃渤海铁州，东京铁州乃辽自置者，非一地也。

〔原文〕“铁州，统县一，原志建武军刺史，渤海置州。……注：天显元年后铁州刺史卫钧反，耀库济攻拔之。”（卷四第3页）

四十四、批判史学工作者承讹袭误，受《辽史》之欺，真具卓识，可惜不知沙卑即金县大黑山城为之作证耳。

〔原文〕“海州，原志南海军节度使，高骊为沙卑城。……注：本志以高骊沙卑城即为海州，……承讹袭谬，习焉不察，皆《辽史》之误也。”（卷四第4页）

四十五、辽西州，即唐辽西故郡城，明称辽西镇。

〔原文〕“显州：辽西州”（卷四第5页）

四十六、乾州在显州西南六七里，奉陵县后改为钟秀，闾阳非辽县，指为西南四五十里，实误。

〔原文〕“乾州……奉陵……海北州注：今义县南四十里，统县一，原志广化军中刺史，地在闾山之西南。”（卷四第6页）

四十七、辽州为辽太祖建，渤海曾攻破其城，杀刺史张秀实而掳其人民，反以为是渤海东平府，《辽史》不可信据此可知。

〔原文〕“辽州：统州一县二，原志始平军下节度，渤海为东平府。……”（卷四第7页）

四十八、许氏奉使行程录次第有颠倒，不足据。八面城为韩州非信州，晚期韩州在偏脸城。游牧记不误。

〔原文〕“信州……注：《蒙古游牧记》：科尔沁左翼中旗本契丹

地，辽置信州彰圣军领武昌、武定二县。注云：信州故城在旗东南三百八十里。考宋许亢宗《行程录》云：自沈州七十里至兴州……自同州三十里至信州。……愚按今昌图府东北之八面城盖即辽信州故城。”（卷四第8页）

四十九、平渤海后，二月安边、鄚颉、南海、定理等府来贡，三月安边、鄚颉，定理三府叛，安端讨平之。五月南海、定理二府复叛，大元帅尧骨讨平之。定理本挹娄故地，东极东海，岂能在契丹国辽东腹里的沈州附近。

〔原文〕“定理府注：今铁岭县南六十里。”（卷四第9页）

五十、“辽无两懿州，史志复文致误。”

〔原文〕“懿州”（卷四第9页）

五十一、顺化军城在金州东北石河驿东土城子，遗址犹存。金改顺化营，见《鸭江行部志》。

〔原文〕“顺化城注：当在奉天境。”（卷四第9页）

五十二、宁州与归州为邻，在复县李官屯乡西阳台村。

〔原文〕“宁州注：当在奉天境。”（卷四第10页）

五十三、金神水，辽设于女河川，不在锦（辽海丛书排作金，误，今改——永谦注）县西北，在兴城县北女儿河上，明设边堡于其遗址上，讹称为兴水县堡。今称清水县。女河川即兴城河古名，非锦县女儿河川地，其川及小凌河川先后已设有安昌、永和、红罗山等县镇城砦，不仅有神水县地。

〔原文〕“锦州神水注：今锦县西北。”（卷五第5页）

五十四、海阳为辽润州附郭县，在州西。

〔原文〕“瑞州海阳”（卷五第6页）

五十五、海滨为辽隰州附郭县，在州东兴城县西，当归清盛京辖境。

〔原文〕“海滨非奉天辖境从省。”（卷五第6页）

五十六、望平升梁渔务置，按梁渔务在广宁东，是辽东西交通孔道。见《金史·世宗纪》及许亢宗《奉使录》及金王寂《辽东行部志》。今黑山县姜家屯乡北土城屯（也称古城子）有塔址。

〔原文〕“望平注：今新民厅西北。原注：大定二十九年升梁渔务置。”（卷五第6页）

五十七、渤海疆域未达辽阳，此沿辽金二史地志之误。

〔原文〕“元辽阳等处行中书省辽阳路……原志：唐以前为高句丽及渤海大氏所有。”（卷五第7页）

五十八、宣城为秀岩城之音讹，秀岩城急读则成宣城。

〔原文〕“盖州……注：又，荣祖传：布希万努僭号于开元，命荣祖副萨里台进讨之，拔盖州、宣城等十余城。按宣城当近盖州，今无可考证。”（卷五第8页）

五十九、懿州为辽东行省治所，见于明建文四年朝鲜李荟《混一疆里历代国都之图》（藏京都大谷大学）。又，《龙飞御天歌》第三章注：元设辽阳等路，建行中书省于懿州。总统诸路，并统高丽。

〔原文〕“懿州注：今广宁县东北。原志：初为懿州路，至元六年为东京支郡所领豪州及同昌、灵山二县省入顺安县入本州。注：按仁宗本纪延祐二年十月以辽阳路之懿州隶辽阳行省。而伯胜传乃云辽阳省治懿州，殊不可解。或者当时行省亦尝徙治他州欤？”（卷五第8页）

六十、归属博索府之义州是鸭绿江东朝鲜义州。

〔原文〕“大宁路义州……注：世祖至正十三年以义州隶博索府。”（卷五第9页）

六十一、著者以开元路为今开原县境大误。

〔原文〕“开元路……注：按本纪世祖中统三年六月，割辽河以东隶开元路。是开元路之为今开原县亦无可疑者。”（卷五第10页）

六十二、扬氏不知金元开元为隋唐黑水靺鞨地，斥志为臆造。又不知开元与咸平府明代三万卫为两地，更不知黄龙府先后两地：因之，误以辽之黄龙府、金之隆州为元之开元路，而以元志不误为误，很为可惜。

〔原文〕“开元路……注：是金之隆州即辽之黄龙府、元之开元路也。……至明之三万卫仅得元代开原路之南隅。而释地者犹以今开原为古之黄龙府，毫厘千里，其误盖始于此。至本志又谓开元为隋唐之黑水靺鞨、金之会宁府，亦皆臆造之说，未敢据以传信也。”（卷五第10页）

六十三、旧辽阳盖指辽代辽州辽滨县城。

〔原文〕“定辽中卫注；今辽阳州治。”……又，“李成梁传，庆隆六年十月土蛮六百骑营旧辽阳北河”。（卷六第1页）

六十四、皮驿堡为虎皮驿堡，此脱虎字。

〔原文〕城堡附考注：“顾炎武《天下郡国利病书》云：辽阳下城一、堡二十四，曰：……皮驿堡……”（卷六第2页）

六十五、东宁：朝鲜西京元为东宁府。南京：延吉市东郊山城子。海洋：朝鲜咸镜北道吉州。

〔原文〕“东宁卫原志本东宁、南京、海洋、草河、女真五千户所。”（卷六第3页）

六十六、东宁路当是大宁路之讹误。元辽阳行省所辖固有大宁路也。

〔原文〕“广宁卫……原注：又东北有顺州，西北有成州，元俱属东宁路。”（卷六第5页）

六十七、古铁岭元代属地，在今朝鲜江源道元山南安边之东，北有双城，今永兴，皆元代南界。明初在铁岭置卫，朝鲜请移，见《明实录》。指为奉集堡盖因铁岭初撤时暂住于奉集废县，后终置于银州旧城致误。咸州咸平府即开原，不隶铁岭卫，为辽海、三万二卫治所。

〔原文〕“铁岭卫……原注：东南有奉集县，即古铁岭城也，接高骊界。……又有咸平府，元直隶辽东行省，至正二年正月降为县，洪武初废。”（卷六第9页）

六十八、三万卫初置于元开元西，称远三万卫，后撤置于咸平府即开原城。甫答迷城，《辽东志》外志，海西东水陆城站作伏答迷城站，在上京东北次第三站。

〔原文〕“三万卫，洪武初废，二十年十二月置三万卫于故城西，兼置兀者野人乞列迷女真军民府。二十一年府罢，徙卫于开元城……注：本纪

洪武二十八年六月，周兴等自开元追敌至甫答迷城，不及而还。”（卷六第9~10页）

六十九、西有大清河，误。

〔原文〕“（三万卫）西有大清河。”（卷六第10页）

七十、金水河即今阿什河，古案出虎水，远在黑龙江省阿城县（今为阿城市），盖因明代地志开原控带外夷山川的文献记录而误。

〔原文〕“（三万卫）又，北有金水河，北流入塞外之松花江。”（卷六第10页）

七十一、北城、牛家庄不知何意。或指辽海卫的初治之城即在今昌图者，其地或名牛家庄，后徙开原城。后世论史者以为由海城牛庄移于开原，实为误解。因辽海一地指东西辽河汇合之后的一段专名，该卫自不能设于海州卫境内，亦一铁证。

〔原文〕“（三万卫）又，北有北城即牛家庄也。洪武二十三年三月置辽海卫于此。二十六年卫徙。”（卷六第10页）

七十二、东关指哈达部，北关指叶赫部耳。

〔原文〕“安乐州。……注：按明时辽之边塞东扼两关……两关者北关东关也……”（卷六第10页）

《宁远州志》批注

（清·冯昌奕撰，载《辽海丛书》第七集之八册）

一、汉应为阳乐县，非海阳地也。辽隰州海滨，非海阳，海阳为润州县，《辽史》倒颠，《金史》已改正，沙河站来州里堠碑也有记载。

〔原文〕沿革：“……汉海阳县地，属辽西郡……辽隰州平海军海阳县地，属来州。”（卷一第1页）

二、实为一岛，上有两高山，望如双岛。而桃花岛实在城东南海岸，为明时登莱海运停泊港口，见《全辽志》。

〔原文〕名胜："海涯双岛：觉花、桃花，二岛望之咫尺，而杭无一苇，森若蓬瀛。"（卷一第6页）

三、达鲁花赤为元代官名。

〔原文〕官师志："职官，达鲁花赤，辽，怀闾公其先世西域阿浑人，为瑞州达鲁花赤。"（卷六第1页）

四、仲文，武州宁远人，清宁远州在金为兴城县，属锦州，实无宁远之称，此误。

〔原文〕宦迹："金，虞仲文，宁远人。"（卷七第5页）

五、觉华、桃花实为一岛，因岛上东西二高山，望之如两岛，故误为二耳。此误也。兴城故县也不在岛上，按遗址与遗物考之，实即明时海防五之四城子。盖明时就古兴城址又筑四城子，故后人不知。

〔原文〕艺文志，诗："《宁远道上遥望觉华、桃花二岛》：双岛澴中出，遥分天一涯。桃花春涨满，仙邑白云遮（原注：觉华岛即古兴城县地）……"（卷八第8页）

《翰苑》批注

（唐·张楚金撰，载《辽海丛书》第八集之一册）

一、弹汗山，辽称炭山。弹汗，后世多作查干，汉语白意，即白山。

〔原文〕"庆隆吞雹方循弹岭之仪，注……遂推以为大人，檀石槐乃立庭于弹汗山……"（第13页）

二、焉骨可能是乌骨之讹，所记山势和筑城之状与今凤凰山城相近，里数也近似。两唐书及通鉴作乌骨为是。《三国史记》（卷三七）地理志：鸭绿水北未降十一城，有屋城州，当是屋山城州之简称。

〔原文〕"焉骨山在国西北，夷音屋山在乎壤西北七百里。"（第20页）

三、银山在国西北，安市东北百余里，应是凤城县青城子铜矿。该矿在明代仍产银，在青苔峪城附近。见明宋国忠墓志（《辽阳碑志选一》）。

〔原文〕“银山在安市东北百余里……”（第20页）

四、安平城在平壤城西北450里。即叆河尖屯古城址，出土有“安平乐未央”瓦当。

〔原文〕“二水合流西南至安平城入海，……今按其水阔三百步，在平壤城西北四百五十里也。”（第21页）

五、鹿耳当是鹿角之讹。

〔原文〕“以金银为鹿耳加之帻上。”（第21页）

六、新城今抚顺高尔山城，非沈阳，推论皆误。

〔原文〕“其记南苏城云在新城北七十里山上。王寂《辽东行部志》引韩颖《沈州记》以为新城即沈州……”（跋第2页末行）

《辽东行部志》批注

（金·王寂撰，载《辽海丛书》第八集之一册）

一、沈州，今沈阳旧城。此新城指辽东新城，与汉晋旧辽东襄平相对而言，非高句丽新城极为明白。后世方志多指为高丽新城实误。辽东为大氏所有全无根据，王寂非史家，所谈史实多误。

〔原文〕“明昌改元春二月十有二日丙申……是日宿沈州。……其后或治故城，或治新城，实今之沈州也，又，韩颖《沈州记》云新城即沈州是也……辽东之地为渤海大氏所有。”（第1页）

二、望平，今新民大古城子，古梁鱼务？章义，辽广州昌义县。今彰驿站城东高华堡村大土城是其遗址。彰义站城为明代长勇堡。

〔原文〕“丁酉次望平县。望平本广宁府倚郭山东县也，朝廷以广宁距章义县三百余里，路当南北之冲，旧无郡邑，乃改山东为望平治梁鱼务。”（第1页）

三、广宁今北镇。

〔原文〕“戊戌次广宁。”（第1页）

四、闾阳新县，旧南州寨，大定二十九年移此。按同昌县去闾阳新县二百余里，又多山路，一日不能至，日次必有误。

〔原文〕“甲辰次闾阳新县……乙巳次同昌。”（第3页）

五、成州，今阜新西红帽子城。黏术当是史表岩母堇改封秦晋长公主，后加大长，嫁韩国王萧惠。

〔原文〕“乙巳次同昌，旧名成州，长庆军，节度使，始建于辽圣宗女晋国公主黏术，以从嫁户置城郭市肆。”（第4页）

六、白川州，今北票黑城子，但四杰板故城开泰石幢亦有白川州款，可能属白川，非州治。

〔原文〕“丙午次宜民县……旧号川州，长宁军节度使，或谓白川州……”（第4页）

七、胡土虎寨为胡土虎猛安治所，实可译为胡土虎千户所。属懿州路。见《金史》卷一二八循吏石抹元传。

〔原文〕“戊申次胡土虎寨。胡土虎汉语浑河也。”（第5页）

八、懿州，今阜新塔营子城址。“初古”，辽《公主表》“槊古”，封越国，进封晋国，进晋蜀国长公主，后加大长公主。无燕国之号。嫁萧孝忠，非孝惠。与史表不合。《圣宗纪》太平三年正月赐越国公主私城，名懿州。

〔原文〕“己酉……宿懿州宝岩寺。懿州宁昌军节度使，古辽西郡柳城之域。辽圣宗女燕国长公主初古所建，公主纳国舅萧孝惠……”（第5页）

九、大定丁酉为十七年，寂为辽东漕运副使，下次咸平条亦有昔予运漕辽东语。

〔原文〕“庚戌……大定丁酉予贰漕辽东。”（第5页）

十、药师公主当即槊古公主小名。

〔原文〕“癸丑……尝闻老宿相传，此辽药师公主之旧宅也。”（第7页）

十一、灵山县，在懿州、庆云县之间，而距庆云较近。

〔原文〕“丁巳……是夕宿灵山县之佛寺。”（第8页）

十二、褀川，应为祺州之误，辽祺州为辽州支郡，统庆云一县。《金史》地志作祺州，废州存县。今康平小塔子城址是。

〔原文〕“戊午早解鞅于庆云县。县本辽之褀川。”（第8页）

十三、荣安县，辽荣州，《金史·地理志》云，东有辽河。

〔原文〕“己未，晚达荣安县，昔在辽为荣州。”（第9页）

十四、安州，今昌图北四面城，即龙州、通州，早期黄龙府，渤海扶余城。《金史·地理志》云，北有细河，领县有归仁，辽为安州，不知何时废，县改属通州。遗址当在荣州和旧韩州间，洪皓《松漠纪闻》：在宿州即肃州北，实应在八面城南或西南。

〔原文〕“辛酉次归仁县。……在辽时为安州，本朝改降为县。”（第10页）

十五、柳河县，旧韩州，今昌图八面城。

〔原文〕“癸亥次柳河县，旧韩州也。”（第10页）

十六、韩州，九百奚营，亦曰奚营，地当南北要道，南有安州、肃州，北有信州、威州。即今梨树县北偏脸城。金地志云，附郭县曰临津，未详何年置。一九五八年深翻地时，在八面城中出土二陶印，一作“柳河县印”，一作“临流县印”，不作临津。县名或经过改变亦未可知。

〔原文〕“乙丑次韩州……（辽圣宗时并三河、榆河二州为韩州……以州非冲涂，即徙于旧九百奚营，即今所治也。”（第10页）

十七、叩畏为清河，应作叩畏必剌，清河也。《金史》地志，沈州挹楼注，有清河，国名叩畏必剌可证。河道当是今西丰开原的澺河，亦作扣河，又通称大清河，其南支称哈达河、清河或小清河。惜营址实地难指。由此知扣河一名为女真语，并为西丰添一史料。

〔原文〕“甲戌次叩畏千户营，叩畏汉语清河也。宿耶西塔剌寨。”（第13页）

十八、东北古多牡丹，洪皓《松漠纪闻》已叙及，可与此条互证。

〔原文〕“己卯，予公余块坐，因念旧年逐食于此，尝游李氏园，时牡丹数百本，方烂漫盛开。”（第14页）

十九、松山，当即上乙亥所经之和鲁夺徒，汉语松山也，以日程计之，当在西丰、开原之间。

〔原文〕“壬午，问囚既罢，因询故吏予旧识王本者，今在何地。吏曰：弃家久矣，今住松山尹皮袋之旧居。”（第15页）

二十、唐刘仁恭子守文、守奇、守光，宏不知谁出。宏曾孙金涿州同知，元德墓志在解放初已于开原老城镇北2.5公里黄龙岗出土，明昌元年死葬，所叙世系事迹颇详。石存开原文化馆。

〔原文〕“癸未，登紫霞山，观宇文叔通撰刘司空神道碑。刘公名宏，字子孝，唐燕王仁恭之七世孙也。”（第16页）

二十一、辽肃州，宋人往往写作宿州，清安县名仍旧，遗址在开原县北，四平南，明设堡，讹称清阳。

〔原文〕“乙酉，宿清安县……世传辽太祖始置为肃州，本朝改降为县。”（第16页）

二十二、弘理大师即金上京都僧录宣微弘理大师，其号见金天德铜钟刻款，死葬开原崇寿寺，有塔。所谓西塔寺当是此也。

〔原文〕“己丑，谒侍御史范元济于西塔寺，即别，登九曜阁，有蔡正父所撰弘理大师碑。”（第17页）

二十三、辽之铜州应为同州，《辽史》地志讹为尚州。又辽同州领东平、永昌二县，金始并为东平一县，属咸平府，其遗址当在开原县南中固一带。

〔原文〕“庚寅，宿铜山县。铜山辽之铜州也，本朝改为东平县焉。”（第16页）

《大元大一统志》辑本批注

（金毓黻、安文溥辑，载《辽海丛书》第十集之十册）

一、松州即辽松山州，遗址在内蒙古赤峰县（今为赤峰市）西30余公里城子村，有塔址。古泉州、金全州之讹。辽丰州，今乌丹城，元全宁路，现存儒学碑在关帝庙二门左侧，辽世宗与李胡战于泰德泉当即在此地。又，辽当日建泉州见于百官志四，南面边防官，开泰九年置霸、建、宜、泉、锦五州制置使司。但与锦、宜为邻，去松山州很远，恐不是一地。

〔原文〕“里至，松州……东北到古泉州二百五十里。”（卷一第1页）

二、落马河今名羊肠子河。

〔原文〕中书省：“山川：落马河在松州北八十里，发源州界锣锅岭……”（卷一第2页）

三、今名英金河，南源西路嘎河，至赤峰与锡伯河合。

〔原文〕“斸刃河在松州北二十里，发源兴州界，流经州境……”（卷一第2页）

四、白羊河前遗一条，阴凉河在松州南20公里，发源兴州界女岭，经由州境，流与高州涂河合。同上引。

〔原文〕“白羊河”（卷一第2页）

五、赵本有古长城：按山林地志集略云，望云县有古长城。

〔原文〕“古迹条”（卷一第2页）

六、静丰故址在赤峰市西北不远，土名木兰城。

〔原文〕“静丰废城在松州东五十里。”（卷一第3页）

七、石洞、造像、石碑均存。

〔原文〕“灵峰院松州东南二十里遮盖山有古寺。”（卷一第3页）

八、松州西二十里瓷窑，在今猴头沟缸瓦窑村，窑址很大，当由辽始，至元代仍继续烧造。砖瓷越本作砖瓦窑。

〔原文〕“官窑馆：松山州等处有瓷窑（《热河志》卷九十七），松州西二十里有瓷窑，西北有砖瓷窑。”（同上九十六）（卷一第3页）

九、阜新县（今为阜新蒙古族自治县）塔营子古城址是，有砖塔、元懿州学田碑。

〔原文〕“懿州：豪州本辽时懿州，金皇统三年省入顺安县……”（卷二第1页）

十、乌尔古山，今名虎耳山，在九连城北。元作吾里奇山，见赵辑本。

〔原文〕“乌尔古山在辽阳路废婆速府。”（卷二第1页）

十一、似指叆河。

〔原文〕“大虫江”（卷二第1页）

十二、辽河后应有浑河，《满洲源流考》卷十五引，见赵辑本。浑河在辽阳路。本路图册引辽志云：源自越喜国出熊水，西北合众流会淄水，屈曲数千里入于海。按地志集略云：源出女真国，西流过贵德州，由州西流入梁水，西南七十里合辽河入于海（《满洲源流考》卷十五引《元一统志》）。

〔原文〕“辽河”（卷二第2页）

十三、羊肠河今名柳河，源出废徽州境。

〔原文〕“羊肠河”（卷二第2页）

十四、广宁为显州，邻乾州，辽乾州，金改闾阳县，今北镇闾阳驿是其后迁遗址，原附郭县金改钟秀县，在北镇庙南不远处。

〔原文〕“古迹：乾州故城在广宁府西南七里，辽统和二年建立，今基址颓然（《满洲源流考》卷十一）。”（卷二第4页）

十五、内蒙古宁城县大名城。

〔原文〕“大宁县：大定县至元二十九年改为大宁县。”（卷二第4页）

十六、今朝阳。

〔原文〕“兴中州”（卷二第4页）

十七、赤峰县哈拉木头城址在老哈河西岸上，西北有平顶山。

〔原文〕“高州：元甲戌岁升高州为兴胜府，丙子岁仍改高州……”（卷二第4页）

十八、喀左县（今为喀喇沁左翼蒙古族自治县）大城子城址，有塔，有金、元碑。

〔原文〕“利州统和十六年置，利州军名曰永昌，开泰元年置，领阜俗县。”（卷二第4页）

十九、此为辽惠州，废后存惠和县。金于辽神山县置惠州，后罢。

〔原文〕“惠州金天辅五年罢州。”（卷二第5页）

二十、北票县（今为北票市）黑城子城址，有元修川州东岳庙碑。赵本有：金天眷二年川州属懿州。三年废咸康为镇入宜民。大定初州废，隶咸平府。承安二年复置川州，治宜民县，仍升徽州寨为徽州镇以隶之。后割属懿州，唯存宜民县。

〔原文〕“川州：辽川州领咸康、宜民、弘理三县。辽后省弘理入宜民。”（卷二第5页）

二十一、朝阳县黄花滩城址是，在大凌河北岸，有塔。

〔原文〕“建州金置建平县，元初因之，后省建平入州。”（卷二第5页）

二十二、喀左县（今为喀喇沁左翼蒙古族自治县）北公营子古城是。

〔原文〕“富庶县”（卷二第6页）

二十三、凌源西二十里堡古城，辽榆州，金、元和众县。

〔原文〕“和众县”（卷二第6页）

二十四、惠和县系辽惠州附郭，金废州存县，元另立惠州，遗址当在平泉县。

〔原文〕“惠和县”（卷二第7页）

二十五、敖汉旗白塔子城址。

〔原文〕“武平县”（卷二第7页）

二十六、蛤蜊山当即喀喇山，译音用字不同耳。

〔原文〕“义州：西至兴中州界蛤蜊山九十里……”（卷二第8页）

二十七、绥中县前卫城是。

〔原文〕“瑞州”（卷二第8页）

二十八、赵辑本于香炉山后收永乐大典11981岭字一条：玉火山，在义州西四十里，产玛瑙。

〔原文〕“香炉山”（卷二第12页）

二十九、山在哈拉木头古城址北不远，实一丘陵，上有岩石。山上往往得铜镞、刀钱等。

〔原文〕“福德山（榆山）”（卷二第12页）

三十、建州南四十里为四里之讹。遗址在黄花滩，去河甚近。

〔原文〕“凌水凌河……又东经建州南四十里（《满洲源流考》七）。”（卷二第14页）

三十一、今名押头河，经小城子、瓦房，在汐子北入老河。

〔原文〕“撒马水（《热河志》七十二）”（卷二第15页）

三十二、沁河，今建平叶柏寿河。

〔原文〕“沁河”（卷二第15页）

三十三、榆林河亦名榆河，辽榆州和众县即以河命名，今凌源县（现为凌源市）塔子沟河。

〔原文〕“榆林河”（卷二第15页）

三十四、南流注大凌河。

〔原文〕“碓觜河”（卷二第15页）

三十五、南流注大凌河。

〔原文〕“荆水”（卷二第15页）

三十六、北流注入老哈河。青龙河可证辽惠和县在北流水之东北。

〔原文〕“青龙河”（卷二第15页）

三十七、遥剌河今名教连河，即清河，东北流至通辽东入西拉木伦河。

〔原文〕“虎河……流经县之霸州铺合于遥剌河。”（卷二第16页）

三十八、此惠州为金惠州，非辽惠州惠和县也。

〔原文〕“薄河：源出惠州西北林津山。”（卷二第16页）

三十九、狗河，按所记源委、方向、长度、注入等，似即海岱营子河。

〔原文〕“狗水”（卷二第16页）

四十、百里水今名牛河。

〔原文〕“百里水”（卷二第16页）

四十一、六州河亦名六股河，即绥中河，南入渤海，里程有误。

〔原文〕“六州河在利州东南八十里。”（卷二第17页）

四十二、佛舍利塔在丰实坊，按该坊在大宁东北隅，以位置考之，当即今大名大塔。

〔原文〕“感圣寺在大定府丰实坊，有佛舍利塔，辽统和四年建。”（卷二第23页）

四十三、以位置推测当即大名小塔。

〔原文〕“镇国寺在大定府西关，有铁塔，辽统和三年建。”（卷二第25页）

（原载《辽海丛书》，辽沈书社1985年3月版）

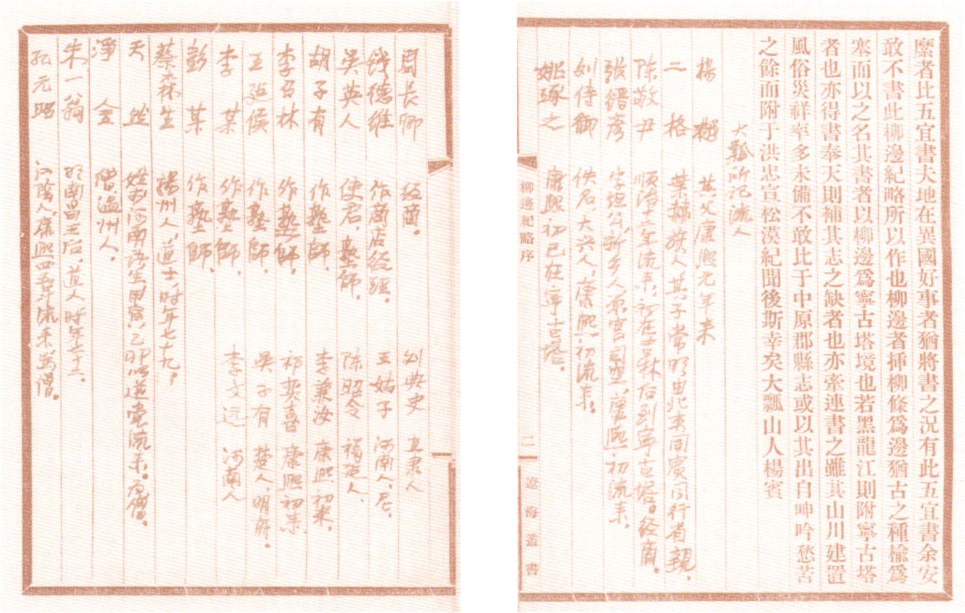

㝢者比五宜書夫地在異國好事者猶將書之况有此五宜書余安敢不書此柳邊紀略所以作也柳邊者插柳條爲邊猶古之種榆爲塞而以之名其書者以柳邊爲寧古塔境也若黑龍江則附寧古塔者也亦得書奉天則補其志之缺者也亦牽連書之雖其山川建置風俗災祥率多未備不敢比于中原郡縣志或以其出自呻吟愁苦之餘而附于洪忠宣松漠紀聞後斯幸矣大瓢山人楊賓

柳邊紀略序　二　遼海叢書

《辽海丛书》《柳边纪略》内页

301

手录《开原图说》批注

编者说明：抄本《开原图说》上下两卷，抄于16开红格横排原稿纸上，深蓝色钢笔抄写，每页20行，每行20字。分装订为两册，计165页。图书编号：6858。当时《开原图说》原刻本很少见，影印本也很难买到，为了研究上的方便，先生从辽宁省图书馆借回并嘱其子仲元全部抄录，书中的插图也以硫酸纸描成。先生在作了批注之后，又将此抄本转交图书资料室。

良箴同志：

《开原图说》是很有用的书，原刻本是非常少的，即影印在玄览堂丛书（10函、120册）里的也很难买到，现据省图借来的印本抄录了一部，我加了个说明（代解题）。请收入咱们图书室，以备不时之用。此致

敬礼

李文信

1964年3月14日

编者说明：此信原附于《开原图说》抄本首页。“良箴”，即水良箴（1928—1966），辽宁省博物馆原馆长张拙之夫人，当时在本馆图书资料室工作。

《开原图说》抄本前有先生的“抄录说明”：

抄录说明

《开原图说》上下二卷。分装两册。明刊本，不见清人著录。是东北地方史研究上的珍贵图书。卷前题“北海冯瑗辑”，末有“金台魏祚、刘凤、陈玉写刊”字样。无序跋题记，对辑者事迹没有明白记载，根据《筹辽硕画》卷一，万历四十六年四月，辽东巡抚李维翰《黠奴计陷孤城疏》，知道冯瑗当时正是整饬辽东开原等处兵备道右参政。成书及刊行的具体年月和经过也不见记载，但上卷抚安、白家卫、三岔儿堡三图下均注有“万历四十六年东夷入犯克去”，知此书当辑成于三堡未失之前，刊行当在堡失之年或后此不久，因次年三月明军有萨尔浒之败，不久开原也被后金攻占了。按明代开铁地方（兵备一道）本有《图册》（见《筹辽硕画》卷一，熊廷弼：《修复屯田疏》），就是熊氏所谓“臣行开铁地方，如过丘墟，按图览册，不觉泣下”的，可惜这种明代官府图册，没有留传下来，幸从此书中还可略见一斑。

本书以当时开原一道为范围，包括今日开原、铁岭两县及法库、康平一部分。其中心内容以边防设备和军事部署情况为主，利用边防地图、军事情报和档案材料，附加案语、引文等辑成。内容可分为图说、外族、军政三部分。一、图说部分（上卷）。均前图后说，首为开原控制夷和疆场总图，次为开原等五城，镇北等二十堡，共计图说二十七。地图只著山河、城堡、边塞、墩台、关楼、外族营地等；内容比较简单，著录的地名也较少。制图不用古代开方计里的方法，也无四至八到的记注，而采用了平水立山的写生法：上南下北，方位距离都只表示大概，控制外夷图中且有不少严重错误。总之，其精确度不及《辽东志》图，而优于隆庆三年《九边图》中的《辽东镇图》，大致和《筹辽硕画》中的《辽东图》不差上下。每图后详注：各级军官及各种军马员额变迁和现有人数；民屯、墩台次第名目；边塞方向起讫、长短里数及外邻某族营地。次附辑者按语，多记山川地形险夷，辽防设备强弱和民垦生产情况，以及发生过的入侵事件。更详细的是距外族牧地远近和他们大举、零窃的深入惯路，以及伏兵、截击、接应的军事防守要隘和往来经路等。二、外族部分（下卷前）。辑者“括故老口传”，记述直接与开原镇北、广顺、新安三关有马市贸易关系的女真族海西北关——夜黑部两营、南关——哈答部一营，蒙古族福余卫二营，东虏二十二营。均前列枝派系表，后记每营酋长的出系、儿孙、年貌、性格、统治部落数目、精兵若干、领兵用事和往来联系交易何人，以及部落营寨位置、方向道里。有的并记载着各部落盛衰分并历史、相互关系及对明态度等。三、军政部分（下卷后）。首为军营图说五种，录兵种部署、武器配备以及操练、对敌、行军、号令、赏罚、火器使用规程等。次为附辑的整饬营伍公移、传峰号令、稽查军马格式。通过这些地图、说明、外族谱系、情况和公文表报等档案材料，可以清楚地了解到明末辽东边防军事的兵饷缺乏、城堡废坏、警报系统不灵和外族猖獗程度。难怪辑者在卷首慨叹地说：“至于营堡萧条，即墩台棋布，仅其名耳；额军耗矣，招募无几也，其谁典守？训练虽勤，稽查虽严，顾四钱月饷，历三季而始得，枵腹荷戈，安责御戎哉。观斯图者，宁不为开原虑乎！”开原在第二年就被后金攻占也就不足奇怪了。

此书是我省迄今所见除《辽东》《全辽》两志和《九边图》以外，唯一仅存的明代古地书，地图和记载，都极为宝贵，因辑者是当时人，做当地事，记当时当地情况，自与抄袭成说为书的有所不同。其中突出的记载：海西夜黑、哈答两部和建州努尔哈赤争夺敕书（实质是马市场交易证）始末；福余卫二营移驻混同江口（农安、扶余一带），强收松花江以东黑龙江以西部落的貂皮鱼皮赋税，不来开原庆云马市交易经过；嘉靖时元裔打来孙强占朵颜、泰宁、福余三卫属部（福余残部东徙），二枝假昌泰宁卫名义在广宁交易，三枝假托福余卫名义在开原交易事实；引高折枝所记熊山，东西金山、潢河直至兀刺江口的里程和古城遗物以及东蒙古各部牧地位置；镇北、清阳二堡有新旧之分；庆云堡名来自庆云县，清阳堡来自清安县；火器百子大炮、七眼枪、三眼枪、鸟机等的性能和使用方法；墩台书夜烽火传报的规制和具体做法；灰扒江、兀刺江为混同江南北二段等等，都给研究明代东北地方史提供了宝贵资料。但同时它也有一些不够准确、自相矛盾以至错误的记载。在图面上：《开原控制外夷图》辽河、潢河、混同江、鸭绿江、阿也苦江（原误作海）、白石江、乌龙江等诸大水道都互相通连；东西金山、榆林深处在潢河南；临潢故址又在金山南；断头山应在庆云旧县北而置南，这些在实际地理位置上画得都很错误。在历史地理上：以辽滨废县为旧辽阳（总图按语），懿路废县为古挹娄地，引高折枝说以庆云废县为旧开原城，东西金山南北相距二十里，金山正北三百三十里为潢河，开原正北七百余里为五国头城；在民族记载方面：以兀刺为山夷而与江夷卜占太并列，以虎墩、兔憨为打来孙之子土无枝派，宰赛、暖兔为东蒙古枝派（户科给事中官应震以虎、兔二酋为擦汉儿枝派，宰、暖二酋为福馀枝派，见《筹辽硕画》卷四，万历四十六年夏《敬陈援辽一得疏》，以嘉靖二十五年元小王子打来孙收复兀良哈三卫属夷（《全辽志》外志《兀良哈传》谓景泰初为虏驱窜），以暖兔生七子（《筹辽硕画》卷三，万历四十六年辽东巡抚李维翰《奴酋计陷孤城疏》作八子），以舍剌把拜兄弟九营有伯倍（所引高折枝说有奴台哈屯而无伯倍）。这些说法，都需分析研究，批判纠正而后使用。

兹据影印《玄览堂丛书》本（第二十六、二十七册）过录，印本每面10行，每行22字。印本已缩小，原本尺寸不详。因目前传本较少，又是我省古地方志，图文并举，资料翔实，非晚清县志展转抄袭者可比，故为图书室抄出一部，以备参考。书中印刷模糊和讹误字句，待得原刻本再行校补。标点系校读时随笔所加，文字图表显然不妥处率意做了夹注。这些难免错误，后再纠正。

李文信

1964年3月6日

编者说明：为了便于行文，凡抄本中与批注相关的文字，录于下表左栏；先生的行间注，录于右栏。

《开原图说》原文	行间注
卷　上	
稽查军马格式	信按：书内前有《稽查千百总等官格式》后有《稽查火器手格式》二项，目录失著。
开原控制外夷图	信按：东西金山、临潢故址、五国头城位置均误。各大水均相通连尤误。阿也苦海应是江之讹。
处刘我人民……	信按：处当是虔。
开原疆场总图	文信按：疆场均讹作疆埸，那水川应是那木川。
城堡	文信按：图中无新添堡，有殷家庄窠堡。
海西塔鲁本卫北关诸夷贡道	信按：本是木字。
由镇夷堡境外芹菜沟二十五里……	（“由”）信按：应是至。
贼至此若起营向西南行……永宁堡地方	（“永宁堡”）信按：前脱犯字。
刘胜屯等处……	信按：等处应在抚屯下。
土墩墙一道	（“墩”）信按：应作壕。
贼至此若起营向西南行，由……	（“由”）信按：应是至。
姚家滵台	信按：滵或是滏字。
暗辽北中空台	（“辽”）信按：似应作瞭。
边外系下儿亥营往来牧地	（“下”）信按：应作卜。

续表

《开原图说》原文	行间注
虏远隔沙渍……	（“渍”）信按：应是碛。
卜儿罕骨二营牧地	（“二”）信按：应是三。
南至靖安三十里……	（“靖安”后）信按：应有堡字。
广顺关头阒无人迹……	（“阒”）信按：应作阒。
大边久废，墙基尚存	（“向”）信按：应作尚。
往往遭处刘之害……	（“处”）信按：应作虔。
卷　下	
海西夷北关枝派图　逞家奴与仰家奴	（图后有一线）信按：此线当是误连。
其一不知名儿在中军哈	信按：下有缺文。
海西夷北关枝派图　阿儿卜	（图前有一线）信按：此线原缺。
瑗按：镇北堡十里为白马儿山……	（“堡”后）信按：应有北字。
而金台失寨又在台住焉。	（“住”）信按：应是误。
每奋其螳背之怒以构祸……	（“背”）信按：应作臂。
忠自嘉靖初始从混同江上	信按：似有脱字。
一营暖免，系兀班长男，生七子。	信按：筹辽硕画卷三李维翰题作八子。
一营宰赛，系兀班次男伯要儿之子。	（“要”）信：谱系图作牙。
生八子：蟒谷儿大	信：谱系作大儿
一营耳只革……赖不答。	信：谱系作卜哈。
一营卜答赤……老思长南。	（“南”）信：当是男。
舍剌把拜等十三营枝派图　歹青	信按：高折枝说奴台哈屯与哈剌把拜为兄弟。
舍剌把拜等十三营枝派图　奴台哈屯	信按：奴台哈屯不知谁子，系线均误。
生子：剌半……歹青、三哈寨。	信：六子次序与谱系排法不合。
一营果丙兔……生子，三襖儿。	信：谱系中未著
一营昂革台州，系孥台哈屯男，惟正重孙。	（“孥”）信：谱作奴。信：不记谁子。
一营朱身系以儿郑六男已故伯陪子……	（“陪”）信：谱作倍。
细查复为魁麻子，惟正之后。	信：谱系作孙。
城西有山岗迤西北去	（“迤”）信：应有逦字。
一曰龙安，一曰秃河	（“秃”前）信：衍曰字。
秃河者元信州地。	（“秃河”）信：应作一秃河，今名伊通河。

续表

《开原图说》原文	行间注
缘各虏近皆敬佛，每□□□□建寺起楼供佛。	信：以上缺字系原书模糊。
闻其浚□□……	信：二字印本模糊。
奴台哈屯兄弟九营……	信：枝派图中有伯倍无奴台哈屯。
总之能为吾边患亦过不数月……	（“过不”）信：倒互。
击金第声……	（“第”后）信：脱三字。
每朋布药袋一个……皮条串。	信：按下文应有带。
李登科队□□□□	信：脱一队。
先下火器管……	信：似应作营。
拨夜把总领拨军□队在前。	信：原缺。
西路则蓝旗	（“蓝”后）信：传烽号行作白。
以之追袭趋利定矣。	（“定”）信：当是足字。
修合大药……	（“大”）信：当是火。
有□前□□□以军法捆打。	信：缺字皆原书模糊。
仍候督抚详行缴	信按：总督薛为三才，巡抚李为维翰。
夜扯灯笼二。	（“二”后）信：应有个。

（赵熠整理）

（原载《辽宁省博物馆馆刊》第3辑，辽海出版社，2008年12月）

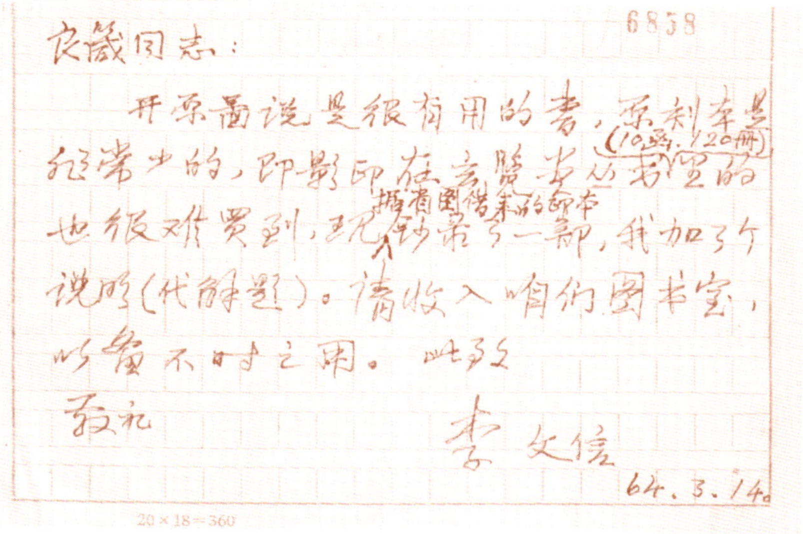
6858

良箴同志：

开原图说是很有用的書，原刻本是（10卷，120册）经常少的，即影印在玄览堂丛书里的也很难买到，现据省图书馆藏的印本抄录了一部，我加了个说明（代解题）。请收入咱们图书室，以备不时之用。此致

敬礼

李文信

64.3.14。

20×18=360

给水良箴的信

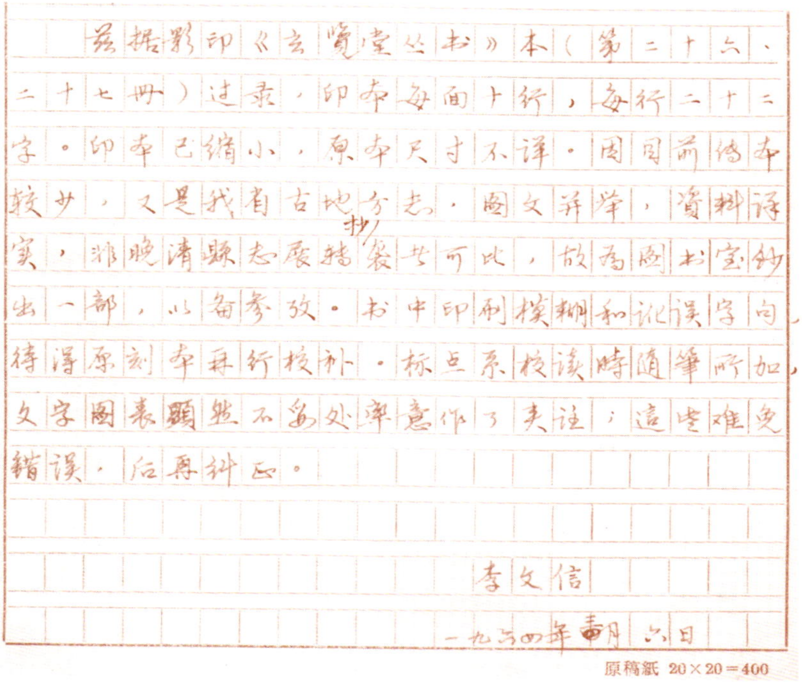
兹据影印《玄览堂丛书》本（第二十六、二十七册）过录，印本每面十行，每行二十二字。印本已缩小，原本尺寸不详。因目前传本较少，又是我省古地方志，图文并举，资料详实，非晚清县志展转抄袭者可比，故为图书室抄出一部，以备参考。书中印刷模糊和讹误字句待得原刻本再行校补。标点系校读时随笔所加，文字图表显然不当处率意作了夹注；这些难免错误，后再纠正。

李文信

一九六四年三月六日

原稿紙 20×20=400

《开原图说》“抄录说明”局部

（李仲元代录）

手录《瓮中人语》《宣和奉使金国行程录》批注

编者说明：《瓮中人语》《宣和奉使金国行程录》为合抄本，系抄自“靖康稗史”之二、之一，用32开红格竖行原稿纸，深蓝色钢笔抄写，每页10行，每行24字，计43页。现藏辽宁省博物馆，图书编号：23578。

凡抄本中与批注相关的文字，录于下表左栏；先生的眉批或行间注，录于右栏。

《瓮中人语》原文	眉批
宣和元年己亥正月金使李善庆……散睹来聘	信按：散睹、索多，同名异译耳

《宣和奉使金国行程录》原文	眉批或行间注
宣和乙巳奉使金国行程录	陈乐素“三朝北盟会编考”史言刊六本二分，考为钟邦直撰。大金国志本，小序极简而内容里程均不同，且云自临安余杭门起，与上文出使之宣和六年正相矛盾。信。（行间注）信按：乙巳正月七年，正月金灭辽，次年为靖康元年入寇。

续表

《宣和奉使金国行程录》原文	眉批或行间注
纤悉备具，无一缺者。	用史学社会编本校一过，缺，会编作阙。
随行三节人……宣武兵士三十。	“大官”作“太官”。
冗仗则有杂载车三，杂载驼十，粗细马十二。	“冗仗”作“兀仗”。
离州三十里至白沟巨马河……南宋与契丹以此为界。	“南宋”信按二字当系后人改写。又黑，当是理。
第二程，自新城县六十里至涿州郡。	国志本无郡字
皇帝与蚩尤战于涿鹿之野即此地。	（行间注）国志黄上有“涿州古涿郡”五字。
昔日为契丹南寨边城，楼壁并存。	寨当是塞。
近城有涿河……故谓之范阳。	（行间注）国志无谓之而作名字。
第三程，自涿郡六十里至良乡县。	（行间注）国志郡作州。
第三程，自涿郡六十里至良乡县。	郡会编作州。
隶燕山府，经兵火之后……渐次归业者数千家。	千会编作十。
离城三十里，过芦沟河，水极湍激。	芦作卢。
东有朝鲜辽东……南有滹沱易水。	太原作九原。
壬寅年冬，金人之师过居庸……以城归我。	庸下有关；“城归我”会编缺作二空。
钱粮金帛……上弗闻知。	牙兵上有“师之”二字。
后奉朝廷令支太仓漕粳米五十万石……	支上人“度”字。
安中辄创新筑此城，改为新州。	“新州”作“经州”
自北以东……	（行间注）“北”文信按：当为此字也。
并于所至处居民汉儿内选衣服鲜明者为之。	居民上有“旋於”二字
唐庄宗以铁骑五千退保望都即此县也	彼望都为原望都，此辽置者非是。此营州为晚期迁此者，非古柳庙阳县也。
愚谓天下燕为北门……	燕下有“视”字。
彼中行程……即为里数。	为上有“计”字。
第十六程，自边州九十里至习州。	（行间注）（“习州”）应为来州。
第十六程，自边州九十里至习州。	习应作阿，即隰之古体，地低湿也。即辽隰州。所云作“可云”。
第十七程，自习州九十里至来州。	（行间注）（“习州”）应为来州；（“来州”）应为习州即隰州。

续表

《宣和奉使金国行程录》原文	眉批或行间注
至晚，金人馈鱼十枚，烹作羹，味极珍。	十上有“数”字。
自出榆关东行……欧阳文忠叙胡峤所说十三山即此。	十三山应在二十一程刘家庄下。
第二十七程，自沈州七十里至興州。	兴州今铁岭懿路。
第二十八程，自興州九十里至咸州。	此咸州应为银州。
最重煮面食……非厚意不设。	“煮”上有“油”字。
此皆邦字，中使何独祇诵此一句以相问也。	祇作至。
第二十九程，自咸州四十里至肃州。又五十里至同州。	第二十九程下有“自咸州九十里至同州”一句；肃州应为同州，同州应为咸州。
第三十程，自同州三十里信州。	信州应为隶州，宗人多讹宿州。
第三十三程自黄龙府六十里……为契丹东寨。	府上有寨字。
其源来自广汉之北，远不可究。	汉作漠字。
金人大师李靖居于是，靖累使南朝。	大作太字。
自北而南，莫知远近，界隔甚明，乃契丹昔与女真两国古界也。	契丹女真两界地史，食货二十四制，称护逻地天会十四年予民耕牧。
自北……惟以物相贸易。	（行间注）（“北”）信按：应作此字始通
市井买卖不用钱，惟以物相贸易。	市上有无字。
虏廷尚十余里……约次赴虏廷朝见。	虏上有去，果上有酒；约次作“约翌日”。
客省使副使相见……即奉国书，自山棚东入。	奉作捧。
其山棚左曰枕源洞，右曰紫极洞。	（行间注）（“枕”）信按：似误。
其山棚左曰枕源洞，右曰紫极洞。	枕或系桃字。
中作大牌，题曰翠微宫，高五七尺	（行间注）信按：似误。
两厢旋结架小韦屋……	韦作苇。
乐如前叙……	叙上有所字。
谢毕归馆。	谢毕归馆后有“次日有中使赐酒果，复赐饩□□以绢帛折充，使副百余匹，余人十余匹”二十八字。
至清州将出界……为惜别之会。	为上有以字。
少项进数步	进数步作复数步。

此抄本末页记有：

文信按：此录与大金国志本有些出入，与北盟会编宣和七年正月二十日著录的大致相同。会编录前有："宣和七年正月二十日壬辰，诏差奉议郎尚书司封员外郎许亢宗，充贺大金皇帝登宝位国信使。武义大夫广南西路廉访使童绪副之，管押礼物官钟邦直。"（金史交聘表许时官龙图阁直学士）录中有使长许亢宗饶之乐平人语，则录当系随使者所记。陈乐素考为钟邦直所记，当有根据。

（赵熠整理）

（原载《辽宁省博物馆馆刊》第3辑，辽海出版社，2008年12月）

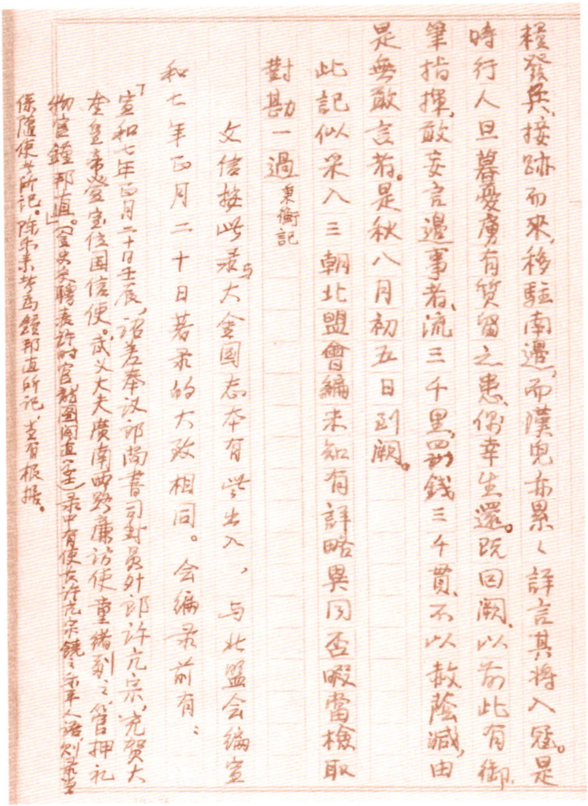
程發兵，接跡而來，移駐南邊，而漢兒亦累累訴言其將入寇。是時行人旦暮憂虜有質留之患，僥幸生還。既回闕，以為此有御筆指揮，敢妄言邊事者，流三千里，罰錢三千貫，不以赦蔭減，由是無敢言者。是秋八月初五日到闕。

此記似采入三朝北盟會編，未知有詳略異同否，暇當檢取對勘一過。東衡記

文信按：此录与大金国志本有出入，与北盟会编宣和七年四月二十日著录的大致相同。会编录前有：「宣和七年四月二十日壬辰，诏差奉议郎尚书司封员外郎许亢宗，充贺大金皇帝登宝位国信使。武义大夫广南西路廉访使童绪副之，管押礼物官钟邦直。」（宣和乙巳聘表许时官龙图阁直学士）录中有使长许亢宗饯之宗车人语，则录当係随使者所记。陈乐素考为钟邦直所记，甚有根据。

《瓮中人语》《宣和奉使金国行程录》“抄本末页记”局部

汲取先贤智慧
铺就成功阶梯

万卷楼国学经典

修订版

幼学琼林·三百千

[明] 程登吉 等 著
夏华 等 编译
杜治伟 修订

万卷楼

北方联合出版传媒（集团）股份有限公司
万卷出版有限责任公司
2023年·沈阳

图书在版编目（CIP）数据

幼学琼林·三百千 /（明）程登吉等著；夏华等编译；杜治伟修订. —沈阳：万卷出版有限责任公司，2023.5

（万卷楼国学经典：修订版）

ISBN 978-7-5470-6220-3

Ⅰ. ①幼… Ⅱ. ①程… ②夏… ③杜… Ⅲ. ①古汉语—启蒙读物 Ⅳ. ①H194.1

中国国家版本馆CIP数据核字（2023）第042323号

出 品 人：王维良
出版发行：北方联合出版传媒（集团）股份有限公司
万卷出版有限责任公司
（地址：沈阳市和平区十一纬路 29 号 邮编：110003）
印 刷 者：辽宁新华印务有限公司
经 销 者：全国新华书店
幅面尺寸：170mm × 240mm
字 数：440 千字
印 张：22
出版时间：2023 年 5 月第 1 版
印刷时间：2023 年 5 月第 1 次印刷
责任编辑：张洋洋
装帧设计：徐春迎
责任校对：张 莹
ISBN 978-7-5470-6220-3
定 价：58.00 元
联系电话：024-23284090
邮购热线：024-23284050

出版说明

“读万卷书，行万里路”这是中国古人“修身”的两条基本途径。晋代著名史学家陈寿给自己的书斋命名为“万卷楼”，此后，历代以“万卷楼”命名的书斋，由宋至清有数十家：宋代有方略、石待旦等；元代有陈杰、汪惟正等；明代有项笃寿、杨仪、范钦等；清代有孙承泽、黄彭年等。可见，“读万卷书”的理想在中国传统知识分子中是何等的根深蒂固。

读“万卷书”不仅是古人的理想，当我们懂得了读书的意义，都会自然而然地产生强烈的“博览群书”的愿望。然而，人类历史悠久，书籍浩如汪洋大海，时代发展到今天，科技与经济的发展更使得人类的精神领域空前丰富，获取信息与知识的途径不断增加。“万卷书”早已不再是一个象征性的概念，如何从这“万卷”之中，找到最值得细细品读的作品，已经成为人们必须解决的问题。

爱因斯坦曾说过：“在阅读的书中找出可以把自己引到深处的东西，把其他一切统统抛掉。”这正是在阐述读书时选择的重要性。而他所说的把我们“引到深处的东西”无疑就是我们所需要深度阅读的作品，也就是我们常说的经典作品。

卡尔维诺对经典作出的定义之一是：经典就是我们正在重读的。的确，在对经典作品反反复复的品味中，人们思想得到了升华，从浅薄走向思考，最后走到通达。我们都曾有这样的感触，面对海量的书籍和信息，一方面，人们在向着功利性浅阅读大张其道，另一方面，我们的精神深处又在不断地呼唤能够滋养自己内心的深度阅读。因此，经典的价值不仅没有因为浅阅读时代的到来而有所损失，反而更显示出其珍贵来。

在惜字如金的中国传统典籍当中，从来不乏这种需要反复品味的经典。从先秦诸子到历代的经史子集，这些经典为一代代的中国人提供了取之不尽的精神滋养，为中华文化的传承和发展建立了基础。我们把这种包蕴中国文化的学问称为国学。国学的范围非常广泛，它包含了文学、历史、哲学、艺术、语言、音韵等在内的一系列内容。

包罗万象的国学经典为我们提供了广泛的教育。阅读国学经典，也就是在与我们的“先圣先贤”对话和交流，一步步地揳进我们的历史和传统。这个过程可以让我们领会先贤的旨趣，把握他们的神髓，形成恢宏的历史意识，可以让我们通晓文义、熟习经史、通彻学问，让我们成为博学之士。另一方面，国学经典所代表的传统学问，更是具有极为厚重的伦理色彩。阅读国学经典的过程，不仅是增进知识的过程，而且是一个熏陶气质、改善性情、提高涵养的过程，这个过程在潜移默化中培养着行谊谨厚、品行端方、敦品厉行的谦谦君子。

当然，随着时代的发展，国学早已不再是人们追求事功的唯一法典，我们也不赞成对国学的功能无限夸大。但毫无疑问，阅读国学经典，必能促进我们对真、善、美的崇敬之心，唤起我们对伟大、深邃、美好事物的敏感和惊奇，同时也让我们了解到先贤们在探寻知识过程中思考的重大课题和运用的基本原则。这些作品体现着我们民族精神的精髓，如《周易》所阐述的“自强不息”的君子人格，《论语》所强调的“和而不同”的包容精神，《诗经》所培养的温柔敦厚的情感，《道德经》所闪耀的思辨智慧，等等，它们共同构筑了中华民族传统的精神范式。品读先贤留下的经典，恰如与他们进行一次次心灵的直接触碰，进而去审视我们自己的内心，见贤思齐，激浊扬清。

正是基于对国学经典的这种认识，我们精选了这套《万卷楼国学经典》系列丛书，以期引导步履匆匆的现代人走近国学经典、了解国学经典。在选编过程中，我们希望能够体现这样一些特点。

首先，我们希望这套丛书能够最具代表性。在选目中，我们注重于最经典、最根源的作品，在有限的时间内，把那些最具影响力，最应该知道的作品提交给读者。四书五经、先秦诸子、唐诗宋词等这些具有符号意义的作品无疑是最应该为我们所熟知的，因此，丛书所选的30种作品都是这些经典中的经典。

其次，我们希望能够做出好读的经典。在面对国学作品时，佶屈的文言和生僻的字词常让普通读者望而却步。所以，我们试图用简洁易懂的形式呈现经典，使读者可随时随地以自己的时间、自己的速度来进入阅读。因此，我们为原著精心添加了注音、注释和译文，使读者能够真正地“无障碍阅读”。同时，我们还邀请北京大学、南京大学、复旦大学等知名学府的古代文学方面专家对丛书进行了整体修订，对原文字句及标点进行核准，适当增删注释条目、校订注释内容，对白话翻译做进一步校订疏通，使图书内容臻于完善，整体品质得到了大幅度提升。作为一名读者，也许你会常常感慨，以前没有花更多的时间去读更多的经典，如今没有机会或能力来细读，但实际上，读经典什么时间开始都不算晚，“万卷楼”就是一个极好的途径。重读或是初读这些经典，一样可以塑造我们未来的生活。

第三，我们希望呈现一套富有美感的读物。对于经典而言，内容的意义永远排在第一位，但同时，我们也希望有精彩的形式与内容相匹配，因而，我们在编辑过程中选取了大量的古代优秀版画作为本书的插图，对图片的说明也做了精心设计。此外，图书的编排、版式等细节设计都凝聚了我们大量的思索。我们希望这套经典不只是精神的食粮，拥有文本意义上的价值，更能带来无限美感，成为诗意的渊薮。

“经典作品是这样一些书，我们越是道听途说，以为我们懂了，当我们实际读它们，我们就越是觉得它们独特、意想不到和新颖。”卡尔维诺经典的评论让人击节叹赏，我们也希望这套丛书能够彰显经典的价值，使读者在细细品读中真正融化经典，真正做到“开茅塞、除鄙见、得新知、增学问、广识见”。同时，经典又是可以被享受的。当我们走进经典之时，不能只作为被动的接受者，也可用个人自我的方式进入经典，做精神的逍遥之游，对经典作品进行贴近个体生命的诠释和阅读，在现实社会之中营造自由的人生意境和精神家园，获取一种诗意盎然的人生。

怎样阅读本书

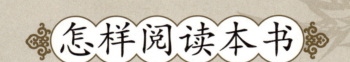

原文：根据权威版本，精心核校，确保准确性，对生僻字反复注音，使读者无障碍阅读。

注释：准确、简明，极具启发性。

译文：流畅、贴切，以现代白话完整展现原著全貌。

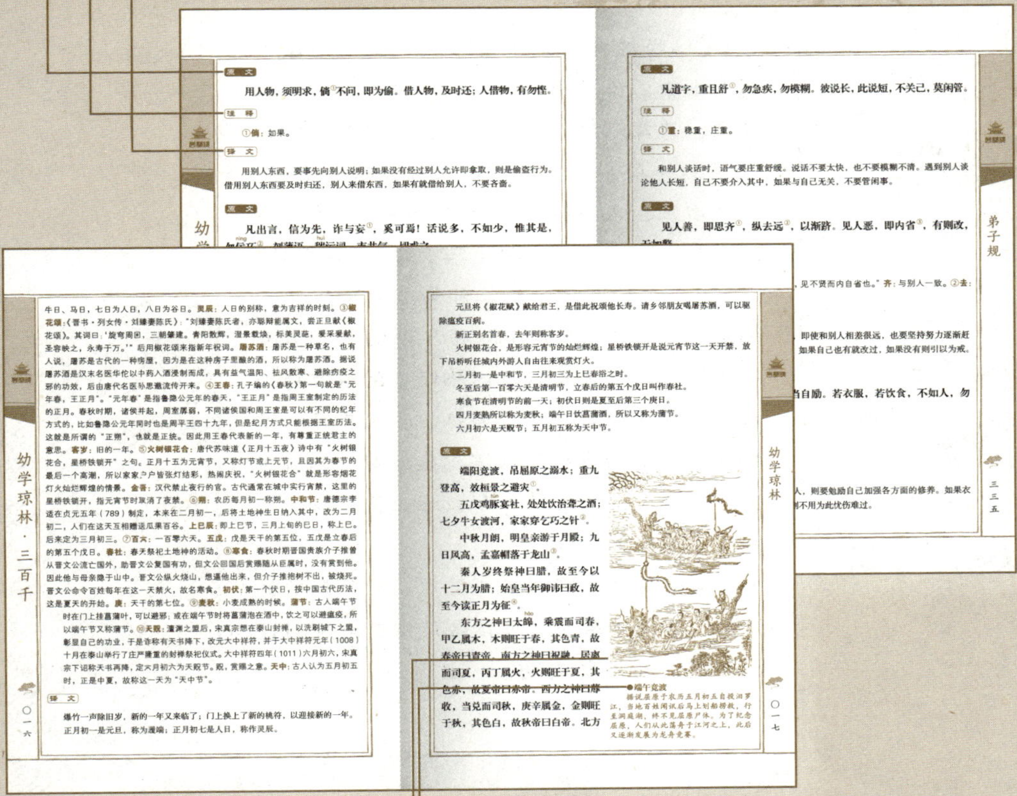

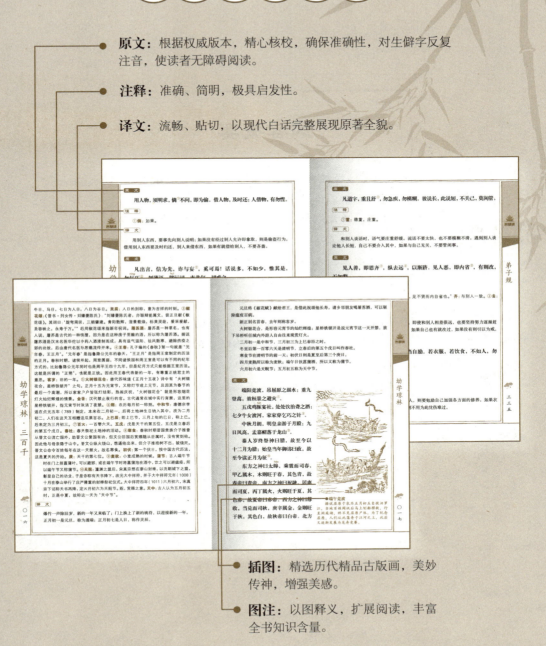

插图：精选历代精品古版画，美妙传神，增强美感。

图注：以图释义，扩展阅读，丰富全书知识含量。

内容概要

《幼学琼林》是中国古代儿童的启蒙读物。书中汇集了中国古代的著名人物、天文地理、典章制度、风俗礼仪、生老病死、婚丧嫁娶、鸟兽花木、朝廷文武、饮食器用、宫室珍宝、文事科第、释道鬼神等诸多方面的内容。“三百千”，即《三字经》《百家姓》《千字文》的俗称，是三部影响大而流行广的启蒙读物。“三百千”将早期的识字教育与中国的历史文化以及人格修养的教育巧妙地融合在了一起，言辞简练，含义丰富，便于诵读。书后另附了训练儿童应对、掌握声韵格律的《声律启蒙》和教导儿童礼仪规范的《弟子规》。

本书将以上图书精心整理，配以精准的注释、译文等条目，使读者能够更好地与经典为友，与圣贤交游。

目录

幼学琼林

卷　一

天　文

原　文

混沌初开，乾坤始奠。

气之轻清上浮者为天，气之重浊下凝者为地。

日月五星，谓之七政；天地与人，谓之三才①。

日为众阳之宗，月乃太阴之象②。

虹名螮蝀（dì dōng），乃天地之淫气；月里蟾蜍，是月魄之精光③。

风欲起而石燕飞，天将雨而商羊舞④。

旋风名为羊角，闪电号曰雷鞭⑤。

青女乃霜之神，素娥即月之号⑥。

雷部至捷之鬼曰律令，雷部推车之女曰阿香⑦。

云师系是丰隆，雪神乃是滕六⑧。

欻火、谢仙，俱掌雷火；飞廉、箕伯，悉是风神⑨。

列缺乃电之神，望舒是月之御⑩。

注　释

①**五星：**指金、木、水、火、土五大行星。**七政：**太阳、月亮和金、木、水、火、土五星的合称。**三才：**天、地和人的合称。才，指有能力的事物。古人认为，天、地能生养万物，而人则是万物之灵，可与天、地并立，因此合称三才。②**众阳之宗：**主宰着所有阳性事物。宗，宗主、主宰的意思。**太阴之象：**极盛阴气的形象。太，极大、极盛的意思。象，形象、象征。③**螮蝀：**虹的别名。**淫气：**阴气、邪气。**月里蟾蜍：**传说后羿从西王母那里求得长生不老之药，其妻嫦娥窃食成仙，奔向月宫，化为蟾蜍。

月魄：指月亮上黑暗无光的部分。④**石燕**：形如燕子的石块，传说遇雨即飞，雨止复化为石。**商羊**：古代传说中的一种神鸟，只有一只脚，能招大雨。⑤**羊角**：旋风旋转时的形态，像羊角。**雷鞭**：古人认为雷以电为鞭，见《淮南子·天文训》。⑥**青女**：神话传说中主管霜雪的女神。**素娥**：指嫦娥。⑦**雷部**：神话传说中天神的一个部门，主管布雨兴云，滋培万物。**至捷**：跑得飞快。**律令**：周穆王时人，善走，死后为雷部之鬼。**阿香**：雷部推车的女鬼。⑧**丰隆、滕六**：神话传说中天神的名字，分别主管云和雪。⑨**欻火、谢仙**：神话传说中掌管雷火的神。**飞廉、箕伯**：神话传说中的风神。⑩**列缺**：神话传说中的闪电神。**望舒**：神话传说中给月亮驾车的神。《淮南子》载："月御曰望舒。"

译文

混沌的宇宙，元气一经开辟，天地开始形成。

轻清的元气向上浮升而形成了天，厚重浑浊的部分凝结在下面便形成了地。

太阳、月亮及金、木、水、火、土五星并称为七政。天、地和人合称为三才。太阳是众多阳气的根本，月亮是太阴的精华象征。

长虹又称为蝃蝀，由天地之气交汇浸淫而成；月宫里的蟾蜍，乃是月亮的精华所在。

风将要扬起的时候，石燕会成群地起飞；天将要下雨的时候，商羊（一足鸟）会出来飞舞。

旋风的名字叫羊角，闪电的称号是雷鞭。

青女是主管降霜的神灵，素娥是月亮的别名。

雷部里行动敏捷且能迅走如飞的鬼叫作律令，专管雷雨推车的女孩叫作阿香。

世人称云神为丰隆，雪神为滕六。

欻火和谢仙都是掌管雷火的神祇，飞廉、箕伯则是风神。

列缺是闪电神，望舒为月宫里的御车之神。

原文

甘霖、甘澍(shù)，俱指时雨；玄穹、彼苍，悉称上天[①]。

雪花飞六出，先兆丰年；日上已三竿，乃云时晏[②]。

蜀犬吠日，比人所见甚稀；吴牛喘月，笑人畏惧过甚[③]。

望切者，若云霓(ní)之望；恩深者，如雨露之恩[④]。

参商二星，其出没不相见；牛女两宿，惟七夕一相逢[⑤]。

后羿妻，奔月宫而为嫦娥；傅说死，其精神托于箕(jī)尾[6]。

披星戴月，谓早夜之奔驰；沐雨栉(zhì)风[7]，谓风尘之劳苦。

事非有意，譬如云出无心；恩可遍施，乃曰阳春有脚[8]。

●牛郎、织女

相传织女为天上的仙女，下凡到人间后与牛郎相爱，但却遭到了玉帝和王母的反对。由于被两人的真情感动，玉帝准许他们在每年的农历七月初七相会一次，据说这天人间的喜鹊都要飞上天去，在银河为牛郎织女搭建相会的桥梁。

馈物致敬，曰敢效献曝[9]之忱；托人转移，曰全赖回天之力。

感救死之恩，曰再造；诵再生之德，曰二天。

势易尽者若冰山，事相悬者如天壤。

晨星谓贤人寥落，雷同谓言语相符。

心多过虑，何异杞人忧天；事不量力，不殊夸父追日。

如夏日之可畏，是谓赵盾；如冬日之可爱，是谓赵衰[10]。

注　释

①**时雨**：对农时有益的好雨。**玄穹、彼苍**：上天的别称。②**六出**：雪花呈六角形，所以又叫六出。**晏**：时间很晚。③**蜀犬吠日**：四川盆地群山环绕，空气潮湿，云笼雾罩，那里的狗不常见太阳，一见到太阳就狂叫不止。常用来比喻少见多怪。**吴牛喘月**：吴牛，指江淮一带的水牛。吴地天气炎热，水牛怕热，见到月亮以为是太阳，所以心生惧怕，不断喘气。形容人因疑心而过分惧怕。④**云霓之望**：云出现在雨前，是下雨的征兆，即非常盼望下雨。霓，即虹，出现在雨后。**雨露**：古人认为夜气之露是上天降下的祥瑞。⑤**参商**：参星与商星。二者在星空中此出彼没，互不相见。传说高辛氏（帝喾）的儿子中，老大叫阏伯，老四叫实沈，两人都很聪明，但互相不服，争斗不已，尧帝把阏伯封在商地，主商星，把实沈封在大夏，主参星。参商常用来比喻兄弟不和，

彼此对立，或形容亲友隔绝，不能相见。杜甫《赠卫八处士》即云“人生不相见，动如参与商”。**牛女两宿**：牛郎星和织女星。⑥**傅说**：商朝的大臣。**箕尾**：两个星宿名，即箕水豹和尾火虎。⑦**沐雨栉风**：让雨来洗头，让风来梳头，形容经常在外面不避风雨地辛苦奔波。沐，洗头发。栉，梳头发。《庄子·天下》：“沐甚雨，栉疾风。”⑧**阳春有脚**：五代王仁裕《开元天宝遗事·有脚阳春》：“宋璟爱民恤物，朝野归美，时人咸谓璟为有脚阳春，言所至之处，如阳春煦物也。”⑨**献曝**：古代有个农夫冬天晒着太阳觉得十分舒服，就想去献给国君请赏。见《列子·杨朱》。后以“献曝”形容所献菲薄、浅陋，但出于至诚。⑩**赵盾**：赵衰的儿子，为晋国大夫。**赵衰**：晋文公重耳逃亡时的忠实追随者之一，后为晋国上卿。有人评价他们父子说：赵衰像冬天的太阳那样可爱，赵盾像夏天的太阳那样可怕。见《左传·文公七年》。

译　文

甘霖和甘澍都是指及时雨；玄穹和彼苍都是上天的通称。

飘飞下来的雪花都是六角形的，预兆明年丰收；太阳升起已有三竿的高度，是说时间太晚了。

蜀地（四川）的狗看见太阳，就对着太阳狂吠，是比喻人见识太少，少见多怪。吴（江苏）地的水牛看见月亮便气喘吁吁，是用来嘲笑世人恐惧得太过分了。

称期盼之心殷切，好比大旱之年，人们渴望见到云彩；称恩泽深厚，如同万物得到雨露的滋润。

参星与商星此出彼没，永远没有机会相见；牛郎和织女隔着银河相望，每年农历七月初七的夜晚才能相会一次。

后羿的妻子嫦娥成仙后升天，飞奔到月宫里；殷高宗的贤相傅说，他死了以后其精神升入箕、尾二星之间。

披星戴月是说早晚不停地奔波，整日操劳非常艰苦；沐雨栉风是说奔波在外，不避风雨地辛苦经营。

事情在无意中完成好像浮云的无心出岫；恩泽广泛的施行，好像阳春滋长着万物一样。

送礼物给人家，要自谦说聊表献曝之意；托人挽转情势，要说全靠您的回天之力。

感激他人的援救之恩用“再造”一词；称颂他人的再生之德用“二天”一词。势力容易瓦解的就像冰山；事物相差悬殊，同天和地一样。

贤德之人因稀少罕见，用早晨的星星来比喻；人云亦云，所说的言语都相似，则用雷同来形容。

心里太过忧虑，好像杞人担心天要塌下来一样；做事不自量力，和夸父追逐太阳毫无差别。

赵盾之为人，如夏日的太阳一样，威猛似火使人害怕。赵衰之为人，如冬日的阳光一样，和蔼可亲，令人温暖。

原　文

齐妇含冤，三年不雨；邹衍下狱，六月飞霜①。

父仇不共戴天，子道须当爱日②。

盛世黎民，嬉游于光天化日之下；太平天子，上召夫景星庆云之祥③。

夏时大禹在位，上天雨金；《春秋》《孝经》既成，赤虹化玉④。

箕好风，毕好雨，比庶人愿欲不同；风从虎，云从龙，比君臣会合不偶⑤。

雨旸时若，系是休徵；天地交泰，斯称盛世⑥。

注　释

①**邹衍下狱：**邹衍是战国时期著名的阴阳家，博学多识，燕昭王拜他为师。昭王崩后，惠王听信谗言，将邹衍下狱。邹衍在狱中仰天大哭，时值六月，天上竟然下起霜来。惠王见状，知道必有冤情，于是将邹衍释放，官复原职。见《太平御览·天部·霜》。②**子道：**作为子女应尽的职责。**爱日：**子女孝敬父母的时间有限，应该珍惜光阴。③**景星：**又名瑞星、德星，如果一国的君主实行德政，景星就会出现。**庆云：**一种五彩祥云，象征喜气。④**上天雨金：**传说大禹治水成功后，上天雨金三日，又雨稻三日三夜。**赤虹化玉：**传说孔子完成《春秋》《孝经》后，有赤虹从天而降，化为黄玉，长三尺，上有刻文，孔子跪而受之。⑤**箕好风，毕好雨：**象征人们的愿望各不相同。**箕、毕：**星宿的名称。古人认为箕与风对应，毕和雨对应。**风从虎，云从龙：**比喻同类事物之间可以相互感应。《易·乾》："同声相应，同气相求。水流湿，火就燥。云从龙，风从虎。圣人作而万物睹。"**不偶：**并非偶然。⑥**雨旸时若：**下雨和天晴都顺应时令。旸，天晴。若，顺从。**休征：**美好的征兆。**交泰：**交上好运。泰，《易经》中的卦名。《易·泰》："天地交，泰。"

译　文

汉朝山东地方有一孝妇窦氏含冤而死，三年都不下雨；战国时候邹衍蒙冤下狱，六月的盛暑天气，忽然飞起霜来。

杀父之仇不共戴天；为人子女者应尽孝道，要珍惜父母健在时，能诚心奉养父母的日子。

太平盛世之时，百姓安居乐业，所以能在光天化日之下快乐地生活；太平时期有才德的皇帝能感召上天，而出现景星、庆云等各种祥瑞的景象。

夏朝时大禹平治水患，功劳齐于天地，使上天接连着下了三天黄金雨；孔子编纂了《春秋》和《孝经》这两部书后，赤虹从天而降化为黄玉。

箕星主风，毕星主雨，比喻百姓的愿望各有不同；虎啸生风，龙腾生云，说明了君臣的会合相辅并非偶然。

天气的阴晴与农事相协调，这是美好征兆。天地融和通畅，万事亨通便称得上是太平盛世。

地　舆

原　文

黄帝画野，始分都邑；夏禹治水，初奠山川[1]。

宇宙之江山不改，古今之称谓各殊。

北京原属幽燕，金台[2]是其异号；南京原为建业，金陵又是别名。

浙江是武林之区，原为越国；江西是豫章之地，又曰吴皋[3]。

福建省属闽中，湖广地名三楚[4]。

东鲁西鲁，即山东山西之分；东粤西粤，乃广东广西之域。

河南在华夏之中，故曰中州；陕西即长安之地，原为秦境。

四川为西蜀，云南为古滇[5]。

●梓树

梓树，又名水桐，属落叶乔木，原产我国，分布于长江流域及以北地区。

贵州省近蛮方，自古名为黔地⑥。

东岳泰山，西岳华山，南岳衡山，北岳恒山，中岳嵩山，此为天下之五岳；饶州之鄱阳，岳州之青草，润州之丹阳，鄂州之洞庭，苏州之太湖，此为天下之五湖。

金城汤池，谓城池之巩固；砺山带河，乃封建之誓盟⑦。

帝都曰京师，故乡曰梓里⑧。

蓬莱弱水，惟飞仙可渡；方壶员峤，乃仙子所居⑨。

沧海桑田，谓世事之多变；河清海晏，兆天下之升平。

水神曰冯夷，又曰阳侯；火神曰祝融，又曰回禄。海神曰海若，海眼曰尾闾⑩。

注　释

①**黄帝画野：**传说中的黄帝时代，由于天下很大，百姓又多，难以管理，黄帝就画野分州，有百里之国万余。**都邑：**古代行政区划的名称，各代划分标准不同，后以都邑指代城市。②**金台：**又称燕台、黄金台。相传战国时期，燕昭王为了招贤纳士，筑建土台，上置黄金千两，礼聘天下名士。③**武林：**杭州西边有武林山（灵隐山），因此古代又称武林。**豫章：**古代郡名，汉初设置，郡治在今江西南昌一带，后用豫章指代江西。唐王勃在《滕王阁序》中曾写道："豫章故郡，洪都新府。星分翼轸，地接衡庐。"**吴皋：**这里指吴国的边界。皋，岸，水边的高地。江西在春秋战国时期曾是吴越两国的交界地区，所以用吴皋来指代江西。④**闽中：**古代的郡名，辖区相当于今福建省和浙江省的部分地区。**湖广：**元朝时曾置湖广行省，辖区相当于今湖北省和湖南省。**三楚：**湖南、湖北旧属楚地，楚地分为东楚、西楚、南楚，合称"三楚"。⑤**西蜀：**四川曾有古蜀国，三国时刘备建立蜀汉，因此简称蜀，因在中原以西，所以称西蜀。**滇：**云南曾有古滇国，所以简称滇。⑥**蛮：**中国古代对南方各少数民族的泛称。**黔地：**秦时曾在贵州一带置黔中郡，因此贵州又称黔地。⑦**金城汤池：**城墙像是用金属筑就的，护城河里的水像是开水。比喻坚固无比、防守严密的城市或工事。**砺山带河：**泰山小得像块磨刀石，黄河细得像条衣带。比喻时间久远，任何动荡也决不变心。汉高祖分封功臣时曾盟誓说："使河如带，泰山若砺，国以永宁，爰及苗裔。"见《史记·高祖功臣侯者年表》。⑧**梓里：**古人常在房前屋后种植桑树或梓树，后来就用桑梓或梓里代表故乡。⑨**蓬莱、方壶、员峤：**传说中海上的仙山，凡人可望而不可即。**弱水：**古时许多浅而湍急的河流不能用舟船而只能用皮筏渡过，古人认为是由于水羸弱而不能

载舟，因此把这样的河流称之为弱水。⑩**冯夷**：传说为轩辕之子，生前为水官，死后为水神。**阳侯**：殷纣王末年，周武王会诸侯八百渡陵阳（今河南孟津）伐纣，陵阳国的阳侯率军迎战，兵败后溺水身亡，后人为怀念阳侯，奉其为“水神”。**祝融**：神话传说中的古帝，以火施化，号赤帝，后人尊为火神。**回禄**：传说中的火神，后用作火灾的代称。**海若**：传说中海神的名字。**海眼**：《十洲记》记载，海中叫尾闾的地方，有一块石头方圆四万里，海水全部从下面流走。

译　文

黄帝划分了中国的疆域，才开始分出城市和村庄；夏禹平治了洪水，才奠定了山川的位置。

天地间的山川河脉虽然不曾更改，但古往今来的称呼却各有不同。

北京原来分别属于幽州和燕国，别名又叫金台；南京原名乃是建业，别名又叫金陵。

浙江从前称为武林，本是越国故地；豫章、吴皋都是旧时江西的称呼。

福建省古时候属于闽中郡，湖北、湖南古代合称三楚。

东鲁、西鲁本指山东、山西，东粤、西粤即为广东、广西。

河南位于中原的中心，所以又称为中州；长安为陕西首府，古代是秦国的辖地。

四川就是西蜀，云南是古代的滇国。

贵州靠近南方少数民族地区，自古以来被称为黔地。

东岳泰山、西岳华山、南岳衡山、北岳恒山、中岳嵩山，这是中国著名的五大高山。饶州的鄱阳湖、岳州的青草湖、润州的丹阳湖、鄂州的洞庭湖、苏州的太湖，这是中国著名的五大淡水湖。

金城汤池如金铸成的城，如汤沸热的池，形容城墙和护城河坚固、牢不可破。“使河如带，泰山若砺”是帝王分封功臣时的誓盟之辞，意味着分封国永远延祚。

皇帝居住的都城称为京师，旅居在外的人，称自己的故乡为梓里。

蓬莱和弱水路途遥远艰险，只有神仙才能飞渡到那里，十洲和三岛山高路远，本是虔诚修炼的仙人居住的地方。

沧海桑田比喻世事变迁很大；河清海晏是天下太平的征兆。

掌管河水的神称为冯夷，又叫作阳侯；管理火的神称为祝融，又叫回禄。海神的名字叫海若，海眼是海下泄水的洞孔，称为尾闾。

原　文

望人包容，曰海涵；谢人恩泽，曰河润①。

无系累者，曰江湖散人；负豪气者，曰湖海之士②。

问舍求田，原无大志；掀天揭地，方是奇才③。

凭空起事，谓之平地风波；独立不移，谓之中流砥柱④。

黑子弹丸，极言至小之邑；咽喉右臂，皆言要害之区⑤。

独立难持，曰一木焉能支大厦；英雄自恃，曰丸泥亦可封函关⑥。

事先败而后成，曰失之东隅，收之桑榆；事将成而终止，曰为山九仞，功亏一篑⑦。

以蠡(lí)测海，喻人之见小；精卫衔石，比人之徒劳⑧。

跋涉谓行路艰难，康庄谓道路平坦。

硗(qiāo)地曰不毛之地，美田曰膏腴(yú)之田⑨。

得物无所用，曰如获石田；为学已大成，曰诞登道岸⑩。

注　释

①**海涵：**像海水容纳江河那样无所不包。**河润：**像河水滋润土地那样帮助别人。②**江湖散人：**唐代文学家陆龟蒙举进士不中，居松江甫里，经营茶园，常泛舟于太湖，自称江湖散人，曾作诗《江湖散人歌》。**湖海之士：**汉末人陈登，字元龙，狂傲有豪气。一次，友人许汜去看望他，他并不以客礼相待，自己上大床躺下，而让许汜睡下床。后来许汜跟刘备谈起这件事时，说陈登“湖海之士，豪气不除”。刘备则批评许汜胸无大志，只问些求田问舍之类的小事，难怪被陈登冷落，并说：“要是我，就要高卧百尺高楼之上，让你睡到地下，岂止是上下床之分呢！”见《三国志·魏书·陈登传》。③**问舍求田：**即求田问舍，原为刘备责备许汜之语。**掀天揭地：**把天掀起，把地揭开，形容力量或声势非常浩大。④**中流砥柱：**用以形容人独立不移，像砥柱在激流中屹立一样。比喻坚强独立的人能在动荡艰难的环境中起支柱作用。砥柱，一座石岛，在今河南省三门峡的黄河中。⑤**黑子：**指黑痣。**弹丸：**弹弓所用的泥丸。⑥**函关：**即函谷关，位于今河南省灵宝市北十五公里处，是中国历史上建置最早的雄关要塞之一，因关在谷中，深险如函，故称函谷关。这里曾是战马嘶鸣的古战场，素有“一夫当关，万夫莫克”之称。⑦**失之东隅，收之桑榆：**东汉刘秀即位后，派冯异率军攻打赤眉军，开始阶段，因邓禹、邓弘不接受冯异的意见，连吃败仗，后来冯异改变策略，终于在崤底大破赤眉军。事后，光武帝刘秀写信慰劳冯异，中有“始虽垂翅回溪，终能奋翼黾池，可谓失之东隅，收之桑榆”的话。见《后汉书·冯异传》。**东隅：**太阳升起的地方。**桑榆：**桑树和榆树，太阳落山后余光照在树上，因此用桑榆表示日落的地方。**为山九仞，功亏一篑：**堆九仞高的山，只缺一筐土而不能完成。比喻做事情只

差最后一点儿没能完成。仞，古代七尺或八尺为一仞，九仞是个虚数，言其高。篑，盛土的筐。⑧**以蠡测海：**用贝壳做的瓢来量海水。比喻见识浅薄，对事物的观察和了解很片面。蠡，用贝壳做的瓢。《汉书·东方朔传》："语曰：'以管窥天，以蠡测海，以莛撞钟。'岂能通其条贯，考其文理，发其音声哉！"**精卫衔石：**相传远古时候，炎帝的女儿在东海游玩时淹死在海里，她的灵魂化作一只精卫鸟，到西山去衔木石，决心填平东海。见《山海经·北山经》。后以"精卫填海"比喻意志坚决，不畏艰难。⑨**硗地：**贫瘠多石、不生草木之地。硗，坚硬的石头。**膏腴：**膏是油脂，腴是肥肉，膏腴形容土地非常肥沃。⑩**石田：**布满石头的田地，借指没什么用处的东西。**道岸：**指学问、真理的彼岸。

译　文

希望得到别人的包容，用"海涵"一词，意即如同大海能涵容得下；感谢他人的恩泽用"河润"一词，意即像受到河水一样的滋润。

没有牵挂不受拘束的人叫作江湖散人；具备豪气的人叫作湖海之士。

一个人只会寻问屋舍讲求田亩，表示胸无大志；能够掀天揭地做大事业的人，才被称为有才能的奇人。

无缘无故地产生了意外纠纷，叫作平地风波。有自己的主张能担当大任，遇事毫不动摇者，可称为中流砥柱。

黑子和弹丸都是形容很小的地域；咽喉和右臂都是说要害地区。

势单力孤难以完成大事业，就好像只用一根大木，怎么撑得住即将倒塌的大屋子呢？英雄好汉夸耀自己的胆识本领，说一丸泥团就可以封得住函谷关。

做事先失败，后来才得以成功，叫作"失之东隅，收之桑榆"。事情将要成功却放弃了，就称为"为山九仞，功亏一篑"。

拿瓠瓢来测量海水，比喻人的见识太浅；精卫衔石填海，多指做事徒劳无功。

跋涉是说行路非常艰难，康庄是说道路极为平坦宽广。

土壤贫瘠，地面长不出五谷草木的，称为不毛之地。肥沃丰饶的田地，叫作膏腴之田。得到某物却一无所用，就如同获得长不出农作物的石头地，做学问而有了很大的成就，则可用诞登道岸来形容。

原　文

淄渑(shéng)之滋味可辨，泾渭之清浊当分①。

泌水乐饥，隐居不仕；东山高卧，谢职求安②。

圣人出则黄河清，太守廉则越石见③。

淳俗曰仁里，恶俗曰互乡[4]。

里名胜母，曾子不入；邑号朝歌，墨翟(dí)回车[5]。

击壤而歌，尧帝黎民之自得；让畔而耕，文王百姓之相推[6]。

费长房有缩地之方，秦始皇有鞭石之法[7]。

尧有九年之水患，汤[8]**有七年之旱灾。**

商鞅不仁而阡陌开，夏桀无道而伊洛竭[9]。

道不拾遗，由在上有善政；海不扬波，知中国有圣人[10]。

●墨子

墨子，即墨翟，战国时期鲁国人，墨家学派的创始人，他有弟子三百人，流传下来的著作有《墨子》一书。

注　释

①**淄渑**：指淄水和渑水，都流经山东。传说春秋时期齐桓公的宠臣易牙，长于调味，能够分辨出淄水和渑水的不同味道。**泾渭**：指泾河和渭河，都流经陕西。传说古时泾河的水清，渭河的水浊，两河在交汇处有一条明显的分界线。②**泌水**：涌出的泉水。《诗经·陈风·衡门》："衡门之下，可以栖迟；泌之洋洋，可以乐饥。"后以衡门泌水指隐居之地。**东山高卧**：东晋谢安，字安石，少时隐逸东山，朝廷屡加征召，他都不肯出仕，人称其高卧东山。谢安虽放情丘壑，然每游赏，必挟妓以从。简文帝知道这事后，说道："安石既与人同乐，必不得不与人同忧，召之必至。"后来他果然引领其弟、兄子大破前秦苻坚的百万大军。③**黄河清**：传说黄河五百年变清一次，也有说一千年才会变清一次。《左传·襄公八年》："《周诗》有之曰：'俟河之清，人寿几何？'"**越石见**：传说福州城东有越王石，平常隐没在云雾里，只有清廉的太守才能看到它。五代宋时晋安太守虞愿公正廉明，他去看越王石，清澈无隐蔽。④**仁里**：有淳厚风俗的乡里。《论语·里仁》曰："里仁为美。"**互乡**：交相为恶之乡。⑤**里名胜母**：《淮南子》及《盐铁论》并云："里名胜母，曾子不入，盖以名不顺故也。"胜母，古地名。**曾子**：曾参，古代孝子，孔子的学生。**墨翟回车**：墨翟，战国时期的大思想家，墨家的代表人物。他反对铺张浪费，主张节约，他的门徒穿短衣草鞋，参加劳动，视吃苦为高尚品行。墨翟带着学生到各国游说，经过卫国时，听说前方来到朝歌，他大惊失

色，说这是殷纣王的旧都，是产生“新声靡乐”“郑卫之声”的地方，是不祥之地，于是掉转车头而去。⑥**击壤而歌：**相传尧帝时，有一位老人在田中击壤唱道：“日出而作，日入而息，凿井而饮，耕田而食，帝力于我何有哉?”见《乐府诗集》卷八十三《击壤歌》。据宋王应麟《困学纪闻·杂识下》记载，击壤是古代的一种游戏。壤用木块制成，用手中的壤去击打三四十步以外的侧立在地上的壤，中者为胜。击壤而歌反映了尧帝时的人民可以自由自在地劳动、生活，说明尧帝无为而治，天下有道。**让畔而耕：**传说文王治理的地区，风俗仁义，耕田的人互相推让田界。畔，指田界。见《史记·周本纪》。⑦**缩地：**东汉方士费长房向壶公学习道术，壶公问他想学什么，他说，要把全世界都看遍，壶公就给他一根缩地鞭，他想到哪里，就可用缩地鞭缩到眼前。见晋代葛洪《神仙传·壶公》。**鞭石：**传说秦始皇想登山祭海，见山距陆地太远，想在东海上造一座石桥，当时有仙人帮助驱石下海；石走慢了，仙人就用鞭子抽打，石皆流血，至今还留有赤石。见《太平寰宇记·登州文登县》引《三齐略记》。⑧**汤：**即成汤、商汤，商朝的开国君主。夏桀无道，汤兴兵伐之，遂有天下。⑨**阡陌开：**秦孝公重用商鞅，实行变法，商鞅废井田，开阡陌，秦国因此强大起来。阡陌，田地之间的道路和地界。**伊洛：**指伊水和洛水。传说夏桀昏庸无道，倒行逆施，上天使伊、洛二水干枯以警告他。⑩**道不拾遗：**在路上见到别人遗失的东西，也不会把它拾走。常用来形容社会风气良好。《韩非子·外储说左上》：“国无盗贼，道不拾遗。”《战国策·秦策一》：“道不拾遗，民不妄取。”**海不扬波：**海上不起惊涛骇浪，比喻天下太平。相传周成王时，周公代为摄政，所有地区都争相朝贡。越裳国来献野鸡，进献的使臣对周公说：“我受命传达越裳国黄发老人的话：‘上天不刮暴风，不下暴雨，大海平静不起波涛，这样的情况已经有三年了。看来中原肯定有圣人治理，为什么不去朝见周公呢?’今贡献白雉于周公，以表南海之忠诚。”周公非常高兴，于是作歌三句，名字叫《越裳操》。见《尚书·大传》。

译　文

淄水和渑水的甘苦滋味是能分辨出来的，泾水和渭水有清有浊，当二水合流后，依然清浊分明。

拿涌出的泉水来充饥，也觉得很快乐，是赞美人安贫乐道；隐居在家不肯出来做官，情愿在清静的东山高枕无忧，是说谢绝官职以求轻松悠闲，由此可见他清高的节操。

圣人降临世间，黄河的水也会变得清澈，太守清廉爱民，越王石才会显现于世。

风俗淳朴的乡里称为仁里，风俗恶劣的地方叫作互乡。

地方的名字叫作胜母，曾子不进去；城邑的名字叫作朝歌，墨翟驾车返回。

尧帝时黎民百姓都能怡然自得，做击壤游戏引吭高歌；周文王治下的百姓朴实仁义，能够互相谦让耕种田界。

费长房通晓收缩土地、化远为近的方法；秦始皇时有挥鞭驱赶石头造桥的奇术。

尧帝时洪水为患九年，商汤时有七年的大旱天灾。

商鞅没有仁德，他废除自古以来的井田制度，开阡陌、奖军功。夏桀暴虐无道，上天便使伊、洛二水同时枯竭，以示惩戒。

路上不捡拾他人的失物，是因为在上的人治理有方。海里扬不起大波浪来，由此可知中国境内出了圣人。

岁　时

原　文

爆竹一声除旧，桃符①万户更新。

履端，是初一元旦；人日，是初七灵辰②。

元日献君以《椒花颂》，为祝遐龄；元日饮人以屠苏酒，可除疠（lì）疫③。

新岁曰王春，去年曰客岁④。

火树银花合，谓元宵灯火之辉煌；星桥铁锁开，谓元夕金吾之不禁⑤。

二月朔为中和节，三月三为上巳辰⑥。

冬至百六是清明，立春五戊为春社⑦。

寒食节是清明前一日，初伏日是夏至第三庚⑧。

四月乃是麦秋，端午却为蒲节⑨。

六月六日，节名天贶（kuàng）；五月五日，序号天中⑩。

注　释

①**桃符：**据说桃木有压邪驱鬼的作用。古时候，人们辞旧迎新之际，会在桃木板上分别画上“神荼”“郁垒”二神的图像，悬挂于门首，意在祈福避祸。后来人们为了图省事，就直接在桃木板上写上“神荼”“郁垒”二神的名字，这就是最早的门神。②**履端：**开端。**人日：**传说天地初开时，第一日为鸡日，之后依次为狗日、猪日、羊日、

牛日、马日，七日为人日，八日为谷日。**灵辰：**人日的别称，意为吉祥的时刻。③**椒花颂：**《晋书·列女传·刘臻妻陈氏》："刘臻妻陈氏者，亦聪辩能属文，尝正旦献《椒花颂》。其词曰：'旋穹周回，三朝肇建。青阳散辉，澄景载焕，标美灵葩，爰采爰献，圣容映之，永寿于万。'"后用椒花颂来指新年祝词。**屠苏酒：**屠苏是一种草名，也有人说，屠苏是古代的一种房屋，因为是在这种房子里酿的酒，所以称为屠苏酒。据说屠苏酒是汉末名医华佗以中药入酒浸制而成，具有益气温阳、祛风散寒、避除疠疫之邪的功效，后由唐代名医孙思邈流传开来。④**王春：**孔子编的《春秋》第一句就是"元年春，王正月"。"元年春"是指鲁隐公元年的春天，"王正月"是指周王室制定的历法的正月。春秋时期，诸侯并起，周室孱弱，不同诸侯国和周王室是可以有不同的纪年方式的，比如鲁隐公元年同时也是周平王四十九年，但是纪月方式只能根据王室历法。这就是所谓的"正朔"，也就是正统。因此用王春代表新的一年，有尊重正统君主的意思。**客岁：**旧的一年。⑤**火树银花合：**唐代苏味道《正月十五夜》诗中有"火树银花合，星桥铁锁开"之句。正月十五为元宵节，又称灯节或上元节，且因其为春节的最后一个高潮，所以家家户户皆张灯结彩，热闹庆祝，"火树银花合"就是形容烟花灯火灿烂辉煌的情景。**金吾：**汉代禁止夜行的官。古代通常在城中实行宵禁，这里的星桥铁锁开，指元宵节时取消了夜禁。⑥**朔：**农历每月初一称朔。**中和节：**唐德宗李适在贞元五年（789）制定，本来在二月初一，后将土地神生日纳入其中，改为二月初二，人们在这天互相赠送瓜果百谷。**上巳辰：**即上巳节，三月上旬的巳日，称上巳。后来定为三月初三。⑦**百六：**一百零六天。**五戊：**戊是天干的第五位，五戊是立春后的第五个戊日。**春社：**春天祭祀土地神的活动。⑧**寒食：**春秋时期晋国贵族介子推曾从晋文公流亡国外，助晋文公复国有功，但文公回国后赏赐随从臣属时，没有赏到他。因此他与母亲隐于山中。晋文公纵火烧山，想逼他出来，但介子推抱树不出，被烧死。晋文公命令百姓每年在这一天禁火，故名寒食。**初伏：**第一个伏日，按中国古代历法，这是夏天的开始。**庚：**天干的第七位。⑨**麦秋：**小麦成熟的时候。**蒲节：**古人端午节时在门上挂菖蒲叶，可以避邪；或在端午节时将菖蒲泡在酒中，饮之可以避瘟疫，所以端午节又称蒲节。⑩**天贶：**澶渊之盟后，宋真宗想在泰山封禅，以洗刷城下之盟，彰显自己的功业，于是诈称有天书降下，改元大中祥符，并于大中祥符元年（1008）十月在泰山举行了庄严隆重的封禅祭祀仪式。大中祥符四年（1011）六月初六，宋真宗下诏称天书再降，定六月初六为天贶节。贶，赏赐之意。**天中：**古人认为五月初五时，正是中夏，故称这一天为"天中节"。

译文

爆竹一声除旧岁，新的一年又来临了；门上换上了新的桃符，以迎接新的一年。正月初一是元旦，称为履端；正月初七是人日，称作灵辰。

元旦将《椒花赋》献给君王，是借此祝颂他长寿。请乡邻朋友喝屠苏酒，可以驱除瘟疫百病。

新正别名首春，去年则称客岁。

火树银花合，是形容元宵节的灿烂辉煌；星桥铁锁开是说元宵节这一天开禁，放下吊桥听任城内外游人自由往来观赏灯火。

二月初一是中和节，三月初三为上巳春浴之时。

冬至后第一百零六天是清明节，立春后的第五个戊日叫作春社。

寒食节在清明节的前一天；初伏日则是夏至后第三个庚日。

四月麦熟所以称为麦秋；端午日饮菖蒲酒，所以又称为蒲节。

六月初六是天贶节；五月初五称为天中节。

原 文

端阳竞渡，吊屈原之溺水；重九登高，效桓景之避灾[1]。

五戊鸡豚(tún)宴社，处处饮治聋之酒；七夕牛女渡河，家家穿乞巧之针[2]。

中秋月朗，明皇亲游于月殿；九日风高，孟嘉帽落于龙山[3]。

秦人岁终祭神曰腊，故至今以十二月为腊；始皇当年御讳曰政，故至今读正月为征[4]。

东方之神曰太皞(hào)，乘震而司春，甲乙属木，木则旺于春，其色青，故春帝曰青帝。南方之神曰祝融，居离而司夏，丙丁属火，火则旺于夏，其色赤，故夏帝曰赤帝。西方之神曰蓐收，当兑而司秋，庚辛属金，金则旺于秋，其色白，故秋帝曰白帝。北方

●端午竞渡

据说屈原于农历五月初五自投汨罗江，当地百姓闻讯后马上划船捞救，行至洞庭湖，终不见屈原尸体。为了纪念屈原，人们从此荡舟于江河之上，此后又逐渐发展为龙舟竞赛。

之神曰玄冥，乘坎而司冬，壬癸属水，水则旺于冬，其色黑，故冬帝曰黑帝。中央戊己属土，其色黄，故中央帝曰黄帝⑤。

夏至一阴生，是以天时渐短；冬至一阳生，是以日晷⑥初长。

冬至到而葭（jiā）灰⑦飞，立秋至而梧叶落。

上弦谓月圆其半，系初八九；下弦谓月缺其半，系廿二三。

月光都尽谓之晦，三十日之名；月光复苏谓之朔，初一日之号；月与日对谓之望，十五日之称⑧。

初一是死魄，初二旁死魄，初三哉生明，十六始生魄⑨。

翌日、诘（jié）朝，皆言明日；穀旦、吉旦，悉是良辰⑩。

注　释

①**端阳竞渡**：屈原在端午节这天投汨罗江而死，楚人为祭奠他，在这天将粽子投入江中，并进行划龙舟竞赛，表示当时抢救屈原的迫切之情。后来吃粽子和赛龙舟成为传统风俗。**重九登高**：相传费长房对桓景说，九月初九，你家中有难，只有全家人插着茱萸登山饮菊花酒，才能避祸，桓景听从了他的话。晚上回家一看，家中的鸡犬牛羊都死了。后来重九登高就成为一种风俗。②**五戊**：立春、立秋后的第五个戊日。古人以此为春社、秋社之日。**治聋之酒**：传说在社日饮酒可以治耳聋。**乞巧**：七夕的传统活动，就是向织女乞求一双巧手的意思。七夕是传说中隔着“天河”的牛郎和织女在鹊桥上相会的日子，女孩子们就在这天晚上向织女乞巧，传统的乞巧方式有穿针引线验巧、做些小物品赛巧、摆上些瓜果乞巧等。③**明皇亲游于月殿**：明皇即唐玄宗。传说道士罗公远以杖为桥，引明皇到月宫一游，明皇觉得月宫的音乐很好听，就凭记忆谱写了一首《霓裳羽衣曲》。**孟嘉帽落于龙山**：晋代孟嘉任桓温的参军时，桓温在龙山宴请幕僚，忽然孟嘉的帽子被风吹落于地，而孟嘉并未发觉。在他去厕所时，桓温命把帽子放到他原来坐处，并让人写了几句嘲笑他的诗文。孟嘉回来后看见，当即以文应对，文辞优美，四座皆服。见《晋书·桓温传》。④**腊**：古代农历十二月的一种祭祀，冬至后第三个戌日祭祀众神。**御讳曰政**：古时农历一月是天子召集大臣议政的月份，所以名“政月”。秦始皇名嬴政，秦时为避讳，改“政月”为正月，并沿用至今。⑤古人用阴阳五行来解释季节和方位，将金木水火土五行与东西南北中及春夏秋冬相配，又和八卦及天干对应，它们的对应关系是：中央：戊己，黄色，属土；春：东方，甲乙，青色，震位，属木；夏：南方，丙丁，红色，离位，属火；秋：西方，庚辛，白色，兑位，属金；冬：北方，壬癸，黑色，坎位，属水。⑥**日晷**：又称“日规”，我国古代利用日影测量时间的一种仪器，通常由铜制的指针和石制的圆盘组成。

⑦**葭灰：**葭莩（芦苇里的白色薄膜）烧成的灰。古人用葭灰置于律管中，放密室内，以占气候。某一节候到时，某律管中葭灰即飞出，表示该节候已到。⑧**晦：**农历每月的最后一天。汉代许慎《说文解字》："晦，月尽也。"**朔：**农历每月的第一天。汉代许慎《说文解字》："朔，月一日始苏也。"**望：**农历每月十五日，即月满之日。此时日在东方升起，月在西方落下，遥遥相望，故称望日。⑨**魄：**这里指月出或月没时的微光。初一时月亮无光，故曰"死魄"。初二时月亮大部分还是无光，所以说"旁死魄"，"旁"是大的意思。初三时月亮有了光，所以说"哉生明"，"哉"是开始的意思。**始生魄：**开始生月魄。《尚书·康诰》："惟三月哉生魄。"孔传："月十六日明消而魄生。"⑩**诘朝：**指次日早晨。**穀旦：**良辰，晴朗美好的日子，古时常用为吉日的代称。

译文

端午节龙舟竞渡，以悼念溺水身死的屈原；重阳节登高山插茱萸饮茱萸酒，是效法桓景避灾的故事。

春秋二社日，家家户户杀猪宰鸡祭祀土地众神，大家争饮可以医治耳聋的酒。七月初七牛郎织女渡河相会，妇女在庭院摆上香案，祭拜织女乞求得到织布绣花的技术。

中秋之夜月光分外清朗，唐明皇梦游月宫；重阳节登龙山，山风将孟嘉的帽子吹落在地上。

秦人每年岁终祭神称为腊，因此至今日皆称十二月为腊月。秦始皇的名字叫嬴政，秦人避讳读正为征，后世便沿用此例读正月为征月。

掌管东方的神称作太皞，位于震位而掌管春令，甲乙属于木，木在春天兴旺，它的颜色是青的，所以春帝叫青帝。南方的神叫祝融，位于离位而掌管夏令，丙丁属于火，火在夏天兴旺，它的颜色是红的，所以夏帝叫赤帝。西方的神叫蓐收，位于兑位而掌管秋令，庚辛属于金，金在秋天兴旺，它的颜色是白的，所以秋帝叫白帝。北方的神叫玄冥，位于坎位而掌管冬令，壬癸属水，水在冬天兴旺，它的颜色是黑的，所以冬帝叫黑帝。中央戊己属于土，它的颜色是黄的，所以主管中央的上帝叫黄帝。

夏至一到，阴气就启动了，白天的时间渐渐短了；冬至一到，阳气就动了起来，太阳的影子开始慢慢变长。

一到冬至阳气初动，葭灰就会飞起来；立秋一到，梧桐树上的叶子就会纷纷飘落下来。

上弦是指月亮圆了一半，就是初八、初九的现象；下弦是指月亮缺了一半，就是二十二、二十三日的现象。

完全没有月亮叫作晦，是每月三十日的名字；月亮重新出现那天叫作朔日，是每月初一日的名字。月亮和太阳每到十五日便遥遥相对，彼此都能看得见对方，所以称为望。

初一的月亮像死灰一样，所以叫作死魄；初二的月亮稍微有一点儿微光，所以叫作旁死魄；初三的月亮才生出光来，所以叫作哉生明；十六的月亮开始有了残缺，所以叫作始生魄。

翌日、诘朝都是明天的别称；穀旦、吉旦都是吉时良辰。

原　文

片晌即谓片时，日曛[1]乃云日暮。

畴昔、曩(nǎng)者，俱前日之谓；黎明、昧爽，皆将曙之时[2]。

月有三浣：初旬十日为上浣，中旬十日为中浣，下旬十日为下浣；学足三余：夜者日之余，冬者岁之余，雨者晴之余[3]。

以术愚人，曰朝三暮四；为学求益，曰日就月将[4]。

焚膏继晷(guǐ)，日夜辛勤；俾(bǐ)昼作夜，晨昏颠倒[5]。

自愧无成，曰虚延岁月；与人共语，曰少叙寒暄[6]。

可憎者，人情冷暖；可厌者，世态炎凉。

周末无寒年，因东周之懦弱；秦亡无燠(yù)岁，由嬴氏之凶残[7]。

泰阶星平曰泰平，时序调和曰玉烛[8]。

岁歉曰饥馑之岁，年丰曰大有之年。

唐德宗之饥年，醉人为瑞；梁惠王之凶岁，野莩(piǎo)堪怜[9]。

丰年玉，荒年谷，言人品之可珍；薪如桂，食如玉，言薪米之腾贵[10]。

春祈秋报，农夫之常规；夜寐夙兴，吾人之勤事[11]。

韶华不再，吾辈须当惜阴；日月其

●桂

桂，属木犀科常绿乔木，花为淡黄白色，具有很好的药用价值。

除，志士正宜待旦⑫。

注　释

①**曛**：日落时的余光。②**畴昔**：往昔，以前。**曩者**：以往，以前。**昧爽**：指黎明。昧，昏暗不明。爽，明亮。③**三浣**：古代官员每十天发一次俸禄，休息一次，洗衣洗澡，称为一浣。**三余**：汉末董遇好学，曾对人说："学者当以三余，夜者日之余，冬者岁之余，雨者晴之余。"④**朝三暮四**：古时有个养猴的人，发橡子喂猴，说："早上三个，傍晚四个。"众猴皆怒。又说："早上四个，傍晚三个。"众猴皆喜。后以朝三暮四指用诈术行骗，也指经常变卦，反复无常。**日就月将**：每天都有些成就，每月都有所前进。形容积少成多。⑤**焚膏继晷**：点上灯烛，接续日光。形容日夜不停，非常勤奋地工作或读书。⑥**虚延**：虚度。**寒暄**：问寒问暖。⑦**寒年**：寒冷的年份。**燠岁**：暖热的年份。按照古人天人相应的观念，寒年和燠岁都是不正常的年景。⑧**泰阶星**：古代的星座名，又名三台星，共六颗星，两两并排，如阶梯状。古人认为这些星分别代表天子、诸侯、卿大夫、士和庶人。泰阶星平正，天下就大治，称泰平，后来写做太平；泰阶星斜，则天下大乱。**玉烛**：指四时之气和畅，时序调和。⑨**醉人为瑞**：唐德宗时，连年战乱，饥荒频仍，几乎无人酿酒，如果偶尔有人喝醉，大家都认为是祥瑞之兆。**野莩**：野外有饿死的人。⑩**桂**：木名。《说文解字》："江南木，百药之长。"**腾**：形容物价上涨很快。⑪**祈**：向上天或神明求福。**报**：这里指祭祀。**夙兴**：意为天不亮就起来做事情。⑫**除**：这里指岁月的流逝。**待旦**：等待天明。

译　文

片晌是说片刻的时候，日曛是说天将要晚的样子。

畴昔、曩者都指今天以前，黎明、昧爽都是天将破晓的时候。

一个月的时光分为三浣：初旬十日称为上浣，中旬十日称为中浣，下旬十日称为下浣；做好学问要充分利用三余的时间，夜晚是白昼之余，冬季是一年之余，下雨天是晴天之余。

用骗术来愚弄人，叫朝三暮四；为学要求日益进步，须如诗经上说的日就月将。

点起了灯来继续日间尚未完成的工作，形容日夜辛劳。俾昼作夜是说把白天和夜晚的作息弄颠倒了。

一事无成而自觉惭愧，可以说成虚延岁月。与人交谈讲一些客套话，则称为少叙寒暄。

趋炎附势羡富嫌贫，世态炎凉人情冷暖，这是最可憎的表现。

东周末年政治宽松，周王室太懦弱了，人民感觉不到寒冷的年份。秦始皇太凶残了，人民感觉不到温暖的岁月。

泰阶的星宿平正，象征国泰民安，称为泰平。四时平和、风调雨顺则称为玉烛。

年岁荒歉叫作饥馑之岁，年岁丰收叫作大有之年。

唐德宗时遇荒年，路上看见一个醉汉，人们便认为是吉祥的征兆。梁惠王时遇大荒灾，城郊野外到处都是饿死的人，实在很可怜。

丰年玉、荒年谷都是用来形容一个人品德的珍贵。柴薪贵如桂树，食物的价钱贵如白玉，则用来比喻物价涨到了极点。

春耕时祭神是祈求农作物能丰收，秋收后祭神是报答神明的庇佑，这是农民一定要做的习俗。夜深了才去睡觉，一大早就爬起来，我们每个人都应该这样勤勉做事。

美好的时光一去不再回头，读书人理当珍惜光阴；日月时光容易流逝，有志之士应该及时努力。

朝　廷

原　文

三皇为皇，五帝为帝[①]。以德行仁者王，以力假仁者霸[②]。

天子，天下之主，诸侯，一国之君。

官天下，乃以位让贤；家天下，是以位传子[③]。

陛下尊称天子；殿下，尊重宗藩[④]。

皇帝即位曰龙飞，人臣觐(jìn)[⑤]君曰虎拜。

皇帝之言，谓之纶音；皇后之命，乃称懿旨[⑥]。

椒房是皇后所居，枫宸(chén)乃人君所莅[⑦]。

天子尊崇，故称元首；臣邻辅翼，故曰股肱(gōng)[⑧]。

龙之种，麟之角，俱誉宗藩；君之储，国之贰[⑨]，皆称太子。

帝子爰立青宫，帝印乃是玉玺[⑩]。

宗室之派，演于天潢；帝胄之谱，名为玉牒[⑪]。

前星耀彩，共祝太子以千秋；嵩岳效灵，三呼天子以万岁[⑫]。

神器大宝，皆言帝位；妃嫔媵(yìng)嫱[⑬]，总是宫娥。

姜后脱簪而待罪，世称哲后；马后练服以鸣俭，共仰贤妃[14]。

唐放勋德配昊天，遂动华封之三祝；汉太子恩覃(tán)少海，乃兴乐府之四歌[15]。

注　释

①**三皇：**指天皇、地皇、人皇。**五帝：**有多种说法，一般指伏羲、神农、黄帝、尧、舜。②**以力假仁者霸：**借助武力推行仁义的称为霸主。③**官天下：**尧、舜时实行禅让制度，由贤人继承君位，称为“官天下”，到禹时君位传给了儿子，称为“家天下”。据《湘山野录》载：宋真宗问李仲容，何谓官家？李仲容答道：五帝时官天下，三王时家天下，兼有五帝三王之德，故称为官家。④**宗蕃：**指与天子同姓的诸侯。⑤**觐：**拜见。⑥**纶音：**《礼记·缁衣》：“王言如丝，其出如纶。王言如纶，其出如綍。”⑦**椒房、枫宸：**汉代在后宫墙上多以椒涂墙，用以取暖避恶气，故后宫称椒房；在帝王殿前多种植枫树，故帝王所居之处称为枫宸。⑧**元首：**头脑。**股肱：**大腿和胳膊。⑨**储、贰：**对太子的称呼。⑩**青宫：**太子住的地方叫东宫，东方属青，所以又叫青宫。**玺：**玉刻的印。秦始皇开始用玉刻印作为皇帝的宝印。⑪**天潢：**天池。**帝胄：**帝王或贵族的后代。**牒：**册也。⑫**前星：**古人认为三星中的中星是代表天子位，前星代表太子位，后星代表庶子位，所以前星放射出光芒用来表示祝愿太子。**嵩岳效灵：**据史书记载，汉武帝登嵩山，皇帝和身边的人都听到高呼万岁的声音出现三次，被认为是嵩山山神显灵。⑬**妃嫔媵嫱：**都指宫女，嫔、嫱是女官，媵是随皇后陪嫁过来的女子。⑭**姜后：**周宣王的皇后。据《列女传》记载：周宣王有一天起床很晚，姜后就摘下头簪请罪，对周宣王说：是我不对，使君王好色而忘德，失礼而晚起。周宣王说：是我不对，不是夫人的罪过。于是处理政务很勤奋。**马后：**汉明帝的皇后。据《后汉书·皇后纪》记载，马皇后穿素色衣服，饮食节俭，以作天下表率。⑮**唐放勋：**指尧帝。尧帝到华山巡视，华山封人祝愿他多福多寿多男子，称为“华封三祝”，后来成为颂扬人的祝颂语。

译　文

自古以来天皇、地皇、人皇通称为三皇；伏羲、神农、黄帝、尧、舜合称为五帝。以仁义道德来治理天下的称为王道，用武力来征服天下的是霸道。

天子是天下的主宰，诸侯是列国的君主。

官天下，是把王位传给贤人；家天下，是把王位传给儿子。

陛下是对天子的尊称，殿下是对皇室宗亲的尊称。

新皇即位登基称作龙飞，臣子拜见君王叫作虎拜。

皇帝的诏书称为纶音，皇后的命令称为懿旨。

椒房是皇后居住的地方，枫宸指皇帝住的宫殿。

天子的地位崇高尊贵，所以叫作元首，大臣是辅佐天子的，所以叫作股肱。

麟之趾、龙之种都是赞誉宗藩之语，储君、国贰皆为太子的别称。

建立储君立定青宫，故称太子所居住的地方为青宫；皇帝所用的印称为玉玺，世称为传国的国宝。

宗室的支分流派皆从皇帝推演而来；皇族的家谱称为玉牒。

太子星明亮辉煌，天下人共祝太子的生日；嵩岳山神显灵，三呼天子万岁。

神器、大宝都是帝位的代称，嫔妃媵嫱都是指皇宫里的后妃女官。

周朝的姜皇后摘下簪子请罪，后世称她是聪明的好皇后；汉朝的马皇后身穿白布衣服提倡俭朴，天下人都称赞她为贤德之妃。

唐尧的恩德可以和上天相比，于是有华山封人的三祝；汉太子的恩泽延及少海，于是有乐府四歌。

文　臣

原　文

帝王有出震向离之象，大臣有补天浴日之功①。

三公上应三台，郎官上应列宿②。

宰相位居台铉(xuàn)，吏部职掌铨(quán)衡③。

吏部天官大冢宰，户部地官大司徒，礼部春官大宗伯，兵部夏官大司马，刑部秋官大司寇，工部冬官大司空④。

都宪中丞，都御史之号；内翰学士，翰林院之称⑤。

天使，誉称行人；司成，尊称祭酒⑥。

称都堂曰大抚台，称巡按曰大柱史⑦。

方伯、藩侯，左右布政之号；宪台、廉宪，提刑按察之称⑧。

宗师称为大文衡，副使称为大宪副⑨。

郡侯、邦伯，知府名尊；郡丞、贰侯，同知⑩誉美。

●女娲补天

女娲，中国历史神话传说中的一位女神。传说在洪荒时代，支撑天地间的大柱子断了，天上出现了一个大窟窿，人类面临灾难。面对此景，女娲感到无比痛苦，她选用五色的石子熔化成浆，将残缺的天窟窿补好。

注　释

①**“帝王”句**：意思是帝王有出现在震位相见于离位的表象，大臣有补天浴日的功劳。**震、离**：按易经学说，震代表东方，离代表南方，帝王就像太阳一样从东方升起，在南方照耀天下。**补天**：补上天的缺口。**浴日**：给太阳洗澡。②**三台**：天上的三台星。古人认为天上的三台星对应人间的三公官职。**三公**：一般指太师、太保、太傅。**郎官**：帝王的侍从官。古人认为郎官对应天上的各个星辰。③**台铉**：台指三台星，铉指举鼎用的器具。台铉指宰相，用来表示位置的重要。**铨衡**：度量工具。用来指吏部官员，比喻衡量人才。④**“吏部”句**：吏部、户部、礼部、兵部、刑部、工部尚书分别称为大冢宰、大司徒、大宗伯、大司马、大司寇、大司空，又可按《周礼》中官职称为天官、地官、春官、夏官、秋官、冬官。⑤**都御史**：明代监察机构御史台的长官。**翰林院**：翰林院学士是负责为皇帝起草文书的官员。⑥**行人**：古代传达皇帝诏令的官员。**祭酒**：古代管理国子监学府的官员。⑦**大抚台**：明代巡抚兼任都察院副都御史，故称大抚台。**大柱史**：称巡抚为大柱史，又称侍御、总马、执法大夫、绣衣使者。⑧**布政**：掌管一省户政赋役的行政长官。**按察**：掌管一省的刑法事务。⑨**文衡**：掌管一省教育的官员。**宪副**：是按察使的副手。⑩**同知**：官名，明清时知府、知州的佐官，为副职。

译　文

帝王有出现在震位相见于离位的表象，大臣有补天浴日的功劳。

三公在天上对应三台星，郎官在天上对应各个星辰。

宰相的地位非常重要，吏部的职责是掌管选拔官吏。

吏部的长官又叫天官，也叫大冢宰，户部的长官又叫地官，也叫大司徒，礼部长官又叫春官，也叫大宗伯，兵部的长官又叫夏官，也叫大司马，刑部长官又叫秋官，也叫大司寇，工部长官又叫冬官，也叫大司空。

都宪、中丞，是巡抚都御史的称号，内翰、学士，是对翰林院官员的称呼。

传达皇帝诏令的官员称为天使，国子监祭酒称为司成。

称都堂也就是巡抚为大抚台，称巡按御史为大柱史。

方伯、藩侯是左右布政司的称号，宪台、廉宪是提刑按察使的称号。

掌管宗室子弟教育的宗师称为“大文衡”，上官的副使称为“大宪副”。

郡侯、邦伯，是对知府的尊称；郡丞、贰侯，是对同知的美称。

原文

郡宰、别驾，乃称通判；司理、廌史，赞美推官①。

刺史、州牧，乃知州之两号；廌史、台谏，即知县之尊称。

乡宦曰乡绅，农官曰田畯②。

钧座、台座，皆称仕宦；帐下、麾下，并美武官。

秩官既分九品，命妇③亦有七阶。一品曰夫人，二品亦夫人，三品曰淑人，四品曰恭人，五品曰宜人，六品曰安人，七品曰孺人。

妇人受封曰金花诰，状元报捷曰紫泥封④。

唐玄宗以金瓯覆宰相之名，宋真宗以美珠箝(qián)谏臣之口⑤。

金马玉堂，羡翰林之声价；朱幡皂盖，仰郡守之威仪⑥。

台辅曰紫阁名公，知府曰黄堂太守⑦。

府尹之禄二千石，太守之马五花骢。

代天巡狩，赞称巡按；指日高升，预贺官僚。

初到任曰下车，告致仕曰解组。

藩垣屏翰，方伯犹古诸侯之国；墨绶铜章，令尹即古子男之邦⑧。

太监掌阉门之禁令，故曰阉宦；朝臣皆搢(jìn)笏(hù)于绅间，故曰搢绅⑨。

萧曹相汉高，曾为刀笔吏；汲黯相汉武，真是社稷臣⑩。

注释

①**通判**：即督粮长官，也称郡宰。通判跟随刺史巡视，另乘一辆车，故称别驾。**推官**：是府中理刑办案的官员。②**田畯**：古代管农事、田法的官。③**命妇**：受诰命之妇。凡担任官职的人，他的母亲和妻子都可以接受诰命。④**金花诰**：唐玄宗诰封群夫人，用金花罗纸书写，称为金花诰。**紫泥封**：唐代进士及第，用泥金帖书写报告喜讯，称为紫泥封。⑤**以金瓯覆宰相之名**：唐玄宗将要任命宰相，写好名字用金盆盖住，正

好太子进来，玄宗问太子："你认为谁能担任宰相呢？"太子回答："难道不是崔琳、卢从愿吗？"原来他们二人很有声望，所以太子能猜中。**宋真宗以美珠箝谏臣之口：**宋真宗想到泰山封禅，担心大臣王旦反对，就赐给王旦一樽酒，说："回家与妻儿共同享用。"王旦回家打开一看里面装满了珍珠，知道是皇上叫他不要反对封禅的事，于是就再也不敢提出异议了。⑥**金马玉堂：**汉代的宫门称为金马门，是学士待诏处。玉堂是翰林院的别名。**朱幡皂盖：**汉代郡守的仪仗有红色的旗幡和黑色的伞盖。⑦**台辅：**指三公，又称为紫禁、紫阁。**黄堂太守：**古代太守的正堂用雌黄涂墙，所以称为黄堂。⑧**墨绶铜章：**墨绶，黑色的系印的带子。铜章，铜铸的官印。**令尹：**对县官的俗称，管理的地方相当于古代的子国。⑨**搢笏于绅间：**朝廷的大臣都把笏插在衣带中间。笏，大臣们上朝时拿的狭长的板子。**搢：**插。**绅：**衣带。⑩**萧曹：**萧何和曹参，汉初两位有名的丞相。**汲黯：**汉武帝时的诤臣。

译　文

郡宰、别驾，可以用来称呼通判；司理、廌史是赞美推官。

刺史、州牧，是知州的两个别名；廌史、台谏，是对知县的尊称。

乡里做过官的人叫乡绅，主管农田耕种官叫田畯。

钧座、台座，都是称呼做官的人；帐下、麾下，都是美称武官。

官员的等级分为九品，受诰命的妇女也分为七个等级：一品封为夫人，二品也是夫人，三品封为淑人，四品封为恭人，五品封为宜人，六品封为安人，七品封为孺人。

妇女受封的诏书叫金花诰，给状元报捷的帖子叫紫泥封。

唐玄宗用金瓯盖住宰相的名字，宋真宗用珍珠堵住谏臣的嘴。

金马门和玉堂，使人羡慕翰林院的声望和身价；朱幡和皂盖，使人仰望郡守的威严仪仗。

宰相被尊称为紫阁名公，知府被尊称为黄堂太守。

府尹的俸禄是每年两千石，太守乘坐五匹马拉的车。

代天巡狩，是赞美巡按御史；指日高升，是预祝官员升官。

官员初上任叫下车，告老退休叫解组。

作为国家的屏障，方伯就相当于古代的诸侯；佩戴着墨绶铜章，令尹即相当于古代的子爵、男爵。

太监掌管着阉门的禁令，所以叫阉官；大臣们都把上朝时手中拿的板子插在衣带上，所以叫搢绅。

萧何、曹参是汉高帝时期的丞相，但他们都曾做过刀笔吏；汲黯辅佐汉武帝，是真正的国家重臣。

原 文

召伯布文王之政，尝舍甘棠之下，后人思其遗爱，不忍伐其树；孔明有王佐之才，尝隐草庐之中，先主慕其令名，乃三顾其庐[1]。

鱼头参政，鲁宗道秉性骨鲠；伴食宰相，卢怀慎居位无能[2]。

王德用，人称黑王相公；赵清献，世号铁面御史[3]。

汉刘宽责民，蒲鞭示辱；项仲山洁己，饮马投钱[4]。

李善感直言不讳，竞称鸣凤朝阳；汉张纲弹劾无私，直斥豺狼当道[5]。

民爱邓侯[6]之政，挽之不留；人言谢令之贪，推之不去。

廉范守蜀郡，民歌五袴；张堪守渔阳，麦穗两歧[7]。

鲁恭为中牟令，桑下有驯雉之异；郭伋为并州守，儿童有竹马之迎[8]。

鲜于子骏，宁非一路福星；司马温公，真是万家生佛[9]。

鸾凤不栖枳(zhǐ)棘，羡仇香之为主簿；河阳遍种桃花，乃潘岳之为县官[10]。

刘昆宰江陵，昔日反风灭火；龚遂守渤海，令民卖刀买牛[11]。

此皆德政可歌，是以令名攸著[12]。

注 释

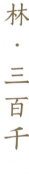

①**召伯**：指召公奭，周朝的大臣，被封于召，称为召伯。曾经住在甘棠树下，去世后人们思念他，写下《甘棠赋》。**孔明**：诸葛亮，字孔明。刘备曾三顾茅庐请他出山辅助。②**鱼头参政**：鲁宗道，宋代大臣，担任参知政事，刚强正直，遇事敢言，被誉为“鱼头参政”。鲁字为“鱼”字头。**卢怀慎**：唐朝时与姚崇同时担任宰相，他认为自己的才能比不上姚崇，就把事务都推让给姚崇，人们议论他是伴食宰相。③**王德用**：宋代人，他治军有方，即使是妇女也称他为“黑王相公”。**赵清献**：即赵忭，谥号“清献”。宋神宗时担任御史，弹劾不避权贵，铁面无私，人们称他为“铁面御史”。④**刘宽**：汉代人，担任南阳太守，为人宽容，民众犯有过错，只用蒲草鞭子处罚，以示耻辱。**项仲山**：据《世说新语》记载，项仲山是安陵人，非常廉洁，每次在河边饮马，都要投钱三文。⑤**李善感**：唐朝时担任监察御史，皇帝想封五岳，他力谏阻止。当时已二十多年没有人敢直言，人们听到他劝谏，认为是鸣叫的凤凰朝向太阳。**张纲**：汉代人，担任御史，被皇帝派到外地巡视，张纲埋住车轮不出发，说：现在是豺狼当道，去抓什么狐狸。于是上朝弹劾大将军梁冀兄弟的不法行为。⑥**邓侯**：指邓攸，晋代时担任吴郡太守，离任时人们挽留不让他离去。他的前任姓谢的太守非常贪财，人们作

歌唱道："邓侯留不住，谢令推不去。"⑦**廉范：**汉朝人，担任蜀郡太守，鼓励百姓辛勤劳动致富，人们歌唱道：过去没有衣穿，现在有五条裤子。**袴：**裤子。**张堪：**汉朝人，担任渔阳太守，劝百姓辛勤劳动致富，百姓歌唱道：桑树上没有多余的枝条，麦子上长出两个穗。⑧**驯雉之异：**鲁恭，汉代人，担任中牟令，实行仁政，桑树下的雉鸡都很驯服，连小孩都知道雉鸡要扶养幼雉鸡而不去捕捉它们。**郭伋：**汉代人，担任并州太守，广布恩德，他出行时，数百名儿童骑着竹马在道旁迎接他。⑨**鲜于子骏：**宋代人，担任京中转运使，司马光赞扬他是"一路福星"。**司马温公：**司马光，宋代人，曾担任宰相，被封为温国公，恩德遍布，被誉为"万家生佛"。⑩**仇香：**汉代人，曾担任县里的主簿，很有才能。**潘岳：**晋代人，担任河阳尹，百姓有负债还不上的，就命令种一株桃树，由官府代他还债，潘岳离任时，县里种满了桃树，开满了桃花，被誉为花县。⑪**反风灭火：**东汉刘昆，汉代人，担任江陵令时，发生了火灾，刘昆对着火叩头，风转过头来将火扑灭。**龚遂：**汉代人，担任渤海郡守，当时闹饥荒，群盗蜂起，龚遂传令不要追捕，盗贼都带着刀剑来迎接他，他乘机劝他们卖刀买牛，全力耕作。⑫**攸著：**使持久显著。

译　文

召公宣扬周文王的仁政，曾经住在甘棠树下，后人思念他的好处，不忍心砍掉那棵树的树枝；诸葛亮有辅佐帝王的才能，曾经隐居在草庐之中，刘备仰慕他的美名，三顾茅庐请他出山。

鱼头参政，是夸奖鲁宗道的刚强正直；伴食宰相，是嘲笑卢怀慎身居相位但很无能。

王德用，人称他为黑王相公；赵清献，世人称他是铁面御史。

汉代刘宽惩罚违法的人，只用蒲鞭让他知道耻辱；项仲山严以律己，清正廉洁，给马喝水也要扔下钱。

李善感直言不讳，人们都称赞他像鸣叫的凤凰飞向太阳；汉代的张纲弹劾官吏时正直无私，直斥豺狼当道。

人们喜爱邓太守的善政，挽留不住他；人们都说谢郡守太贪财，赶他不走。

●三顾茅庐

建安十二年（207），刘备"三顾茅庐"于襄阳隆中，会见诸葛亮，问统一天下的大计，诸葛亮精辟地分析了当时的形势，为蜀汉政权的建立指明了方向。

廉范任蜀郡太守，老百姓唱《五袴歌》；张堪任渔阳太守，麦子长出两个穗。

鲁恭任中牟令时，连桑树下的雉鸡都很驯服；郭伋任并州太守，儿童们骑着竹马来迎接他。

鲜于子骏难道不是一路上的福星吗？司马温公真是万家的活菩萨。

凤凰不落在杂树丛上，仇香任主簿时的遭遇令人羡慕；河阳种满了桃花，是潘岳做官时干的。

当年刘昆任江陵令时，曾经回风灭火；龚遂任渤海太守时，让人们卖刀买牛。

以上说的都是有德政值得歌颂的，所以他们的美名流传后世。

武　职

原　文

韩柳欧苏，固文人之最著；起翦颇牧，乃武将之多奇[1]。

范仲淹胸中具数万甲兵，楚项羽江东有八千子弟[2]。

孙膑吴起，将略堪夸；穰苴(jū)尉缭，兵机莫测[3]。

姜太公有《六韬》，黄石公有《三略》[4]。

韩信将兵，多多益善；毛遂讥众，碌碌无奇[5]。

大将曰干城，武士曰武弁(biàn)[6]。

都督称为大镇国，总兵称为大总戎。

都阃[7]即是都司，参戎即是参将。

千户有户侯之仰，百户有百宰之称。

以车为户曰辕门，显揭战功曰露布[8]。

下杀上，谓之弑；上伐下，谓之征。

交锋为对垒，求和曰求成。

战胜而回，谓之凯旋；战败而走，谓之奔北。

为君泄恨，曰敌忾；为国救难，曰勤王。

胆破心寒，比敌人慑服之状；风声鹤唳，惊士卒败北之魂[9]。

汉冯异当论功，独立大树下，不夸己绩；汉文帝尝劳军，亲幸细柳营，按辔徐行[10]。

苻坚自夸将广，投鞭可以断流；毛遂自荐才奇，处囊便当脱颖[11]。

羞与哙等伍，韩信降作淮阴；无面见江东，项羽羞归故里[12]。

韩信受胯下之辱，张良有进履之谦[13]。

卫青为牧猪之奴，樊哙为屠狗之辈。

求士莫求全，毋以二卵弃干城之将；用人如用木，毋以寸朽弃连抱之材。

总之，君子之身，可大可小；丈夫之志，能屈能伸。自古英雄，难以枚举；欲详将略，须读《武经》。

●韩愈

韩愈，字退之，世称韩昌黎，唐河内河阳(今河南焦作孟州市)人。唐代古文运动的倡导者，提倡先秦两汉的文章，居“唐宋八大家”之首。

注　释

①**韩柳欧苏**：指韩愈、柳宗元、欧阳修、苏轼。**起翦颇牧**：指战国时期秦国大将白起、王翦，赵国大将廉颇、李牧。②**胸中具数万甲兵**：北宋名臣范仲淹能文能武，在镇守延州抗拒西夏时，被西夏人称为“腹中自有数万甲兵”。③**孙膑**：战国时期齐国军事家，著《孙膑兵法》。**吴起**：战国时期魏国军事家，善于带兵，著有《吴子兵法》。**穰苴**：春秋时期齐国军事家，著有《司马法》。**尉缭**：战国时期魏国军事家，著有《尉缭子》。④**《六韬》**：中国古代著名兵书，又称《太公六韬》《太公兵法》，传说为周朝姜尚所著，但一般认为是后人托姜尚之名所著，作者已不可考，大约书成于战国时期。**《三略》**：中国古代著名兵书，《武经七书》之一，又称《黄石公记》《黄石公三略》。所谓《三略》，意为上、中、下三卷韬略，共三千八百余字。相传其源出于太公姜尚，经黄石公推演授予张良，故旧题黄石公撰；《隋书·经籍志》称“下邳神人撰”，均不可考，约为秦汉时无名氏作品。⑤**韩信将兵**：汉高祖刘邦曾与韩信谈论带兵打仗之事，韩信说刘邦最多能带十万兵，而自己带兵则是多多益善。**毛遂讥众**：秦国攻赵，毛遂

自荐随平原君去楚国搬救兵，游说楚王时，毛遂按剑上前，说服楚王出兵。事后，毛遂讥平原君其他随从为碌碌无为之辈。⑥**干城：**干指盾牌，城指城墙，都是用来抵御外敌的，因此用作大将的代称。**武弁：**武士戴的头巾，也代指武士。⑦**都阃：**都司的俗称。明代都指挥使司为一省掌兵的最高机构，简称都司。⑧**辕门：**用车辕围出的营门。古代君王在外扎营时，用两车车辕相对作门，因此称辕门。**露布：**北朝魏时，檄文和捷报都写在布上，不用封口，因此露布又为檄文、捷报的代称。⑨**风声鹤唳：**前秦苻坚率兵进攻东晋，大败而逃，溃退中听到"风声鹤唳"，都以为是追兵赶来了。⑩**冯异：**东汉光武帝刘秀手下的大将。每当其他大将坐在一起评论功劳时，冯异就退避一旁，立在大树下，因此被人称为"大树将军"。**细柳营：**汉文帝时，刘礼驻守灞上，徐厉驻守棘门，周亚夫驻守细柳。文帝去各军慰劳，到灞上和棘门军营，都可直驰而入，但去细柳军营，守营兵士却不让他入内。兵士通报周亚夫之后，放文帝一行进营，并叮嘱他们不可在军营中驾马快跑，于是文帝只好按辔徐行。周亚夫军纪严明，防守谨慎，文帝称其为"真将军"，灞上、棘门军不过是儿戏。见《汉书·周亚夫传》。后以"细柳营"称誉纪律严明的军营。⑪**苻坚自夸：**前秦苻坚出兵东晋前，号称自己兵力有百万之众，投鞭于江，足以断流。结果为东晋所败。**脱颖：**赵平原君要带二十人去楚国当说客，找了十九人，还差一人，于是毛遂自荐，平原君说："贤士处世，就像是锥子放在布袋中，末尖马上可以看见，而先生在我这里三年，还没有听说你做了什么事情。"毛遂说："那现在请让臣处于布袋中吧。如果早让臣处于布袋中，早就脱颖而出了。"颖，本义指禾穗的末尖，这里指锥子的末尖。⑫**羞与哙等伍：**汉朝建立后，韩信被封为楚王。刘邦忌惮其势盛，找借口降其为淮阴侯。一次韩信到樊哙那里，樊哙自称臣子，并用王的礼节迎送他。韩信出门，笑曰："生乃与哙等为伍！"**无面见江东：**项羽曾率八千江东子弟渡江作战，后来兵败乌江，乌江亭长请他渡江，项羽不肯，说无颜面见江东父老，于是拔剑自刎。⑬**胯下之辱：**韩信少年时喜欢佩剑，淮阴有个年轻的无赖屠夫当众侮辱他说："信能死，刺我；不能死，出我胯下。"韩信看了他很久，就从他的胯下钻过，众人都笑韩信怯懦。**进履：**张良行刺秦始皇不成，逃亡下邳。一日在桥上遇到一位老人，他走到张良面前，故意将鞋扔到桥下去，让张良去捡。张良感到惊愕，强忍怒气，把鞋捡上来，跪着送到老人跟前。老头把脚伸出来，让张良帮他穿上鞋，张良照做，老人说："孺子可教矣！"于是授《太公兵法》于张良，使其辅佐刘邦，灭秦建汉，成就大业。

译　文

韩愈、柳宗元、欧阳修、苏轼是文人中最著名的人，白起、王翦、廉颇、李牧是武将中多奇智的人。

范仲淹能文能武，胸中有数万甲兵；项羽渡江作战时，带过来八千江东子弟。

孙膑和吴起，用兵的谋略值得人们夸赞；穰苴和尉缭，用兵的计谋敌人难以猜测。

姜太公曾经写过《六韬》，黄石公曾经写过《三略》。

韩信领兵打仗，兵越多越好，没有限制；毛遂讽刺同去的其他人碌碌无奇。

大将保卫国家叫“干城”，武士称作“武弁”。

都督又可以称作“大镇国”，总兵又可以称作“大总戎”。

“都阃”即是都司的别称，“参戎”即是参将的别称。

统领千户的将领叫作“户侯”，统领百户的长官叫作“百宰”。

用战车围出的军营门称作“辕门”，展示战功的捷报称作“露布”。

臣下刺杀君王，就叫作“弑”；君王讨伐臣下，就叫作“征”。

交锋又叫“对垒”，求和又叫“求成”。

打了胜仗归来，就叫“凯旋”；打了败仗逃走，就叫“奔北”。

替君王抵抗所愤恨的敌人，叫“敌忾”；救社稷于危难之中，叫“勤王”。

“胆破心寒”，是形容敌人惊恐畏惧的样子；“风声鹤唳”，是形容士卒溃败逃跑时疑神疑鬼的样子。

东汉的冯异在别的将领论功时，总是独自站在大树下，不夸耀自己的战绩；汉文帝亲自去慰劳军兵时，也要按规定牵着马的缰绳慢慢前行。

苻坚自夸兵多将广，把马鞭投入长江就可以让江水断流；毛遂推荐自己有过人的才能，放在布袋中就会脱颖而出。

韩信被贬为淮阴侯以后，对与樊哙等人为伍感到羞耻；项羽兵败之后，觉得无颜见江东父老，所以不肯渡过乌江。

韩信曾经受过胯下之辱，张良曾经谦恭有礼地给黄石公拾起鞋子并帮他穿上。

卫青曾经做过牧猪的奴隶，樊哙曾经以屠狗为业。

君王选拔人才不要太苛求，不要因为两个鸡蛋的小事而放弃能护卫国家的大将；君王任用人才要像木匠使用木头一样，不要因为一丁点的腐烂就放弃栋梁之材。

总之，君子处事时可大可小；一个人想做大丈夫的话，一定要能屈能伸。自古以来的英雄才俊真是数不胜数，要想详细知道作战的谋略，必须熟读《武经》。

卷　二

祖孙父子

原　文

何谓五伦？君臣、父子、兄弟、夫妇、朋友。何谓九族？高、曾、祖、考、己身、子、孙、曾、玄[1]。

始祖曰鼻祖，远孙曰耳孙。

父子创造，曰肯构肯堂[2]；父子俱贤，曰是父是子。

祖称王父，父曰严君。

父母俱存，谓之椿萱并茂；子孙发达，谓之兰桂腾芳[3]。

桥木高而仰，似父之道；梓木低而俯，如子之卑。

●孙权

孙权，字仲谋，吴郡富春县（今浙江富阳）人，三国时期吴国的建立者。

不痴不聋，不作阿家阿翁；得亲顺亲，方可为人为子。

盖父愆，名为干蛊；育义子，乃曰螟蛉[4]。

生子当如孙仲谋，曹操羡孙权之语；生子须如李亚子，朱温叹存勖之词[5]。

菽水承欢，贫士养亲之乐；义方是训，父亲教子之严[6]。

绍箕（jī）裘，子承父业；恢先绪，子振家声[7]。

具庆下，父母俱存；重庆下，祖

父俱在[⑧]。

燕翼贻谋，乃称裕后之祖；克绳祖武，是称象贤之孙[⑨]。

称人有令子，曰麟趾呈祥；称宦有贤郎，曰凤毛济美[⑩]。

注　释

①**五伦**：又称五常，即君臣、父子、夫妇、兄弟、朋友五种人际关系。**九族**：与本人有亲缘关系的所有宗支族系。一说“自高祖，下至元孙，凡九族”，一说“九族者，父族四，母族三，妻族二”。②**肯构肯堂**：父亲肯设计房子，儿子肯建造房子，形容子承父业。③**椿萱并茂**：椿即椿庭，指代父亲；萱即萱草，指代母亲。椿庭长寿，萱草茂盛，椿萱并茂意为父母长寿健康。**兰桂腾芳**：芝兰和丹桂一起散发芬芳，比喻子孙昌盛显达。兰指芝兰，桂指丹桂，兰桂比喻子孙。④**盖父愆**：弥补父亲的过错。**干蛊**：《易经》中有“干父之蛊”之句，意为儿子能干好而父亲不能干好的事。**螟蛉**：蜾蠃常将螟蛉的幼虫捉去当食物，古人误以为蜾蠃是将螟蛉收为义子，因此用螟蛉称义子。⑤**生子当如孙仲谋**：孙权，字仲谋。曹操与孙权交战，孙权这边舟船、器仗、军伍整肃，曹操见之，叹曰：“生子当如孙仲谋，刘景升（刘表）儿子若豚犬耳！”**李亚子**：后唐庄宗李存勖，小名亚子。李存勖善战，曾率兵攻破后梁夹寨，后梁太祖朱温叹曰：“生子当如李亚子，克用（李存勖之父）为不亡矣！至如吾儿，豚犬耳！”⑥**菽水**：菽，豆类的总称。菽水，指豆和水，菲薄的饮食，形容生活清苦。**义方**：处世的规矩，多指家教。⑦**绍箕裘**：继承父辈的事业。《礼记·学记》中说：“良冶之子，必学为裘；良弓之子，必学为箕。”后用箕裘比喻父辈的事业。**恢先绪**：把先辈的事业发扬光大。⑧**具庆下**：古时填写履历，父母俱存的，书“具庆下”；若母亡父在，书“严侍下”；父亡母在，书“慈侍下”；父母俱亡，书“永感下”。**重庆下**：指祖父母、父母都健在。⑨**燕翼贻谋**：像燕子用羽翼照顾乳燕一样给后代留下谋生之道。《诗经·大雅·文王有声》：“诒厥孙谋，以燕翼子。”**裕后**：能让后代富裕。**克绳祖武**：能继承祖辈的事业。克，能，胜任。绳，继承。《诗经·大雅·下武》：“昭兹来许，绳其祖武。”⑩**麟趾**：麒麟的脚趾，比喻宗室贵族的子弟。**凤毛**：凤凰的毛，比喻先人的珍贵风采。**济美**：继承先人的事业并发扬光大。

译　文

什么叫作五伦？就是君臣、父子、夫妇、兄弟、朋友。什么称为九族？就是高祖、曾祖、祖父、父亲、自己、儿子、孙子、曾孙、玄孙。

家族的始祖称鼻祖，远代的孙子叫耳孙。父子同做一件事叫作肯构肯堂；父子都有贤名叫是父是子。

祖父又称作王父，父亲也可称为严君。

父母都健在称作椿萱并茂；子孙都发达，譬如芝兰桂树先后散发芬芳，谓之兰桂腾芳。

桥树高而上仰，好似做父亲的威严；梓木低而下俯，如同做儿子的谦卑。

不装聋作哑就不能当公公婆婆；顺从父母的心意，得到父母的赞许，才称得上尽了为人子女的本分。

做的事情超过父亲叫作干蛊，养育别人生的儿子叫作螟蛉。

生子当如孙仲谋，这是曹操赞羡孙权的话；生子须如李亚子，这是朱温赞羡李存勖的话。

用菽水来博取尊亲的欢喜，贫穷人家也可以奉养父母得享天伦之乐。父亲教育子女做人的法则规矩，这是贤父爱护儿子的表现。

克绍箕裘是说继承父辈的事业，恢复先绪，是形容子孙重振家族的名声。

“具庆下”是父母都健在的表述；“重庆下”是祖父母及父母皆在堂的意思。善为子孙计谋，称为燕翼；能继承先贤的子孙叫作象贤。

夸奖别人有佳儿称为麟趾呈祥（如同麒麟有趾，显出他仁厚的祥瑞）；赞扬官宦有贤郎称为凤毛济美，（好像凤凰的羽毛，可以助文彩的华美）。

原　文

弑父自立，隋杨广之天性何存？杀子媚君，齐易牙之人心奚在①？

分甘以娱目，王羲之弄孙自乐；问安惟点颔，郭子仪厥孙最多②。

和丸教子，仲郢(yǐng)母之贤；戏彩娱亲，老莱子之孝③。

毛义捧檄，为亲之存；伯俞泣杖，因母之老④。

慈母望子，倚门倚闾；游子思亲，陟岵陟屺⑤。

爱无差等，曰兄子如邻子；分有相同，曰吾翁即若翁⑥。

长男为主器，令子可克家⑦。

子光前曰充闾，子过父曰跨灶⑧。

宁馨英畏，皆是羡人之儿；国器掌珠，悉是称人之子⑨。

可爱者，子孙之多，若螽斯之蛰蛰；堪羡者，后人之盛，如瓜瓞(dié)之绵绵⑩。

注　释

①**杨广：**隋炀帝，据说他毒死自己的父亲隋文帝，自立为皇帝。**易牙：**战国时期

齐国人，善于烹饪，他把自己的儿子杀了，烹给齐桓公吃，从而得到桓公重用。②**分甘以娱目：**王羲之曾写信给友人，说自己率子孙游玩，“有一味之甘，割而分之，以娱目前”。**问安惟点颔：**唐代大将郭子仪有八子七婿，孙子也有数十个，每次孙子问安，他都不能分辨，只是点头而已。③**和丸教子：**唐朝柳仲郢的母亲教子有方，她用熊胆和成丸子，让儿子在夜间读书时嚼食，用以提神。**戏彩娱亲：**春秋时期楚国的隐士老莱子七十多岁时还穿着五彩衣，学婴儿啼哭，假装跌倒，逗父母高兴。④**毛义捧檄：**东汉的毛义为了养活母亲，接受檄书去做官。母亲过世后，他就辞官回家。**伯俞泣杖：**汉代人韩伯俞是位孝子，一次他犯了过错，母亲拿棍子打他，他哭起来，母亲问他以前为何不哭，他答曰：“他日俞得罪，笞尝痛。今母之力衰，不能使痛，是以泣也。”见汉代刘向《说苑》。⑤**倚门倚闾：**战国时期，王孙贾在齐湣王身边做侍臣，湣王因乱出走，下落不明。王孙贾回家，母亲对他说：“你平时如若晚归，我倚门而望；你晚上出去不回来，我倚闾而望。你既然是大王的侍臣，竟然不知道他去哪儿了，那你还回家干什么？”见《战国策·齐策六》。后以“倚门倚闾”比喻长辈对子女的盼望和爱护。**陟岵陟屺：**登上有草木的山瞻望父亲，登上无草木的山瞻望母亲。陟，由低处向高处攀登。岵，有草木的山。屺，无草木的山。《诗经·魏风·陟岵》：“陟彼岵兮，瞻望父兮。”“陟彼屺兮，瞻望母兮。”⑥**吾翁即若翁：**楚汉战争时，项羽抓到刘邦的父亲，以烹杀其父要挟刘邦，刘邦说：“我和你同时受楚怀王之命，结为兄弟，我的父亲就是你的父亲，你要烹杀他，请分我一杯羹。”⑦**主器：**掌管祭器，后代指长子或太子。**令子：**称别人家的好儿子。**克家：**继承家业。⑧**充闾：**喜气充满门闾。据说晋代贾充出生时，他父亲认为他以后会带来有充满门闾的喜气，于是给他起名为充，字公闾。**跨灶：**马的前蹄之上有空处，名为“灶门”，骏马奔驰时，后蹄落地的印痕在前蹄印痕之前，即为跨灶。常用来形容儿子超过父亲。⑨**宁馨：**即宁馨儿，意为“这样的孩子”，常用来赞美孩子或子弟。**英畏：**形容人英俊威武。**国器：**国家的栋梁。**掌珠：**掌上明珠，指极为疼爱的人。⑩**螽斯：**螽斯是一种昆虫，繁殖力强，善鸣。古人常用螽斯之多比喻子孙之众。《诗经·周南·螽斯》：“螽斯羽，揖揖兮。宜尔子孙，蛰蛰兮。”**瓜瓞之绵绵：**比喻子孙繁衍，相继不绝。瓞，小瓜。

译　文

杨广杀了自己的父亲而登上皇位，他的天性何在？易牙烹了自己的儿子给齐桓公吃，他的人心何在？

王羲之牵子抱孙，每有美味食品，都分给儿孙们吃，常享天伦之乐；郭子仪孙子众多不能尽识，每次问安只能点头示意。

为了教育儿子，柳仲郢的母亲和熊胆为丸，使仲郢夜里嚼食；为了让母亲高兴，老莱子穿着五彩衣服扮演婴孩跳来跳去。

毛义捧着仕官的公文而高兴，为的是使母亲快乐；韩伯俞受了杖责忽然哭泣，这是因为母亲年老体衰，打在身上不觉得痛。

慈母盼儿归来，有时站在门口，有时站在巷口张望等候；游子思念亲人，屡屡登山眺望故乡。

爱不分远近等级，兄弟的儿子和邻居的儿子都一样；情分有相同的地方，我的父亲就是你的父亲。

家中的长男才能主管祭祀的礼器，家中有了佳儿，才能承继祖先的事业。

儿子光宗耀祖可以称为充闾；儿子的才能胜过父亲称为跨灶。

宁馨、英畏都是用来称羡别人的儿子超凡脱俗；国器、掌珠都是用来赞美别人的儿子才能卓著极受钟爱。

最可爱的是子孙众多，好像螽斯一样，团团集聚在一起。最堪羡的是子孙昌盛繁衍，好像瓜瓞一样绵绵滋生。

兄　弟

原　文

天下无不是底父母，世间最难得者兄弟。

须贻同气之光，无伤手足之雅。

玉昆金友，羡兄弟之俱贤；伯埙仲篪(chí)，谓声气之相应[1]。

兄弟既翕，谓之花萼相辉；兄弟联芳，谓之棠棣竞秀[2]。

患难相顾，似鹡鸰(jí líng)之在原；手足分离，如雁行之折翼[3]。

元方季方俱盛德，祖太丘称为难弟难兄；宋郊宋祁俱中元，当时人号为大宋小宋[4]。

荀氏兄弟，得八龙之佳誉；河东伯仲，有三凤之美名[5]。

东征破斧，周公大义灭亲；遇贼争死，赵孝以身代弟[6]。

煮豆燃萁，谓其相害；斗粟尺布，讥其不容[7]。

兄弟阋墙，谓兄弟之斗狠；天生羽翼，谓兄弟之相亲。

姜家大被以同眠，宋君灼艾而分痛⑧。

田氏分财，忽瘁庭前之荆树；夷齐让国，共采首阳之蕨薇⑨。

虽曰安宁之日，不如友生；其实凡今之人，莫如兄弟。

注释

①**伯埙仲篪：**兄长吹埙，兄弟奏篪，音声相和。形容兄弟和睦相处。②**翕：**和好，一致。**花萼、棠棣：**比喻兄弟。③**鹡鸰：**一种鸟的名字，常用来比喻兄弟。**雁行：**像大雁一样并行，引申为有次序地排列，常用来借指兄弟。④**元方季方：**东汉陈寔有子陈纪字元方、陈谌字季方，两人皆以才德著称。元方的儿子长文与季方的儿子孝先各论其父功德，争之不能决，问于陈寔，陈寔说："元方难为兄，季方难为弟。"意思是两人的才德难分高下。见《世说新语·德行》。**宋郊宋祁：**北宋人，宋仁宗天圣二年（1024），两人同时考中进士，时人称他们为"大宋小宋"。⑤**八龙：**东汉的荀淑有八个儿子，都很有才能，时人称他们为荀氏八龙。**三凤：**唐朝河东人薛收和堂兄薛元敬、族兄薛德音都很有名，被称为河东三凤。⑥**东征破斧：**周武王死后，周成王年幼，由周公代摄朝政，武王的弟弟管叔和蔡叔不服，于是勾结外人发动叛乱。周公兴师东征，把斧子和刀都砍坏了，最后大义灭亲，杀掉了叛乱的管叔等，流放了蔡叔。**遇贼争死：**西汉末年，战乱不断，饿殍遍野，人们以人为食。有一伙强盗抓住了赵孝的弟弟赵礼，要把他吃掉，赵孝知道消息后，把自己绑起来去见强盗，要代弟弟去死。强盗被赵孝的行为震惊和感动，于是放了他们。⑦**煮豆燃萁：**魏文帝曹丕继位后，嫉妒弟弟曹植的才华，想杀掉他，于是令他在七步之内作出一首诗，不然性命不保。曹植略一思索，作诗曰："煮豆燃豆萁，豆在釜中泣。本是同根生，相煎何太急？"后用煮豆燃萁比喻兄弟间互相残杀。**斗粟尺布：**汉文帝的弟弟淮南王刘长谋反，事败后被流放到蜀地，绝食而死。百姓作歌曰："一尺布，尚可缝，一斗粟，尚可舂，兄弟二人不相容。"⑧**大被以同眠：**后汉姜肱，家世名族，肱与二弟仲海，俱以孝著闻。常共卧起，及各娶妻，兄弟相恋，不能别寝。形容兄弟十分友爱。**灼艾而分痛：**宋太祖之弟赵匡义一次病得厉害，太祖亲为其烧艾火治病。匡义感觉疼痛，太祖取艾自灼，以示分痛。喻兄弟友爱。⑨**田氏分财：**隋朝时有田真、田庆、田广兄弟三人，在各自妻子的鼓动下商议分家，并计划将堂前的紫荆树也一分为三。次日清晨，紫荆树开始枯萎，兄弟三人见状，深为感动，决定不再分家，从此和睦相处，紫荆树也重新枝繁叶茂。**夷齐让国：**伯夷、叔齐是商朝孤竹君的两个儿子，孤竹君欲立叔齐为国君，但叔齐认为兄长伯夷比自己贤良，应该传位于伯夷。可是，伯夷自称不如叔齐，也拒绝继位。二人相让不下，于是一起离国，投奔周文王。当时文王已薨，武王正准备伐纣，伯夷、叔齐认为武王伐纣是不义之举，于是又不食周粟，隐居并采薇于首阳山上，最终饿死。

译　文

天下没有不对的父母，世间最难得的是兄弟。

必须保持同胞的情谊，互致同气连根的荣光，切莫损伤手足的交往与情分。

玉昆金友比喻兄弟皆具才能贤德；伯埙仲篪形容兄弟间意气相合亲密无间。

兄弟和睦友爱谓之花萼相辉；兄弟都很出色，称作棠棣竞秀。

兄弟间患难与共，彼此顾恤喻为鹡鸰在原；手足分离则如同飞雁被折断了翅膀一样。

汉代陈元方、陈季方皆有美盛之德，他的父亲难于分出其上下。宋代宋郊、宋祁都中进士，时人称他们为“大宋小宋”。

汉代荀淑育有八子并有才名，赢得“八龙”的佳誉；唐代薛收与薛德音、薛元敬叔侄三人齐名，有“三凤”的美名。

周公为了社稷大义东征三年，杀了叛乱的弟弟；汉代赵礼遇贼，赵孝欲代弟而死，兄弟俩为此而争执。

煮豆燃萁比喻骨肉兄弟自相残害；斗粟尺布，讥讽兄弟之间互不相容。

兄弟感情生变，内部争斗称为兄弟阋墙。天生羽翼则是指兄弟为手足，如上天赐予的羽翼，生来便需互相扶持，共同抵御外来的仇敌。

后汉姜肱天生友爱，做了长枕大被兄弟同眠；宋太祖因弟弟有病灼艾觉痛，便也灼艾以分痛。

隋朝田氏兄弟分家产，屋前紫荆树忽然枯萎；商末伯夷、叔齐互相让位，商朝亡后共同避居首阳山，采薇菜而食。

虽然说安宁的日子，兄弟不如朋友亲密，但在世上却没有什么比得上兄弟之间情谊的深重。

●**伯夷**

伯夷，商末孤竹君的长子，姓墨胎氏，与其弟叔齐因耻食周粟而逃隐于首阳山上，靠采集野菜为生，最终饿死在山上。

夫　妇

原　文

孤阴则不生，独阳则不长，故天地配以

阴阳；男以女为室，女以男为家，故人生偶以夫妇[①]。

阴阳和，而后雨泽降，夫妇和，而后家道成。

夫谓妻曰拙荆，又曰内子；妻称夫曰藁(gǎo)砧，又曰良人[②]。

贺人娶妻，曰荣偕伉俪；留物与妻，曰归遗细君[③]。

受室即是娶妻，纳宠谓人娶妾。

正妻谓之嫡，众妾谓之庶。

称人妻曰尊夫人，称人妾曰如夫人。

结发系是初婚，续弦乃是再娶。

妇人重婚曰再醮(jiào)，男子无偶曰鳏(guān)居。

如鼓瑟琴，夫妻好合之谓；琴瑟不调，夫妇反目之词。

牝(pìn)鸡司晨，比妇人之主事；河东狮吼，讥男子之畏妻[④]。

杀妻求将，吴起何其忍心；蒸梨出妻，曾子善全孝道[⑤]。

张敞为妻画眉，媚态可哂；董氏为夫封发，贞节堪夸[⑥]。

冀郤缺夫妻，相敬如宾；陈仲子夫妇，灌园食力[⑦]。

不弃糟糠，宋弘回光武之语；举案齐眉，梁鸿配孟光之贤[⑧]。

苏蕙织回文，乐昌分破镜，是夫妇之生离；张瞻炊臼(jiù)梦，庄子鼓盆歌，是夫妇之死别[⑨]。

鲍宣之妻，提瓮出汲，雅得顺从之道；齐御之妻，窥御激夫，可称内助之贤[⑩]。

可怪者买臣之妻，因贫求去，不思覆水难收；可丑者相如之妻，夤(yín)夜私奔，但识丝桐有意[⑪]。

要知身修而后家齐，夫义自然妇顺。

注　释

①**室**：妻室。**家**：家庭。②**拙荆、内子**：古时丈夫对自己妻子的谦称。**藁砧、良人**：古时妻子对自己丈夫的称谓。③**伉俪**：指夫妇。**细君**：对妻子的谦称。④**牝鸡司晨**：母鸡打鸣报晓，常用来比喻妇女掌握朝政。**河东狮吼**：北宋人陈季常，自称龙丘先生，喜好宾客，蓄纳声妓。但他的妻子柳氏非常凶妒，所以，他的好友苏东坡给陈季常写

了首打油诗："龙丘居士亦可怜，谈空说有夜不眠。忽闻河东狮子吼，拄杖落手心茫然。"见宋洪迈《容斋三笔·陈季常》。后以"河东狮吼"来形容妻子凶悍。⑤**杀妻求将：**战国时期齐国攻打鲁国，鲁国想起用吴起为将，但又担心吴起的妻子是齐国人，于是吴起杀掉自己的妻子，取得了鲁国的信任。**蒸梨出妻：**相传曾参对后母非常孝顺，一次他的妻子给后母吃的梨没有蒸熟，曾参就把妻子休了。⑥**张敞为妻画眉：**汉宣帝时的京兆尹张敞与妻子恩爱情笃，每天都为他的妻子画眉毛，而且技艺十分娴熟。有人认为张敞轻佻不雅，有失体统，抓住这点弹劾他。宣帝询问张敞，他说："自古夫妇之间有甚于画眉者。"于是宣帝不再追究，并将他们树为夫妻恩爱的典范。**董氏为夫封发：**唐朝人贾直言被贬岭南，生死难料，他劝妻子改嫁，妻子执意为他守节，并将头发用帛封起来。二十年后贾直言回家，董氏的头发依然封包如故。⑦**郤缺：**郤缺之父郤芮在晋惠公时为大夫，因反对晋文公归国而被杀。晋文公即位后，郤缺因是罪臣之子，不得入仕，于是跟妻子躬耕于冀野。一次，晋文公的大臣胥臣路经冀野，看见郤缺在田里锄草，其妻送饭到田间，二人相敬如宾，很受感动。胥臣回去以后，向晋文公推荐郤缺，说他是有德君子，可以治民，于是晋文公任命郤缺为下军大夫。**陈仲子：**名定，也叫陈仲、田仲、於陵中子等，是战国时期的著名贤士，他不愿做官，为人灌园，自食其力。⑧**不弃糟糠：**光武帝刘秀想把自己的姐姐嫁给宋弘，让宋弘休了他的妻子，宋弘回答说："贫贱之交不可忘，糟糠之妻不下堂。"婉言谢绝了光武帝的"美意"。**举案齐眉：**东汉初年的隐士梁鸿，其妻孟光非常贤惠，她给梁鸿端饭时把托盘举得跟眉毛一样高，显示对丈夫的尊重。后用来形容夫妻互相尊敬。⑨**苏蕙织回文：**十六国时前秦刺史窦滔因罪被戍流沙，其妻苏蕙织《回文璇图诗》赠给他。**乐昌分破镜：**南朝陈灭亡时，乐昌公主与丈夫徐德言将铜镜一分为二，各执一半，作为将来相认的信物。后来他们果然破镜重圆。**张瞻炊臼梦：**商人张瞻在外，梦见在舂米的臼中煮饭，就找王生解梦。王生说，臼中无釜，是"无妇"的意思，他的妻子可能已经亡故了。张瞻回家一看，果然如此。**庄子鼓盆歌：**庄子的妻子死后，他不仅不悲伤，而且敲着盆唱歌。⑩**鲍宣之妻：**东汉鲍宣清苦好学，他的老师把女儿许配给他，妆奁甚盛。鲍宣对妻子说："吾实贫贱，不敢当礼。"他的妻子就换上粗布衣裳，跟他一起推车回家。回家拜见公婆后，他的妻子就提着瓦罐出去打水。**齐御之妻：**齐国丞相晏子的车夫之妻，一次见到丈夫为晏子驾车，而扬扬自得，就对他说："晏子不过六尺高，就做了齐国丞相，你身高八尺，做驾车的奴仆，是安于贫贱罢了。"于是车夫注意修身，谦虚向学，后来晏子推荐他做了大夫。⑪**覆水难收：**汉会稽太守朱买臣未入仕时穷困不堪，靠卖柴度日。相传他的妻子嫌他穷困离他而去，在买臣为官之后，以前的妻子又来找他，希望重归于好。买臣以泼出去的水不可能再收回来为由拒绝了她。**丝桐有意：**西汉时临邛大户卓王孙邀请临邛令、司马相如等宴饮。当时卓王孙的女儿卓文君新寡在家，司马相如佯装应临邛令之请，用丝桐做的琴弹奏《凤求凰》

以暗示卓文君。文君听后动情，就连夜与司马私奔，去了成都。

译 文

●**苏惠**

苏惠，字若兰，始平（一作武功）人，前秦苻坚时陈留令苏道质的季女，善属文，十六岁时，嫁与扶风人窦滔为妻。

只有阴不能创造生命，只有阳也不能养育万物，所以天地阴阳须调和而后才会降下雨露；男子娶了女子才能组合成家庭，女子嫁给了男子才有了自己的家，阴阳和顺，甘霖才会普降；夫妇和睦，家道方算有成。

丈夫对人称自己的妻子为内子，又称拙荆；妻子称丈夫为藁砧，又称良人。

祝贺别人娶妻说荣偕伉俪；留物给妻子的东西叫归遗细君。

受室是说自己娶妻，纳宠是说别人娶妾。

称人家正室为尊夫人；称人家的妾叫如夫人。

结发是指初次结婚，续弦是妻死再娶的别称。

妇人再嫁称作再醮；男子丧偶称为鳏居。

如鼓瑟琴比喻夫妇感情和谐；琴瑟不调是说夫妇反目不和。

牝鸡司晨是说妇人掌权干预外事；河东狮吼讥讽丈夫畏惧妻子。

杀了妻子以求将位，吴起怎么狠得下心肠；蒸梨不熟便休弃妻子，曾子善于维护孝道。

张敞为妻子画眉，讨好妻子的情态真是可笑；董氏当着丈夫的面把头发封住，其贞节实在值得夸耀。

冀邑郤缺夫妇在田间耕作，仍能相敬如宾；陈仲子夫妇替别人灌园谋生，坚持自食其力。

同吃糟糠的妻子不愿抛弃，宋弘真是一位有节义的丈夫；每次送食举起的案角总和眉毛齐高，梁鸿喜得互相尊敬的贤妇。

苏蕙织锦回文，乐昌公主分破镜，说的都是夫妇生离的悲怅；张瞻梦见在臼中做饭，庄子鼓盆而歌，说的都是夫妇的死别。

鲍宣的妻子出身富家，仍亲自提瓮汲水，这样顺从的内助自可称贤；晏子车夫的妻子激励他虚心向学，可称得上是贤内助。

朱买臣的妻子当受责备，贫困时求去，富贵时求来，却不想想泼出去的水是很难再收回来的；司马相如的妻子真丢人，听见琴声挑逗，竟在半夜里私奔而去。

要知道提高自身品德的修养，而后才能治理好家庭；丈夫对待妻子有礼仪情谊，妻子自然会顺从谦恭。

叔　侄

原　文

曰诸父、曰亚父，皆叔父之辈；曰犹子、曰比儿，俱侄儿之称①。

阿大中郎，道韫雅称叔父；吾家龙文，杨素比美侄儿②。

乌衣诸郎君，江东称王谢之子弟；吾家千里驹，苻坚羡苻朗为侄儿③。

竹林，叔侄之称；兰玉，子侄之誉④。

存侄弃儿，悲伯道之无后；视叔犹父，羡公绰之居官⑤。

卢迈无儿，以侄而主身之后；张范遇贼，以子而代侄之生⑥。

注　释

①**诸父**：统称，指诸位伯父、叔父。**亚父**：仅比父亲差一点儿，对叔伯的尊称。**犹子**：像儿子一样。**比儿**：跟儿子类似。②**阿大中郎**：东晋谢安的侄女谢道韫嫁给王羲之的儿子王凝之。她觉得不称意，谢安问起时，她说："一门叔父，则有阿大、中郎；群从兄弟，则有封胡遏末（指谢韶、谢朗、谢玄、谢琰四人），不意天壤（天地）之中，乃有王郎！"见《世说新语·贤媛》。**龙文**：骏马名。比喻才能出众的儿童。③**乌衣诸郎君**：指东晋贵族王导、谢安的子弟，他们都住在乌衣巷，被人称为"乌衣郎君"。**千里驹**：前秦皇帝苻坚曾夸奖他的侄儿苻朗为千里驹。④**竹林**：魏晋时的"竹林七贤"中，阮籍、阮咸是叔侄，后人就借用"竹林"来指代叔侄。**兰玉**：即芝兰玉树，常用来比喻优秀的子弟。谢安曾问他的侄子们："你们又何尝需要过问政事，为什么总想培养他们成为优秀子弟？"大家都不说话，只有车骑将军谢玄回答说："这就好比芝兰玉树，总想使它们生长在自家的庭院中啊！"见《晋书·谢安传》。⑤**存侄弃儿**：晋代邓攸，字伯道，在战乱时去南方避乱，途中遇到盗贼，他只能带一个孩子逃走，他弟

弟早已过世，于是他就把弟弟的孩子带走，把自己的孩子抛弃。**视叔犹父**：唐人柳公绰和其子柳仲郢对叔父非常尊重，就像对待自己的父亲一样。⑥**卢迈**：唐代人，字子玄。他娶了两房妻室都没有生出儿子，别人劝他纳妾，他说："兄弟的儿子就像是自己的儿子一样，将来可以照料我。"**张范**：三国时魏国人。曾有盗贼抓取他的儿子和侄儿，他去说情，强盗把儿子交还给他，他却提议用自己的儿子交换侄儿，于是强盗将他的儿子、侄子都放了。

译文

"诸父""亚父"都是称呼叔父辈的人；"犹子""比儿"都是对侄子辈的爱称。

谢道韫称自己家的叔父辈为"阿大中郎"，杨素称赞他的侄儿杨愔为"吾家龙文"。

江东望族王导、谢安的子弟们都住在乌衣巷，人称他们为"乌衣诸郎君"；前秦皇帝苻坚夸奖他的侄儿苻朗为"吾家千里驹"。

"竹林"用来指代叔侄，"兰玉"是用来赞美子侄。

把侄儿带走，把儿子抛弃，这是晋代邓攸的义举，人们都可怜他没有后代；像对待自己的父亲一样尊重叔父，这是唐人柳公绰做官之后的德行，人们都羡慕他懂得孝道。

卢迈没有儿子，让侄子主持他的身后事；张范遇到强盗，用儿子的命来换侄子的命。

师　生

原文

马融设绛帐，前授生徒，后列女乐；孔子居杏坛，贤人七十，弟子三千①。

称教馆曰设帐，又曰振铎；谦教馆曰糊口，又曰舌耕②。

师曰西宾，师席曰函丈；学曰家塾，学俸曰束脩③。

桃李在公门，称人弟子之多；苜蓿长阑干，奉师饮食之薄。冰生于水而寒于水，比学生过于先生；青出于蓝而胜于蓝，谓弟子优于师傅。

未得及门，曰宫墙外望；称得秘授，曰衣钵(bō)真传。

人称杨震为关西夫子，世称贺循为当世儒宗④。

负笈(jí)千里，苏章从师之殷；立雪程门，游杨敬师之至⑤。

弟子称师之善教，曰如坐春风之中；学业感师之造成，曰仰沾时雨之化。

注　释

①**马融**：东汉著名经学家，他设帐授徒，门徒过千，卢植、郑玄都出自其门下。他不注重名教礼节，常坐高堂，施绛纱帐，前授生徒，后列女乐，开魏晋清谈家破弃礼教之先河。**绛帐**：红色的帷帐。**杏坛**：相传为孔子聚徒授业之处，后泛指授徒讲学之所。**贤人七十，弟子三千**：相传孔子有弟子三千人，其中最著名的有七十二人，这里七十取其约数。②**振铎**：摇响有舌的铃铛。古人布政施教时，常常振铎以吸引民众。**舌耕**：用口舌授课换取粮食，即以教书谋生。③**西宾**：坐在西边的宾客。古时对家庭教师的尊称。**函丈**：古时讲学者与听讲者座席之间相距一丈。后用函丈指代讲学的座席。**束脩**：送给老师的报酬。脩，古时指干肉。④**杨震**：字伯起，东汉弘农华阴人。他通晓经传，博览群书，但不愿做官，一生以设塾授徒为己任，学生多达数千人，可以和孔子相媲美，当时人称“关西夫子”。**贺循**：字彦先，魏晋时人。他博览群籍，尤精礼传，朝廷有难题的时候就去问他，他都能依经礼而回答。时人称他是“当世儒宗”。⑤**苏章**：西汉北海人，曾经背着书箱不远万里寻找老师。**游杨**：指游酢和杨时，他们都是程颐的学生。他们初次去拜见程颐时，程颐正闭目休息，他俩就侍立在门外，当程颐发现他们的时候，门外的雪已经一尺多深了。

●**杨震**

杨震，字伯起，弘农华阴（今陕西华阴东）人。他淡泊名利，对教育事业特别热心，在三十年的教育生涯中，共培育学生三千多人，有“关西夫子”之称。

译　文

东汉的马融设帐讲学，前面教导弟子，后面却有女乐为伴；孔子在杏坛讲学，先后培养了三千多弟子，其中最著名的有七十二人。

形容别人设立教馆叫作“设帐”，又叫“振铎”；谦称自己设立教馆叫作“糊口”，又叫“舌耕”。

老师又称“西宾”，教师的座席叫作“函丈”；学校又称“家塾”，给教师的学费叫作“束脩”。

“桃李在公门”，是形容教的学生多，硕果累累；“苜蓿长阑干”，是形容教师的俸禄少，饮食很差。

“冰生于水而寒于水”，是用来形容学生强过先生；“青出于蓝而胜于蓝”，是用来形容弟子强过师傅。

没能够做某人的学生，叫作“宫墙外望”；已经得到师父的秘密传授，叫作得“衣钵真传”。

杨震的学生多达数千人，可以和孔子相媲美，人们称他是“关西夫子”；贺循博览群籍，精通礼传，世人称他是“当世儒宗”。

“负笈千里”，是形容苏章寻找老师的殷勤；“立雪程门”，是形容游酢和杨时对老师程颐的尊重。

学生称赞老师善于教导，就说像坐在感化万物的春风中一样；感谢老师的教导，就说受到了符合时令的雨露的滋润和感化。

朋友宾主

原文

取善辅仁，皆资朋友；往来交际，迭为主宾①。

尔我同心，曰金兰；朋友相资，曰丽泽②。

东家曰东主，师傅曰西宾③。

父所交游，尊为父执；己所共事，谓之同袍④。

心志相孚为莫逆，老幼相交曰忘年⑤。

刎颈交，相如与廉颇；总角好，孙策与周瑜⑥。

胶漆相投，陈重之与雷义；鸡黍之约，元伯之与巨卿⑦。

与善人交，如入芝兰之室，久而不闻其香；与恶人交，如入鲍鱼之肆，久而不闻其臭⑧。

肝胆相照，斯为心腹之友；意气不孚，谓之口头之交⑨。

彼此不合，谓之参商；尔我相仇，如同冰炭⑩。

注　释

①**取善辅仁**：吸取别人的长处来培养自己的仁德。善，长处。仁，仁义。**资**：凭借，依靠。**迭为主宾**：双方互为主宾。迭，交替，轮流，更迭。②**金兰**：《易·系辞上》载："二人同心，其利断金；同心之言，其臭如兰。"形容志同道合的人，后来则引申为异姓兄弟之间的结拜。**资**：资助。**丽泽**：比喻互相资助。③**东家、西宾**：古人待客，按照礼仪，主人坐东面西，所以称作"东家"或"东主"，宾客坐西面东，所以称作"西宾"或"西席"。④**父执**：父亲的朋友。执，就是至交、好友的意思。**同袍**：同穿一件战袍的战友，后来多比喻特别有交情，关系十分密切的人。⑤**心志相孚**：心意相通，以诚相待。孚，信用，相应，符合。**莫逆**：没有抵触，思想感情一致，比喻情投意合，感情深厚。**忘年**：就是忘年交。指两个人年纪或辈分相差悬殊，但却可以称为知心的朋友。⑥**刎颈交**：同生死、共患难的朋友。战国时期赵国大将军廉颇不愿居于蔺相如之下，扬言要当面羞辱相如。相如为了国家利益，不计私仇，对廉颇一忍再忍，廉颇深受感动。后来廉颇肉袒上门负荆请罪，最终与相如结为"刎颈之交"。**总角好**：用来比喻童年时代就是很好的朋友。总角就是古代儿童把头发梳成一个向上的小辫，这里指童年时代。**孙策**：孙氏政权的建立者，其弟孙权称帝追尊其为长沙桓王。**周瑜**：字公瑾，帮助孙策创立政权，后辅佐孙权。⑦**胶漆相投**：用来比喻情投意合，如胶似漆，亲密而无间。**雷义、陈重**：东汉人。雷义、陈重分别举秀才和孝廉，二人先是互相谦让，太守和刺史都不同意，最后二人同拜尚书郎。所以人们称他们的关系就像胶漆一样坚固。**鸡黍之约**：《后汉书·范式传》记载，东汉，山阳金乡的范式（字巨卿）与汝南张劭（字元伯）是京城洛阳太学里的同学，关系特别要好，后来各自回家。范式约定两年后到张劭家拜访，转眼约期已到，张劭杀鸡煮黍准备待客，他的母亲说："分别两年，千里之外，怎么能相信。"张元伯说："范巨卿是守信的人，一定不会违约。"后来范式果然如期而至。后来用"范张鸡黍"来表示朋友间的信义与深情。⑧**芝兰之室**：比喻贤士所居的地方。**鲍鱼之肆**：比喻恶人所聚集的地方。鲍鱼，腌鱼。⑨**肝胆相照**：比喻朋友之间以诚相待。肝胆则比喻真诚的心。**心腹**：推心置腹的朋友。**意气不孚**：志趣不相同。不孚，不信任。**口头之交**：表面相交，实际上很没诚意。⑩**参商**：参、商两颗星，一个在东面，一个在西面，此出彼没，永远不相见。后来用其比喻人分离不能相见，也用来比喻不和睦。**冰炭**：冰和炭是不能相容的事物，用其比

喻二者不能相容。

译　文

吸取朋友的优点来培养自己的仁德，讲的是依靠朋友；朋友之间的往来交际，是轮流做主人和客人。

你我同心的朋友叫作“金兰”；朋友之间的相互资助叫作“丽泽”。

东家叫作“东主”，师傅叫作“西宾”。

父亲的朋友尊为“父执”；与自己共事的人称为“同袍”。心意相通又以诚相待的朋友称为“莫逆”，老人和年轻的人交朋友称作“忘年”。

“刎颈之交”，说的是战国时期的蔺相如和廉颇生死与共的情谊；“总角之好”，说的是三国时期的孙策和周瑜在孩提的时候就是很好的朋友。

像胶漆一样互相黏合的友谊，说的是雷义和陈重坚不可破的友情；虽然隔了两年依然杀鸡做黍等待好友到来，说的是范式和张劭的约定。

和好人交往，就像进入开满芝兰的屋子，时间久了就闻不到它的芳香味了；和恶人交往，就好像进入卖咸鱼的店铺，时间久了也闻不到它的腥臭味了。

以诚相待，这才是推心置腹的朋友；志趣不同，只可算作口头上的交情。彼此之间的不合，称之为“参商”；你我相互仇视，就像不能兼容的冰炭。

原　文

民之失德，干糇以愆(qiān)；他山之石，可以攻玉①。

落月屋梁，相思颜色；暮云春树，想望丰仪②。

王阳在位，贡禹弹冠以待荐；杜伯非罪，左儒宁死不徇君③。

分首判袂，叙别之辞；拥彗扫门，迎迓(yà)之敬④。

陆凯折梅逢驿使，聊寄江南一枝春；王维折柳赠行人，遂唱阳关三叠曲⑤。

频来无忌，乃云入幕之宾；不请自来，谓之不速之客⑥。

醴(lǐ)酒不设，楚王戊待士之意怠；投辖于井，汉陈遵留客之心诚⑦。

蔡邕(yōng)倒屣以迎宾，周公握发而待士⑧。

陈蕃器重徐稚，下榻相延；孔子道遇程生，倾盖而语⑨。

伯牙绝弦失子期，更无知音之辈；管宁割席拒华歆，谓非同志

之人[10]。

分金多与，鲍叔独知管仲之贫；绨袍垂爱，须贾深怜范叔之窘（jiǒng）[11]。

要知主宾联以情，须尽东南之美；朋友合以义，当展切偲之诚[12]。

注　释

①**民之失德，干糇以愆：**《诗经·小雅·伐木》："民之失德，干糇以愆。"意思就说是人们如果连道德都沦丧了，一块干粮这样一件小事情在朋友间也会引来纠纷。干糇，干粮。愆，差错，失误。**他山之石，可以攻玉：**出自《诗经·小雅·鹤鸣》，比喻别国的贤才可以辅佐本国，就好像其他山上的石头可以用来做琢磨玉器的石头一样。后来则用来比喻能帮助自己改正缺点的外力，一般指朋友。②**落月屋梁：**唐代李白曾被流放到夜郎。杜甫写《梦李白两首》，其中有"落月满屋梁，犹疑见颜色"的诗句。**暮云春树：**杜甫的《春日忆李白》中有这样的诗句："渭北春天树，江东日暮云。"**丰仪：**仪表。③**王阳在位，贡禹弹冠：**汉代的王阳与贡禹是好友，王阳做了官，贡禹也拿出帽子，弹掉上面的灰尘，等待他推荐自己。后来用"弹冠相庆"指因做官而相互庆贺。也泛指利害相同者为某件得意的事情共同庆贺。多含有贬义。**杜伯、左儒：**杜伯、左儒是周宣王时的人。周宣王无缘无故杀害杜伯，左儒力争，后也被杀死。④**分首：**分头，表示两人分开。**判袂：**衣袖分开，也表示朋友离别。**拥彗：**拿扫帚。古人迎接宾客，常拿着扫帚以示敬意。**扫门：**清扫门庭。**迎迓：**迎接。⑤**陆凯折梅：**《荆州记》记载，三国吴陆凯和范晔是好友，后来两人一个在江南，一个居住长安。有一年冬日，刚好从南方来了一个传递公文的驿吏，陆凯便折了一枝梅花，叫驿吏带给范晔，并且附去一首诗："折花逢驿使，寄与陇头人。"后来用此比喻对远方友人表达思念之情。⑥**入幕之宾：**《晋书·郗超传》记载，晋代谢安与王坦之曾去桓温家里议事，桓温叫郗超躲在帐子里听。结果来了一阵风，把帐子吹开，看见郗超，于是谢安笑笑说："郗生可谓入幕之宾矣。"幕，指帷帐。**不速之客：**不请而自来的客人。速，邀请。⑦**醴酒不设：**西汉楚元王与穆生交情很好，穆生不喜欢喝酒，元王每次设宴都为他准备甜酒，后楚王戊继位，开始也常备甜酒，后来渐渐忘了准备甜酒，穆生说："可以离去了。"后来用此来形容对人的敬礼渐渐减少。醴酒，甜酒。**投辖于井：**《汉书·陈遵传》记载，汉代的陈遵，字孟公，喜欢喝酒且十分好客。每次宴请宾客，总是关上门，取下客人车轴的辖投入井中，不让客人走。辖，固定车轮与车轴位置，插入轴端孔穴的销钉。后来用"陈遵投辖"表示主人好客，盛情招待。⑧**倒屣以迎宾：**汉末蔡邕，字伯喈。《三国志·魏书·王粲传》记载，蔡邕富有才名，在朝廷地位很高，家中常常车马盈门，宾客满座。有一天，突然得知王粲上门求见，蔡邕慌得倒拖着鞋子出来迎接，并向众宾客介绍说："王粲有异才，我不如他。"后来用"伯喈倒屣"表示热情迎客。屣也作履，都是对鞋的称呼。**握发而待士：**《韩诗外传》卷三《史记·鲁周公

世家》记载，周公为了招揽天下的贤士，曾经“一沐三握发，一饭三吐哺”。意思是对求见的人不怠慢，即使是正在洗头、吃饭，也立刻停下来接待。后来则用此表示礼贤下士，求才殷切，为国事操劳。⑨**下榻相延**：《后汉书·徐稚传》记载，豫章太守陈蕃很器重隐士徐稚，专门为他准备一个坐榻，徐稚一走，就把坐榻收起来。**倾盖而语**：《孔子家语·致思》记载，孔子在郯地路上遇到程子，两人停车交谈，车盖互相倾斜，双方意见投合，一谈就是一整天。后来用“倾盖而语”来形容朋友相遇亲切交谈，也表示志同道合，一见如故。盖，车盖，形状如伞。⑩**伯牙绝弦**：《吕氏春秋·本味》记载，俞伯牙善于弹琴，钟子期善于听琴，伯牙琴音志在高山，或志在流水，子期都能心领神会，一听便知。子期死后，伯牙不再弹琴，认为世上再没有这样的知音了。后来用“伯牙绝弦”比喻哀悼亡友或慨叹无有知音之苦。**管宁割席拒华歆**：《世说新语·德行》记载，东汉末年，管宁与华歆同席读书。一次，有人乘坐轩车经过门前，管宁读书如故，而华歆却放下书跑出去看。管宁于是将席子割成两半，说：“你不是我要的朋友。”从此与华歆分开坐。后来用“割席”指朋友绝交。⑪**分金多与**：齐国人鲍叔牙曾与管仲一起经商，因管仲家贫，总是多分钱与管仲。**绨袍垂爱**：《史记·范雎蔡泽列传》记载战国时期范雎曾受须贾陷害，惨遭毒打，几乎死去，后改名张禄逃到秦国担任相国。须贾出使秦国，范雎破衣去见，须贾送他一件绨袍。第二天，须贾才发现范雎已担任秦国相国，于是肉袒谢罪。范雎因为须贾赠予绨袍，恋恋有故人之意，所以便宽释了他。后来用“绨袍情”来比喻不忘贫寒旧友。⑫**尽东南之美**：《滕王阁序》说“宾主尽东南之美”，意思是说宾主全都是东南地区优秀的人士。**展切偲之诚**：以诚相待，表示互相切磋、勉励的诚意。

●**蔡邕**

蔡邕，字伯喈，陈留圉（今河南省开封市陈留镇）人，东汉文学家、书法家。权臣董卓当政时拜左中郎将，故后人也称他“蔡中郎”。蔡邕除通经史、善辞赋外，也精于篆、隶等书法。尤以隶书造诣最深，名望最高，有“蔡邕书骨气洞达，爽爽有神力”的评价。

译文

人们如果丧失道德，朋友间连干粮这样的小事情也可能引来纠纷；别的山上的石头可以用来雕琢玉器。

“落月屋梁”是描绘杜甫梦见李白的容颜；“暮云春树”则表达了杜甫想望李白的风采。

王阳当了官，贡禹就弹掉自己帽子上的灰尘等待被推荐做官；杜伯没有罪而被杀，左儒宁愿与朋友一起死也不屈从周宣王。

“分首”和“判袂”是表示朋友告别的词语；“拥彗”和“扫门”，则是迎接客人的到来的敬意。

陆凯折一枝梅花托驿使转给范晔，给朋友寄去江南一枝春色；王维折一根柳条送给即将远行的朋友，于是唱出了《阳关三叠》曲。

经常来往没有避讳的人，称之为“入幕之宾”；不请却自己来的客人，称之为“不速之客”。

宴会不再设醴酒，说明楚王戊对待士人的心意已经不如以前了；把车轴上的销钉丢入井中，说明汉代陈遵挽留客人的心很诚恳。

蔡邕急着迎接客人，把鞋子都穿倒了；周公洗头发的时候，客人来访，他捏着头发就出去了。

陈蕃特别器重名士徐稚，专门设一个坐榻接待他；孔子在路上遇见程生，停车亲密交谈，车盖倾斜相交。

俞伯牙弄断琴弦不再弹琴，是因为钟子期死了，这个世上再也没有能听懂他琴音的人了。

管宁割断席子拒绝和华歆同坐一席读书，是因为他们不是志同道合的人。

分金钱的时候肯让管仲多拿一份，因为鲍叔牙知道管仲家里很贫穷；把绨袍送给范雎，是须贾对他的困窘深表怜悯。

要知道主人和宾客情投意合，就要都是最好的人士；朋友之间的交往要合乎道义，双方都要表现自己的诚意。

婚　姻

原　文

良缘由夙缔，佳偶自天成①。

蹇修与柯人，皆是媒妁之号；冰人与掌判，悉是传言之人②。

礼须六礼之周，好合二姓之好③。

女嫁曰于归，男婚曰完娶④。

婚姻论财，夷虏之道；同姓不婚，周礼则然⑤。

女家受聘礼，谓之许缨；新妇谒祖先，谓之庙见⑥。

文定纳采，皆为行聘之名；女嫁男婚，谓了子平之愿⑦。

聘仪曰雁币，卜妻曰凤占⑧。

成婚之日曰星期，传命之人曰月老⑨。

下采即是纳币，合卺系是交杯⑩。

注　释

①**缘：**缘分，姻缘。**夙缔：**早就注定了。夙，早。缔，结。**偶：**配偶、夫妻。**天成：**上天成就的。②**蹇修：**《楚辞·离骚》中有这样一句话："吾令蹇修以为理。"王逸注："蹇修，伏羲氏之臣也。"而刘良注："令蹇修为媒以通辞理也。"后来称媒人为"蹇修"。《歧路灯》："只为谭宅此时蹇修联影，也就水语聒聪。"**柯人：**《诗经》中写道："伐柯如何？匪斧不克。娶妻如何？匪媒不得。"后来也称媒人为"柯人"。**冰人：**《晋书·索统传》记载，索统通占卜、善解梦，有人梦见自己站在冰上与冰下的人通话，索统解说道："冰上是阳，冰下则为阴，你在冰上与冰下人说话，是为阴阳作媒介。"此人不久果然为人做媒。后来则称媒人为"冰人""冰媒""冰上人""冰台"。**掌判：**《周礼》中有"掌万民之判"的说法。郑玄注："判，半也。得藕为合，主合其半，成夫妇也。"就是把媒人称为"掌判"。**传言：**传话的人，这里指传达男女两家的话，就是我们说的媒人。③**六礼：**指纳采、问名、纳吉、纳征、请期、亲迎等古代婚嫁的六个礼仪程序。**好合：**结合的意思。④**于归：**古时候称女子出嫁为"归"，《诗经》中有"之子于归"的说法。**完娶：**完成娶亲的意思，是婚嫁礼仪的最后一个程序。⑤**夷虏之道：**古代指边远落后民族的愚昧行为。夷虏，古时候对中原以外民族的蔑称。**同姓不婚：**婚姻禁忌，始于周代。同姓不婚是最根本的方法，可以起到维系人伦的作用。⑥**聘礼：**男方派人到女方家送礼品，表示愿意娶女方为妻，女方收下礼品，则表示应允。**许缨：**许婚的意思。缨，绳子。女子同意嫁人，就系上一条绳子，表示已有归属。**谒：**拜见或进见的意思。⑦**文定：**订婚的意思。男方确定婚期后，就把日期写在婚帖上，然后备礼通知女方。**行聘：**下聘礼的意思。**子平之愿：**汉代人向长，字子平，他在女儿出嫁、儿子娶妻之后就去游览五岳名山，再也没有回来。⑧**聘仪：**行聘的礼物。**雁币：**因为雁不再次寻偶，所以将雁作聘礼叫雁币。**凤占：**卜妻的意思。春秋时期，齐国大夫懿氏想把女儿嫁给陈敬仲而占卜吉凶，他的妻子占卜得吉，是"凤凰于飞，和鸣锵锵"。⑨**星期：**农历七月初七。民间传说牛郎织女相会的日子。《诗经》中"三星在天"是用来描写结婚的晚上，后来就把结婚的日子叫作星期。**月老：**月下老人，也称月老。民间传说专门司掌人间婚姻的神仙。⑩**下采：**纳彩礼。男方向女方下聘礼。**合卺：**新人进洞房，揭开新娘盖头行合卺礼。卺，古代结婚时用的酒器。

译　文

美满的姻缘，是由前世的缘分所缔结的；佳妙的配偶，是由上天所撮合的。

蹇修与柯人都是媒人的别号；冰人和掌判都是指传话的媒人。

婚姻的成立要经过周全的六礼，这样才能使两姓结合成美满的婚姻。

女子出嫁称作于归，男子结婚称完娶。

婚姻论财是野蛮民族的愚昧行为，同姓的近亲不结婚，从周代起便是如此。

女方接受聘礼，称为许缨；新妇初入家门，到家庙谒见祖先称为庙见。

问名、纳采都是送聘礼的名词；女出嫁男成婚，了却了向子平素来的心愿。

行聘的礼物叫雁币，占卜婚姻吉凶叫凤占。

成亲的那一天称为星期，成亲有了日子，就预先订立吉期；传达两家的意见，完全要靠媒妁之人从中牵引。

下彩就是送彩礼，合卺就是喝交杯酒。

原　文

执巾栉（zhì），奉箕帚，皆女家自谦之词；娴姆训，习内则，皆男家称女之说①。

绿窗是贫女之室，红楼是富女之居②。

桃夭谓婚姻之及时，摽梅谓婚期之已过③。

御沟题叶，于祐始得宫娥；绣幕牵丝，元振幸获美女④。

汉武对景帝论妇，欲将金屋贮娇；韦固与月老论婚，始知赤绳系足⑤。

朱陈一村而结好，秦晋两国以联姻⑥。

蓝田种玉，雍伯之缘；宝窗选婿，林甫之女⑦。

架鹊桥以渡河，牛女相会；射雀屏而中目，唐高得妻⑧。

至若礼重亲迎，所以正人伦之始；《诗》首好逑，所以崇王化之原⑨。

注　释

①**执巾栉：**侍奉丈夫沐浴梳头。古代用“执巾栉”作为妻子的谦称。**奉箕帚：**拿着撮子扫帚清扫门庭，后来用“箕帚”作为妻子的代称。**娴姆训：**熟悉女教师的训诫。姆，古代指能以妇道教育未出嫁女子的老妇。**习内则：**学习古代贵族妇女侍奉父母、舅姑的礼节，还有贵族子弟侍奉长辈的礼节。②**绿窗：**绿色的窗户，指贫穷女子住的

房子。**红楼**：红色的绣楼，是富家女住的楼阁。白居易有诗："绿窗贫家女，衣上无珍珠。红楼富家女，金缕绣罗襦。"③**桃夭**：《诗经》有"桃之夭夭"名篇。歌颂女子出嫁，后来则用它来描写女子出嫁及时，也泛指男女青年及时娶嫁。**摽梅**：摽，落下的意思。指梅子成熟以后落下来。《诗经》中也有"摽有梅，其实七兮"的句子，来写女子已过了出嫁的年龄。④**御沟题叶**：唐代人于祐曾在皇宫水沟中拾到一片有宫女题诗的树叶，于是于祐也题诗于树叶上，然后让树叶漂回宫中，恰巧又被该女子捡到。后来皇帝放宫女出嫁，于祐与娶回的宫女一谈，才知道此女正是那位与自己互相题诗的宫女。**绣幕牵丝**：唐代宰相张嘉贞想让荆州都督郭元振做他的女婿，于是对郭元振说："我有五个女儿，各拿着一根丝在幕后，你任牵一根，牵到谁，就让她嫁给你。"结果郭元振得到他的三女儿。后来指促成缔结婚姻为牵线或牵丝。⑤**金屋贮娇**：汉武帝刘彻小的时候，其姑母长公主指着左右侍女让他挑妻，他都不要。姑母最后指着自己的女儿阿娇问："阿娇好吗？"刘彻笑着说："好！若得阿娇作妇，当作金屋贮之也。"后来，武帝果然娶阿娇，并立她为皇后。人们用"金屋贮娇"形容宠爱妻妾，也指娶妻或纳妾。**韦固与月老论婚**：韦固，唐朝人，传说唐代韦固年少时路经宋城，看见月光之下有一老人席地而坐，正在那里翻一本书，而他身边则放着一个装满红色绳子的大布袋。只要系到男女双方的脚上，任他们互为仇家、贫富不同或相距再远，也注定要成为夫妻。后来将"月下老人"作为媒人的代称。⑥**朱陈**：古村的名字，村中只有陈姓和朱姓两族人，所以两姓世代联姻。**秦晋**：春秋时期，秦晋两国国君世代互为婚嫁。后称联姻、婚配关系为"秦晋之好"泛指两家联姻。⑦**蓝田种玉**：蓝田为山的名字，在陕西省蓝田县东南。**雍伯**：应为伯雍，即杨伯雍。杨伯雍行孝好义，于是有人送他一颗石头说，种下去可以长出美玉，也可以娶得好妻子。后来杨果然得到了美玉，并用此作为聘礼娶到徐氏娇女。**宝窗选婿**：李林甫为了选女婿，他在墙上开一个暗窗，每有弟子来拜见，就让她的六个女儿在窗下观看，自选女婿。⑧**鹊桥**：传说织女和牛郎情投意合，心心相印，但却被王母分隔在银河两岸，每年只准他们在农历七月初七相会一次。这天晚上由喜鹊架成桥梁，使他们夫妻相会欢聚。**射雀屏**：隋朝窦毅的女儿，才貌出众，窦毅认为自己的女儿不能随便嫁与他人，于是便在屏风上画了两只孔雀，约定射中孔雀眼睛的，就把女儿许配给他。李渊两箭各射中一目，遂迎娶其女（就是后来的窦皇后）。后来用"雀屏射目"来描写选婿或求婚。⑨**至若**：就是至于的意思。**《诗》首好逑**：《诗经》中将"窈窕淑女，君子好逑"放在第一篇。**王化之原**：就是王道教化的本原。

译　文

侍奉梳洗的事情，亲自操持洒扫的工作，是出嫁女儿的自谦之词；娴熟女师的教训，勤习内室的礼仪，是帮助丈夫的贤德，是男家称赞对方女儿的赞语。

绿影遮蔽窗前，可怜悯的是贫穷人家的女子；红楼之间夹着道路，夸奖的是富有人家的女儿。

桃夭是说婚姻及时，摽梅是说已经过了结婚的年龄。

御沟中彼此传递红叶上题写的诗，于祐和宫女韩夫人终成眷属；在幕外牵着红丝线，郭元振有幸娶得美女。

汉武帝儿时曾对景帝说："若得阿娇，当以金屋贮之。"韦固与月老谈起婚姻事，才知道红线系足以成姻缘。

朱、陈两姓居一村，代代结成好姻缘；秦晋两国交好，世世通婚。

蓝田种玉，杨雍伯缔结美妙的姻缘；宝窗下选女婿的，是李林甫的女儿。

喜鹊搭桥，以供牛郎织女渡过银河相会；唐高祖李渊射中屏风上孔雀的眼睛，娶得良妻。

至于说古礼重视亲迎，这是因为婚姻是人伦之始，必须端正；《诗经》将君子好逑列为首篇，正是为了崇尚王道教化的基本源流。

女　子

原文

男子禀乾之刚，女子配坤之顺①。

贤后称女中尧舜，烈女称女中丈夫②。

曰闺秀，曰淑媛，皆称贤女；曰阃（kǔn）范，曰懿德，并美佳人③。

妇主中馈，烹治饮食之名；女子归宁，回家省亲之谓④。

何谓三从，从父、从夫、从子；何谓四德，妇德、妇言、妇工、妇容⑤。

周家母仪⑥**，太王有周姜，王季有太妊（rèn），文王有太姒；三代亡国，夏桀以妹喜，商纣以妲己，周幽以褒姒。**

兰蕙质，柳絮才，皆女人之美誉；冰雪心，柏舟操，悉孀妇之清声⑦。

女貌娇娆，谓之尤物；妇容妖媚，实可倾城⑧。

潘妃步朵朵莲花，小蛮腰纤纤杨柳⑨。

张丽华发光可鉴，吴绛仙秀色可餐⑩。

注释

①**乾**：八卦之一，象征阳性。**坤**：八卦之一，象征阴性。②**女中尧舜**：女子中杰出的人。**烈女**：重义轻生的女子。③**闺秀**：富贵人家有才德的女子。**淑媛**：贤良美貌的女子。**阃范**：内室中的楷模。阃，内室。范，模范。**懿德**：美德。懿，美。④**中馈**：在家中准备食物。⑤**三从、四德**：封建的道德规范。⑥**周家母仪**：古代王后为国母，是妇人的仪表典范。⑦**冰雪心**：古代蒋顺怡有妻周氏，蒋死后，公婆想让周氏改嫁，周氏作诗“瑶池故冰雪，为妾作心肝”表示自己清白不嫁的决心。**柏舟操**：古代卫国孀妇共姜曾作诗“泛彼柏舟，在彼中河。髧彼两髦，实维我仪”表示自己不嫁的决心。⑧**妖娆**：柔美妩媚。**尤物**：美貌的女子。**倾城**：使一城人倾倒。⑨**潘妃步**：南齐东昏侯曾经凿金为莲花，贴在地上，让潘妃在上面行走，称为步步生莲。**小蛮**：唐代诗人白居易的妾，善舞。⑩**张丽华**：陈后主的妃子。**吴绛仙**：隋炀帝的妃子。

译文

男子具有乾体的刚强，女子当配合坤德的柔顺。

贤德的皇后辅佐治国，堪称女中的尧舜；重义轻生的女子具有须眉的气概，可称为女中的丈夫。

闺秀、淑媛都是称呼淑女的名词，阃范、懿德都是对美女的称赞。

妇主中馈是说女子主持家中烹饪饮食之事，可以见得内助的贤能；女子归宁，是女儿回娘家看望父母的意思。

什么叫作三从？就是在家时从父，出嫁后从夫，夫死后从子。什么叫作四德？就是妇德要温柔，妇容要整洁，妇言要慎重，妇功要勤习。

姬周母后仪范，足以垂训世人的，有太王的周姜，有王季的太妊，有文王的太姒。三个朝代国家灭亡，夏桀为了妺喜，商纣为了妲己，周幽王为了褒姒。

幽兰的气质，蕙草的芳心，都是美人的赞美之辞；像柏一样的耐寒苦，像冰霜一样的志节操守，是譬喻寡妇坚贞清白的名声。

女子的容貌娇美称作尤物；妇人的仪容婉媚可比喻为倾城。

潘妃走在金莲花上，步步生莲花。小蛮的细腰肢，纤纤有如杨柳摇曳生姿。

张丽华头发的光润，可以照见容颜；吴绛仙秀丽的面容，使人观之忘饥。

原文

丽娟气馥如兰，呵气结成香雾；太真泪红于血，滴时更结红冰①。

孟光力大，石臼可擎；飞燕身轻，掌上可舞②。

至若缇萦上书而救父，卢氏冒刃而卫姑，此女之孝者③；

侃母截发以延宾，村媪杀鸡而谢客，此女之贤者④；

韩玖英恐贼秽而自投于秽，陈仲妻恐陨德而宁陨于崖，此女之烈者⑤；

王凝妻被牵，断臂投地，曹令女誓志，引刀割鼻，此女之节者⑥；

曹大家续完汉帙(zhì)，徐惠妃援笔成文，此女之才者⑦；

戴女之练裳竹笥(sì)，孟光之荆钗裙布，此女之贫者⑧；

柳氏秃妃之发，郭氏绝夫之嗣，此女之妒者⑨；

贾女偷韩寿之香，齐女致袄庙之毁，此女之淫者⑩；

东施效颦而可厌，无盐刻画以难堪，此女之丑者⑪。

自古贞淫各异，人生妍丑不齐⑫。

是故生菩萨、九子母、鸠盘荼，谓妇态之更变可畏；钱树子、一点红、无廉耻，谓青楼之妓女殊名⑬。

此固不列于人群，亦可附之以博笑。

注　释

①**丽娟**：汉光武帝的宫女，玉肤柔软，吹气如兰。**太真**：即杨贵妃。②**孟光**：汉代梁鸿的妻子。详见《夫妇》章。**飞燕**：赵飞燕，汉成帝的皇后。③**缇萦**：汉代淳于意的女儿，自愿入宫当奴隶，赎父亲的罪。**卢氏**：唐代郑义宗的妻子卢氏，在强盗打劫其家时，冒着被打死的危险保护婆婆。④**侃母截发以延宾**：晋代陶侃的母亲剪发换酒招待客人。**村媪**：村妇。传说汉武帝微服私访，晚上到柏谷村，人们以为是盗贼，村中有一个老妇说："客非常人。"于是杀鸡表示歉意。⑤**韩玖英**：唐代妇女韩玖英恐怕被强盗抓住受辱，就跳入粪坑中弄脏身体，强盗就放过了她。**陈仲**：唐代人。他的妻子张氏与两个嫂子遇到强盗，恐怕受辱，就跳崖而死。⑥**王凝**：五代人王凝的妻子手臂被店主人抓住过，就用斧头自断手臂。**曹令女**：夏侯文宁之女，名令，嫁给曹文叔，后守寡，用刀割鼻以示自己不再嫁的决心。⑦**曹大家**：即班昭，汉代班固的妹妹，嫁曹世叔，早寡，接续完成了班固著的《汉书》。皇帝称赞她为曹大家。**徐惠妃**：唐代徐孝德的女儿，名惠，八岁提笔成文，后为唐太宗的妃子。⑧**戴女之练裳竹笥**：东汉戴良的女儿出嫁，只用白布衣服竹箱作为嫁妆。⑨**柳氏**：指唐代任环的妻子柳氏，

柳氏要将皇帝赏给任环的两名美女头发剪掉，皇帝于是让这两名美妇另室而居。**郭氏：**晋代贾充的妻子郭氏生了孩子，请乳母抚养，贾充看望儿子，郭氏以为贾充与乳母有私情，就鞭杀乳母，结果儿子因为思念乳母而死。⑩**贾女：**贾充的女儿偷皇帝赐给贾充的香送给韩寿，与他私通，被贾充发觉，贾充就将女儿嫁给了韩寿。**齐女：**北齐公主与乳母的儿子相约在祆庙中相会，乳母的儿子先到，睡着了，公主来后，将小时候两人同玩的玉环丢在乳母儿子身上，乳母的儿子醒来后，欲火中烧，就放一把火将祆教的庙烧掉了。⑪**东施、无盐：**都是古代丑女的名字。⑫**妍：**美丽。⑬**妇态之变更：**相传唐代裴炎曾经说："妻子有三可怕，年轻时如活菩萨，中年儿子满前如九子母，老年面貌或青或黑如鸠盘荼。"

译　文

丽娟气息芬芳如同兰花，呵气能凝成香雾。杨太真的眼泪比血红，滴下时竟结成红冰。

孟光的力气大，可以举起石臼；赵飞燕的身子轻，可以在手掌上跳舞。

讲到缇萦上皇帝书愿为官婢以救父亲，卢氏面对刀刃保护婆母，这些都是女性中最孝顺的。

陶侃的母亲剪发换酒款待宾客，村妇备具酒肴供应宾客——微服私访的汉武帝，这些都是女性中有贤德的。

韩玖英怕遭贼污辱而自投于粪坑，陈仲的妻子唯恐有损贞操而坠崖自杀，这些都是女中之贞烈者。

王凝的妻子李氏，被人拉了手臂，便取斧自断手臂；曹文叔妻夏侯令早寡无子，以刀割鼻矢志不改嫁，这是女性中最贞节的。

曹大家继续完成了汉书，徐惠妃能援笔成文，这是女流中最有才能的。

戴良的女儿出嫁，嫁妆之中只有薄绢的衣服和竹做的箱子；孟光的荆条钗饰粗布衣裙，这是女性中最俭朴清贫者。

柳氏妒恨艳妃，便弄秃了夫妾的头发；郭氏断绝了丈夫的后代，这是女子中嫉妒的。

贾女私窃异香送给韩寿，齐女导致了祆庙的烧毁，

●班昭

班昭，名姬，字惠班，扶风安陵（今陕西咸阳东北）人。东汉史学家，史学家班彪女、班固与班超之妹，博学高才，嫁同郡曹寿，早寡。善赋颂，作《东征赋》《女诫》。班昭为中国第一位女历史学家。

这是女性中最淫荡的。

东施效颦，令人看了厌恶；无盐的貌丑，一经描绘更觉得难以入目，这是女中最丑者。

自古以来女子的贞淫不同，美丑各异。

所以活菩萨、九子母、鸠盘荼，是说女人容貌的变化令人害怕；摇钱树、一点红、无廉耻，是青楼中妓女的别名。

这些人固然被人们看不起，也可以附在这里让人一笑。

外戚

原文

帝女乃公侯主婚，故有公主之称；帝婿非正驾之车，乃是驸马之职[①]。

郡主县君，皆宗女之谓；仪宾国宾，皆宗婿之称[②]。

旧好曰通家，好亲曰懿戚[③]。

冰清玉润，丈人女婿同荣；泰山泰水，岳父岳母两号[④]。

新婿曰娇客，贵婿曰乘龙[⑤]。

赘婿曰馆甥，贤婿曰快婿[⑥]。

凡属东床，俱称半子[⑦]。

女子号门楣，唐贵妃有光于父母；外甥称宅相，晋魏舒期报于母家[⑧]。

共叙旧姻，曰原有瓜葛之亲；自谦劣戚，曰忝在葭莩之末[⑨]。

大乔小乔，皆姨夫之号；连襟（mèi）连袂，亦姨夫之称[⑩]。

蒹葭依玉树，自谦借戚属之光；茑（niǎo）萝施乔松，自幸得依附之所[⑪]。

注释

①**公侯**：皇帝的同宗。**驸马**：原是官名，管理副驾之车，东晋以后专指皇帝之婿。②**郡主**：唐宋太子诸王之女称郡主。明清亲王之女称郡主。**县君**：古代妇女封号。唐五品官妻子封县君，明清只有宗室女仍称县君。**仪宾、国宾**：指与天子同姓诸侯的女

婿，取其作王府宾客的意思。③**通家**：世代交好。**懿戚**：懿，美好。指皇室的宗亲和外戚。④**冰清玉润**：晋代乐广和他的女婿卫玠都很有名声，被人们分别称赞为冰清、玉润。**泰山泰水**：因泰山上有丈人峰，而泰水又依山而流，所以称岳父、岳母为泰山、泰水。⑤**娇客**：对女婿的爱称。**乘龙**：东汉时，孙儁与李膺都娶了太尉桓焉的女儿为妻，因孙与李是当时英伟出众的人物，人们羡慕地说桓家二女都嫁得佳婿，有如乘龙。后用“乘龙佳婿”赞美女婿，也用作誉称别人的女婿。⑥**赘婿**：就婚于女家的男子。**馆甥**：《孟子·万章下》：“舜尚见帝，帝馆甥于贰室。”赵岐注：“谓妻父曰外舅，谓我舅者吾谓之甥。尧以女妻舜，故谓舜甥。”后以“馆甥”指赘婿的住处或女婿家。**快婿**：称心如意的女婿。⑦**东床**：晋代郗鉴让门生到王导家去求亲，王导让他到东厢遍观王家子弟，门生回去报告说：“王家的子弟都不错，只是有一个人躺在东床上，露着肚子吃胡饼，像什么都没听见一样。”郗鉴说：“这个人就是我的女婿。”再去一问，原来东边床上的那个人就是王羲之。后用东床代指女婿。**半子**：指女婿。⑧**门楣**：门框上的横木，门面的意思。**宅相**：住宅有好风水。晋代魏舒被外公宁氏抚养，人们称宁家住宅要出宝贵的外甥。⑨**瓜葛**：瓜藤。比喻辗转相连的亲戚关系。**忝**：荣幸，自谦之词。⑩**大乔小乔**：三国时乔公的两个女儿，嫁孙策者称大乔，嫁周瑜者称小乔。**连襟连袂**：姊妹丈夫的互称或合称。⑪**蒹葭依玉树**：三国时期，黄门侍郎夏侯玄一表人才，有玉人之称。他自视甚高，很有傲气。驸马都尉毛曾相貌丑陋，令人生厌，魏明帝叫他们坐在一起，夏侯玄感到耻辱，毛曾则喜形于色。时人称之为蒹葭依玉树。后以“蒹葭依玉树”喻高攀，也用作借别人的光的客套话。**茑萝施乔松**：茑草与女萝依附于松树上。茑、萝，寄生草。

译　文

皇帝的女儿出嫁是由公侯主婚，所以皇帝的女儿称“公主”；皇帝的女婿不能在中央驾车，所以称为“驸马”。

“郡主”和“县君”是对皇帝同宗女儿的称谓；“仪宾”“国宾”是对同宗女婿的称谓。

世代交好叫“通家”；皇室宗亲称“懿戚”。

“冰清玉润”是说丈人和女婿品行高洁；“泰山”“泰水”是称呼岳父、岳母。

新婚的女婿称作“娇客”；称心的佳婿叫“乘龙”。

入赘的女婿叫作“馆甥”；有贤德的女婿叫“快婿”。

凡是女婿都是半个儿子。

女子被称为“门楣”，杨贵妃使父母得到了荣耀；外甥被称为“宅相”，晋代魏舒期望以显贵来报答母家。

共叙旧时姻亲，便说原有瓜葛之亲；自谦是无所作为的亲戚，说处在葭莩之末。

“大乔”“小乔”指代姐妹的丈夫；“连襟”“连袂”也是对姐妹丈夫的称呼。

兼葭傍依玉树，是自谦借了亲戚的荣光；茑萝依附在松树上，是自己庆幸得到了可以依靠的亲戚。

老幼寿诞

原 文

不凡之子，必异其生；大德之人，必得其寿①。

称人生日，曰初度之辰；贺人逢旬，曰生申令旦②。

三朝洗儿，曰汤饼之会；周岁试周，曰晬盘之期③。

男生辰曰悬弧令旦，女生辰曰设帨(shuì)佳辰④。

贺人生子，曰嵩岳降神；自谦生女，曰缓急非益⑤。

生子曰弄璋，生女曰弄瓦⑥。

梦熊梦罴，男子之兆；梦虺梦蛇，女子之祥⑦。

梦兰叶吉，郑文公妾生穆公之奇；英物称奇，温峤闻声知桓温之异⑧。

姜嫄生稷，履大人之迹而有娠；简狄生契，吞玄鸟之卵而叶孕⑨。

麟吐玉书，天生孔子之瑞；玉燕投怀，梦孕张说之奇⑩。

注 释

①**异其生**：古人认为不凡的人出生时有异象。**大德之人**：具有高尚品德的人。②**初度**：指初生之时。**逢旬**：逢十的生日。**生申**：周代贤臣申伯的降生。**令旦**：好日子。③**三朝洗儿**：婴儿出生第三天要洗身，并招待亲友吃汤饼。**晬盘**：孩子满一岁，举行抓周仪式。晬，婴儿满百日或一岁之称。④**悬弧**：古时有一种风俗，生儿子时要在家门的左边悬挂一张弓（弧），后以“悬弧”指生男。**设帨**：生了女孩在门右挂一块佩巾。⑤**缓急非益**：汉代淳于意有五个女儿，曾说“生女缓急非益”，意思是危急时没什么益处。⑥**弄璋、弄瓦**：古代生儿子让他玩玉，生女儿让她玩纺锤（即瓦），后为生男生女的代称。⑦**熊、罴**：古代认为熊、罴是属阳的动物。**虺、蛇**：古代认为虺、蛇都是属阴的动物。⑧**梦兰叶吉**：梦见兰叶属吉祥之兆。古代郑文公的妾梦见天使送

她兰花，后来果然生下郑穆公。**温峤：**晋代桓温一岁时，温峤听见他的哭声，就称赞他是奇才。⑨**稷：**即后稷。后稷是古代农业的开发者，传说姜嫄踩了巨人的脚印后生下后稷。**简狄生契：**契是舜时的大臣，相传简狄吞下一枚玄鸟蛋而生下契。⑩**麟吐玉书：**传说孔子出生前，有麒麟吐出玉书，书上说："水精之子，继衰周而为素王。"**玉燕投怀：**唐代张说的母亲梦见一只玉燕投入怀中，于是怀孕生下张说。

译文

不同凡响的人，其出生时必有特异之处；有崇高品德的人，必定能享高寿。

称别人生日叫"初度之辰"；祝贺别人逢十的生日叫"生申令旦"。

婴儿出生三日替他沐浴，请亲友宴庆，称为"汤饼之会"；孩子周岁时用盘盛物抓周，所以称女子的生日叫作"晬盘之期"。

男孩出生要在家门的左边悬挂一张弓，所以称男子的生日叫"悬弧令旦"；女孩出生要在门右放一块佩巾，所以称女子的生日叫"设帨佳辰"。

祝贺他人生儿子，说是"嵩岳降神"；自谦说生了女儿，说是"缓急非益"。

生男孩叫"弄璋"，生女孩叫"弄瓦"。

梦中见到熊和罴都是生男孩的吉兆；梦见虺和蛇都是生女儿的祥征。

梦见兰花预示吉祥，郑文公之妾曾有因梦兰而生穆公之奇事；英杰人物都奇特不凡，温峤听见幼年桓温的哭声便知他必定异于常人。

姜嫄踩着巨人的足迹而受孕，生下周族始祖稷；简狄吞食了玄鸟蛋而怀孕，生下商族始祖契。

孔子诞生前，有麒麟吐出玉书，这是上天降下的祥瑞；张说出生不凡，他的母亲在生他前，曾梦见一只玉燕投入怀中。

原文

弗陵太子，怀胎十四月而始生；老子道君，在孕八十一年而始诞①。

晚年得子，谓之老蚌生珠；暮岁登科，正是龙头属老②。

贺男寿曰南极星辉，贺女寿曰中天婺(wù)焕③。

松柏节操，美其寿元之耐久；桑榆晚景，自谦老景之无多④。

矍铄称人康健，聩眊自谦衰颓⑤。

黄发儿齿，有寿之征；龙钟潦倒，年高之状⑥。

日月逾迈，徒自伤悲；春秋几何，问人寿算⑦。

称少年曰春秋鼎盛，羡高年曰齿德俱尊[8]。

行年五十，当知四十九年之非；在世百年，那有三万六千日之乐。

百岁曰上寿，八十曰中寿，六十曰下寿；八十曰耋(dié)，九十曰耄(mào)，百岁曰期颐[9]。

童子十岁就外傅，十三舞勺，成童舞象；老者六十杖于乡，七十杖于国，八十杖于朝[10]。

后生固为可畏，而高年尤是当尊[11]。

注　释

①**弗陵太子**：汉武帝的太子刘弗陵，怀了十四个月才生出来。**老子道君**：传说老子的母亲怀孕八十一年，才从肋下生下他，一生下头发就是白的，所以叫老子。②**老蚌生珠**：比喻老年得子。**暮岁登科**：暮年考中状元。**龙头**：状元是进士考试的第一名，称为龙头。③**南极星辉**：《汉书·天文志》载：老人星在南面，又称为南极星。**中天婺焕**：婺，即女宿，二十八宿之一。故“中天婺焕”指贺女寿。④**松柏节操**：松树与柏树，枝繁叶茂，经冬不凋。**寿元**：寿命和元气。**桑榆晚景**：太阳余光照在桑树和榆树上的投影。⑤**矍铄**：精神健旺。**聩眊**：耳聋眼花。⑥**黄发儿齿**：指老人头发变黄，长出小儿一样的牙齿。**潦倒**：体弱多病的样子。⑦**日月逾迈**：指时光流逝。**春秋几何**：年纪多少。春秋，用来指年龄。⑧**春秋鼎盛**：指年富力强的时候。**齿德俱尊**：年龄和品德都高。⑨**耋**：八十岁的年纪。**耄**：九十岁的年纪。⑩**就外傅**：到外面求学。**舞勺、舞象**：舞勺为儿童所习的一种乐舞。勺，一种乐器。舞象是成童所习的乐舞，是一种武舞。⑪**后生固为可畏**：青年人值得敬畏。**高年尤是当尊**：年事已高的人应当尊重。

●老子

老子即李耳，字聃，一字或曰谥伯阳。汉族，楚国苦县(今河南省鹿邑)人，我国古代伟大的哲学家和思想家、道家学派创始人。

译　文

汉武帝妃怀胎十四个月而生下弗陵太子；老子在母腹中孕育了八十一年，才诞生人世。

晚年才得儿子称为“老蚌生珠”，头发苍白了才考中进士称作“龙头属老”。

祝贺男子之寿说“南极星辉”；祝贺女子之寿说“中天婺焕”。

品节操守犹如松柏，是赞颂别人长寿健康；暮年景色好像日落桑榆，自谦年老来日无多。

“矍铄”是称赞老者健康，“聩眊”是自叹精力衰颓。

头发由白变黄，牙齿掉而复长是长寿的象征；老态龙钟和潦倒是年高体弱的情状。

时光流逝令人感叹伤悲；“春秋几何”这是请问别人年龄的说法。

“春秋鼎盛”是称赞别人年少；“齿德俱尊”是称羡慕别人年高。

活到了五十岁，应当知道前四十九年的过失；人活百年哪有三万六千天都是快乐如意的。

人有上寿、中寿、下寿的区分，百岁为上寿，八十岁是中寿，六十岁是下寿；人活到八十岁叫作“耋”，九十岁叫作“耄”，一百岁称为“期颐”。

儿童年满十岁就外出拜师求学，十三岁时学习文舞，十五岁以上练习武舞。老人六十岁可以在乡里拄杖，七十岁可以在城邑里拄杖，八十岁可以在朝廷里拄杖。

年轻人固然值得敬畏，而老年人更应该受到尊敬。

身　体

原　文

百体皆血肉之躯，五官有贵贱之别①。

尧眉分八彩，舜目有重瞳(tóng)②。

耳有三漏，大禹之奇形；臂有四肘，成汤之异体③。

文王龙颜而虎眉，汉高斗胸而隆准④。

孔圣之顶若圩(wéi)，文王之胸四乳⑤。

周公反握，作兴周之相；重耳骈胁，为霸晋之君⑥。

此皆古圣之英姿，不凡之贵品。

至若发肤不可毁伤，曾子常以守身为大；待人须当量大，师德贵于

唾面自干[7]。

谗口中伤，金可铄而骨可销；虐政诛求[8]，敲其肤而吸其髓。

受人牵制曰掣肘，不知羞愧曰厚颜。

好生议论，曰摇唇鼓舌；共话衷肠，曰促膝谈心。

怒发冲冠，蔺相如之英气勃勃；炙手可热，唐崔铉（xuàn）之贵势炎炎[9]。

貌虽瘦而天下肥，唐玄宗之自谓；口有蜜而腹有剑，李林甫之为人[10]。

注　释

①**百体**：指身体的各器官。②**重瞳**：眼中有两颗瞳仁。③**三漏**：三个耳孔。**四肘**：四个肘关节。④**斗胸**：胸膛像斗一样。**隆准**：高鼻梁。⑤**圩**：本指洼田四周的堤埂，这里指人的头顶中间低四周高。⑥**反握**：手掌柔软，可以握住连接的手腕。**骈胁**：肋骨连接在一起。⑦**守身为大**：曾子认为，身体发肤，受之父母，应该爱护自己的身体，不可毁伤。**唾面自干**：唐人娄师德认为人应该宽宏大量，就算被人唾在脸上，也应该让唾沫自干，不作任何反抗。⑧**诛求**：苛求。⑨**蔺相如**：战国时期赵国人，曾出使秦国，斥责秦王不守信用而怒发冲冠。**崔铉**：唐朝宰相，当时权势很大，时人谓之“炙手可热”。⑩**李林甫**：唐朝宰相，为人阴险狡诈，嘴上一套背后一套，时人称他口蜜腹剑。

译　文

身体的各种器官都是由血肉组成的，从人的五官上就可以看出贵贱之别。

相传尧的眉毛分为八种色彩，舜的眼中有两颗瞳仁。

耳朵上有三个耳孔，这是大禹令人称奇之处；胳膊上有四个关节，这是成汤与众不同之处。

周文王有像龙一样的额头和虎一样的眉毛，汉高祖有像斗一样的胸膛和高高的鼻梁。

孔子的头像“圩”一样呈凹形，周文王的胸有四个乳头。

周公的手掌柔软，能够反过来握拳，后来成为振兴周的国相；重耳的肋骨连接在一起，最后成为晋国的君主，称霸天下。

这些都是古代圣贤的英姿，超凡脱俗的品相。

至于连头发、皮肤都不能毁伤，像曾子那样，认为身体发肤受之父母，常常把守护身体当作一件大事；对待别人应该宽宏大量，就像娄师德那样，就算被人唾在脸上，也应该让唾沫自干，不作任何反抗。

中伤别人的谗言可以使金石熔化，也可以使骨肉毁灭；横征暴敛的残酷统治，就像敲打人的肌肤吸吮人的骨髓一样。

做事被别人牵制叫作“掣肘”，不知羞愧叫作“厚颜”。

喜欢议论别人，叫作“摇唇鼓舌”；一起倾诉感情，叫作“促膝谈心”。

“怒发冲冠”，是蔺相如斥责秦王不守信用时的英勇气概；“炙手可热”，是人们形容唐代崔铉贵为宰相时的咄咄权势。

自己的容貌虽然瘦了，却让天下百姓得到了利益，这是唐玄宗形容自己的话；口中说着甜蜜的话，肚子里却拔剑相向，这是人们形容奸相李林甫的为人。

原　文

赵子龙一身都是胆，周灵王初生便有须[①]。

来俊臣注醋于囚鼻，法外行凶；严子陵加足于帝腹，忘其尊贵[②]。

久不屈兹膝，郭子仪尊居宰相；不为米折腰，陶渊明不拜吏胥[③]。

断送老头皮，杨璞得妻送之诗；新剥鸡头肉，明皇爱贵妃之乳[④]。

纤指如春笋，媚眼若秋波。

肩曰玉楼，眼名银海；泪曰玉箸，顶曰珠庭。

歇担曰息肩，不服曰强项。

丁谓与人拂须，何其谄也；彭乐截肠决战，不亦勇乎[⑤]？

剜肉医疮，权济目前之急；伤胸扪足，计安众士之心[⑥]。

汉张良蹑足附耳，东方朔洗髓伐毛[⑦]。

尹继伦，契丹称为黑面大王；傅尧俞，宋后称为金玉君子[⑧]。

土木形骸，不自妆饰；铁石心肠，秉性坚刚。

叙会晤曰得挹（yì）芝眉，叙契阔曰久违颜范[⑨]。

请女客曰奉迓金莲，邀亲友曰敢攀玉趾[⑩]。

侏儒谓人身矮，魁梧称人貌奇。

龙章凤姿，廊庙之彦；獐头鼠目，草野之夫。

恐惧过甚，曰畏首畏尾；感佩不忘，曰刻骨铭心。

貌丑曰不扬，貌美曰冠玉。

足跛曰蹒跚，耳聋曰重听。

期期艾艾，口讷之称；喋喋便便，言多之状。

可嘉者小心翼翼，可鄙者大言不惭。

腰细曰柳腰，身小曰鸡肋。

注 释

①**赵子龙：**即赵云。**周灵王：**姓姬，名泄心，周简王之子，传说他出生时就长有胡子。②**来俊臣：**唐武则天时的酷吏，惯用各种酷刑逼人招供。**严子陵：**汉严光，字子陵，少时与刘秀是非常要好的朋友。刘秀当上皇帝后，严子陵因讨厌做官，隐居于山间。一次刘秀召严子陵入朝叙旧，彻夜长谈，共卧一榻，严子陵酣睡中将脚伸到刘秀的肚子上。第二天太史上奏说："客星犯御座甚急！"刘秀笑曰："朕故人严子陵共卧耳！"③**郭子仪：**唐代大臣，平定安史之乱中厥功至伟，后官至宰相，享有崇高的威望和声誉，世人谓之"权倾天下而朝不忌，功盖一代而主不疑"。魏博节度使田承嗣曾向他下拜说："我的膝盖已有十年没弯曲了，今天是为宰相您才下拜。"**陶渊明：**陶渊明曾为彭泽县令，郡里官员要来，按礼仪他须穿戴整齐行叩头拜见礼。陶渊明为人刚直，说："我岂能为了五斗米的官俸而折腰？"于是弃官回家，并且为此作了一篇《归去来兮辞》。④**杨璞：**北宋隐士，曾应宋真宗之召到京城，他不愿为官，在回答宋真宗问话时，诡称临行时其妻赠给他诗说："更休落魄耽杯酒，且莫猖狂爱咏诗。今日捉将官里去，这回断送老头皮。"宋真宗听后大笑，于是放他归隐。**鸡头肉：**即新鲜芡实，果实呈小圆球形，上尖端突起，形如鸡头。相传杨贵妃有次出浴后对镜梳妆，衣衫滑落，微露一乳，明皇扪弄曰："软温新剥鸡头肉。"安禄山在旁对曰："滑腻初凝塞上酥。"明皇笑曰："信是胡儿只识酥。"⑤**丁谓：**北宋大臣，字谓之，长洲（今江苏苏州）人。他狡黠过人，善于揣摩人意。寇准任宰相时，他任参知政事，即副宰相。丁谓对寇准毕恭毕敬。一次吃饭时，有汤落在寇准的胡须上，丁谓起而为之揩拂，寇准笑曰："参政，国之大臣，乃为长官拂须耶？"说得丁谓既羞又恼，对寇准心生怨恨。**彭乐：**南北朝时著名将领，曾率东魏军与宇文泰的西魏军交战，被敌刺伤，肠子流出，他将肠子截断，继续冲战。⑥**伤胸扪足：**楚汉战争时，刘邦与项羽在阵前对骂，项羽用箭射中刘邦胸部，刘邦为安定军心，捂住脚说："敌人射中了我的脚趾。"⑦**蹑足附耳：**韩信平定齐国后，写信给刘邦，想要为齐代王，此时刘邦正被项羽围困，见信大怒，欲斥责使者，张良暗中踩了刘邦的脚，并在他耳边陈述利害，刘邦听从张良建议，直接封韩信为齐王。**洗髓伐毛：**相传东方朔曾遇见一位黄眉翁，黄眉翁称自己已有九千岁，每三千年洗一次骨髓，每两千年剥皮去一次毛。⑧**尹继伦：**北宋大将，多次打败契丹人。因其面黑，契丹人称他为"黑面大王"。**傅尧俞：**北宋大臣，清直无私，直言朝政，人称金玉君子。⑨**挹芝眉：**唐代隐士元德秀，字紫芝，风度飘逸。房琯曾赞赏说："见紫芝眉宇，使人名利之心都尽。"见《新唐书·元德秀传》。**契阔：**久别之意。

颜范：赞美别人面容可以作人的模范。⑩**奉迓**：迎接。奉，敬称。**金莲**：古时称女子裹的小脚为金莲。

译 文

赵云骁勇善战，被刘备称赞为“子龙一身都是胆”；周灵王刚出生时就长有胡须。

来俊臣把醋灌在囚犯的鼻子里，这是违法行凶的事；严子陵睡梦中把脚伸到光武帝刘秀的肚子上，忘记了刘秀已经贵为皇帝。

田承嗣很少向别人下拜，却向郭子仪屈膝跪拜；陶渊明不愿为五斗米而折腰，于是辞官归隐。

“断送老头皮”，这是宋代杨璞的妻子送给他诗里的一句；“新剥鸡头肉”，这是唐明皇形容杨贵妃乳房的用语。

手指纤细，就像春笋一样；眼神妩媚，就像秋波一样。

肩膀又称“玉楼”，眼睛又名“银海”；眼泪叫作“玉箸”，额顶又名“珠庭”。

把担子放下休息叫作“息肩”，不肯屈服于人叫作“强项”。

丁谓替寇准拂拭胡须上沾的汤，这是何其的谄媚啊！彭乐把被敌人刺出的肠子截断继续与敌决战，这是何等的英勇啊！

“剜肉医疮”，只能暂时缓解目前的窘境；“伤胸扪足”，这是刘邦安定人心的计策。

汉代的张良曾经蹑足附耳，为刘邦献计献策；东方朔曾经遇到奇人黄眉翁，据说可以每三千年洗一次骨髓，每两千年剥皮去一次毛。

北宋大将尹继伦多次打败契丹人，契丹人称他为“黑面大王”；北宋大臣傅尧俞敢于直抨朝政，太后称他为“金玉君子”。

“土木形骸”是形容人的身体不用额外妆饰；“铁石心肠”是形容人的秉性坚毅刚强。

跟君子会晤，说“得挹芝眉”；久别重逢，说“久违颜范”。

邀请女性宾客叫作“奉迓金莲”，邀请亲朋好友叫作“敢攀玉趾”。

“侏儒”是指人身材矮小，“魁梧”是说人相貌奇特。

“龙章凤姿”的人一定是朝廷中的杰出君子；“獐头鼠目”的人一定是田野中的无用小人。

过度的恐惧叫作“畏首畏尾”，感念别人的恩情叫作“刻骨铭心”。

形容相貌丑陋，叫作“不扬”；形容相貌俊美，叫作“冠玉”。

走路一瘸一拐，叫作“蹒跚”；形容耳聋之人，叫作“重听”。

“期期艾艾”是形容不善言辞的样子，“喋喋便便”是形容善于言辞的样子。

做事小心翼翼，这是令人称赞的；说话大言不惭，这是令人鄙视的。

形容腰肢纤细，叫作“柳腰”；形容身材瘦小，叫作“鸡肋”。

原　文

笑人齿缺，曰狗窦大开；讥人不决，曰鼠首偾(fèn)事[①]。

口中雌黄，言事而多改移；皮里春秋，胸中自有褒贬[②]。

唇亡齿寒，谓彼此之失依；足上首下，谓尊卑之颠倒。

所为得意，曰吐气扬眉；待人诚心，曰推心置腹。

心慌曰灵台乱，醉倒曰玉山颓[③]。

睡曰黑甜，卧曰息偃。

口尚乳臭，谓世人年少无知；三折其肱(gōng)，谓医士老成谙(ān)练。

西子捧心，愈见增妍；丑妇效颦，弄巧反拙。

慧眼始知道骨，肉眼不识贤人。

婢膝奴颜，谄容可厌；胁肩谄笑，媚态难堪。

忠臣披肝，为君之药；妇人长舌，为厉之阶[④]。

事遂心曰如愿，事可愧曰汗颜。

人多言曰饶舌，物堪食曰可口。

泽及枯骨，西伯之深仁；灼艾分痛，宋祖之友爱[⑤]。

唐太宗为臣疗病，亲剪其须；颜杲卿骂贼不绝，贼断其舌[⑥]。

不较横逆，曰置之度外；洞悉虏情，曰已入掌中。

马良有白眉，独出乎众；阮籍作青眼，厚待乎人[⑦]。

咬牙封雍齿，计安众将之心；含泪斩丁公，法正叛臣之罪[⑧]。

掷果盈车，潘安仁美姿可爱；投石满载，张孟阳丑态堪憎[⑨]。

事之可怪，妇人生须；事所骇闻，男人诞子。

求物济用，谓燃眉之急；悔事无成，曰噬(shì)脐(qí)何及。

情不相关，如秦越人之视肥瘠；事当探本，如善医者只论精神[⑩]。

无功食禄，谓之尸位素餐；谫劣无能，谓之行尸走肉[⑪]。

老当益壮，宁知白首之心；穷且益坚，不坠青云之志。

一息尚存，此志不容少懈；十手所指，此心安可自欺[12]。

注　释

①**偾事**：败事，把事情搞砸。②**口中雌黄**：随口更改说得不恰当的话。形容言语前后矛盾，没有一定见解。《晋书·王衍传》："义理有所不安，随即改更，世号口中雌黄。"雌黄，即鸡冠石，黄赤色，过去写字用黄纸，写错了就用雌黄涂抹后重写。**皮里春秋**：孔子编《春秋》，对历史人物和事件往往寓有褒贬而不直言，这种写法称为"春秋笔法"。指藏在心里不说出来的言论。晋代名士褚裒，外表不露好恶，不肯随便表示赞成或反对，心中却存有褒贬，桓彝说他"有皮里春秋"。因晋简文帝之母名春，为了避讳，改"春"为"阳"，因此又叫"皮里阳秋"。见《晋书·褚裒传》。③**灵台**：指心，心灵。《庄子·庚桑楚》："不可内于灵台。"**玉山**：形容人的品德仪容美好。晋山涛称赞嵇康说，平时好像高峻独立的青松，喝醉了酒的时候，就像玉山摇摇欲倒的样子。见《世说新语·容止》。④**披肝**：即披肝沥胆。露出肝脏，滴出胆汁。比喻真心待人，倾吐心里话。也形容臣子非常忠诚。**为厉之阶**：成为祸害的阶梯。厉，祸。⑤**西伯**：即周文王。传说周文王令人凿池沼时发现枯骨，他就让人把枯骨好好安葬。**灼艾分痛**：灼艾，古时一种治病的方法，就是用燃烧的艾草在人体的穴位上熨、灼，使热量通过穴位进入经络，达到疏通经络、祛寒疗疾、养身保健的作用。相传宋太祖赵匡胤与弟赵匡义友好，一次赵匡义病重，太祖去看他，亲自替他灼艾，赵匡义感到疼痛，于是太祖也取艾自灼，希望为他分痛。⑥**亲剪其须**：唐朝大将李勣病重，大夫说需要龙须入药，唐太宗就剪下自己的胡子给他熬药。**颜杲卿**：唐代人，与我国著名书法家颜真卿是堂兄弟，官至常山太守。安史之乱中，镇守常山，拒不投敌，被俘后怒骂安禄山不绝口，被割断舌头，喷血而死。⑦**白眉**：三国时蜀国的马良眉中有白毛，故人称白眉。他们兄弟五人都有才名，而以马良为最高。乡谚曰："马氏五常，白眉最良。"**青眼**：晋阮籍能为青白眼，遇喜欢或尊敬的人用青眼，即眼睛正视，眼

●西施

西施，本名施夷光，春秋末期出生于中国绍兴诸暨苎萝村，天生丽质。在国难当头之际，西施忍辱负重，以身救国，与郑旦一起被越王勾践献给吴王夫差，成为吴王最宠爱的妃子。

珠在中间；遇讨厌或轻视的人用白眼，即眼珠向上或向旁边看。阮籍母亲去世，有礼俗之士来吊唁，他就以白眼对之。嵇康闻之，乃赍酒挟琴来造访，阮籍大悦，乃见青眼。见《晋书·阮籍传》。⑧**丁公**：项羽帐下大将，曾有机会斩杀刘邦，但听了刘邦劝说之辞，放他而去。项羽兵败后，丁公投奔刘邦，刘邦以他不忠于项羽之名而将他斩首。⑨**掷果盈车、投石满载**：晋代潘安仁貌美，每次出车，妇人爱慕他，都向他扔水果，装满了车；张孟阳奇丑，每次出门，妇人就往他车上扔石头。见晋代裴启《语林》。⑩**秦越人之视肥瘠**：唐代韩愈《诤臣论》中说："视政之得失，若越人视秦人之肥瘠，忽焉不加喜戚于其心。"**探本**：追究本源。⑪**尸**：古代祭礼中代表神像端坐不用做任何动作的人。**尸位**：比喻一个有职位而不做任何工作的人。**素餐**：指白吃饭。**谫劣**：浅薄低劣。⑫**十手所指**：被很多人的手指所指点。比喻个人的言论和行动总是在众人的监督之下，不允许做坏事，做了也不可能隐瞒。

译　文

嘲笑别人缺少牙齿，叫作"狗窦大开"；讥讽别人犹犹豫豫，叫作"鼠首偾事"。

"口中雌黄"是形容人口中说的事情经常改变；"皮里春秋"是指人嘴上不说，但心里却有明确的褒贬。

"唇亡齿寒"是形容两者相互失去依靠；"足上首下"是形容颠倒了上下尊卑的次序。

形容所做的事称心如意，被压抑的心情得到舒展，叫作"吐气扬眉"；诚心诚意地对待别人，叫作"推心置腹"。

形容心里慌张，叫作"灵台乱"；形容酒醉跌倒，叫作"玉山颓"。

睡觉称作"黑甜"，躺下称作"息偃"。

"口尚乳臭"是形容世人年少无知；"三折其肱"是形容医师经验老到。

西施捧心皱眉，越发增加她美丽的容颜；东施仿效西施皱起眉头，反而弄巧成拙。

具有慧眼的人，才能辨识出仙风道骨；肉眼凡胎的人，分辨不出贤良之士。

"婢膝奴颜"这种谄媚的样子让人厌恶，"胁肩谄笑"这种谄媚的姿态让人难堪。

忠臣披肝沥胆献上的忠言，就是帝王的良药；妇人搬弄是非，就是祸乱的阶梯。

事情符合自己的心意叫作"如愿"，做事情有愧于心叫作"汗颜"。

人说的话多了，叫作"饶舌"；食物味美，叫作"可口"。

周文王安葬发现的枯骨，可见他的宅心仁厚；宋太祖灼艾分痛，可见他对弟弟的友爱。

唐太宗为给大臣李勣治病，亲自剪下自己的胡须入药；颜杲卿被安禄山俘虏之后骂不绝口，反贼就割断了他的舌头。

不理会强暴无理的人，叫作“置之度外”；洞悉了敌人的情况，叫作“已入掌中”。

马良眉中有白毛，在他的五个兄弟中才华最高；阮籍用青眼对待自己尊重的客人。

刘邦咬牙封雍齿为侯，是为了让众将安心；刘邦含泪斩杀救过自己的丁公，是为了让叛臣伏法。

晋代潘安仁容貌俊美，每次乘车出门，爱慕他的妇人会向他车上扔水果；张孟阳容貌奇丑，每次乘车出门，妇人就往他车上扔满石头。

最奇怪的事情，莫过于妇女长出胡须；最骇人听闻的事情，莫过于男人生出孩子。

寻找应急用的东西，叫作解“燃眉之急”；后悔做事情没有成功，叫作“噬脐何及”。

形容两件事情毫不相关，就像越国人对秦国人的土地肥瘠毫不关心一样；事情应该追本究源，就像有经验的医生从精神上找病因一样。

没什么功劳却吃着国家的俸禄，这就叫“尸位素餐”；浅薄无能的人，可以称为“行尸走肉”。

老当益壮，他人岂能知道白首之人的心志；处境不好但志向更加坚定，不能丧失青云直上的追求。

只要还存在一口气，心里的志向就不应松懈；一个人的言论和行动总处于众人的监督之下，因此绝不能在心里欺骗自己。

衣　服

原　文

冠称元服，衣曰身章[1]。

曰弁(biàn)曰冔(xǔ)曰冕，皆冠之号；曰履曰舄(xì)曰屣，悉鞋之名[2]。

上公命服有九锡，士人初冠有三加[3]。

簪缨缙(jìn)绅，仕宦之称；章甫缝掖，儒者之服[4]。

布衣即白丁之谓，青衿乃生员之称。

葛屦履霜，诮俭啬之过甚；绿衣黄里，讥贵贱之失伦[5]。

●晏子

晏子，字仲，谥平，夷维（今山东高密）人。春秋后期一位重要的政治家、思想家、外交家。以作风朴素闻名于世。

上服曰衣，下服曰裳；衣前曰襟，衣后曰裾。

敝衣曰褴褛，美服曰华裾。

襁褓乃小儿之衣，弁（biàn）髦亦小儿之饰，左衽（rèn）是夷狄之服，短后是武夫之衣[6]。

尊卑失序，如冠履倒置；富贵不归，如锦衣夜行。

狐裘三十年，俭称晏子；锦幛四十里，富羡石崇[7]。

孟尝君珠履三千客，牛僧孺金钗十二行[8]。

千金之裘，非一狐之腋；绮罗之辈，非养蚕之人。

贵者重裀（yīn）叠褥，贫者裋褐不完[9]。

卜子夏甚贫，鹑（chún）衣百结；公孙弘甚俭，布被十年[10]。

注　释

①**冠称元服**：冠为帽子，戴在头上，头为元首，所以冠称为元服。**身章**：身体的象征和标志。《左传·闵公二年》："衣，身之章也。"②**弁**：古时的一种官帽，通常配礼服用。赤黑色布做的叫爵弁，是文冠；白鹿皮做的叫皮弁，是武冠。后泛指帽子。**冔**：殷代的冠名。**冕**：古代帝王、诸侯及卿大夫所戴的礼帽。**履**：本义为行走，后用来指鞋子。**舄**：古时最尊贵的鞋，多为帝王大臣穿。**屣**：一般的鞋子。③**上公**：周代官爵分为九个等级，称九命，三公（太师、太傅、太保）的等级是八命，被加封为诸侯时，加一命，称为上公。**九锡**：君王赐的九种物品。**三加**：士人行冠礼先行戴缁布冠，再戴皮弁，最后戴爵弁，称为三加。④**簪**：簪子，古人用来插定发髻或连冠于发的一种长针。**缨**：系在脖子上的帽带。**缙绅**：同"搢绅"。**章甫缝掖**：孔子穿戴过章甫冠和缝掖衣，因此用"章甫缝掖"来指代儒生。章甫，古代冠名。缝掖，一种衣服。⑤**葛屦履霜**：穿着夏天的草鞋在霜雪上行走。葛屦，草鞋。**绿衣黄里**：把低贱的绿色穿在外面，把高贵的黄色穿在里面。⑥**弁髦**：小孩的头发垂下来时，就要戴弁帽，称为弁髦。**左衽**：衣襟开在左边。**短后**：后幅较短的上衣，便于行动。⑦**石崇**：晋代富豪石

崇与王恺斗富，点燃蜡烛当柴烧饭。王恺为遮蔽风尘，在大路上用绫罗作四十里步障，石崇则以五十里与之相抗。王恺拿晋武帝赐给的有一尺多高的珊瑚树炫耀，石崇看后，随手用铁如意将它击碎，接着搬出自家的珊瑚树，高三四尺者有六七棵之多。见南朝宋刘义庆《世说新语·侈汰》。⑧**孟尝君：**名田文，战国时期齐国宗室大臣，“战国四公子”之一，曾养食客数千人。**牛僧孺：**唐穆宗、唐文宗时宰相，字思黯，安定鹑觚（今甘肃灵台）人，在牛李党争中是牛党的领袖。**金钗十二行：**指妻妾众多。⑨**重裀叠褥：**坐垫和褥子重重叠叠。**裋褐：**粗布衣服。⑩**卜子夏：**名商，字子夏，“孔门七十二贤”之一，家贫，衣服上打满补丁，像挂着很多鹑鸟。**公孙弘：**汉武帝时大臣，很俭朴。

译　文

冠是戴在头上的，称为元服；衣是穿在身上的，称为身章。

冔、冕、弁都是帽子的名称；舄、履、屣都是鞋子的名称。

上公的命服有九等，皆君主所赐，叫作九锡。士人成年行冠礼，要换三次帽子，称为三加。

簪缨、缙绅都是仕宦享有的荣光；章甫、缝掖皆为读书人所穿的衣服。

布衣指的是白丁、平民；青衿乃是学生的称呼。

葛屦是夏天穿的单鞋，如果冬天穿着夏天的单鞋去踩霜踏雪，那便是俭朴吝啬得太过分了，所以会受人嘲讽；绿是杂色为贱，黄是正色为贵，如果拿绿色衣料作面，黄色衣料做里，便是颠倒贵贱伦常，故而会受到讥笑。

上身的服装叫作衣，下身的服装叫作裳；衣的前幅称作襟，后幅称作裾。

破旧的衣衫大都是缕缕分垂，所以敝衣唤作褴褛；华丽的衣服大都由绮罗纨素所做成，所以华服称为绮纨。

襁褓是婴儿的服装，弁髦是孩童的帽子。

少数民族的衣服，衣襟在左；武夫的衣服，上衣后面很短。

凡是不讲尊卑次序的人，就像帽子和鞋子倒过来穿；富贵得意的人，不回到家乡去，好比穿了华丽的衣服在黑夜中行走，别人不知道他的荣耀。

一件狐皮袍穿了三十年，晏子的俭朴为人所称道；石崇与王恺比富，列锦幛四十里，其豪富让人羡慕。

孟尝君门下有三千门客，穿着缀有珍珠的鞋子；牛僧孺姬妾众多，头戴金钗排列了十二行。

价值千金的皮袍，不是一只狐狸腋下之毛就能缝制而成的；身着绮罗绸缎者，都是富贵人家，而不是养蚕的人。

富贵者的衣被铺盖，用的都是重重叠叠的毯子褥子。贫穷的人有的连裋褐粗布的衣衫都不完整。

子夏家十分贫穷，衣服上打满了补丁；公孙弘非常节俭，一床布被盖了十年。

原　文

南州冠冕，德操称庞统之迈众；三河领袖，崔浩羡裴骏之超群①。

虞舜制衣裳，所以命有德；昭侯藏敝袴(kù)，所以待有功②。

唐文宗袖经三浣，晋文公衣不重裘③。

衣履不敝，不肯更为，世称尧帝；衣不经新，何由得故，妇劝桓冲④。

王氏之眉贴花钿，被韦固之剑所刺；贵妃之乳服诃子，为禄山之爪所伤⑤。

姜氏翕(xī)和，兄弟每宵同大被；王章未遇，夫妻寒夜卧牛衣⑥。

缓带轻裘，羊叔子乃斯文主将；葛巾野服，陶渊明真陆地神仙⑦。

服之不衷，身之灾也；缊袍不耻，志独超欤(yú)⑧。

注　释

①**德操**：汉末司马徽，字德操，善于知人，曾称赞庞统为“南州冠冕”，即南州人士的领袖。**三河**：河东、河南、河内的合称，相当于今河南洛阳黄河南北一带。**崔浩**：北魏人，字伯渊，清河郡东武城（今山东武城）人。他仕北魏道武、明元、太武帝三朝，官至司徒，参与军国大计，对促进北魏统一北方起了积极作用。后人称其为“南北朝第一流军事谋略家”。**裴骏**：字神驹，北魏河东闻喜人。他弱冠时即通涉经史，官至北魏中书博士。②**命有德**：表彰有德行的人。**昭侯藏敝袴**：《韩非子·内储说上》载，韩昭侯曾命人将一条破裤子收起来，等待赏赐给有功之士。③**三浣**：唐文宗曾对臣下说自己穿的衣服已洗过三次，众臣皆贺他节俭，柳公权却说：“皇帝应该考虑大事，不应考虑洗衣服这样的小事。”**衣不重裘**：不穿厚的皮衣，表示节俭。④**更为**：更换。**妇劝桓冲**：东晋时的桓冲不喜欢穿新衣服，妻子以“衣不经新，何由得故”劝他，乃受。⑤**服诃子**：戴着胸衣。杨贵妃曾被安禄山抓伤了乳房，就绣了一件胸衣罩在上面。⑥**翕和**：相处融洽、谐和。**王章**：汉代人，家贫，曾病卧于牛衣中，哭着与妻诀别，妻子说：“城中的人，谁能比得上你，为什么不振作起来，反而哭呢？”于是王章发愤图强，汉成帝时王章被征为谏议大夫，后为京兆尹。⑦**缓带轻裘**：形容穿衣闲适、斯文。**羊叔子**：晋羊祜，字叔子。任荆州都督时，穿着斯文，人称斯文主将。**葛巾野服**：陶渊明归隐后常头戴葛巾，身穿山里人的衣服，被人称为陆地神仙。⑧**服之**

不衷：穿的衣服与身份、环境不合。**缊袍不耻**：穿着旧袍子而不觉得羞耻。

译　文

司马徽称赞庞统才华出众，为南州士人的冠冕。裴骏智能超群，魏太祖曾向崔浩夸赞他为三河领袖。

虞舜制定衣裳的图案、颜色等级，赐命于有德之人；魏昭侯收藏破裤，等待着赏给有功之人。

唐文宗的衣服洗了三次仍然在穿；晋文公提倡节俭，不同时穿两件皮衣。

衣服鞋子不穿到有破损，不肯换新的，所以世人称颂尧帝俭朴。新做的衣服不穿用，哪里有旧衣可穿呢！这是桓冲的妻子劝桓冲的话。

王氏眉心贴着花钿，是因为被丈夫韦固刺伤；杨贵妃曾被安禄山抓伤了乳房，就绣了一件胸衣罩上。

●羊祜

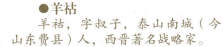

羊祜，字叔子，泰山南城（今山东费县）人，西晋著名战略家。

姜家兄弟和睦，每晚都睡在一起，同盖一条大被；王章未得到君王的赏识之前十分贫困，夫妻在寒冷冬夜睡在给牛御寒的草帘子上。

羊祐镇守襄阳，不着戎服，缓带轻裘，世人称为斯文主将；陶渊明头戴葛巾，穿山里人的衣服，真是陆地神仙。

衣服如果穿得不合自己的身份，会招来祸患；身着破袍而不以为耻，其志向的确超越众人啊！

卷　三

人　事

原　文

大学首重夫明新，小子莫先于应对①。

其容固宜有度，出言尤贵有章②。

智欲圆而行欲方，胆欲大而心欲小。

阁下足下，并称人之辞；不佞鲰(zōu)生，皆自谦之语③。

恕罪曰宽宥，惶恐曰主臣④。

大春元、大殿选、大会状，举人之称不一；大秋元、大经元、大三元，士人之誉多殊⑤。

大掾史，推美吏员；大柱石，尊称乡宦⑥。

贺入学，曰云程发轫⑦，贺新冠，曰元服加荣。

贺人荣归，谓之锦旋；作商得财，谓之稛载⑧。

谦送礼，曰献芹⑨；不受馈，曰反璧。

谢人厚礼曰厚贶(kuàng)，自谦礼薄曰菲仪⑩。

注　释

①**明新**：明德与新民，引申为做人的美德。**小子**：古人八岁时入小学，学习洒扫、应对等日常的礼节。十五岁时入大学，学习做人的道理。小子指小学弟子。②**容**：仪表。**度**：法度。**章**：章法。③**不佞**：不才，没有才能。**鲰生**：无知小人。④**主臣**：本谓君臣，后用来表示恭敬惶恐之辞。⑤**大春元**：科举考试取得第一名者都称“元”，大春元为春天会试第一名。**大殿选**：殿试一甲第一名。**大会状**：会元、状元兼得。**大秋元**：秋季乡试第一名。**大经元**：五经贡生第一名。**大三元**：解元、会元、状元，三元连中。

⑥**掾史**：汉代以后职权较重的长官有署吏，分曹治事，通称掾史。**柱石**：支梁的柱子和承柱子的基石。⑦**云程发轫**：比喻官运亨通，远大前程开始起步。⑧**稛载**：稛，用绳索捆束。指满载。⑨**献芹**：谦言自己赠品菲薄或建议浅陋。⑩**贶**：赐，赠。**菲仪**：薄礼。

译文

大学之道最重要的是明新，小孩子学礼仪，首先要学应对的话语和礼节。

人的仪容举止固然要适宜合度，说话言语尤应有条理合文法。

智能要圆通，品行要端正，胆量要大而心却要细。

阁下和足下都是对人的尊称；不佞、鲰生都是称自己的谦词。

请求别人原谅说宽宥，自己惶悚恐惧叫主臣。

大殿选、大会状、大春元都是对举人的不同美称；大秋元、大经元、大三元，对读书人的赞美也是不同。

大掾史是对属官吏员的美称，大柱石是对重臣乡宦的尊称。

祝贺别人入学读书说云程发轫，祝贺别人加冠成年说元服加荣。

祝贺别人荣耀归来谓之锦旋，祝贺别人经商发财称之稛载。

送人礼物自谦为献芹；不接受礼物则说反璧。

感谢别人赠予厚礼说厚贶；自谦所送之礼微薄叫菲仪。

原文

送行之礼，谓之赆(jìn)仪；拜见之贽，名曰贽(zhì)敬①。

贺寿仪，曰祝敬，吊死礼，曰奠仪。

请人远归，曰洗尘；携酒送行，曰祖饯②。

犒(kào)仆夫，谓之旌使；演戏文，谓之俳优③。

谢人寄书，曰辱承华翰；谢人致问，曰多蒙寄声④。

望人寄信，曰早赐玉音；谢人许物，曰已蒙金诺。

具名帖，曰投刺⑤；发书函，曰开缄。

思慕久，曰极切瞻韩，想望殷，曰久怀慕蔺(lìn)⑥。

相识未真，曰半面之识；不期而会，曰邂逅之缘。

登龙门，得参名士；瞻山斗，仰望高贤⑦。

一日三秋，言思慕之甚切；渴尘万斛，言想望之久殷[⑧]。

kuí
睽违教命，乃云鄙吝复萌；来往无凭，则曰萍踪靡定[⑨]。

虞舜慕唐尧，见尧于羹，见尧于墙；颜渊学孔圣，孔步亦步，孔趋亦趋[⑩]。

注　释

①**赆仪**：送给远行者的路费或礼物。**赀**：钱财。**贽敬**：初次拜见时所送的礼物。②**祖饯**：古时出门远行要祭祀的路神称祖，后称设宴送行为“祖饯”，即饯行。③**旌**：表彰。**俳优**：指古代以乐舞谐戏为业的艺人。④**华翰**：对他人来信的美称。翰，毛笔。**寄声**：口头传达问候。⑤**名帖**：拜谒时的名片。**投刺**：古时没有纸，字是刻刺在木片上的，所以叫投刺。⑥**瞻韩**：唐李白《与韩荆州书》："白闻天下谈士相聚而言曰：'生不用封万户侯，但愿一识韩荆州。'何令人之景慕一至于此耶！”唐韩朝宗曾做荆州长史，喜拔用后进，为时人所重。后因以“瞻韩”为初见面的敬辞，意谓久欲相识。**慕蔺**：《史记·司马相如列传》："其亲名之曰犬子……既学慕蔺相如之为人更名相如。”后因称慕贤为“慕蔺”。⑦**登龙门**：比喻得到有名望、有权势者的援引而身价大增。《后汉书·李膺传》："膺独特风裁，以声名自高，士有被其容接者，名为登龙门。”**山斗**：指泰山、北斗，比喻德高望重而为人所敬仰。⑧**一日三秋**：三秋，三年。意思是一天不见面，就像过了三年。⑨**睽违**：违背。**鄙吝复萌**：鄙吝，庸俗。萌，发生。庸俗的念头又发生了。《后汉书·黄宪传》："时月之间，不见黄生，则鄙吝之萌复存于心。”**萍踪靡定**：萍生于水中，漂泊不定，所以把没有固定的行踪称作“萍踪”。⑩**虞舜慕唐尧**：《后汉书·李固传》："昔尧殂之后，舜仰慕三年。坐则见尧于墙，食则睹尧于羹。”表示对死去前辈的追念。**颜渊**：孔子弟子。**步**：慢走。**趋**：快走。

●携酒送行

译　文

送行的礼物叫赆仪；初次求见人时的礼物名贽敬。

贺寿的礼称祝敬，吊丧的礼称奠仪。

接风的酒叫洗尘，送行的酒叫作祖饯。

犒赏仆役、随从叫作旌使；表演戏剧的人叫作俳优。

感谢别人寄来书信说辱承华翰；对别人转致的问候表示谢意说多蒙寄声。

盼望对方寄信来说早赐玉音；感谢人家许诺的事或物说已蒙金诺。

备帖拜访他人称为投刺，拆阅信函称为开缄。

很久以来就仰慕一个人叫瞻韩之切；殷切地希望见到一个人叫久怀慕蔺。

相识不深，了解并不真切，称为半面之缘；道途上不期然而相遇，称为邂逅之缘。

拜谒名人得其援引以增声誉谓之登龙门；倾慕高士贤人，称为瞻山斗、仰高贤。

一日三秋，是形容思念之殷切；渴尘万斛，是形容长久执着的想望。

好久没有听见教诲，则说鄙吝复萌；来来往往没有根据地，叫作萍踪不定。

虞舜仰慕唐尧，尧去世三年后，饮食起居仍然处处想到他；颜渊效法孔子，亦步亦趋，事事仿效。

原　文

曾经会晤，曰向获承颜接辞；谢人指教，曰深蒙耳提面命①。

求人涵容，曰望包荒；求人吹嘘，曰望汲引②。

求人荐引，曰幸为先容；求人改文，曰望赐郢斫③。

借重鼎言，是托人言事；望移玉趾，是浼(měi)人亲行④。

多蒙推毂(gǔ)，谢人引荐之辞；望作领袖，托人首倡之说⑤。

言辞不爽，谓之金石语；乡党公论，谓之月旦评⑥。

逢人说项斯，表扬善行；名下无虚士，果是贤人⑦。

党恶为非，曰朋奸；尽财赌博，曰孤注⑧。

徒了事，曰但求塞责；戒明察，曰不可苛求⑨。

方命是逆人之言⑩，执拗是执己之性。

注　释

①**承颜接辞**：有幸见面交谈。**耳提面命**：附在耳旁指教，当面命令教诲。②**包荒**：包含荒秽。谓度量宽大。《易·泰》："包荒，用冯河，不遐遗。"王弼注："能包含荒秽，

受纳冯河者也。”一说“包容广大”。**吹嘘**：说好话。**汲引**：提拔，引荐。③**先容**：先加以修饰，引申为事先介绍。**郢斫**：楚国郢都有一个巧匠，能运斧成风，比喻技艺高超。④**鼎言**：像鼎一样重的语言，形容说话的作用很大。**玉趾**：脚，敬称。**浼**：请求。⑤**推毂**：毂，车轮中心可插轴的圆木，推毂即推车前进，比喻引荐人才。**领袖**：衣服的领和袖，借指为人表率的人。⑥**爽**：差错。**金石语**：说的话像金石一样坚硬，不可更改。**月旦**：农历每月初一。**评**：品评人物。月旦评是东汉许劭始创的一种评论人物的风俗。⑦**项斯**：唐代人，以诗稿拜谒杨敬之，希望提携。⑧**党恶**：与恶人结党。**朋奸**：互相勾结作恶。**孤注**：倾其所有作赌注。⑨**塞责**：抵塞罪责，指做事不认真负责。⑩**方命**：违命。

译　文

曾经与人会面，要说过去曾经获得承颜接辞的机会；感谢他人指教，则说幸蒙提耳亲箴，面命亲切。

请人包容原谅为望包荒，求人为己吹嘘称为望汲引。

求人推荐事情，说是请你代为先容；请人删改文章则说恳请郢斫。

借重鼎言是请托有声望者为自己说一些好话，使事情容易办成；乞移玉趾是请求别人亲自前来。

多蒙推毂这句话是说感谢别人的引荐；望为领袖，是希望别人带头提倡的说法。

说出话来不反悔，叫作金石语；品评乡党的人物推称月旦。

逢人必说项斯，志在表扬人家的好处；名下定无虚士，是感叹钦佩对方果然有才。

与恶人结成党派，做非法的事，称作朋比为奸；把所有钱财拿去赌博，名为孤注一掷。

只想敷衍地结束一件事则说但求塞责；劝阻别人细究事情的根底则说不必苛求。

方命是不听从别人的话，执拗是坚持己见。

原　文

曰觊觎、曰睥睨（pì nì），总是私心之窥望；曰倥偬（kǒng zǒng）、曰旁午，皆言人事之纷纭[①]。

小过必察，谓之吹毛求疵；乘患相攻，谓之落井下石[②]。

欲心难厌如溪壑，财物易尽若漏卮（zhī）[③]。

望开茅塞，是求人之教导；多蒙药石，是谢人之箴规[④]。

芳规芳躅，皆善行之可慕；格言至言，悉嘉言之可听⑤。

无言曰缄默，息怒曰霁威⑥。

包拯寡色笑，人比其笑为黄河清；商鞅最凶残，尝见论囚而渭水赤。

仇深曰切齿，人笑曰解颐⑦。

人微笑曰莞尔，掩口笑曰胡卢⑧。

大笑曰绝倒⑨，众笑曰哄堂。

留位待贤，谓之虚左；官僚共署，谓之同寅⑩。

人失信曰爽约，又曰食言；人忘誓曰寒盟，又曰反汗⑪。

铭心镂骨，感德难忘；结草衔环⑫，知恩必报。

自惹其灾，谓之解衣抱火；幸离其害，真如脱网就渊⑬。

注　释

①**觊觎**：非分的希望。**睥睨**：侧眼窥察。**倥偬**：事多而急迫。**旁午**：交错，纷繁。②**吹毛求疵**：疵，指小毛病。吹开皮上的毛而故意挑剔毛病。**患**：灾难。③**厌**：满足。**溪壑**：溪谷河沟，用填不满的溪壑比喻贪得无厌。**漏卮**：漏的盛酒器，比喻权力外溢。④**茅塞**：被茅草堵住，比喻思路闭塞，愚昧不懂事。**药石**：治病的药物和砭石，比喻规劝进言。**箴规**：劝告规谏。⑤**芳规芳躅**：贤人的准则和正直的行径。**至言**：恳切的言论。⑥**霁威**：怒气消散。⑦**解颐**：颐，面颊。指大笑，欢笑。⑧**莞尔**：微笑的样子。**胡卢**：喉间的笑声。⑨**绝倒**：大笑而不能自持。⑩**虚左**：古时以左为尊，空着左边的位置等待宾客。**同寅**：寅，恭敬。后称同僚为同寅。⑪**寒盟**：忘却盟约。**反汗**：指反悔食言或收回成命。⑫**结草衔环**：比喻感恩报德，至死不忘。⑬**解衣抱火**：脱下衣服将火抱在身上。**脱网就渊**：鱼逃脱渔网，游进水深的地方。

译　文

觊觎、睥睨都是说非分的企图或窥视；倥偬、旁午皆言事多不暇，交错纷繁很匆忙的样子。

不肯谅解细小的过失，甚至刻意挑剔，好比吹去皮毛寻找疵病；别人有急难不仅不救，反而乘机陷害，叫作落井下石。

欲望难以满足如同河流深谷难以填平；财物容易流失，如同用有漏洞的酒器盛酒。

请求别人教导，忽然间领悟，称为茅塞顿开；感谢别人规劝说多蒙药石。

默默无语称为缄默；顿时平息怒气就叫霁威。

包公难得有笑容，世人将他的笑容比作黄河清；商鞅最凶残，曾在渭水边处决囚犯七百多人，河水都被染红了。

仇恨到了极点称为切齿；开怀欢笑称为解颐。

微露笑容称为莞尔；掩住了口也忍不住笑叫作胡卢。

抚着掌笑得前仰后倾叫作闻言绝倒；哄堂是所有的人同时大笑。

留着首席等待上宾叫作虚左；同在一处做官叫作同寅。

爽约、食言都是丢失信用的意思；违背誓言叫作寒盟或反汗。

感恩戴德永世不忘称为铭心镂骨；牢记恩德，必当图报称为结草衔环。

自己招惹来的灾殃，好像脱去衣服在很旺的炉火上烤；侥幸免去了祸患，如同鱼儿脱离了渔网，逃到很深的渊中。

原 文

两不相入，谓之枘（ruì）凿①；两不相投，谓之冰炭。

彼此不合曰龃龉（jǔ yǔ），欲进不前曰趑趄（zī jū）②。

落落，不合之词；区区，自谦之语③。

竣者作事已毕之谓，醵（jù）者敛财饮酒之名④。

赞襄⑤其事，谓之玉成；分裂难完，谓之瓦解。

事有低昂曰轩轾（zhì），力相上下曰颉颃（xié háng）⑥。

凭空起事曰作俑，仍踵前弊曰效尤⑦。

手口共作曰拮据，不暇修容曰鞅掌⑧。

手足并行曰匍匐，俯首而思曰低徊。

明珠投暗，大屈才能；入室操戈，自相鱼肉⑨。

求教于愚人，是问道于盲；枉道以干主，是炫玉求售⑩。

智谋之士，所见略同；仁人之言，其利甚溥。

注 释

①**枘凿**：枘，榫头。凿，榫眼。②**龃龉**：上下齿不互相配合。**趑趄**：犹豫不前。③**落落**：形容孤独的样子。**区区**：形容细小的样子。④**竣**：退立，后引申为完毕。**醵**：凑钱饮酒。⑤**赞襄**：协助，辅佐之意。⑥**轩轾**：车子前高后低叫轩，前低后高叫轾。

颉颃：形容鸟上下飞翔的样子。⑦**作俑**：为殉葬而制作木偶或陶人。孔子曾曰："始作俑者，其无后乎?" **踵弊**：踵，脚后跟。弊，弊病。跟着犯错误。**效尤**：尤，错误。效法坏的东西。⑧**拮据**：原指辛勤劳作，后引申为经济状况紧张。**鞅掌**：劳苦而容貌不整的样子。⑨**入室操戈**：《后汉书·郑玄传》载，何休好《公羊传》而恶《左传》《穀梁传》，郑玄乃著论以驳之，休见而叹曰："康成（郑玄，字康成）入吾室，操吾矛，以伐我乎！" ⑩**枉道**：歪道。**干**：求。

译 文

双方不能配合相通，叫作枘凿；双方意气不能相投、互不兼容称为冰炭。

彼此不能通融叫作龃龉，欲进而不前谓趑趄。

落落是不合群的意思，区区是谦称自己卑小微贱的意思。

竣字就是所做的事情已经完毕的意思；醵饮就是大家凑钱买酒聚饮。

帮助他人做成某事叫作玉成；众人的心已经四分五裂，难以整合叫作瓦解。

事有高低之分叫作轩轾；力量不相上下叫作颉颃。

首开恶例叫作作俑；沿袭前人的弊端称作效尤。

做事艰难辛苦，手口共作称为拮据；劳碌繁忙，无暇修饰仪容称为鞅掌。

手脚一齐着地，慢慢向前移行称为匍匐；低头沉思，恋恋难舍称为低徊。

明珠投在暗处，比喻怀才不遇；入室操戈，是指自相残杀。

向愚人请教，如同向瞎子问路一样，势必一无所获；背弃道义而求用，好比炫玉求售，既虚假又浅薄。

有智慧的人，见解大略相同；仁德之人，一句话能使百姓普遍获利。

原 文

班门弄斧，不知分量；岑楼①齐末，不识高卑。

势延莫遏，谓之滋蔓难图；包藏祸心，谓之人心叵测②。

作舍道旁，议论多而难成；一国三公，权柄分而不一③。

事有奇缘，曰三生有幸；事皆拂意，曰一事无成④。

酒色是耽，如以双斧伐孤树；力量不胜，如以寸胶澄黄河⑤。

兼听则明，偏听则暗，此魏徵之对太宗；众怒难犯，专欲难成⑥，此子产之讽子孔。

欲逞所长，谓之心烦技痒；绝无情欲，谓之槁(gǎo)木死灰⑦。

座上有江南[⑧]，语言须谨；往来无白丁，交接皆贤。

将近好处，曰渐入佳境[⑨]；无端倨（jù）傲，曰旁若无人。

借事宽役曰告假，将钱嘱托曰夤（yín）缘[⑩]。

事有大利，曰奇货可居[⑪]；事宜鉴前，曰覆车当戒。

注　释

①**岑楼：**又高又尖的楼。孟子曾说，如果不顾楼的下面，只拿寸木去与楼尖相比，可以让方寸之木比岑楼还高。形容不知高低。②**势延莫遏：**延，伸展。任其顺势发展，不予遏制。**包藏祸心：**心里藏着害人的主意。③**作舍道旁：**汉代有谚语“在道路旁修房子，三年不成”，喻人们议论纷纷，意见不一，难以成事。**一国三公：**《左传·僖公五年》：“一国三公，吾谁适从？”比喻政出多门，权力不统一，使人无所适从。④**三生：**佛教语，指人托生三次，过去、现在、未来三世。**拂意：**不如意。⑤**耽：**沉溺。**双斧伐孤树：**《元史·阿沙不花传》：“而惟曲蘖是耽，妃姬是好，是犹双斧伐孤树，未有不颠仆者。”意思是人贪酒色，身体就会像用双斧砍伐的树木一样垮下去。**寸胶澄黄河：**极少的胶无法使黄河澄清。⑥**众怒难犯，专欲难成：**郑国子孔当政，发布一项命令受到大臣们反对，子孔要杀掉反对的人。子产说：“众怒难犯，专欲难成。”劝子孔收回成命，子孔于是烧掉了命令。⑦**心烦技痒：**一遇到机会就急于表现自己擅长的技艺。**情欲：**指人的欲望。⑧**座上有江南：**古诗有“座中若有江南客，莫向春风唱《鹧鸪》”。《鹧鸪》是一首江南的曲子。江南游子听了就容易引起乡思。⑨**渐入佳境：**晋代顾恺之吃甘蔗从尾部吃到根部，说这样吃渐入佳境。⑩**宽役：**暂停工作。**夤：**攀附上升。⑪**奇货可居：**吕不韦曾认为在赵国做人质的秦国王子异人奇货可居，就帮助他逃回了秦国，后来异人做了庄襄王，生下儿子嬴政。

●**魏徵**

魏徵，字玄成，巨鹿（今属河北）人，唐初功臣，以性格刚直、才识超卓、敢于犯颜直谏著称。

译　文

班门弄斧是说人无自知之明，在行家的面前卖弄；岑楼齐末则谓人见识浅薄，不知道高低。

祸患一旦蔓延难以遏止，好比滋生的蔓草很难剪除；外表善良、胸中怀着险恶祸害他人，说他是奸诈的心思不可测度。

在路旁建造房子，由于议论的人太多，则事情难以成功；一国三公谓事权不能统一，让人难以适从。

遇见了难得的事，叫三生有幸；办事皆与本意相违，没有一事会成功。

贪恋酒色，好比拿两把利斧砍一棵树，没有不毁坏的；无才又无力，如同取一寸胶质想去澄清黄河的水，力量上必定不能胜任。

听取众人所说的话，就会明白，只听信一个人的私语，就会糊涂了，这是魏徵对唐太宗所说的话；众人都生气了就犯他不得，一个人私心所要的不容易做成功，这是子产讽劝子孔的话。

有人擅长或爱好某种技艺，一有机会就想要表现自己的才能，如同身痒心烦不能自忍；没有任何的嗜好或欲望，如同已枯死的树木及已熄的灰烬，没有半点生气。

江南人听了《鹧鸪》曲会思乡欲归，所以席间如有江南客，说话唱曲要谨慎；往来无白丁，即言所交的朋友皆为有名望的贤人。

境况逐步好转，兴味渐渐浓厚可说渐入佳境；言行举止傲慢不恭，谓之旁若无人。

因事请免工作叫作告假，送钱给权贵求他引荐称为夤缘。

挟持某物作为资本，以博取功名利禄叫作奇货可居；以往事为教训叫作覆车当戒。

原　文

外彼[①]为此曰左袒；处事两可曰模棱。

敌甚易摧，曰发蒙振落[②]；志在必胜，曰破釜沉舟。

曲突徙薪[③]无恩泽，不念预防之力大；焦头烂额为上客，徒知救急之功宏。

贼人曰梁上君子，强梗曰化外顽民[④]。

木屑竹头，皆为有用之物；牛溲(sōu)马勃，可备药石之资[⑤]。

五经扫地，祝钦明自亵(xiè)斯文；一木撑天，晋王敦未可擅动[⑥]。

题凤题午，讥友讥亲之隐词；破麦破梨，见夫见子之奇梦[⑦]。

毛遂片言九鼎，人重其言；季布一诺千金，人服其信[⑧]。

岳飞背涅精忠报国，杨震惟以清白传家[⑨]。

下强上弱，曰尾大不掉；上权下夺，曰太阿倒持[⑩]。

注　释

①**外彼**：见外、疏远。②**发蒙振落**：揭去蒙盖物，摇落树叶，形容威猛，办事轻而易举。③**曲突徙薪**：有一个客人见主人家的烟囱直短而旁边有薪柴，建议将烟囱弯曲，移开薪柴，以防失火，但没有被采纳。后来果然发生火灾，主人将因救火被烧得焦头烂额的人奉为上宾，却忘记了提建议的人。比喻对提出的预防意见不重视。④**强梗**：指蛮横无理的人。**化外顽民**：没有受过教化的愚顽的百姓。⑤**木屑竹头**：晋代陶侃担任荆襄都督，把造船用剩的木屑竹头收藏留下，人们笑他迂，后来下雪初晴，就用木屑铺地，到桓温伐蜀时，又用竹头作钉组装船只，人们才知其有用。**牛溲马勃**：牛溲，牛尿。马勃，一种草，均可入药。⑥**斯文**：指文人或儒者。**王敦**：晋代王敦谋反，梦见一木撑天，请吴猛解梦，猛言“一木撑天为‘未’，不可妄动”。后比喻时机还没有成熟。⑦**题凤**：三国魏吕安和嵇康是好朋友，虽远隔千里，每当相思，便驾车相访。一次，吕安来访，嵇康出门未归，遇见其兄嵇喜，吕安讨厌嵇喜凡俗，在门上题写一个“凤”字而去。繁体“凤”字乃“凡鸟”二字组成，意含讥讽。**题午**：古时有个人去访问朋友，没有遇到，便在朋友家的门上写了“午”字走了。指讥讽朋友如“牛”不出头的意思。**破麦**：有一妇人兵乱中与夫及子分离，一天梦见磨麦，莲花落尽，一尼姑解梦说：“磨麦见夫，莲花落而莲子出。”后来妇人果然见到丈夫和儿子。**破梨**：传说杨进贤担任南阳刺史时，一天登舟遇风，失掉了儿子。夫妇思念儿子心切，有一天梦见与儿子剖梨。第二天请友人圆梦，友人说剖开梨就见到了子，果然十天后就找到了儿子。⑧**片言九鼎**：战国时期，秦围赵都邯郸，赵使平原君赵胜赴楚求救。毛遂自荐同往，他向楚王晓以利害，使之同意救赵。赵胜赞扬毛遂“一至楚而使赵重于九鼎大吕”。**一诺千金**：汉代曹丘称赞季布，说楚人有谚语：“得黄金百斤，不如得季布一诺。”后人用“一诺千金”形容一个人很讲信用，说话算数。⑨**涅**：可以用来做黑色染料的一种矿石。**杨震**：汉代人，不为后代置地产，人称清白传家。⑩**尾大不掉**：比喻部属势力强大，不服从指挥调度。**太阿**：宝剑名。将太阿剑倒着拿在手上，意即将剑柄给别人。

译　文

故意疏远一方、袒护一方称为左袒，处理事情含糊其辞、不置可否叫作模棱。

轻而易举地摧毁敌人，如同去掉灰尘、摇落败叶一样的容易；下定决心，志在必胜称为破釜沉舟。

发生了火灾，曾劝主人弯曲（改建）烟囱、移开茅草以预防火灾的人没有半点恩泽，这是因为忽略了防患于未然的重要性；参与救火而搞得焦头烂额的人被主人待为上客，这是因为只看到了救急之功。

偷窃别人财物的人称为梁上君子；强硬顽固不从教化的人称为化外顽民。

竹头、木屑都是有用之物；牛尿、马勃也可备作治病的药物。

祝钦明熟读经书，却在宴会上出尽洋相，自侮斯文，世人讥为五经扫地。晋朝王敦谋反前曾梦见一木撑天，圆梦者告诫不可擅动，以消除他的反意。

题凤、书午都是讥讽亲友的隐词；梦中破麦、梦中分梨，都是预兆要与丈夫、儿子相见的奇梦。

毛遂的几句话强于百万兵马，人们看重他的话，比作片言九鼎；季布的诺言必然兑现，人们佩服他的信用，称作一诺千金。

岳飞背上刺有精忠报国的字样，大儒杨震把清白廉洁传给子孙。

●岳王庙中岳飞像

岳飞，字鹏举，宋朝名将，著名的抗金英雄。

臣下强横，君上懦弱如同尾巴太大了转不过身来，称为尾大不掉；下属夺了上司的权柄，或以权柄授人，谓太阿倒持。

原　文

当今之世，不但君择臣，臣亦择君；受命之主，不独创业难，守成亦不易[1]。

生平所为皆可对人言，司马光之自信；运用之妙惟存乎一心，岳武穆之论兵[2]。

不修边幅，谓人不饰仪容；不立崖岸，谓人天性和乐[3]。

蕞(zuì)尔幺么，言其甚小；卤莽灭裂，言其不精[4]。

误处皆缘不学，强作乃成自然[5]。

求事速成曰躐等，过于礼貌曰足恭[6]。

假忠厚者谓之乡愿，出人群者谓之巨擘(bó)[7]。

孟浪由于轻浮，精详出于暇豫[8]。

为善则流芳百世，为恶则遗臭万年。

过多曰稔恶，罪满曰贯盈[9]。

尝见冶容诲淫，须知慢藏诲盗[10]。

管中窥豹[11]，所见无多；坐井观天，知识不广。

无势可乘，英雄无用武之地；有道则见，君子有展采之思[12]。

注　释

①汉代马援曾对光武帝说："当今之世，非但君择臣，臣亦择君。"唐太宗曾云："创业难，守成亦不易。"②司马光曾经自言道："吾无过人者，但平生所为，未尝不可对人言者耳。"岳飞曾说："兵法之妙，存乎一心。"③**边幅：**布的边缘，借指衣饰。**立崖岸：**站在山崖、岸边，指倨傲不合群。④**蕞尔：**很小的样子。**幺麽：**细小。**灭裂：**轻率。⑤**误处皆缘不学：**汉高祖刘邦平生犯错误的地方很多，后来有个名叫唐仲友的人评价说："误处皆缘不学，改处皆由敏悟。"**强作：**强行作出。⑥**躐：**逾越。**足恭：**巧言令色，过于恭敬。⑦**巨擘：**大拇指，比喻杰出的人物。⑧**孟浪：**轻率。**暇豫：**从容考虑。⑨**稔恶：**积恶太多。**贯盈：**如穿钱的线，已经贯满，后指罪恶太多。⑩**诲淫、诲盗：**《易经》云："慢藏诲盗，冶容诲淫。"意思是藏物不谨慎，如同教人为盗，修饰仪容，是诱人淫乱。⑪**管中窥豹：**东晋的大书法家王献之年轻时聪明过人，有一次看其父王羲之的门生们樗蒲（一种博戏），见到胜负将分，不禁叫道："南风不竞。"诸门生轻视他是小孩子，说道："这小鬼头管中窥豹，只看到一个斑点。"后以"管中窥豹"等比喻眼光狭小，所见有限，或用作谦词。⑫**见：**同"现"。**展：**舒展。**采：**事业。

译　文

当今之世，不单是君王选择臣子，臣子也选择君王；应命之主，不仅创业艰难，守业也不容易。

司马光自信光明正大，生平所做的事都可以对人说；岳飞论兵法，认为运用兵法的奥妙全在于凭智慧随机应变。

不修边幅，是指人不注意仪表；不立崖岸，是说人性格随和。

蕞尔、幺么都是微小之意；鲁莽、灭裂则是指轻率莽撞做事不够精细。

人会做错事，都是因为没有好好地学习；勉强自己努力去做，久而久之习惯便成自然。

做事太讲求速成，不循次序叫作躐等；对待别人过分的谦恭礼貌称为足恭。

貌似忠厚伪善欺世者谓之乡愿，高出众人者称作巨擘。

孟浪是粗疏鲁莽之意，大都由轻率浮薄里得来；精细周详则出于从容闲静，深思熟虑。

做善事自然流芳百世；为非作歹注定要遗臭万年。

过错太多叫作稔恶；罪恶累累谓之贯盈。

容貌装扮得太妖冶，便会招惹别人产生淫乱的意图；财物收藏不谨慎，等于怂恿盗贼来行窃。

从竹管中窥看野豹，所看到的范围并不多，也不是全部；坐在井内观看天空，多指眼界狭小，见识不广。

没有适当的环境时机，英雄豪杰空有才能也无处施展；天下有道，君子才会出来为国家成就一番事业。

原　文

求名利达，曰捷足先得；慰士迟滞，曰大器晚成①。

不知通变，曰徒读父书②；自作聪明，曰徒执己见。

浅见曰肤见③，俗言曰俚言。

识时务者为俊杰，昧先几者非明哲④。

村夫不识一丁，愚者岂无一得。

拔去一丁，谓除一害；又生一秦，是增一仇⑤。

戒轻言，曰恐属垣有耳；戒轻敌，曰勿谓秦无人⑥。

同恶相帮，谓之助桀为虐；贪心无厌，谓之得陇望蜀⑦。

当知器满则倾，须知物极必反⑧。

喜嬉戏名为好弄，好笑谑谓之诙谐⑨。

谗口交加，市中可信有虎；众奸鼓衅，聚蚊可以成雷⑩。

注　释

①**捷足先得**：汉代蒯通说："秦国失其鹿，天下人共同追逐它，才能高、跑得快的人先得它。"**慰士**：安慰士人。**迟滞**：成就得晚。②**徒读父书**：赵王任用奢之子赵括统兵，死守教条而不知道变通。蔺相如说："赵括徒读父书，不知通变。"③**肤见**：肤，

这里指皮肤的表层。肤见比喻见解浅薄。④**昧**：不明白。**几**：细微的变化。⑤**一丁**：指丁谓。宋朝丁谓擅权，京城中歌谣云："欲得天下宁，拔去眼前丁。"**又生一秦**：秦末陈胜派武臣安抚赵地，武臣自立为王，陈胜想攻打他，相国房君说："秦未亡而攻打武臣，是又生出一个秦朝。"意即又增加一个敌人。⑥**属垣有耳**：属垣，指墙。附墙窃听人言。**勿谓秦无人**：秦王赶走有才能的士会后，绕朝对士会说："不要说秦国无人，只是我的计策得不到采纳罢了。"⑦**助桀为虐**：桀，夏朝最后一个君主，为暴君。虐，残暴，干坏事。**得陇望蜀**：曹操在得到汉中后有"人苦无足，既得陇，复望蜀"之言。得到了陇地，还希望得到蜀地，比喻贪得无厌。⑧**器满则倾**：器物装满了就会倾覆。**物极必反**：事物达到了极限，就会向相反的方面转化。⑨**好弄**：爱好游戏。**谑**：开玩笑。**诙谐**：谈话富于风趣。⑩**交加**：兼施齐下的意思。**鼓衅**：挑起事端。

译文

称赞人家遇事顺利，首到先得，叫捷足先登；安慰读书人得名迟滞，便说大器晚成。

凡事死守教条不知变通，叫徒读父书；凡事自以为聪明，固守成见叫徒执己见。

见识浅显称作肤见；世俗常说的话叫作俚言。

能看出事物细微变化先兆的，是英雄豪杰，不能洞识当前时势的，定非明哲之人。

乡民村夫等，连一个丁字都不认识；愚笨的人提一千条意见，总有一条可取。

拔去一丁的意思是说除去一个大害，又生一秦的意思是说又添了一个仇人。

提醒大家说话谨慎，则说可能有人在墙外偷听；告诫人们不要轻敌，就说不要以为秦国没有人。

帮助恶人做坏事则说助桀为虐，既得了陇又想得到蜀，比喻人贪得无厌。

要晓得容器装满了水，一定会倾覆出来，事物到了极端必然会转向反面。

喜欢嬉戏玩乐叫作好弄，好说笑话、言语风趣谓之诙谐。

谣言诽谤在市井中到处流传，假的也会变成真的，使人相信闹市中竟会有老虎；众多奸邪摇唇鼓舌，就像一大群蚊子聚集在一起，声音如同雷声一样大。

原文

萋斐（fěi）成锦，谓谮（zèn）人之酿祸；含沙射影，言鬼蜮（yù）之害人①。

针砭所以治病，鸩毒必至杀人②。

李义府阴柔害物，人谓之笑里藏刀；李林甫奸诡陷人，世谓之口蜜

腹剑[3]。

代人作事，曰代庖；与人设谋，曰借箸[4]。

见事极真，曰明若观火[5]**；对敌易胜，曰势若摧枯。**

汉武内多欲而外施仁义，廉颇先国难而后私仇。

卧榻之侧，岂容他人鼾(hān)睡，宋太祖之语；一统之世，真是胡越一家，唐太宗之时[6]。

至若暴秦以吕易嬴，是嬴亡于庄襄之手；弱晋以牛易马，是马灭于怀愍之时[7]。

中宗亲为点筹于韦后，秽播千秋；明皇赐洗儿钱于贵妃，丑遗万代[8]。

非类相从，不如鹑鹊；父子同牝，谓之聚麀[9]。

以下淫上谓之烝，野合奸伦谓之乱[10]。

从来淑慝(tè)殊途，惟在后人法戒；斯世清浊异品，全赖吾辈激扬[11]。

●李煜

李煜，字重光，初名从嘉，号钟隐、莲峰居士。彭城（今江苏徐州）人。五代十国时南唐国君，开宝八年，宋军破南唐都城，李煜降宋，被俘至汴京，封为右千牛卫上将军、违命侯。后被宋太宗毒死。

注　释

①**萋斐成锦：**《诗经》中有“萋兮菲兮，成是贝锦，彼谮人者，亦已太甚”的句子，意思是说花纹交错，织成像贝一样的锦，那些谮人说坏话，已经太过了。**含沙射影：**传说中有一种叫蜮的动物，能含沙射人的影子，让人得病。②**针砭：**古代治病用的银针和砭石。**鸩毒：**毒药、毒酒。③**李义府、李林甫：**均为唐朝宰相，狡险忌刻之人。唐高宗时，李义府升任中书侍郎参知政事，成为掌握朝政大权的高级官员。他表面上待人和蔼谦恭，和人说话脸上总是带着微笑，但心底里却偏狭阴险，冒犯过他或不顺从他的人，都会遭到他的迫害。因此大家称李义府“笑里藏刀”。④**代庖：**指代人做事。**借箸：**借筷子，指代人筹划。张良在刘邦吃饭时，向刘献计曰：“请借前箸，为

大王筹之。”⑤**明若观火**：比喻观察事物明白透彻。⑥**卧榻之侧，岂容他人鼾睡**：南唐后主李煜派徐铉向宋求援师，保全南唐。宋太祖说：“卧榻之侧，岂容他人鼾睡。”**胡越一家**：唐太宗在未央宫设宴，命突厥可汗起舞、南蛮冯智载咏诗，笑着说：“胡越一家，自古未有也。”⑦**以吕易嬴**：以吕家的儿子换得嬴家的天下。吕不韦把一个怀了自己儿子的女子献给秦庄襄王生下嬴政，即后来的秦始皇。**以牛易马**：晋代琅琊王妃与小吏牛金私通生下司马睿，就是晋元帝，虽然姓司马，实际是姓牛，故曰以牛易马。⑧**秽播千秋**：丑闻传至千年之后，指唐中宗的皇后韦后与武三思私通，韦后与武三思赌钱，中宗亲自为她点筹码。⑨**鹑鹊**：即鹌鹑和喜鹊，鹌鹑雌雄紧紧相随，喜鹊群飞都互相追随。**牝**：雌兽。**麀**：牝鹿。⑩**烝**：古代指以下淫上，与母辈发生性关系。**野合**：指不合礼仪的婚配。⑪**淑**：善。**慝**：恶。**法戒**：效法、警戒。

译　文

萋斐成锦是说进谗言者罗织别人细小的过失，以致酿成大罪；含沙射影则是说恶人暗中攻击或陷害他人。

针、砭都是古代的医疗用具，用它可以替人治病；鸩羽有毒，放在酒里足以致人于死命。

李义府外表温和内心阴险，人人都说他笑里藏刀；李林甫奸诡谲诈暗地害人，世人都称他口蜜腹剑。

暂时代替他人去办事叫作代庖；帮助他人筹划叫作借箸。

事理看得真切明亮，叫作明若观火；对付敌兵很容易战胜，叫作势若摧枯。

汉武帝内心欲望很大，外面却讲大仁大义；廉颇以国家大义为先，私人恩怨为后。

自己的床铺边，怎能让别人呼呼睡大觉？这是宋太祖的话；天下一统，四海一家，这出现在唐太宗之时。

吕不韦把一个怀了自己儿子的女子献给秦庄襄王，生下嬴政，以吕家的儿子换得嬴家的天下；软弱的晋朝用牛姓换了司马姓，这是司马氏的天下灭亡在怀帝、愍帝之时。

中宗为韦后点筹码，丑闻传至千年之后；杨玉环认安禄山为干儿子，唐明皇竟赏赐她洗儿钱。

不是一类而在一起生活，还不如鹑和雀；父子占有同一个女人，叫作聚麀。

下辈男子和上辈女子发生不正当关系叫烝，不合礼仪的婚配叫乱。

从来善恶殊途，后人要效法善、警戒恶；世上清浊各异，全赖我们去涤浊扬清。

饮 食

原 文

甘脆肥脓，命曰腐肠之药；羹藜含糗，难语太牢之滋①。

御食曰珍馐②，白米曰玉粒。

好酒曰青州从事，次酒曰平原督邮③。

鲁酒茅柴，皆为薄酒；龙团雀舌，尽是香茗④。

待人礼衰，曰醴酒不设；款客甚薄，曰脱粟相留⑤。

竹叶青、状元红，俱为美酒；葡萄绿、珍珠红，悉是香醪⑥。

五斗解酲，刘伶独溺于酒；两腋生风，卢仝偏嗜乎茶⑦。

茶曰酪奴，又曰瑞草；米曰白粲，又曰长腰⑧。

太羹玄酒，亦可荐馨；尘饭涂羹，焉能充饿⑨。

酒系杜康所造，腐乃淮南所为⑩。

注 释

①**甘脆肥脓**：指甜的、脆的、肥的、厚的食物。**腐肠**：腐烂肠胃。**羹藜含糗**：藜，蓬蒿。糗，米、麦等谷物。**太牢**：古代祭祀社稷时用的牛、羊、猪三牲称太牢。②**御食**：皇帝食用的食品。**珍馐**：珍奇美味的食物。③**青州从事、平原督邮**：晋代桓温手下有位主簿把好酒叫作青州从事，次酒叫作平原督邮。因为青州有齐郡，齐与脐同音，好酒直下到脐下；平原有鬲县，鬲与膈同音，次酒只到膈下。④**鲁酒**：春秋时期，楚国大会诸侯，鲁国献的酒味道不浓。**茅柴**：指酒味道就像茅柴烧过一样。**龙团、雀舌**：古代茶叶的名称。⑤**醴酒**：甜酒。**脱粟**：糙米。⑥**竹叶青、状元红**：都是美酒名，竹叶青产于古苍梧，用竹叶掺和，故名；状元红来自古诗“持杯醉饮状元红”。**葡萄绿、珍珠红**：酒名。**醪**：醇厚的美酒。⑦**五斗解酲**：酲，酒后神志不清。晋代刘伶嗜酒，故对妻子戏言：“喝五斗酒才能解酒瘾。”**两腋生风**：唐代诗人卢仝爱喝茶，曾说：“喝过了茶就会觉得两腋生风。”⑧**酪奴**：茶的别名。**瑞草**：珍贵的草，茶的别名。**长腰**：米名，形状狭长。⑨**太羹**：传说尧以肉汁作羹，没有盐等调味品，称为太羹。**玄酒**：

祭祀用的水。**尘饭涂羹**：儿童游戏时用土做的饭和汤。⑩**杜康**：传说中酿酒技术的发明者。**腐**：豆腐。据说是汉代淮南王刘安发明的。

译文

甘甜脆酥、浓醇肥美的食物，吃多了便是腐烂肠胃的毒药。对于那些终日以粗粮野菜充饥的人，很难描述牛、羊、猪这些佳肴的滋味。

皇帝吃的食品叫珍馐，白米又称玉粒。

青州从事是好酒的别名，平原督邮是劣酒的代称。

●菽

鲁酒、茅柴都是味道不醇厚的酒；龙团、雀舌都是上等的香茗。

待客的礼仪不周，称为醴酒不设；款待客人十分菲薄叫作脱粟相留。

竹叶青、状元红都是美酒；葡萄绿、珍珠红都是醇香的好酒。

喝五斗酒才能解酒瘾，刘伶极其爱酒；卢仝特别喜好喝茶，喝了七杯茶以后觉得两腋习习清风生。

茶又名酪奴、瑞草；米也称白粲、长腰。

祭祀祖先不一定要丰馔美酒，只要恭敬诚心，即使用肉汁清水，也是可以荐祀的，把灰尘泥土当作羹饭哪能救人饥荒呢！

酒是杜康首先酿造的，豆腐则是淮南王刘安所发明。

原文

僧谓鱼曰水梭花，僧谓鸡曰穿篱菜[1]。

临渊羡鱼，不如退而结网；扬汤止沸[2]**，不如去火抽薪**。

羔酒自劳，田家之乐；含哺鼓腹，盛世之风[3]。

人贪食曰徒铺馁，食不敬曰嗟来食[4]。

多食不厌，谓之饕餮之徒；见食垂涎，谓有欲炙之色[5]。

未获同食，曰向隅；谢人赐食，曰饱德[6]。

安步可以当车，晚食可以当肉[7]。

饮食贫难，曰半菽不饱[8]**；厚恩图报，曰每饭不忘。**

谢扰人曰兵厨之扰，谦待薄曰草具之陈[9]。

白饭青刍，待仆马之厚；炊金爨（zhuàn）玉，谢款客之隆[10]。

注释

①**水梭花、穿篱菜**：《东坡志林》载，僧谓酒为般若汤，鱼为水梭花，鸡为穿篱菜。是一种僧人忌讳的说法。②**扬汤止沸**：汤，开水。把开水从锅中舀起再倒进去来阻止水的沸腾。③**羔**：小羊。**含哺鼓腹**：含着食物敲着肚子，形容太平盛世。④**徒铺啜**：徒，只是。铺，饭铺，吃。啜，喝。**嗟来食**：春秋时期，齐国发生了一次严重的饥荒，黔敖摆设食物于路口，准备救济饥民。有个饥民走来，黔敖看到后，傲慢地喊道："嗟！来食！"那个饥民瞪着眼说："我正因为不吃'嗟来之食'，才饿成这个样子的！"嗟，呼唤对方，含有轻蔑之意。⑤**饕餮**：比喻贪吃。**欲炙之色**：炙，烤肉。想吃肉的样子。晋代顾荣与同僚喝酒，看见送肉的人想吃肉的样子，就将自己的一份送给他吃了。⑥**向隅**：对着墙角。**饱德**：《诗经》中有"既醉以酒，既饱以德"的句子，指饱受恩德。⑦**安步**：平和安稳地走路。**当车**：当作坐了车子一样舒服。**晚食**：很晚才进食，指肚子饿了才吃。⑧**贫难**：贫苦困难。**半菽**：吃的饭里有一半是豆子，指粗劣的饭食。菽，大豆。⑨**扰**：叨扰。**兵厨之扰**：晋代阮籍嗜酒，听说步兵厨房里贮有三百斛酒，就申请当步兵校尉。**草具之陈**：装粗劣食物的餐具，指款待薄。《史记》载，项羽派遣使者到刘邦营中，陈平行反间计，开始上的是太牢之具，见到项羽的使者说："我还以为是范增的使者，原来是项羽派来的。"于是换上草具。⑩**刍**：喂牲口的草。**炊金爨玉**：炊、爨，烧火做。金、玉，比喻食物精美。

译文

僧人给鱼起个别名叫水梭花，给鸡起的别名是穿篱菜。

站在水边想得到鱼，还不如回去结网；搅动沸水想制止沸腾，还不如抽掉柴草去掉火。

吃了羊羔美酒犒劳自己，这是种田人家的乐趣；口里含着食物，肚子吃得饱饱的，这是形容太平盛世人民饱食自得、无忧无虑的情形。

每天只知吃喝叫作徒铺啜；带有轻视性的施舍叫作嗟来食。

贪于饮食不知厌足，这是饕餮一类的人；看见食物就垂涎三尺，叫作欲炙之色。

没有被邀请同食叫向隅，感谢主人殷勤款待叫作饱德。

平和安稳地走路当作坐车子一样舒服，晚一点吃饭可以使饭菜变香，感觉似是吃肉。

家境穷困时常吃不饱称为半菽不饱，受人厚恩常思报答称为每饭不忘。

兵厨之扰是表示叨扰酒食的谢意，主人自谦待客菲薄叫作草具之陈。

给客人的仆人吃白米饭，用青草喂他的马，由此可知主人待客之厚；炊金爨玉比喻饮食之精美豪奢，是宾客感谢主人款待隆重的说词。

原　文

家贫待客，但知抹月披风；冬月邀宾，乃曰敲冰煮茗①。

君侧元臣，若作酒醴之曲糵；朝中冢宰，若作和羹之盐梅②。

宰肉甚均，陈平见重于父老；戛羹示尽，邱嫂心厌乎汉高③。

毕卓为吏部而盗酒，逸兴太豪；越王爱士卒而投醪，战气百倍④。

惩羹吹齑(jī)，谓人惩前警后；酒囊饭袋，谓人少学多餐⑤。

隐逸之士，漱石枕流；沉湎之夫，藉糟枕曲⑥。

昏庸桀纣，胡为酒池肉林；苦学仲淹，惟有断齑画粥⑦。

注　释

①**抹月披风**：把风月当作菜肴，表示家贫无以招待客人。**敲冰煮茗**：敲开冻冰，煮水做茶招待客人。②**君侧元臣**：君王身边的大臣。**曲糵**：酿酒用的发酵剂，比喻大臣的辅佐作用。**冢宰**：宰相。**和羹**：调和制成的羹汤。**盐梅**：调味品。③**宰肉甚均**：汉代陈平在乡中分肉非常平均，深得乡中父老的信任。**戛羹示尽**：刘邦到嫂子家，嫂子正在吃肉羹，见刘邦到来，就刮盆底假装没有了。刘邦因此怨恨嫂子，当皇帝后封侄儿为羹颉侯。④**毕卓为吏部而盗酒**：晋代毕卓提任吏部郎，邻居家酿酒，他去偷喝，结果醉卧在酒瓮旁。**越王爱士卒而投醪**：越王勾践曾把酒倒在河上游，让士兵迎着河水饮酒，士兵因此感动，无不献身。⑤**惩羹吹齑**：齑，细切的冷食。被热汤烫过后吃咸菜也要先吹一吹，比喻过于谨慎。**酒囊饭袋**：比喻只会吃，不会做事。⑥**漱石枕流**：晋代孙楚少年时想隐居，对王武子说："当枕石漱流。"结果说成"漱石枕流"，然后辩解说："所以漱石，是为了磨砺牙齿；枕流，是为了洗耳。"后用此比喻士大夫隐居。**藉糟枕曲**：靠着酒糟，枕着酒曲。⑦**酒池肉林**：形容穷奢极欲。**断齑画粥**：宋代大臣范仲淹小时候家里很穷，每天煮粥待凝固后划成四块，早晚即取两块，就着咸菜吃。

译　文

抹月批风是文人表示家贫，没有东西可以招待客人的戏言；敲冰煮茗是冬天邀请客人的雅称。

君主身边的重臣就像酿酒用的曲子；朝廷中的宰相，就像调味用的盐梅。

陈平分肉十分公平，乡里父老都夸奖他；刘邦大嫂厌恶他，在他来时故意敲锅子，表示羹已吃完。

毕卓在吏部做官，夜里却到邻家偷酒喝，这种逸兴未免太豪放了；越王把酒倒在河水上游，让军士们都能喝到，军士们感激他的恩惠，因而勇气百倍。

惩羹吹齑是说惩前戒后，过分小心的意思；酒囊饭袋是形容人不学无术只会吃喝。

隐逸山林之士漱石枕流，是何等的清高；沉湎于酒乡的人，每天靠着酒糟，枕着酒曲。

昏庸无道的桀、纣，为什么要以酒为池，以肉为林，作长夜之饮呢？范仲淹刻苦求学，每天仅靠咸菜与粥度日。

宫　室

原　文

洪荒之世，野处穴居；有巢以后，上栋下宇①。

竹苞松茂，谓制度之得宜；鸟革翚(huī)飞，谓创造之尽善②。

朝廷曰紫宸，禁门曰青琐③。

宰相职掌丝纶，内居黄阁；百官具陈章疏，敷奏丹墀④。

木天署，学士所居，紫薇省，中书所莅⑤。

金马玉堂，翰林院宇；柏台乌府，御史衙门⑥。

布政司称为藩府，按察司系是臬(niè)司⑦。

潘岳种桃于满县，人称花县；子贱鸣琴以治邑，故曰琴堂⑧。

潭府是仕宦之家，衡门乃隐逸之宅⑨。

贺人有喜，曰门阑蔼瑞；谢人过访，曰蓬荜生辉⑩。

注释

①**洪荒**：指混沌、蒙昧的状态。这里指远古时代。**有巢**：有巢氏，相传有巢氏架屋为巢，缀叶为衣。②**竹苞松茂、鸟革翚飞**：都是《诗经》中的句子，指如松竹一样茂盛，像野鸡毛和鸟毛一样漂亮。形容房屋建造得好。③**紫宸**：宫殿名，天子所居。汉代有紫宸殿，宫中的禁门用青色涂抹。④**丝纶**：指皇帝诏书。**丹墀**：指宫中的台阶，用丹朱色涂抹，故称丹墀。⑤**木天署**：唐代秘书阁穹窿高敞，称为木天。后以木天署称翰林学士官署。⑥**金马玉堂**：汉代有金马门，学士常聚集于此。宋代苏易简任翰林学士，宋太祖书写玉学之署给他，故后以金马、玉堂指翰林院。**柏台、乌府**：汉代朱博为御史，府中有柏树，树上有乌鸦，故后来以柏台、乌府称御史衙门。⑦**布政司**：官署名。**藩府**：作为王室屏障的意思。**臬司**：执法司。⑧**潘岳**：潘岳为西晋文学家，喜爱桃花，为河阳令时，令拖欠赋税的百姓种植桃树，结果满县都是桃花。⑨**衡门**：门上有一根横木。形容简陋之家。⑩**门阑蔼瑞**：指门庭充满吉祥。**蓬荜**：柴门。

译文

上古时代的人们，夏居荒野冬居山洞，以躲避毒蛇猛兽的祸害；自从有巢氏发明搭建房屋并教会大家之后，世人才建起有梁柱的屋宇来居住。

竹苞松茂，指宫室环境规划得当；鸟革翚飞指房屋建造得好。

皇宫的前殿称作紫宸殿，禁门的别名叫作青琐门。

宰相掌管帝王诏书，其官署又名黄阁；百官上朝，则在丹墀下奏陈章疏。

木天署是翰林学士所在之处；紫微省是内阁中书办公的场所。

金马、玉堂都是翰林院的美称；柏台、乌府都是御史台的别名。

布政司又称藩府；按察司又称臬司。

潘岳任河阳县令时，鼓励百姓种桃树，春天时全县开满桃花，故有花县之称；宓子贱终日鸣琴，身不下堂而单父大治，故而有琴堂之名。

用朱漆涂大门，同潭一样深的府第，都是做官而有财势的人家；用茅草搭盖房屋，把木栅横转来当门用的，都是隐士的宅居。

祝贺别人家中有喜事，说门栏蔼瑞。有高贵的宾客来访，觉得草屋柴门也增添了无数的光辉。

原文

美奂美轮，礼称屋宇之高华；肯构肯堂，书言父子之同志①。

土木方兴，曰经始；创造已毕，曰落成②。

楼高可以摘星，屋小仅堪容膝③。

寇莱公庭除之外，只可栽花；李文靖厅事之前，仅容旋马④。

恭贺屋成，曰燕贺；自谦屋小，曰蜗庐⑤。

民家名曰闾阎（lǘ yán），贵族称为阀阅⑥。

朱门乃富豪之第，白屋是布衣之家⑦。

客舍曰逆旅，馆驿曰邮亭⑧。

书室曰芸窗，朝廷曰魏阙⑨。

成均、辟雍，皆国学之号；黉宫、胶序，乃乡学之称⑩。

笑人善忘，曰徙宅忘妻；讥人不谨，曰开门揖盗⑪。

何楼所市，皆滥恶之物；垄断独登，讥专利之人⑫。

荜门圭窦，系贫士之居；瓮牖（yǒu）绳枢，皆窭人之室⑬。

宋寇准真是北门锁钥，檀道济不愧万里长城⑭。

●放鲰知德

宓子贱是孔子的学生，曾在单父为官。一次，孔子去卫国让巫马期观看宓子贱的政绩。巫马期到了单父境内，碰到夜晚打渔的人，放掉小鱼，只取大鱼，问他为什么这样做，渔人说："我们长官想让小鱼长大。"巫马期回去后告诉孔子："宓子贱的道德教化到顶点了，是老百姓暗中做事，都像有厉害的刑罚在身边。"

注释

①**美奂美轮，礼称屋宇之高华；肯构肯堂，书言父子之同志**：《礼记》载："晋献文子成室，晋大夫发焉。张老曰：美哉仑焉，美哉奂焉。"形容房屋高大宽敞明亮。②**经始**：开始营建。**落成**：泛指建筑完工。③**容膝**：仅能够放下双膝，形容狭小。④**寇莱公**：指宋代宰相寇准，他的庭院很小，只能栽花。**李文靖**：宋代宰相，他的厅堂很小，只能容下一匹马转身。⑤**燕贺**：燕雀都来祝贺房屋落成。**蜗庐**：蜗牛的壳。

⑥**闾阎**：里巷的门，指老百姓。**阀阅**：有等级为阀，有功为阅，指贵族。⑦**朱门**：富豪之第。**白屋**：布衣之家。⑧**逆旅**：逆，迎接；旅，众人。**馆驿**：古代供传递行旅之人休息的驿站。**邮亭**：古代供信使和旅客休息的地方。⑨**芸窗**：指书斋。**魏阙**：指朝廷。⑩**成均**：西周的大学。**辟雍**：西周天子为贵族设立的大学。**国学**：西周设于王城及诸侯国都的学校。唐代曾将国子学改名为成均。**黉宫、胶序**：周代学校名。⑪**开门揖盗**：把强盗请进门。⑫**何楼**：宋代京城里有何氏，其楼下所卖的东西多是伪劣之物。**垄断**：土岗高而不相连者，称为垄断，后指独占。⑬**荜门圭窦**：竹编的门和墙上挖的小门。**瓮牖绳枢**：以瓦瓮作窗，以绳子系的门轴。**窭**：音具，泛指贫穷。⑭**北门锁钥**：寇准自称为守卫北门的锁钥。**檀道济**：南朝宋大臣，受冤被诛时说："这是毁坏自己的万里长城。"

译　文

《礼记》上所说的美轮美奂，是形容房屋的华美高大；《尚书》上说的肯构肯堂，是说父子志趣相同、子承父业。

开始测量建造房屋叫作经始；建筑工程完毕谓之落成。

楼高千丈仿佛伸手就可以摘到星星，屋子狭小仅能容下一人的双膝。

寇准家的庭院小，只可以种几株花卉；宰相李沆的厅堂也很窄，仅能调转马头。

恭贺别人盖成新屋说燕贺；自谦屋子简陋狭小说蜗居。

平民百姓居住的地方叫作闾阎，贵族的府第称为阀阅。

朱门是有钱有势者的家，白屋是老百姓的家。

客栈又称为逆旅，驿站又称为邮亭。

学子诵读诗书的书房称为芸窗，朝廷发布政令的地方叫作魏阙。

成均、辟雍都是西周国学的名号；黉宫、胶序皆为西周乡学的称谓。

嘲笑别人健忘，就说如同搬家时丢掉了妻子；讥讽他人不谨慎，就说如同打开门请进来强盗。

何楼所卖的东西，都是伪劣虚假之物，垄断是讥诮那些蝇营狗苟、专门求利的小人。

●**寇准**

寇准，字平仲，华州下邽（今陕西渭南）人。北宋政治家、诗人。

装设柴门和开狭洞的房屋，都是贫寒之士居

住的地方；用绳子来缚住门，用破坛来当作窗口，这种房屋更是穷困潦倒之人所居住的。

寇准是北宋北大门的守护者，檀道济是南北朝时期捍卫宋国江山的万里长城。

器 用

原 文

一人之所需，百工斯为备[①]。

但用则各适其用[②]，而名则每异其名。

管城子、中书君，悉为笔号；石虚中、即墨侯，皆为砚称[③]。

墨为松使者，纸号楮先生[④]。

纸曰剡(shàn)藤，又曰玉版；墨曰陈玄，又曰龙剂[⑤]。

共笔砚，同窗之谓；付衣钵(bō)，传道之称[⑥]。

笃志业儒，曰磨穿铁砚；弃文就武，曰安用毛锥[⑦]。

剑有干将莫邪之名，扇有仁风便面之号[⑧]。

何谓箑(shà)？亦扇之名；何谓籁？有声之谓[⑨]。

小舟名舴艋，巨舰曰艨(méng)艟(chōng)[⑩]。

注 释

①**备**：准备。②**用则各适其用**：器物的用途各不相同。③**管城子**：唐代韩愈曾写《毛颖传》，说毛笔被封在管城，叫“管城子”。后管城子成为毛笔的代称。④**松使者**：墨是用松树的墨烟熏成的，故称松使者。传说唐玄宗用的墨叫龙香剂，一天看见墨上有像苍蝇那么大的小道士行走，就呵叱一声，小道士连呼万岁说：“我是墨的精灵，松使者。”**楮先生**：楮树皮是造纸的原料，故称纸为楮先生。⑤**剡藤**：剡溪的藤，造出的纸极美。**玉版**：成都的浣花溪，造出的纸光滑，称为玉版。⑥**同窗**：同学。**付衣钵**：衣钵是佛教僧尼的袈裟和乞食用的钵盂，以后泛指师传的学问、技能。⑦**磨穿铁砚**：五代时，桑维翰考进士，考官因其姓与“丧”同音，弃置不取。人们劝他不要

再考了，另求其他门路做官。桑维翰不肯，慨然著《日出扶桑赋》以明志，并特地用铁铸了块砚，说："什么时候把这铁砚磨穿了再改变仕进的想法。"后来果然中了进士。**毛锥**：毛笔，以束毛为笔，形状如锥。⑧**干将莫邪**：中国古代传说中造剑的名匠。干将，春秋时期吴国人，曾为吴王造剑。后与其妻莫邪奉命为楚王铸成宝剑两把，一曰干将，一曰莫邪。**仁风便面**：仁风，仁德之风，本为古代赞美帝王或地方长官的阿谀之词，说其恩德如风之遍布，后来借指扇子。便面，用来遮面的扇状物，后来也称团扇、折扇为便面。⑨**箑**：传说古代有一种吉祥草叫作箑，叶子自动扇风，后以箑指扇。**籁**：指各种声音。⑩**艨艟**：古代战船，船体用牛皮保护。

译　文

一个人生活中所使用的各种物品，需要具备各种技能的工匠制造。

每种物品都有其适用之处，名称也各不相同。

管城子、中书君都是毛笔的别号；石虚中、即墨侯都是砚台的不同称呼。

墨又称作松使者，纸又称作楮先生。

剡藤和玉版都是纸的别名；陈玄、龙剂都是墨的别号。

在一起学习叫作共用笔砚；师生传授道学称为衣钵相传。

立定志向去钻研学问，哪怕磨穿铁砚；舍弃文学去学习武艺，叫安用毛锥。

干将、莫邪都是宝剑的名称；仁风、便面都是扇子的别号。

何谓箑？就是扇子；何谓籁？就是声音。

小船别名舴艋，大型战舰叫作艨艟。

原　文

金根是皇后之车，菱花乃妇人之镜①。

银凿落原是酒器，玉参差乃是箫名②。

刻舟求剑，固而不通；胶柱鼓瑟，拘而不化③。

斗筲(shāo)言其器小，梁栋谓是大材④。

铅刀无一割之利，强弓有六石之名⑤。

杖以鸠名，因鸠喉之不噎；钥同鱼样，取鱼目之常醒⑥。

兜鍪系是头盔，叵(pǒ)罗乃为酒器⑦。

短剑名匕首，毡(zhān)毯曰氍毹(qú shū)⑧。

琴名绿绮、焦桐，弓号乌号、繁弱⑨。

香炉曰宝鸭，烛台曰烛奴[10]。

注释

①**金根**：车名。**菱花**：古代镜子背面有菱花图案，故可代指镜。②**凿落**：唐代称杯为凿落。**玉参差**：镶玉的排箫，后用玉参差代指箫。③**刻舟求剑**：《吕氏春秋·察今》："楚人有涉江者，其剑自舟中坠于水，遽契其舟曰：是吾剑之所从坠。舟止，从其所契者入水求之。舟已行矣，而剑不行。"后以"刻舟求剑"比喻拘泥成法，固执不知变通。**胶柱鼓瑟**：瑟，一种古乐器。柱，瑟上转动琴弦以调节声音高低的短木。柱被黏住，音调就不能换，比喻拘泥不知变通。④**斗筲**：斗和筲都是很小的容器。后来比喻人的见识短浅，器量狭小。**梁栋**：即栋梁，房屋的大梁，比喻担负国家重任的人。⑤**铅刀**：用铅做成的刀，很软。**石**：古代重量单位，百二十斤为石。⑥**杖以鸠名**：手杖称为鸠杖，据说是因为鸠吃东西不会噎食，以提醒老人吃饭慢一点儿。**钥同鱼样**：古代的锁或钥匙和鱼外形一样，据说是取自鱼常睁着眼，以提醒人们注意的意思。⑦**兜鍪**：头盔。**叵罗**：酒卮。⑧**氍毹**：毛织的地毯。⑨**绿绮**：古琴名。**焦桐**：东汉时，有吴人烧桐来做饭，蔡邕听到火烈的声音知道所烧的是良木，就拿来做了琴，果然声音很美妙，因为琴尾是烧焦了的，当时人称之为焦尾琴。**乌号、繁弱**：都是古时良弓。⑩**宝鸭**：鸭形的香炉。**烛奴**：烛台的别称。

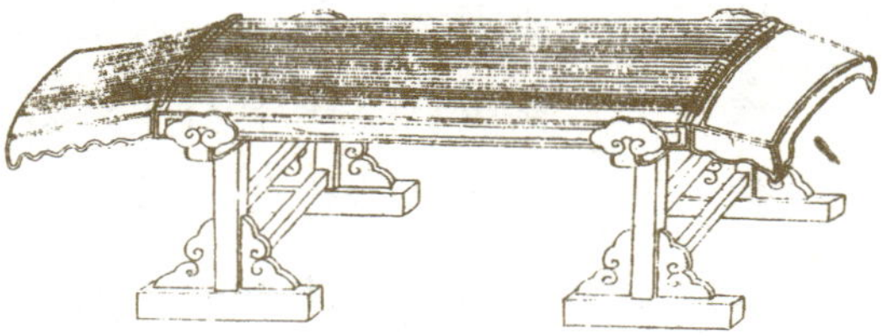

●瑟

古代的一种丝弦乐器，形状似琴，通常有二十五根弦，常与琴或笙合奏。

译文

皇后乘坐的车子叫作金根车，女子梳妆所用的镜子叫作菱花镜。

凿落是酒杯的名字，玉参差就是洞箫的别名。

用刀在舟旁刻下记号，而照着记号去寻剑，这种人一味固执愚笨，全然不知变通；用胶粘住了弦柱，去弹那个瑟，这种人固执拘泥不化。

斗筲是说人的才识短浅气量狭小，好比斗和筲容不下较多的米和麦；人的才干伟大，好比房屋的梁柱，担当得起重大的责任。

用铅做成的刀很软，连切割一次的锋利都没有；强硬的弓有六石之称。

拐杖取名为鸠杖，是因鸠鸟吃食不噎，用以提醒老人吃饭慢一点儿；锁钥做成鱼的形状，是因为鱼昼夜都不闭眼，取它能常醒守护之意。

兜鍪俗名称作头盔，叵罗是饮酒的器具。

短剑叫作匕首，毛织的地毯称为氍毹。

绿绮、焦桐都是琴的别名，乌号、繁弱都是弓的代称。

鸭形的香炉叫作宝鸭，人形的炉台称炉奴。

原 文

龙涎鸡舌，悉是香名；鹢（yì）首鸭头，别为船号①。

寿光客，是妆台无尘之镜；长明公，是梵堂不灭之灯②。

桔槔（gāo）是田家之水车，袯襫（bó shì）是农夫之雨具③。

乌金，炭之美誉；忘归，矢之别名④。

夜可击，朝可炊，军中刁斗；云汉热，北风寒，刘褒画图⑤。

勉人发愤，曰猛著祖鞭；求人宥罪，曰幸开汤网⑥。

拔帜立帜，韩信之计甚奇；楚弓楚得，楚王所见未大⑦。

董安于性缓，常佩弦以自急；西门豹性急，常佩韦以自宽⑧。

汉孟敏尝堕甑不顾⑨，知其无益；宋太祖谓犯法有剑，正欲立威。

王衍清谈，常持麈（zhǔ）拂；横渠讲《易》，每拥皋比⑩。

尾生抱桥而死，固执不通；楚妃守符而亡，贞信可录⑪。

温峤昔燃犀，照见水族之鬼怪；秦政有方镜，照见世人之邪心⑫。

车载斗量之人，不可胜数；南金东箭之品，实是堪奇⑬。

传檄可定，极言敌之易破；迎刃而解，甚言事之易为⑭。

以铜为鉴，可整衣冠；以古为鉴，可知兴替。

注 释

①**龙涎**：一种珍贵的香料。**鸡舌**：香名，可治口气。**鹢首**：古代船头上画着鹢鸟，故称船首为鹢首，亦指船。**鸭头**：指船首作鸭头状的大船。②**寿光客**：指镜。**长明公**：燃灯供佛前，昼夜不灭，所以叫长明，指佛堂里的灯。③**桔槔**：井上汲水的一种工具，也泛指吊物的简单机械。**袯襫**：古时指农夫穿的蓑衣之类防雨的衣服。④**乌金**：煤炭对于普通百姓来说很贵重，所以称乌金。**忘归**：箭名。⑤**刁斗**：用铜制作的古代军队用具，夜间用来打更，白天做饭。**刘褒画图**：汉代刘褒画《云汉图》，观看的人都感到热，又画《北风图》，看到的人都感到凉快。⑥**猛著祖鞭**：晋代刘琨与祖逖要好，曾给好友写信说："我立志驱除南犯的敌人，只恐祖逖的马鞭打到我的前面。"

后用来勉励人努力进取。**宥：**宽待。**汤网：**商汤看见有猎人捕鸟，四面用网围住，就说："这是夏桀的做法。"于是去掉三面，只留一面，诸侯听说了，赞叹说："商汤的仁慈兼及禽兽，真是德行高尚啊。"⑦**拔帜立帜：**韩信打仗时，曾要求部下将敌人阵地的旗帜都换成自己的旗帜，结果敌人大败。**楚弓楚得：**楚王的弓丢失了，手下人要去找，楚王说："楚人丢失了弓，还不是楚人拾到了，何必去找呢？"后孔子讥笑楚王心胸不够大度："不曰人遗弓，人得之乎？何必楚乎？"⑧**董安于：**战国时期人，性情迂缓，所以常佩着弓弦以提醒自己保持紧张。**西门豹：**战国时期人，性情急躁，常佩着牛皮以提醒自己不要性急。因弓弦是紧绷的，而牛皮比较柔韧。⑨**堕甑不顾：**汉代孟敏曾把甑掉到地上，头也不回就走了，别人问他为什么，他说："已经摔破了，看有何益？"比喻事情已经过去，虽有遗憾，但不做无益的惋惜。⑩**王衍：**晋代人，终日清谈，常拿着拂尘。**横渠：**宋代张载，世称横渠先生。**每拥皋比：**皋比，虎皮坐垫。指常常坐在虎皮座椅中。⑪**尾生：**古代传说坚守信约的人。尾生一生特别信守诺言，只要说过的话就一定要做到。一天他与一个心爱的女子相约在桥下相见，该女子没有按时来。突然天降暴雨，水漫到他的腰间，他还是痴心等待，信守他的诺言，结果水把他淹死了。**楚妃守符：**楚昭王出游时，将夫人留在渐台，和她约定说，一定派人拿着信符来接她，当楚王派人来接时，使者忘记带信符，夫人不敢随往，结果涨水被淹死。⑫**秦政有方镜：**传说秦始皇有一面方镜，能照见人的肝胆。⑬**车载斗量：**形容数量众多，而质量一般。**南金东箭：**古代东南地区竹箭很好，西南地区的金矿很好，称为南金东箭。晋代顾荣、纪瞻等人品行很好，被誉为南金、东箭。⑭**传檄可定：**不用兵，只传檄文就可平定。韩信曾说，三秦地区传一道檄文就可以平定了。**迎刃而解：**碰到刀刃就分解开来。晋代杜预进攻吴国时说："现在的形势就像是劈竹子，破开数节后，就可以迎刃而解了。"

译　文

龙涎、鸡舌都是香料的名称，鹢首、鸭头都是船的名号。

寿光客是梳妆台上不染尘埃的宝镜，长明公是佛堂里永不熄灭的油灯。

桔槔是种田人提水用的工具，袯襫是农夫遮雨的雨具。

乌金是炭的美名，忘归是箭的别称。

军队中用的刁斗，夜里可以用来巡更，白天可以用来煮饭；东汉刘褒画图真神妙，画《云汉图》，看的人都会觉得热；画《北风图》，看的人都会觉得寒冷。

晋朝刘琨见祖逖奋发有为，说："祖先生著我鞭。"后人便把勉励他人发愤进取，说成猛著祖鞭；商汤见猎人网张四面，便解开三面使一部分禽兽逃生，因此请求别人宽恕，就说幸开汤网。

拔去赵国的白帜，树起汉朝的赤帜，韩信所用的计谋甚为奇特；楚王失了弓，便说道“楚人失了，楚人得了”，楚王的见识还是不够远大。

董安于慢性子，经常佩带弓弦以督促自己紧张一些；西门豹急性子，经常佩带熟牛皮，以提醒自己保持冷静。

汉代孟敏失手把甑掉在地上，并不再看它一眼，因为再看也无用；宋太祖说有人敢犯法我这里有剑，是想树立自己的威信。

王衍清谈时常拿着拂尘，横渠先生讲《易》，常常坐在虎皮椅中。

尾生信守诺言等候女子，结果遇到洪水被淹死，真是不知变通；楚妃在渐台上等符，水淹台塌而亡，其坚贞值得记载。

温峤曾经燃犀角，照见了水族中的奇异怪兽；秦始皇有一方镜，能洞察世人的邪恶之心。

用车载不完，用斗量不尽，有才能的人，数也数不清楚；西南的金石，东南的竹箭，是形容杰出人物才干品格的奇特。

敌人极易攻破，谓之传檄可定；事情容易解决，称为迎刃而解。

唐太宗曾说用铜作镜子，可以对镜整理衣冠；以历史作镜子，能够知道王朝兴衰得失的缘由。

●宋太祖

宋太祖，即赵匡胤，后周时曾任殿前都点检，掌握兵权后发动陈桥兵变，即帝位，国号宋，结束了五代扰攘的局面，在位十六年，庙号太祖。

珍　宝

原　文

山川之精英，每泄为至宝；乾坤之瑞气，恒结为奇珍①。

故玉足以庇嘉谷，珠可以御火灾②。

鱼目岂可混珠，碔砆（wǔ fū）③焉能乱玉。

黄金生于丽水，白银出自朱提④。

曰孔方、曰家兄，俱为钱号；曰青蚨、曰鹅眼，亦是钱名⑤。

可贵者明月夜光之珠，可珍者璠玙琬琰(yǎn)之玉[6]。

宋人以燕石为玉，什袭缇巾之中；楚王以璞玉为石，两刖卞(yuèbiàn)和之足[7]。

惠王之珠，光能照乘；和氏之璧，价重连城[8]。

鲛(jiāo)人泣泪成珠，宋人削玉为楮[9]。

贤乃国家之宝，儒为席上之珍[10]。

注　释

①**乾坤：**《易经》中的两个卦名，引申为天地。②**玉、珠：**古代认为珠玉等是山川精华泄露出来的，可以防灾得福。**嘉谷：**五谷的总称。③**碔砆：**像玉的石头。④**丽水：**指金沙江，出产金沙。**朱提：**朱提山，在四川西部，出产白银。⑤**孔方、家兄：**晋代鲁褒曾写《钱神论》，称钱"亲如家兄，字曰孔方"。**青蚨：**《搜神记》中记载的一种虫子，据说捉住母虫，子虫就飞来，捉住子虫，母虫就飞来，将母虫和子虫的血分别涂在八十一文钱上，买东西时花去其中一种钱留下另一种，则花去的钱都会复飞回来。**鹅眼：**南朝宋沈庆通家私铸的钱，一千文穿起来还不到三尺长，被称为鹅眼钱。⑥**璠玙琬琰：**都是美玉的名字。⑦**燕石为玉：**宋国有一个人把燕石当作玉，用十重黄色的丝巾包藏起来。**缇巾：**黄色丝巾。**卞和：**楚国人，得到一块璞玉，献给楚王，结果楚厉王和楚武王都认为是欺骗自己，先后砍去了他的双足，后来文王相信了卞和，剖开璞玉，果真得到一块美玉，起名为"和氏璧"。⑧**惠王之珠：**战国时期魏惠王，曾吹嘘自己有宝珠，能照亮前后十二乘车。**和氏之璧：**和氏璧被赵国得到后，秦国言欲用十五座相连的城换取它。⑨**鲛人：**传说中居于海底的人鱼。《博物志》载，水国鲛人的泪滴可以变成珍珠。**削玉为楮：**传说宋国人用玉刻削成楮树叶，放在真楮叶中很难分辨真假。⑩**儒为席上之珍：**这是孔子曾经说过的话，意思是说儒者就像席上的珍宝一样等待人来聘用。

译　文

名山大川所蕴藏的精粹英华，每每泄露出来而成为奇珍至宝；天地之间的祥瑞灵气，总会凝聚成为奇珍。

玉石可以保佑庄稼丰收；珍珠可以防御火灾。

鱼目怎么能和珍珠混在一起，去冒充珍珠呢？碔砆虽然很像玉，但是也不能冒充真玉！

丽水中出产金沙，朱提郡出产白银。

孔方兄、家兄都是钱的别称，青蚨、鹅眼也是对钱的称呼。

值得珍惜的是越南的明月珠、大秦的夜光珠；值得珍视的是鲁国的璠玙玉、西序的琬琰玉。

宋人把燕石当成宝玉，用缇巾箱匣重重叠叠地包裹密藏；楚王则将璞玉当作石头看待，两次砍下卞和的脚。

魏惠王的宝珠，光芒可以照亮前后十二乘车；和氏璧的价值很高，可以用它来换取十五座城池。

鲛人哭泣的眼泪化成了珍珠，宋人以玉雕琢成楮叶后真假难辨。

有贤能的人是国家的宝贝，读书人就像席上的珍宝一样等待人来聘用。

原　文

王者聘贤，束帛加璧；真儒抱道，怀瑾握瑜[1]。

雍伯多缘，种玉于蓝田而得美妇；太公奇遇，钓璜于渭水而遇文王[2]。

剖腹藏珠，爱财而不爱命；缠头作锦，助舞而更助娇[3]。

孟尝廉洁，克俾合浦还珠；相如勇忠，能使秦廷归璧[4]。

玉钗作燕飞，汉宫之异事；金钱成蝶舞，唐库之奇传[5]。

广钱固可以通神，营利乃为鬼所笑[6]。

以小致大，谓之抛砖引玉；不知所贵，谓之买椟还珠[7]。

贤否罹害，如玉石俱焚；贪得无厌，虽锱铢必算[8]。

崔烈以钱买官，人皆恶其铜臭；秦嫂不敢视叔，自言畏其多金[9]。

熊衮(gǔn)父亡，天乃雨钱助葬；仲儒家窘，天乃雨金济贫[10]。

汉杨震畏四知而辞金，唐太宗因惩贪而赐绢[11]。

晋鲁褒作《钱神论》，尝以钱为孔方兄；王夷甫口不言钱，乃谓钱为阿堵物[12]。

然而床头金尽，壮士无颜；囊内钱空，阮郎羞涩[13]。

但匹夫不可怀璧，人生孰不爱财。

注　释

①**王者聘贤**：汉武帝派人带束帛和玉璧请申公到朝廷来任职。**真儒抱道**：真正的儒者坚持真理，就像怀里拥着瑾、手中握着瑜一样。**瑾、瑜**：都指美玉。②**雍伯多缘**：雍伯，应为伯雍。相传古时有一个叫杨伯雍的年轻书生，家境欠佳，性至孝，父

母死，即以葬地为家。有一仙人给他一斗石头，说："种之可以产玉，且获美妻。"数年后玉子生石上，后又在玉田中得白璧五双。后闻徐氏女美，往求婚，徐家索白璧一双为聘，伯雍乃娶徐女为妻。**太公奇遇**：周文王访贤者，遇姜太公垂钓于野。太公向文王进言，说："以饵取鱼，鱼可杀；以禄取人，人可竭。君王只有不惜爵禄网罗人才，才能使天下归之。"文王遂拜太公为师。③**剖腹藏珠**：唐太宗曾经问侍臣："听说西域商人得美珠，剖身以藏，有这种事吗？"侍臣说："有的。"太宗说："商人的行为的确很荒谬，但是，有的人为了贪污而失去性命，有些皇帝为了追求享乐就断送国家的未来。他们的行为不就和那个商人一样笨吗？"**缠头作锦**：舞女缠在头上的装束，也指赠给舞女的锦帛及钱财。④**合浦还珠**：广西合浦产珍珠，因太守贪欲无度，珍珠都迁移走了，后来孟尝担任太守，十分廉洁，珍珠慢慢又迁回来了。**相如勇忠**：相如，指蔺相如。秦昭王得知赵惠王得到和氏璧，想假装以十五座城池与他交换来骗取和氏璧。赵惠王派蔺相如前去交易，秦王拿到和氏璧后却不谈城池交换事宜。蔺相如设计骗回和氏璧，并派人连夜将和氏璧送回赵国。⑤**玉钗作燕飞**：汉武帝时有两仙女赠玉钗，汉武帝送给赵婕妤，宫人想打碎玉钗，结果玉钗变成白燕飞天而去。**金钱成蝶舞**：唐穆宗时，宫中牡丹花开放，有黄色、白色的蝴蝶数万只在花间飞舞，皇帝命令张网捕捉，得到数百只，仔细一看，原来是府库的金钱。⑥**广钱固可以通神**：唐代张延赏断案，有人送他一万钱，请他不要过问此事，张延赏不理会，第二天，有人又送十万钱，张延赏说："十万钱可以通神灵，我担心遭受灾祸，不能不停止了。"**营利乃为鬼所笑**：南朝宋刘伯龙担任官职，家中很穷，想赚点钱，旁边有一个鬼拍手大笑，刘伯龙叹息说："贫穷是命，今天被鬼笑话。"⑦**抛砖引玉**：相传唐代诗人赵嘏至吴，常建欲得其诗，知他必游灵岩寺，乃先题诗二句于寺壁。赵嘏游寺见后，补上二句以成一绝。常建诗不及赵嘏，时人乃谓常建之举是抛砖引玉。后比喻自己先发表粗浅的意见，目的在于引出别人的高见。**买椟还珠**：楚国有个商人到郑国去卖珍珠，为了生意好，他用木兰做成装珍珠的"椟"（匣子），用桂椒熏过，缀着珠玉，插着玫瑰，再以翡翠装饰。郑人买下椟，而把珍珠还给卖主。⑧**否**：指不贤的人。**锱铢**：极小的重量单位。⑨**崔烈以钱买官**：汉代人崔烈，用五百万钱买了一个司徒的官职，结果儿子崔均说："外面的人都说你有铜臭味。"**秦嫂不敢视叔**：传说苏秦潦落时，嫂子不给他做饭，受到赵王重用后，嫂子跪在地上不敢抬头见他，苏秦问她为何，嫂子说："因为你地位高，钱非常多。"⑩**熊衮**：唐代御史，奉公守法，家无积蓄。父亲死后，上天降下十万钱帮他安葬。**仲儒**：翁仲儒家贫，上天降下十斛金给他，因此他可以与王侯比富。⑪**杨震**：汉代人，曾经推荐王密为邑令，王密晚上带着金子赠给他，说："黑夜无人知道。"杨震说："天知地知，你知我知，何谓无知？"**惩贪而赐绢**：唐代长孙顺德接受别人贿赂的绢，事情被发觉后，唐太宗又赐给绢十匹，使他羞愧难当。⑫**阿堵物**：晋时，王衍一生从不谈论钱或说"钱"字，他的妻子故意将钱放在房中，挡住他走路，想逼他说出一个“钱”字。谁知王衍看见了钱，因钱堵住走路，就教他妻子把那堵物拿开，就是不说出一个“钱”字。⑬**阮郎羞涩：**晋代阮孚带一个包囊游会稽，有人问他包中是何物，阮孚说：“只有一文钱看包，恐怕它羞涩。”

译　文

古时君王聘请贤士，要以束帛加美玉为聘礼；真正的儒者坚守道义，怀瑾握瑜，品德高洁。

杨伯雍机缘很好，在蓝田种玉，又以所收获之玉为聘礼，娶了美貌的妻子；姜太公有奇遇，在渭水钓得璜玉，而后遇见周文王，辅佐文王建立了周朝。

剖开肚子来藏珍珠，这种人只知爱财而不知爱惜生命；把锦缎裹在头上，既助舞姿更添娇容。

孟尝廉洁，能够使合浦的珍珠重新回来；蔺相如忠勇，终于使秦国归还了和氏璧。

玉钗化为燕子飞去，这是汉代宫廷的异事；金钱变作蝴蝶飞舞，这是唐朝国库的传奇。

钱财多了，连神明都可通达；营谋利益，连鬼都会耻笑。

拿小的价值较差的东西，引来较大较好的东西，这种方式称为抛砖引玉；只看外观不知实际的价值，这种贪贱失贵的行为叫作买椟还珠。

不分好歹善恶一同遭祸，称之为玉石俱焚；贪得无厌，连一些微小的钱财都要计较，称为锱铢必算。

崔烈用钱财买来官位，人们都厌恶他身上的铜臭味；苏秦佩了相印以后，他的嫂子不敢正眼看他，自称是害怕苏秦位尊而多金。

熊衮清廉，父亲死了而无钱安葬，上天降下钱币来帮助他办理丧事；翁仲儒家境贫穷，天上落下金雨来救济他的贫困。

汉代杨震畏惧“四知”（天知、地知、你知、我知），而不接受别人赠送的金钱；唐太宗为整肃贪污受贿，故意赐绢帛给长孙顺德，以使他羞愧。

晋鲁褒著有《钱神论》，称钱为孔方兄；王衍一生厌恶谈钱，称钱为阿堵物。

一旦床头的黄金用完了，即使是大丈夫，也会

●长孙顺德

长孙顺德，文德顺圣皇后长孙氏的本家叔父。其在隋朝时任右勋卫，为了逃避高句丽战役前往太原，投靠李渊。晋阳起兵时，拜统军。攻长安任先锋，擒隋主将屈突通。高祖即位，拜左骁卫大将军，封薛国公。

觉得颜面无光；口袋里没有钱的时候，阮郎也会感到羞涩。

平常的百姓，不可以私藏宝玉，因为这样会引来祸患；人生在世谁不贪爱钱财，但要取之有道。

贫　富

原　文

命之修短有数①，人之富贵在天。

惟君子安贫，达人知命。

贯朽粟陈，称羡财多之谓；紫标黄榜，封记钱库之名②。

贪爱钱物，谓之钱愚；好置田宅，谓之地癖③。

守钱虏④，讥蓄财而不散；落魄夫，谓失业之无依。

贫者地无立锥，富者田连阡陌⑤。

室如悬磬，言其甚窘；家无儋石，谓其极贫⑥。

无米曰在陈，守死曰待毙⑦。

富足曰殷实，命蹇曰数奇⑧。

苏涸鲋，乃济人之急；呼庚癸，是乞人之粮⑨。

家徒壁立，司马相如之贫；扊扅（yǎn yí）为炊，秦百里奚之苦⑩。

注　释

①**修短**：长短。②**贯**：穿钱的绳子。**紫标黄榜**：梁武帝爱钱，每百万为一堆，挂上黄榜，每千万为一库，挂上紫标。③**钱愚**：晋代和峤担任太傅，富比王侯，但是吝啬，杜预称他为“钱愚”。**地癖**：唐代李恺善于置办田产，人称地癖。④**守钱虏**：汉代马援发财后，将其钱财全部分给亲朋好友，说：“挣了钱，贵在能施舍予人，否则只是守钱奴罢了。”⑤**立锥**：插锥子，形容地方小。**阡陌**：田间纵横交错的小路。⑥**悬磬**：悬着的磬。磬，石制或玉制的乐器，很光滑。悬磬形容很贫穷。**儋**：同担，古代容量单位，一石是十斗，两石为一担。⑦**在陈**：指孔子周游列国，在陈被困之事，楚国派

人聘请孔子，孔子前往楚国，经过陈蔡时，被陈蔡出兵相阻，孔子不能通过，断粮七天。**待毙：**等死。⑧**蹇：**艰阻，不顺利。**数奇：**命数单而不偶合，指命运不好。⑨**苏涸鲋：**庄周学问很大，但家贫，向监河侯借粮，监河侯说："等秋后我的采邑税金收上来，借给你三百金。好不好？"庄周很生气地说："昨天，在我回这里的路上，有条陷入干涸车辙里的鲋鱼，向我求升斗之水以活命。我说：'等我去引西江水来救你。'鲋鱼说：'如果这样，不如早一点儿到卖干鱼的市场找我吧。'"喻救助处于困境、亟待救援的人或物。鲋，指小鱼。**呼庚癸：**春秋时期，吴国的申叔仪向公孙有山氏借粮，公孙有山氏回答说："细粮没有了，只有粗粮。如能登上首山高呼'庚癸'，就可得到粮食。"庚是西方，主谷物；癸是北方，主水。古时军中以"庚癸"为粮食的隐语。后因以"呼庚癸"表示请求接济粮食。⑩**家徒壁立：**汉代司马相如，成都人，路过临邛，爱上了新寡的卓文君，卓文君夜奔相如。两人回到成都，家中全无资财，空有四面墙壁。后形容家中贫穷，一无所有。**扊扅为炊：**指用门闩烧火做饭。扊扅，门闩。春秋时期，秦国大夫百里奚原为虞国大夫，虞亡时被晋所俘虏作为陪嫁之臣送给秦国。后来百里奚又逃亡到楚国，被楚国扣押。秦穆公听说他贤能，用五张黑羊皮把他赎回来。后来一个下人在洗衣服时唱道："百里奚，五羊皮，忆别时，烹伏雌，炊扊扅，今日富贵忘我为。"百里奚询问，原来是自己离散的妻子。

译　文

人寿命的长短自有定数，人的富贵全取决于天意。

只有君子才能安贫乐道，通达的人才能了解命运，顺其自然。

贯朽、粟陈是羡慕别人财多的说法；挂紫标、贴黄榜是梁武帝封闭钱库的标识。

贪爱钱财叫作钱愚，喜欢买田置产叫作地癖。

守钱虏是讥讽财富多而又吝啬的人，落魄夫是指贫困失业无所依靠的人。

贫穷的人连块锥尖大小的土地都没有，富人的田地则南北相连非常广阔。

室如悬磬是说家中空无一物，生活极为窘迫；家无儋石是说家中连一升一斗的米都没有，指人穷困到了极点。

无米叫作在陈，等死叫作待毙。

家境富裕钱粮充足称为殷实，命运不佳遇事不顺称作数奇。

援助危难中的人称为苏涸鲋；向人借贷钱粮，隐称登山高呼庚癸之神。

家中只剩下四面墙壁别无他物，司马相如是如此的贫穷；做饭时没有柴草，连门闩也拆了当柴烧，百里奚的生活曾经极为困苦。

原　文

鹄形菜色，皆穷民饥饿之形；炊骨爨(cuàn)骸(hái)，谓军中乏粮之惨[①]。

饿死留君臣之义，伯夷叔齐；资财敌王公之富，陶朱倚顿②。

石崇杀妓以侑酒，恃富行凶；何曾一食费万钱，奢侈过甚③。

二月卖新丝，五月粜（tiào）新谷，真是剜肉医疮；三年耕而有一年之食，九年耕而有三年之食，庶几遇荒有备④。

贫士之肠习藜苋，富人之口厌膏粱⑤。

石崇以蜡代薪，王恺（kǎi）以饴（yí）沃釜⑥。

范丹土灶生蛙，破甑生尘；曾子捉襟见肘，纳履决踵⑦。

子路衣敝缊袍，与轻裘立⑧，贫不胜言；韦庄数米而炊⑨，称薪而爨（cuàn），俭有可鄙。

总之，饱德之士不愿膏粱；闻誉之施奚图文绣⑩。

●**叔齐**

叔齐，名致，字公达。商末孤竹君之子。与其兄伯夷逃到首阳山（今山西永济南），不食周粟，饥饿而死。

注　释

①**鹄形菜色**：鹄，天鹅，面瘦颈长。菜色，形容因五谷不收，人只吃菜，所以脸色呈菜色。**炊骨爨骸**：用死人的骨头做饭。炊、爨，都是指烧火做饭。②**伯夷叔齐**：商代末年，商的属国孤竹国君的两个儿子伯夷和叔齐，因都不愿继承国君之位而出走。后来武王灭商建立周朝，两个人又以食周粟为耻，隐于首阳山采薇而食，后皆饿死。**陶朱**：指范蠡，曾积累财产百万，自号陶朱公。**倚顿**：山东的贫士，听说陶朱公致富，前往请教致富之术，后来猗顿按陶朱公的指点去做，很快致富。③**侑酒**：劝酒。④**剜肉医疮**：比喻只顾眼前、不顾日后的困苦。⑤**藜苋**：藜藿和苋菜。**膏粱**：指肥肉和优质米。⑥**以蜡代薪**：晋代石崇曾用蜡代替木柴。**以饴沃釜**：晋代王恺曾用饴糖洗锅。⑦**土灶生蛙，破甑生尘**：表明经常断炊。后形容生活贫困，也比喻官吏清廉自守。**捉襟见肘，纳履决踵**：相传曾参在卫国时，生活极端贫困，竟致十年不做新衣服，理一下衣襟，臂肘就露出来，穿着的鞋都没有后跟。本形容衣衫褴褛，后引申为顾此失彼，处境困难。⑧**缊袍**：用乱麻旧棉作絮的袍，是贫穷人穿的。**轻裘**：轻暖珍贵的狐皮袍子。⑨**数米而炊**：先数米粒再做饭，形容吝啬。⑩**饱德**：心中充

满仁德。**奚：**何必。

译文

黄鹄的面容，青黄的面色，是形容穷人饥饿的模样；用死人的骨头当柴火烧，这是军中缺粮时的惨状。

伯夷、叔齐宁愿饿死也不食周粟，以留君臣大义；陶朱、猗顿善于经营，资产比得上王公贵族。

石崇以美女陪酒，客人不饮便将歌伎杀死，这是富豪横蛮的做法；何曾一顿饭吃下来花费万金，实在是过分奢华。

二月蚕尚未吐丝就已预先出售，五月稻谷尚未成熟便已出卖，真是剜心头肉医眼前疮；耕种三年就可以积蓄一年的粮食，耕种九年就可储备三年的粮食，即使遇到灾荒，也可以有备无患。

贫寒之人的肠胃习惯了野菜粗食，富贵人家吃腻了肥肉好米。

石崇以蜂蜡当柴火烧，王恺用饴糖洗锅，这是多么的奢侈啊！

范丹的土灶里生出青蛙，砂锅里积满尘土；曾子的衣服破了，提整衣襟就会露出手肘，鞋子破了，露出后脚跟。

子路衣衫褴褛，与穿轻裘的人站在一起并无惭色，这是穷苦的士子常有之事；韦庄生性吝啬，做饭要数着米粒下锅，称好柴火烧煮，惹人鄙薄。

总而言之，富有仁德的人，不羡慕美味佳肴；名望卓著的人，怎么会去谋求华丽的衣服呢？

疾病死丧

原文

福寿康宁，固人之所同欲；死亡疾病，亦人所不能无[1]。

惟智者能调，达人自玉[2]。

问人病曰贵体违和，自谓疾曰偶沾微恙[3]。

罹(lí)病者，甚为造化小儿所苦；患病者，岂是实沈台骀为灾[4]。

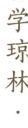

疾不可疗，曰膏肓[⑤]；平安无事，曰无恙。

采薪之忧，谦言抱病；河鱼之患，系是腹疾[⑥]。

可以勿药，喜其病安；厥疾勿瘳，言其病笃[⑦]。

疟不病君子[⑧]，病君子正为疟耳；卜所以决疑，既不疑复何卜哉。

谢安梦鸡而疾不起，因太岁之在酉；楚王吞蛭(zhì)而疾乃痊，因厚德之及人[⑨]。

将属纩(kuàng)、将易箦(zé)，皆言人之将死；作古人、登鬼箓，皆言人之已亡[⑩]。

注　释

①**福寿康宁：**指幸福、长寿、健康、安宁。②**调：**调理、调养。**玉：**珍重、爱护。③**违和：**不调和。**微恙：**小毛病。④**罹：**遭遇。**实沈、台骀：**传说中的参宿之神、汾水之神，能使人生病。⑤**膏：**指心下的部位。**肓：**指膈上薄膜。膏肓谓病情险恶，无法医治。⑥**采薪之忧：**《孟子·公孙丑下》："昔者有王命，有采薪之忧，不能造朝。"朱熹集注："采薪之忧，言病不能采薪。"意思是患病不能负薪。**河鱼之患：**因为鱼腐烂是从内至外，故用河鱼之患指腹泻。⑦**瘳：**病愈。**病笃：**病重。⑧**疟不病君子：**晋朝有一小儿的父亲得了疟疾，有人问他："你父亲是有品德的君子，怎么会得疟疾呢?"小儿说："正因为它是让君子患病，所以才叫疟疾。"⑨**楚王吞蛭：**楚王吃饭时吃出一条水蛭来，想吐掉又怕厨师因此获罪，就勉强吞进去而得病。令尹知道其中的缘由，就对楚王说："大王有这样的德行，此病不会有什么伤害。"后来果然好了。⑩**属纩：**将新绵放在临死人的鼻下，检查是否断气。**易箦：**换下竹席。**箓：**簿籍。

译　文

福寿康宁是人人所期望的，死亡疾病也是人们所不可避免的。

聪明的人会调养自己，通情达理的人会珍爱自己。

询问别人的病情，说是"贵体违和"；自己有病自谦为"偶沾微恙"。

遭疾病困扰的人很受造化小儿的折磨；患了疾病，难道是实沈、台骀作怪?

病已经很严重不会好了，叫作"病入膏肓"；安慰人平安无事不必吃药了，称为"无恙"。

患病卧床，说是有不能采薪的忧虑；"河鱼之患"是指得了腹泻。

可以不用吃药，为病将痊愈而高兴；疾病不容易好，就说病得很重。

传说疟疾不敢侵犯君子，既然君子得了疟疾，那就是它在作"疟"；占卜是为了解决疑惑的事，既然没有疑问又何必占卜呢！

谢安病中，梦行路十六里遇鸡而停止，悟到自己鸡年将会重病不起；楚惠王待人有厚德，虽然吞吃了蛭而生病，但不久便痊愈了。

“将属纩”“将易箦”都是人将死亡的意思；“作古人”和“登鬼箓”都是指人已经死亡了。

原 文

亲死则丁忧，居丧则读礼①。

在床谓之尸，在棺谓之柩(jiù)。

报丧书曰讣，慰孝子曰唁(yàn)②。

往吊曰匍匐，庐墓曰倚庐③。

寝苫(shān)枕块④，哀父母之在土；节哀顺变，劝孝子之惜身。

男子死曰寿终正寝，女人死曰寿终内寝⑤。

天子死曰崩，诸侯死曰薨(hōng)，大夫死曰卒，士人死曰不禄，庶人死曰死，童子死曰殇(shāng)⑥。

自谦父死曰孤子，母死曰哀子，父母俱死曰孤哀子；自言父死曰失怙，母死曰失恃，父母俱死曰失怙恃⑦。

父死何谓考，考者成也，已成事业也；母死何谓妣(bǐ)，妣者媲也，克媲父美也⑧。

百日内曰泣血，百日外曰稽颡(sǎng)⑨。

期年曰小祥，两期曰大祥⑩。

注 释

①**丁忧**：遭遇忧伤，指居丧。**读礼**：《礼记》载，死者未葬时读葬礼，既葬则读祭礼。②**讣**：报丧的文书。**唁**：慰问死者家属。③**匍匐**：爬行，指前往吊唁。**倚庐**：古代在父母墓边搭小屋居住以守墓，称为倚庐。④**寝苫枕块**：古代礼教，子从父母之丧起至入葬期间，不能住寝室，要睡在草席上，以土块为枕。⑤**正寝**：正屋。**内寝**：内室。古代男子将要死时，就移到正屋东首，以候气绝。如果是女子仍然躺在内室。⑥**崩、薨、卒、不禄、死、殇**：古代等级森严，不同的人死有不同说法。⑦**孤子、哀子、孤哀子**：分别为父丧、母丧、父母皆丧者的自称。**怙、恃**：都是依赖的意思。⑧**考**：称

已死去的父亲。**妣**：称已死去的母亲。**克媲父美**：可以和父亲媲美。⑨**泣血**：极其悲痛而无声地哭泣。**稽颡**：叩头。⑩**小祥**：父母死后周年的祭礼称小祥。**大祥**：父母死后两周年的祭礼叫大祥。

译文

父母亲去世称为“丁忧”，居丧时应当读礼。

人死后停于灵床称为“尸”，已盛入棺材叫作“柩”。

到亲友家报丧的文书叫作“讣”，到丧家去安慰孝子叫作“唁”。

去丧家吊唁叫作“匍匐”，建在墓旁守墓的屋子称为“倚庐”。

“寝苫枕块”是说孝子在灵堂旁睡草席、枕土块，以哀悼父母；“节哀顺变”是吊唁者劝慰丧家节制哀思、顺应变故、爱惜身体。

古时男子将死就把他停卧在正屋，死后称为“寿终正寝”；女子将死则安置在内室，死后称为“寿终内寝”。

天子死叫“崩”，诸侯死叫“薨”，大夫死叫“卒”，士人死叫“不禄”，百姓死叫“死”，未成年人死叫“殇”。

父亲死了自己谦称“孤子”，母亲死了自己谦称“哀子”，父母俱亡自己谦称为“孤哀子”；自言父亲去世说“失怙”，母亲去世说“失恃”，父母皆去世则说“失怙恃”。

●**倚庐**
在墓旁边建造的房子，守卫、悼念死者。

称呼已去世的父亲为“考”，因为“考”有“成就”的意思，取父亲创业有成之义；称呼已去世的母亲为“妣”，因为“妣”通“媲”，是说母亲能媲美父亲的德行事业。

父母去世后百日之内的称“泣血”，百日之外称“稽颡”。

父母去世的周年祭祀叫作“小祥”，两周年的祭祀称为“大祥”。

原文

不缉(cuī)曰斩衰，缉(zī)之曰齐(cuī)衰，论丧之有轻重；九月为大功，五月为小功，言服之有等伦[①]。

三月之服曰缌(sī)麻，三年将满曰禫(dàn)礼[2]。

孙承祖服，嫡孙杖期；长子已死，嫡孙承重[3]。

死者之器曰明器[4]，待以神明之道；孝子之杖曰哀杖，为扶哀痛之躯。

父之节在外，故杖取乎竹；母之节在内，故杖取乎桐[5]。

以财物助丧家，谓之赙(fù)；以车马助丧家，谓之赗(fèng)；以衣殓死者之身，谓之襚；以玉实死者之口，谓之琀(hán)[6]。

送丧曰执绋(fú)，出柩曰驾輀(ér)[7]。

吉地曰牛眠地，筑坟曰马鬣(liè)封[8]。

墓前石人，原名翁仲；柩(jiù)前功布，今曰铭旌[9]。

挽歌[10]始于田横，墓志创于傅奕。

注　释

①**衰**：古代丧服，用粗麻布制成。丧服有五种，即斩衰、齐衰、大功、小功、缌麻，按与死者的不同关系穿用。穿的时间也有长短，大功要穿九个月，小功要穿五个月，缌麻要穿三个月。**斩衰**：不缝边的丧服。**齐衰**：缝边的丧服。②**缌麻**：丧服名，用细麻布制成。**禫礼**：指除去丧服的祭礼。③**杖期**：旧时服丧礼制，祖父母死了，嫡孙要服一年丧，手中拿着丧杖，称为杖期。**承重**：长子死了，由嫡孙代替服丧，称为承重孙，即承担重任的意思。④**明器**：陪葬的器物。⑤**竹、桐**：古代按照男主外、女主内的礼制，居父丧时用粗糙的竹杖，居母丧时用桐木杖。⑥**赙**：以财物助人办丧事。**赗**：助葬用的车马。**襚**：给死者赠送衣被。**琀**：含在死者口中的珠、玉、贝的通称。⑦**绋**：指引棺材入墓穴的绳子，送葬时帮助牵引灵柩。**輀**：丧车。⑧**牛眠地**：晋陶侃遭父丧未葬，家中老牛也忽然不见了。有一老者告诉他："前岗有一条牛睡在泥污中，以该地为葬地，将来必位极人臣。"**马鬣封**：坟墓上封土的一种形状。⑨**翁仲**：传说秦代阮翁仲身高异于常人，始皇命他出征匈奴，死后铸铜像立于咸阳宫外。**铭旌**：竖在柩前以表明死者官职、姓名的旗幡。⑩**挽歌**：送葬时挽柩者所唱的哀歌。

译　文

用粗麻布做孝服且不缝边的谓之"斩衰"，用粗麻布做孝服且缝边的叫作"齐衰"，这是表示丧礼有轻重的等级。服丧九个月所穿的叫"大功"，五个月所穿的叫"小功"，亲疏不同所穿丧服及丧期也有不同。

细麻布做的三个月丧服叫"缌麻"；服丧满三年要举行的除丧服礼叫"禫礼"。

孙子为祖父母服丧，嫡孙执杖，服一年期；长子已死，嫡长孙要承受丧祭和宗庙的重任，服丧三年。

死者随葬的器物叫作"明器"，因为要用对待神明的办法来对待死人；孝子所执之杖称为"哀杖"，为的是要扶持因丧亲而哀痛衰弱的身体。

父亲的品节表现在外，所以父死哀杖用竹子制作；母亲的品节表现在内，所以母亲死哀杖用桐木制作。

送财物给丧家叫作"赙"；以车马帮助丧家办丧事称为"赗"；给死者穿衣服谓之"襚"；放在死者口中的玉叫作"琀"。

送葬时牵引灵柩叫"执绋"；出柩叫作"驾輀"。

吉祥的葬地名为"牛眠地"；封土筑成的坟墓叫作"马鬣封"。

坟前所立的石像原名为"翁仲"；丧葬时灵柩前竖的旗幡叫作"铭旌"。

"挽歌"是对死人的哀悼，始于汉初田横之去世；坟前的墓志记载死者的生平事略，由唐代傅奕始创。

原　文

生坟曰寿藏，死墓曰佳城①。

坟曰夜台，圹曰窀（zhūn）穸（xī）②。

已葬曰瘗（yì）玉，致祭曰束刍③。

春祭曰禴（yuè），夏祭曰禘（dì），秋祭曰尝，冬祭曰烝（zhēng）④。

饮杯棬而抱痛，母之口泽如存；读父书以增伤，父之手泽未泯（mǐn）⑤。

子羔悲亲而泣血，子夏哭子而丧明。

王裒哀父之死，门人因废《蓼莪》诗；王修哭母之亡，邻里遂停桑柘（zhè）社⑥。

树欲静而风不息，子欲养而亲不在，皋鱼增感；与其椎牛而祭墓，不如鸡豚之逮存，曾子兴思⑦。

故为人子者，当思木本水源，须重慎终追远。

注　释

①**寿藏：**给活人修的坟。②**夜台：**指墓中昏暗如夜。**窀穸：**墓穴。③**瘗玉：**死者已埋葬叫安瘗玉树。**束刍：**将青草捆成束放在灵前。《后汉书·徐稚传》云："生刍一束，

其人如玉。”④**禴、禘、尝、烝：**古代宗庙四时的祭名。⑤**饮杯棬而抱痛，母之口泽如存：**用母亲用过的杯子而心中悲痛，母亲口中的气息像还存在一样。棬，曲木制成的饮器。⑥**王裒：**晋代人王裒一读到怀念父母的《蓼莪》诗就悲痛欲绝，他的学生因此不再读这首诗。**停桑柘社：**魏朝王修的母亲因为在社日那天去世，次年社日，邻里因为王修极为悲痛，就停止了社日活动。⑦**皋鱼：**齐国人，曾对孔子说："树欲静而风不止，子欲养而亲不待。"后来痛哭而死。**与其椎牛而祭墓：**曾子曾说："与其杀牛去祭祀，不如在亲人活着的时候用鸡猪好好供养。"

译　文

生前预建的坟墓叫作"寿藏"；死后才挖的坟墓叫作"佳城"。

坟墓又称"夜台"，墓穴又名"窀穸"。

死者已埋葬叫安瘗玉树，到坟前祭奠叫一束生刍。

天子诸侯宗庙之祭，四时名称不同，春祭名"禴"、夏祭称"禘"、秋祭叫"尝"、冬祭谓"烝"。

拿着杯子喝水时不禁悲从中来，因为母亲的气息还留在杯子上；读父亲遗留下的书籍更增添忧伤，因为书中满是父亲的墨迹手印。

子羔悲悼逝去的双亲而泣血，子夏痛失爱子而哭瞎了眼睛。

王裒父亲死后，每当他读到《蓼莪》诗中的句子时，都要痛哭流涕，学生们便不忍再去读这一首诗；王修母亲死于社日，次年社日王修思母至哀，邻里为之凄然便停止了社日活动。

树想静止而风并不停息，儿子想奉养父母而双亲则已谢世，皋鱼为此悲伤不已；与其父母死后杀牛到坟前祭奠，不如当他们健在时以鸡猪之肉尽心奉养，这是曾子读丧礼时的感想。

所以为人子女的，应当想到木有本、水有源，不要忘记父母对自己的养育之恩；必须慎重地按照礼仪办理父母的丧事，虔诚恭敬地祭祀自己的祖先。

卷　四

文　事

原　文

多才之士，才储八斗；博学之儒，学富五车[1]。

三坟五典，乃三皇五帝之书；八索九丘，是八泽九州之志[2]。

《书经》载上古唐虞三代之事，故曰《尚书》;《易经》乃姬周文王周公所系，故曰《周易》[3]。

二戴曾删《礼记》，故曰《戴礼》；二毛曾注《诗经》，故曰《毛诗》[4]。

孔子作《春秋》，因获麟而绝笔，故曰《麟经》[5]。

荣于华衮(gǔn)，乃《春秋》一字之褒；严于斧钺，乃《春秋》一字之贬[6]。

缣(jiān)缃黄卷，总谓经书；雁帛鸾笺，通称简札[7]。

锦心绣口，李太白之文章；铁画银钩，王羲之之字法[8]。

雕虫小技，自谦文学之卑；倚马可待，

●李白

李白是我国古代著名的大诗人，他的诗“笔落惊风雨，诗成泣鬼神”。用“锦心绣口”来评价李白的文采，当之无愧。

羡人作文之速[⑨]。

称人近来进德，曰士别三日，当刮目相看；羡人学业精通，曰面壁九年，始有此神悟[⑩]。

注释

①**才储八斗**：晋谢灵运曾说："天下才共一石，子建独得八斗，我得一斗，天下人共得一斗。"形容人富有才华。**学富五车**：形容书读得多，学问大。②**三坟五典**：传说中我国最古的书籍。**三皇五帝**：传说中的远古帝王。**八索九丘**：上古时的地理书。③**唐虞三代**：唐尧、虞舜及夏商周三代。④**二戴**：指西汉戴德、戴圣叔侄二人。**二毛**：指西汉的毛亨、毛苌。⑤**因获麟而绝笔**：孔子所著的《春秋》，写到鲁哀公捕获麒麟就不写了，因为孔子认为这是世道衰落的象征。⑥**荣于华衮**：得到《春秋》的一个字的表扬比得到华丽的衣服还要光荣，受到《春秋》的贬损比受斧钺之刑还要难受。⑦**缣缃**：淡黄色的丝绢，用来保护书。**黄卷**：夹在书中灭虫的黄纸。**雁帛**：汉朝曾假称从一只系有帛书的雁身上获得苏武的消息，借此向匈奴索还苏武。**鸾笺**：印有鸾凤的信笺。⑧**锦心绣口**：形容文思优美，辞藻华丽。**铁画银钩**：形容书法刚健。⑨**雕虫小技**：雕虫，蛀木的虫。后世多用比喻微不足道的技能，多用于自谦。**倚马可待**：晋代袁宏靠在马上写檄文，很快写就，文字奇绝。⑩**士别三日**：三国时鲁肃对吕蒙的赞语。**面壁九年**：禅祖达摩曾在嵩山少林寺面壁而坐九年，将法衣传给慧可。

译文

才华横溢的士人才储八斗，学识广博的儒者学富五车。

三坟五典是三皇五帝的书；八索九丘是先代地理秘要。

《书经》即《尚书》，《尚书》上记载的是上古时期尧、舜和夏商周三代的政事；《易经》即《周易》，《周易》传说是由周文王、周公所编纂。

戴德、戴圣曾经删减《礼记》，所以《礼记》叫作《戴礼》；毛亨、毛苌曾经注解《诗经》，故而《诗经》又名《毛诗》。

孔子修《春秋》，至鲁哀公十四年因捕获麒麟而停笔，因此《春秋》别名《麟经》。

比得到华丽的衮服还要光荣的，是《春秋》中一个字的赞扬；比受到斧钺之刑还要严厉的，是《春秋》中一个字的贬斥。

缣缃和黄卷都是经书的总称，雁帛和鱼书皆为书信的别名。

锦心绣口是用来形容李白的诗文词藻华丽，文思优美；铁画银钩用来比喻王羲之的书法笔力刚健，生动圆润。

雕虫小技，是自谦艺学的太卑；倚马可待，是称羡别人写作神速。

赞扬别人进步神速，就说士别三日，当刮目相看；称赞别人学业精通，谓面壁九年才能有这样的神悟。

原　文

五凤楼手，称文字之精奇；七步奇才，羡天才之敏捷[1]。

誉才高，曰今之班马；羡诗工，曰压倒元白[2]。

汉晁错多智，景帝号为智囊；王仁裕[3]多诗，时人谓之诗窖(jiào)。

骚客即是诗人，誉髦乃称美士[4]。

自古诗称李杜，至今字仰钟王[5]。

白雪阳春，是难和难赓之韵；青钱万选，乃屡试屡中之文[6]。

惊神泣鬼，皆言词赋之雄豪；遏云绕梁，原是歌音之嘹亮[7]。

涉猎不精，是多学之弊；咿唔呫毕，皆读书之声[8]。

连篇累牍(dú)，总说多文；寸楮(chǔ)尺素，通称简札[9]。

以物求文，谓之润笔之资；因文得钱，乃曰稽古之力[10]。

注　释

①**五凤楼手**：宋代韩洎文章写得好，自称“五凤楼手”。**七步奇才**：说的是曹植才华横溢。②**班马**：指汉代班固和司马迁。**元白**：杨汝士与白居易、元稹参加宴会，即席作诗，大家推认杨汝士的诗最好，杨汝士回去对人说：“今日压倒元白了。”③**王仁裕**：唐五代人，写诗万篇，时人称为“诗窖子”。④**骚客**：诗人。**誉髦**：美好英俊。⑤**李杜**：李白、杜甫。**钟王**：三国时书法家钟繇和晋代书法家王羲之。⑥**白雪阳春**：古代楚国的歌曲名。**赓**：连续、继续之意。**青钱万选**：唐代张鷟每次应试都名列前茅，人们称赞他的文章如青铜钱，万选万中。⑦**惊神泣鬼**：出自杜甫的《寄李十二白二十韵》“笔落惊风雨，诗成泣鬼神”，形容诗文警策感人。**遏云绕梁**：相传古代有个叫韩娥的女子卖唱求食，她走以后，余音绕梁，三日不绝。⑧**涉猎不精**：浏览群书不能深入研究。**咿唔呫毕**：指读书之声。⑨**连篇累牍**：形容文辞冗长。牍，文书。**寸楮**：小块的纸。**尺素**：书信。⑩**润笔**：指稿费书画的酬金。**稽古**：研究古代的东西。

译　文

造五凤楼是赞美他文字精奇，七步成章是颂扬他才思敏捷。

称赞别人才华高，说他是今日的班固、司马迁；称羡别人善于写诗，说可以压倒元微之、白居易。

汉代晁错很有智慧，汉景帝称他为智囊；王仁裕有诗万篇，时人称他为诗窖。

骚客就是诗人，誉髦是称呼美男子。

自古以来论诗者推崇李白、杜甫；迄今为止书法界最敬仰的是钟繇、王羲之。

阳春白雪的曲调都是最难以和唱，也是最难以接续的高雅之曲；万选青钱，是形容屡试屡中的好文章。

诗文词赋雄健豪放，鬼神也为之震惊；歌声优美嘹亮使人难忘，连天上的云彩都停驻聆听。

涉猎广泛不求精深是学习者的弊病；终日咿唔不肯休息，是勤苦诵读的表现。

连篇累牍，是说文辞冗长；寸楮、尺素，都指信札。

请人作诗文书画的酬劳称为润笔，用文章换取钱财称之为稽古之力。

●**白居易**

白居易是中唐时期著名的诗人，他主张“文章合为时而著，歌诗合为事而作”，作品通俗易懂，号称“老妪能解”。他与当时的另一位诗人元稹并称“元白”。

原　文

文章全美，曰文不加点；文章奇异，曰机杼一家[1]。

应试无文，谓之曳白；书成绣梓，谓之杀青[2]。

袜线之才，自谦才短；记问之学，自愧学肤[3]。

裁诗曰推敲，旷学曰作辍[4]。

文章浮薄，何殊月露风云；典籍储藏，皆在兰台石室[5]。

秦始皇无道，焚书坑儒；唐太宗好文，开科取士[6]。

花样不同，乃谓文章之异；潦草塞责，不求辞语之精[7]。

邪说曰异端，又曰左道；读书曰肄业，又曰藏修[8]。

作文曰染翰操觚（gū），从师曰执经问难[9]。

求作文，曰乞挥如椽笔；羡高文，曰才是大方家[10]。

注　释

①**文不加点**：文章没有一点要修改。**机杼一家**：布局自成一体。②**曳白**：指交白卷。**绣梓**：刻印。**杀青**：古代是用竹简写字，要先将竹烤出水分去掉青皮，称为杀青。③**袜线之才**：李白曾说："韩昭祖的才能，如拆下的袜线，没有一根是长的。"**学肤**：学问肤浅。④**裁诗**：剪裁诗句。**作辍**：停止。⑤**浮薄**：空洞浅薄。**兰台石室**：汉代有兰台以藏书，有石室以藏高祖与功臣的誓言。⑥**焚书坑儒**：泛指统治者排斥异说和对文人的残酷迫害。**开科**：开设科举。⑦**潦草**：草率。**塞责**：搪塞。⑧**左道**：手足以右边为方便，故称不正当之术为左道。**肄**：音艺，学习。⑨**染翰**：以笔蘸墨。**翰、觚**：笔和木简。⑩**椽笔**：大手笔。**大方家**：有大道的人。

译　文

文章一气呵成，无须修改，谓之文不加点；文章新奇，有自己的风格，称为机杼一家。

考试交白卷叫作曳白；书籍定稿后交代刊印叫作杀青。

自谦才华不足谓之袜线之才；自谦学问肤浅，称为记问之学。

斟酌字句反复考虑叫作推敲，不能继续学业叫作作辍。

文章浮浅，言之无物，如同月露风云；古代典籍图书的储藏，都在兰台石室。

秦始皇暴虐无道，焚烧书籍，活埋书生；唐太宗重视文化，开设科考，以文取士。

花样不同，是说文章的风格不一样；潦草塞责，是指不追求辞语的精练。

不符合正统思想的主张叫作异端，又叫左道；读书叫作肄业，又称藏修。

构造文章称为染翰操觚，请授学业叫作执经问难。

请人写文章说乞挥如椽笔，称赞别人文章高妙说这才是大方家。

原　文

竞尚佳章，曰洛阳纸贵；不嫌问难，曰明镜不疲①。

称人书架曰邺架，称人嗜学曰书淫②。

白居易生七月，便识之无二字；唐李贺才七岁，作《高轩过》一篇。

开卷有益，宋太宗之要语；不学无术，汉霍光之为人。

汉刘向校书于天禄，太乙燃藜；赵匡胤代位于后周，陶谷出诏③。

江淹梦笔生花，文思大进；扬雄梦吐白凤，词赋愈奇④。

李守素通姓氏之学，敬宗名为人物志；虞世南晰古今之理，太宗号

为行秘书⑤。

茹古含今，皆言学博；咀英嚼华，总曰文新⑥。

文望尊隆，韩退之若泰山北斗；涵养纯粹，程明道如良玉精金⑦。

李白才高，咳唾随风生珠玉；孙绰词丽，诗赋掷地作金声⑧。

注　释

①**洛阳纸贵**：晋代左思写成《三都赋》后人们竞相传抄，一时间洛阳的纸价都为之上涨。比喻著作有价值，流传广。**明镜不疲**：明镜不怕多照，指有学问的人不怕多请教。②**邺架**：唐李泌被封为邺候，藏书很多，故后来称书架为邺架。**书淫**：形容好读书。③**太乙燃藜**：汉代刘向元宵节时一人在天禄阁校书，有一个黄衣老者进来吹燃拐杖照明，自称是太乙星的精魂。**陶谷出诏**：宋太祖赵匡胤黄袍加身时，没有周恭帝的禅位诏书，翰林学士陶谷这时就从袖中拿出已经写好的诏书。④**梦笔生花**：是说江淹少好学，曾梦见人授以五色笔，之后他的才思大进。**梦吐白凤**：形容擅长著作。⑤**李守素**：唐代李守素被许敬宗称为人物志。**虞世南**：唐太宗出行，有人请求带些书，太宗说："虞世南就是行走秘书监，不用带书。"⑥**茹古含今**：形容博学多闻，通晓古今。茹，吃。⑦**韩退之**：韩愈。**程明道**：宋代理学家程颢。⑧**咳唾随风生珠玉**：比喻言谈珍贵。**孙绰**：晋代人。范荣期称赞他写的《天台赋》掷地会发出金石之声。

译　文

文章得到大家推崇、广泛流传称为洛阳纸贵；有学问的人不嫌别人请教多称为明镜不疲。

邺侯李泌藏书丰富，后来称赞他人书多便说邺架；嗜书成癖好学不倦的人可称为书淫。

白居易出生才七个月，便认识了"之""无"这两个字；李贺七岁就有文名，作了《高轩过》这首诗。

只要开卷就有益处，是宋太宗身体力行的话；不读书、没学识，是班固对霍光的评语。

汉代刘向在天禄阁校书时，太乙星点燃藜杖为他照明；赵匡胤取代后周的帝位，陶谷拿出禅位诏书。

江淹梦见笔头生花，文思大为长进；扬雄梦中口吐白凤，词赋愈见奇丽。

李守素精通姓氏之学，许敬宗戏称之为人物志；虞世南明悉古今之理，唐太宗称其为行秘书。

茹古含今，形容人学识广博，精通古今；咀英嚼华，比喻文章新颖独到。

韩愈文章声望尊隆，世人景仰他如泰山北斗；程颢涵养纯粹，世人比之为良玉精金。

李白诗才极高，脱口而出便是珠玉之句；孙绰博学善文，词赋华丽，掷地有金石之声。

科　第

原　文

士人入学曰游泮(pàn)，又曰采芹；士人登科曰释褐，又曰得隽[1]。

宾兴即大比之年，贤书即试录之号[2]。

鹿鸣宴，款文榜之贤；鹰扬宴，待武科之士[3]。

文章入式，有朱衣以点头；经术既明，取青紫如拾芥[4]。

其家初中，谓之破天荒；士人超拔，谓之出头地[5]。

中状元，曰独占鳌头；中解元，曰名魁虎榜[6]。

琼林赐宴，宋太宗之伊始；临轩问策，宋神宗之开端[7]。

同榜之人，皆是同年；取中之官，谓之座主[8]。

应试见遗，谓之龙门点额；进士及第，谓之雁塔题名[9]。

贺登科，曰荣膺鹗(è)荐；入贡院，曰鏖(áo)战棘闱(wéi)[10]。

金殿唱名曰传胪，乡会发榜曰撤棘[11]。

●鹿

“呦呦鹿鸣，食野之苹。我有嘉宾，鼓瑟吹笙。”这是《诗经·鹿鸣》中的诗句。这首诗在先秦时代一般用于大会宾客时吟唱。科举时代，在宴请新科举人、进士的宴会上，也歌《鹿鸣》篇，称为“鹿鸣宴”。

攀仙桂、步青云，皆言荣发；孙山外，红勒帛，总是无名[12]。

英雄入吾彀，唐太宗喜得佳士；桃李属春官，刘禹锡贺得门生[13]。

薪，采也；槱(yǒu)，积也；美文王作人之诗，故考士谓之薪槱之典。汇，类也；征，进也；是连类同进之象，故进贤谓之汇征之途。

赚了英雄，慰人下第；傍人门户，怜士无依[14]。

虽然有志者事竟成，伫看荣华之日；成丹者火候到，何惜烹炼之功。

注　释

①**泮：**指学校。《诗经·泮水》中有“思乐泮水，薄采其芹”。**释褐：**脱去粗布制的衣服，即进士及第授官。**得隽：**应试及第。②**宾兴：**《周礼》中指选择贤能的人。**贤书：**乃登录贤才的书簿。③**鹿鸣：**《诗经》中宴请宾客的篇名，后指皇帝招待录取者的宴会。**鹰扬：**《诗经》曾用来赞颂吕尚的气度，意为如鹰之飞扬，指武科乡试后的宴会。④**朱衣以点头：**欧阳修做贡举考官，阅卷时，觉得有红衣老人在旁边点头，文章就合格，于是写诗云：“文章自古无凭据，惟愿朱衣暗点头。”**取青紫如拾芥：**穿上青紫色的官服就像拾取芥草一样容易。⑤**破天荒：**唐代荆州每年解送的举人，都不及第，当时人称作是“天荒”。唐宣宗大中四年（850），荆南应试的考生中终于有个叫刘锐的考中了，总算破了“天荒”。**出头地：**原是欧阳修赏识苏轼的才华所说的话，意思是苏轼将要超过自己。⑥**独占鳌头：**进士觐见皇帝，状元正好站在雕刻着巨鳌的地方。**魁虎榜：**唐代欧阳詹与韩愈同榜中进士，人称魁虎榜。⑦**琼林赐宴：**从宋太宗开始在琼林苑宴请进士。**临轩问策：**皇帝亲自策问考试。⑧**同年：**科举考试中同年入考并在同一榜上录取的人。**座主：**进士对主考官的称呼。⑨**龙门点额：**传说黄河的鲤鱼到三月则渡龙门，得渡的化为龙，否则点额而还。后因以“龙门点额”喻指仕路失意或科场落第。**雁塔题名：**唐代自中宗神龙年间以后，举子进士及第，朝廷宴罢，皆集于慈恩寺塔下题名。⑩**鹗荐：**汉代孔融曾向皇帝推荐祢衡，称赞他为鹗鸟。**棘闱：**古代考试时，有时用棘木将考场围起，故称棘闱。

●孔融

孔融，东汉著名学者，“孔融让梨”是千古传诵的美谈。孔融曾上疏荐祢衡说：“鸷鸟累百，不如一鹗，使衡立朝，必有可观。”后人以“荣膺鹗荐”为贺登科之颂辞。

⑪**传胪**：科举殿试后宣读皇帝诏命，传唱新科进士名次的典礼叫传胪。**撤棘**：撤除考场四周的围棘，即考试结束。⑫**攀仙桂**：仙桂，神话传说月中的桂树，指科举登科。**步青云**：青云，指高官厚禄，借指科举中试。**孙山外**：苏州滑稽才子孙山之子和同乡之子一同去参加考试，乡人之子落选。回家后，乡人问孙山其子考得如何，他说："解名尽处（谓榜末最后一名）是孙山，贤郎更在孙山外。"**红勒帛**：宋代刘几写文章常说过头话，欧阳修十分厌恶，用红笔将其文章打一个大横杠，全部抹掉。后因称用红笔涂抹文章为红勒帛。⑬**桃李属春官**：唐代刘禹锡曾写"满城桃李属春官"的诗句庆贺得到门生。⑭**赚了英雄，慰人下第**：是安慰士人落第的话。唐代曾有人作诗："太宗皇帝真长策，赚得英雄尽白头。"**傍人门户**：投靠权贵，不能自立。

译　文

书生中了秀才，入学读书叫作"游泮"，又叫作"采芹"；士人应考登科，可以脱去布衣换上官服称为"释褐"，又叫"得隽"。

三年一次考举人的乡试，称"大比之年"，又称为"宾兴"；"贤书"是乡试取中者的名单。

"鹿鸣宴"是款待文举人的宴会；"鹰扬宴"是款待武举人的宴会。

文章符合要求被选中，有朱衣老人在暗中示意；经书弄明白了，获取官职就像拾取芥子一样容易。

某地第一次有人考中进士称"破天荒"；读书人出类拔萃称"出头地"。

考中状元叫"独占鳌头"；考中解元称"名魁虎榜"。

在琼林苑给新考中的进士赐宴，这是从宋太宗开始有的；亲临殿前提问应试的新进士是肇始于宋神宗时期。

同榜取中之人互称为"同年"，进士称自己的主考官为"座主"。

应试没有取中，如同鲤鱼没有跳过龙门，触额而返，故称为"龙门点额"；唐代进士及第后，把姓名写在慈恩寺雁塔上，后人便称登科为"雁塔题名"。

祝贺别人考中登科，叫"荣膺鹗荐"；进贡院应试，谓之"鏖战棘闱"。

金殿唱名叫作"传胪"；乡试会试发榜叫作"撤棘"。

"攀仙桂""步青云"都是荣耀发达的代称；"孙山外""红勒帛"都是说榜上无名、没有考取的婉转之辞。

唐太宗看到新进士，感慨"天下英雄尽入吾彀中"；满城都是桃李，是刘禹锡道贺礼部侍郎选拔了一批新门生。

《诗经》以采伐、积聚木柴以备燃烧来赞美周文王培育人才，因此后世称以考试选拔人才叫作"薪槱之典"；《易经》泰卦说："以其汇，征吉。"讲的就是连类同进的卦象，所以后把举荐人才称“汇征之途”。

“赚了英雄”是对落第人的安慰；“傍人门户”是对读书人无依无靠的怜惜之词。

虽然这样，但是有志者事竟成，终有荣华富贵的日子；火候到了仙丹自然就能炼成，千万不能吝惜修炼的功夫。

制　作

原　文

上古结绳记事，仓颉制字代绳[1]。

龙马负图，伏羲因画八卦；洛龟呈瑞，大禹因列九畴[2]。

历日是神农所为，甲子乃大挠所作[3]。

算数作于隶首，律吕造自伶伦[4]。

甲胄舟车，系轩辕之创造；权量衡度，亦轩辕之立规[5]。

伏羲氏造网罟，教佃渔以赡民用；唐太宗造册籍，编里甲以税田粮[6]。

兴贸易，制耒(lěi)耜(sì)，皆由炎帝；造琴瑟，教嫁娶，乃是伏羲[7]。

冠冕衣裳，至黄帝而始备；桑麻蚕绩，自元妃而始兴[8]。

神农尝百草，医药有方；后稷(jì)播百谷，粒食攸赖[9]。

燧人氏钻木取火，烹饪初兴；有巢氏构木为巢，宫室始创。

夏禹欲通神祇，因铸镛(yōng)钟于郊庙；汉明尊崇佛教，始立寺观于中朝[10]。

注　释

①**仓颉**：传说中黄帝的史官，创制了文字。②**龙马负图，伏羲因画八卦**：传说龙马背着图在黄河中出现，背上有五十五个阴阳点，伏羲氏因此画出八卦。**洛龟呈瑞**：相传大禹治水时，有神龟负文出现在洛河上。③**神农**：传说中古代帝王名。**甲子**：指用十天干、十二地支计时的方法，传说是黄帝的大臣大挠创制。④**隶首、伶伦**：传说

都是黄帝手下的大臣。**律吕：**音乐术语。“六律”“六吕”的合称，即十二律。⑤**权量衡度：**权，秤锤。量，计量物体多少的容器。衡，秤杆。度，计量长短的标准。**轩辕：**即黄帝。⑥**罟：**网的总称。**教佃渔以赡民用：**教人狩猎、捕鱼来供百姓食用。**册籍：**指户籍和田亩册。**里甲：**州县的基层组织。⑦**耒耜：**指农具。⑧**冠冕衣裳：**帽子衣服。**元妃：**黄帝的妃子。⑨**攸赖：**所依赖。⑩**镛钟：**大钟。**立寺观于中朝：**在中国设立寺庙。

译文

上古的时候，人们在绳子上打各种绳结，以记载事情；到黄帝时史官仓颉才创造出文字，代替绳结。

伏羲时有龙马背负太极图自黄河中浮出，伏羲依据图上的阴阳点画成八卦；大禹治平洪水，身上刻着文字的神龟在洛河上出现，大禹据此列出洪水九畴。

历法节气是神农所创，天干地支纪年法，是大挠创制。

算书由隶首所作，音乐律吕是伶伦所造。

甲胄舟车创始于黄帝；权量衡度也是由黄帝首立。

伏羲氏造了网罟，教导民众打猎捕鱼；唐太宗开始实行户籍名册，编定里甲以便征收田租。

兴办货物交易，制出耒耜来做农器，兴起陶冶来做器皿，创始于炎帝；造出琴瑟来调五音，变革婚姻习俗，倡导男聘女嫁，创始于伏羲。

冠冕衣裳，至黄帝时才趋完备；采桑养蚕是黄帝元妃嫘祖所发明。

神农尝百草，察其药性辨其配伍，始有医药医方；后稷教民众种五谷，从此食用的粮食有了保障。

燧人氏钻木取火，从此人们学会了烹饪食物；有巢氏构木为巢，从此人们懂得了建造房屋。

夏禹想与天地神灵沟通，因而铸镛钟置放于郊庙之中；汉明帝尊崇佛教，开始在中国大兴土木兴建佛寺。

原文

周公作指南车，罗盘是其遗制；钱乐作浑天仪，历家始有所宗①。

育王得疾，因造无量宝塔；秦政防胡，特筑万里长城②。

叔孙通制立朝仪，魏曹丕秩序官品③。

周公独制礼乐，萧何造立律条④。

尧帝作围棋，以教丹朱[5]；武王作象棋，以象战斗。

文章取士，兴于赵宋；应制以诗，起于李唐[6]。

梨园子弟，乃唐明皇作始；《资治通鉴》，乃司马光所编[7]。

笔乃蒙恬所造，纸乃蔡伦所为。

凡今人之利用，皆古圣之前民[8]。

●王安石

王安石，字介甫，晚号半山，世人又称临川先生，北宋杰出的政治家、思想家、文学家，“唐宋八大家”之一。

注　释

①**钱乐作浑天仪**：浑天仪，我国古代观测天体位置的仪器，为东汉张衡所造，宋元嘉中召钱乐更铸。②**无量宝塔**：古印度阿育王，传说他得病后，搜罗佛舍利，分诸鬼神在一天一夜造成八万四千座宝塔。佛家称阿育王所建佛塔为无量塔。**胡**：指匈奴。③**秩序官品**：九品中正制。④**萧何**：汉初名相。**律条**：律例科条，即法令。⑤**丹朱**：尧的儿子，因为荒淫无度，尧便制作围棋以陶冶他的性情。⑥**文章取士**：宋神宗从王安石之议，更改科举法，罢诗赋、帖经、墨义，专以经义策论试士。**应制以诗**：奉皇帝之命作诗。⑦**梨园子弟**：唐明皇选乐工、宫女数百人，在梨园亲自教他们乐曲，故称梨园子弟。⑧**前民**：开创的前人。

译　文

周公发明了指南车，地理师使用的罗盘是其遗制；钱乐铸造了浑天仪，历算家察看天象、推演历法才有了依据。

阿育王为了治病，搜罗佛舍利，在一天一夜造成了无量塔；秦始皇为了防止匈奴入侵，特意修筑了万里长城。

叔孙通定制了朝廷礼仪，魏国曹丕规定了官职的品位顺序。

周公开始制礼作乐，萧何制立千载通行的律令。

尧帝制作围棋，用来教儿子丹朱；周武王制作象棋，模拟两军进退攻守的情形。

用文章策论取士始于宋神宗；用诗赋选人才是从唐朝开始。

唐明皇精通音律，选宫女乐士在梨园教授，梨园遂成为艺人的别称；《资治通鉴》

由司马光所编纂。

毛笔由蒙恬所造，纸系蔡伦所制。

大凡当今人们所用之物，都是由古圣先贤所开创。

技　艺

原　文

医士业岐轩之术，称曰国手；地师习青乌之书，号曰堪舆[1]。

卢医扁鹊，古之名医；郑虔崔白，古之名画[2]。

晋郭璞得《青囊经》，故善卜筮地理；孙思邈得龙宫方，能医虎口龙鳞[3]。

善卜者，是君平、詹尹之流；善相者，即唐举、子卿之亚[4]。

推命之人即星士，绘画之士曰丹青[5]。

大风鉴，相士之称；大工师，木匠之誉[6]。

若王良、若造父，皆善御之人；东方朔、淳于髡，系滑稽之辈[7]。

称善卜卦者，曰今之鬼谷；称善记怪者，曰古之董狐[8]。

称诹（zōu）日之人曰太史，称书算之人曰掌文[9]。

掷骰者，喝雉呼卢；善射者，穿杨贯虱[10]。

樗（chū）蒲之戏，乃云双陆；橘中之乐，是说围棋[11]。

陈平作傀儡，解汉高白登之围；孔明造木牛，辅刘备运粮之计[12]。

公输子削木鸢（yuān），飞天至三日而不下；张僧繇画壁龙，点睛则雷电而飞腾[13]。

然奇技似无益于人，而百艺则有济于用[14]。

注　释

①**岐轩之术**：中医学。岐轩，岐伯与轩辕的合称。岐伯为传说中的古代名医，相传曾与轩辕讨论医术并作成《内经》，所以后世称医药学和医术为“岐轩之术”。见《称谓录·医》引《帝王世纪》。**国手**：一个国家中艺能出众的人。**地师**：风水先生，即相地看风水的先生。**青乌之书**：相传汉代有青乌子精堪舆之术，著《相冢书》，后人奉以为祖。《抱朴子·极言》:“相地理则书青乌之说。”**堪舆**：堪为高处，舆为低地。堪舆即“风水”，迷信的一种，指住宅基地或坟地的形式，也指相宅、相墓之法。认为风水和人的祸福有关。②**郑虔**：唐代画家，字弱斋，郑州荥阳（今属河南）人，与李白、杜甫为诗酒朋友，爱弹琴，善书画。**崔白**：北宋画家，字子西，濠梁（今安徽凤阳东）人，擅画花竹、禽鸟，尤工秋荷凫雁，也画人物、佛道、鬼神、走兽、山林。③**郭璞**：东晋文学家，训诂学家，字景纯，河东闻喜（今属山西）人。好古文奇字，喜阴阳卜筮之术。**《青囊经》**：有关天文卜筮的书，原题《九天玄女青囊海角经》，传为郭璞序。**孙思邈**：唐代医学家，京兆华原（今属陕西）人。著有《千金要方》《千金翼方》。段成式《酉阳杂俎》记载孙思邈曾经为虎拔去口中金钗，为龙点鳞医病。④**君平**：严君平，名遵（尊），蜀（今四川成都）人。西汉隐士。以占卜为业，一生不愿做官，为当时著名的文学家扬雄所敬仰。**詹尹**：郑詹尹，战国时期为楚国的卜筮官之长（太卜）。**唐举**：也作唐莒，战国时期梁人，擅长相术。**子卿**：春秋时期赵国相士，姓姑布，字子卿。传为孔子看过相。**亚**：辈。⑤**星士**：给人占卜算命的人。**丹青**：中国古代的绘画经常用朱红、青色，所以称“丹青”，有时也泛指绘画艺术。民间则称画工是“丹青师傅”。⑥**工师**：官名，主要掌管百工和官营手工业，后世则用它称木匠。⑦**王良**：战国时期人，赵简子让王良驾车。**造父**：周穆王时人，因善御而被宠幸。**东方朔**：汉武帝时文学家，平原厌次（今属山东）人，一生有很大抱负，但终未被武帝重用。**淳于髡**：战国时期齐国人，滑稽，博学，善辩。⑧**鬼谷**：鬼谷子。传为战国时期楚人，隐于鬼谷，所以号鬼谷子或鬼谷先生。长于养性持身和纵横捭阖之术。著《鬼谷子》一卷。**董狐**：春秋时期晋国史官。⑨**诹**：咨询，询问。**诹日**：选择黄道吉日。**掌文**：古代官名，掌管文书记载。⑩**喝雉呼卢**：也作“呼卢喝雉”，旧时赌场上赌徒兴奋的丑态。**雉、卢**：红点、黑点。古代用五种木头做成骰子，称为枭、卢、雉、犊、塞。**穿杨**：《战国策·西周策》里楚国养由基的事情。在百步之外射穿选定的某一片杨柳叶子，以此形容射箭技术很高明。**贯虱**：《列子·汤问》中纪昌学射之事。箭能从虱心穿过，形容其射技十分高明。⑪**樗蒲**：古代的博戏。**橘中之乐**：相传古时巴邛有一户人家的橘园，秋后结了两个比斗还大的橘子。剖开后，里面竟然有两位老人在下围棋，其中一老人还说：“橘中之乐不减商山。”见唐代牛僧孺《玄怪录·巴邛人》。后遂称象棋游戏为“橘中戏”。⑫**陈平**：汉初阳武（今河南原阳东南）人。初投靠魏王咎，为太仆。后跟随项羽入关，任都尉。再后来投靠刘邦，担任护军中尉。汉朝建立，被

封为曲逆侯。相传曾为刘邦六出奇计。汉高帝七年（前 200）高祖伐韩王信于代，至平城白登山，为匈奴冒顿所围七天七夜。其中冒顿妻阏氏兵在一侧，陈平查之阏氏性妒，于是作木偶美人，舞于城上，阏氏望见，以为是真人，害怕攻破城后，冒顿会纳其为妾，于是退军，白登之围旋即被解。⑬**公输子：**古代著名工匠，又称鲁班，姓公输，名般，春秋时期鲁国人。传说他曾经用木头制成像鸟的飞行器，即木鸢，用来窥视宋城，在天上能飞三日而不掉下来。**张僧繇：**南朝梁画家，吴郡（今江苏苏州）人。传说他曾在金陵安乐寺墙上画了四条栩栩如生的龙，但却都没有点眼睛。众人怂恿他点上龙眼，他刚刚点了两条龙的眼睛，顿时闪电四起，两条龙腾空而去。见唐代张彦远《历代名画记》卷七。⑭**奇技似无益于人：**《庄子·列御寇》："朱泙漫学屠龙于支离益，单（殚）千金之家，三年技成而无所用其巧。"朱泙漫、支离益都是虚设的人物。**济：**有益，有利。

译　文

中医师善用岐黄之术，医师以行医为职业，又称为国手；风水先生研习青乌子所写宅相、墓相的书，专门为人看风水，风水又称为堪舆。

卢医、扁鹊是古代的名医；郑虔、崔白是古时的著名画家。

晋代郭璞得到《青囊经》，所以精于天文卜筮；唐代孙思邈得到龙宫药方，能够医好有病的龙和被金钗梗住咽喉的老虎。

善于卜卦者可以比作君平、詹尹之流；善于相术的便是唐举、子卿之辈。

按照星相推算命运吉凶的人叫作星士；擅长绘画的人称为丹青。

大风鉴是相士的别名；大工师是木匠的美称。

●孙思邈

孙思邈，唐代著名医学家，在我国历史上被尊为"药王"。

王良、造父都是古代善于驾车的人；东方朔、淳于髡皆是能言善辩的滑稽之辈。

称赞善于卜卦者，说他是世间的鬼谷；赞美善记怪异者，说他是鬼中的董狐。

称选择吉日的人为太史；称书写计算的人为掌文。

掷骰子的人经常喝雉呼卢；善于射箭者能够百步穿杨，射中虱心。

樗蒲这种游戏与后世的双陆有相似之处；围棋，又称为橘中之乐。

陈平曾经制作了一个木偶美人，利用匈奴阏氏的妒心，化解了汉高帝白登之围；诸葛亮制造了木牛流马，帮助刘备运送军粮。

公输般削竹木为鸢，飞上天空三日还没有落下；张僧繇在安乐寺壁上画龙，点了龙睛后，霎时间雷电交加，飞腾而去。

虽然过于奇巧的技艺，对世人并没有好处，但是日常所需的各种工艺技能，则各有其用。

讼　狱

原　文

世人惟不平则鸣，圣人以无讼为贵①。

上有恤刑之主，桁(háng)杨雨润；下无冤枉之民，肺石风清②。

虽囹圄便是福堂，而画地亦可为狱③。

与人构讼，曰鼠牙雀角之争；罪人诉冤，有抢地吁天之惨④。

狴(bì)犴(àn)猛犬而能守，故狱门画狴犴之形；棘木外刺而里直，故听讼在棘木之下⑤。

乡亭之系有岸，朝廷之系有狱，谁敢作奸犯科；死者不可复生，刑者不可复续，上当原情定罪⑥。

囹圄是周狱，羑里是商牢⑦。

桎梏之设，乃拘罪人之具，缧绁之中，岂无贤者之冤⑧。

两争不放，谓之鹬蚌相持；无辜牵连，谓之池鱼受害⑨。

请公入瓮，周兴自作其孽；下车泣罪，夏禹深痛其民⑩。

注　释

①**不平则鸣：**韩愈《送孟东野序》有“大凡物不得其平则鸣”之句。后来多指遇事不平而发出不满的声音。**无讼为贵：**《论语·颜渊》：“子曰：‘听讼，吾犹人也。必也

使无讼乎！'" 意思为人世间没有官司可以打，这才是可贵的。②**恤刑：**指中国古代用刑慎重不滥。《书·舜典》："惟刑之恤哉。"**桁杨雨润：**本意为桁杨像细雨润物，后比喻贤明的君主慎用刑，而使罪犯被感化向善，犹如细雨滋润万物。桁杨，古代的一种刑具，枷在犯人的脚上或脖子上。《庄子·在宥》："今世殊死者相枕也，桁杨者相推也，刑戮者相望也。"**肺石风清：**肺石很冷清，用来形容没有受冤而告状的人。肺石，传说为古代放在朝廷门外的石头，百姓可以站在石头上面控诉地方官员，因为色赤并且如肺形，所以得名肺石。③**囹圄：**牢狱。**福堂：**幸福的地方。**画地亦可为狱：**上古的时候民风淳朴，相传在地上画个圈就可以作为牢狱。④**鼠牙雀角：**《诗经·行露》中有"谁谓雀无角，何以穿我屋……谁谓鼠无牙，何以穿我墉……何以诉我讼"的诗句。后来用"鼠牙雀角"作为争讼之辞。**抢地吁天：**以头碰地，口呼天。形容状况极为凄惨。⑤**狴犴：**传说中的一种野兽，善于守门，长得勇猛肥大，因此古时夏禹牢门上常画有它的图形。**棘木之下：**《礼记·王制》："正以狱成告于大司寇，大司寇听之棘木之下。"后来通称棘木为法庭。⑥**乡亭：**古代基层行政单位。古代称乡亭拘押罪犯的地方为岸，称朝廷官府拘押罪犯的地方为监狱。**作奸犯科：**为非作歹，做坏事，违法乱纪。**原情定罪：**考察犯人的行为，量刑定罪。《汉书·路舒温传》："夫狱者，天下之大命也，死者不可复生，绝者不可复属。《书》曰：'与其杀不辜，宁失不经。'"⑦**羑里：**古城名，故址在今河南省汤阴县北，商纣王曾将周文王囚禁于此。《史记·殷本纪》："纣囚西伯羑里。"⑧**桎梏：**脚镣手铐，古时用来锁住犯人手脚的刑具。《周礼·秋官·掌囚》："中罪桎梏。"郑玄注："在手曰梏，在足曰桎。"**缧绁：**也作"累绁"，拘捕犯人时用的绳子，引申为囚禁。《论语·公冶长》："虽在缧绁之中，非其罪也。"⑨**鹬蚌相持：**古时寓言，蚌张开壳在海滩上晒太阳，鹬去啄它，嘴被蚌壳夹住，两方都不相让。结果渔翁来了，把两个轻而易举地都捉住了。后用"鹬蚌相争，渔人得利"来比喻双方相持不下，从而使第三者从中得利；或比喻挑拨别人的矛盾，自己则从中取利。**池鱼受害：**源于"城门失火，殃及池鱼"。传说春秋时期，宋国城门失火，用护城河水救火，水被汲干了，河中的鱼因此而死了。后来用来比喻无辜受连累。⑩**下车泣罪：**喻广施仁政，自责其失。

译　文

百姓如果遇到不公平的事情就会发出不满的呼声，圣明的人认为人世间没有官司可打是最宝贵的。

上面有慎用刑罚的君主，用刑犹如细雨滋润万物，使罪犯被感化而向善；下面也没有被冤枉的百姓，用来喊冤的肺石则冷冷清清。

能帮助人们弃恶从善，牢狱也可以是福堂；上古的民风淳朴，在地上画一个圈就代表着监狱。

和人结怨打官司可以说是“鼠牙雀角”的争斗；犯人诉讼冤情则有“抢地吁天”的惨状。

狴犴生得勇猛肥大，能看门守户，因此古代的牢门上常画有它的图形；棘木外面长着针刺但里面却是直的，所以古代的司法官大多在棘木下审理案件。

乡亭的监牢有“岸”，朝廷的监牢有“狱”，谁还敢为非作歹，违法犯罪；死了的人不可能再活过来，服过刑的人也不可能恢复原状，所以上面应当按照实际情况量刑定罪。

“囹圄”是周代的监狱，“羑里”是商代的牢房。

脚镣、手铐是用来拘捕犯人的刑具；在囚禁的犯人之中，怎么可能没有被冤枉的好人。

双方互相争执而不相让就是“鹬蚌相持”；无故受到牵连则是“池鱼受害”。

“请公入瓮”是指唐代的酷吏周兴自作自受；“下车泣罪”则是大禹对百姓的怜悯。

原　文

好讼曰健讼，累及曰株连[1]。

为人息讼，谓之释纷；被人栽冤，谓之嫁祸[2]。

徒配曰城旦，谴戍是问军[3]。

三尺乃朝廷之法，三木是罪人之刑[4]。

古之五刑，墨、劓(yì)、剕(fèi)、宫、大辟；今之律例，笞、杖、死罪、徒、流[5]。

上古时削木为吏，今日之淳风安在；唐太宗纵囚归狱，古人之诚信可嘉[6]。

花落讼庭闲，草生囹圄(lǐng yǔ)静，歌何易治民之简；吏从冰上立，人在镜中行，颂卢奂折狱之清[7]。

可见治乱之药石，刑罚为重；兴平之粱肉，德教为先[8]。

注　释

①**健讼：**《易·讼》：“险而健，讼。”后来人们误将“健”“讼”两字连读，因此把好打官司称为“健讼”。②**息讼：**解除诉讼。**释纷：**消除纠纷。**嫁祸：**移祸于人。《史记·张仪列传》：“割楚而益梁，亏楚而适秦，嫁祸安国，此善事也。”③**城旦：**修筑城墙，秦汉时的一种刑罚。《史记·秦始皇本纪》：“令下三十日不烧，黥为城旦。”**谴戍：**发送犯人去守边境，使其效力赎罪。《史记·秦始皇本纪》：“三十三年，发诸尝逋亡

人、赘婿、贾人略取陆梁地，为桂林、象郡、南海，以適（谪）遣戍。”**问军**：问罪从军。④**三尺**：也称“三尺法”。古时候把法律刻写在三尺长的竹简上，所以称法律为“三尺”。**三木**：古时的刑具枷、镣、钮，这三种刑具分别铐在犯人的颈、手、足上。⑤**五刑**：古代中国的五种刑罚。**墨**：黥面。**劓**：割鼻。**剕**：断足。**宫**：男子去势，女子幽闭。**大辟**：死刑。**律例**：刑法的正条及其成例。律就是法律的原文，例就是补充律文不足而设的条例或例案。后来古代五刑不断变化，从隋朝到清朝已经变为笞、杖、死罪、徒、流，即抽打、杖打、斩首或绞死、劳役、流放。⑥**削木为吏**：古时候削木头作为狱吏。相传古时民风淳朴，把木吏放在犯人家中，到了开庭审理时，犯人不需要人来捉拿，自己就抱着木吏到公庭。**唐太宗纵囚归狱**：唐太宗贞观六年十二月，唐太宗把死刑犯释放回家，规定他们来年秋天再归狱接受死刑。结果第二年秋天犯人们果然都按时归狱。后来太宗赦免了全部的犯人。纵囚，释放犯人。⑦**何易**：何易于。唐时益昌县令，廉洁爱民，治理有方，百姓的诉讼很少。百姓曾作歌曰：“花落讼庭闲，草生囹圄静。”**卢奂**：唐时南海太守，清正廉明，百姓赞之曰：“报案吏从冰上立，诉冤人在镜中行。”**折狱**：断案。⑧**治乱之药石、兴平之粱肉**：后汉崔寔在他的《政论》中写道：“盖为国之道有似理身，平则致养，疾则攻焉。夫刑罚者，治乱之药石也，德教者，兴平之粱肉也。夫以德教除残，是以粱肉理疾也；以刑罪理平，是以药石供养也。”粱肉，指美味的食品。

●唐太宗

唐太宗，我国历史上的明君，他的年号是贞观，后人把他在位时的统治称为“贞观之治”。

译　文

好打官司称为“健讼”，没有罪而受到牵连则称作“株连”。

帮助别人解除诉讼，称为“释纷”；被人栽赃冤枉称作“嫁祸”。

判徒刑流放去做苦役的称“城旦”；充军到边境守边的称“问军”。

“三尺”是指朝廷的法律；“三木”是铐在犯人颈、手、足上的三种刑具。

古时候的五种刑罚分别是墨、劓、剕、宫、大辟；隋代以后的刑法则是笞、杖、死罪、徒、流。

上古的时候削木为吏，犯人能够抱木吏自己到庭受审，今天这种古朴的淳风在哪里呢？唐太宗将两百多名死囚释放回家，规定第二年秋天再归狱受刑，结果这些犯人如期而至，古人的诚信实在值得赞许。

“花落讼庭闲，草生囹圄静”，这是百姓对唐代益昌县令何易于的廉洁及治民有方的称颂；“吏从冰上立，人在镜中行”，则是百姓对唐代南海太守卢奂断案清正廉明的赞美。

由此可见，治理乱世要以刑罚为重，这好比治病的良药；振兴太平则要以道德教化为先，这如同强身的美味。

释道鬼神

原　文

如来释迦，即是牟尼，原系成佛之祖；老聃(dān)李耳，即是道君，乃为道教之宗[①]。

●释迦牟尼

释迦牟尼是古印度北部迦毗罗卫国（今尼泊尔境内）的王子，属刹帝利种姓。据佛经记载，释迦牟尼有感于人世的生老病死等诸多苦恼，百思不得其解，毅然决定舍弃王族生活，出家修行。后来他在菩提树下大彻大悟，于是创立了佛教。

鹫岭、祇(qí)园，皆属佛国；交梨、火枣，尽是仙丹[②]。

沙门称释，始于晋道安[③]；中国有佛，始于汉明帝。

篯铿即是彭祖，八百高年；许逊原宰旌阳，一家超举[④]。

波罗犹云彼岸，紫府即是仙宫[⑤]。

曰上方、曰梵刹，总是佛场；曰真宇、曰蕊珠，皆称仙境[⑥]。

伊蒲馔(zhuàn)可以斋僧，青精饭亦堪供佛[⑦]。

香积厨僧家所备，仙麟脯仙子所餐[⑧]。

佛图澄显神通，咒莲生钵（bō）；葛仙翁作戏术，吐饭成蜂⑨。

达摩一苇渡江，栾（luán）巴噀（xùn）酒灭火⑩。

注　释

①**如来释迦：**即释迦牟尼（前565—前486）。佛教创始人。姓乔达摩，名悉达多，释迦族人，为古印度北部迦毗罗卫国净饭王之子。释迦牟尼意为“释迦族的圣人”，是佛教徒尊称他的圣号。**老聃李耳：**老子，道教的始祖。春秋时期思想家，著有《老子》。②**鹫岭：**也称鹫山、灵山，即灵鹫山，是佛说法之地，在中印度。据说佛常住在那里。**祇园：**即祇树给孤独园。是释迦牟尼去舍卫国说法时与僧徒停居之处。**佛国：**佛的出生地，指天竺，即古印度。**交梨、火枣：**道教认为是神仙吃的两种水果。③**沙门：**梵语音译“沙门那”的简称，也译作“桑门”，就是僧侣、僧徒。意思是勤修善法，止息恶习。**释：**中国佛教对释迦牟尼的简称，后来又泛指佛教。东晋道安受戒，用释作姓，开中国汉族僧尼称释之先河，后来就相袭乘。释慧皎《高僧传·释道安传》：“初魏晋沙门，依师为姓，故姓各不同。安以为大师之本，莫尊释迦，乃以释命氏。”④**篯铿：**即彭祖。姓篯，名铿。颛顼玄孙，生于夏代，商代被封于彭城，传说活了八百岁（一说七百六十七岁）。**许逊：**东晋人，字敬之，汝南（今属河南）人。曾跟吴猛学道，后举孝廉，曾是旌阳县令，后弃官东归，周游江湖。传说全家四十二口人在南昌西山同时升天。⑤**波罗：**也作“波罗伽”或“波罗蜜多”，梵语音译，就是波罗蜜，意思是到彼岸，也就是成佛以后的境地。**紫府：**道家称呼仙人的住所。⑥**上方：**指仙和佛所居的天界。**梵刹：**梵的意思是清净，刹在此是指竿，也就是挂经幡的柱子。僧人居住的地方，应当竖幡以告众人。后来泛指佛寺为梵刹。**真宇：**真人居住的庭宇。**蕊珠：**神仙居住的地方。道家传说天上有蕊珠宫，为神仙居住的地方。⑦**伊蒲馔：**在家修行的男性佛教徒吃的饭，是用伊兰、菖蒲做的。**青精饭：**用南烛叶煎汁浸米，煮饭，颜色为青色。道家认为经常服用可以养颜延寿。⑧**香积厨：**佛家指僧寺的食厨。取香义，省作“香厨”。**仙麟脯：**指仙家食用的用麒麟制成的干肉。⑨**佛图澄：**天竺僧人，相传西晋末年来中国。《晋书·佛图澄传》中记载佛图澄曾用钵装水，烧香念动咒语，使钵中生出莲花。**葛仙翁：**葛玄，三国吴方士，字孝先，号仙翁，晋葛洪之从祖父。相传能够念动咒语将从口中喷出的饭变成蜜蜂，再张口，蜜蜂又飞入口中变成饭。⑩**达摩：**菩提达摩。中国佛教禅宗创始人。传为天竺香至王第三子。有传说达摩过金陵的时候与梁武帝话不投机，想回江北，但没有船只，于是便用一根芦苇渡过江。**栾巴噀酒灭火：**噀，喷。栾巴，后汉魏郡内黄（今河南内黄西北）人，还有说法为蜀郡（今成都）人，字书元。传说他通晓道术，汉桓帝赐酒给他，栾巴竟然不饮而向西南喷去，有人告他对皇帝不敬，皇帝召其问之，他说：“成都有火灾，故喷酒灭火。”派人查证，成都果然报告发生火灾。

译文

如来佛就是释迦牟尼，本是佛教的始祖；谥号为“聃”的李耳就是老子，后来被尊为道教的始祖。

“灵鹫山”和“祇园”都是佛祖说法的地方，属于佛国；“交梨”和“火枣”全都是道家服用的仙丹。

和尚和僧侣开始以“释”为姓，源于东晋僧人道安；中国有佛教开始于东汉明帝。

传说中的篯铿就是封于彭城的彭祖，寿高达八百岁；东晋许逊本来是旌阳县令，一家都成仙飞天。

梵语“波罗蜜”就是汉语的“到彼岸”；“紫府”就是道家所说的仙人居住的地方。

“上方”“梵刹”，都是佛教活动的场所；“真宇”“蕊珠”，都是喻指仙境。

伊蒲饭可以给僧人吃，青精饭也可以供奉神佛。

香积厨是僧家所必备的斋厨，仙麟脯是神仙所吃的熟食。

天竺僧人佛图澄大显神通，焚香念咒语使钵中生出莲花；三国道士葛仙翁施展法术，张口吐饭能变成蜜蜂。

天竺僧人达摩可以脚踩一根芦苇渡江，后汉人栾巴则能用嘴喷酒灭掉远在成都的火灾。

原文

吴猛画江成路，麻姑掷米成珠①。

飞锡挂锡，谓僧人之行止；导引胎息，谓道士之修持②。

和尚拜礼曰和南，道士拜礼曰稽(qǐ)首③。

曰圆寂、曰荼毗(pí)④，皆言和尚之死；曰羽化、曰尸解，悉言道士之亡。

女道曰巫，男道曰觋(xí)，自古攸分⑤；男僧曰僧，女僧曰尼，从来有别。

羽客黄冠，皆称道士；上人比丘，并美僧人⑥。

檀越檀那，僧家称施主；烧丹炼汞，道士学神仙⑦。

和尚自谦，谓之空桑子；道士诵经，谓之步虚声⑧。

菩者普也，萨者济也，尊称神祇，故有菩萨之誉；水行龙力大，陆行象力大，负荷佛法，故有龙象之称⑨。

儒家谓之世，释家谓之劫，道家谓之尘，俱谓俗缘之未脱；儒家曰

精一，释家曰三昧，道家曰贞一，总言奥义之无穷⑩。

注　释

①**吴猛：**晋代道士，相传曾用扇子在江上画出一条路，自己走过去，然后路就消失了。**麻姑：**中国古代神话中的女仙。②**飞锡挂锡：**佛家语。锡是僧人的锡杖，上面有环，是僧侣随身带的物品。僧人远游持锡杖，投宿时不以杖着地，必挂起，故称“挂锡”。**导引：**也作“道引”。古代中国一种强身除病的养生方法。**胎息：**练气功时一种功力较深的呼吸方法，也是古代中国养生方法之一，就像胎儿在母亲的腹中一样，能够不用嘴和鼻子呼吸。③**和南：**梵语音译，也作“婆南”。为僧人合掌问礼，即“稽首”“敬礼”。《僧史略》：“若西域相见则合掌，云和南。”**稽首：**道士向行人举一手行礼。④**圆寂：**佛家语。称僧尼之死为“圆寂”。**荼毗：**梵语音译，佛家用语，意思是焚烧的意思。佛教僧尼死后，将尸体火化就是“荼毗”。⑤**巫、觋：**古代称女巫为巫，男巫为觋，都是装神弄鬼的人。**攸分：**有区别。⑥**比丘：**佛家称在家修行的男僧是和尚。按照佛教典章，少年出家，初受戒，称作沙弥；到二十岁，再受具足戒，才能成为比丘。⑦**檀越檀那：**梵语音译，都是施主的意思。**施主：**佛教对向寺院施舍财物的世俗信徒的尊称。**烧丹炼汞：**道教道术之一。原指将朱砂等药物放于炉火中烧炼，以制“长生不老”的丹药。后来又有内外丹之分。把人体当作炉鼎，用静功和心法修炼精、气、神的是内丹。⑧**空桑子：**《列子》云，有莘氏女采药，在空桑中得到一个婴儿，由庖人养大，取名伊。后来，有莘氏女嫁商汤，伊作陪嫁之臣随往。后来被汤用为相，所以称伊尹。僧人用此表示自谦，取其没有父母之意。**步虚声：**道士诵经的声音，仿效空中传来的神仙声音。⑨**神祇：**天地神灵的总称，在天是神，在地则为祇。**菩萨：**原为释迦牟尼修行还未成佛时候的称号，后来泛指所崇拜的神像为菩萨。**龙象：**佛教用语。龙象是大力之象，用来比作诸罗汉中修行勇猛且有最大力者。后用来指高僧。⑩**世、劫、尘：**《楞严经》记载：三十年为一世，五百年为一劫，千年为一尘。**俗缘之未脱：**还没有摆脱世俗的人事关系，不能得道成仙。**精一：**精心一意，《书·大禹谟》：“惟精惟一。”**三昧：**梵语音译，佛教语，排除一切杂念，使心神平静。**贞一：**专一，守一，是道家所谓的保持本性，自然无为。

译　文

晋代道士吴猛可以用羽扇划开江水变成道路；汉代仙女麻姑则能把米扔在地上变成珍珠。

“飞锡”“挂锡”，是说僧人的出游和停留；“导引”“胎息”，是说道士修身养性的方法。

和尚双手合十行礼叫作“和南”；道士举一手向人行礼叫作“稽首”。

"圆寂""荼毗"，都是指和尚的死；"羽化""尸解"，都是指道士的死。

女道士叫作"巫"，男道士叫作"觋"，从古时候就这样划分；男僧人称作"僧"，女僧人称作"尼"，也是从来就有这样的区别。

"羽客""黄冠"，都是道士的誉称；"上人""比丘"，都是对和尚的赞美。

"檀越""檀那"是佛家称呼施主；外炼金丹，内修精气的道士，想做长生不老的神仙。

和尚谦称自己为"空桑子"；道士念经叫"步虚声"。

"菩"就是普遍的意思，"萨"则是救助的意思，因此天地神灵有菩萨的美誉；在水中行走，龙的力量最大，在陆地上行走，象的力气最大，因此精通佛法的高僧有"龙象"的称号。

儒家称俗世，佛家称劫数，道家称凡尘，这都是指还没有摆脱世俗的人事牵连；儒家说"精一"，佛家说"三昧"，道家说"贞一"，这都是说深奥的道理无穷无尽。

原　文

达摩死后，手携只履西归；王乔朝君，舃(xì)化双凫下降[1]。

辟谷绝粒，神仙能服气炼形；不灭不生，释氏惟明心见性[2]。

梁高僧谈经入妙，可使岩石点头，天花坠地；张虚靖炼丹既成，能令龙虎并伏，鸡犬俱升[3]。

藏世界于一粟，佛法何其大；贮乾坤于一壶，道法何其玄[4]。

妄诞之言，载鬼一车；高明之家，鬼瞰其室[5]。

《无鬼论》作于晋之阮瞻；《搜神记》撰于晋之干宝[6]。

颜子渊、卜子夏，死为地下修文郎；韩擒虎、寇莱公，死作阴司阎罗王[7]。

至若土谷之神曰社稷，干旱之鬼曰旱魃(bá)[8]。

魑魅魍魉(chī mèi wǎng liǎng)，山川之祟；神荼郁垒，啖(dàn)鬼之神[9]。

仕途偃蹇(jiǎn)，鬼神亦为之揶揄(yé yú)；心地光明，吉神自为之呵护[10]。

注　释

①**达摩死后**：菩提达摩在少林圆寂后，被葬在熊耳山定林寺，相传北魏使者宋云出使西域回来，在葱岭看见达摩提着一只鞋子走过来，说是到西天去。**王乔**：汉朝人，曾担任县令，相传可以把两只鞋子变成野鸭子。**舃**：古代一种有复底的鞋。**凫**：野鸭。

②**辟谷**：也称“断谷”“绝谷”，就是不吃五谷，中国古代的一种修养方法。**不灭不生**：也作“不生不灭”。佛家则指超脱生死的境界。③**岩石点头**：相传南朝梁高僧道生法师在苏州讲佛法，在讲《涅槃经》提到万物都有佛性的时候，石头都点头。**天花坠地**：相传梁武帝时，云光法师在天龙寺讲经，感动了上天，宝花纷纷从天上降下。**张虚靖**：东汉张天师张道陵的七世孙。《列仙传》载，张虚靖遍游名山，学长生不老之术。龙降虎伏，炼丹升天后，鸡犬吃了剩下的药也得以升天了。**龙虎并伏**：道家用龙虎比喻心火肾水，抑制嗔怒情欲，使心火下降，肾水滋润。④**藏世界于一粟**：释普济《五灯会元》：“一粒粟中藏世界。”**贮乾坤于一壶**：后汉方士费长房，曾经看见一老翁卖药，挂着一个壶，晚上就在壶中休息，费长房觉得很奇怪，于是拜见老翁，第二天与老翁一同入壶，见里面楼台壮丽，惊奇道“此别一乾坤也”。于是便随老翁入山学道。⑤**载鬼一车**：把无当作有，言语很是奇怪。**鬼瞰其室**：扬雄《解嘲》：“高明之家，鬼瞰其室。”瞰，窥伺。⑥**《无鬼论》**：晋人阮瞻持无鬼论。**《搜神记》**：志怪小说集，东晋干宝撰。**干宝**：字令升，河南新蔡人。⑦**颜子渊、卜子夏**：颜子渊，即颜回，字子渊，春秋末期鲁国人。卜子夏，即卜商，字子夏，春秋末期晋国人，另一说法是卫国人。二人都是孔子的学生。**韩擒虎**：隋代大将，字子通，文武双全。**寇莱公**：北宋政治家寇准，字平仲，被封莱国公，所以称寇莱公。⑧**旱魃**：古代传说中能引起旱灾的怪物。⑨**魑魅魍魉**：指各种各样的鬼怪，现在多用来比喻各种各样的坏人。**祟**：鬼怪祸害人。**神荼郁垒**：两个神仙的名字，相传能够制服恶鬼，于是后人都把它们当作门神，画像极丑且凶恶。**啖**：吃。⑩**仕途偃蹇**：仕途不顺利。晋代罗友曾对桓温抱怨说：“在来的路上连鬼都揶揄，他只是为别人做官送行，没有别人送他去做官。”桓温于是推荐罗友做襄阳太守。**揶揄**：戏弄，辱弄。《东观汉记·王霸传》：“世人皆大笑，举手揶揄之。”**心地**：佛教语。佛教认为三界唯心，心像滋生万物的大地，能随缘生出一切，所以称“心地”。

●颜子渊
颜子渊，即颜回，孔子最得意的弟子，以德行著称。

译　文

达摩死后，有人看见他手提一只鞋从东方归向西天；后汉王乔朝见皇帝，不用车马，站在由鞋变成的两只野鸭身上从天空中降落。

神仙不吃五谷，能够用吐纳之法修炼身体；佛家追求内心悟道，超脱生死的境界。

梁朝的高僧道生法师讲经，绝妙处能够使顽石点头，云光法师说法能够使上天感动，天上的宝花纷纷降落；张虚靖炼丹成仙后，能够降龙伏虎，平素养的鸡犬也都跟着他升天了。

能把整个世界藏在一粒米中，佛家的法力是何等的强大；能把整个乾坤贮藏在一把壶里，道家的法术又是多么的玄妙。

载鬼一车，是荒唐不经之言；富贵人家，鬼都要偷窥他的家室。

《无鬼论》是晋朝阮瞻所写；《搜神记》是东晋干宝所撰。

孔子的徒弟颜子渊、卜子商，死后在阴间做了修文郎；隋朝大将韩擒虎、北宋丞相寇莱公，死后在地府做了阎罗王。

至于说到土神和谷神，就叫作“社稷”；使人间干旱的鬼叫作“旱魃”。

“魑魅”“魍魉”都是山川中危害人类的精怪；“神荼”“郁垒”都是吃鬼的门神。

官路困顿不通，连鬼神都要对其拍手戏弄；心地光明磊落，吉神自然呵护庇佑。

鸟　兽

原　文

麟为毛虫之长[1]，虎乃兽中之王。

麟凤龟龙，谓之四灵；犬豕与鸡，谓之三物[2]。

𫘧𬳿、骅骝，良马之号；太牢、大武，乃牛之称[3]。

羊曰柔毛，又曰长髯主簿；豕名刚鬣(liè)，又曰乌喙(huì)将军[4]。

鹅名舒雁，鸭号家凫。鸡有五德，故称之曰德禽；雁性随阳，因名之曰阳鸟[5]。

家狸、乌圆，乃猫之誉；韩卢、楚犷(guǎng)，皆犬之名[6]。

麒麟驺虞(zōu yú)，皆好仁之兽；螟螣蟊(míng tè máo)贼，皆害苗之虫[7]。

无肠公子，螃蟹之名；绿衣使者，鹦鹉之号[8]。

狐假虎威，谓借势而为恶；养虎贻(yí)患，谓留祸之在身[9]。

犹豫多疑，喻人之不决；狼狈相倚，比人之颠连[10]。

注 释

①**麟：** 麒麟，传说中的动物，雄为麒，雌为麟。**毛虫：** 长毛的动物。②**四灵：** 古人认为有灵性的四种神兽。《礼记·礼运》："何谓四灵？麟、凤、龟、龙。" **豕：** 猪。**三物：** 古人结盟、立誓时，把动物的血滴入酒中，饮酒盟誓，君王用猪血，大臣用狗血，百姓用鸡血。③**骒骃、骅骝：** 古代良马的名字，周穆王的八骏之一。骒也作"耳"，"绿耳"应当是绿色的马。骅骝也作"枣骝"，应当是赤色的马。**太牢：** 牛的别称。**大武：** 指牛，祭祀时对牛的称呼。④**柔毛：** 指羊。《礼记·曲礼下》："凡祭宗庙之礼……羊曰柔毛。"孔颖达疏："若羊肥则毛细而柔弱，故云柔毛，言肥泽也。" **刚鬣、乌喙将军：** 猪的另一称呼。猪贪食，所以称猪为乌喙将军。鬣，脖子上长而密的毛。喙，鸟兽的嘴。⑤**舒雁：** 鹅的另一种称呼。《尔雅·释鸟》："舒雁，鹅。" 因为鹅的形状像雁，但又徐行不飞，所以称舒雁。**家凫：** 凫，野鸭。家凫即鸭子。**德禽：** 鸡。古时候说鸡有五德，所以称德禽。《韩诗外传》记载，鸡头上戴冠者是文也，步子迈得大者为武，敢斗者则勇，看见食物相互招呼为仁，守夜没有差失是信。**阳鸟：** 雁的别名。⑥**狸：** 野猫。**韩卢、楚犷：** 古代良犬的名字。《广雅》："犬之良者，犹宋国之鹊、韩国之卢、楚国之犷、晋国之獒。" ⑦**驺虞：** 义兽名，传说只吃死动物，也不吃生草，所以称它性仁。**螟螣蟊贼：** 吃庄稼的四种害虫。⑧**无肠公子：** 螃蟹的别名。《抱朴子·登涉》："称无肠公子者，蟹也。" **绿衣使者：** 相传唐玄宗曾将报告杀人凶手的鹦鹉封为绿衣使者。⑨**狐假虎威：** 古寓言，老虎捉到一只狐狸，要吃它。狐狸说："上天要我做百兽的王，你不可以吃掉我。如果你不信，我走在前面，你跟在我后面，看百兽见了我有没有不逃跑的。" 老虎信以为真，就跟着狐狸走，结果百兽看见老虎在狐狸后面都逃跑了。老虎不知自己中计了，还以为百兽是害怕狐狸而逃跑的。后来用"狐假虎威"比喻倚仗他人的势力来欺压别人。**养虎贻患：** 也作"养虎遗患"。《史记·项羽本纪》载，楚汉两方相约以鸿沟为界停战，停战后，项羽引兵东去，而张良、陈平建议刘邦乘机攻打项羽，说汉朝已拥有天下大半，楚兵正处在饥饿疲惫的状态，这个

●**龙**

龙，我国神话中一种能行云雨、利万物的神异动物。

时候是消灭他们的最好时机。如果让他们回去，“此所谓养虎自遗患也”。后来多用于比喻纵容敌人，自留后患。⑩**犹豫：**犹，一种动物，性多疑。《集韵》:“犹，一曰似麂，居山中，闻人声豫登木，无人乃下，世谓不决曰犹豫。”**狼狈：**相传狼和狈是同类野兽，狼前二足长，狈后二足长，必须互相依靠才能行动，如果狼离开狈，或狈离开狼，那么就进退不便。后来用狼狈比喻互相勾结干坏事。

译文

麒麟是毛虫的头领，老虎是万兽之王。

麒麟、凤凰、乌龟和龙合称为四灵；狗、猪和鸡是古人歃血为盟时所用之物，所以合称为三物。

骅骝、騄駬都是古时名马的名称；太牢、大武都是祭祀时对牛的称谓。

羊毛很柔软、羊须又很长，所以把羊称作柔毛或长髯主簿；猪鬃很硬、猪嘴乌黑，所以称猪为刚鬣或乌喙将军。

鹅行路像雁，故称为舒雁；鸭形状像凫，故称为家凫。

鸡有五种美德，故称为德禽；雁又称为阳鸟。

家狸、乌圆都是猫的美名；韩卢、楚犷都是良犬的名称。

麒麟、驺虞都是讲究仁义的神兽；螟、螣、蟊、贼都是残害庄稼的害虫。

无肠公子是螃蟹的别名，绿衣使者是鹦鹉的外号。

狐假虎威比喻凭借别人的威势做坏事；养虎贻患比喻纵容敌人自留后患。

犹豫多疑，形容人拿不定主意，遇事迟疑不决；狼狈相倚，比喻人相互勾结着做坏事。

原文

胜负未分，不知鹿死谁手；基业易主，正如燕入他家①。

雁到南方，先至为主，后至为宾；雉名陈宝，得雄为王，得雌为霸②。

刻鹄类鹜，为学初成；画虎类犬，弄巧反拙③。

美恶不称，谓之狗尾续貂；贪图不足，谓之蛇欲吞象④。

祸去祸又至，曰前门拒虎，后门进狼；除凶不畏凶，曰不入虎穴，焉得虎子⑤。

鄙众趋利，曰群蚁附膻；谦己爱儿，曰老牛舐(shì)犊⑥。

无中生有，曰画蛇添足；进退两难，曰羝(dī)羊触藩⑦。

杯中蛇影，自起猜疑；塞翁失马，难分祸福[8]。

龙驹凤雏，晋闵鸿夸吴中陆士龙之异；伏龙凤雏，司马徽称孔明庞士元之奇[9]。

吕后断戚夫人手足，号曰人彘(zhì)；胡人腌契丹王尸骸，谓之帝羓(bā)[10]。

注　释

①**鹿死谁手：**不知道谁取得最后的胜利。《晋书·载记·石勒》载："人岂不自知，卿言亦以太过，朕若逢高皇，当北面而事之，与韩、彭竞鞭而争先耳；脱遇光武，当并驱于中原，未知鹿死谁手！"鹿就是猎取的对象，原来比喻政权，后来也比喻争逐的对象。**燕入他家：**刘禹锡《乌衣巷》："旧时王谢堂前燕，飞入寻常百姓家。"东晋王导、谢安等豪门贵族曾经住在乌衣巷，但是诗人写这首诗时，王、谢大族已经没落。而燕子却不管它的故宅换主，仍寻旧巢。②**雁到南方：**相传中秋节以前先飞到南方的大雁是主人，而中秋节以后到达的小雁则是客人。**雉名陈宝：**神的名字。干宝《搜神记》记载，秦穆公时，陈仓人捉住一怪兽，有二童子在路边，童子说："它的名字叫媪，常在地下食死人的脑子。想要杀它，用柏树击打它的头。"怪兽说："那两个童子叫陈宝，得到雄的可以称王，得到雌的可以称霸诸侯。"陈仓人舍弃媪而逐两童子。两童子马上变成野鸡飞走了。雉，野鸡。③**刻鹄类鹜：**《后汉书·马援传》载马援《诫兄子颜敦书》："龙伯高敦厚周慎，口无择言，谦约节俭，廉公有威，吾爱之重之，愿汝曹效之……效伯高不得，犹为谨勅之士，所谓刻鹄不成尚类鹜者也。"鹄，天鹅。鹜，野鸭。后来用它比喻模拟相类似的人或事物，虽不能逼真但可得其近似。因此说初学有成。**画虎类犬：**马援《诫兄子颜敦书》："杜季良豪侠好义，忧人之忧，乐人之乐……吾爱之重之，不愿汝曹效也……效季良不得，陷为天下轻薄子，所谓画虎不成反类狗者也。"因为"狗"在古代也作"犬"，"画虎不成反类狗"常被写成"画虎类犬"，后来比喻好高骛远，一无所成，反贻笑柄。④**狗尾续貂：**貂，一种皮毛极为珍贵的动物，古代皇帝的侍从用貂尾做帽子的装饰。《晋书·赵王伦传》载，晋代赵王伦篡位后，大封其党羽，"奴卒厮役，亦加以爵位。每朝会，貂蝉盈座，时人为之谚曰：'貂不足，狗尾续。'"本意讽刺滥封官爵，后来用"狗尾续貂"比喻拿不好的续在好的后面，前后不相称。**蛇欲吞象：**《山海经》："巴蛇食象，三岁而出其骨。"后来用"蛇吞象"比喻贪得无厌。⑤**前门拒虎，后门进狼：**比喻消除一个祸患又招来另一个祸患。后汉和帝时，外戚窦氏专权，和帝与宦官共谋诛杀窦氏，但是又过分亲信太监，又导致宦官专权。**不入虎穴，焉得虎子：**比喻不经历艰苦的实践，就不能取得巨大的成就。也比喻不冒危险不能成事。⑥**群蚁附膻：**比喻追逐名利，竞相驱往。卢坦《与李渤书》："今之人奔尺寸之禄，趋丝毫之利，如群蚁之附腥膻，众蛾之赴爝火，取不为丑，贪不避

死。”膻，指羊臊气。**老牛舐犊：**老牛舔小牛，比喻爱子情深。舐，以舌舔物。⑦**画蛇添足：**楚国有个专管祭祀的官员，赐酒给手下人喝，因为人多酒少不够分，于是想出谁先画好蛇就可以喝酒的办法。有一个人第一个把蛇画好了，但是见其他人还没有画完，就在已画好的蛇上又添加了脚，结果酒被第二个画好蛇的人喝了。后来用“画蛇添足”比喻多此一举，反而无益，弄巧成拙。**羝羊触藩：**《易·大壮》：“羝羊触藩，羸其角。”意思是公羊抵撞篱笆，把角缠在篱笆上，进退不得。后来用“羝羊触藩”比喻陷于进退两难的境地。羝，公羊。藩，篱笆。⑧**杯中蛇影：**晋朝人乐广十分好客，见一朋友好久不来家里，十分奇怪，就去拜会他，朋友说上次在你家喝酒，杯中有蛇，喝完后回来就生病了。乐广很疑惑，回家便查原因，原来是挂在墙上的角弓影子倒射在酒杯里造成的，朋友听到这个消息后病很快就好了。后来多用来比喻因疑神疑鬼而引起恐惧。**塞翁失马：**《淮南子·人间训》：“近塞上之人有善术者，马无故亡而入胡，人皆吊之，其父曰：‘此何遽不为福乎？’居数月，其马将胡骏马而归。”意思是虽然一时遭受损失，但也可能转变成好事。⑨**龙驹凤雏：**龙子凤子。晋朝陆云，字士龙，与兄陆机齐名，时人称他们为“二陆”。云年幼时，吴尚书闽鸿称赞他“此儿若非龙驹，当是凤雏”。凤雏，幼凤，多比喻聪颖英俊的儿童。**伏龙凤雏：**司马徽称诸葛亮为伏龙，称庞统为凤雏。⑩**人彘：**汉高祖刘邦宠爱戚夫人，想废掉太子，立她的儿子赵王如意为太子，未果。待汉高祖死后，吕后挟恨，断戚夫人手足，去眼，熏灼耳朵，吃哑药，置于厕所中，称为“人彘”。**帝羓：**羓，干肉。契丹王耶律德光南侵途中病死，契丹人剖开他的肚子，挖出内脏，用盐腌起来运回，称为“帝羓”。

译文

鹿是打猎时互相争夺的目标，在众人争夺某物而胜负未分之时，就说不知鹿死谁手；基业换了主人，秋去春来的燕子虽在同一地方筑巢，却已不是原来的人家了。

大雁飞往南方时，先到的是主人，后到的是宾客；雉鸡又名陈宝，抓住雄雉可以为王，抓住雌雉可以称霸。

用木头刻天鹅却像个野鸭，是说人学一件事还没有学成；用纸画老虎，画出来却像一只狗，比喻弄巧成拙反而留下笑柄。

好坏不匀称，叫作狗尾续貂；贪得无厌，叫作蛇欲吞象。

前门拒绝了老虎，后门却进来了豺狼，比喻刚消除了一个祸患，却又遇上了另一个灾难；不敢进入老虎的洞穴，怎能得到虎子，是说不敢冒危难，就不能获得成功。

世俗之人追逐利益，如同群蚁附着于膻腥之上；谦称自己喜爱儿女，如同老牛不断地舔着小牛一般。

从来没有发生过的事，竟然可以说得有形有影，如同画师画蛇，竟然添上了脚，真是无中生有；羊角触撞了篱笆，向前进或向后退都很困难，就称为羝羊触藩。

在酒杯里看见了蛇的影子，无端产生了疑虑恐惧就叫作杯中蛇影；发生了不好的事，有时却会产生好的结果，这便是塞翁失马，难分祸福。

闵鸿夸赞陆云，说他是龙驹凤雏；司马徽向刘备推荐诸葛亮和庞统，称赞他们是伏龙凤雏。

吕后斩断戚夫人手足，称她为人彘；胡人将契丹王尸骸腌起来，称为帝羓。

原文

人之狠恶，同于梼杌(táo wù)；人之凶暴，类如穷奇[1]。

王猛见桓温，扪虱而谈当世之务；宁戚遇齐桓，扣角而取卿相之荣[2]。

楚王轼怒蛙，以昆虫之敢死；丙吉问牛喘，恐阴阳之失时[3]。

以十人而制千虎，比言事之难胜；走韩卢而搏蹇(jiǎn)兔，喻言敌之易摧[4]。

兄弟如鹡鸰(líng)之相亲，夫妇如鸾凤之配偶[5]。

有势莫能为，曰虽鞭之长，不及马腹；制小不用大，曰割鸡之小，焉用牛刀[6]。

鸟食母者曰枭(xiāo)，兽食父者曰獍(jìng)。苛政猛于虎，壮士气如虹[7]。

腰缠十万贯，骑鹤上扬州，谓仙人而兼富贵；盲人骑瞎马，夜半临深池，是险语之逼人闻[8]。

黔(qián)驴之技，技止此耳；鼯(wú)鼠之技，技亦穷乎[9]。

强兼并者曰鲸吞，为小贼者曰狗盗[10]。

养恶人如养虎，当饱其肉，不饱则噬；养恶人如养鹰，饥之则附，饱之则飏(yáng)[11]。

隋珠弹雀，谓得少而失多；投鼠忌器，恐因甲而害乙[12]。

事多曰猬集，利小曰蝇头。心惑似狐疑，人喜如雀跃[13]。

爱屋及乌，谓因此而惜彼；轻鸡爱鹜，谓舍此而图他[14]。

●宁戚

宁戚，春秋时期齐国著名的政治家，他获悉齐桓公重人才，便决心投靠齐国。来到临淄后，他击牛角高歌，引起了齐桓公和管仲的注意，认为他是一个气度不凡、有抱负的人物。后来宁戚被齐桓公重用。

注　释

①**梼杌**：《神异经·西荒经》上记载的西方凶兽的名字，形状如老虎，人面虎足，猪牙，扰乱山中。**穷奇**：传说中的恶兽名，《山海经·西山经》上记载的野兽，形状像牛，音如獒狗，吃人。②**王猛见桓温**：王猛，十六国时前秦的大臣，后为苻坚的丞相。桓温，东晋大将军，明帝婿。《晋书·王猛传》："（猛）隐于华阴山，怀佐世之志，希龙颜之主，敛翼待时，候风云而后动。桓温入关，猛被褐而诣之，一面谈当世之事，扪虱而言，旁若无人。"**扪虱**：摸捉虱子，形容放任毫无拘束。③**楚王轼怒蛙**：楚王讨伐吴国时，出门看见鼓肚发怒的青蛙，为鼓励士卒不怕死，他手扶车前横木向发怒的青蛙致敬。**丙吉问牛喘**：汉代宰相丙吉出巡时，遇到有人斗殴而死，但不过问，后来遇到牛在喘息，便走上前去询问。手下人不解，说他该问的不问，丙吉说："现在天气还没有大热，牛却喘息，怕是阴阳失调，这就是我职务内的事，应当过问；打死人这件事情自然有京兆尹来过问，是不需要宰相来管的。"④**十人而制千虎**：比喻有些事情因为力量不够而很难取胜。宋代常安民给中书侍郎吕公著的信中写道："猛虎负隅，莫之敢撄，而卒为人所胜者，人众虎寡也。故以十人而制一虎，则人胜；以一人制十虎，则虎胜。奈何以十人而制千虎乎？"**走韩卢而搏蹇兔**：《战国策·秦策三》范雎说秦昭王："以秦卒之勇，车骑之多，以当诸侯，譬若驰韩卢而逐蹇兔也，霸王之业可致。"比喻战胜敌人轻而易举。韩卢，战国时期韩国的名犬，色黑，所以叫卢。蹇兔，跛足的兔子。⑤**鹡鸰**：也作"脊令"，形容兄弟相亲。**鸾凤**：鸾鸟和凤凰。比喻夫妇。⑥**鞭之长，不及马腹**：比喻力不能及。**割鸡之小，焉用牛刀**：《论语·阳货》中记载，子游出任武城的行政长官，用礼乐教化百姓。孔子到武城听到一片弦歌之声，于是便开玩笑地说："杀鸡焉用宰牛刀？"比喻做小事不必用大力气。⑦**枭**：俗名猫头鹰，一种凶猛的鸟，旧传枭寄巢生子，大则食其母。后来用此比喻恶人。**獍**：恶兽名。也叫"破獍"，传说一种像虎豹的兽，生下来就吃父。因此用来比喻不孝和忘恩负义的人。**苛政猛于虎**：《礼记·檀弓下》载，孔子过泰山侧，见一妇人在哭泣，就让子路问之，妇人回答说，他的公公、丈夫、儿子先后被老虎所害。孔子问她为什么不离开这个地方，妇人说："无苛政。"孔子于是对

他的徒弟说："小子识之，苛政猛于虎也。"即繁重的赋税和徭役比老虎还要凶暴可怕。**壮士气如虹：**壮士的豪气犹如天上的长虹，可以穿日而过。⑧**骑鹤上扬州：**《殷芸小说》中写到，有几个人一起谈志向，一个说想做扬州刺史，一个说想要腰缠万贯，一个说要骑鹤升仙。最后一人说要"腰缠十万贯，骑鹤上扬州"，把前面三人的愿望都包括了。后来用"骑鹤上扬州"比喻欲集做官、发财、成仙于一身，或形容贪婪的妄想。**盲人骑瞎马，夜半临深池：**晋朝桓玄、殷仲堪、顾恺之等人一起比赛说"危语"。殷仲堪的一位参军插语道："盲人骑瞎马，夜半临深池。"殷仲堪听了说："这话逼人太甚。"因为殷仲堪的一只眼睛瞎了。⑨**黔驴之技：**唐代柳宗元《三戒·黔之驴》说，贵州一带没有驴子，有人带去一头放在山下，老虎看见这个庞然大物，不知是什么神怪。驴子叫了一声，老虎吓得发慌。后来渐渐听惯了驴的叫声，便试探性地去滋扰它，驴子大怒，用蹄子乱踢，但是没有多大的伤害力。老虎大喜，心里想，原来驴子技艺不过如此，于是扑上去就把它吃了。后来用"黔驴技穷"比喻有限的一点儿技能已用完。**鼯鼠之技：**传说鼯鼠有五种技艺，但都不精通，能飞却不能上屋，能爬却爬不上树梢，能游却不能渡过山涧，能打洞可是藏不住身子，能跑但也超不过人。后来用来比喻技艺不精，虽然多却没有益处。⑩**鲸吞：**像鲸一样的吞食，多用来比喻以强兼弱，吞并土地。**狗盗：**小偷，因为像狗一样钻到人家里，所以叫狗盗。⑪**养恶人如养虎，养恶人如养鹰：**《三国志·魏书·陈登传》吕布因陈登向曹操求为徐州牧，不得。吕怒，拔剑曰："吾所求无一获，而卿父子并显重，为卿所卖耳！"要杀陈登。登徐喻之曰："'登见曹公言待将军譬如养虎，当饱其肉，不饱则将噬人。'公曰：'不如卿言也。吾待温侯譬如养鹰，饥则为附，饱则飏去。'"布意乃解。**飏：**飞扬。⑫**隋珠弹雀：**比喻做事不知道轻重，因此得不偿失。隋珠，隋侯救了一条大蛇，蛇就送来珍珠相报答。**投鼠忌器：**《汉书·贾谊传》记载："里谚曰：'欲投鼠而忌器。'此善喻也。鼠近于器，尚惮不投，恐伤其器，况于贵臣之近主乎！"后来多用"投鼠忌器"比喻欲除祸害，但有所顾忌。⑬**猬集：**比喻事情繁多，像刺猬身上的硬刺那样聚集在一起。**蝇头：**比喻细小的事情，多用来指小数目的钱财。**狐疑：**犹豫不决。**雀跃：**像雀一样跳跃，形容特别高兴。⑭**爱屋及乌：**《尚书·大传》："爱人者，兼及屋上之乌。"比喻爱这个人，连与这个人有关的东西都爱。**轻鸡爱鹜：**比喻舍此求彼。

译　文

凶恶残暴的人，就和那传说中的凶兽梼杌、穷奇一样。

王猛隐居倜傥有大志，披褐衣谒桓温，扪虱而谈天下大事；宁戚家贫而有才，扣牛角发悲歌，齐桓公听到后认为是奇才，封他为上卿。

楚王伐吴时为激励士兵勇于作战，向不畏惧死亡的怒蛙致敬。丙吉见到牛喘息而询问，唯恐阴阳失序。

用十个人去制伏一千只老虎，比喻事情难以成功；用勇猛的狗去追捕跛了脚的兔子，比喻摧毁敌人极其容易。

兄弟应该像鹡鸰一样相爱相助；夫妇应该像凤凰一样和睦相守。

有力量却用不上，譬如马鞭再长，也打不着马腹；小题不必大做，杀鸡这种小事，何必用到杀牛的刀子。

枭长大之后会吃掉自己的母亲，獍长大之后会吃掉自己的父亲。

繁重的赋税比老虎还要凶暴可怕；壮士的豪气犹如天上的长虹，可以穿日而过。

“腰缠十万贯，骑鹤上扬州”，是世人想要集做官、发财、成仙于一身；盲人骑着瞎马，半夜走到很深的池塘边，这是形容最为危险的事情。

黔驴的本领不过如此而已，比喻炫耀拙劣的伎俩；鼯鼠有五种技艺都不精通，比喻能耐有限。

恃强兼吞弱者称为鲸吞，偷偷摸摸地去窃取他人的财物叫作狗盗。

养恶人就像养老虎，应当用肉将它喂饱，否则就会吃人；养恶人又像养鹰，饿的时候它依附你，饱了就要飞走。

用隋侯的明珠去弹千仞之雀，形容得到的少而失去的多；想打老鼠又怕打坏了它旁边的器物，比喻想打击坏人而又有所顾忌。

事情多又不容易处理叫作猬集，财利微薄叫作蝇头。

心中恍惚犹豫好像狐狸一样多疑，心中高兴好像雀儿一样欢欣跳跃。

爱屋及乌比喻爱其人而推及和他有关的一切；看轻家鸡而爱好野鸭，形容舍此求彼，舍弃这里而图谋那里。

原 文

唆恶为非，曰教猱升木；受恩不报，曰得鱼忘筌(quán)①。

倚势害人，真似城狐社鼠；空存无用，何殊陶犬瓦鸡②。

势弱难敌，谓之螳臂当辙；人生易死，乃曰蜉(fú)蝣在世③。

小难制大，如越鸡难伏鹄卵；贱反轻贵，似鸴(xué)鸠反笑大鹏④。

小人不知君子之心，曰燕雀焉知鸿鹄志；君子不受小人之侮，曰虎豹岂受犬羊欺⑤。

跖(zhí)犬吠尧，吠非其主；鸠居鹊巢，安享其成⑥。

缘木求鱼，极言难得；按图索骥，甚言失真⑦。

恶人借势，曰如虎负嵎；穷人无归，曰如鱼失水[8]。

九尾狐，讥陈彭年素性谄而又奸；独眼龙，夸李克用一目眇而有勇[9]。

指鹿为马，秦赵高之欺主；叱石成羊，黄初平之得仙[10]。

注　释

①**教猱升木**：多比喻教唆坏人做坏事。猱，猴子，身体轻捷，善于攀缘。**得鱼忘筌**：比喻获得了成功就忘记了赖以成功的事物和条件。筌，也作"荃"，捕鱼用的竹器。②**城狐社鼠**：城墙下的狐狸，土地庙里的老鼠。比喻依仗他人势力而为非作歹的坏人。东晋大臣王敦想除掉晋元帝的亲信刘隗，而征求谢鲲的意见。谢鲲认为不可以，因为他是城狐社鼠，要消灭狐鼠，则势必要毁及城墙和社土，即危及王室。**陶犬瓦鸡**：陶土做的狗，泥土做的鸡。后来比喻毫无用处的东西。③**螳臂当辙**：螳臂就是螳螂的前腿，比喻不自量力就必定会失败。**蜉蝣在世**：比喻人生十分短暂。蜉蝣，一种小飞虫，生存期极短，早上生，晚上就死了。④**越鸡难伏鹄卵**：《庄子》中说，越鸡很难伏在天鹅卵上，鲁鸡却能，这是才能大小不同，小材不能担大任。后来也用来比喻小的不能控制大的。**鸴鸠反笑大鹏**：《庄子》里说，北冥有鱼，其名为鲲。鲲之大，不知其几千里。化而为鸟，名曰鹏，可以飞上九万里，蝉和鸴鸠却笑话它说："我们在树间飞行就够了，何必飞那么高。"鸴，雀类小鸟，名斑鸠。本义是阐明大小之间的区别是没有什么意义的，让人们顺其自然。但是后人常赋予它一个新的意思，即目光短浅的人是不能理解别人远大志向的。⑤**燕雀焉知鸿鹄志**：《史记·陈涉世家》记载陈涉年轻的时候曾经与人一起耕田，怅恨已久，说："苟富贵，无相忘。"与他一起耕田的人笑道："若为佣耕，何富贵也？"陈涉叹息道："嗟乎，燕雀安知鸿鹄之志哉！"**虎豹岂受犬羊欺**：《增广贤文》："龙游浅水遭虾戏，虎落平阳被犬欺。"⑥**跖犬吠尧**：比喻各为其主。**鸠居鹊巢**：《诗经·召南·鹊巢》："维鹊有巢，维鸠居之。"意思是鸠不自己做巢，却占据鹊所筑的巢。后世用"鸠居鹊巢"来比喻强占别人的居处或位置。⑦**缘木求鱼**：爬到树上去捕鱼。《孟子·梁惠王上》记载，孟子对梁惠王说，不行仁义而想"莅中国而抚四夷"，就好比是"缘木而求鱼"。后人用"缘木求鱼"比喻方向或方法完全不对，白费气力去做不可能办到的事情。**按图索骥**：按照图上画的马去寻找好马，传说伯乐有《相马经》，伯乐的儿子按照《相马经》去寻找马，结果找到一只蟾蜍。因此"按图索骥"常用来比喻食古不化，不知变通，拘泥成法办事。现在多比喻按照一定的线索去寻找某事物。⑧**如虎负嵎**：本义为依靠有利地形。多比喻坏人倚仗权势而作恶。负，凭借。嵎，也写作"隅"，山势险阻弯曲的地方。**如鱼失水**：鱼失去了水就不能存活，多用来比喻失去了依靠。⑨**九尾狐**：《山海经》记载，异兽，形状如狐狸，有九条尾巴，声音像

婴儿，能吃人。古人认为是祥瑞，后人则把九尾狐当作妖媚的象征，比喻阴险奸佞的人。**陈彭年：**谄媚艰险，受知宋真宗，人称九尾狐。**独眼龙：**李克用，唐末沙陀族人，其父朱邪赤心帮助唐镇压庞勋起义，赐名李国昌。他随父亲冲锋陷阵，被称为“飞虎子”，因为一只眼睛失明，所以绰号“独眼龙”。⑩**指鹿为马：**《史记·秦始皇本纪》记载，秦二世时，丞相赵高野心勃勃，想要篡夺皇位，于是故意把鹿说成马献给二世，来试验群臣是不是顺从自己。对于说是鹿的人，则暗中加以惩治。后来用“指鹿为马”来比喻颠倒黑白，有意歪曲事实，混淆是非。**叱石成羊：**魏晋时的传说。相传黄初平十五岁时牧羊山中，被一道士引到金华山的石室，后来哥哥初起找到初平，但不见羊。哥哥很是疑惑，初平却笑着叫了一声：“叱！叱！羊起！”白色的石头都变成了羊。

译　文

教唆他人去做坏事，好比教猴子爬树；受了人家的恩惠而不知报答，好比得到了鱼，而忘却了捉鱼的器具。

靠着别人的势力为非作歹的人，好像是城社里的狐鼠一样；空有其表而没有任何用处的人，和陶器做成的狗及用瓦料做成的鸡，有什么区别呢？

势单力薄，难以抵御敌人，如同螳螂用它的前脚去挡车子一样；人的生命短暂而脆弱，如同蜉蝣生于世上朝生夜死一样。

才能小的人难以办成大事，就像越鸡难以孵化天鹅蛋一样；低贱的反而看不起那高贵的，好比莺鸠嘲笑大鹏一样。

小人不明白君子的抱负，就像燕雀不知道鸿鹄远大的志向；君子不受小人的欺侮，就像虎豹不会受到犬羊的欺凌。

盗跖饲养的狗，见了尧还是要吠叫的，并不是尧不仁，而是犬只认其主，比喻人各有其主；喜鹊筑好了巢，斑鸠却把它占据了，形容侵占他人的成果而安享其成。

爬到树上去捉鱼，哪里捉得到

●**伯乐相马**

传说千里马长成了，却套着盐车攀爬太行山，后蹄伸直，前膝弯曲，尾巴被浸湿，皮肤也溃烂了，口水洒到了地上，汗水满身流淌。被鞭打着爬到山路的中间，再也上不去了。伯乐遇到了它，从车上跳下来，抱住它痛哭，并脱下自己的麻布衣服给它披上。

呢？这说明说行为与目的相反，是很难达到成功的；按照千里马的图像去寻找千里马，只会无功而返，这告诫人们做事情不能过于机械。

凶恶的人又有势力可以依靠，就像凶猛的老虎，背部靠着山的凹处，把利爪向着外面，那就没有人敢去抓它了；穷苦的人没有地方可以投奔依靠，正如鱼失去了水一样。

陈彭年敏捷强记，谄媚奸险，世人讥诮其为九尾狐；李克用骁勇善战，因为瞎了一只眼，世人称他为独眼龙。

赵高专权，故意颠倒是非，指着鹿说是马，欺骗君主；黄初平得到了仙术，能够呼叱石头使其变成羊。

原文

卞(biàn)庄勇能擒两虎，高骈(pián)一矢贯双雕[①]。

司马懿畏蜀如虎，诸葛亮辅汉如龙[②]。

鹪鹩(jiāo liáo)巢林，不过一枝；鼹(yǎn)鼠饮河，不过满腹[③]。

人弃甚易，曰孤雏腐鼠；文名共仰，曰起凤腾蛟[④]。

为公乎，为私乎，惠帝问虾蟆；欲左左，欲右右，汤德及禽兽[⑤]。

鱼游于釜中，虽生不久；燕巢于幕上，栖身不安[⑥]。

妄自称奇，谓之辽东豕；其见甚小，譬如井底蛙[⑦]。

父恶子贤，谓是犁牛[⑧]之子；父谦子拙，谓是豚犬之儿。

出人群而独异，如鹤立鸡群；非配偶以相从，如雉求牡匹[⑨]。

天上石麟，夸小儿之迈众；人中骐骥，比君子之超凡[⑩]。

注释

①**卞庄：**春秋时期鲁国汴邑大夫。因为勇力而闻名。《史记》载，卞庄去杀虎，有人向他献计，二只虎争食一头牛，必一死一伤。卞庄按照这个计划果然抓到了两只老虎。**高骈：**唐末幽州（今北京西南）人，字千里。年轻时看见两雕并飞，曰："我且贵，当中之。"发一矢中二雕。后来做秦州刺史、淮南节度使，果然富贵。②**司马懿畏蜀如虎：**三国时，诸葛亮进攻魏国，司马懿不肯出战，坚守阵地。诸葛亮派人送给他妇人用的头巾，司马懿仍然待在老巢不肯出战，其部将等问道："公畏蜀如虎，不怕天下人笑话吗？"**诸葛亮辅汉如龙：**《纲鉴总论》写道："鞠躬尽瘁，死而后已。亮之所以如龙也。"③**鹪鹩：**一种小鸟，巢筑得极为精致。**鼹鼠：**一种田鼠。善于钻洞，危害

农作物。④**孤雏腐鼠：**比喻微贱且不足道的人或物。孤雏，孤独的幼鸟。**起凤腾蛟：**比喻文章内容十分丰富，文采又非常华丽，就像凤凰起舞，蛟龙腾空。⑤**惠帝问虾蟆：**《晋书·惠帝纪》记载，晋惠帝曾经在林园中听到虾蟆在叫，就问左右的人说："这是为官呢，还是为私？"左右的人戏弄他说："在官地则为官，在私地则为私。"**汤德及禽兽：**形容仁德之君施政很是宽大。《史记·殷本纪》记载，有一天，成汤外出，看见野外有人在四面张网，并祈祷说："从天上地下和四方来的，都进入我的罗网吧。"汤说："哎，一网打尽了啊！"于是叫张网的人撤去三面的网，并让他祈祷："想往左的，就往左；想往右的，就往右；不听从命令的就进入我的罗网。"诸侯听到这件事情，都说："汤的恩德已经达到了顶点，竟然都推广到禽兽身上了。"⑥**鱼游于釜中：**比喻身在绝境，命已经危在旦夕了。《后汉书·张纲传》记载，东汉张婴在徐淮之间作乱，十多年，朝廷不能征讨。安帝时张纲为广陵太守，单车去见张婴，以恩信谕之。婴闻之哭着说："荒裔愚人，不能自通朝廷，不堪侵枉，遂复相聚偷生，若鱼游釜中，喘息须臾间耳。今闻明府之言，乃婴等更生之辰也。"第二天便率领他的部下及妻儿归降。**燕巢于幕上：**比喻处境很危险。⑦**辽东豕：**东汉朱浮和彭宠结怨。彭举兵攻浮，浮写信给他说："伯通自伐，以为功高天下。往时辽东有豕，生子白头，异而献之，行至河东，见群豕皆白，怀惭而还。若以子之功论于朝廷，则为辽东豕也。"后来用"辽东豕"比喻少见多怪，自命不凡。**井底蛙：**井底下的青蛙只能看到井口那么大的天空。用来比喻人的见识短浅。⑧**犁牛：**杂色的耕牛。古祭祀用牛须毛色纯正，不能用耕牛。此喻指人之微贱。⑨**鹤立鸡群：**比喻人的才能或仪表特别出众。晋时人嵇绍（字延祖）初到京师，有人和王戎说："嵇延祖在众人之中，就像鹤站在鸡群里，很是突出。"**雉求牡匹：**比喻淫乱无礼。飞禽的公母叫雌雄，走兽的公母叫牡牝。雉鸡应该求其雄，这里说求其牡，表明其淫乱。⑩**天上石麟：**是对儿童前程远大的赞语。南唐徐陵年少时，僧人宝志摸着他的头说："这是天上的石麟啊。"**迈众：**超越众人。**人中骐骥：**比喻特别出类拔萃的人才。南朝梁徐勉有奇才，同宗人称之为"人中骐骥"。

译　文

卞庄勇猛有力，能手擒两只老虎；高骈善射，曾一箭射中两只大雕。

司马懿惧怕蜀国就像惧怕猛虎一样，诸葛亮辅佐汉室如同巨龙在天。

鹪鹩在森林中筑巢，只要一根树枝就足够了；鼹鼠去河边饮水，只要喝饱肚子就足够了。

微不足道易被抛弃的人，如同孤独初生的小鸟或已经腐烂的老鼠一样；一个人在文学上的造诣，为世人所景仰，就好比飞翔的凤凰、腾跃的蛟龙，声誉是很好的呀！

惠帝听到虾蟆的鸣叫声，询问是为公还是为私；想往左的往左，想往右的往右，汤的恩德已经推广到禽兽了。

鱼在锅里游水，虽然还活着，但是也活不长久了；燕巢筑在军营中的帐幕上，虽然能够栖身，但是也难以安稳。

少见多怪，妄自称奇，譬如辽东猪一样；见识短浅、眼界狭小，如同井底蛙一样。

父亲品德低下，儿子却很贤明，称作犁牛之子；父亲谦称儿子笨拙，说是豚犬之儿。

一个人才华卓越，仪表出众，好比鹤站立在鸡群之中；配偶不相称，私自相从，好比飞禽追求走兽为匹。

夸赞他人之子品格出众，就说他是天上的石麟；君子杰出超凡，就称他为人中的千里马。

原　文

怡堂燕雀，不知后灾；瓮里醯（xī）鸡，安有广见①。

马牛襟裾（jū），骂人不识礼义；沐猴而冠，笑人见不恢宏②。

羊质虎皮，讥其有文无实；守株待兔，言其守拙无能③。

恶人如虎生翼，势必择人而食；志士如鹰在笼，自是凌霄有志④。

鲋（fù）鱼困涸辙，难待西江水，比人之甚窘；蛟龙得云雨，终非池中物，比人大有为⑤。

执牛耳，谓人主盟；附骥（jì）尾，望人引带⑥。

鸿雁哀鸣，比小民之失所；狡兔三窟，诮贪人之巧营⑦。

风马牛势不相及，常山蛇首尾相应⑧。

百足之虫，死而不僵，以其扶之者众；千岁之龟，死而留甲，因其卜之则灵⑨。

大丈夫宁为鸡口，毋为牛后；士君子岂甘雌伏，定要雄飞⑩。

毋局促如辕下驹，毋委靡如牛马走⑪。

猩猩能言，不离走兽；鹦鹉能言，不离飞鸟⑫。

人惟有礼，庶可免相鼠之刺；若徒能言，夫何异禽兽之心⑬。

注　释

①**怡堂燕雀：**讽刺那些居安却不思危、祸到却不知道躲避的糊涂人。战国时期孔

斌曾向魏王进谏说："燕雀在大堂上以为很安全，却不知道房子就快烧起来了。"**瓮里醯鸡：**比喻见识不广。醯鸡，指醋瓮中的小霉虫。《庄子》载，孔子向老子请教说："我的思想就像你瓮里的醯鸡，你不打开，我就不知道天下有多大。"孔子用此比喻自己所见狭隘且渺小。②**马牛襟裾：**马牛虽然穿着人衣，但依旧是牲畜的行为，比喻不识礼仪的人。韩愈曾作诗勉励儿子说："人不通古今，马牛而襟裾。身行陷不义，况望多名誉。"襟裾，指衣服。**沐猴而冠：**猕猴戴着人的帽子很有人的模样，却办不成人事。沐猴，猕猴。《史记·项羽本纪》中记载，秦末，刘邦、项羽、楚怀王三人曾约定，谁先攻入咸阳谁就做关中王。刘邦先攻进咸阳，项羽很不高兴，于是进城残杀百姓和已经投降的国王子婴，并放火烧了阿房宫，掠夺大量金银财宝准备回江东。有人在背后讥讽楚国人就是戴着帽子的猴子，虚有其表。后也用来讽刺某些人有名无实，成不了大事。③**羊质虎皮：**原来的意思说笨拙无能的羊披上虎皮，但是它怯懦的本质却并没有改变。比喻只是白白地有好的衣冠。后来用来比喻徒有虚名，但并无实际能力的人。**守株待兔：**《韩非子·五蠹》记载，宋国有一个农夫碰巧捡到一只撞到树桩而死的兔子，从此以后他便放下农活守在树桩边，等待撞到树桩而死的兔子。后来用"守株待兔"来讽喻墨守经验而不知变通者或妄想不劳而获坐享其成的人。④**恶人如虎生翼：**如果帮助坏人作恶就是助长了坏人的气势，坏人就像长了翅膀的老虎一样更加张狂。《周书》："毋为虎傅翼，将飞入邑，择人而食。"⑤**鲋鱼困涸辙：**小鱼被困在干车沟里，用来比喻处境十分困难的人。《庄子·外物》记载，庄周在路上看见干车沟里有一条小鱼，小鱼请求庄子给它水来救活它。庄子答应，并说将要南游，到时引西江之水来迎小鱼，小鱼很是生气地说，我只是要半升水就可以活，你这样说，不如让我早早干死。**蛟龙得云雨：**《资治通鉴·汉献帝建安五十年》记载，刘备拜访孙权，求督荆州。周瑜上疏孙权说，刘备有枭雄的姿态，并且有关羽、张飞熊虎之将，不可能长久地屈从于别人手下，现在割土地给他，就是资助他，三个人都在疆场上，"恐蛟龙得云雨，终非池中物也！"比喻有才华的人终究会有施展抱负的一天。⑥**执牛耳：**古代诸侯国之间盟誓时，要割牛耳取血，由主盟的人执牛耳，所以称主盟者为执牛耳。**附骥尾：**苍蝇附在马的尾巴上，可以行千里。后来比喻依附贤者或先人来成名。一般作为谦词。⑦**鸿雁哀鸣：**《诗经·小雅·鸿雁》："鸿雁于飞，哀鸣嗷嗷。"后来用来比喻流离失所的灾民。**狡兔三窟：**狡猾的兔子有三个洞穴。《战国策·齐策四》记载，战国时期，冯谖曾对孟尝君说："狡兔有三窟，才能免于一死。"于是他为孟尝君办了三件大事，巩固了孟尝君的地位。"狡兔三窟"比喻藏身的地方或方法很多，后来用来比喻从多方面谋求安身立命以避灾祸。多用于贬义。⑧**风马牛势不相及：**《左传·僖公四年》记载，春秋时期，齐国出兵进攻楚国，楚国派使者对齐军说："你们居住在北方，我们楚国在南方，相距很远，唯是风马牛不相及也。"形容齐楚两地相距甚远，即使马、牛走失，也不会走失至对方的境内。后来用"风马牛势不相及"比喻事物之间毫不相干，没有任何的联系。**常山蛇首尾相应：**比喻一种首尾呼应，各部分紧密配合的作战方法。⑨**百足之虫，死而不僵：**用来比喻势力雄厚的集团或家族，虽然衰败了，但是影响依然存在。现在多用于贬义。**百足：**马炫的别名，大的名马陆。长约一寸，躯干共二十节，切断后头尾可自行离开。另一说法是蜈蚣。**千岁之龟，死而留甲：**古时候，人们都认为龟是有灵性的动物，而且寿命很长，因此龟死后人们留下它的龟甲，好用来占卜。⑩**宁为鸡口，毋为牛后：**鸡嘴虽然小，但可以自己啄食，牛屁股虽然大，但是只能任人鞭打。用来比喻宁肯在局面小的地方自主，也不愿意在局面大的地方受人支配。**岂甘雌伏，定要雄飞：**汉代赵温担任京兆郡丞，叹息说："大丈夫应当雄飞，怎么能雌伏！"于是弃官而去，后来被拜为司徒。雌伏，屈居人下。雄飞，奋发图强。⑪**辕下驹：**在车辕下的小马，以此比喻人因为有所顾忌而显得拘束不安。驹，两岁的马。**牛马走：**像牛马一样供人驱使的人，即仆人。也常用做自谦之词。⑫**猩猩能言：**猩猩的声音像婴儿，所以传说它可以说人语。**鹦鹉：**鸟名，羽毛色泽鲜艳美丽，嘴大且短，经过训练可以仿效人说话。⑬**人惟有礼：**《诗经·相鼠》："相鼠有体，人而无礼。人而无礼，胡不遄死？"就是说老鼠都有皮、有齿、有体，人只有讲礼仪，才能避免不如老鼠。

译　文

住在堂上的燕雀，不知道灾殃将来临，比喻处境极危险而不自知；住在瓮里的醋虫，能有多大的见识呢，比喻处所狭隘，见识浅短。

马牛襟裾指穿戴衣冠的禽兽，用来骂人不懂得礼仪；沐猴而冠是说猕猴戴了帽子，依然是猴子，用来笑人徒有其表，眼光短浅，没有大器量。

羊披上了虎皮仍然是羊，说人徒有虚名，讥讽人外表装作强硬而内心却十分虚怯；守着一株树等着兔子来，是说人死守狭隘的经验而不懂变通，笨拙无能。

帮助坏人作恶就助长了他们的气势，坏人就像长了翅膀的老虎更加张狂；有远大志向的人就像笼中的鹰，他们的志向是振翅飞上云霄。

鲋鱼困在干涸的车辙中，等不及引来西江水，比喻人处境窘迫急待援助；蛟龙只要得到云雨便会腾越天空，终究不是池中之物，形容有才华的人只要得到机会，就能大显身手。

●**周瑜**

周瑜，字公瑾，庐江舒县（今安徽庐江）人，三国时期吴国将领，杰出的军事家。

执牛耳是称人居于领导地位，附骥尾是谦称依托他人的力量，盼望他人提携荐引。

鸿雁哀哀地叫，是悲伤灾民流离失所无处安身；狡猾的兔子筑有三个巢穴，好比贪心的人巧于钻营，善于为自己图谋利益。

马走顺风牛走逆风，彼此互不侵犯，比喻事物之间毫不相干；常山蛇如果攻击其头部则尾部回应，攻击尾部则头部回应，以此形容头尾相应的事物。

百足虫死了之后，还不会僵仆，因为脚多（扶持者众）的缘故；活了一千岁的神龟，死了之后还会把龟甲留下来，因为用它来占卜非常灵验。

鸡口虽小却能进食，牛后虽大却专供人鞭打，故大丈夫宁为鸡口，不做牛后。士君子应有大志，岂能甘心雌伏，一定要奋发有为。

不要局促畏缩如同车辕下的马儿，不要萎靡不振，如同牛马一样被人驱使。

猩猩能说话，不脱走兽之类属，鹦鹉能说话，也脱离不了飞禽的本性。

人只有做到讲究礼仪，才能免遭不如老鼠的批评；如果仅是会讲话，那与禽兽又有什么区别？

花　木

原　文

植物非一，故有万卉之名；谷物甚多，故有百谷之号[1]。

如茨(cí)如粱，谓禾稼之蕃；惟夭惟乔，谓草木之茂[2]。

莲乃花中君子，海棠花内神仙。

国色天香，乃牡丹之富贵；冰肌玉骨，乃梅萼之清奇。

兰为王者之香，菊同隐逸之士。

竹称君子，松号大夫。

萱草可忘忧，屈轶能指佞(nìng)[3]。

筼筜(yún dāng)，竹之别号；木樨，桂之别名[4]。

明日黄花，过时之物；岁寒松柏，有节之称[5]。

樗(chū)栎乃无用之散材，楩(pián)楠胜大用之良木[6]。

玉版，笋之异号；蹲鸱（chī），芋之别名[⑦]。

瓜田李下，事避嫌疑；秋菊春桃，时来迟早[⑧]。

南枝先，北枝后，庾岭之梅；朔而生，望而落，尧阶蓂（míng）荚[⑨]。

苾（bì）刍背阴向阳，比僧人之有德；木槿朝开暮落，比荣华之不长[⑩]。

注　释

①**卉：**草的总称。②**如茨如梁：**即庄稼长得像屋顶桥梁一样高。形容长势茂盛。《诗经·小雅·甫田》："曾孙之稼，如茨如梁。"茨，盖屋的茅草。梁，桥梁。**蕃：**茂盛。**夭：**茂盛。**乔：**高。③**屈轶：**黄帝时有一种屈轶草，奸佞的人来，草就指向他。④**筼筜：**生长在水边的大竹子。⑤**明日黄花：**宋苏轼《九日次韵王巩》诗，有"相逢不用忙归去，明日黄花蝶也愁"句。后以"明日黄花"喻过时的事物。⑥**樗栎：**两种不材之木，喻无用之才，亦作自谦之辞。**楩楠：**古书上说的一种珍贵的木材。⑦**玉版：**干笋。**蹲鸱：**芋的形状就像鸱鸟蹲坐。⑧**瓜田李下：**三国魏曹植《君子行》："君子防未然，不处嫌疑间，瓜田不纳履，李下不正冠。"后以"瓜田李下"指比较容易引起嫌疑，让人误会，而又有理难辩的场合。**秋菊春桃：**古诗有"桃花二月放，菊花九月开。一般根在土，各自等时来"之句。表明时间早晚不同。⑨**南枝先，北枝后：**大庾岭的梅花，南边花已经落下，北边的花才开。**尧阶蓂荚：**传说尧帝时阶下生的一种草，叫蓂荚，夏历每月初一起日生一荚，十五后日落一荚，月终而尽，很有规律。⑩**苾刍：**佛经中说的一种草，据说有五义，生不背日，冬夏常青，体形柔软，香气远腾，引蔓旁布，是佛的徒弟，所以用来赞扬僧人。**木槿朝开暮落：**传说木槿花早晨开，晚上落。

●菊

译　文

植物并非只有一种，所以有"万卉"的说法；谷类也有很多种，所以称作"百谷"。

"如茨如梁"是形容庄稼长势茂盛，"惟夭惟乔"是指草木茂盛。

莲花高雅是花中的君子，海棠花超逸被称为花中神仙。

"国色天香"是说牡丹富贵艳丽，"冰肌玉骨"是形容梅花的清秀俊奇。

兰花有王者之香，尊贵高雅；菊花如隐逸之士，孤傲高洁。

竹子有“君子”之称，松有“丈夫”之号。

萱草又名“忘忧草”，可以使人忘却忧愁；屈轶别号“指佞草”，据说它能够指出佞人。

“筼筜”是竹子的代称，“木樨”是桂花的别号。

黄菊花过了时令便萎谢了，故以“明日黄花”比喻过时的事物；松柏在严寒时依然苍翠，所以称有气节的人为“岁寒松柏”。

樗栎是无用的树木，楩楠是能做栋梁的佳木。

“玉版”是干笋的别名，“蹲鸱”是芋的别名。

在瓜田中不要弯腰提鞋，李树下不要抬手整理帽子，以避免有偷瓜摘李之嫌疑，桃花二月开放，菊花九月开放，比喻各有各的时遇。

庾岭的梅花，南边枝条先开，北边枝条后开；生长于尧帝庭阶上的蓂荚，夏历初一开始生荚，十五后开始落荚。

苾刍这种植物背阴向阳，比喻僧人一心向佛甚有德行；木槿的花早晨开放晚上凋谢，比喻荣华富贵不会长久。

原　文

芒刺在背，言恐惧不安；薰莸异气，犹贤否(pǐ)有别①。

桃李不言，下自成蹊；道旁苦李，为人所弃②。

老人娶少妇，曰枯杨生稊(tí)；国家进多贤，曰拔茅连茹③。

蒲柳之姿，未秋先槁(gǎo)；姜桂之性，愈老愈辛④。

王者之兵，势如破竹；七雄之国，地若瓜分⑤。

苻坚望阵，疑草木皆是晋兵；索靖知亡，叹铜驼会在荆棘⑥。

王祐知子必贵，手植三槐；窦钧五子齐荣，人称五桂⑦。

钼(chú)麑(ní)触槐，不忍贼民之主；越王尝蓼，必欲复吴之仇⑧。

修母画荻(dí)以教子⑨，谁不称贤；廉颇负荆以请罪，善能悔过。

弥子瑕常恃宠，将余桃以啖(dàn)君；秦商鞅欲行令，使徙木以立信⑩。

注　释

①**芒**：草尖。**刺**：荆棘。**薰莸**：薰是香草，莸是臭草，两者气味不同。②**桃李不**

言，下自成蹊：古谚，谓桃李成熟，人不期而至，树下自然踏成蹊径。**道旁苦李**：晋代王戎七岁的时候，与伙伴们一起玩耍，看到路边李树上果实很多。小孩们抢着去摘，只有王戎不动，他说："路旁结李子那么多，必是苦李子。"大家摘来一尝，果然是苦的。③**稊**：杨柳生出的嫩芽。**茹**：植物的地下部分。④**蒲柳**：水杨树，不到秋天就枯了。**姜桂**：生姜和肉桂，两种调味品，其味愈老愈辣。⑤**势如破竹**：形容作战或工作极其顺利。**七雄**：战国七雄，即秦、楚、燕、韩、赵、魏、齐。⑥**草木皆是晋兵**：前秦苻坚率兵进攻东晋，望八公山上草木，以为是晋兵，溃退中听到"风声鹤唳"，都以为追兵来了。后以"风声鹤唳，草木皆兵"形容人在惊慌时疑神疑鬼。**铜驼会在荆棘**：西晋末年，索靖有先见之明，其知天下将要大乱，指着洛阳宫门前的铜骆驼叹息说："将会看到你淹没在荆棘之中！"后以"铜驼荆棘"形容亡国后山河破碎的凄凉景象。⑦**王祐**：宋代人，知道子孙一定会显贵，就亲手在院中种植了代表三公的三棵槐树，后来他的儿子果然当了宰相。**窦钧**：五代人，五个儿子都及第做官。⑧**钽麑触槐**：《左传》记载，晋灵公无道，派钽麑去杀掉劝谏的赵宣子，钽麑说："杀了为民做主的人不忠，违背君王的命令不信，不如去死。"于是在槐树上撞死了。**蓼**：多年生草本植物，叶味辛辣。⑨**画荻以教子**：宋代欧阳修的母亲教儿子读书，家贫无纸笔，就用芦苇秆在地上写字。荻，芦苇。⑩**弥子瑕**：卫灵公的宠臣，曾将自己吃过的甜桃给卫灵公吃，卫灵公说："真是忠心啊，忘记了自己曾经吃过。"后失宠，卫灵公说："曾经将吃剩的桃子给我吃，没有比这更不敬的了。"**徙木以立信**：战国时期，商鞅在秦国变法，在新法公布以前，恐民不信，于是立三丈之木于国都南门，规定能把它搬置到北门去者，赏予十金。大家都感到奇怪，谁也不上前去，商鞅又下令道："能徙者予五十金。"有一人去照着做了，果然拿到五十金的赏金。商鞅在取信于民以后，才将新法公布。

译　文

"芒刺在背"是说心里极度的恐惧不安；熏草香、莸草臭，二者气味绝不相同，如同贤人、恶人各有区别。

桃李虽然不会说话，人们喜爱它们的花与果实，来往不绝，树下自然踩出小路；若是苦李，即使生在路旁，也会为人所摒弃。

年老的男人娶年轻的少妇叫枯杨生稊；国家贤明之士递相引荐，就像拔茅草连根带起一样。

蒲柳的姿容，未到秋天便已枯槁；姜桂的性质是愈老味道愈辣。

行王道之师摧敌势如破竹，战国时期中原地区被七雄所瓜分。

淝水之战苻坚大败，远望风吹草动，都以为是晋兵；索靖预测晋朝将亡，指着洛阳宫殿前的铜驼叹息道，日后恐怕要在荆棘丛中见到了。

王祐知道子孙将来一定显贵，预先在庭院中种下三棵槐树；窦钧有五个儿子皆显贵，世人称为五桂。

钼麑不忍心杀害忠臣，又不敢违抗命令，就自己头撞槐树而死；越王卧薪尝苦蓼，必定要报吴国之仇。

欧阳修的母亲以荻秆当笔，教子读书写字，世人都称赞她是个贤德的母亲；廉颇背负荆条向蔺相如请罪，知错并善于改正。

弥子瑕依仗卫灵公之宠爱，把咬过的桃子给卫灵公吃；秦国的商鞅为推行变法，让人搬木头而给赏金，以建立威信。

原文

王戎卖李钻核，不胜鄙吝；成王剪桐封弟，因无戏言[1]。

齐景公以二桃杀三士，杨再思谓莲花似六郎[2]。

倒啖(dàn)蔗，渐入佳境；蒸哀梨，大失本真[3]。

煮豆燃萁，比兄残弟；砍竹遮笋，弃旧怜新。

元素致江陵之柑[4]，吴刚伐月中之桂。

捐资济贫，当效尧夫之助麦；以物申敬，聊效野人之献芹[5]。

冒雨剪韭，郭林宗款友情殷；踏雪寻梅，孟浩然自娱兴雅[6]。

商太戊能修德，祥桑自死；寇莱公有深仁，枯竹复生[7]。

王母蟠桃，三千年开花，三千年结子，故人借以祝寿诞；上古大椿，八千岁为春，八千岁为秋，故人托以比严君[8]。

去稂(láng)莠[9]，正以植嘉禾；沃枝叶，不如培根本。

●王母蟠桃

西王母的蟠桃是传说中的灵丹妙药，服用后可以让人长生不老。

世路之蓁（zhēn）芜当剔，人心之茅塞须开⑩。

注　释

①**王戎卖李：**西晋司徒王戎家有好李子，出卖时唯恐别人将种子留着栽种，因此钻穿李核。**剪桐封弟：**周成王与弟叔虞一起玩，将桐树叶削成玉圭的形状，戏言说："我封你为诸侯。"周公说："君子无戏言。"于是周成王就封叔虞为唐侯。②**二桃杀三士：**春秋时期，公孙接、田开疆、古冶子三人以勇力侍奉齐景公，因恃宠而骄，宰相晏婴建议景公除去三人，于是设宴，请景公赐二桃于三人，论功食桃。公孙接和田开疆各自讲述了自己的功劳，把桃子拿走。实际上古冶子的功劳更大，两人终于自愧弗如，让出桃子而自杀。古冶子认为自己独活是不仁、不义、无勇，也自杀身死。**莲花似六郎：**唐朝张宗昌小名六郎，很受武则天宠爱。杨再思担任内史，极力巴结张宗昌，有人赞美张宗昌说："六郎似莲花。"杨说："非也，是莲花似六郎。"③**蒸哀梨，大失本真：**南京有哀姓人家的梨非常大，味道很美，入口即消，若蒸而食之，则失真味。④**江陵之柑：**董元素，唐朝人，会法术。一日夜间，唐宣宗曾要他弄来江南的柑橘。董元素放了一个盒子在御榻前，一会儿，有微风吹入，董元素打开盒子，里面装满了柑橘，皇帝尝了，觉得味道不错。⑤**尧夫之助麦：**宋代范仲淹之子尧夫去东吴取租，路遇石曼卿三件丧事未办，就把麦子给了他，回来后和范仲淹提起此事，与范仲淹不谋而合。**野人之献芹：**相传古代有个人自觉老水芹美味，便在乡里的富豪面前夸耀。富豪听言尝了以后，既觉难吃又腹疼不已。大家都讥笑这个人，他自己也感到很惭愧。⑥**冒雨剪韭：**汉代郭林宗自己种菜，友人范达夜间来了，郭冒雨割韭菜做饼招待朋友。**踏雪寻梅：**唐孟浩然曾冒雪骑驴寻梅，说："我的诗思正在风雪中的驴背上。"⑦**祥桑自死：**商朝第十代王太戊即位后，有祥桑树生长，七天后就合抱不过来。传说祥桑树是对施政者的警告。太戊于是实行德政，三天后祥桑树就死了。**枯竹复生：**宋寇准封莱国公，后被贬为雷州司户参军，逾年而卒。归葬西京时，经过荆南公安，县人设祭哭于路，折竹插地挂纸钱，枯竹竟生出笋来。⑧**严君：**指父亲。⑨**稂莠：**都是害苗之草。⑩**蓁芜：**指荆棘。**茅塞：**像茅草一样塞住了。

●**孟浩然**

孟浩然，本名浩，字浩然，襄州襄阳（今湖北襄阳）人，世称孟襄阳。唐代诗人，以写田园山水诗为主，因他未入仕，又被称为孟山人。

译 文

王戎卖李子之前，先在李核上钻洞，防止他人得到种子，这种做法实在鄙吝。周成王剪桐叶分封弟弟叔虞，后来因为天子不可有戏言，叔虞就被封为唐侯。

齐景公借助晏子的计谋用两个桃子就使三位壮士自杀身亡；杨再思阿谀谄媚，吹捧张宗昌，说，不是六郎像莲花，而是莲花像六郎。

倒吃甘蔗指渐入佳境；把哀梨拿来一蒸，便失去真味。

煮豆燃萁比喻骨肉自相残杀；抛弃旧爱去结交新欢，就称作“砍竹遮笋”。

董元素有仙术，能把江陵的柑橘搬至长安的宫殿中；吴刚被天帝惩罚，罚他砍伐月中的桂树，却怎么砍也砍不倒。

捐资财救济贫困，应当学范尧夫把一船的麦子送给石曼卿；以物品馈赠他人，就自谦仿效山野之民献芹菜以表敬意。

郭林宗殷切款待友人，亲自冒雨去菜园剪韭菜；孟浩然诗怀旷达，踏雪寻梅自我娱乐雅兴不凡。

商代太戊修行德政，作祸的祥桑便自己枯死；宋朝寇准仁德深厚，插下的枯竹又长出嫩芽。

西王母的蟠桃，每三千年开一次花，三千年结一次果，故而人们借用桃子来祝寿；上古有一棵大椿树，八千年才算一春，八千年才算一秋，所以人们借它来比喻自己的父亲。

稂莠是害苗之草，去稂莠以使禾苗更茂盛；植物以根为本，与其使枝叶肥美，不如培育根本。

道路上的荆棘应当剔除干净，世人心中的茅塞也需要疏通。

三字经

三字经

原 文

人之初，性本善，性相近，习相远。

译 文

人生下来的时候禀性都是善良的，天性虽然相近，习性却相差很远。

原 文

苟不教，性乃迁，教之道，贵以专。

译 文

如果从小不好好教育，善良的本性就会改变。教诲一个人按照本性的发展方法，贵在教导他专心致志，始终不懈。

原 文

昔孟母，择邻处，子不学，断机杼(zhù)。

译 文

战国时期，孟子的母亲曾三次搬家，是为了使孟子能有个好的学习环境。一次孟子逃学，孟母就割断织机的布来教育他。

●孟母教子

原 文

窦燕山，有义方，教五子，名

俱扬。

译 文

五代时，燕山人窦禹钧教育儿子很有方法，他教育的五个儿子都很有成就，美名远扬。

原 文

养不教，父之过，教不严，师之惰。

译 文

仅仅供养儿女吃穿，而不加以教育，是父亲的过错。教育学生，但不严格要求，就是做老师的失职了。

原 文

子不学，非所宜，幼不学，老何为？

译 文

小孩子不努力学习，是很不应该的。一个人倘若小时候不好好学习，到老的时候既不懂做人的道理，又无知识，能有什么作为呢？

原 文

玉不琢，不成器，人不学，不知义。

译 文

玉如果不打磨雕琢，就不会成为精美的器物；人若是不学习，就不懂得礼仪，不能成才。

原 文

为人子，方少时，亲师友，习礼仪。

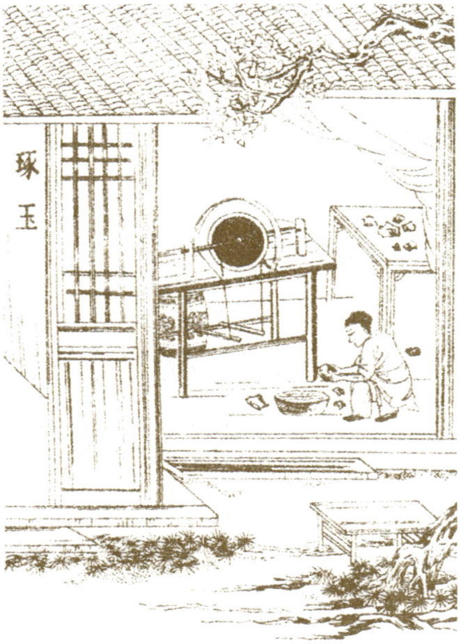

●琢玉

《诗经·卫风·淇奥》中有“如切如磋，如琢如磨”之句，意思是切割骨角、象牙、玉石，然后加以细细磨制、磨琢，成为器皿。后浓缩成成语“切磋琢磨”，含有研讨、探求之意。

译　文

为人子弟，从小就要亲近老师和朋友，从他们那里学习许多为人处世的礼节和知识。

原　文

香九龄，能温席，孝于亲，所当执。

译　文

黄香，九岁时就知道孝敬父母，替父亲暖被窝。这是每个孝顺父母的人都应该实行和效仿的。

原　文

融四岁，能让梨，弟(tì)于长，宜先知。

译　文

汉代人孔融四岁时，就知道把大的梨让给哥哥吃，尊敬和友爱兄长，是每个人从小就应该知道的道理。

●**扇枕温衾**

黄香，东汉江夏安陆（今属湖北）人，九岁丧母，事父极孝。酷夏时为父亲扇凉枕席；寒冬时用身体为父亲温暖被褥。少年时即博通经典，文采飞扬，京师广泛流传“天下无双，江夏黄童”。安帝（107—125）时任魏郡（今属河北）太守，魏郡遭受水灾，黄香尽其所有赈济灾民。著有《九宫赋》《天子冠颂》等。

原　文

首孝弟(tì)，次见闻，知某数，识某文。

译　文

一个人首先要学的就是孝敬父母和友爱兄弟的道理，其次才是多见天下之事，多闻古今之理，知道十百千万之数，了解古今圣贤之事。

原　文

一而十，十而百，百而千，千而万。

译　文

数字从一开始，十个一是十，十个十是一百，十个一百是一千，十个一千是一万。

原文

三才者，天地人，三光者，日月星。

译文

什么叫“三才”呢？天、地、人。什么叫“三光”呢？太阳、月亮、星星。

原文

三纲者，君臣义，父子亲，夫妇顺。

译文

什么是“三纲”呢？就是君臣的言行要合乎义理，父母子女之间要相亲相爱，夫妻之间要和顺相处。

原文

曰春夏，曰秋冬，此四时，运不穷。

译文

春、夏、秋、冬叫作“四时”，春去夏来，秋去冬来，如此循环往复，永不停止。

●四象之玄武

中国古代把天空里的恒星划分为“三垣”和“四象”七大星区。在“三垣”外围分布着“四象”：“东苍龙，西白虎，南朱雀，北玄武。”青龙的方位是东，代表春季；白虎的方位是西，代表秋季；朱雀的方位是南，代表夏季；玄武的方位是北，代表冬季。

原文

曰南北，曰西东，此四方，应乎中。

译文

东、南、西、北，叫作“四方”。这四个方位，必须有个中央位置相对应，才能把其他方位区分出来。

原文

曰水火，木金土，此五行，本

乎数。

译 文

说到“五行”，指的是金、木、水、火、土，五行相生相克，根源于数理。

原 文

曰仁义，礼智信，此五常，不容紊（wěn）。

译 文

仁、义、礼、智、信是五种基本的处事为人的标准。这五种法则每个人都应遵守，不容紊乱违背。

原 文

稻粱菽，麦黍稷，此六谷，人所食。

译 文

稻子、高粱、豆类、小麦、黄米和谷子这六种粮食，是人类重要的食物。

原 文

马牛羊，鸡犬豕，此六畜，人所饲。

译 文

马、牛、羊、鸡、狗和猪这六种动物，是人类饲养的牲畜。

原 文

曰喜怒，曰哀惧，爱恶欲，七情具。

译 文

高兴叫作喜，生气叫作哀，害怕叫作

●鸡

我国古代特别重视鸡，称它为“五德之禽”。《韩诗外传》说，它头上有冠，是文德；足后有距能斗，是武德；敌前敢拼，是勇德；有食物招呼同类，是仁德；守夜不失时，天明报晓，是信德。

惧，心里喜欢叫作爱，讨厌叫作恶，内心很贪婪叫作欲，合起来叫七情。这是人与生俱来的七种情感。

原　文

匏土革，木石金，丝与竹，乃八音。

译　文

匏瓜、黏土、皮革、木块、石头、金属、丝线与竹子，叫作“八音”，是我国古代制造乐器的材料。

●兄弟友爱

据《唐史》记载：玄宗与他的兄弟诸王，极相友爱，到做了天子，也不改变。初登宝位，即制为长枕大被，与诸兄弟们一处歇息，饮食行坐，都不相离。少弟薛王李业（李隆业），曾染疾病，玄宗自己替他煎药，炉火被风吹起来，烧着玄宗的须，左右惊慌上前救之，玄宗说：“但愿薛王服药，病得痊可，我之须何足惜。”其友爱之切如此。

原　文

高曾祖，父而身，身而子，子而孙。

译　文

由高祖父生曾祖父，曾祖父生父亲，父亲生我，我生儿子，儿子再生孙子。

原　文

自子孙，至玄曾，乃九族，人之伦。

译　文

从自己的儿子、孙子，再接下来，就是玄孙和曾孙。从高祖父到曾孙称为“九族”，这“九族”代表着长幼尊卑秩序和家族血统及承续关系。

原　文

父子恩，夫妇从，兄则友，弟则恭。

译　文

父亲与儿子之间要注重恩情，夫妻之间的感情要和顺，哥哥对弟弟要友爱，弟弟对哥哥则要谦恭。

原 文

长幼序，友与朋，君则敬，臣则忠。此十义，人所同。

译 文

年长的和年幼的交往要注意长幼尊卑的次序；朋友相处应该互相讲信用。如果君主能尊重他的臣子，臣子们也会对他忠心耿耿了。以上十义是人们的行为准则，人们应该共同遵守。

原 文

凡训蒙，须讲究，详训诂（gǔ），明句读（dòu）。

译 文

凡是教导刚入学儿童的老师，必须把每个字都讲清楚，每句话都解释明白，并且使学童读书时懂得停顿断句。

原 文

为学者，必有初，小学终，至四书。

译 文

作为一个求学者，求学的初期要打好基础，小学内容学好，才能研读“四书”。

原 文

《论语》者，二十篇，群弟子，记善言。

译 文

《论语》这部书共有二十篇。是一部由孔子的弟子及再传弟子们记载的具有教育意义的书。

原 文

《孟子》者，七篇止，讲道德，说仁义。

译文

《孟子》这本书共分七篇，内容主要以加强品行修养、宣扬道德仁义等为主。

原文

作《中庸》，子思笔，中不偏，庸不易。

译文

《中庸》这本书是由孔子的孙子子思所作，“中”是不偏的意思，“庸”是不变的意思。

原文

作《大学》，乃曾子，自修齐，至平治。

译文

《大学》这本书的作者是曾参，他主张先修身齐家，而后治国平天下。

●文王八卦图

《史记》记载“文王拘而演周易”，发明“文王八卦”，即“乾、坤、震、巽、坎、离、艮、兑”八个基本卦，称为八经卦。再将八经卦两两重叠，就可以得到六个位次的易卦，共有六十四卦，这六十四卦称为六十四别卦，每一卦都有特定的名称。

原文

《孝经》通，四书熟，如六经，始可读。

译文

读通了《孝经》，读熟了“四书”，才可以去读“六经”这样深奥的书。

原文

《诗》《书》《易》，《礼》《春秋》，号六经，当讲求。

译文

《诗》《书》《易》《礼》《春秋》，再加上亡佚的《乐》合称“六经”，这是中国古代儒家的重要经典，应当仔细阅读。

原　文

有《连山》，有《归藏》，有《周易》，三易详。

译　文

《连山》《归藏》《周易》，三部书合称“三易”，“三易”是用“卦”的形式来说明宇宙间万事万物循环变化的道理。

原　文

有典谟，有训诰，有誓命，《书》之奥。

译　文

《尚书》的内容由典、谟、训、诰、誓、命六部分构成。

原　文

我周公，作《周礼》，著六官，存治体。

译　文

《周礼》是由周公所作，其中记载着当时六官的官制，保存了当时的有关制度。

原　文

大小戴，注《礼记》，述圣言，礼乐备。

译　文

戴德和戴圣整理并且注释了《礼记》，记述了圣人的言论和上古的礼乐制度。

原　文

曰《国风》，曰《雅》《颂》，号四

●《诗经·郑风·风雨》诗意

诗，当讽咏。

译文

《国风》《大雅》《小雅》《颂》，合称为“四诗”，内容丰富、感情深切，值得我们吟诵。

原文

《诗》既亡，《春秋》作，寓褒贬，别善恶。

译文

《诗》的产生环境衰落了之后，孔子就撰写了《春秋》，这本书中隐含着对现实政治的褒贬以及对各国善恶行为的记录。

●庄周梦蝶

从前有一天，庄周梦见自己变成了一只翩翩起舞的蝴蝶。自己非常快乐，悠然自得，突然梦醒了，不知是庄周做梦变成了蝴蝶呢，还是蝴蝶做梦变成了庄周？庄周与蝴蝶必定有区别，这就是所说的化为物（指大道时而化为庄周，时而化为蝴蝶）。这则寓言是表现庄子齐物思想的名篇。庄子认为人们如果能打破生死、物我的界限，则无往而不快乐。它写得轻灵缥缈，常为哲学家和文学家所引用。

原文

三传(zhuàn)者，有《公羊》，有《左氏》，有《穀梁》。

译文

“三传”就是公羊高所著的《公羊传》、左丘明所著的《左传》和穀梁赤所著的《穀梁传》，它们都是解释《春秋》的书。

原文

经既明，方读子，撮(cuō)其要，记其事。

译文

经传都读熟了，然后才能读诸子百家的著作。读这些书时要注意归纳要点，记熟其中的事例。

原文

五子者，有荀扬，文中子，及老庄。

译文

“五子”是指荀子、扬子、文中子、老子和庄子。他们所写的书，称为子书。

原文

经子通，读诸史，考世系，知终始。

译文

经书和子书读熟了以后，再读史书。读史书时必须考究各朝各代的世系，了解它们盛衰的原因，才能从历史中吸取教训。

原文

自羲农，至黄帝，号三皇，居上世。

译文

自伏羲氏、神农氏到黄帝，这三位上古时代的帝王都能勤政爱民，因此后人尊称他们为“三皇”。

原文

唐有虞，号二帝，相揖逊，称盛世。

译文

黄帝之后，有唐尧和虞舜两位帝王，尧通过禅让把王位传给了舜，他们统治的时代被称为太平盛世。

原文

夏有禹，商有汤，周文武，称三王。

译文

夏朝的开国君主是禹，商朝的开国君主是汤，周朝的开国君主是文王、武王。这几个德才兼备的君王被后人称为“三王”。

原文

夏传子，家天下，四百载，迁夏社。

译文

禹把帝位传给自己的儿子，从此天下就成为一个家族所有的了。夏朝延续了四百多年，最终被汤灭掉，从而结束了它的统治。

●脯林酒池

夏禹王传位给儿子启，夏禹王是位明君，可是传到夏桀王时，不理朝纲，树挂肉脯，地掘酒池，用七宝建造瑶台，金碧辉煌。桀昏庸无道，终被商汤所灭。

原文

汤伐夏，国号商，六百载，至纣亡。

译文

汤王讨伐夏桀而推翻了夏朝，建立了商朝。商朝前后延续了六百年，到纣王时灭亡。

原文

周武王，始诛纣，八百载，最长久。

译文

周武王起兵诛杀纣王，建立周朝。周朝的历史最长，前后延续了八百多年，是最长久的一个朝代。

原文

周辙东，王纲坠，逞干戈，尚游说。

译文

自从周平王东迁国都后，朝廷纲纪不修，对诸侯的控制力就越来越弱了。诸侯国之间时常发生战争，而游说之士也开始大行其道。

原　文

始春秋，终战国，五霸强，七雄出。

译　文

从春秋时期开始先后有五个强大的霸主，称霸诸侯，号令天下；到战国时期，则出现了七大强国争雄的局面。

原　文

嬴秦氏，始兼并，传二世，楚汉争。

译　文

战国末年，秦国的势力日渐强大，把其他诸侯国都灭掉，建立了统一的秦朝。秦朝传到二世胡亥，天下又开始大乱，逐渐形成楚汉相争的局面。

原　文

高祖兴，汉业建，至孝平，王莽篡。

译　文

汉高祖刘邦兴起，建立汉朝。汉朝的帝位传了两百多年，到孝平帝时，被王莽篡夺了。

原　文

光武兴，为东汉，四百年，终于献。

译　文

汉光武消灭王莽，中兴汉朝，称为东汉。两汉延续四百年，到汉献帝的时候灭亡。

原　文

魏蜀吴，争汉鼎，号三国，迄两晋。

●**刘玄德三顾茅庐**

刘备“三顾茅庐”，使诸葛亮非常感动，答应出山相助。刘备尊诸葛亮为军师，对关羽、张飞说：“我之有孔明，犹鱼之有水也！”诸葛亮帮刘备打了不少胜仗，为刘备奠定了蜀汉的国基。

译文

东汉末年，形成了魏国、蜀国、吴国三足鼎立的局面。后来魏灭了蜀国和吴国，但被司马氏篡夺了帝位，建立了晋朝。晋又分为西晋和东晋。

原文

宋齐继，梁陈承，为南朝，都金陵。

●隋炀帝剪彩为花

隋炀帝仗恃国力富强，骄奢淫逸，是历史上有名的暴君，即位后几乎每年都征发重役。他营建东都洛阳，开发运河，年年远出巡游，每次出游都大肆营造离宫，扰掠地方，浪费人力、物力、财力，社会生产受到严重破坏。后终激乱败国，为宇文化及弑于江都。

译文

晋朝王室南迁以后，不久就衰亡了，继之而起的是南北朝时代。南朝包括宋、齐、梁、陈，他们的国都都建在金陵。

原文

北元魏，分东西，宇文周，与高齐。

译文

北朝指的是元魏。元魏后来也分裂成东魏和西魏，后来西魏被宇文氏所取代，建立了北周；东魏被高氏所取代，建立了北齐。

原文

迨至隋，一土宇，不再传，失统绪。

译文

等到了隋朝，又形成了新的大一统，可惜只传了两代，就亡国了。

原　文

唐高祖，起义师，除隋乱，创国基。

译　文

唐高祖李渊起义兵反隋，清除大乱的局面，开创了唐王朝的基业。

原　文

二十传，三百载，梁灭之，国乃改。

译　文

唐朝的统治近三百年，总共传了二十代，到唐哀帝时被朱全忠所篡，建立了梁朝。

原　文

梁唐晋，及汉周，称五代，皆有由。

译　文

后梁、后唐、后晋、后汉和后周五个朝代的更替时期，历史上称作五代，这五个朝代的更替都有着一定的缘由。

原　文

炎宋兴，受周禅，十八传，南北混。

译　文

赵匡胤接受了后周“禅让”的帝位，建立宋朝。宋朝共传了十八代，由于北方的少数民族南下侵扰，最后造成南北混战的局面。

原　文

辽与金，帝号纷，迨灭辽，宋犹存。

译　文

与宋朝同时存在的还有北方的辽国和金国，他们的首领也都号称皇帝。等到金国消灭了辽国时，宋朝依然存在。

原 文

至元兴，金绪歇，有宋世，一同灭。

译 文

到了元朝兴起的时候，金国的命运也就终止了。金国被元朝灭亡以后，宋朝同样被元朝所灭。

原 文

并中国，兼戎狄，九十年，国祚(zuò)废。

译 文

元朝统一中国，征服各少数民族，传国九十年后，最终也亡国了。

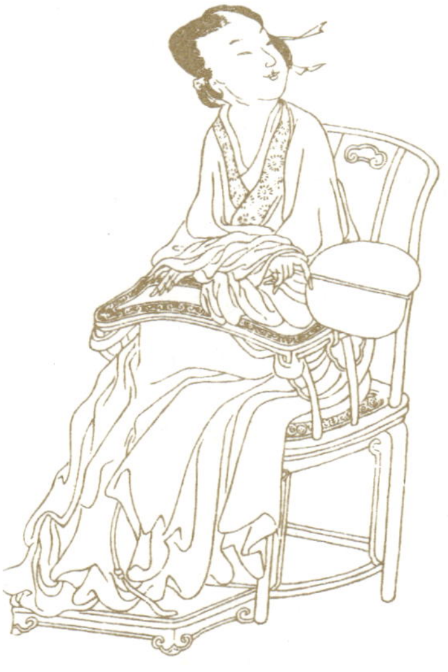

●马皇后

朱元璋皇后马氏，生于元至顺三年（1332），宿州人。马皇后生性贤德，朱元璋褒奖她堪比诸历史上的贤后唐太宗长孙皇后，《明史》赞扬马皇后“母仪天下，慈德昭彰”。

原 文

明太祖，久亲师，传建文，方四祀。

译 文

明太祖朱元璋亲自统兵灭元，传皇位给建文帝，建文帝只当了四年的皇帝。

原 文

迁北京，永乐嗣，追崇祯，煤山逝。

译 文

朱元璋的第四子朱棣登上皇位，将都城迁到北京，年号“永乐”。等传到崇祯帝的时候，国家灭亡，崇祯帝也在煤山自杀而死。

原 文

廿二史，全在兹，载治乱，知兴衰。

译　文

二十二史全在这里了，它记载了各朝各代治乱之迹，从中可以了解各朝兴衰的原因。

原　文

读史者，考实录，通古今，若亲目。

译　文

想要读通历史的人应该更进一步地去翻阅历史资料，了解古往今来事情的前因后果，就好像是自己亲眼所见一样。

原　文

口而诵，心而惟，朝于斯，夕于斯。

译　文

我们读书学习，要有恒心，要一边读，一边用心去思考。只有早晚都把心思用到学习上，才能真正学好。

原　文

昔仲尼，师项橐(tuó)，古圣贤，尚勤学。

译　文

从前，孔子曾经向鲁国的神童项橐请教。像孔子这样伟大的圣贤，尚不忘勤学，何况我们普通人呢？

●**学琴师襄**

孔子二十九岁时，向师襄学习弹琴，他长时间练习一支曲子，直到理解了乐曲的内涵，领悟到作者是周文王。师襄很佩服，告诉他乐曲名叫《文王操》。

原　文

赵中令，读《鲁论》，彼既仕，学

且勤。

译 文

宋朝的赵普，官至中书令了，天天还手不释卷地阅读《论语》，不因为自己已经当了高官，就忘记勤奋学习。

原 文

披蒲(pú)编，削竹简，彼无书，且知勉。

●苏秦衣锦还乡

苏秦最初周游列国，向各国国君阐述自己的政治主张，但没有一个国君欣赏他。苏秦只好垂头丧气，穿着旧衣破鞋回到家乡洛阳。家人见他如此落魄，都不给他好脸色。这件事大大刺激了苏秦。经过一年的苦心揣摩，苏秦掌握了当时的政治形势，在周游列国时说服了当时的齐、楚、燕、韩、赵、魏六国“合纵抗秦”，做了六国的丞相。苏秦衣锦还乡后，他的亲人一改往日的态度。

译 文

西汉时路温舒把文字抄在蒲草上，公孙弘将《春秋》刻在竹子削成的竹片上。他们两人都很穷，买不起书，却能勤奋自勉刻苦学习。

原 文

头悬梁，锥刺股，彼不教，自勤苦。

译 文

晋朝的孙敬读书时把自己的头发拴在屋梁上，防止打瞌睡，战国时期苏秦读书每到疲倦时就用锥子刺大腿来提神。他们不用别人督促而自觉勤奋苦读。

原 文

如囊萤，如映雪，家虽贫，学不辍。

译 文

晋朝人车胤，把萤火虫放在纱袋里用来照明读书，孙康则利用积雪的反光来读书。他们两人虽然家境贫苦，却从来没有停止过学习。

原 文

如负薪，如挂角，身虽劳，犹苦卓。

译 文

汉朝的朱买臣，以砍柴维持生活，每天边担柴边读书；隋朝的李密，放牛时把书挂在牛角上，有时间就读。他们在艰苦的环境里仍刻苦自强。

原 文

苏老泉，二十七，始发愤，读书籍。

译 文

“唐宋八大家”之一的苏洵，号老泉，小时候不想念书，到了二十七岁的时候，才开始下决心努力学习，后来成了大学问家。

●苏洵

原 文

彼既老，犹悔迟，尔小生，宜早思。

译 文

苏老泉在年事已高的时候，仍后悔年幼时没有好好读书，而我们年纪轻轻，更应该把握大好时光、发奋读书，才不至于将来后悔。

原 文

若梁灏，八十二，对大廷，魁多士。

译 文

宋朝有个梁灏，在八十二岁时才考中状元，在金殿上对皇帝提出的问题对答如流，在众多名士中一举夺魁。

原 文

彼既成，众称异，尔小生，宜立志。

译文

梁灏这么大年纪，尚能获得成功，大家都感到惊奇，钦佩他的好学不倦。我们也应该趁着年轻的时候，立定志向，努力用功。

原文

莹八岁，能咏诗，泌七岁，能赋棋。

译文

北齐有个叫祖莹的人，八岁就能吟诗，后来当了秘书监著作郎；唐朝有个叫李泌的人，七岁时就能以下棋为题而作诗赋。

原文

彼颖悟，人称奇，尔幼学，当效之。

译文

他们两个人的聪明和才智，在当时很受人们的赞赏。现在我们正是求学的开始，应该效法他们，努力用功读书。

原文

蔡文姬，能辨琴，谢道韫（yùn），能咏吟。

译文

东汉末年的蔡文姬能分辨琴声好坏，晋朝的才女谢道韫能出口成诗。

原文

彼女子，且聪敏，尔男子，当自警。

●文姬归汉

东汉末年，时值天下动乱，四处交兵。蔡文姬于兵荒马乱中为董卓旧部羌胡兵所掳，流落至南匈奴左贤王部，在胡中十二年，生有二子。蔡文姬十分思念故土，怀念含冤而死的父亲。十二年后，曹操平定中原，派人出使匈奴赎回蔡文姬，并将其嫁给董祀为妻。

译文

像这样的两个女子，天资如此聪慧；身为男子汉，更要时时警惕，充实自己。

原文

唐刘晏，方七岁，举神童，作正字。

译文

唐玄宗时，有一个名叫刘晏的小孩子，只有七岁，就被推举为神童，并做了负责校正文字的官。

原文

彼虽幼，身已仕，尔幼学，勉而致。有为者，亦若是。

译文

刘晏年纪这么小，就已经做官，担当起国家重任。我们这些年幼的学生，只要勤勉学习，也能达到这样的成就。有作为的人，也都是像上面所列举的这些古人一样。

原文

犬守夜，鸡司晨，苟不学，曷为人？

译文

狗在夜晚替人看守家门，鸡在每天早晨天亮时报晓，人如果不能用心学习，有什么资格称为人呢？

●蚕

原文

蚕吐丝，蜂酿蜜，人不学，不如物。

译文

蚕吐丝以供我们做衣料，蜜蜂可以酿造蜂蜜，供人们食用。而人要是不懂得学习，以自己的知识、技能来实现自己的价值，真不如小动物。

原　文

幼而学，壮而行，上致君，下泽民。

译　文

我们要在幼年时努力学习，不断充实自己，长大后才能够学以致用，对上可以替国家效力，对下可以给百姓带来恩泽。

原　文

扬名声，显父母，光于前，裕于后。

译　文

使自己的声名远播，父母也可以感到荣耀，给祖先增添了光彩，也给后代树立了好的榜样。

原　文

人遗子，金满籯（yíng），我教子，惟一经。

译　文

有的人留给子孙后代的是金银钱财，我教育弟子，则希望他们能够至少精通一部儒家经典，长大后做个有所作为的人。

原　文

勤有功，戏无益，戒之哉，宜勉力。

译　文

凡是勤奋上进的人，都会有好的收获；游戏懒惰绝对没有益处，这一点要特别注意，应当不断勉励自己努力学习。

百家姓

百家姓

原 文

赵钱孙李　周吴郑王　冯陈褚(chǔ)卫　蒋沈韩杨

朱秦尤许　何吕施张　孔曹严华　金魏陶姜

姓氏寻根

赵

据《通志·氏族略》《姓氏考略》所记：伯益的后代造父为周穆王驾车有功，周穆王把赵城封给他，其子孙遂以赵为姓。

钱

据《百家姓考略》记载："彭祖姓篯名铿，支子去竹而为钱氏。"

孙

据《元和姓纂》所记：卫武公的儿子名惠孙，其后世子孙以孙字为姓。

李

据《百家姓考略》所记，尧帝时代的大理（官名）皋陶，其后代以"理"为姓。其后世裔孙理利贞为逃避纣王迫害，避居李树下，食李子维持生活，遂改理姓为李姓。

周

据《百家姓考略》记载："周平王少子烈之后，以国名周为氏。"另据《姓

●彭祖钱铿

彭祖是颛顼的玄孙，相传他历经唐虞夏商等代，活了八百岁。彭祖精于养生，《庄子·刻意》曾把他作为导引养身之人的代表人物。

源》所记，周平王少子姬烈受封于汝州，汝州称其家为周家，其后遂以周为姓。

吴

据《通志·氏族略》所记，周太王古公亶父的长子太伯、次子仲庸因自动让贤，远去江南，建吴国。后来周朝建立，周武王封太伯三世孙周章为侯，改国号为吴，其后代遂以国名吴为姓。

郑

据《元和姓纂》所记，周厉王少子友受封于郑，其后人遂以郑为姓。

王

据《通志·氏族略》所记，周灵王儿子姬晋因敢于直谏而被废为庶民，迁居琅琊。因其本为王族，世人称其家为王家，其后世子孙便以王为姓。

冯

据《元和姓纂》所记，周武王的弟弟毕公高受封于冯地，其子孙遂以冯为姓。

●**孝得升闻**

"虞史"上记：大舜的父亲是个盲人，他前妻生的儿子就是大舜。舜母故去，瞽叟又娶一个后妻，生的儿子叫作象。瞽叟愚顽不知道理，后妻嚣恶不贤，象又凶狠无状。这三个人时常商量着要杀舜，舜知道后几次设法躲避，仅乃得免。然终不敢怨其父母，只尽自家的孝道。久之，感化得一家人都和睦。当时帝尧寻求可以逊以帝位的贤人，群臣都举荐他。

陈

据《通志·氏族略》等书记载，周朝初期，周武王封虞舜的后人胡公满于陈，建立陈国，胡公满的后代遂以陈为姓。

褚

据《通志·氏族略》所记，殷商王族后裔食采于褚邑，遂以褚为姓。

卫

据《广韵》所记，周文王第九子封于康邑，称康叔。武庚叛乱后，周朝把商民七族划归康叔统治，康叔遂建立卫国，卫国的公族后代遂以国名卫为姓。

蒋

据《百家姓考略》所记，周公旦之子伯龄封于蒋，其子孙遂以蒋为姓。

沈

据《元和姓纂》所记，周文王之子聃季封于沈，其后代遂以沈为姓。

韩

据《新唐书·宰相世系表》记载："韩氏出自姬姓。"周武王的少子叔虞的后代毕万受封于韩原，其子孙遂以韩为姓。

杨

据《百家姓考略》所记，周宣王的儿子尚父封于杨邑，号曰杨侯，其子孙遂以杨为姓。

朱

据《姓苑》所记，周武王封曹挟于邾地，其子孙去掉邾字右边的"阝"旁，以朱为姓。

秦

据《通志·氏族略》所记，秦氏系出自嬴姓。伯益的后代嬴非子，为周孝王放牧马群有功，封于秦，其子孙以秦为姓。

尤

据《百家姓考略》记载：尤姓"系出沈氏，五代王审知称闽王，国人姓沈者避审音，去水为尤。"从中可知尤是由沈演变而来，这是尤姓之始。

许

据《姓氏急就篇》所记，帝尧时代有贤人许由。帝尧欲以天下让给许由，许由不就，退隐颍水之阳。许由的后人皆姓许。又据《姓源韵谱》所记，炎帝裔孙伯夷的后代文叔，受周武王之封于许国，称许侯，其子孙以许为姓。

何

据《元和姓纂》所记，何姓系出韩姓。韩王安为秦所灭，其子孙为避难逃往江淮一带，当地韩与何音相近，故改姓何。

吕

据《百家姓考略》记载，吕姓"系出姜姓，伯夷仕尧掌礼，佐禹治水，封于吕"，其后人遂以吕为姓。

施

据《元和姓纂》所记，周朝鲁惠公的儿子名施父，其第五代孙施伯开始以施为姓。

张

据《通志·氏族略》所记，黄帝的孙子姬挥任弓正，又称弓长（官名）。“弓、长”二字合而为张，遂以张为姓。

孔

据《元和姓纂》所记，商纣王的庶兄微子启受周朝封于商丘，国号宋。微子启是宋国的始祖，其后世子孙有一个名叫孔父嘉，其子孙因事逃到鲁国，以孔为姓。另据《广韵》：商朝的开国君主名汤，字天乙，姓子。汤的后世子孙，将本姓“子”字加汤王的字“乙”，组合成“孔”字，以为姓氏。

曹

据《元和姓纂》所记，周文王第十三子振铎受周武王封于曹地，建立曹国，其后人遂以曹为姓。

严

据《百家姓考略》所记：春秋时期楚国有个国君死后谥号楚庄王，其后世子孙以其谥号庄字为姓。东汉明帝时期，为避皇帝刘庄讳，遂改庄姓为严姓。

华

据《姓氏辨正》所记，春秋时期宋戴公的孙子名督，食采于华，其后人遂以华为姓。

金

据《元和姓纂》所记，黄帝子少昊，称金天氏，其后人以祖先称号金字为姓。

魏

据《元和姓纂》所记，周文王的后裔毕万，在晋国为大夫，受封于魏，其子孙以魏为姓。另据《史记》，战国时期秦国穰侯魏冉，本是楚王后裔，姓芈，后改姓魏，其子孙沿袭魏姓。

陶

据《元和姓纂》所记，尧称帝前受封于唐，后封于陶，称陶唐氏。尧的后世子孙中有一支以陶为姓。

姜

据《百家姓考略》记载，姜姓“出自神农氏，神农生于姜水，因姓姜氏”。

原文

戚谢邹(zōu)喻　柏水窦章　云苏潘葛　奚范彭郎

鲁韦昌马　苗凤花方　俞任袁柳　酆(fēng)鲍史唐

姓氏寻根

戚

据《姓谱》所记，春秋时期卫国大夫孙林父受封于戚，其后人遂以戚为姓。

谢

据《史记》所记，春秋时期周宣王封其舅申伯于谢，其后代遂以谢为姓。

邹

据《百家姓考略》所记，周武王封曹挟于邾国，战国时期改国号邹，其一部分后人便以邹为姓。

喻

据《通志·氏族略》所记，西汉苍梧太守谕猛，自改谕为喻，其子孙沿用喻姓。

柏

据《百家姓考略》记载:“上古又柏招为炎帝师，柏同为帝喾师，封国于柏。”其后代子孙袭用柏姓。

水

据《通志·氏族略》所记，夏禹之孙留居会稽，以水为姓。另据《姓氏五书》所记，古代称江河湖泊为水国，岸边的居民有的就以水为姓。

窦

据《新唐书·宰相世系表》记载，夏朝的国王相被杀害后，其怀孕的妃子从窦（墙洞）中逃生，生少康。少康的儿子为纪念祖母逃难，遂以窦为姓。

●**何少康逐犬，而颠陨厥首？**
此诗句出自《天问》。少康，夏朝第六任国王，相的儿子，予的父亲。据说寒浞派人杀了相后，相的妃子后缗氏逃到娘家有仍氏，生下少康。夏的遗臣靡后来率兵杀掉寒浞，立少康为国君。少康在位时夏朝比较强盛，史称“少康中兴”。

章

据《通志·氏族略》所记，齐太公的子孙受封于鄣，鄣被齐国灭亡后，后代去掉鄣字的“阝”旁，改为章姓。

云

据《通志·氏族略》所记，颛顼的后裔祝融在帝喾时为火正官，封于妘罗地，其后代去掉妘字的“女”旁，改姓云。

苏

据《通志·氏族略》所记，祝融的孙子昆吾受封于苏，建立苏国，其后代以苏为姓。

潘

据《广韵》所记，周文王的后裔高受封于毕，建立毕国，称毕公高。毕公高封小儿子季孙于潘，其后代子孙遂以潘为姓。

葛

据《通志·氏族略》所记，夏朝时嬴姓诸侯中有葛国，其国君称葛伯。葛国灭亡后，其后裔遂以葛为姓。

奚

据《百家姓考略》所记，黄帝的儿子禹阳受封于任地。禹阳的裔孙名仲，夏朝时食采于奚地，称奚仲，其后代遂以奚为姓。

范

据《百家姓考略》所记，帝尧的后裔刘累，其裔孙在晋国食采于范地，其后代遂以范为姓。

彭

据《百家姓考略》所记，颛顼的后裔陆终的第三子铿受封于彭，是为彭祖，传说他活了八百岁，其子孙以彭为姓。

郎

据《通志·氏族略》所记，鲁懿公的孙子费伯在郎地建郎邑，其子孙以郎为姓。

鲁

据《通志·氏族略》所记，周公旦受封于曲阜，其地本名鲁。周武王死后，周公旦在朝辅佐周成王，让其子伯禽就封于鲁，其后世子孙遂以鲁为姓。

韦

据《新唐书·宰相世系表》所载，夏朝少康帝封其孙元哲于豕韦，建立韦国。后来韦国被商所灭，其王族约定以国名韦为姓。

昌

据《风俗通》所记，黄帝有儿子昌意，昌意的儿子颛顼建都帝丘，为高阳氏。后来高阳氏族以祖父昌意的昌字为姓。

马

据《元和姓纂》所载，战国时期赵国的名将赵奢任田税官，公正廉明，不畏权势，严格执行税收制度。后又受命领兵援救韩国，战胜秦国，受封于马服地方，其后世子孙省去“服”字，以马为姓。

苗

据《通志·氏族略》所记，春秋时期楚国令尹斗椒之子贲皇，受封于苗地，其后代遂以苗为姓。

凤

据《姓氏考略》所记，帝喾高辛氏时代，任凤鸟氏为历正，是掌管历法节气时令的官，其后人以祖上官职名称中凤字为姓。另据《唐书》所载，唐代南诏国王族后裔中有阁罗凤其人。阁罗凤的儿子按王族遗规以其父名的最后一字为姓，叫凤迦异，是为凤姓之始。

花

据《百家姓考略》所记，花姓是华姓分出来的。古代无花字，通作华。后来专用花为花草之花，也有姓华的改为姓花的。

方

据《姓氏书辨正》记载，黄帝后裔方雷氏，其后代到周宣王时改为单姓方。

俞

据《百家姓考略》记载，黄帝的大臣俞伯名跗。俞跗是医药官，他精通医术，曾注释《素问》。他是俞姓的始祖。

任

据《通志·氏族略》所记，黄帝的小儿子禹阳受封于任邑，建立任国，其子孙以任为姓。

袁

据《名贤氏族言行类稿》所记，帝舜的后裔胡公满在周朝时为上卿，受封于陈。胡公满的后世子孙中有一个人名伯爰，亦作伯辕。他的子孙便以祖父名字中的爰字为姓，爰与袁通用，是为袁姓之始。

柳

据《广韵》记载，春秋时期鲁孝公的儿子姬展，其孙名无骇，无骇以祖父名展字为姓。展无骇生子展禽，字季。展禽受封于柳下，遂改为柳姓，称柳下季。柳下季品行端方，知书达礼，名重于诸侯，死后谥惠，史称柳下惠。据说他有坐怀不乱之德。

酆

据《通志·氏族略》记载，周文王的小儿子姬封，周克商后受封于酆邑。其后人遂以酆为姓。

鲍

据《元和姓纂》记载，大禹的后裔敬叔，春秋时期在齐国任大夫，受齐侯之封于鲍邑，称鲍敬叔。他的儿子牙开始以封地鲍为姓，即鲍叔牙。

史

据《姓氏考略》记载，西周初期，有史官史佚，此人名佚，史是官名。其后人遂以其官名史字为姓。又据《元和姓纂》载，史姓出自史皇氏，其始祖是仓颉。黄帝的史官仓颉始创汉字，他的后代遂以史为姓。

唐

据《百家姓考略》记载，唐姓出自陶唐氏，舜封尧子丹朱于唐，其子孙遂以唐为姓。又一说周成王封其弟叔虞于唐地，叔虞的后人以唐为姓。

原　文

费廉岑(cén)薛　雷贺倪汤　滕殷罗毕　郝邬安常

乐(yuè)于时傅　皮卞(biàn)齐康　伍余元卜　顾孟平黄

姓氏寻根

费

据《百家姓考略》记载，费姓出自嬴姓。伯益治水有功，受封于大费，其后裔遂以费为姓。又据《通志氏族略》记载，鲁桓公的儿子季友在鲁僖公时期做鲁国宰相，受封于费。其子孙遂以费为姓。

廉

据《姓苑》记载，廉姓出自高阳氏，颛顼的后裔孙大廉一支以廉为姓。

岑

据《通志·氏族略》记载，周武王封其弟姬渠于岑，为子爵，世称岑子，其子孙遂以岑为姓。

薛

据《元和姓纂》记载，黄帝裔孙奚仲，夏朝时受封于薛地，其子孙遂以国名薛为姓。

雷

据《姓苑》记载，黄帝时有一位大臣雷公，精通医术，其后人以雷为姓。又据《通志氏族略》记载，上古时有个部落称方雷氏，其后代有的姓方，有的姓雷。

贺

据《通志·氏族略》记载，春秋时期齐桓公的后裔有庆封，传至汉代其裔孙中有一人名庆纯，官侍中。为避汉安帝的父亲刘庆之讳，诏告天下，凡庆皆改为贺，庆纯改名贺纯，其子孙遂以贺为姓。

倪

据《元和姓纂》记载，西周初期，周武王封颛项后人于郳，建立郳国。郳国国君郳武公封其次子肥于郳地，其后裔为避仇杀遂以倪为姓。

汤

据《名贤氏族言行类稿》记载，商代成汤的后裔以祖先的名字汤为姓。

●**解网施仁**

商史上记：成汤为君宽仁，曾出至野，见有人四面张着罗网捕鸟雀，汤不忍，于是使从人将那网解去三面，只存一面。又重新替他祷祝。夫汤之不忍害物如此，其不忍于害民可知。所以当时汉江之南的列国诸侯，闻汤这一事，都称说："汤之仁德，可谓至矣，虽禽兽之微，亦且及之，而况于人乎？"于是三十六国，一时归商。

滕

据《百家姓考略》记载，西周初期周武王封其弟叔绣于滕地，其后世遂以滕为姓。

殷

据《元和姓纂》记载，商朝的第十代商王盘庚迁都于殷，史称商殷。其后世子孙遂以此为姓。

罗

据《名贤氏族言行类稿》记载，春秋时期，祝融的后代受封于罗，建罗国。其后世子孙遂以罗为姓。

毕

据《通志·氏族略》记载，西周初期，周文王的第十五子姬高受封于毕，为公爵，世称毕公高，其子孙遂以毕为姓。

郝

据《通志·氏族略》记载，商朝时，商王乙封子期于郝，其子孙遂以郝为姓。

邬

据《通志·氏族略》记载，春秋时期晋国人祁臧受封于邬，其子孙遂以邬为姓。

安

据《新唐书·宰相世系表》记载，黄帝子昌意，昌意次子安居西戎，自称安息国，其后代遂以安为姓。

常

据《通志·氏族略》记载，黄帝时任司空的常先，其后代均以常为姓。

又，周文王之子康叔分封其子于常邑，居常邑的这部分后人则以常为姓。

乐

据《百家姓考略》记载，春秋时期宋国君宁戴公儿子衎，字乐父，乐父的孙子以祖父的字乐为姓，其子孙袭用。

于

据《广韵》记载，周武王封其子于邘地，其后人去掉“阝”旁，以于为姓。

时

据《百家姓考略》记载，春秋时期，商王的后裔宋国的公子来受封于时邑，其子孙遂以封邑为姓。

傅

据《史记·殷本纪》记载，商王武丁时期的宰相本名说，因其早年曾于傅岩处隐居，被武丁求得，任为相。世称傅说，其子孙遂以傅为姓。又据《姓氏考略》记载，黄帝裔孙大由封于傅邑，其后代以傅为姓。

皮

据《百家姓考略》等书记载，周公后裔，鲁献公之子仲山甫辅佐周宣王有功，受封于樊国，称樊侯。樊侯的后代有一人受封于皮氏邑，时称樊仲皮，其子孙遂以皮为姓。

卞

据《百家姓考略》等书记载，西周初期，周武王封其弟振铎于曹，世称曹叔振铎。振铎的后人中有一勇士名庄，受封于卞邑，称卞庄子，其后人遂以卞为姓。

齐

据《通志·氏族略》记载，周朝“太公望封于齐，国人以国为氏”，皆姓齐。

康

据《元和姓纂》记载，西周初期，周武王封幼弟于康，世称康叔，其后人遂以康为姓。

伍

据《玄女兵法》记载，黄帝有一位大臣名伍肯，他是伍姓的始祖。

余

据《姓氏考略》《风俗通》等书记载，春秋时期，有一个叫由余的人在西戎做官，后来投靠秦穆公为臣，其子孙有的姓由，有的姓余。

元

据《姓氏五书》记载，商朝太史元铣是元姓的始祖。又据《通志·氏族略》记载，春秋时期卫国大夫元食邑于元地，其后人遂以元为姓。

卜

据《通志·氏族略》记载，周朝设有卜卦之官，其后人遂以官名为姓。

●顾恺之

顾姓著名后人。字长康，小字虎头，晋陵无锡人，东晋著名画家。

顾

据《通志·氏族略》记载，夏朝时有顾国，夏末顾国被成汤所灭，顾国国君的后代遂以顾为姓。

孟

据《元和姓纂》记载，春秋时期，鲁桓公的次子庆父，称仲孙氏。庆父在鲁国作乱，先后杀死两个国君，引起鲁国上下愤怒。庆父逃到莒国，改仲孙氏为孟孙氏，庆父的子孙先以复姓孟孙为姓，后又改为单姓孟。

平

据《通志·氏族略》记载，战国时期，韩哀侯的儿子受封于平地，其后人遂以平为姓。

黄

据《百家姓考略》记载，颛顼帝曾孙陆终受封于黄，建立黄国。其子孙遂以黄为姓。

原文

和穆萧尹　姚邵湛(zhàn)汪　祁毛禹狄　米贝明臧

计伏成戴　谈宋茅庞　熊纪舒屈　项祝董梁

和

据《通志·氏族略》记载，帝尧时，掌管天地四时的官是羲和。其后人引以为荣，遂以其祖先名字和为姓。

穆

据《元和姓纂》记载，春秋时期，宋国国君，为人谦让贤德，死后谥号穆。史称宋穆公，其后世遂以穆为姓。

萧

据《通志·氏族略》记载，春秋时期宋国微子启的后裔萧邑大夫大心，在平息南宫长万叛乱中有功受封于萧，其后世遂以萧为姓。

尹

据《通志·氏族略》记载，少昊帝的儿子殷受封于尹地，称尹殷，其子孙遂以尹为姓。

姚

据《通志·氏族略》记载，瞽叟生舜于姚墟。舜继尧后为帝，其子孙遂以姚为姓。

邵

据《氏族博考》记载，春秋时期，召与邵本为一姓，后分为二。又据《元和姓纂》记载，周武王封其庶弟姬于召地，称为召公。其子孙遂以召为姓。召姓后人中又加“阝”旁遂成邵姓。

湛

据《姓氏寻源》记载，春秋时期居住在湛地的人以湛为姓。又据《百家姓考略》记载，夏朝时，有斟灌氏国，被灭后，其国人为避祸，便把斟灌二字去掉“斗”和“雚”字，遂以湛为姓。

汪

据《中国姓氏起源》记载，春秋时期鲁桓公庶子满，食邑于汪。其后世遂以汪为姓。据《元和姓纂》记载，上古时有汪茫氏，其后人遂以汪为姓。

祁

据《百家姓考略》记载，帝尧复姓伊祁氏，其后人中有的以祁为姓。

毛

据《通志·氏族略》记载，周文王的儿子伯聃，受封于毛邑，其子孙遂以毛为姓。

禹

据《通志·氏族略》记载，夏禹的后人以禹为姓。又据《百家姓考略》记载，春秋时期有鄅国，其后代以国名为姓，去掉“阝”为禹。

狄

据《广韵》记载，周朝时，在齐、鲁、晋、卫之间有狄族，其后世子孙遂以狄为姓。又据《百家姓考略》记载，周成王封其弟孝伯于狄城，其后代遂以狄为姓。

●君臣惕益

禹父鲧，受尧命治理洪水，无功被诛。舜命禹继鲧业，任司空。禹吸取父鲧治水失败教训，采疏导之法，平水土，归九流。居外十三年，栉风沐雨，劳神焦思。三十娶妻于涂山，三宿而别，后三过家门而不入。禹治水有功，初被封为夏伯，故称“伯禹”。后受舜禅，建立我国历史上第一个王朝——夏朝。

米

据《百家姓考略》记载，米姓始出自西域米国，其中有一支来到中原地区，以米为姓。

贝

据《姓氏考略》记载，周文王的后代如公康封于蓟，其子孙食采于贝丘，其后代遂以贝为姓。

明

据《百家姓注》记载，燧人氏时有大臣名明由，明姓由此始。又据《通志·氏族略》记载，春秋时期秦国丞相百里奚之子名孟明，其后代以明为姓。

臧

据《通志·氏族略》记载，西周时鲁孝公的儿子驱受封于臧地，其子孙遂以臧为姓。

计

据《百家姓注》记载，夏禹后人建有计国，灭国后，其后人以计为姓。

伏

据《氏族博考》记载，伏羲氏的后裔以伏为姓。

成

据《通志·氏族略》记载，周武王封其弟叔武于郕地，其子孙去掉“阝”旁以成为姓。

戴

据《元和姓纂》记载，春秋时期宋戴公的后裔以祖上的谥号为姓。又据《通志·氏族略》记载，春秋时期有戴国，其后代遂以戴为姓。

谈

据《姓苑》记载，商亡国后，商的后人受周武王之封于宋地，宋国传三十六世有一人名谈居，因其受封于谈而得名，其子孙遂以谈为姓。

宋

据《通志·氏族略》记载，周武王灭商后，封商后裔微子启于商丘，建立宋国。宋国亡后，其王族相约以原国名为姓。

茅

据《通志·氏族略》记载，周公旦的儿子叔受封于茅邑，称茅叔，建立茅国，其后人遂以茅为姓。

庞

据《氏族考略》记载，周文王的儿子毕公高的后代，有的人受封于庞地，其后人遂以庞为姓。

熊

据《元和姓纂》记载，黄帝建都于有熊，故称有熊氏，其后代有的以熊为姓。

纪

据《通志·氏族略》记载，西周时，炎帝的后裔封于纪，建立纪国，其后人遂以纪为姓。

舒

据《姓氏考略》记载，周武王封皋陶后代于舒，建立舒国，世称舒子，其后人遂以舒为姓。

●项羽

屈

据《通志·氏族略》记载，春秋时期楚武王儿子瑕受封于屈地，其子孙遂以屈为姓。

项

据《通志·氏族略》记载，春秋时期楚公子燕封于项城，建立项国，其子孙遂以项为姓。

祝

据《新唐书·宰相世系表》记载，西周初期，周武王分封先代遗民，黄帝的后人封于祝地，建立祝国，其子孙遂以祝为姓。

董

据《广韵》记载，帝舜时有个叫董父的人善于饲养龙，称豢龙氏。遂赐董为姓，其后人袭用。又据《姓氏急救篇》记载，春秋时期晋国有史官，称董史，其后人遂以董为姓。

梁

据《通志·氏族略》记载，春秋时期周宣王的大夫秦仲有战功。周宣王封其长子为西垂大夫，封其次子康于夏阳梁山，建立梁国，其后代遂以梁为姓。

原文

杜阮蓝闵(mǐn)　席季麻强　贾路娄危　江童颜郭

梅盛林刁　钟徐丘骆　高夏蔡田　樊(fán)胡凌霍

姓氏寻根

杜

据《通志·氏族略》记载，帝尧的后人先封于唐，建立唐国。因不服从周朝号令，被周公旦所灭，改封于杜城，其后人遂以杜为姓。

阮

据《通志·氏族略》记载，商朝时有阮国，其王族以国名为姓。

蓝

据《竹书纪年》记载，梁惠王三年，秦王子向命为蓝国国君，其后人遂以蓝为姓。又据《百家姓考略》记载，蓝姓“系出芈姓，楚公子亹封于蓝，谓之蓝尹，其后人以蓝为氏”。

闵

据《通志·氏族略》记载，春秋时期鲁庄公的儿子做了两年国君后被庆父所杀，谥号闵，称鲁闵公，其后代遂以闵为姓。

席

据《姓苑》记载，春秋时期晋国大夫籍谈是管理典籍的官，其后人以籍为姓。秦末项羽名籍，籍谈的后裔为避讳，改姓席。

季

据《百家姓考略》记载，春秋时期鲁桓公的儿子季友，其后人以季为姓。

麻

据《风俗通》记载，春秋时期齐国有一大夫麻婴，其后人都姓麻。

强

据《百家姓考略》记载，春秋时期，齐国大夫公孙彊，其后人以强为姓。古代“彊”与“强”通用。

贾

据《姓苑》记载，西周时，周康王封唐叔虞的少子公明于贾，称贾伯，其后代遂以贾为姓。

路

据《新唐书·宰相世系表》记载，帝喾高辛氏的孙子玄元，因功封为中路，其子孙遂以路为姓。

娄

据《百家姓考略》等书记载，周武王灭商后封少康后裔东楼公于杞，为杞国，东楼公后裔去掉“木”旁而改为娄姓。

危

据《潜夫论》等书记载，帝舜时，在江西鄱阳湖一带有三苗族人居住，因参与丹朱与舜帝争位，帝舜将三苗族迁往甘肃三危山一带，三苗后人遂以危为姓。

江

据《百家姓考略》记载，江姓出自嬴姓。颛项后裔孙伯益的后人，受封于江地建立江国，其子孙遂以江为姓。

童

据《元和姓纂》记载，颛项有子名老童，其子孙遂以童为姓。

颜

据《姓氏考略》记载，颛项的后人郳武公，名夷父，字颜，世称颜公。其子孙遂以颜为姓。又据《通志·氏族略》记载，周公旦的后裔有的受封于颜地，其子孙遂以颜为姓。

郭

据《百家姓考略》记载，周武王灭商后，封虢仲于东虢，封虢叔于西虢，号曰二虢。后来西虢改号为郭，其后人遂以郭为姓。

梅

据《通志·氏族略》记载，商时有梅伯，后被纣王所杀。周武王克商后，封梅伯的后人于黄梅，其子孙遂以梅为姓。

盛

据《通志·氏族略》记载，周穆王时有盛国，春秋时期盛国被齐国所灭，其国君的后人遂以盛为姓。

林

据《通志·氏族略》记载，纣王杀王叔比干，时比干夫人怀孕，逃至长林避难，生子名坚。周武王灭纣后拜坚为大夫。因其曾居长林，赐为林姓。又说，周平王有庶子林开，其后人遂以林为姓。

刁

据《百家姓考略》记载，周文王时有雕国，其后人改“雕”为“刁”，以此为姓。

钟

据《百家姓考略》记载，“楚公族钟建封于钟吾，其后人为钟吾，或为钟氏”，是为钟姓之始。

徐

据《百家姓考略》记载，伯益协助大禹治水有功，禹封其子若木于徐地，若木的子孙遂以徐为姓。

丘

据《元和姓纂》《百家姓考略》等书记载，太公望姜尚辅助周武王有功受封于齐，建齐国，都营丘。后来齐国迁都临淄，太公的一支留在营丘，以丘为姓。清雍正三年（1725）为避孔子讳，全国上下遂改“丘”为“邱”。

骆

据《姓谱》等书记载，太公的后裔孙公子骆，他的子孙以骆为姓。

高

据《百家姓考略》《广韵》等书记载，太公裔齐文公之子受封于高地，世称公子高。其子孙遂以高为姓。

夏

据《通志·氏族略》记载，周武王克商后，封夏禹的后裔东楼公于杞，建杞国。另一部分后裔没有得到封地，他们便以夏为姓。

蔡

据《百家姓考略》记载，周文王的儿子叔度受封于蔡，史称蔡叔度。其子孙遂以蔡为姓。

田

据《通志·氏族略》记载，上古时代，田、陈音相近，可以互换称呼，姓田的也可姓陈。又据《左传》记载，田氏即陈氏，陈厉公子完，字敬仲。陈宣公杀太子御寇，敬仲避祸奔齐，改而姓田。后来，敬仲的后人田和推翻姜姓齐国，称齐太公，史称田齐，其后人遂以田为姓。

樊

据《通志·氏族略》记载，周文王的

●吕尚磻溪垂钓

吕尚，名望，字子牙。先后辅佐了六位周王，因是齐国始祖而称“太公望”，俗称姜太公。西周初年，被周文王封为“太师”（武官名），辅佐文王，与谋“翦商”。

●樊哙

樊哙，樊姓著名后人。沛县人，西汉开国功臣，大将，汉高祖刘邦的心腹，封舞阳侯，谥武侯，以勇著称。

后裔仲山甫在周宣王时任卿士，受封于樊地，其子孙遂以樊为姓。

胡

据《元和姓纂》记载，西周初期，周武王封舜的后裔胡公满于陈，建立陈国。陈国亡后，其公族中有一部分人以祖名胡为姓。

凌

据《通志·氏族略》记载，周文王之子康叔封于卫，建立卫国。康叔的庶出子在周朝做官，位至凌人（官名），其后人遂以凌为姓。

霍

据《百家姓考略》记载，周文王的儿子霍叔的后人以霍为姓。

原文

虞万支柯　昝(zǎn)管卢莫　经房裘缪(miào)　干解(xiè)应(yīng)宗
丁宣贲(bēn)邓　郁单(shàn)杭洪　包诸左石　崔吉钮龚

姓氏寻根

虞

据《通志·氏族略》记载，舜帝的儿子商均受封于虞地，其后代遂以虞为姓。又据《百家姓考略》记载，周太王的次子仲雍的庶孙封于虞，其后代遂以虞为姓。

万

据《通志·氏族略》记载，春秋时期晋国大夫毕万的后人以祖上的万字为姓。

支

据《姓氏考略》记载，尧舜时有个名叫支父的人，其后代遂以支为姓。

柯

据《百家姓考略》记载，春秋时期吴王之子名柯卢，其子孙遂以柯为姓。

昝

据《百家姓考略》记载，昝姓出自咎姓。但因咎字有灾祸之意，便变“咎”为“昝”。

管

据《通志·氏族略》记载，西周初期，周武王封其弟叔鲜于管，建立管国，世称管叔鲜，其后人遂以管为姓。

卢

据《通志·氏族略》记载，姜太公的后裔孙名傒，受封于卢，其后人遂以卢为姓。

莫

据《百家姓考略》《三郡记》等书记载，莫姓出自高阳氏，是颛顼之后。颛顼造莫城，其后人遂以莫为姓。

经

据《百家姓考略》记载，春秋时期郑武公之子叔段受封京地，世称京叔段。传至汉代时有一位京房因事死于狱中，其后人遂改京为经姓。

房

据《百家姓考略》记载，帝舜封尧的儿子丹朱于房，建立房国，其后人遂以房为姓。

裘

据《通志·氏族略》记载，春秋时期卫国有一位大夫受封于裘地，其子孙遂以裘为姓。

缪

据《元和姓纂》《通志·氏族略》等书记载，缪姓为秦穆公的后代。古时缪、穆同音，秦穆公又称秦缪公，故其一部分子孙以缪为姓。

干

据《百家姓考略》记载，春秋时期，宋国有一位大夫名叫干犨，其子孙遂以干为姓。

解

据《通志·氏族略》记载，西周时，周武王封儿子叔虞于唐，称唐叔虞。其子名良，食采于解，称解良，其子孙遂以解为姓。

应

据《百家姓考略》记载，周武王封第四子于应，建立应国，称应侯，其子孙遂以应为姓。

宗

据《通志·氏族略》记载，西周设有掌管国家祭祀典礼之官，称宗伯，其后人以祖上名宗为姓。

丁

据《通志·氏族略》记载，西周初期，姜太公的儿子吕伋死后谥号丁公，其子孙遂以丁为姓。

宣

据《风俗通义》记载，西周时，周厉王的儿子姬静继承父位为君，死后谥号宣，是为周宣王。其一支的后人以祖上谥号为姓。又据《百家姓考略》记载，春秋时期鲁国大夫宣伯的子孙以祖上的谥号宣为姓。

贲

据《元和姓纂》记载，春秋时期鲁国贵族贲父，其后人以贲为姓。

邓

据《百家姓考略》记载，商王武丁封叔父曼季于邓，其后人遂以邓为姓。又据《通志·氏族略》记载，商时有邓国，为侯爵，称邓侯，其子皆姓邓。

郁

据《姓氏考略》记载，古代有郁国，春秋时期为吴大夫的封地，其后人以郁为姓。又据《元和姓纂》记载，春秋时期鲁国有宰相郁黄，其后世子孙姓郁。

单

据《姓氏考略》记载，西周初期，周成王封其少子臻于单邑，其子孙遂以单为姓。

杭

据《百家姓考略》记载，大禹治水以后，留下许多船只，禹王让他的儿子管理这些船，封为余杭国，其后人遂以杭为姓。

洪

据《元和姓纂》记载，上古时炎帝的子孙共工氏，为避仇，又因为有水德，“共”字加“水”旁，改洪为姓。

包

据《百家姓考略》记载，春秋时期，楚国有一位大夫申包胥，其子孙以祖上名字中的包为姓。

诸

据《姓苑》记载，春秋时期有诸邑，在诸邑任官职受俸禄的大夫的子孙以诸为姓。

左

据《元和姓纂》记载，周朝和各诸侯国设置有左史官，这些史官的后人皆姓左。

石

据《百家姓考略》记载，春秋时期卫国公族大夫名石碏，其后人遂以此为姓。

●伍子胥一战入郢

申包胥，春秋时期楚国大夫，原与伍子胥友善，楚平王七年，伍子胥因父亲冤案逃离楚国，途遇申包胥道：“我必覆楚。”申包胥答曰：“子能覆之，我必能兴之。”

崔

据《百家姓考略》等书记载，齐国齐丁公之子季子以崔地为领地，其后人遂以崔为姓。

吉

据《百家姓考略》记载，周宣王时有大臣尹吉甫，战功卓著，其后人遂以祖上名字中的吉字为姓。

钮

据《通志·氏族略》记载，东晋有钮滔，是为钮姓之祖。

龚

据《百家姓考略》记载，黄帝时有大臣名叫共工，管理水土之事。共工的儿子叫句龙，继任父亲的职位，他的后人遂把“共”和“龙”合在一起，以龚为姓。

原　文

程嵇(jī)邢滑　裴陆荣翁　荀羊於(yū)惠　甄麴(zhēn qū)家封
芮(ruì)羿储靳(jìn)　汲(jí)邴糜松　井段富巫　乌焦巴弓

姓氏寻根

程

据《百家姓考略》等书记载，颛顼之孙重黎为司火之官，受封于程地，称程伯，其后人遂以程为姓。

●**嵇康**
嵇姓著名后人。魏晋著名思想家、文学家、音乐家，出类拔萃的“竹林七贤”之一。与魏宗室通婚，拜中散大夫，世称嵇中散。他生活于魏晋易代之际，政治上倾向曹氏集团，对司马氏采取不合作的态度，又锋芒毕露，直接触犯了假借礼法图谋篡魏的司马氏集团利益，最终被司马昭以“乱群惑众”的罪名杀害。临刑前，奏《广陵散》一曲，从容赴死。

嵇

据《百家姓考略》《姓谱》记载，夏朝少康帝封其庶子于会稽，称会稽氏。西汉初，迁徙列国公族大姓，会稽氏迁至谯郡嵇山，其后人遂以嵇为姓。

邢

据《元和姓纂》记载，周公旦第四子封于邢，立邢国，其后人遂以邢为姓。

滑

据《通志·氏族略》记载，古代有滑国，后来被晋所灭。其公族子孙遂以滑为姓。又说系出姬姓，滑国之后。

裴

据《百家姓考略》等书记载，裴姓系出嬴姓，伯益之裔孙受封于裴地，其后人改为裴姓。

陆

据《新唐书·宰相世系列表》记载，齐宣王的小儿子田通封于陆邑，其子孙遂以陆为姓。

荣

据《百家姓考略》等书记载，周文王时大夫夷公受封于荣邑，称荣邑公。其后代遂以荣为姓。又据《通志·氏族略》记载，周成王时，有卿士封于荣，其后人以荣为姓。

翁

据《百家姓考略》记载，周昭王庶子受封于翁山，其后代遂以翁为姓。又一说，夏朝初期有贵族名叫翁难乙，他是翁姓的始祖。

荀

据《元和姓纂》记载，周文王的一个儿子受封于郇地，建立郇国，称郇伯，其子孙改郇为荀，以荀为姓。

羊

据《通志·氏族略》《百家姓考略》等书记载，羊姓出于祁姓。春秋时期，晋国大夫祁盈受封于羊舌，称羊舌氏，其后人遂以羊为姓。

於

据《世本》记载，黄帝时有一位大臣因有功受封于於，名於则，其子孙遂以於为姓。

惠

据《百家姓考略》《元和姓纂》记载，周惠王的后代子孙，以祖上谥号惠字为姓。

甄

据《百家姓考略》《元和姓纂》记载，皋陶氏的次子仲甄在夏朝时为卿，受封

●羊祜

羊姓著名后人，西晋著名的战略家。羊祜做官，不谋求财利，一心为了社稷和黎民。晋廷封羊祜为南城侯，他固不接受，“祜每拜官爵，常复避让，至心素著，故特见申于分列之外”。死时正值大寒节气，晋皇司马炎哭泣不止，以致胡须都成冰棒。

于甄，其子孙遂以甄为姓。

麹

据《百家姓考略》等书记载，西周初期，朝廷中有官职麹人，是管理酿酒的官员，其官员后人均以祖上官名麹为姓。

家

据《百家姓考略》等书记载，周孝王的一个儿子名家父，其后世子孙遂以家为姓。

封

据《姓苑》等书记载，炎帝裔孙名钜，为黄帝师。夏朝时封其后代于封，称封父，其后世遂以封为姓。

芮

据《百家姓考略》记载，西周初期，周武王封姬姓司徒于芮，建立芮国，称芮伯，其后世遂以芮为姓。

●羿焉弹日，乌焉解羽

《天问》中说："羿焉弹日？乌焉解羽？"意思为后羿在哪儿射了太阳？何处落下了金羽毛？羿，古代传说中的善射者。弹，射。这个传说也见于《淮南子·本经训》。

羿

据《百家姓考略》记载，夏代有穷氏首领名后羿，他的子孙以羿为姓。

储

据《百家姓溯源》记载，上古时有储国，其公族的后代以储为姓。又据《风俗通》记载，春秋时期，齐国有一位大夫储子，其后世以储为姓。

靳

据《风俗通》记载，战国时期，楚怀王有侍臣名尚，受封于靳江，称靳尚，其子孙遂以靳为姓。

汲

据《通志·氏族略》记载，汲姓出自姬姓。春秋时期，周文王的后人康叔封于卫，建立卫国。卫宣公的太子居于汲，称太子汲，其后代遂以汲为姓。

郤

据《通志·氏族略》记载，春秋时期，晋国大夫郤豫封于郤，其后人以郤为姓。

糜

据《通志·氏族略》记载，糜、夏同姓。诸侯有糜之后。又说，糜姓起源于夏代，当时有人以种粮食作物糜子闻名，其后人遂以糜为姓。

松

据《元和姓纂》记载，秦始皇巡幸泰山遇雨，避雨于松树下，封此松为五大夫松，同时避雨的人以松为姓。

井

据《通志·氏族略》记载，周朝大夫井利的后人以井为姓。又记，春秋时期，虞国有人受封于井邑，称井伯，其后人以井为姓。

段

据《元和姓纂》记载，春秋时期，郑武公之子，郑庄公之弟人称共叔段。其子孙有的姓共，有的姓段。又据《史记》记载，道家老祖老子李聃的子孙，有人在鲁国为卿，食采于段，其后人以段为姓。

富

据《通志·氏族略》记载，周朝大夫富辰，其子孙以富为姓。又据《元和姓纂》记载，春秋时期鲁国有富父氏，其后人以富为姓。

巫

据《百家姓考略》记载，商代有大臣巫咸，其子孙遂以巫为姓。

乌

据《百家姓考略》记载，上古少昊氏以乌名任命官职。有掌管高山丘陵的乌乌氏，其后代遂以乌为姓。

焦

据《通志·氏族略》记载，西周初期，周武王封神农氏的后代于焦，建立焦国，其子孙遂以焦为姓。

巴

据《通志·氏族略》记载，周朝时，在四川东部地区有巴子国，其国君后代遂以巴为姓。

弓

据《姓氏考略》记载，上古时主管制造弓弩的官名叫弓正，其子孙以弓为姓。

原　文

牧隗山谷　车侯宓(mì)蓬　全郗(xī)班仰　秋仲伊宫
宁仇栾暴　甘钭(tǒu)厉戎　祖武符刘　景詹束龙

姓氏寻根

牧

据《通志·氏族略》记载，牧氏，黄帝相力牧之后，这是牧姓之祖。

隗

据《通志·氏族略》记载，商汤灭夏后，封夏桀后代于隗，建立隗国，其后人遂以隗为姓。

●山涛

山姓著名后人。"竹林七贤"之一。字巨源，晋代吏部尚书。山涛好老庄学说，与嵇康、阮籍等交游。山涛在"竹林七贤"中年龄最大，投靠司马氏，仕途平步青云。

山

据《广韵》记载，周朝置有掌管山林之官，其后人遂以山为姓。

谷

据《通志·氏族略》记载，周朝时封颛顼后裔于秦谷，其后代遂以谷为姓。

车

据《世本》记载，黄帝时有大臣名中车区，为车姓之始祖。又据《百家姓考略》记载，车姓出自车氏。春秋时期，秦国公族有子车仲行，其后人遂以车为姓。

侯

据《姓氏考略》记载，西周初期，封夏侯氏后裔于侯，建立侯国，其子孙遂以侯为姓。

宓

据《百家姓考略》记载，宓姓出自太昊氏。上古时伏羲同时也作宓羲。伏、宓同音，其后代以宓为姓。

蓬

据《万姓统谱》《百家姓考略》等书记载，西周初期，封君主的支庶子孙于蓬，其后代遂以蓬为姓。

全

据《百家姓考略》记载，西周设有官泉府掌管钱财。其时泉府的后人以泉为姓，泉与全同音，遂改为全姓。

郗

据《姓氏考略》《百家姓考略》等书记载，西周初期，周武王封少昊氏的后裔于郗，其子孙遂以郗为姓。

班

据《百家姓考略》记载，楚令尹子文，小时候被弃于野外，吃虎乳长大。因虎身有斑纹，其后人以斑为姓，后改为班。

仰

据《吕氏春秋》《姓氏考略》记载，虞舜时代有一位大臣名叫仰延，其后人遂以仰为姓。

秋

据《百家姓考略》记载，春秋时期鲁国大夫仲孙湫，其裔孙名胡，湫胡的支庶子孙遂以秋为姓。

仲

据《元和姓纂》记载，黄帝后裔高辛氏中有两个叫仲堪和仲熊的人，其后代均以仲为姓。

伊

据《百家姓考略》记载，帝尧生于伊水，姓伊祁氏，其后人遂以伊为姓。

宫

据《古今姓氏书辨证》记载，西周时，朝廷中有专管宫廷修缮、清理环境的职务，名为宫人，其后代遂以宫为姓。

宁

据《元和姓纂》记载，春秋时期，秦国襄公的曾孙死后谥号宁，称宁公，其子孙遂以宁为姓。又据《姓氏考略》记载，卫国卫成公的儿子受封于宁，其后世子孙遂以宁为姓。

仇

据《百家姓考略》等书记载，夏代有诸侯九吾氏，商代建立九国。商末，纣王杀九侯，其族人为避祸加"人"字旁改为仇姓。

栾

据《世本》记载，春秋时期，晋靖侯的孙子宾，受封于栾邑，其后代遂以栾为姓。

暴

据《风俗通》记载，商朝时有暴国，到周朝暴国仍为诸侯国，后并入郑国，暴国的后人遂以暴为姓。

甘

据《通志·氏族略》记载，夏朝时有甘国，其国君家族后人均以甘为姓。

钭

据《百家姓考略》等书记载，战国时期，田和篡齐，齐康公被迁于海上，居洞穴，吃野菜，以钭（酒器）当锅烹饪食物，其一支庶出子孙遂以钭为姓。

厉

据《风俗通》记载，西周时，齐国君主姜无忌去世，谥号"厉"，称齐厉公，其一支庶出子孙遂以厉为姓。

戎

据《百家姓考略》记载，周朝时有戎国，为齐国的附庸，其公族以戎为姓。

祖

据《通志·氏族略》记载，商汤的裔孙祖甲、祖乙、祖巳、祖丁等都先后为商王，他们的子孙均以祖为姓。

武

据《元和姓纂》记载，周平王的小儿子生下来手上有"武"字纹，遂赐武姓。又据《风俗通》记载，宋武公的后代以其谥号武字为姓。

符

据《元和姓纂》记载，春秋时期，鲁顷公的孙子雅，在秦国任符玺令，其子孙遂以符为姓。

刘

据《通志·氏族略》记载，帝尧陶唐氏的后人，有的被封于刘地，其后人遂以刘为姓。

景

据《百家姓考略》记载，春秋时期，楚国有大夫景差，其后人皆姓景。据《姓氏考略》记载，战国时期，齐景公之后人以景为姓。

詹

据《姓苑》《百家姓考略》记载，周宣王封其支庶子孙于詹，建立詹国，其后人遂以詹为姓。

束

据《百家姓考略》记载，束姓出自田姓。战国时期，齐国有踈族，其后人去掉“足”旁以束为姓。

龙

据《通志·氏族略》记载，黄帝裔孙董父好畜龙，赐为豢龙氏，其后人遂以龙为姓。

原　文

叶幸司韶　郜黎蓟(jì)薄(bó)　印宿白怀　蒲邰(tái)从鄂
索咸籍赖　卓蔺屠蒙(méng)　池乔阴郁　胥(xū)能苍双

姓氏寻根

叶

据《百家姓考略》等书记载，春秋时期，楚庄王裔孙沈诸梁封于叶，建叶国，世称叶公，其子孙遂以叶为姓。

幸

据《姓氏五书》记载，古代君王身边有幸臣，其子孙引以为荣，遂以幸为姓。

司

据《百家姓考略》记载，春秋时期，郑国有大夫名司臣，其子孙皆姓司。

韶

据《姓氏考略》记载，帝舜时有乐官，作曲名韶，时称韶乐，乐官的子孙遂以乐曲名“韶”为姓。

郜

据《通志·氏族略》记载，周文王的一个儿子封于郜，其后人遂以郜为姓。

黎

据《元和姓纂》记载，黄帝后裔颛顼的孙子封于黎地，其子孙均以黎为姓。

蓟

据《姓氏考略》记载，西周初期，周武王封黄帝后人于蓟，其子孙遂以蓟为姓。

薄

据《百家姓考略》记载，薄姓系出古薄氏。又一说，春秋时期，宋国有一大夫受封于薄地，其子孙以薄为姓。

印

据《广韵》《百家姓考略》等书记载，郑穆公的儿子，字子印，其子孙遂以祖上字印为姓。

宿

据《姓氏考略》记载，西周初期，周武王封伏羲氏的后人于宿，建立宿国，其后世皆以宿为姓。

白

据《百家姓考略》记载，春秋时期，秦文公的儿子名公白，其后代遂以白为姓。又据《元和姓纂》记载，春秋时期，秦国名臣百里奚有孙子名叫白乙丙，其后人遂以白为姓。

怀

据《路史》记载，春秋时期，宋国微子启的后代皆姓怀。又据《百家姓考略》记载，西周初期，周武王封其弟叔虞于怀，又改封地晋，叔虞的后人有一支便以怀为姓。

蒲

据《百家姓考略》记载，夏代封帝舜的后裔于州蒲，其子孙遂以蒲为姓。

郃

据《元和姓纂》记载，帝尧封后稷于郃，其子孙遂以郃为姓。

从

据《百家姓考略》记载，周平王封少子精英于枞，建枞国，称枞侯，其后人改枞为从，以从为姓。

鄂

据《百家姓考略》记载，春秋时期，晋侯光居于鄂，其子孙以鄂为姓。又据《姓氏考略》记载，楚王子封于鄂，称鄂王，其子孙皆姓鄂。

索

据《姓氏考略》记载，索姓出自子姓，是商汤王的后裔。西周初期，周武王把商七族中的索氏迁于鲁定居，其后人皆姓索。

咸

据《姓苑》记载，商朝时有掌卜祝巫事的大臣，称咸巫，其后代以咸为姓。

籍

据《通志·氏族略》记载，春秋时期，晋大夫荀林父之孙负责管理典籍文献，其后代遂以籍为姓。

赖

据《风俗通》记载，西周初期，周武王封炎帝后裔于赖，建立赖国，其后人均以赖为姓。

卓

据《战国策》记载，春秋时期，楚威王有个儿子名公子卓，其后代遂以卓为姓。

●**杨志索超比武**

索超，梁山泊第十九条好汉，排马军八虎骑先锋使第四，原是大名府梁中书手下的正牌军。杨志杀人被发配到大名府，索超挥动大斧和杨志大战五十几个回合不分胜负。

蔺

据《通志·氏族略》记载，春秋时期，晋穆公的少子封于韩，建立韩国。传至韩厥，其玄孙名康，仕于赵国，受封于蔺，其子孙遂姓蔺。

屠

据《百家姓考略》记载，商王族后裔封于屠，其后人去掉“阝”旁，以屠为姓。

蒙

据《元和姓纂》记载，夏朝初期，封颛顼后人于蒙双，其子孙遂以蒙为姓。

池

据《百家姓考略》记载，战国时期，秦王族公子池，其子孙以池为姓。又据《风俗通》记载，春秋时期，城邑有墙，墙外有护城河，称为池，居于池畔的人家便以池为姓。

乔

据《通志·氏族略》记载，黄帝死后葬于桥山，守陵人遂以山名桥字为姓，后人又简化为乔。

阴

据《通志·氏族略》记载，管仲的裔孙名修，仕于楚国，封为阴大夫，世称阴修，其子孙遂以阴为姓。

郁

据《姓苑》记载，古代郁国，为吴大夫封地，其公族以郁为姓。

胥

据《通志·氏族略》记载，春秋时期，有晋国大夫胥臣，他的后代以胥为姓。

能

据《百家姓考略》《姓苑》等书记载，能姓出自熊姓。西周初期，周成王有大臣熊绎，因功受封，建立楚国。熊绎的儿子熊挚被封于夔，建夔国，后来被灭，其国人为避难改“熊”为“能”。

苍

据《风俗通》记载，黄帝之孙颛顼有八子，帮助帝尧治理国家，其长子名苍舒，子孙遂以苍为姓。

双

据《百家姓考略》等书记载，颛项帝的裔孙受封于双蒙城，其子孙后代以双为姓。

原　文

闻莘党翟　谭贡劳逄（páng）　姬申扶堵　冉宰郦雍
郤璩（qú）桑桂　濮（pú）牛寿通　边扈（yān）燕冀　郏浦尚农

姓氏寻根

闻

据《风俗通》等书记载，闻姓出自闻人氏。春秋时期，鲁国有一位名人少正卯很有学问。但他的主张与孔子不合，后来，孔子在鲁国任大司寇时杀了少正卯。因少正卯是当时的名人，其后代便以“闻人”二字为姓。其后一部分改为闻姓。

莘

据《百家姓考略》记载，夏王启封帝喾高辛氏之子挚于莘地，其子孙遂以莘为姓。

党

据《百家姓考略》记载，党姓出自夏后氏。夏禹后裔世居党项，遂以党为姓。

翟

据《百家姓考略》记载，黄帝的后裔居于翟地，遂以翟为姓。

谭

据《姓谱》《百家姓考略》记载，周朝封颛项后人于谭，建立谭国，其公族遂以

●诛少正卯

鲁定公十一年（前499），孔子53岁，由大司寇摄行相事，第七天，就在两观台下诛杀了乱政大夫少正卯，因他心达而险、行辟而坚、言伪而辩、记丑而博、顺非而泽，不可赦免。

谭为姓。

贡

据《百家姓考略》等书记载，春秋时期孔子的弟子子贡的后人，有一部分以贡为姓。

劳

据《姓谱》《百家姓考略》等书记载，现在山东青岛之东有崂山，古称劳山。西汉初期，劳山人始与内地相通，汉王便赐劳山居民以劳为姓。

逄

据《百家姓考略》等书记载，炎帝裔孙名字叫陵，商朝时受封于逄，建立逄国，世称逄伯陵，其后人遂以逄为姓。

姬

据《帝王世纪》《百家姓考略》等书记载，黄帝出生于姬水，遂以姬为姓。周朝皇族是黄帝后裔，是姬姓之始。

申

据《元和姓纂》等书记载，炎帝后裔中有人受封于申地，建立申国，世称申伯吕，其后人遂以申为姓。

扶

据《路史》记载，夏禹王时有臣扶登氏，其子孙遂以扶为姓。

堵

据《百家姓考略》等书记载，春秋时期，郑国大夫泄寇被封于堵邑，世称堵寇，其后人遂以堵为姓。

冉

据《百家姓考略》记载，西周初期，周文王少子季载受封于冉，其后代遂以冉为姓。

宰

据《百家姓考略》记载，宰姓系出姬姓。

●冉耕

冉姓著名后人。春秋末期鲁国人，字伯牛。为人端正正派，善于待人接物。在孔子的弟子中，以德行与颜渊、闵子骞并称。因恶疾早逝，孔子哀叹其“亡之，命矣夫！”

周朝大夫宰孔，其后人以宰为姓。

郦

据《元和姓纂》记载，夏禹王封黄帝后人于郦邑，其后人遂以郦为姓。

雍

据《通志·氏族略》记载，西周初期，周文王被封于雍，称雍伯，其后遂以雍为姓。

郤

据《古今姓氏书辨证》记载，春秋时期，晋国公族叔虎在征战中有功，晋献公把郤邑封给他，称郤子，其后遂以此为姓。

璩

据《姓氏考略》记载，璩指用金银制的耳环，最早制作璩的人，其后代遂以璩为姓。

桑

据《通志·氏族略》记载，春秋时期，秦国公族公孙枝，字子桑，其后人遂以桑为姓。

桂

据《桂氏家乘序》记载，周朝王族后裔季桢在秦国任博士，秦始皇焚书坑儒时被杀，其弟季眭为避祸，以自己名字“眭”的同音字“桂”为子孙之姓。

濮

据《路史》记载，虞舜的子孙封于濮地，其后人皆姓濮。又据《姓苑》记载，春秋时期，卫国有一位大夫受封于濮地，其子孙遂以濮为姓。

牛

据《通志·氏族略》记载，宋微子的裔孙名叫牛父，在宋国为官，为国战死，其子孙遂以牛为姓。

寿

据《史记》《风俗通》记载，春秋时期，有吴王寿梦，其子孙遂以寿为姓。

通

据《元和姓纂》记载，春秋时期，巴国有大夫封于通川，其子孙遂以通为姓。

●一丈青扈三娘

扈三娘是梁山泊第一女将，武艺高强，一对日月双刀神出鬼没，更有阵前用绳套捉人的绝技。

边

据《元和姓纂》记载，商代时有边国，其国君子孙遂以边为姓。

扈

据《百家姓考略》记载，夏朝时有扈国，其公族子孙遂以扈为姓。

燕

据《通志·氏族略》记载，商朝封黄帝后裔伯倏于燕，其后人以燕为姓。又据《百家姓考略》记载，西周初期，周武王封召公姬奭于燕，其子孙遂以燕为姓。

冀

据《元和通纂》记载，春秋时期，晋国大夫郤芮受封于冀，其子孙遂以冀为姓。

郏

据《元和姓纂》记载，周朝王族后裔，有的人定居于郏，遂以郏为姓。

浦

据《百家姓考略》记载，姜太公的后裔晋国大夫浦跞，其后人以浦为姓。

尚

据《万姓统谱》等书记载，姜太公名尚，辅佐周武王灭商有功，受封于齐。姜太公在周朝为太师，称太师尚父，他的子孙遂以尚为姓。

农

据《风俗通》记载，西周初期，封神农氏后裔任农正官，管理农业生产，其后人遂以农为姓。

原文

温别庄晏(yàn)　柴瞿(qú)阎充　慕连茹习　宦艾鱼容

向古易慎　戈廖庾终　暨(jì)居衡步　都耿满弘

温

据《元和姓纂》记载，西周初期，周武王封其子叔虞于唐，称唐叔虞。其后人中的一支受封于温地，遂以温为姓。

别

据《百家姓考略》记载，古诸侯卿大夫长子，世为宗子。宗子之次，世为小宗。小宗之次子为别子。按古代宗法制度，别子不能姓祖父之姓，有的人就以别为姓。

庄

据《姓氏考略》记载，春秋时期，楚庄王的支庶子孙以祖上谥号庄为姓。

晏

据《百家姓考略》记载，晏姓出自陆姓。陆终的儿子晏安，其后人以晏为姓。

柴

据《通志·氏族略》记载，西周初期，周武王封姜太公于齐，齐国公族本姓姜。但其后世裔孙有一个名高柴。高柴的孙子字举，他以其祖父的柴字为姓，名柴举，其后人皆以柴为姓。

瞿

据《百家姓考略》记载，商朝有个大夫受封于瞿上，名瞿父，其子孙遂以瞿为姓。

阎

据《新唐书·宰相世系表》记载，西周初期，周武王封太伯曾孙仲奕于阎乡，仲奕的后代遂以阎为姓。

充

据《姓谱》记载，周朝官制中有充人一职。充人是管理饲养以及祭祀所用牲畜的官，其官后代遂以充为姓。

●**柴绍**

柴姓著名后人。字嗣昌，晋州临汾（今山西临汾）人，唐朝大将，凌烟阁二十四功臣之一。

慕

据《路史》记载，帝喾的后裔中有慕容氏，其后代有的就以慕为姓。

连

据《姓氏考略》记载，颛顼裔孙陆终的儿子名叫惠连，其后代遂以连为姓。

茹

据《百家姓考略》记载，茹姓出自如姓。汉代有人名如淳，其后人改为茹，以茹为姓。

习

据《风俗通》记载，古代有习国，习国灭后，其公族以习为姓。

宦

据《姓氏五书》记载，宦姓当取意于仕宦，不以阉宦为姓。

艾

据《通志·氏族略》记载，夏少康有臣汝艾，其子孙遂以艾为姓。

鱼

据《百家姓考略》记载，鱼姓出自子姓。宋司马子鱼之后，以父名鱼字为姓。这是鱼姓之始。

容

据《通志·氏族略》记载，虞舜的后裔有叫仲容的，其子孙遂以容为姓。

向

据《姓氏考略》记载，春秋时期，宋桓公有子字向父，其后代遂以向为姓。

古

据《风俗通》记载，周朝周太王古公亶父的后人以古为姓。

易

据《姓氏考略》记载，春秋时期，齐桓公有宠臣雍巫，字易牙。此人精于烹调，其后人以易为姓。

慎

据《百家姓考略》记载，春秋时期，楚国白公胜的后代受封于慎邑，其后代遂以慎为姓。

戈

据《姓谱》记载，夏朝时，封同姓人于戈，其后代遂以戈为姓。

廖

据《百家姓考略》等书记载，商朝时封黄帝后人叔安于廖，其子孙遂以廖为姓。

庾

据《百家姓考略》《元和姓纂》等书记载，周朝时设有庾之官保管粮食。其子孙遂以庾为姓。

终

据《元和姓纂》记载，颛顼的裔孙陆终，其后人以终为姓。

暨

据《姓考》等书记载，颛顼的后裔陆终的儿子名篯，受封于大彭，为大彭氏。在商代，大彭氏的后人有的受封于诸暨，这样，其后人有的姓诸，有的姓暨。

●**楚白贞姬**

白公胜，春秋末期楚国大夫，楚平王嫡孙。楚太子建携家出逃至郑国，不久，太子建为郑人所杀，其子由郑国逃奔到吴国，侨居吴国三十年，楚惠王时返楚，封在白地，号白公。贞姬，楚白公胜之妻。《列女传·楚白贞姬》：“白公死，其妻纺绩不嫁……吴王贤其守节有义，号曰‘楚贞姬’。”

居

据《百家姓考略》记载，晋国大夫先且居的后人，有的以居为姓。

衡

据《通志·氏族略》等书记载，商汤的丞相伊尹在商朝建立后，被尊称为阿衡，伊尹的后人有的就以衡为姓。

步

据《百家姓考略》记载，晋国大夫郤步杨的后人，有的以步为姓。

都

据《百家姓考略》《通鉴》等书记载，春秋时期，郑国大夫公孙子阏，字子都，其后以都为姓。

耿

据《通志·氏族略》《百家姓考略》等书记载，商代有耿国，为诸侯国，耿国灭后，其公族皆为耿姓。

满

据《姓氏考略》记载，帝舜的裔孙胡公满的后人，有的以满为姓。

弘

据《元和姓纂》《风俗通》等书记载，春秋时期，卫国有大夫名弘演，其子孙遂以弘为姓。

原文

匡国文寇　广禄阙(què)东　欧殳(shū)沃利　蔚越夔(kuí)隆
师巩厍(shè)聂　晁(cháo)勾敖融　冷訾(zī)辛阚　那简饶空

●寇准

寇姓著名后人。字平仲。北宋政治家、诗人。太平兴国五年进士，授大理评事。景德元年（1004），辽军大举侵宋，寇准力主抵抗，并促使真宗渡河亲征，与辽立澶渊之盟，起了稳定局势的作用。

姓氏寻根

匡

据《风俗通》《姓氏辨证》等书记载，春秋时期，鲁国的句须任匡邑宰，其子孙遂以匡为姓。

国

据《元和姓纂》《百家姓考略》等书记载，春秋时期，郑穆公的儿子公子发，字子国，其子孙遂以国为姓。

文

据《风俗通》记载，周文王的支庶子孙有的以祖上谥号文为姓。

寇

据《韵谱》记载，周文王的儿子康叔在周朝为司寇，其后世支庶子孙，有的以寇为姓。

广

据《风俗通》《姓谱》等书记载，黄帝时，有人名广成子，隐居山中。其后人遂以广为姓。

禄

据《百家姓考略》记载，殷纣王的儿子武庚，字禄父，其后遂以禄为姓。

阙

据《百家姓考略》记载，春秋时期，鲁国有阙党邑，有人受封于此，则以阙为姓。

东

据《通志·氏族略》等书记载，帝舜有七个好友，其中一个名叫东不訾，他的后人遂以东为姓。

欧

据《新唐书·宰相世系表》《姓谱》等书记载，春秋时期，越王勾践的裔孙，越王无彊的次子蹄，被封于乌程欧余山之南，称欧阳亭侯。其后人遂以欧为姓，又姓欧阳。又据《百家姓考略》记载，春秋时期越国有一位以冶炼铸造技术著名的匠人欧冶子，他曾为越王勾践铸造过名剑。欧冶子的后人有的以欧为姓。

殳

据《百家姓考略》《通志·氏族略》等书记载，帝舜时有大臣殳戕，其后人遂以殳为姓。

沃

据《百家姓考略》等书记载，商王沃丁的子孙以沃为姓。

●勾践三战灭东吴

公元前496年，越王勾践即位不久，即打败吴国。两年后，吴王夫差攻破越都，勾践被迫屈膝投降，并随夫差至吴国，臣事吴王，后被赦归返国。勾践自战败以后，时刻不忘会稽之耻，日日卧薪尝胆，经过十年，越之国力渐渐恢复起来。可是吴对此却毫不警惕。公元前473年，越军再次大破吴国，吴王夫差被围困在吴都西面的姑苏山上，求降不得而自杀，吴亡。越王勾践既平吴，声威大震，成为春秋末期最后的一个霸主。

利

据《路史》记载，皋陶氏的后裔有个理利贞，因逃避纣王迫害，曾避难李子树下，食李充饥，遂改名李利贞。其后人有的姓理，有的姓李，有的姓利。

蔚

据《姓氏考略》记载，周代，郑国公子翩受封于蔚邑，世称蔚翩，其后世遂以蔚为姓。

●**德行忠信**

此图描绘了春秋时期，晋国晋平公向盲人乐师师旷请教为君之道的故事。师旷，山西人，春秋时期晋国乐师，精通音律，能演奏各种乐器，是中国古代著名的音乐家，被人尊称“乐圣”。传说《阳春》《白雪》等均为他的杰作。

越

据《百家姓考略》记载，夏禹王后裔，夏王少康之子无余，受封于会稽，建立越国。国灭后，其公族子孙有的以越为姓。

夔

据《通志·氏族略》《百家姓考略》等书记载，春秋时期，楚国国君的六世孙熊挚受封于夔地，建立夔国。国灭后，其后世遂以夔为姓。

隆

据《姓氏考略》记载，春秋时期，鲁国有一地方名隆邑，居住在此或受封于此地者，以隆为姓。

师

据《风俗通》等书记载，夏商周时期，掌管音乐歌咏之官名师。如上古有师延、师涓，周朝有师尹，这些音乐官的后代多以师为姓。

巩

据《潜夫论》等书记载，周朝周敬王时有一个同族卿士简公封于巩，称巩简公，其后以巩为姓。

库

据《风俗通》记载，“古守库大夫，因官命氏”。据此可知，库乃库之俗音，守库即守库，其后人以官名库为姓。

聂

据《百家姓考略》记载，春秋时期，齐丁公封支庶子孙于聂城，其后人遂以聂为姓。

晁

据《通志·氏族略》记载，周景王的小儿子名朝，周景王死后，因争夺王位失败，逃往楚国，其子孙遂以朝为姓。因朝与晁同音，后又改为晁。

句

据《百家姓考略》记载，远古时期有句芒氏，其后人以句为姓。

敖

据《风俗通》记载，古帝颛顼的老师太敖，其子孙遂以敖为姓。

融

据《世本》等书记载，古帝颛顼的后裔有祝融氏，其后裔有的姓祝，有的姓融。

冷

据《风俗通》记载，黄帝时期有管音乐的官名叫伶伦，因伶与冷同音，其后人遂以冷为姓。

訾

据《百家姓考略》等书记载，帝喾的一个妃子是訾陬氏人，訾陬氏的后代遂以訾为姓。

辛

据《元和姓纂》记载，夏禹的儿子启建立夏朝，封其支庶子于莘，莘与辛同音，其后以辛为姓。

阚

据《百家姓考略》记载，春秋时期齐国大夫止封于阚，称阚止，其后遂以阚为姓。

那

据《百家姓考略》记载，春秋时期有权国，楚武王灭权国，将权国人迁往那处，其后遂以那为姓。

简

据《百家姓考略》《元和姓纂》等书记载，春秋时期晋国大夫狐鞫居受封于续，死后谥号简，称续简伯，其后人遂以简为姓。

饶

据《史记·赵世家》记载，赵悼襄王六年封长安君于饶，其子孙遂以饶为姓。

空

据《百家姓考略》记载，空姓出于古空侯氏，其后人以空为姓。又据《姓氏考略》记载，商代始祖契的后代受封于空桐，遂姓空桐，后人又改为单姓空。

原 文

曾毋沙乜(niè)　养鞠须丰　巢关蒯(kuǎi)相　查(zhā)後荆红
游竺权逯　盖(gě)益桓公　万俟(mò qí)司马　上官欧阳

姓氏寻根

曾

据《世本》记载，夏少康帝封儿子曲列于毋曾，其后人遂以曾为姓。

毋

据《姓氏考略》记载，齐宣王封弟于毋邱，其后代以毋为姓。

沙

据《姓苑》记载，炎帝时期有大臣夙沙氏，其后人以沙为姓。

乜

据《元和姓纂》记载，春秋时期，卫国大夫食邑于乜城，其后人遂以乜为姓。

养

据《姓氏考略》《左传·昭公三十年》等书记载，春秋时期，吴国公子掩余、烛庸逃到楚国，楚王让他们在养地居住，其子孙遂以养为姓。

鞠

据《元和姓纂》记载，后稷的孙子名鞠陶，其子孙遂以其名鞠为姓。

须

据《风俗通》记载，春秋时期有须句国，其公族须句氏，其子孙遂以须为姓。

丰

据《通志·氏族略》等书记载，春秋时期，郑穆公的儿子名丰，其子孙以丰为姓。

巢

据《姓谱》《通志·氏族略》等书记载，上古先民居山中，以树为巢。称有巢氏。夏禹王封有巢氏后人建巢国，巢被楚灭后，其公族遂以巢为姓。

关

据《百家姓考略》等书记载，夏朝时期有贤臣关龙逄，其后代以关为姓。

蒯

据《百家姓考略》记载，春秋时期，卫庄公名蒯聩，其后人以蒯为姓。

相

据《姓谱》《百家姓考略》等书记载，夏王有帝相，所都为相里，其子孙以相为姓。据《姓氏大全》记载，商王河亶居相，其后人以相为姓。

查

据《百家姓考略》《姓苑》记载，春秋时期，齐顷公封其子于楂，其后子孙遂以楂为姓。后改为查。

後

据《姓氏考略》等书记载，後姓出自太昊氏，太昊氏裔孙後照，其后人遂以後为姓。

荆

据《通志·氏族略》记载，西周初期，楚国先君熊绎被封于荆，国号荆。其后人有的姓荆。

红

据《百家姓考略》等书记载，春秋时期，楚国公族熊渠的儿子熊挚字红，受封为鄂王，其支庶子孙以祖上的字红为姓。又据《元和姓纂》记载，汉朝高祖刘邦的后人，楚元王刘交之子刘富，被封为休侯，后又封于红，称红侯公，其子孙遂以红为姓。

游

据《元和姓纂》记载，春秋时期，郑穆公之子名偃，字子游，其孙以祖上的字游为姓。

竺

据《姓苑》记载，夏商周有孤竹国。春秋时期，孤竹国国君之子伯夷、叔齐的后人以国名为姓。到了汉代，竹姓后人晏，改为竺姓。又据《汉书西域传》《百家姓考略》等书记载，古代印度称天竺国，天竺国的僧人来中国传教，皆以竺为姓。

权

据《通志·氏族略》等书记载，商代武丁的后裔封于权，建立权国。权国灭后，其公族以权为姓。

逯

据《百家姓考略》记载，秦国公族大夫封于逯，其后人遂以逯为姓。

盖

据《百家姓考略》等书记载，春秋时期，齐国大夫受封于盖邑，其后人以盖为姓。

益

据《百家姓考略》等书记载，帝舜的大臣皋陶之子伯益的子孙以益为姓。

桓

据《姓氏考略》等书记载，黄帝时期有大臣名桓常。其后人以桓为姓。又据《通志·氏族略》记载，春秋时期，宋国国君名卿，死后谥桓，称宋桓公，其后人以祖上谥号桓为姓。

公

据《通志·氏族略》记载，春秋时期，鲁昭公的两个儿子，一个叫衍，一个叫为，都被封为公爵，世称公衍、公为，其后世遂以公为姓。另外，还有以公字组成的复姓。如公西、公子、公孙、公叔、公正等，其后人有的将复姓改为单姓。

万俟

据《百家姓考略》《元和姓纂》等书记载，鲜卑的万俟部落随鲜卑王族拓跋氏进入中原，拓跋氏创立北魏，北魏献文帝赐其弟弟的后人姓万俟。是为万俟姓之始。

司马

据《通志·氏族略》记载，周宣王时期，程伯休的父亲官至司马，其后人遂以司马为姓。

●司马迁

司马迁是中国历史上伟大的史学家。他因直言进谏而遭宫刑，却因此更加发愤著书，创作了闻名古今中外的史学巨著《史记》。

上官

据《元和姓纂》等书记载，楚庄王的小儿子子兰，官至上官大夫，其后人遂以上官为姓。

欧阳

据《新唐书·宰相世系表》等书记载，赵王无疆之子名蹄，被楚王封于乌程余山之南，山南为阳，故称欧阳，其后人遂以欧阳为姓。

原　文

夏侯诸葛　闻人东方　赫连皇甫　尉迟公羊

澹(tán)台公冶(yě)　宗政濮(pú)阳　淳于单(chán)于　太叔申屠

姓氏寻根

夏侯

据《百家姓考略》记载，古有杞国，乃夏禹后代夏侯氏所建。杞国被楚灭，杞简公之弟佗逃到鲁国，受封为侯爵，世称夏侯，其后人遂以夏侯为姓。

诸葛

据《风俗通》记载，古有葛国，国灭后其一支族迁往诸城，其后代遂以国名葛和地名诸合成诸葛为姓。

●**东方朔**

西汉文学家，字曼倩，平原厌次人。武帝时期，为太中大夫。他性格诙谐滑稽，爱好喝酒。古代隐士，多避世于深山之中，而他却自称是避世于朝廷的隐士。

闻人

据《风俗通》记载，春秋时期，鲁国有一位名人少正卯，有学问，口才好，是当时的闻名人物，其后人遂以闻人为姓，有的单以闻为姓。

东方

据《百家姓考略》记载，东方姓系出于太昊氏。伏羲氏的裔孙羲仲，世掌东方青阳之令，其子孙遂以东方为姓。

赫连

据《通志·氏族略》记载，赫连姓出自南匈奴部族。东晋时期，南匈奴右贤王的后人勃勃称大夏王，改姓赫连。

皇甫

据《新唐书·宰相世系表》记载，春秋时期，宋戴公之子名充石，字皇父。其孙南雍郎以祖父字皇为姓，称皇父郎。西汉时，其裔孙皇父鸾，改父为甫，遂以皇甫为姓。

尉迟

据《通志·氏族略》记载，公元4世纪初，鲜卑的拓跋部建立代国，后被前秦所灭。其后人于公元386年复国，改国号为魏，史称北魏。此时，与北魏同时兴起的有尉迟族。北魏孝文帝时期，赐尉迟人以族名为姓。

公羊

据《通志·氏族略》记载，春秋时期，鲁国有公羊孺，其孙以祖父名公羊为姓。

澹台

据《百家姓考略》记载，春秋时期，孔子的弟子灭明居于澹台，遂以澹台为姓，称澹台灭明。

公冶

据《百家姓考略》记载，春秋时期鲁国有季公冶，其子孙遂以公冶为姓。

宗政

据《通志·氏族略》记载，汉高祖后裔楚元王之孙刘德曾任宗正（宗正也做宗政），是掌管皇族事务的官，刘德的子孙遂以祖上官职宗政为姓。

濮阳

据《陈留风俗传》《百家姓考略》等书记载，春秋时期，郑国公族大夫居于濮水之阳，公族后裔遂以濮阳为姓。

淳于

据《水经注》《尚友录》等书记载，夏朝时有斟灌国。西周初期，周武王封斟灌于州国，后被杞国所灭，其公族留居淳于城。复国后，称淳于国，其子孙遂以淳于为姓。

单于

据《汉书·匈奴传》《姓氏寻源》记载，早期匈奴最高首领称"撑犁孤涂单于"，后匈奴部族消失，其融入其他民族的子孙以祖上王位名单于为姓。

太叔

据《古今姓氏辨证》记载，春秋时期卫文公的第三子姬仪，世称太叔仪，其子孙遂以太叔为姓。

申屠

据《风俗通》记载，帝舜的后裔有申屠氏，其后代遂以申屠为姓。

原文

公孙仲孙　轩辕令狐　钟离宇文　长孙慕容

鲜于闾(lǘ)丘　司徒司空　亓(qí)官司寇　仉(zhǎng)督子车

姓氏寻根

公孙

据《广韵》记载，公孙姓皆是诸侯后裔或贵族之后。

仲孙

据《元和姓纂》等书记载，春秋时期，鲁桓公的次子名庆父，因他在兄弟中排行第二，故世称公仲，又因他是鲁国王族后代，所以庆父的子孙称仲孙氏。这一族人就以仲孙为姓。

轩辕

据《元和姓纂》记载，黄帝又号轩辕，其后裔有一支以轩辕为姓。

令狐

据《新唐书·宰相世系表》记载，周文王之子毕公高，有孙毕万，春秋时期任晋国大夫。他的曾孙魏颗是一员猛将，屡立战功，受封于令狐邑，其后人遂以令狐为姓。

钟离

据《新唐书·宰相世系表》记载，春秋时期宋国公族后裔宗伯在晋国为官，后被杀。其子逃到楚国，定居于钟离，其后人遂以钟离为姓。

宇文

据《通志·氏族略》记载，宇文姓出自鲜卑。鲜卑首领称大人，到普回袭任大人时，在一次打猎中他拾到一块玉玺，认为是天命所授。鲜卑语谓天子为宇文，遂以宇文为姓。

长孙

据《旧唐书·长孙无忌传》记载，长孙出自鲜卑。北魏道武帝拓跋珪的儿子嵩为皇长孙，故赐拓跋珪的儿子嵩为长孙氏，其后人遂以长孙为姓。

慕容

据《通志·氏族略》记载，三国时期，鲜卑人迁居辽西，建立政权。到涉归做鲜卑单于时，自称慕二仪（天地）之德，继三光（日月星）之容，从而以慕容为姓。

鲜于

据《通志·氏族略》记载，西周初期，周武王封商纣王的叔父箕子于朝鲜。箕子的支庶子仲食采邑于于地，其后世遂以鲜和于组成复姓。

闾丘

据《古今姓氏证》记载，春秋时期，齐国有一位大夫名婴，在闾丘居住，时称闾丘婴，其后遂以闾丘为姓。

司徒

据《通志·氏族略》记载，夏商周三朝都设置有司徒官职。是六卿之一，地位很高，相当于宰相，担任此官职人的子孙遂以司徒为姓。

司空

据《通志·氏族略》记载，春秋时期，晋国设置有司空官职，任此职人的后代遂以司空为姓。

亓官

据《元和姓纂》《姓氏寻源》等书记载，亓与笄在古代是一个字，周代设有掌管笄礼的官职，其后人遂以亓官为姓。

司寇

据《风俗通》记载，周武王时期，任苏忿生为司寇，担代此职的后人遂以司寇为姓。

仉

据《通志·氏族略》记载，仉姓出自党姓。春秋时期，鲁国大夫中有人姓党，其后世子孙有一支以音为姓，后又改为仉姓。

督

据《姓苑》记载，周代宋国有大夫名华督，其后人以督为姓。又据《路史》等书记载，战国时期燕国有一个地方名督亢，荆轲刺秦王时所用的匕首就藏在督亢地图中，该地的居民以督为姓。

子车

据《左传》记载，周朝时期，秦国大夫有子车氏，其族人复姓子车。秦穆公时有子车仲行、子车奄息、子车钳虎三人，三人政绩突出，世称三良。秦穆公死，以三良殉葬。三良的后人有的改复姓为单姓，有的仍以子车为姓。

原文

颛(zhuān)孙端木　巫马公西　漆雕乐(yuè)正　壤驷(sì)公良

拓跋夹谷　宰父穀梁　晋楚闫法　汝鄢涂钦

姓氏寻根

颛孙

据《尚友录》记载，春秋时期，陈国公子颛孙在晋国做官，其子孙以颛孙为姓。

端木

据《论语》等书记载，春秋时期，孔子的弟子中有卫国人端木赐，字子贡，其后人皆姓端木。

巫马

据《姓氏考略》记载，周朝设置有驯养和医治马病的官员，称巫马，其后人遂以巫马为姓。

公西

据《姓氏寻源》记载，春秋时期鲁国公族季孙氏的一支子孙以公西为姓。孔子弟子中也有一个公西赤。

漆雕

据《路史》记载，鲁国有复姓漆雕的家族，其后人皆姓漆雕。孔子有弟子名漆雕开，后人也有单姓漆的。

乐正

据《元和姓纂》记载，周朝设有乐正官，管理音乐工作，其后人以乐正为姓。

壤驷

据《姓氏考略》等书记载，春秋时期有复姓壤驷的家族。孔子有弟子名壤驷赤。

公良

据《姓氏考略》记载，周朝时期，陈国有个名叫良的公子，世称公子良，其子孙遂以公良为姓。

拓跋

据《魏书·官氏志》记载，复姓拓跋出自古代鲜卑部族。其后人拓跋珪于公元386年建立北魏政权，到北魏孝文帝拓跋宏，改复姓拓跋为单姓元，他自己改姓名为元宏。

夹谷

据《姓氏考略》记载，复姓夹谷出自女真。

宰父

据《孔子家语》记载，周朝时设置有管理公卿官员升迁考核的官职，称宰夫，因夫与父音近，后变为宰父姓。

榖梁

榖通谷。据《姓氏寻源》记载，古代称良种谷子为粱，种植谷粱的氏族以榖粱为姓。后改粱为梁，榖梁复姓遂流传下来。

晋

据《元和姓纂》记载，周武王的儿子虞叔受封于唐，称唐虞叔。其儿子迁居晋水，建立晋国，称晋侯，其子孙遂以晋为姓。

楚

据《姓苑》记载，周成王封熊绎于楚，其后人遂以楚为姓。

闫

据《姓谱》记载，闫姓为阎姓的别支，闫、阎二姓同出一源。

法

据《后汉书·法雄传》记载，战国时期，齐襄王名法章。秦国灭齐后，齐国的公族子孙为避难，遂以祖上名法为姓。

汝

据《姓源》记载，东周初期，周平王封其小儿子于汝邑，其后人皆以汝为姓。

鄢

据《国语》记载，古代有鄢国。春秋时期鄢国被郑国所灭，其公族子孙遂以鄢为姓。

涂

据《姓氏族谱笺释》记载，夏朝时有涂山氏，其后人省去山字，以涂为姓。又说，古有涂水，即今滁河，源于安徽东部滁县，古代居住涂水两岸的人以涂为姓。

钦

据《姓苑》记载，钦姓起源于吴地，即江苏、浙江一带。又据《魏书》记载，古渔阳乌桓部落中有钦姓，可能起源于乌桓山。

原　文

段干百里　东郭南门　呼延归海　羊舌微生

岳帅缑亢(gōu kàng) 况后有琴 梁丘左丘 东门西门

姓氏寻根

段干

据《史记》《姓氏考略》等书记载，春秋时期哲学家老子李聃的裔孙李宗在魏国为将，他受封于段干，其后人遂以段干为姓。

百里

据《史记》《中国姓氏起源》等书记载，春秋时期秦国大夫百里奚的后人以百里为姓。

东郭

据《姓谱》记载，周朝时，一座城有内城和外城，外城称郭。当时齐国公族大夫有居住在国都临淄东郭的，称东郭氏，后人遂以东郭为姓。

●关胜呼延灼

呼延灼，宋朝开国功臣呼延赞嫡派子孙，忠于宋王朝，上梁山后支持宋江“招安”。

南门

据《姓氏考略》等书记载，古代居住在南城门一带的居民有的以南门为姓。又说，夏代置有管理南城门的官职，其后人以南门为姓。

呼延

据《通志·氏族略》记载，古代匈奴人有的家族称呼衍氏，进入中原后改为呼延，其后人皆姓呼延。

归

据《通志·氏族略》记载，春秋时期有宗胡国，其君族为归姓。宗胡国为楚所灭，其国君的后人有的以归为姓。

海

据《姓苑》《尚友录》等书记载，春秋时期，卫国有大夫海春，其后人皆姓海。

羊舌

据《元和姓纂》记载，春秋时期晋国晋靖侯的后人有的受封于羊舌邑，其子孙遂以羊舌为姓。

微生

据《路史》记载，春秋时期，鲁国有贵族微生氏，其子孙遂以微生为姓。

岳

据《姓苑》记载，上古时有四岳官职，其职务是管理山岳的祭祀工作，四岳官的后人遂以岳为姓。

帅

据《通志·氏族略》《广韵》等书记载，古代管理音乐工作的官员称师。晋国有师旷，鲁国有师乙，其子孙以师为姓。后因晋国景公名字有师字，为避讳，将师字去一笔而改为帅。

缑

据《通志·氏族略》记载，周朝时，有大夫受封于缑地，其子孙遂以缑为姓。

亢

据《姓氏寻源》等书记载，亢姓出自伉姓，春秋时期卫国大夫三伉的后人以亢为姓。又据《战国策》记载，春秋时期有一贵族受封于军事要地亢父，其后人遂姓亢。

况

据《三国志·蜀志》记载，三国时，蜀中有一位名人名况长宁，其后人遂以况为姓。

后

据《世本》记载，春秋时期，鲁孝公八世孙成叔受封于郈邑，其后人去掉偏旁"阝"以后为姓。

有

据《尚友录》记载，远古时期，为躲避猛兽，有人开始住在树上，被称为有巢氏，其后人以有为姓。又据《论语》记载，春秋时孔子有个弟子名有若，其子孙皆姓有。

琴

据《姓氏考略》记载，周朝时有人以制琴或弹琴为生，其子孙遂以祖上

●左丘明

职业为姓。又说，春秋孔子有学生名琴牢，其后人皆姓琴。

梁丘

据《尚友录》记载，春秋时期，齐国有一个大夫受封于梁丘，其后人以梁丘为姓。

左丘

据《通志·氏族略》记载，春秋时期，齐国有个地方叫左丘，当时有个叫明的人居住在此，遂以左丘为姓，称左丘明，其后人以左丘为姓。

东门

据《左传》记载，春秋时期，鲁国国君鲁庄公的儿子遂，字襄仲，居住在东门，称东门襄仲，其后人以东门为姓。

西门

据《通志·氏族略》记载，春秋时期，郑国有大夫居住在西门，其后人遂以西门为姓。

原　文

商牟(móu)佘(shé)佴(nài)　伯赏南宫　墨哈谯(qiáo)笪(dá)　年爱阳佟(tóng)

第五言福

姓氏寻根

商

据《史记》记载，周朝亡商后，商朝的公族子孙有的以商为姓。

牟

据《风俗通》记载，春秋时期有牟子国，其国人有的以牟为姓。

佘

据《通志·氏族略》记载，唐开元时有大学士佘钦。这是佘姓最早的记录。

佴

据《通志·氏族略》记载，“佴氏，如代切，晋《山公集》有佴湛”。这是佴姓最早的记录。

伯

据《风俗通》记载，古代嬴姓的祖先伯益在舜禹时都受重用，后被启所杀，其后人有的以伯为姓。

赏

据《姓苑》记载，春秋时期吴国有吴中八姓，赏姓是其中之一。

南宫

据《通志·氏族略》记载，春秋时期鲁国大夫孟僖子的儿子仲孙阅住在南宫，其后人遂以南宫为姓。

墨

据《通志·氏族略》记载，商朝时孤竹国国君名墨胎，其后人皆姓墨。

哈

哈姓为回民十三姓之一，约在元朝时中原地区就开始有此姓。

谯

据《元和姓纂》记载，周文王的后裔支庶子孙，有一支受封于谯地，其后人遂以谯为姓。

笪

据《通志·氏族略》记载，笪姓出自福建建瓯。

年

据《明史·年富传》记载，年姓出自严姓。

爱

据《姓氏考略》记载，唐代西域有回鹘国，其国相名爱邪勿，是唐朝的附属国，后唐王赐姓爱，其子孙遂以爱为姓。

阳

据《广韵》记载，东周时，周景王封其小儿子于阳樊，其后人到了燕国，以祖上封地阳为姓。

佟

据《满族氏族谱》记载，佟姓出自佟佳氏。辽宁在元明时称佟佳江，居住有佟佳氏族，其后人改为单姓佟。

第五

据《风俗通》《后汉书·第五伦传》记载，汉高祖刘邦即帝位后，为了削弱地方豪强势力，把战国时期的齐、楚、燕、韩、赵、魏六国贵族公裔迁徙到关中。其中齐国贵族田氏因族大人多，故改变了原来的姓氏，以第一氏、第二氏至第八氏为姓，第五氏即其中一氏。

言

据《元和姓纂》《万姓统谱》等书记载，春秋时期，吴国有人叫言偃，字子游，是孔子的弟子，其后代皆以言为姓。

福

据《姓氏考略》记载，春秋时期，齐国有大夫福子丹，其后人以福为姓。

千字文

千字文

原 文

天地玄黄，宇宙洪荒。日月盈昃(zè)，辰宿列张。

译 文

天是黑色的，地是黄色的，随着洪水泛滥、草木丛生，广阔的天地由是形成。日月在天空中有规律地运行，日出日落，月圆月缺，星辰遍布辽阔的天穹。

原 文

寒来暑往，秋收冬藏。闰余成岁，律吕调阳。

译 文

春夏秋冬四季循环，冬天寒冷，夏天炎热，秋天收割粮食，冬天储存于库。历法中有闰月来弥补一年三百六十天的不足，乐律里有六律、六吕配合着十二月来调节阴阳。

原 文

云腾致雨，露结为霜。金生丽水，玉出昆冈。

译 文

云气升腾可以化作雨水，露水遇寒可以凝结成霜。金沙江里出产黄金，昆仑山上出产美玉。

原 文

剑号巨阙，珠称夜光。果珍李柰(nài)，菜重芥姜。

译文

最有名的宝剑是巨阙剑，最珍贵的珍珠是夜光珠。水果中的珍品是李子和花红，蔬菜中的珍品是芥菜和生姜。

原文

海咸河淡，鳞潜羽翔。龙师火帝，鸟官人皇。

译文

海水是咸的，河水是淡的，鱼儿在水中游动，鸟儿在天空飞翔。伏羲氏、燧人氏、少皞氏和人皇之世，由贤能的人来治理天下。

原文

始制文字，乃服衣裳。推位让国，有虞陶唐。

译文

黄帝的史官仓颉发明文字，黄帝的妃子嫘祖始作服装。把君位让给贤人的，是尧帝和舜帝。

原文

吊民伐罪，周发殷汤。坐朝问道，垂拱平章。

译文

安抚苦难的百姓、讨伐商纣王和夏桀的，是周朝的周武王姬发和商朝的开国君主成汤。古代君主端坐朝廷，与群臣商讨治国之道，垂衣拱手，国治民安。

原文

róng qiāng

爱育黎首，臣伏戎羌。遐迩一体，率宾归王。

译文

他们爱护和养育百姓，让远方的少数民族俯首称臣。举国上下无论远近都同一对待，所有的臣民都归顺王化。

原 文

鸣凤在竹，白驹食场。化被草木，赖及万方。

译 文

凤凰在竹林间欢唱，白色的小马驹在草场上觅食。天子的仁德可以泽被草木，天子的恩泽施及天下的每一个地方。

原 文

盖此身发，四大五常。恭惟鞠(jū)养，岂敢毁伤。

译 文

我们的身体发肤由地、水、火、风四种物质组成，我们的行为以仁、义、礼、智、信为标准。恭敬地想到自己的身体是由父母所养育，怎敢轻易损伤。

原 文

女慕贞洁，男效才良。知过必改，得能莫忘。

译 文

女人要仰慕贞节保持纯洁，男人要效法德才兼备的贤人。知道自己有过错必定要改正，掌握的某种技能千万不要遗忘。

原 文

罔谈彼短，靡(mí)恃己长。信使可覆，器欲难量。

译 文

不要谈论别人的短处，不要夸耀自己的长处，一言一行经得起检验，才能让人无法掂量。

原 文

墨悲丝染，《诗》赞羔羊。景行维贤，克念作圣。

译 文

墨子悲叹洁白的蚕丝被染成各种各样的颜色，《诗经·羔羊》篇赞美羊羔毛色的纯正。仰慕贤人的德行，仿效贤人的行为，克制私念自己也能够成为圣贤。

原 文

德建名立，形端表正。空谷传声，虚堂习听。

译 文

德行建立了名声就自然树立起来，气质端正了外表就自然会端正。空旷的山谷能将声音传得很远，空荡的厅堂里说话会有回声。

原 文

祸因恶积，福缘善庆。尺璧非宝，寸阴是竞。

译 文

灾祸降临，往往是因为坏事做得太多，幸福来到，也往往是乐施好善的缘故。直径一尺的美玉不是什么宝物，只有一分一秒的时间才最珍贵。

原 文

资父事君，曰严与敬。孝当竭力，忠则尽命。

译 文

奉养父母和侍奉君主，要怀敬畏之心。孝顺父母应当竭尽全力，效忠君主则应不惜性命。

原 文

临深履薄，夙兴温清(qìng)。似兰斯馨，如松之盛。

译 文

侍奉君主应当有如临深渊、如履薄冰之感。孝顺父母则要早起晚睡，让父母在冬天得到温暖，夏天享受凉爽。培养自己的品德，使它像兰花一样芬芳，像松柏一样四季长青。

原文

川流不息，渊澄取映。容止若思，言辞安定。

译文

像江河水一样永不停息，像清澈的潭水一样清澈照人。容貌举止要安详，说话时要从容镇定。

原文

笃(dǔ)初诚美，慎终宜令。荣业所基，籍甚无竟。

译文

事情有一个纯厚的开端固然是好的，但更重要的则是要做到善始善终。这些都是将来做官显荣的基础，即使名声再大也不应该停止努力。

原文

学优登仕，摄职从政。存以甘棠，去而益咏。

译文

学业优秀则可以做官，做了官才能致力于治理国家。人民留下甘棠树来表示对周代召公的爱戴，还创作了诗歌来赞美他。

原文

乐殊贵贱，礼别尊卑。上和下睦，夫唱妇随。

译文

乐器的使用因身份贵贱而有所区别，礼仪的确定也因地位的尊卑而有所不同。地位尊贵的人与身份卑贱的人要和睦相处，丈夫倡导在前，妻子协助于后。

原文

外受傅训，入奉母仪。诸姑伯叔，犹子比儿。

译文

在外求学要接受师傅的教诲，回到家里要遵循母亲定下来的规范。对待姑母、伯父、叔父要如同对待自己的父母，对待兄弟之子女要如同对待自己的子女。

原　文

孔怀兄弟，同气连枝。交友投分，切磨箴(zhēn)规。

译　文

兄弟之间要互相关爱，因为大家都秉受同一父母之气，就像一棵树上的枝杈一样。交友要情投意合，在学问上互相切磋，在品德上互相勉励。

原　文

仁慈隐恻(cè)，造次弗离。节义廉退，颠沛匪亏。

译　文

对人要有同情怜悯之心，在别人遇到紧急情况时不要抛弃而去。节操、正义、廉正、谦让，即使在遭受挫折时也不能亏损。

原　文

性静情逸，心动神疲。守真志满，逐物意移。

译　文

性情安静，心情就安逸，内心躁动，精神就疲乏。保持德性操守，内心就会充实，追逐物质享受，意志就会动摇。

原　文

坚持雅操，好爵自縻(mí)。都邑华夏，东西二京。

译　文

坚持高雅的情操，高官厚禄自然就会来临。中国古代的京都主要有东京洛阳和西京长安。

原　文

背邙面洛，浮渭据泾(jìng)。宫殿盘郁，楼观(guàn)飞惊。

译　文

东京洛阳背靠邙山面对洛水，西京长安左靠渭水右依泾水。宫殿曲折盘旋，楼观势高若飞，令人惊叹。

原　文

图写禽兽，画彩仙灵。丙舍傍启，甲帐对楹。

译　文

宫殿楼阁雕龙画凤，有飞禽走兽以及仙灵神怪。两边厢房的门户开启，中间正殿两柱之间悬挂着用明珠、美玉装饰的帷帐摆设。

●洛阳风月牡丹亭

原　文

肆筵设席，鼓瑟吹笙。升阶纳陛，弁(biàn)转疑星。

译　文

宫廷里摆设着最丰盛的酒席，乐队弹奏琴瑟，吹奏笙管，演奏出美妙的音乐。达官贵人走上宫廷的台阶，礼帽闪闪发光，如同群星闪烁。

原　文

右通广内，左达承明。既集坟典，亦聚群英。

译　文

进入宫廷，往右可以通向广内宫，向左可以通向承明殿。宫殿里既珍藏着大量的图书典籍，也聚集了众多的英雄豪杰。

原　文

杜稿钟隶，漆书壁经。府罗将相，路侠槐卿。

译　文

宫廷里收藏着汉朝书法家杜度的草书和钟繇的隶书作品，甚至还有古人书写在竹简上的隶书和曾经匿藏在孔壁夹缝中的经书。都城里文武大臣的府第鳞次栉比，出行时随处可以碰到三公九卿。

原　文

户封八县，家给千兵。高冠陪辇(niǎn)，驱毂(gū)振缨。

译　文

皇帝赏给将相八县的土地和数千的家兵，大臣们戴着高高的礼帽陪着皇帝出行，车子奔驰时缨带飘扬。

原　文

世禄侈富，车驾肥轻。策功茂实，勒碑刻铭。

译　文

大臣的子孙后代享受优厚的奉禄，过着富裕奢侈的生活，车子华丽，骏马肥壮。为皇帝出谋划策的功劳卓著，他们的丰功伟绩都刻在石碑上流传百世。

原　文

磻(pán)溪伊尹，佐时阿衡。奄(yān)宅曲阜，微旦孰营？

译　文

姜太公辅佐周武王建立周朝，伊尹辅佐汤王建立商朝，他们都是当朝的贤相。在封地曲阜，没有周公旦，谁还能管理鲁国？

原　文

桓公匡(kuāng)合，济弱扶倾。绮(qǐ)回汉惠，说(yuè)感武丁。

译　文

齐桓公为了匡扶天下之乱，会合诸侯帮助弱小国家，扶助衰弱的周王室。绮里季回朝保住了汉惠帝的位子，傅说帮助商王兴盛了商朝。

原　文

俊乂（yì）密勿，多士寔宁。晋楚更霸，赵魏困横。

译　文

英雄豪杰勤勉努力，国家因有这众多才士才得以安宁。在春秋时期晋国和楚国轮流称霸；战国时期赵国和魏国则被张仪的“连横”政策逼入困境。

原　文

假途灭虢（guó），践土会盟。何遵约法，韩弊烦刑。

译　文

春秋时期晋国向虞国借道去灭虢国，结果从虢国还师时顺便将虞国消灭。晋文公在践土与诸侯会盟相约效命周王室，因而被周王策命为诸侯之长。萧何遵照汉高帝刘邦的约法三章来制定汉律，韩非主张用严刑峻法来治国，结果死于酷刑。

原　文

起翦颇牧，用军最精。宣威沙漠，驰誉丹青。

译　文

战国时期的秦将白起、王翦，赵国良将廉颇、李牧最精通兵法。他们的威名远播边陲，美名载入史册。

原　文

九州禹迹，百郡秦并。岳宗泰岱，禅主云亭。

译　文

大禹的足迹遍及九州大地，秦国兼并百郡而统一天下。五岳中东岳泰山最高、最尊贵，古代帝王在泰山脚下的云山和亭山举行封禅大典。

原　文

雁门紫塞，鸡田赤城。昆池碣（jié）石，巨野洞庭。

●雁门纵牧

译　文

中国有雁门关和古长城，有鸡田驿和赤城山，还有昆明的滇池，河北的碣石山，山东的钜野泽，湖南的洞庭湖。

原　文

旷远绵邈，岩岫(xiù)杳(yǎo)冥。治本于农，务兹稼穑。

译　文

幅员辽阔广大，一片锦绣河山。治国的根本在于搞好农业，要致力于这些播种收割的事情。

原　文

俶(chù)载南亩，我艺黍稷。税熟贡新，劝赏黜(chù)陟(zhì)。

译　文

致力于农业就要在田间从事耕种，种植农作物，粮食成熟后向官府交纳税粮贡米。官府则对勤农守法者给予奖赏提升，给懒惰违纪者给予劝诫贬降。

原　文

孟轲敦素，史鱼秉直。庶几中庸，劳谦谨敕。

译　文

孟子崇尚本色，史鱼秉持正直。一个人处世要尽力做到不偏不倚，保持中庸，还要勤劳、谦虚、谨慎、小心。

原　文

聆音察理，鉴貌辨色。贻厥嘉猷(yóu)，勉其祗植。

译　文

听人说话要分析其中的道理是非，与人交往要注意察言观色。虚心接受他人的好建议，激励自己建功立业。

原　文

省躬讥诫，宠增抗极。殆辱近耻，林皋(gāo)幸即。

译　文

经常反省自己的言行，不要讥笑别人，特别是在宠信与日俱增快到达到极限的时候，如果因为尊宠招致祸辱，就要及时隐居山林。

原　文

两疏见机，解组谁逼。索居闲处，沉默寂寥。

译　文

汉代的疏广、疏受身居高位看准时机，辞去高官厚禄回到家乡，没有谁逼他们这样做。独居山野，悠闲自在，甘于寂寞安静的生活。

原　文

求古寻论，散虑逍遥。欣奏累遣，戚谢欢招。

译　文

在古书中寻求人生的道理，这样可以消除忧虑，活得逍遥自在。得到欣悦，就可以免除烦恼，杜绝忧愁，就可以带来欢乐。

原　文

渠荷的(dì)历，园莽抽条。枇杷晚翠，梧桐早凋。

译　文

池塘里的荷花鲜艳夺目，园子里的青草长出嫩芽。枇杷树到了冬至仍然翠绿，梧桐树叶在初秋就过早凋谢。

原　文

陈根委翳，落叶飘飖。游鹍(kūn)独运，凌摩绛霄。

译 文

树根蜿蜒延伸，叶落飘飘。鹍鹏独自翱翔天空，飞向高高的赤霄。

原 文

耽读玩市，寓目囊箱。易輶（yóu）攸畏，属耳垣墙。

译 文

东汉哲学家王充幼年家贫无书，他常常游览于洛阳市场，读所卖之书，过目不忘，眼睛所看到的，也是装书的袋子和箱子。说话要小心谨慎，要防止隔墙有耳偷听。

原 文

具膳餐饭，适口充肠。饱饫（yù）烹宰，饥厌糟糠。

译 文

家中准备饭菜，只要口味合适能吃饱肚子就行。肚子吃饱时，烹调得再好的美味也吃不下去；肚子饥饿时，即便是粗糙的食物也会感到满足。

原 文

亲戚故旧，老少异粮。妾御绩纺，侍巾帷房。

译 文

亲朋老友来做客要以礼相待，老人和孩子要用不同的食物来招待。妾在家中从事纺纱织布的工作，还要在内房侍候梳洗。

原 文

纨扇圆絜，银烛炜（wěi）煌。昼眠夕寐，蓝笋象床。

译 文

圆形的绢扇洁白素雅，明亮的烛光辉煌如银。白天躺在蓝色的竹席上午休，晚上在象牙床上睡眠。

原 文

弦歌酒宴，接杯举觞（shāng）。矫手顿足，悦豫且康。

译　文

在有乐队歌舞助兴的酒宴上，一杯接一杯开怀畅饮，直喝得手舞足蹈，快乐又舒适。

原　文

嫡后嗣续，祭祀烝(zhēng)尝。稽颡(sǎng)再拜，悚惧恐惶。

译　文

正妻生的儿子继承大位，主持一年四季的祭祀仪式。在举行祭祀礼仪时，要反复磕头再拜，心怀敬畏之心。

原　文

笺牒简要，顾答审详。骸垢想浴，执热愿凉。

译　文

书信要写得简明扼要，回答问题要准确详细。身上有了污垢就想洗澡，拿着烫手的东西就希望它赶快冷却。

原　文

驴骡犊特，骇跃超骧(xiāng)。诛斩贼盗，捕获叛亡。

译　文

驴、骡、牛等牲畜一旦受到惊吓就会狂奔乱跑。诛杀盗贼，逮捕造反的人和逃亡者，这是维持秩序的必要手段。

原　文

布射僚(liáo)丸，嵇琴阮啸。恬笔伦纸，钧巧任钓。

译　文

吕布精于射箭，宜僚善玩弹丸，嵇康长于弹琴，阮籍擅长长啸。蒙恬发明笔，蔡伦发明纸，马钧发明指南针，任公子擅长钓大鱼。

原文

释纷利俗，并皆佳妙。毛施淑姿，工颦（pín）妍笑。

译文

能为人解决纠纷带来便利的，都值得称赞。毛嫱和西施姿色美丽，无论她们是皱眉忧愁还是喜笑颜开，都同样美艳动人。

原文

年矢每催，曦晖朗曜（yào）。璇玑悬斡（wò），晦魄环照。

译文

光阴如箭飞逝，阳光照耀人间。测天璇玑悬空转动，月盈月缺循环照耀。

原文

指薪修祜（hù），永绥（suí）吉劭（shào）。矩步引领，俯仰廊庙。

译文

像不熄灭的火种一样不断地积德修福，就会永远吉祥幸福。走路要稳重，举止要大方，俯仰之间要像在祖庙里祭祀祖先那样庄重严肃。

原文

束带矜（jīn）庄，徘徊瞻眺。孤陋寡闻，愚蒙等诮（qiào）。

译文

衣冠要整洁端正，散步或登高望远都要注意仪表风范。孤陋寡闻、见识短浅的人，与那些愚昧无知的人一样同会遭到别人的嘲笑。

原文

谓语助者，焉哉乎也。

译文

叫作语气助词的，就是焉、哉、乎、也。

附：

声律启蒙

卷　一

一　东

原　文

云对雨，雪对风。晚照对晴空。来鸿对去燕，宿鸟对鸣虫。三尺剑[1]，六钧弓[2]。岭北对江东。人间清暑殿[3]，天上广寒宫[4]。两岸晓烟杨柳绿，一园春雨杏花红。两鬓风霜，途次[5]早行之客；一蓑烟雨，溪边晚钓之翁。

注　释

●嫦娥

①**三尺剑：**《汉书·高帝纪下》："上（高祖）击（黥）布时，为流矢所中……（医）曰：'疾可治。'于是上嫚骂之，曰：'吾以布衣提三尺取天下，此非天命乎？命乃在天，虽扁鹊何益！'"②**六钧弓：**《左传·定公八年》："公侵齐，门于阳州，士皆坐列，曰：'颜高之弓六钧。'"钧，古代重量单位，三十斤为一钧。③**清暑殿：**《洛阳宫殿簿》记载："内有清暑殿。"④**广寒宫：**《明皇杂录》："（唐）明皇与申天师中秋夜游月宫，见榜曰：广寒清虚之府。"本为虚构，后遂以为月中仙宫名。⑤**次：**此处意为停留。

原　文

沿对革[1]，异对同。白叟对黄童[2]。江风对海雾，牧子对渔翁。颜巷陋[3]，阮途穷[4]。冀北对辽东。池中濯足[5]水，门外打头风[6]。梁帝讲经

同泰寺[7]，汉皇置酒未央宫[8]。尘虑萦心[9]，懒抚七弦绿绮[10]；霜华满鬓，羞看百炼青铜。

●颜回

此图描绘了颜回在陋巷中"一箪食，一瓢饮"的生活状况。

注　释

①**沿**：沿袭，遵循。**革**：变革。②**白叟**：白发老人。**黄童**：儿童，幼童发色黄，故称。唐韩愈《元和圣德诗》："黄童白叟，踊跃欢呀。"③**颜巷陋**：《论语·雍也》："子曰：'贤哉，回也！一箪食，一瓢饮，在陋巷，人不堪其忧，回也不改其乐。贤哉，回也！'"颜渊，又名颜回，孔子弟子。④**阮途穷**：阮指阮籍，《晋书·阮籍传》："（阮籍）时率意独驾，不由径路，车迹所穷，辄恸哭而反。"⑤**濯足**：《孟子·离娄上》："有孺子歌曰：'沧浪之水清兮，可以濯我缨，沧浪之水浊兮，可以濯我足。"濯，洗涤。⑥**打头风**：《韵府群玉》："石尤风，打头逆风也。"⑦**同泰寺**：《梁书·武帝纪下》：大通元年秋九月，"癸巳，舆驾幸同泰寺，设四部无遮大会，因舍身。"后武帝常在同泰寺讲经，传有天雨宝花而下。⑧**未央宫**：西汉宫殿名。故址在今陕西省西安市西北长安故城内西南角，唐末毁。⑨**尘虑**：凡俗的忧虑。**萦**：牵挂。⑩**绿绮**：汉卓文君琴名。

原　文

贫对富，塞对通[1]。野叟对溪童。鬓皤[2]对眉绿，齿皓对唇红。天浩浩，日融融。佩剑对弯弓。半溪流水绿，千树落花红。野渡燕穿杨柳雨，芳池鱼戏芰荷[3]风。女子眉纤，额下现一弯新月[4]；男儿气壮，胸中吐万丈长虹[5]。

注　释

①**塞**：阻塞，不顺利。**通**：通达。②**皤**：白色。③**芰荷**：菱叶和荷叶。④**新月**：指农历月初时形状如钩的月亮。鲍照《玩月城西门廨中》诗："始出东南楼，纤纤如玉钩。末映东北墀，娟娟似娥眉。"⑤**长虹**：雨气。后用来比喻男子气魄雄伟。《礼记·聘义》："气如白虹，天也。"

二冬

原文

春对夏，秋对冬。暮鼓对晨钟。观山对玩水，绿竹对苍松。冯妇①虎，叶公龙②。舞蝶对鸣蛩③。衔泥双紫燕，课④蜜几黄蜂。春日园中莺恰恰⑤，秋天塞外雁雍雍⑥。秦岭云横⑦，迢递(dì)⑧八千远路；巫山⑨雨洗，嵯峨⑩十二危峰。

注释

①**冯妇：**人名，《孟子·尽心下》："晋人有冯妇者，善博虎，卒为善士。"②**叶公龙：**《新序·杂事五》：叶公子高好画龙，天龙闻而下窥，叶公惊走。非好龙者，好似龙者也。③**蛩：**即蟋蟀，一名促织，今通作蛩。④**课：**采集。⑤**恰恰：**自由、和谐。唐杜甫《江畔独步寻花之六》诗："留连戏蝶时时舞，自在娇莺恰恰啼。"⑥**雍雍：**鸟鸣和谐貌。《诗经·邶风·匏有苦叶》："雍雍鸣雁，旭日始旦。"⑦**秦岭云横：**唐韩愈《左迁至蓝关示侄孙湘》诗："云横秦岭家何在，雪拥蓝关马不前。"⑧**迢递：**形容路途遥远。⑨**巫山：**《广舆记》："巫山在夔州府巫山县大江之滨，形如巫字，有二峰。"⑩**嵯峨：**形容山很高峻。

原文

明对暗，淡对浓。上智对中庸①。镜奁(lián)对衣笥(sì)②，野杵对村舂③。花灼烁④，草蒙茸⑤。九夏对三冬⑥。台高名戏马⑦，斋小号蟠龙⑧。手擘蟹螯从毕卓⑨，身披鹤氅(chǎng)自王恭⑩。五老峰⑪高，秀插云霄如玉笔；三姑石⑫大，响传风雨若金镛。

注释

①**上智：**智力特出的人。《论语·阳货》："子曰：'唯上智与下愚不移。'"《孙子·用间》："故惟明君贤将，能以上智为间者，必成大功。"**中庸：**不偏叫中，不变叫庸。儒家以中庸为最高的道德标准。②**奁：**妇女梳妆用的镜匣。**笥：**盛衣服的方形竹器。

③**杵**：用以捣物的木棒。**舂**：古代称为碓，舂米的器具。④**灼烁**：明亮闪耀。⑤**蒙茸**：草乱貌。苏轼《后赤壁赋》："披蒙茸。"⑥**九夏**：夏天的九十天。⑦**戏马**：驰马取乐。《南齐书》：宋武帝在彭城，九日游项羽戏马台。⑧**蟠龙**：《晋书·刘毅传》："初，桓玄起斋，画龙于上，号蟠龙斋，后桓玄篡晋，刘毅起兵讨玄，至是居之，盖毅小字蟠龙。"⑨**擘**：分开，裂开。**蟹螯**：《世说》："晋毕卓嗜酒，语人曰：'左手擘蟹螯，右手执酒杯，乐足一生矣。'"⑩**鹤氅**：《晋书·王恭传》："王恭尝披鹤氅行雪中，孟昶见曰：'此真神仙中人也。'"⑪**五老峰**：《地舆记》："庐山有五老峰，秀插云霄。"李白诗："五老峰为笔，洋澜作砚池。"⑫**三姑石**：《地舆志》："南康有三姑石，响声若金镛。"

原　文

仁对义，让对恭①**。禹舜对羲农**②**。雪花对云叶**③**，芍药对芙蓉。陈后主**④**，汉中宗**⑤**。绣虎对雕龙**⑥**。柳塘风淡淡，花圃月浓浓。春日正宜朝看蝶，秋风那更夜闻蛩。战士邀功，必借干戈**⑦**成勇武；逸民**⑧**适志，须凭诗酒养疏慵**⑨**。**

注　释

①**让**：礼让。**恭**：恭敬。②**禹舜、羲农**：传说中的中国上古帝王夏禹、虞舜、伏羲、神农。③**云叶**：《史记》："黄帝与蚩尤战于涿鹿之野。常有五色云止于帝上，金枝玉叶，有花之像。"④**陈后主**：《资治纲鉴》："（南朝陈）后主叔宝，字元秀。在位七年为隋灭。"⑤**汉中宗**：《纲鉴》："（中宗）讳询，武帝曾孙，在位二十五年，崩，谥宣帝。"⑥**绣虎**：宋曾慥《类说·玉箱杂记》："曹植七步成章，号绣虎。"　**雕龙**：南朝梁刘勰字彦和，撰《文心雕龙》五十篇，论古今文体。⑦**干戈**：干、戈都是古代的兵器。⑧**逸民**：指避世隐居的人。《后汉书》中有《逸民传》。⑨**疏慵**：懒散。

三　江

原　文

楼对阁，户对窗。巨海对长江。蓉裳对蕙帐①**，玉斝(jiǎ)对银釭**②**。青布幔**③**，碧油幢**④**。宝剑对金缸**⑤**。忠心安社稷**⑥**，利口覆家邦**⑦**。世祖中兴**

延马武[8]，桀王失道杀龙逄(páng)[9]。秋雨潇潇，漫烂黄花都满径；春风袅袅，扶疏绿竹正盈窗。

注　释

①**蓉裳：**屈原《楚辞·离骚》："制芰荷以为衣兮，集芙蓉以为裳。"**蕙帐：**南朝齐孔稚珪《北山移文》："蕙帐空兮夜鹤怨，山人去兮晓猿惊。"蕙，香草，山人葺以为帐。②**斝：**古代盛酒器具，圆口，三足。《诗经·行苇》："洗爵奠斝。"**釭：**油灯。③**幔：**布帐。④**碧油幢：**用青绿色的油布做成的帷帐。⑤**金缸：**一作珁，长颈瓮。《汉书》："醯酒千缸。"宋王安石诗："岂惟闲伴倒金缸。"⑥**社稷：**国家。⑦**利口覆家邦：**利口，善于辩论。《论语·阳货》："恶利口之覆家邦者。"⑧**马武：**《后汉书·马武传》载："马武，字子张。仕后汉，鸣剑抵掌，从光武帝破王寻等，击郡贼，列名云台。"⑨**龙逄：**关龙逄，夏桀在位时任大夫。相传他直谏，为桀忌恨，后被桀囚禁杀害。

原　文

旌(jīng)对旆(pèi)[1]，盖对幢。故国对他邦。千山对万水，九泽对三江[2]。山岌岌[3]，水淙淙[4]。鼓振对钟撞。清风生酒舍，皓月照书窗。阵上倒戈[5]辛纣战，道旁系剑子婴降[6]。夏日池塘，出没浴波鸥对对；春风帘幕，往来营垒[7]燕双双。

注　释

①**旌：**古代的一种旗子，旗杆顶上用五色羽毛做装饰。**旆：**古时末端形状像燕尾的旗。②**九泽：**《广舆记》："吴越之间具区：楚云梦，秦杨纡，晋大陆，郑圃田，宋孟诸，齐海隅，燕巨鹿，并昭余祁，为九薮。"薮即泽也。**三江：**《尚书·禹贡》："三江既入，震泽底定。"蔡沈注："松江下七十里分流，东北入海为娄江，东南入海为东江，并松江为三江。"《韵府群玉》：三江乃钱塘、扬子、松江。一云松江、钱塘、浦阳，一云在苏州。③**岌岌：**形容山势高高耸起的样子。④**淙淙：**流水发出轻柔的声音。⑤**倒戈：**《尚书·周书·武成》："罔有敌于我师，前徒倒戈，攻于后以北。"乃纣士卒无心敌武王而倒其戈。⑥**系剑：**《纲鉴》："汉刘邦元年冬月，王子婴素车白马系剑于道旁以降。"子婴，秦始皇之孙。⑦**垒：**燕巢。

原　文

铢(zhū)对两[1]，只对双。华岳对湘江[2]。朝车对禁鼓[3]，宿火对寒缸。青

琐闼[4]，碧纱窗。汉社对周邦[5]。笙箫鸣细细，钟鼓响𪥃𪥃(chuāng)[6]。主簿栖鸾名有览[7]，治中展骥姓惟庞[8]。苏武牧羊[9]，雪屡餐于北海；庄周活鲋，水必决于西江[10]。

注　释

①**铢：**古代衡制单位。两之二十四分之一为一铢。②**华岳：**即西岳华山，在今陕西省华阴县。**湘江：**湖南境内第一大江。③**朝车：**古代官员进宫时所乘之车。**禁鼓：**古时宫禁所用之鼓，用以报时。④**青琐：**《汉书·元后传》："曲阳侯骄奢僭上，赤墀青琐。"注："青琐者，刻为连环文而涂青也。"**闼：**宫门。⑤**汉社：**社，即社稷的简称，代指国家。**周邦：**《尚书·武成》："惟先王建邦启土。"⑥**𪥃：**敲击钟鼓的声音。⑦**栖鸾：**《后汉书·仇览传》："仇览字季智，一名香。先为蒲亭长，后为主簿。王涣曰：'枳棘非鸾凤所栖，百里岂大贤之路?'"⑧**展骥：**《三国志·庞统传》："庞统字士元，初令耒阳，不治。吴将鲁肃遗先主书曰：'庞士元非百里才也，使处治中、别驾之任，始当展其骥足耳！'"治中、别驾，皆府佐名。骥，千里马。⑨**苏武牧羊：**《汉书·苏武传》载：西汉大臣苏武，武帝时为郎，出使匈奴，被扣留。乃徙武北海上无人处，使牧羝。羝乳，乃得归。苏武持节不屈，留居匈奴十九年。至昭帝时方获释回朝。⑩**庄周活鲋：**《庄子·外物》："庄周忿然作色曰：周昨来，有中道而呼者，周顾视车辙中，有鲋鱼焉。周问之曰：'鲋鱼来！子何为者邪?'对曰：'我东海之波臣也，君岂有斗升之水，而活我哉?'周曰：'诺，我且南游吴越之土，激西江之水而迎子，可乎?'"

四　支

原　文

茶对酒，赋对诗。燕子对莺儿。栽花对种竹，落絮对游丝。四目颉(jié)[1]，一足夔[2]。鸲鹆对鹭鸶[3]。半池红菡萏[4]，一架白荼蘼[5]。几阵秋风能应候，一犁春雨甚知时。智伯恩深，国士吞变形之炭[6]；羊公德大，邑人竖堕泪之碑[7]。

注释

①**四目颉**:《姓氏谱》:“苍颉，上古人，生而神圣，有四目。”②**一足夔**:《孔丛子·论书》:“鲁哀公问孔子曰:‘吾闻夔一足，有异于人，信乎?’子曰:‘昔重犁举夔而进，欲求人佐焉。舜曰：一夔足矣。非言止一足也。’公曰:‘善。’”后来用“夔一足”表示错误的传言，或指被误解了的文字。③**鸲鹆**：俗称八哥鸟。④**菡萏**：荷花别名。⑤**荼蘼**：落叶小灌木，花白色，有香气，供观赏。《清异录》:“荼蘼曰白蔓郎，以开白花也。”⑥**智伯恩深**:《史记·刺客列传》:“赵襄子杀智伯，豫让欲为主报仇，乃吞炭为哑，漆身为癞，使襄子不备。”⑦**羊公德大**:《晋书·羊祜传》:“羊祜字叔子，武帝时镇荆州，甚得民心。”死葬岘山，“(百姓)望其碑者莫不流涕，杜预因名为堕泪碑”。

原文

行对止，速对迟。舞剑对围棋。花笺[1]对草字，竹简对毛锥[2]。汾水鼎[3]，岘山碑[4]。虎豹对熊罴[5]。花开红锦绣，水漾碧琉璃。去妇因探邻舍枣[6]，出妻为种后园葵[7]。笛韵和谐，仙管恰从云里降；橹(lǔ)声咿轧[8]，渔舟正向雪中移。

注释

①**笺**：用来题诗、写信的纸张。②**毛锥**:《旧五代史·史弘肇传》:弘肇曰:“安朝廷，定祸乱，直须长枪大剑，若毛锥子，安足用哉?”毛锥子，指毛笔。③**汾水鼎**:《纲鉴》:“汉武帝得宝鼎于汾水，改元元鼎元年。”④**岘山碑**：见前“堕泪碑”注。⑤**罴**：棕熊。⑥**探邻舍枣**:《汉书·王吉传》载:“王吉少时，居长安，有大枣树垂吉庭中，吉妇探取以啖吉。吉后知之，逐去其妇。东家闻之，欲伐树，邻里共止之，请吉还妇。”⑦**出妻为种后园葵**:《古事苑》:“公仪休相鲁，食于舍，茹葵而美，且见妻织布，曰:‘欲夺园夫红女之利乎?’因拔园葵，出其妻。”⑧**咿轧**：摇橹所发之声。

●《梦轩变古笺谱》插图

原文

戈对甲，鼓对旗。紫燕对黄鹂。梅酸对李苦，青眼对白眉[1]。三弄笛[2]，一围棋。雨打对风吹。海棠春睡早[3]，杨柳昼眠迟[4]。张骏曾为槐

树赋[5]，杜陵不作海棠诗[6]。晋士特奇，可比一斑之豹[7]；唐儒博识，堪为五总之龟[8]。

注 释

①**青眼**：《晋书·阮籍传》："阮籍能为青白眼，对礼法之士以白眼，惟稽康造之，乃见青眼。"**白眉**：《三国志·马良传》："马良字季常，眉有白毫，弟兄五人皆有才名，并以常为字。谚曰：马氏五常，白眉最良。"②**三弄笛**：《世说新语·任诞》：王子猷出都，尚在渚下。旧闻桓子野善吹笛，而不相识。遇桓于岸上过，王在船中，客有识之者，云是桓子野。王便令人与相闻，云："闻君善吹笛，试为我一奏。"桓时已贵显，素闻王名，即便回下车，踞胡床，为作三调。弄毕，便上车去。客主不交一言。③**海棠睡**：《太真外传》："杨太真初睡起，明皇笑曰：'海棠春睡未足耶？'"④**杨柳眠**：《三辅旧事》："汉苑有柳如人，名人柳，一日三眠三起。"⑤**槐树赋**：《凉录》："初，河右无柳，张骏之取于秦陇，植之皆死，独酒泉宫西北隅有槐生焉，因著槐树赋。"按《晋书·李玄盛传》："河右不生楸、槐、柏、漆，张骏之世，取于陇西而植之，终于皆死，而酒泉宫之西北隅有槐树生焉，玄盛又著《槐树赋》以寄情。"据此可知赋非张骏所作。⑥**海棠诗**：《王禹偁诗话》："杜陵无海棠诗，以母名海棠也。陆放翁云：'老杜不应无海棠诗，意必失传耳。'"⑦**一斑豹**：《晋书·王献之传》："王子猷数岁，门生辈曰：'此郎管中窥豹，时见一班（斑）。'"⑧**五总龟**：《唐书·殷践猷传》载："殷践猷博通经籍，号五总龟。谓龟千年五聚，问无不知也。"

五 微

原 文

来对往，密对稀。燕舞对莺飞。风清对月朗，露重对烟微。霜菊瘦，雨梅肥。客路对渔矶[1]。晚霞舒锦绣，朝露缀珠玑[2]。夏暑客思欹[3]石枕，秋寒妇念寄边衣[4]。春水才深，青草岸边渔父去[5]；夕阳半落，绿莎[6]原上牧童归。

注　释

①**矶：**水边突出的岩石或石滩。②**珠玑：**珠宝，珠玉。③**欹：**斜，倾侧。④**边衣：**汉唐以来，四边多事，故从征者众。每当秋寒，妇念其夫，则寄征衣。故亦称征衣为边衣。⑤**青草岸边渔父去：**唐张志和有"青草湖中月正圆，巴陵渔父棹歌还"之句。岳阳古称巴陵。⑥**莎：**莎草，又叫香附子。

●陶渊明宅旁五柳树，因以为号。

原　文

宽对猛，是对非。服美对乘肥[①]。珊瑚对玳瑁，锦绣对珠玑。桃灼灼[②]，柳依依[③]。绿暗对红稀。窗前莺并语，帘外燕双飞。汉致太平三尺剑，周臻大定一戎衣[④]。吟成赏月之诗，只愁月堕；斟满送春之酒，惟憾春归。

注　释

①**乘肥：**古称四匹马拉的车为一乘，此代指马。②**灼灼：**形容花开得茂盛。《诗经·周南·桃夭》："桃之夭夭，灼灼其华。"③**依依：**形容枝条柔软随风摇摆的样子。《诗经·小雅·采薇》："昔我往矣，杨柳依依；今我来思，雨雪霏霏。"④**臻：**达到。**戎衣：**军服。《尚书·武成》："一戎衣，天下大定。"

原　文

声对色，饱对饥。虎节对龙旗[①]。杨花对桂叶，白简对朱衣[②]。龙(máng)也吙[③]，燕于飞[④]。荡荡对巍巍。春暄资日气[⑤]，秋冷借霜威。出使振威冯奉世[⑥]，治民异等尹翁归[⑦]。燕我弟兄，载咏棣棠韡韡[⑧]；命伊将帅，为歌杨柳依依。

注　释

①**虎节：**雕刻成虎头形的符节。符节是古时使臣执以示信之物。《周礼·地官·掌节》："凡邦国之使节，山国用虎节，土国用人节，泽国用龙节。"　**龙旗：**画蛟龙图纹之旗。《诗经·商颂·玄鸟》："龙旂十乘，大糦是乘。"②**白简：**古代御史有所奏劾，

使用白简。简本为竹或木片，自纸行用后，书笺也通称简。《晋书·傅玄传》：傅玄性急，每有奏劾，或值日暮，捧白简坐以待旦。**朱衣：**红衣。宋代欧阳修诗："文章自古无凭据，惟愿朱衣一点头。"昔时欧阳修知贡举，每阅卷，觉旁有朱衣人点头，然后入格。③**龙也吠：**《诗经·召南·野有死麕》："无使尨也吠。"尨，多毛狗。④**燕于飞：**燕子双双，比翼而飞。《诗经·邶风·燕燕》："燕燕于飞，差池其羽。"⑤**暄：**和暖。**姿：**凭借。⑥**冯奉世：**《汉书·冯奉世传》：冯奉世持节使西域，拔破莎车，要功万里之外，赐关内侯。⑦**尹翁归：**《汉书·尹翁归传》："尹翁归守东海，后迁扶风守，其治民，凡赏善，刑奸，除盗，息课，各异其等。"⑧**棠棣：**《诗经·小雅·常棣》："常棣之华，鄂不韡韡。""常棣"同"棠棣"，花木名，后以棠棣代指兄弟情谊。

六　鱼

原　文

无对有，实对虚。作赋对观书。绿窗对朱户，宝马对香车。伯乐马[1]，浩然驴[2]。弋雁对求鱼[3]。分金齐鲍叔[4]，奉璧蔺相如[5]。掷地金声孙绰赋[6]，回文锦字窦滔书[7]。未遇殷宗，胥靡困傅岩之筑[8]；既逢周后，太公舍渭水之渔[9]。

注　释

①**伯乐：**春秋时期相马家，一作孙阳。尝为秦穆公相马，认为求良马不难，求天下之马难。②**浩然驴：**《韵府群玉》："孟浩然尝于灞水冒雪骑驴寻梅花，曰：'吾诗思在风雪中驴子背上。'"③**弋雁：**《诗经·郑风·女曰鸡鸣》："将翱将翔，弋凫与雁。"**求鱼：**《孟子·梁惠王上》："以若所为求若所欲，犹缘木而求鱼也。"爬到树上去找鱼，比喻方法不对，劳而无功。④**分金：**《史记·管晏列传》："管仲曰：'昔与鲍叔贾，分财我多取，鲍叔不以为贪，知我贫也。'"⑤**奉璧：**《史记·廉颇蔺相如列传》：赵得和氏之璧，秦欲以十五城易之。蔺相如奉璧入秦，见秦无意偿城，乃怒发冲冠，完璧归赵。⑥**孙绰：**《晋书·孙绰传》：孙绰尝作《天台山赋》，辞致甚工，初成，以示友人范荣期，云："卿试，掷地，当作金石声也。"⑦**窦滔：**《齐书》："苏蕙字若兰，窦滔之妻。滔镇襄阳，携宠妾往，苏织锦成回文诗三百首寄滔，后情如初。"⑧**傅岩：**殷高宗梦傅说，乃图

其形旁求天下，适说以胥靡筑于岩，其形惟肖，爰立作相。⑨**渭水：** 今陕西水名。传姜太公钓鱼于渭，文王遇之，与之同载后车，辅佐周文王、周武王伐商，尊为师尚父。

原　文

终对始，疾对徐[1]。短褐对华裾[2]。六朝对三国[3]，天禄对石渠[4]。千字策[5]，八行书[6]。有若对相如[7]。花残无戏蝶，藻密有潜鱼。落叶舞风高复下，小荷浮水卷还舒。爱见人长，共服宣尼休假盖[8]；恐彰己吝，谁知阮裕竟焚车[9]。

注　释

①**徐：** 缓慢。②**褐：** 用粗毛或粗布制成的衣裳，古时穷人所穿。**裾：** 衣服的前后襟。③**六朝：**《历代都会考》：吴始都于建业（今南京），后东晋、宋、齐、梁、陈相继建都于此，号六朝。**三国：** 蜀、魏、吴。④**天禄：**《汉书·刘向传》：刘向校书天禄阁。**石渠：**《汉书·萧何传》：萧何建石渠阁以藏图籍，后成帝用以藏秘书。⑤**千字策：**《文献通考》载，唐代临轩试以诗赋，至宋始定策试之制，限以千字。⑥**八行书：** 唐孟浩然诗："家书寄八行。"盖本汉马融寄窦尚书，内有"两纸八行"之语。⑦**有若：** 孔子弟子，鲁人，状似孔子。**相如：** 蔺相如，战国人。又说，司马相如，东汉人。⑧**宣尼：** 孔子字仲尼，后代尊为大成至圣文宣王。**假盖：** 犹言"借伞"。《孔子家语·致思》："孔子将出而雨，门人曰：'商有盖，请假焉。'子曰：'商为人短于财，吾闻与人交者，推长而违短，故久；吾非不知商有盖，恐不借而彰其过也。'"⑨**焚车：**《晋书·阮裕传》：阮裕字思旷，"有好车，借无不给。有人葬母，意欲借而不敢言。后裕闻之，乃叹曰：'吾有车而使人不敢借，何以车为！'遂命焚之"。

原　文

麟对凤，鳖对鱼。内史对中书[1]。犁锄对耒耜（sì）[2]，畎浍（quǎnkuài）对郊墟[3]。犀角带[4]，象牙梳[5]。驷马对安车。青衣能报赦[6]，黄耳解传书[7]。庭畔有人持短剑[8]，门前无客曳长裾[9]。波浪拍船，骇舟人之水宿；峰峦绕舍，乐隐者之山居。

注　释

①**内史：** 即舍人宫。宋苏轼《谢中书舍人表》："右史记言，已忝高选；西垣视草，复玷近班。"**中书：**《广事类赋》："唐时中书令，乃真宰相，以他官奉掌者无定。"中书

本为官名，明清时，于内阁置中书若干人，掌撰拟、记载、翻译、缮写等职。②**耒耜：**古代农具，形状像木叉。③**畎浍：**田间的小水沟。浍，广二寻，深二仞。④**犀角带：**明代诸司职掌朝服革带，二品用犀角。⑤**象牙梳：**唐崔徽嘲妓李端端诗："爱把象牙梳掠鬓，昆仑顶上月初生。"⑥**青衣能报赦：**《白孔六帖》："苻坚屏人作赦文，有蝇入室，驱之复来。俄而人知有赦，诘其所得，皆云有青衣人呼于市。坚曰：'是前青蝇也。'"⑦**黄耳解传书：**《述异记》："陆机在洛阳，有犬名黄耳，能寄书抵家。"⑧**短剑：**《史记》《战国策》载，燕太子丹使荆轲刺秦王，假为献图，图中藏药匕首，秦王觉，乃惊走。匕首即短剑。⑨**长裾：**《汉书·邹阳传》载，邹阳《上吴王书》曰："饰固陋之心，则何王之门不可曳长裾乎？"

七 虞

原 文

金对玉，宝对珠。玉兔对金乌①**。孤舟对短棹(zhào)**②**，一雁对双凫(fú)**③**。横醉眼，捻(niǎn)吟须**④**。李白对杨朱**⑤**。秋霜多过雁**⑥**，夜月有啼乌**⑦**。日暖园林花易赏，雪寒村舍酒难沽。人处岭南，善探巨象口中齿**⑧**；客居江右，偶夺骊(lí)龙颔下珠**⑨**。**

●玉兔

注 释

①**玉兔：**《楚辞·天问》："顾菟在腹。"谓月中有玉兔。**金乌：**《淮南子·精神训》："日中有踆乌。"谓有三足金乌也。②**棹：**船桨。③**凫：**野鸭。④**捻吟须：**唐卢延让《苦吟》诗："吟成一个字，捻断数茎须。"⑤**李白：**号青莲，唐诗人。**杨朱：**战国时期魏国人，道家学派的代表人物之一。⑥**过雁：**《续墨客挥犀》："北方有白雁，秋深则来，来则霜降，河北人谓之霜信。"⑦**啼乌：**古有《乌夜啼》曲。

⑧**巨象口中齿：**《南州异物志》："象脱牙犹自爱惜，掘地藏之。人欲取，必作假牙代之，不令其见，见则后不藏故处。"⑨**江右：**指长江下游以西地区，后来称江西省为江右。**骊珠：**《庄子·列御寇》：河上翁有子，没渊得千金之珠，翁曰：此珠"必在九重之渊而骊龙颔下，子能得珠者，必遭其睡也；使骊龙而寤，子尚奚微之有哉！"

原　文

贤对圣，智对愚。傅粉对施朱。名缰对利锁，挈榼(kě)①对提壶。鸠哺子②，燕调雏③。石帐对郇(xún)厨④。烟轻笼岸柳，风急撼庭梧。鸜(qú)眼一方端石砚⑤，龙涎三炷博山垆(lú)⑥。曲沼鱼多，可使渔人结网⑦；平畴兔少，漫劳耕者守株⑧。

注　释

①**榼：**酒樽。②**鸠哺子：**《尔雅·释鸟》："鸠哺子，朝自上而下，暮自下而上也。"③**燕调雏：**《竹溪闲话》："燕雏将长，其母调之使飞。"④**石帐：**《晋书·石崇传》："石崇尝作锦丝步帐五十里。"**郇厨：**《世说补》："唐韦陟封郇公，性好奢，厨中饮食错杂，人入其中，多饱饫而归。"⑤**鸜眼：**《砚谱》："端溪砚石有鸜鹆眼。"⑥**龙涎：**《香谱》："大食国出龙涎香。"**博山垆：**香炉名。唐李白诗："博山炉中沉香火。"⑦**结网：**《董策》："临川羡鱼，不如退而结网。"⑧**守株：**《韩非子·五蠹》："宋耕者见兔走触田中株死，因释耕守株下，冀复得兔。"

原　文

秦对赵，越对吴。钓客对耕夫。箕(jī)裘对杖履①，杞(qǐ)梓(zǐ)对桑榆②。天欲晓，日将晡(bū)③。狡兔对妖狐。读书甘刺股④，煮粥惜焚须⑤。韩信武能平四海⑥，左思文足赋三都⑦。嘉遁⑧幽人，适志竹篱茅舍；胜游公子，玩情柳陌花衢(qú)⑨。

注　释

①**箕裘：**《礼记·学记》："良冶之子，必学为裘；良弓之子，必学为箕。"箕，三面有边缘，一面敞口的器具。②**杞梓：**两种材质较坚细的木材，用以比喻优秀人才。**桑榆：**农村常见的两种树木，用以比喻日暮及人的晚年。③**晡：**下午三点到五点间，傍晚。④**刺股：**《战国策·秦策》载，苏秦说秦不行，"乃夜读书，欲睡，则引锥自刺其股，血流至足"。⑤**焚须：**《新唐书·李勣传》：李勣姊病，自为粥而焚其须。⑥**韩**

信：《汉书》：韩信佐高祖，平四海，定天下，封淮阴侯。⑦**左思**：晋文学家。《晋书》载，左思三都赋十年乃就，人争录之，洛阳纸贵。⑧**嘉遁**：《易》卦名："嘉遁贞吉。"遁，隐处也。⑨**胜游**：快意地游览。**衢**：四通八达的大街。

八　齐

原　文

岩对岫（xiù），涧对溪。远岸对危堤。鹤长对凫（fú）短①，水雁对山鸡。星拱北，月流西。汉露对汤霓（ní）②。桃林③牛已放，虞坂（bǎn）④马长嘶。叔侄去官闻广受⑤，弟兄让国有夷齐⑥。三月春浓，芍药丛中蝴蝶舞；五更天晓，海棠枝上子规⑦啼。

注　释

①**鹤长对凫短**：《庄子·骈拇》："凫胫虽短，续之则忧；鹤胫虽长，断之则悲。"②**汉露**：《汉书·郊祀志上》："武帝造金茎玉盘以承露。"**汤霓**：成汤征伐天下，民望之若大旱之望云霓。③**桃林**：《周书》："武王克商，归马华山之阳，放牛桃林之野。"④**虞坂**：地名，在今山西平陆境内。《韩非子》："骐骥困盐车，负而上虞坂，顾伯乐而长鸣，知其识己也。"⑤**去官**：《汉书·疏广传》："疏广，字仲翁，为太子太傅。兄子受为少傅。广谓受曰：'吾闻知足不辱，知止不殆，功遂身退，天之道也。'上疏乞归田。"⑥**让国**：《史记·伯夷列传》："伯夷、叔齐，孤竹君之二子也。父欲立叔齐，及父卒，叔齐让伯夷，伯夷曰：'父命也。'遂逃去。"⑦**子规**：杜鹃鸟。

原　文

云对雨，水对泥。白璧对玄圭（guī）①。献瓜对投李②，禁鼓对征鼙（pí）③。徐稚榻④，鲁班梯⑤。凤翥（zhù）⑥对鸾栖，有官清似水⑦，无客醉如泥⑧。截发惟闻陶侃母⑨，断机只有乐羊妻⑩。秋望佳人，目送楼头千里雁；早行远客，梦惊枕上五更鸡。

注　释

①**白璧：** 洁白的玉璧。《战国策·燕策》：苏代为燕说齐，曰："臣请献白璧一双，黄金千镒。"**玄圭：** 黑玉。《尚书·禹贡》："禹锡玄圭，告厥成功。"②**献瓜：**《韵府群玉》："唐德宗时，有献瓜果欲授官者。"**投李：**《诗经·卫风·木瓜》："投我以木李，报之以琼玖，匪报也，永以为好也。"③**禁鼓：** 宫廷中之鼓。**鼙：** 战鼓。④**徐稚榻：**《后汉书·徐稚传》载，陈蕃为豫章太守，惟徐稚来特设一榻，去即悬之。⑤**鲁班梯：**《备考》："公输子名班，又名般，鲁之巧人也。尝为楚造云梯以攻宋。"⑥**翥：** 高飞。⑦**清似水：**《汉书·郑崇传》："崇对曰：'臣门如市，臣心如水。'"⑧**醉如泥：** 唐李白《襄阳歌》诗："旁人借问笑何事，笑杀山公醉如泥。"或云：泥，虫名。⑨**截发：**《晋书·陶侃传》："范逵过陶侃家，无以待宾。母曰：'汝留客，我自有计。'乃截发易酒肴。"⑩**断机：**《晋书·列女传》载，乐羊子游学，一年来归，妻因断机曰："君之废学有如此。"羊子感悟，卒为名儒。

原　文

熊对虎，象对犀。霹雳对虹霓(ní)。杜鹃对孔雀，桂岭对梅溪。萧史凤①，宋宗鸡②。远近对高低。水寒鱼不跃，林茂鸟频栖。杨柳和烟彭泽县③，桃花流水武陵溪④。公子追欢，闲骤玉骢(cōng)游绮陌⑤；佳人倦绣，闷欹(qī)珊枕⑥掩香闺。

注　释

①**萧史凤：**《列仙传》：萧史与秦女弄玉吹箫能引凤凰。②**宋宗鸡：**《幽明录》载，宋处宗置一鸡于窗间，作人语，与宗谈论，极有玄致，宗功业大进。后遂以鸡窗谓书窗。③**彭泽县：** 陶潜曾任彭泽县令，所居喜植柳，号五柳先生。④**武陵溪：** 陶潜《桃花源记》中说，晋太原中有武陵人捕鱼为业，缘溪行，逢桃花源。⑤**玉骢：** 白马。⑥**珊枕：** 珊瑚作枕。

九　佳

原　文

河对海，汉对淮。赤岸对朱崖。鹭(lù)飞对鱼跃，宝钿(diàn)①对金钗。鱼圉圉(yǔ)②，

鸟喈喈[3]。草履对芒鞋[4]。古贤尝笃厚，时辈喜诙谐。孟训文公谈性善[5]，颜师孔子问心斋[6]。缓抚琴弦，像流莺而并语；斜排筝柱，类过雁之相挨。

注　释

①钿：妇人鬓饰。②圉圉：《孟子·万章上》："始舍之，圉圉焉。"困而未舒之状。③喈喈：象声词，禽鸟鸣声。《诗经·周南·葛覃》："黄鸟于飞……其鸣喈喈。"④草履：草鞋。芒鞋：以芒草编成的草鞋。⑤性善：《孟子·滕文公上》：滕文公见孟子，"孟子道性善，言必称尧舜。"⑥心斋：《庄子·人间世》："唯道集虚，虚者，心斋也。"

原　文

丰对俭，等对差。布袄对荆钗。雁行对鱼阵，榆塞对兰崖。挑荠[1]女，采莲娃。菊径对苔阶。诗成六义[2]备，乐奏八音[3]谐。造律吏哀秦法酷[4]，知音人说郑声哇[5]。天欲飞霜，塞上有鸿行已过；云将作雨，庭前多蚁阵先排。

注　释

①荠：俗呼乳浆菜。②六义：比、兴、赋、风、雅、颂，为《诗经》之六义。③八音：金、石、丝、竹、匏、土、革、木，系古时八类乐器。④秦法酷：《纲鉴》："汉高入咸阳，哀秦法太酷，约以三章之法。后无以除奸，命萧何造律，次其轻重。"⑤郑声：《论语·阳货》："恶紫之夺朱也，恶郑声之乱雅乐也。"哇：《广韵》："哇，淫声。"

原　文

城对市，巷对街。破屋对空阶。桃枝对桂叶，砌蚓[1]对墙蜗。梅可望[2]，橘堪怀[3]。季路对高柴[4]。花藏沽酒市，竹映读书斋。马首不容孤竹扣[5]，车轮终就洛阳埋[6]。朝宰锦衣，贵束乌犀之带[7]；宫人宝髻，宜簪白燕之钗[8]。

注　释

①砌蚓：阶砌缝隙中的蚯蚓。②梅可望：《三国志·魏书》："曹操军士大渴，无水，操曰：'前有梅林，可止渴。'士卒闻之遥望，而口中水出。"③橘堪怀：《三国志·陆绩传》："陆绩五岁，袁术出橘，绩怀三枚，拜而堕地。曰：'欲归遗母。'术奇之。"④季路：

字仲由，孔子弟子。**高柴：**字子羔，孔子弟子。⑤**马首不容孤竹扣：**《史记·伯夷列传》："武王伐纣，夷齐扣马而谏。"⑥**车轮终就洛阳埋：**《后汉书·张纲传》载，张纲字文纪。为御史，安帝遣纲按巡风俗，乃埋轮于洛阳都亭曰："豺狼当道，安问狐狸。"遂劾奏梁冀。⑦**乌犀之带：**《旧唐书·裴度传》："元和十二年八月三日，（裴）度赴淮西……上御通化门慰勉之。度楼下衔涕而辞，赐之犀带。"⑧**白燕之钗：**《汉书》载，汉成帝起招灵阁，有神女进一燕钗，帝赐赵婕妤。昭帝时宫人碎之，化白燕飞去。

十　灰

原　文

增对损[1]，闭对开。碧草对苍苔。书签对笔架，两曜(yào)对三台[2]。周召虎[3]，宋桓魋(tuí)[4]。阆苑对蓬莱[5]。薰风[6]生殿阁，皓月照楼台。却马[7]汉文思罢献，吞蝗(huáng)唐太冀移灾[8]。照耀八荒，赫赫丽天秋日；震惊百里，轰轰出地春雷。

●却千里马

注　释

①**损：**减损。②**两曜：**日月。**三台：**《星经》："三台六星，在人为三公，在天为三台。上台司命，中台司爵，下台司禄。"③**召虎：**周宣王之大臣。《诗经·大雅·江汉》："江汉之浒，王命召虎。"④**桓魋：**春秋人，孔子过宋，欲杀之，孔子微服去。⑤**阆苑、蓬莱：**皆西王母仙境。⑥**薰风：**和风。⑦**却马：**《汉书·贾捐之传》载，汉文帝时有献千里马者，诏还之，罢其献。⑧**吞蝗：**《唐书》载，唐太宗时蝗灾流行，乃取蝗自吞。曰："但当食朕心，毋害百姓。"蝗果去。

原　文

沙对水，火对灰。雨雪对风雷。书淫对传癖[1]，水浒对岩隈(wēi)[2]。歌旧曲，

酿新醅[③]。舞馆对歌台。春棠经雨放，秋菊傲霜开。作酒固难忘曲糵，调羹必要用盐梅[④]。月满庾楼，据胡床而可玩[⑤]；花开唐苑，轰羯(jié)鼓以奚催[⑥]。

注 释

①**书淫：**指嗜书成性，《晋书·皇甫谧传》载，皇甫谧，字士安，博极群书，时号“书淫”。**传癖：**《晋书·杜预传》载，杜预，字元凯，好《左传》，谓之“《左传》癖”。②**浒：**水边。**隈：**山或水弯曲之处。③**醅：**未过滤之酒。④**曲糵、盐梅：**即咸盐与酸梅。《尚书·说命》：“若作酒醴，汝惟曲糵；若作和羹，汝惟盐梅。”⑤**庾楼：**《世说新语·容止》载，庾亮乘月登南楼，据胡床自玩。⑥**羯鼓：**《杨妃外传》载，贵妃见苑中花未发，命羯鼓催之，桃杏俱放。

原 文

休对咎(jiù)，福对灾。象箸对犀杯[①]。宫花对御柳，峻阁对高台。花蓓蕾，草根荄(gāi)[②]。剔藓对剜(wān)苔[③]。雨前庭蚁闹，霜后阵鸿哀。元亮南窗今日傲[④]，孙弘东阁几时开[⑤]。平展青茵[⑥]，野外茸茸软草；高张翠幄[⑦]，庭前郁郁凉槐。

注 释

①**象箸：**象牙筷。**犀杯：**犀角雕成的酒杯。②**根荄：**荄即根，草木枯根。③**剜苔：**《石鼓歌》：“剜苔剔藓露节角。”④**南窗：**晋陶潜，字元亮。《归去来兮辞》：“倚南窗以寄傲，审容膝之易安。”⑤**东阁：**《汉书·公孙弘传》：公孙弘为相时，开平津阁以招贤者。⑥**茵：**褥。言草软如褥。⑦**幄：**帐。意为槐垂如帐。

十一　真

原 文

邪对正，假对真。獬豸(xiè zhì)[①]对麒麟。韩卢对苏雁[②]，陆橘对庄椿(chūn)[③]。韩五鬼[④]，李三人[⑤]。北魏对西秦。蝉鸣哀暮夏，莺啭(zhuàn)怨残春。野烧焰腾红烁烁，溪流波皱碧粼粼。行无踪，居无庐，颂成酒德⑥；动有时，藏有节，论著钱神⑦。

●竹林七贤

注　释

①**獬豸**：古代传说中的异兽，能辨曲直，敢触邪恶。②**韩卢**：狗名。《战国策·秦策》："以秦卒之勇，车骑之多，以当诸侯，譬若驰韩卢而逐蹇兔也。"**苏雁**：《汉书·苏武传》载，苏武在匈奴，修书系雁足，雁飞至汉苑，取之，乃知苏书。③**陆橘**：见前"橘堪怀"注。**庄椿**：《庄子·逍遥游》："上古有大椿者，以八千岁为春，以八千岁为秋。"④**韩五鬼**：韩愈《送穷文》中称命穷、智穷、学穷、文穷、交穷为"五穷鬼"。⑤**李三人**：李白《月下独酌》诗："举杯邀明月，对影成三人。"⑥**酒德**：刘伶作《酒德颂》，中有"行无踪，居无庐"句。⑦**钱神**：晋鲁褒著《钱神论》，内有"动静有时，行藏有节"句。

原　文

哀对乐，富对贫。好友对嘉宾。弹冠对结绶(shòu)①，白日对青春②。金翡翠③，玉麒麟。虎爪对龙鳞。柳塘生细浪，花径起香尘。闲爱登山穿谢屐(jī)④，醉思漉(lù)酒脱陶巾⑤。雪冷霜严，倚槛松筠(yún)⑥同傲岁；日迟风暖，满园花柳各争春。

注　释

①**弹冠**：《汉书·王吉传》载，王阳（吉）为益州刺史，贡禹弹其冠，待阳荐，后果为大夫。**结绶**：《汉书·萧育传》载，萧育少与朱博善，后彼此荐拔，名著当时。语曰："萧朱结绶，王贡弹冠。"②**白日**：唐杜甫《闻官军收河南河北》："白日放歌须纵酒，青春作伴好还乡。"青春，明媚的春天。③**翡翠**：鹬鸟。唐陈子昂诗："翡翠巢南海，雄雌珠树林。何知美人意，娇爱比黄金。"盖妇人多取翠羽饰金钿，故名。④**谢屐**：《晋书》载，南朝宋谢灵运好游，每携屐登山，辄连日不返。⑤**陶巾**：《世说补》载，陶潜自己酿酒，酒熟则取头上葛巾漉之，漉毕复著。⑥**筠**：竹外青皮，引申为竹子。

原　文

香对火，炭对薪。日观对天津[①]。禅心对道眼，野妇对宫嫔（pín）。仁无敌，德有邻。万石对千钧[②]。滔滔三峡水，冉冉一溪冰。充国功名当画阁[③]，子张言行贵书绅[④]。笃志诗书，思入圣贤绝域；忘情官爵，羞沾名利纤尘。

注　释

①**日观：**《广舆记》：泰山有峰曰日观，鸡鸣可见日。**天津：**邵康节诗："天津桥上闻杜鹃。"②**石：**四钧为石。**钧：**三十斤为钧。③**画阁：**《汉书》载，宣帝甘露三年，画赵充国、霍光等十一人图像于麒麟阁。④**书绅：**绅，带子。《论语》载，孔子的弟子子张曾将孔子"言忠信，行敬笃"的教诲写在带子上，以示牢记不忘。

十二　文

原　文

家对国，武对文。四辅对三军[①]。九经对三史[②]，菊馥对兰芬。歌北鄙[③]，咏南薰（xūn）[④]。迩听对遥闻。召公周太保[⑤]，李广汉将军[⑥]。闻化蜀民皆草偃[⑦]，争权晋土已瓜分[⑧]。巫峡夜深，猿啸苦哀巴地月[⑨]；衡峰秋早，雁飞高贴楚天云[⑩]。

注　释

①**四辅：**传说古代天子有四个辅佐官。**三军：**古代一万二千五百人为一军，三军象征天地人。一说为步、车、骑三个兵种。②**九经：**《备考》：自五经分而乐经亡。五经内分周礼、仪礼为七经，七经之外又益以孝经、论语为九经，分春秋三传为三，合孝经、论语为一，于是有十经。以六经加六纬，于是有十二经。以诗、易、书、三礼、春秋三传，加孝经、论、孟、尔雅，谓之十三经。**三史：**《备考》：三史一曰编年，始于左氏；一曰纪传，始于司马迁；一曰实录，始于梁而盛于唐。**馥：**香气。③**北鄙：**代指北方边境地区的音乐。《孔子家语·辨乐解》："殷纣好为北鄙之音，其废也忽然，而亡国之声也。"④**南薰：**《史记》载，舜挥五弦琴歌曰："南风之薰

兮，可以解吾民之愠兮；南风之时兮，可以阜吾民之财兮。”⑤**召公**：名奭，周太保。⑥**李广**：西汉名将，拜为右北平太守，匈奴闻之，号为飞将军。⑦**闻化蜀民皆草偃**：《蜀志》载，汉景帝时，文翁为蜀郡太守，声教大洽，条教所及，风行草偃。⑧**争权晋土已瓜分**：《备考》载，晋始有六卿：智氏、赵氏、韩氏、范氏、魏氏、中行氏，厥后智、韩、赵、魏共灭范、中行，分其地。未几赵、魏、韩又共灭智氏，分其地。安王二十六年，三家共废晋君，分其地号三晋。⑨**巫猿**：《水经注》载，巫峡猿凡鸣至三声，闻者皆泪。⑩**衡雁**：《衡岳志》载，衡岳有回雁峰，故雁至衡阳而止。

原　文

敧对正，见对闻。偃武对修文①。羊车对鹤驾②，朝旭对晚曛(xūn)。花有艳，竹成文。马燧对羊欣③。山中梁宰相④，树下汉将军⑤。施帐解围嘉道韫⑥，当垆沽酒叹文君⑦。好景有期，北岭几枝梅似雪；丰年先兆，西郊千顷稼如云。

注　释

①**偃武**：《尚书·武成》载，武王克商，乃偃武修文。②**羊车**：《晋书·胡贵嫔传》载，武帝幸宫掖，乘羊车任其所之，宫人乃插竹于宫门，以盐汁洒地引之。**鹤驾**：《列仙传》："王子晋，周灵王太子也。于缑山乘白鹤仙去，故太子之驾曰鹤驾。"③**马燧**：唐代中朝名将。**羊欣**：字敬元，晋宋时期大臣、书法家。④**山中梁宰相**：《梁书·陶弘景传》载，陶弘景隐茅山，武帝每有大事则询之，号山中宰相。⑤**树下汉将军**：《后汉书·冯异传》：冯异号大树将军。⑥**解围**：《晋书·王凝之妻谢氏传》载，王凝之弟献之，与客谈议将屈，嫂(谢)道韫曰："欲与小郎解围。"乃设帏自蔽，申献之前说，客不能屈。⑦**沽酒**：《汉书·司马相如传》上：卓文君与司马相如当垆卖酒。

原　文

尧对舜，夏对殷。蔡惠对刘蕡(fén)①。山明对水秀，五典对三坟②。唐李杜③，晋机云④。事父对忠君。雨晴鸠唤妇⑤，霜冷雁呼群。酒量洪深周仆射⑥，诗才俊逸鲍参军⑦。鸟翼长随，凤兮洵(xún)众禽长⑧；狐威不假，虎也真百兽尊⑨。

注　释

①**蔡惠**：《汉书》载，蔡惠梦得禾复失，郭乔曰：禾失为秩，当进爵。果然。**刘蕡**：

《旧唐书·刘蕡传》载：刘蕡对策议宦官，考官不敢取，李郃曰："刘蕡下第，我辈登科，能无厚颜。"②**五典**：少昊、颛顼、高辛、唐、虞之书为五典。**三坟**：伏羲本山坟作《易》曰《连山》，神农本气坟作《易》曰《归藏》，黄帝本形坟作《易》曰《坤乾》，共称三坟。③**李杜**：唐李白、杜甫以诗齐名。④**机云**：晋陆机、陆云兄弟以文齐名。⑤**雨晴鸠唤妇**：宋陆佃《埤雅》载，鸠天阴则逐其妇，晴则呼之。⑥**周仆射**：《晋书·周顗传》载，周顗饮酒无醒日，及为仆射，以酒失略罢去，号三日仆射。⑦**鲍参军**：鲍照官历参军，诗情俊逸；唐杜甫《春日怀李白》诗："清新庾开府，俊逸鲍参军。"⑧**鸟翼长随**：《格物总论》："凤飞则禽鸟随之。"**禽长**：《春秋孔演图》："羽虫三百六十，而凤为之长。"⑨**狐假**：《战国策》载，楚宣王问群臣曰："北方之民畏昭奚恤，何也？"江乙对曰："虎得狐欲食之，狐曰，无食我，天帝令我长百兽，子如不信，我为子先行，百兽能无走乎。虎随狐行，兽皆走，虎不知兽之畏己，而反以为畏狐也。今北方非畏昭奚恤，实畏王甲兵耳。"**兽尊**：《风俗通》："虎阳物，百兽之长。"

十三　元

原　文

幽对显，寂对喧。柳岸对桃源。莺朋[1]对燕友，早暮对寒暄。鱼跃沼[2]，鹤乘轩[3]。醉胆对吟魂。轻尘生范甑(zèng)[4]，积雪拥袁门[5]。缕缕轻烟芳草渡，丝丝微雨杏花村。诣阙王通，献太平十二策[6]；出关老子，著道德五千言[7]。

注　释

①**莺朋**：宋翁森《四时读书乐》："好鸟枝头亦朋友，落花水面皆文章。"②**鱼跃沼**：《诗经》："王在灵沼，于物鱼跃。"③**鹤乘轩**：《左传》载，卫懿公好鹤，尝以乘轩，及狄伐卫，国人受甲者皆曰："使鹤，鹤实有禄位，予焉能战！"④**范甑**：汉代范丹家贫，甑中生尘。⑤**袁门**：《后汉书》载，洛阳令雪中访袁安，安闭门拥雪，高卧未起。⑥**献策**：《隋书·王通传》载，王通曾献《太平策》十二篇于隋文帝，不为所用。⑦**出关**：《关令尹喜内传》："尹喜尝登楼，望东极有紫气西迈，曰：'应圣人过京邑。'果见老子骑青牛来过。"**道德**：老子著有《道德经》五千言。

原　文

儿对女，子对孙。药圃对花村。高楼对邃(suì)阁，赤豹对玄猿。妃子骑[1]，夫人轩[2]。旷野对平原。匏巴[3]能鼓瑟，伯氏善吹埙(xūn)[4]。馥馥早梅思驿使[5]，萋萋芳草怨王孙[6]。秋夕月明，苏子黄冈游绝壁[7]；春朝花发，石家金谷启芳园[8]。

●乘赤豹兮从纹狸

注　释

①**妃子骑**：《杨妃传》："妃好啖生荔枝，海南每岁七日七夜飞骑献荔枝至京师。"唐杜牧《过华清宫绝句》诗："一骑红尘妃子笑，无人知是荔枝来。"②**夫人轩**：《左传·闵公二年》："归夫人鱼轩。"鱼轩，夫人车，以鱼皮为饰。③**匏巴**：《荀子·劝学》："昔者匏巴鼓瑟，而流鱼出听。"④**吹埙**：《诗经·小雅·何人斯》："伯氏吹埙。"埙，古代土制乐器，椭圆形，有六孔。⑤**驿使**：《荆州记》载，陆凯与范晔善，自江南寄梅一枝与晔，赠诗曰："折梅逢驿使，寄与陇头人。江南无所有，聊寄一枝春。"⑥**王孙**：《楚辞·招隐士》："王孙游兮不归，春草生兮萋萋。"⑦**黄冈**：苏轼《前赤壁赋》："壬戌之秋，七月既望，苏子与客泛舟游于赤壁之下。"赤壁，指湖北黄州的赤壁。⑧**金谷**：《晋书》载，晋石崇有金谷园，春宴客各赋诗，不成，罚酒三斗。

原　文

歌对舞，德对恩。犬马对鸡豚。龙池对凤沼[1]，雨骤对云屯。刘向阁[2]，李膺(yīng)门[3]。唳(lì)[4]鹤对啼猿。柳摇春白昼，梅弄月黄昏。岁冷松筠皆有节，春喧桃李本无言[5]。噪晚齐蝉，岁岁秋来泣恨[6]；啼宵蜀鸟，年年春去伤魂[7]。

注　释

①**龙池**：龙池、凤沼，皆禁苑池沼名。②**刘向阁**：西汉学者刘向曾校书于天禄阁。③**李膺门**：《后汉书·李膺传》：李膺为太尉，独持风厉，登其门者号登龙门。④**唳**：鸣。⑤**无言**：《史记·李将军列传》："桃李不言，下自成蹊。"⑥**齐蝉**：《古今注·问答释义》

载，牛亨问董仲舒曰："蝉名齐女者何故？"舒曰："昔齐王之后怨王而死，尸为蝉，故名齐女。"⑦**蜀鸟：**《蜀志》载，蜀帝杜宇失国，思之不得，乃化为鹃鸟，啼血乃止。

十四　寒

原　文

多对少，易对难。虎踞对龙蟠(pán)①。龙舟对凤辇(niǎn)②，白鹤对青鸾。风淅淅，露溥(tuán)溥③。绣毂(gū)④对雕鞍。鱼游荷叶沼，鹭立蓼(liǎo)花滩。有酒阮貂奚用解⑤，无鱼冯铗(jiá)必须弹⑥。丁固梦松，柯叶忽然生腹上⑦；文郎画竹，枝梢倏(shū)尔长毫端⑧。

注　释

①**虎踞龙蟠：**形容南京地势险要。相传汉末刘备使诸葛亮至金陵，谓孙权曰："秣陵地形，钟山龙蟠，石城虎踞，此帝王之宅。"（见晋代张勃《吴录》）②**凤辇：**后妃所乘之车。③**溥溥：**形容露水很多。④**绣毂：**车辐。张子容："绣毂盈香陌。"⑤**阮貂：**《晋书·阮孚传》载，阮孚解金貂换酒。⑥**冯铗：**《战国策·齐策》载，孟尝君客有冯谖者，弹剑歌曰："长铗归来兮，食无鱼。"⑦**梦松：**《三国志》载，丁固梦腹上生松，人曰：松字十八公也。后十八年果为公。⑧**画竹：**《画谱》载，文与可善画墨竹，顷刻枝叶皆就。

原　文

寒对暑，湿对干。鲁隐对齐桓①。寒毡对暖席②，夜饮对晨餐。叔子带③，仲由冠④。郏鄏对邯郸⑤。嘉禾忧夏旱，衰柳耐秋寒。杨柳绿遮元亮宅，杏花红映仲尼坛⑥。江水流长，环绕似青罗带；海蟾轮满，澄明如白玉盘⑦。

注　释

①**鲁隐：**鲁隐公，春秋时期鲁国君主。**齐桓：**齐桓公，春秋时期齐国君主。②**寒毡：**唐代郑虔为广文馆学士，仅寒毡一席。**暖席：**唐代韩愈文："孔席不暇暖。"③**叔子带：**

《晋书·羊祜传》：羊祜字叔子，任荆州都督，在军常轻裘缓带，身不披甲。④**仲由冠：**《孔子家语》载，子路字仲由，初见孔子，冠雄鸡冠。⑤**郏鄏：**地名，在河南洛阳，周成王定鼎之地。**邯郸：**《列仙传》载，唐卢生不遇，与吕翁同寓邯郸道中，主人方炊黄粱，卢具言生来困厄，翁取枕授之，曰：枕此当荣。卢如其言，果登第，出将入相五十年。忽寤，黄粱未熟。⑥**柳宅：**见前。**杏坛：**孔子设教于杏坛。⑦**罗带：**韩愈《送桂州严大夫同用南字》："江作青罗带，山如碧玉簪。"**海蟾：**《春秋孔演图》："蟾蜍，月精也。"**玉盘：**李白《古朗月行》诗："小时不识月，呼作白玉盘。又疑瑶台镜，飞在青云端。"

原　文

横对竖，窄对宽。黑志对弹丸[①]。朱帘对画栋，彩槛对雕栏。春既老，夜将阑。百辟[②]对千官。怀仁称足足[③]，抱义美般般[④]。好马君王曾市骨[⑤]，食猪处士仅思肝[⑥]。世仰双仙，元礼舟中携郭泰[⑦]；人称连璧，夏侯车上并潘安[⑧]。

注　释

①**黑志、弹心：**皆指土地狭小。《宋史·赵普传》载，宋太祖欲取太原，赵普曰："不如姑俟削平诸国，则弹丸黑子之地将安逃乎？"②**百辟：**诸侯，也泛指百姓。《诗经》："式是百辟。"③**足足：**凤凰鸣声。《文选》："般般抱义，足足怀仁。"④**般般：**动物身上的花纹，此处指代麒麟。⑤**好马君王曾市骨：**《战国策·燕策上》载，燕昭王求贤郭隗曰：涓人赍千金市千里马于绝域，至而死，以五百金市其骨而还。⑥**食猪处士仅思肝：**《后汉书·周黄徐姜申徒列传》载，闵仲叔尚节，家贫，好食猪肝，安邑令敕吏每日给之，叔曰："吾岂以口腹累人耶！"遂去之。⑦**双仙：**《后汉书·郭太传》载，李元礼与郭泰俱美丰仪，一日同舟，望者以为仙，时号李郭仙舟。⑧**连璧：**《晋书》载，夏侯湛与潘岳友善，并美风仪，二人同舆接茵，京师人皆目之为连璧。

十五　删

原　文

兴对废，附对攀。露草对霜菅(jiān)[①]。歌廉对借寇[②]，习孔对希颜[③]。山

●踏雪寻梅

垒垒，水潺潺。奉璧对探镮[4]。礼由公旦作[5]，诗本仲尼删[6]。驴困客方经灞（bà）水[7]，鸡鸣人已出函关[8]。几夜霜飞，已有苍鸿辞北塞；数朝雾暗，岂无玄豹隐南山[9]。

注　释

①**菅：** 芒麻。②**歌廉：**《后汉书·廉范传》载，廉叔度为成都太守，百姓歌之曰："廉叔度，来何暮。不禁火，民安作。昔无襦，今五袴。" **借寇：**《后汉书·寇恂传》载，寇恂为河内守，河内完固，当征为执金吾，从过颍川，百姓遮道，愿借寇君一年，上许之。③**习孔：** 学习孔子的儒学。**希颜：** 效法颜回。**奉璧：** 见前。④**探镮：**《晋书·羊祜传》载，羊祜五岁，诣邻人李氏柔木中，得金镮。主人曰："此吾亡儿物也。"乃知前身李氏子也。⑤**礼由公旦作：** 周公旦制礼作乐。⑥**诗本仲尼删：**《备考》云，古者诗本三千余篇，孔子删为三百一十篇。⑦**驴困：** 孟浩然常骑驴至灞水踏雪寻梅。⑧**函关：**《史记·孟尝君列传》载，秦国规定，函谷关鸡鸣始开。孟尝君夜至函关，不得度，客有善鸡鸣者，众鸡皆鸣，遂度关。⑨**玄豹：**《列女传》载，陶詹子治陶三年，名誉不兴，家富三倍。妻泣曰："吾闻南山有玄豹，隐雾七日不食，以择其毛衣，成其文采。至于犬豕，不择食故肥，而取祸必矣。"

原　文

犹对尚，侈对悭（qiān）。雾髻对烟鬟。莺啼对鹊噪，独鹤对双鹇（xián）[1]。黄牛峡[2]，金马山[3]。结草对衔环[4]。昆山惟玉集[5]，合浦有珠还[6]。阮籍旧能为眼白[7]，老莱新爱着衣斑[8]。栖迟避世人，草衣木食[9]；窈窕倾城女，云鬟花颜。

注　释

①**鹇：** 一种尾长，两翅及通身白色，下体蓝黑色，脚红色的鸟。《西京杂记》："越王献高帝白鹇黑鹇各一只。" ②**黄牛峡：** 在湖北宜昌西，又名黄牛山。③**金马山：**《广舆记》：在四川成都府崇宁县，上有金马碧鸡神祠。④**结草：**《左传·宣公十五年》载，

晋魏颗父武子有嬖妾，武子病，命颗曰："我死，嫁此妾。"病笃，又曰："杀以殉葬。"及死，颗曰：宁从治命。嫁之。后秦晋战，颗见老人结草以抗杜回，回颠，颗获之。夜梦老人云："我乃妾之父也，报子从治命而不从乱命耳！"**衔环：**《续齐谐记》载，杨宝（杨震父）收一被创黄雀，医而放之。一日化为黄衣年少，衔玉环一双以报之。⑤**昆山：**昆仑山，古代产玉之地。⑥**合浦：**《后汉书·孟尝传》载，合浦出珠，民采珠以易米。先时宰守贪，珠皆徙去。后孟尝为守，去珠复还。⑦**眼白：**晋代阮籍能为青白眼，见前注。⑧**衣斑：**《二十四孝》载，周代老莱子事亲至孝，年近七十，仍着五色衣戏舞以娱亲。⑨**草衣木食：**《晋书·庾衮传》："庾贤绝尘避地，超然远迹，固穷安陋，木食山栖，不与世同荣，不与人争利。"草衣，草色之服。木食，以果实为食。

原文

姚对宋[1]，柳对颜[2]。赏善对惩奸。愁中对梦里，巧慧对痴顽。孔北海[3]，谢东山[4]。使越对征蛮。淫声闻濮(pú)上[5]，离曲听阳关[6]。骁(xiāo)将袍披仁贵白[7]，小儿衣着老莱斑。茅舍无人，难却尘埃生榻上；竹亭有客，尚留风月在窗间。

注释

①**姚、宋：**唐姚崇与宋璟齐名。②**柳、颜：**柳公权、颜真卿皆善书，人称颜筋柳骨。③**孔北海：**孔融字文举，为北海相。④**谢东山：**谢安，晋相，号东山。⑤**濮上：**《列国传》载，卫灵公与师涓过濮上，夜闻新声。及适晋，晋平公命奏，师旷曰："昔纣亡，沉乐器于濮水，今日之乐，是必为濮上之音，乃纣亡国之音也。"⑥**阳关：**唐王维《渭城曲》诗："劝君更尽一杯酒，西出阳关无故人。"后人用此，有《阳关三叠》曲。⑦**袍白：**薛仁贵常服白袍，号白袍将军。

卷　二

一　先

原　文

晴对雨，地对天。天地对山川。山川对草木，赤壁对青田[1]。郏鄏(jiá rǔ)鼎，武城弦[2]。木笔对苔钱[3]。金城三月柳[4]，玉井九秋莲[5]。何处春朝风景好，谁家秋夜月华圆。珠缀花梢，千点蔷薇香露；练横树杪，几丝杨柳残烟。

注　释

①**赤壁**：孙、刘联军大破曹操处。**青田**：地名，位于浙江。唐司空曙诗："青田红树起乡愁。"**郏鄏**：《左传·宣公三年》："成王定鼎于郏鄏。"②**武城**：孔子弟子子游为武城宰，曾以弦歌教化民众。③**木笔**：《群芳谱》："辛夷曰木笔花。"**苔钱**：苔藓散地如钱。④**金城**：关中金城千里皆植柳。　⑤**玉井**：韩愈《古意》诗："太华峰头玉井莲，开花十丈藕如船。"

●武城弦歌

原　文

前对后，后对先。众丑对孤妍。莺簧对蝶板[1]，虎穴对龙渊[2]。击石磬[3]，观韦编[4]。鼠目对鸢(yuān)肩[5]。春园花柳地，秋沼芰(jì)荷天。白羽频挥闲客坐[6]，乌纱半坠醉翁眠[7]。野店几家，羊角风摇沽酒旆[8]；长川一带，鸭头

波泛卖鱼船[9]。

注　释

①**莺簧：**谓莺啭如笙簧。**蝶板：**谓蝶两翅如拍板。②**虎穴：**《后汉书·班超传》："不入虎穴，不得虎子。"**龙渊：**古人谓藏龙之渊，实即深潭。《淮南子·地形训》："清水有黄金，龙渊有玉英。"一说剑名。③**击磬：**孔子曾击磬于卫。④**韦编：**孔子读《易》，由于翻阅过多，致使连缀竹简的皮绳断了几次，史称"韦编三绝"。⑤**鼠目：**《新唐书·李揆传》载，李揆谓元载曰："獐头鼠目子乃求官耶！"**鸢肩：**《新唐书·马周传》载，岑文本谓马周曰："火色鸢肩必速贵。"⑥**白羽：**白羽本指白色羽毛，这里指代用白色羽毛制成的扇子。⑦**乌纱：**《晋书·阮籍传》载，阮籍常醉眠邻妇侧，乌纱帽半坠。⑧**羊角：**《庄子·逍遥游》："抟羊角而上者，九万里回风也。"⑨**鸭头：**绿波。

原　文

离对坎，震对乾[1]。**一日对千年。尧天对舜日，蜀水对秦川。苏武节**[2]，**郑虔毡。涧壑对林泉。挥戈能退日**[3]，**持管莫窥天**[4]。**寒食芳辰花烂漫，中秋佳节月婵娟。梦里荣华，飘忽枕中之客；壶中日月，安闲市上之仙**[5]。

注　释

①**离、坎、震、乾：**八卦中的四种卦名。②**苏武节：**苏武出使匈奴，被扣留十九年，持节不降。③**挥戈：**《国语·楚语》载，鲁阳公与韩战，忽日暮，阳公挥戈止之，日退三舍。④**持管：**《庄子·秋水》："用管窥天，用锥指地，不亦小乎？"**梦里：**见前邯郸注。⑤**壶中：**《后汉书·方术传下·费长房传》载，费长房遇翁卖药，挂壶于市，倦入壶中，费因拜翁与之俱入，见壶中玉堂华丽。

二　萧

原　文

恭对慢，吝对骄。水远对山遥。松轩对竹槛，雪赋对风谣[1]。**乘五马**[2]，**贯双雕**[3]。**烛灭对香消。明蟾常彻夜，骤雨不终朝。楼阁天凉风飒**

飒，关河地隔雨潇潇。几点鹭鸶(lù sī)，日暮常飞红蓼(liǎo)岸；一双鸂鶒(xī chì)④，春朝频泛绿杨桥。

注　释

①**雪赋：**南朝宋谢庄著《雪赋》。**风谣：**描写风的歌谣。②**五马：**汉制，太守驷马，其加秩二千石乃右骖。故以五马为贵。③**双雕：**《新唐书·高骈传》载，高骈一箭贯双雕。④**鸂鶒：**古书上指像鸳鸯一样的水鸟。

原　文

开对落，暗对昭。赵瑟对虞韶①。轺(yáo)车②对驿骑，锦绣对琼瑶。羞攘臂③，懒折腰④。范甑(zèng)对颜瓢。寒天鸳帐酒⑤，夜月凤台箫。舞女腰肢杨柳软，佳人颜貌海棠娇。豪客寻春，南陌草青香阵阵；闲人避暑，东堂蕉绿影摇摇。

注　释

①**赵瑟：**《史记·廉颇蔺相如列传》载，秦赵会于渑池，秦王曰："闻赵王好音，请鼓瑟。"赵王鼓瑟。蔺相如曰："闻秦王善为秦声，请奏盆缶。"秦王不许，相如迫之，乃亲击缶。**虞韶：**虞舜所作的乐曲。②**轺车：**小车。③**攘臂：**《庄子·人间世》载，齐有征役，支离疏攘臂游其间。支离，肩高于背，言以疾免役，无所惧也。④**折腰：**《晋书·陶潜传》载，陶渊明羞为五斗米折腰。五斗米，晋时县令每月的俸禄数。⑤**鸳帐酒：**《事文类聚》载，陶谷得党太尉姬，取雪水烹茶与姬饮，问党家有此乐否？姬曰：彼武人，安有此乐，但知销金帐中饮羊羔酒耳。"

●鸱鸮

原　文

班对马①，董对晁(cháo)②。夏昼对春宵。雷声对电影，麦穗对禾苗。八千路③，廿四桥④。总角对垂髫(tiáo)⑤。露桃匀嫩脸，风柳舞纤腰。贾谊赋成伤鹏鸟⑥，周公诗就托鸱鸮(chī xiāo)⑦。幽寺寻僧，逸兴岂知俄尔尽；长

亭送客，离魂不觉黯然消。

注　释

①**班、马：**班固、司马迁同有文才。②**董、晁：**董仲舒、晁错，并博通经籍。③**八千里：**岳飞《满江红》："三十功名尘与土，八千里路云和月。"④**廿四桥：**扬州有二十四桥。杜牧《寄韩绰判官》诗："二十四桥明月夜，玉人何处教吹箫。"⑤**总角：**总角垂髫，皆发未成也。⑥**鹏鸟：**鹏，不祥之鸟，即猫头鹰。一日集贾谊座，谊伤之，作《鹏鸟赋》。⑦**鸱鸮：**周初管蔡流言周公有异心，周公作《鸱鸮》之诗以悟王。

三　肴

原　文

风对雅[1]**，象对爻**[2]**。巨蟒对长蛟。天文对地理，蟋蟀对螵蛸**(piāoxiāo)[3]**。龙夭矫**[4]**，虎咆哮。北学对东胶**[5]**。筑台须垒土，成屋必诛茅。潘岳不忘秋兴赋**[6]**，边韶常被昼眠嘲**[7]**。抚养群黎，已见国家隆治；滋生万物，方知天地泰交。**

注　释

①**风、雅：**《诗经》分风、雅、颂。②**爻：**组成八卦的阴阳符号。③**螵蛸：**海螵蛸，一名乌贼鱼；一说指螳螂的孵块。④**夭矫：**屈伸。⑤**北学：**古学校名。**东胶：**周朝对贵族子弟进行教育的机构，相当于"太学"。⑥**秋兴赋：**西晋文学家潘岳著《秋兴赋》。⑦**昼眠嘲：**边韶喜昼眠，弟子嘲之。韶曰："边为姓，孝先字，腹便便，五经笥，但欲眠，思经事。"

原　文

蛇对虺(huǐ)[1]**，蜃对蛟。麟薮对鹊巢**[2]**。风声对月色，麦穗对桑苞**[3]**。何妥难**[4]**，子云嘲**[5]**。楚甸对商郊。五音惟耳听，万虑在心包。葛被汤征因仇饷**[6]**，楚遭齐伐责包茅**[7]**。高矣若天，洵是圣人大道**[8]**；淡而如水，实**

为君子神交[9]。

注 释

①**虺**：古书上说的一种毒蛇。②**麟薮**：麒麟聚居的地方。**鹊巢**：《诗经·召南·鹊巢》："维鹊有巢，维鸠居之。"③**麦穗**：《北齐书》载，魏兰根为岐州刺史，麦多五穗。**桑苞**：《易》："系于苞桑。"④**何妥**：《隋书》载，元善为祭酒，讲春秋，私谓何妥曰："名望已定，幸无相苦。"妥然之。及就席，妥引滞义以难，多不能对，由是有隙。⑤**子云**：《汉书》载，扬雄因有人嘲讽他著书脱离实际，作《解嘲》一文。⑥**仇饷**：《孟子·滕文公下》载，葛伯仇饷，汤往征之。仇饷，杀人而夺去饷赠的食物。⑦**包茅**：《左传·僖公四年》载，齐桓伐楚，责以包茅不贡。⑧**若天**：《孟子·尽心上》："公孙丑曰：'道则高矣，美矣，宜若登天然。'"⑨**如水**：《庄子·山木》："君子之交淡如水，小人之交甘若醴。"

原 文

牛对马，犬对猫。旨酒对嘉肴。桃红对柳绿，竹叶对松梢，藜(lí)杖叟，布衣樵。北野对东郊。白驹形皎皎[1]，黄鸟语交交[2]。花圃春残无客到，柴门夜永有僧敲[3]。墙畔佳人，飘扬竞把秋千舞；楼前公子，笑语争将蹴(cù)踘(jū)抛[4]。

注 释

①**白驹**：《诗经·小雅·白驹》："皎皎白驹，食我场苗。"②**黄鸟**：《诗经·秦风·黄鸟》："交交黄鸟，止于棘。"③**僧敲**：唐贾岛《题李凝幽居》诗："鸟宿池边树，僧敲月下门。"④**蹴踘**：中国古代足球运动，用以练武、娱乐、健身。此句中代指古代游戏用的一种皮球。

四 豪

原 文

琴对瑟，剑对刀。地迥对天高。峨冠对博带[1]，紫绶对绯[2]袍。煎异

茗，酌香醪(láo)[3]。虎兕(sì)对猿猱(náo)[4]。武夫攻骑射，野妇务蚕缫(sāo)。秋雨一川淇澳(yù)竹[5]，春风两岸武陵桃。螺髻[6]青浓，楼外晚山千仞；鸭头绿腻[7]，溪中春水半篙。

注　释

①**峨：**高。**博：**大。②**绯：**红色。③**醪：**酒。④**兕：**雌犀牛。**猱：**猿的一种。⑤**淇澳：**《诗经·卫风·淇奥》："瞻彼淇奥，绿竹猗猗。"淇，黄河的支流，从河南汲县淇门镇流入黄河。"奥"通"澳"，水边地。⑥**螺髻：**螺壳状的发髻。⑦**腻：**浓。

原　文

刑对赏，贬对褒。破斧对征袍。梧桐对橘柚，枳(zhǐ)棘对蓬蒿。雷焕剑[1]，吕虔刀[2]。橄榄对葡萄。一椽(chuán)书舍小，百尺酒楼高。李白能诗时秉笔，刘伶爱酒每餔(bù)糟[3]。礼别尊卑，拱北众星常灿灿；势分高下，朝东万水自滔滔。

注　释

①**雷焕剑：**《晋书·张华传》：雷焕掘丰城狱得二剑，一与张华，一自佩。华诛，剑遂失；焕卒，子华佩父剑过延平津，忽于腰间跃出堕水，入水求之，见两龙在水。②**吕虔刀：**三国魏吕虔以王祥有三公之量，解佩刀相赠，后果为三公。③**餔糟：**刘伶嗜酒，如酒尽，则并糟餔之。

原　文

瓜对果，李对桃。犬子对羊羔。春分对夏至，谷水对山涛。双凤翼，九牛毛[1]。主逸对臣劳。水流无限阔，山耸有余高。雨打村童新牧笠，尘生边将旧征袍。俊士居官，荣引鹓(yuān)鸿之序[2]；忠臣报国，誓殚犬马之劳。

注　释

①**九牛毛：**喻人与人之间差别很大。《晋书·华谭传》：或问谭曰："谚言：人之相去如九牛毛，宁有此理乎？"②**鹓鸿之序：**鹓鸿群飞有序，如朝臣之行列整齐。

五　歌

原　文

山对水，海对河。雪竹对烟萝。新欢对旧恨，痛饮对高歌。琴再抚，剑重磨。媚柳对枯荷。荷盘从雨洗，柳线任风搓。饮酒岂知攲(qī)醉帽[1]，观棋不觉烂樵(qiáo)柯[2]。山寺清幽，直踞千寻云岭；江楼宏敞，遥临万顷烟波。

●阮籍

注　释

①**醉帽**：《晋书·孟嘉传》："（孟嘉）后为征西桓温参军，温甚重之，九月九日，温宴龙山，僚佐毕集。时佐吏并着戎服，有风至，吹嘉帽堕落，嘉不之觉。"②**烂樵柯**：《述异记》载，晋樵者王质见二童子围棋，置斧于地而观之。童子曰："尔斧柯烂矣。"质归乡里，无复时人。

原　文

繁对简，少对多。里[1]咏对途歌。宦情对旅况，银鹿对铜驼[2]。刺史鸭[3]，将军鹅[4]。玉律对金科。古堤垂亸(duǒ)[5]柳，曲沼长新荷。命驾吕因思叔夜[6]，引车蔺(lìn)为避廉颇[7]。千尺水帘，今古无人能手卷；一轮月镜，乾坤何匠用功磨。

注　释

①**里**：街道、胡同。②**银鹿**：用银子铸造的鹿。**铜驼**：宫门两旁常置铜驼。《晋书·索靖传》：索靖指宫门铜驼曰："会见汝在荆棘中。"③**刺史鸭**：唐代韦应物为刺史，畜鸭，号鸭为"绿头公子"。④**将军鹅**：《晋书·王羲之传》载，王羲之官右将军，性好鹅，山阴道士赠以鹅，求写《道德经》。⑤**亸**：垂。⑥**命驾**：《晋书·嵇康传》载，吕安与嵇康友善，每一相思，千里命驾。⑦**引车**：《史记·廉颇蔺相如列传》载，蔺相

如以完赵璧位列上卿，廉颇怀忌，宣言必欲辱之。相如每出，引车避颇，家人以为耻。相如曰："此先国家之急而后私仇也。"颇闻之，负荆造门请罪。

原文

霜对露，浪对波。径菊对池荷。酒阑对歌罢，日暖对风和。梁父咏①，楚狂歌②。放鹤对观鹅。史才推永叔③，刀笔仰萧何④。种橘犹嫌千树少⑤，寄梅谁信一枝多。林下风生，黄发村童推牧笠；江头日出，皓眉溪叟晒渔蓑。

注释

①**梁父：**蜀汉诸葛亮居隆中，尝作《梁父吟》。梁父，山名，泰山下的一座小山。②**楚狂：**陆通，字接舆，春秋末楚国人，因为楚昭王政令无常，所以他披发佯狂不仕，曾唱着歌经过孔子身边。故人称之"楚狂"。③**永叔：**欧阳修字永叔，曾与宋祁合修《新唐书》，自撰《新五代史》。④**萧何：**汉高祖刘邦的大臣，曾制定《汉律》七章。⑤**种橘：**李衡种橘千树。

六 麻

原文

松对柏，缕对麻。蚁阵对蜂衙①。赪(chēng)②鳞对白鹭，冻雀对昏鸦。白堕酒③，碧沉茶。品笛对吹笳(jiā)。秋凉梧堕叶，春暖杏开花。雨长苔痕侵壁砌，月移梅影上窗纱。飒飒秋风，度城头之筚篥(bì lì)④；迟迟晚照，动江上之琵琶。

注释

①**蜂衙：**众蜂簇拥蜂王，如朝拜屏卫，称蜂衙。宋陆游《青羊宫小饮赠道士》诗："微雨晴时看鹤舞，小窗幽处听蜂衙。"《睡起至园中》诗："更欲世间同省事，勾回蚁战放蜂衙。"②**赪：**赤。③**白堕酒：**酒名，北魏河东人刘白堕善酿酒，故名。后世泛指美酒。④**筚篥：**古代少数民族管乐器，用以警马。

原　文

优对劣，凸对凹。翠竹对黄花。松杉对杞梓（qǐ zǐ），菽（shū）麦对桑麻。山不断，水无涯。煮酒对烹茶。鱼游池面水，鹭立岸头沙。百亩风翻陶令秫①，一畦雨熟邵平瓜②。闲捧竹根③，饮李白一壶之酒；偶擎桐叶④，啜卢仝（tóng）七碗之茶⑤。

注　释

①**陶令秫：**秫，即今高粱。陶潜为彭泽令，种秫百亩。②**邵平瓜：**秦代东陵侯邵平在秦亡后，种瓜长安城，有五色，甚美。③**竹根：**竹根制作的酒器。④**桐叶：**茶盏名。⑤**七碗：**卢仝，中唐诗人。其《走笔谢孟谏议新茶》诗："七碗吃不得也，唯觉两腋习习清风生。"

原　文

吴对楚，蜀对巴。落日对流霞。酒钱对诗债①，柏叶对松花。驰驿骑，泛仙槎（chá）②。碧玉对丹砂。设桥偏送笋③，开道竟还瓜④。楚国大夫沉汨（mì）水⑤，洛阳才子谪长沙⑥。书箧（qiè）琴囊，乃士流活计；药炉茶鼎，实闲客生涯。

注　释

①**酒钱：**喝酒或买酒的钱。唐高适《别董大》诗："丈夫贫贱应未足，今日相逢无酒钱。"**诗债：**谓他人索诗或要求制作，未及酬答，如同负债。宋苏轼诗："口业不停诗有债。"②**仙槎：**昔有人寻河源，泛槎至天河，逢织女。③**送笋：**范元琰见人盗笋，苦于过沟，乃伐树为桥与盗过，盗惭，将笋送还。④**还瓜：**晋桑虞见人盗瓜，以园篱多刺，乃开一道。盗感之，还瓜叩头请罪。⑤**汨水：**楚大夫屈原以忠见疑于楚怀王，乃自沉汨罗江。⑥**长沙：**贾谊为洛阳才子，文帝谪为长沙太傅。

七　阳

原　文

高对下，短对长。柳影对花香。词人对赋客，五帝对三王①。深院

落，小池塘。晚眺对晨妆。绛霄唐帝殿[2]，绿野晋公堂[3]。寒集谢庄衣上雪[4]，秋添潘岳鬓边霜[5]。人浴兰汤，事不忘于端午[6]；客斟菊酒，兴常记于重阳[7]。

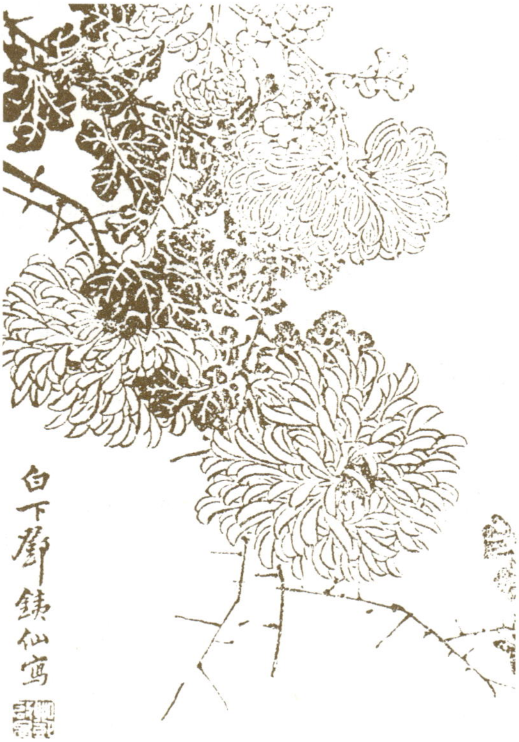

●菊

注　释

①**五帝：**具体说法不一，《史记》中指黄帝、颛顼、高辛氏、尧、舜。**三王：**禹、汤、文武。②**绛霄：**据说唐玄宗有绛霄殿。另外，后唐庄宗李存勖建有绛霄殿。③**绿野：**唐裴度封晋公，建第号绿野堂。④**谢庄：**《宋书》载，谢庄朝回，衣为雪所点，时人玩之，以为风韵。⑤**潘岳：**潘岳《秋兴赋·序》："余春秋三十有二，始见二毛。"⑥**兰汤：**《楚辞·九歌·云中君》："沐兰汤兮芳华。"后以初五日悼屈原，多有循此故事。⑦**菊酒：**《续齐谐记》载，费长房谓桓景曰："汝家九月九日有难，可令家人登高山，戴朱臾，饮菊酒，可避。"后沿习之。

原　文

尧对舜，禹对汤。晋宋对隋唐。奇花对异卉，夏日对秋霜。八叉手[1]，九回肠[2]。地久对天长。一堤杨柳绿，三径菊花黄[3]。闻鼓塞兵方战斗，听钟宫女正梳妆[4]。春饮方归，纱帽半淹邻舍酒；早朝初退，衮(gǔn)衣微惹御炉香[5]。

注　释

①**八叉手：**唐代诗人温庭筠才思敏捷，工诗赋，每入试，八叉手而八韵成，人称"温八叉"。②**九回肠：**汉司马迁《报任少卿书》："是以肠一日而九回。"形容忧思之甚。③**三径：**晋陶潜《归去来兮辞》："三径就荒，松菊犹存。"三径指家园或隐士居

所。④**听钟：**《南齐书》载，齐武帝于景阳楼设钟，钟鸣则宫人皆起。**纱帽：**用晋阮籍醉酒情态之典故。见前。⑤**衮衣：**指古代帝王及大臣绣龙的礼服。唐代贾至《早朝大明宫》诗："剑珮声随玉墀步，衣冠身惹御炉香。"

原　文

荀对孟①，老对庄②。亸(duǒ)柳对垂杨。仙宫对梵(fàn)宇③，小阁对长廊。风月窟，水云乡。蟋蟀对螳螂。暖烟香霭(ǎi)霭，寒烛影煌煌。伍子欲酬渔父剑④，韩生尝窃贾公香⑤。三月韶光，常忆花明柳媚；一年好景，难忘橘绿橙黄。

注　释

①**荀孟：**荀卿、孟轲。②**老庄：**老子、庄周。③**梵：**僧寺通谓梵宇。④**伍子：**《史记·伍子胥列传》载，楚捕子胥，至江，胥急欲渡，有渔父以舟渡之，胥解剑酬渔父。父曰："楚法得子胥赐粟五万斛，爵执珪，岂但百金之剑耶？"⑤**韩生：**《晋书·贾充传》载，武帝赐贾充以异香，其女与韩寿通，窃香以予寿。充觉，秘其事，遂以女妻寿。

●贵妃月夜舞霓裳

八　庚

原　文

深对浅，重对轻。有影对无声。蜂腰对蝶翅，宿醉对余酲(chéng)①。天北缺②，日东生。独卧对同行。寒冰三尺厚，秋月十分明。万卷书容闲客览，一樽酒待故人倾。心侈唐玄，厌看霓(ní)裳之曲③；意骄陈主，饱闻玉树之赓(gēng)④。

注　释

①**醒：**醉酒。②**北缺：**《淮南子·天文训》云，天不满西北，故女娲氏炼石补之。③**霓裳之曲：**《天宝遗事》："明皇尝游月宫，见霓裳羽衣之曲，归而选宫娥数十人习之。"④**玉树之赓：**《隋书·乐志》载，陈后主作《玉树后庭花》曲，后人以为亡国之音。

原　文

虚对实，送对迎。后甲对先庚①。鼓琴对弹瑟，搏虎对骑鲸②。金匼(kē)匝③，玉玱(chēng)琤④。玉宇对金茎⑤。花间双粉蝶，柳内几黄莺。贫里每甘藜(lí)藿⑥味，醉中厌听管弦声。肠断秋闱，凉气已侵重被冷；梦惊晓枕，残蟾犹照半窗明。

注　释

①**后甲：**《易经·蛊》："先甲三日，后甲三日。终则有始，天行也。"甲为天干中首位，后甲是甲日的后三天，是吉日。**先庚：**《易经·巽》："先庚三日，后庚三日。吉。"先庚三日是指天干庚前的三日，也是吉日。②**搏虎：**参见《孟子·尽心下》所言冯妇搏虎事。**骑鲸：**杜甫诗："若逢李白骑鲸鱼，道甫问讯今何如？"③**金匼匝：**马络头上金丝密布，环绕重叠。④**玉玱琤：**玉石敲击声。⑤**玉宇：**《大业拾遗记》载："翟乾佑与人玩月，或问月中何所有？佑曰：'随我手中看之。'俄见月规半圆，琼楼玉宇灿然。"**金茎：**铜柱，用以擎承露盘。汉班固《西都赋》："抗仙掌以承露，擢双立之金茎。"⑥**藜藿：**野菜。

原　文

渔对猎，钓对耕。玉振对金声①。雉城对雁塞②，柳枭(xiāo)对葵倾③。吹玉笛，弄银笙。阮杖对桓筝④。墨呼松处士⑤，纸号楮(chǔ)先生⑥。露浥(yì)好花潘岳县⑦，风搓细柳亚夫营⑧。抚动琴弦，遽觉座中风雨至⑨；哦成诗句，应知窗外鬼神惊⑩。

注　释

①**玉振金声：**《孟子·万章下》："孔子之谓集大成。集大成者，金声而玉振之也。"后以喻声名广布。②**雉城：**《左传·隐公元年》："都城过百雉，国之害也。"盖方丈为堵，三丈为雉，以雉飞不过三丈也。**雁塞：**即今雁山也，鸿雁多宿于其地，故名。

③**葵倾：**《群芳谱》：葵花向日而倾。④**阮杖：**《晋书·阮修传》载，阮修常步行，以百钱挂杖头，至酒店，便独酣畅。**桓筝：**《晋书·桓伊传》："奴既吹笛，伊便抚筝而歌。"⑤**松处士：**古代的墨大多以松烟制成，故称墨为松处士。⑥**楮先生：**《毛颖传》："与会稽楮先生友善。"谓纸也。⑦**潘岳：**晋潘岳为河阳令，令满县栽花。⑧**亚夫营：**《汉书·周亚夫传》载，西汉大将周亚夫屯兵于细柳营。⑨**风雨至：**晋师旷抚清角之琴，风雨忽至。⑩**鬼神惊：**《唐诗纪事》载，贺知章见李白乌栖曲，叹曰："此诗可泣鬼神矣。"杜甫《寄李十二白》诗："笔落惊风雨，诗成泣鬼神。"

九　青

原　文

红对紫，白对青。渔火对禅灯。唐诗对汉史，释典对仙经。龟曳(yè)尾[1]，鹤梳翎(líng)[2]。月榭(xiè)对风亭。一轮秋夜月，几点晓天星。晋士只知山简醉[3]，楚人谁识屈原醒[4]。绣倦佳人，慵把鸳鸯文作枕[5]；吮毫画者，思将孔雀写为屏。

注　释

①**龟曳尾：**《庄子·秋水》："此龟者，宁其死为留骨而贵乎，宁其生而曳尾于涂中乎？"②**鹤梳翎：**宋苏轼诗："风松时落蕊，病鹤不梳翎。"翎，羽毛。③**山简醉：**晋山简嗜酒，人号醉山翁。④**屈原醒：**屈原曰："世人皆醉我独醒。"⑤**鸳枕：**鸳曰匹鸟，绣女常以此绣于枕。

原　文

行对坐，醉对醒。佩紫对纡青。棋枰对笔架，雨雪对雷霆。狂蛱蝶，小蜻蜓。水岸对沙汀。天台孙绰(chāo)赋[1]，剑阁孟阳铭[2]。传信子卿千里雁[3]，照书车胤(yìn)一囊萤[4]。冉冉白云，夜半高遮千里月；澄澄碧水，宵中寒映一天星。

注释

①**孙绰赋：**东晋孙绰撰有《游天台山赋》。天台山在今浙江。②**剑阁：**孟阳（晋代张载字孟阳）过剑阁作《剑阁铭》。剑阁，在今四川剑阁县剑门关上。③**子卿雁：**子卿即苏武，注见前。④**车胤囊：**《晋书·车胤传》载，车胤家贫，常聚萤以缣囊之，照书夜读。后用来比喻苦学。

原文

书对史，传[1]对经。鹦鹉对鹡(jí)鸰[2]。黄茅对白荻，绿草对青萍。风绕铎[3]，雨淋铃[4]。水阁对山亭。渚莲千朵白，岸柳两行青。汉代宫中生秀柞，尧时阶畔长祥蓂(míng)[5]。一枰决胜，棋子分黑白；半幅通灵，画色间丹青。

注释

①**传：**解释儒家经典的著作叫传。②**鹡鸰：**鸟名。《诗经·小雅·常棣》："鹡鸰在原，兄弟急难。"③**风绕铎：**《开元天宝遗事》载，岐阳宫于竹林内悬碎玉，名占风铎，相触为声。④**雨淋铃：**《明皇杂录》载，明皇幸蜀，霖雨弥旬，栈道中闻铃声，悼念杨贵妃而作《雨淋铃》曲。⑤**祥蓂：**传说尧阶生蓂荚，每月朔日始日生一叶，至十五日全生。望后每日落一叶，三十日全落。

十　蒸

原文

新对旧，降对升。白犬对苍鹰。葛巾对藜杖，涧水对池冰。张兔网，挂鱼罾(zēng)[1]。燕雀对鹏鹍(kūn)。炉中煎药火，窗下读书灯。织锦逐梭成舞凤[2]，画屏误笔作飞蝇[3]。宴客刘公，座上满斟三雅爵[4]；迎仙汉帝，宫中高插九光灯[5]。

注释

①罾：一种用竹竿做支架的方形渔网。②舞凤：《邺中记》："锦蜀有凤凰锦。"③飞蝇：《吴录》："曹丕有画屏风，误落墨点，因作小蝇。孙权以为真蝇，弹之。"④三雅爵：《古事苑》："刘表有爵曰三雅。大者伯雅，次者仲雅，小者季雅，随量饮之。"⑤九光灯：《汉武帝内传》载，汉武帝迎王母于宫中，燃九灯之光。

原文

儒对士，佛对僧。面友对心朋。春残对夏老，夜寝对晨兴。千里马，九霄鹏。霞蔚对云蒸。寒堆阴岭雪，春泮水池冰。亚父愤生撞玉斗[①]，周公誓死作金縢(téng)[②]。将军元晖，莫怪人讥为饿虎；侍中卢昶(chǎng)，难逃世号作饥鹰[③]。

注释

①玉斗：《汉书·高帝纪上》载，汉王献玉斗于范增，增怒，碎其斗。②金縢：周武王病，周公欲以身代死。史录其祝册之文，与事之始末合为一篇，以藏于金縢之柜，后成王启之。③饿虎、饥鹰：北魏将军元晖、侍中卢昶，皆贪纵。人曰将军饿虎、侍中饥鹰。

原文

规对矩[①]，墨对绳[①]。独步对同登。吟哦对讽咏，访友对寻僧。风绕屋，水襄陵[③]。紫鹄(hú)对苍鹰。鸟寒惊夜月，鱼暖上春冰[④]。扬子口中飞白凤[⑤]，何郎鼻上集青蝇[⑥]。巨鲤跃池，翻几重之密藻；颠猿饮涧，挂百尺之垂藤。

注释

①规、矩：规，画图形的工具。矩，画直角或方形的曲尺。②墨、绳：都是木匠在木上弹印直线的工具。③水襄陵：大水漫上丘陵。《尚书·尧典》："汤汤洪水方割，荡荡怀山襄陵，浩浩滔天。"④上春冰：《礼记·月令》：孟春之月鱼上冰。⑤白凤：《汉书》载，扬雄献《甘泉赋》，梦口中吐白凤。⑥青蝇：《三国志·魏书·方技传·管辂传》载，何宴梦青蝇集于鼻端，问卜于管辂，辂曰："位峻者颠。"

十一　尤

原　文

荣对辱，喜对忧。夜宴对春游。燕关对楚水，蜀犬对吴牛①。茶敌睡，酒消愁。青眼对白头。马迁修史记，孔子作春秋②。适兴子猷常泛棹③，思归王粲(càn)强登楼④。窗下佳人，妆罢重将金插鬓；筵前舞妓，曲终还要锦缠头⑤。

注　释

①**蜀犬：**柳宗元《答韦中立论师道书》载：庸蜀之南，恒雨少日，日出则犬吠。谓蜀犬吠日。**吴牛：**《风俗通》载，吴地的牛在太阳下辛勤耕作，故见月亮亦喘气。称为吴牛喘月。②**春秋：**孔子因鲁史作《春秋》。③**泛棹：**《晋书·王徽之传》：王徽之雪夜泛舟访戴安道，经宿方至，造门不前而反。人问其故，徽之曰："本乘兴而行，兴尽而反，何必见安道邪。"④**登楼：**东汉末王粲，字仲卿，刘表欲妻以女，嫌其貌丑，乃妻其弟恺。粲思归，遂作《登楼赋》。⑤**锦缠头：**杜牧《赠妓》诗："笑时花近眼，舞罢锦缠头。"古代歌舞艺人表演时，以锦缠头，演毕，客以罗锦为赠，称缠头。

原　文

唇对齿，角对头。策马①对骑牛。毫尖对笔底，绮阁对雕楼。杨柳岸，荻(dí)芦洲。语燕对啼鸠。客乘金络马②，人泛木兰舟③。绿野耕夫春举耜，碧池渔父晚垂钩。波浪千层，喜见蛟龙得水；云霄万里，惊看雕鹗横秋。

注　释

①**策马：**赶马。②**金络马：**佩戴金络头的马。③**木兰舟：**用木兰树木材做舟。后作为船之美称。

原　文

庵对寺，殿对楼。酒艇对渔舟。金龙对彩凤，豮豕（fén shǐ）对童牛[①]。王郎帽[②]，苏子裘[③]。四季对三秋。峰峦扶地秀，江汉接天流。一湾绿水渔村小，万里青山佛寺幽。龙马呈河，羲皇阐微而画卦[④]；神龟出洛，禹王取法以陈畴[⑤]。

注　释

①**豮豕**：阉猪。**童牛**：未长角之牛。②**王郎帽**：《晋书·王濛传》载，王濛美丰姿，居贫，帽败，自入市买之，妪悦其貌，遗以新帽。③**苏子裘**：《战国策·秦策》载，苏秦说秦不行，旷日持久，黑貂之裘敝。④**龙马**：河出马图，伏羲因画八卦。⑤**神龟**：洛出龟书，夏禹法之，演《九畴》。

十二　侵

原　文

眉对目，口对心。锦瑟对瑶琴。晓耕对寒钓，晚笛对秋砧（zhēn）。松郁郁，竹森森。闵损对曾参[①]。秦王亲击缶，虞帝自挥琴。三献卞和尝泣玉[②]，四知杨震固辞金[③]。寂寂秋朝，庭叶因霜摧嫩色；沉沉春夜，砌花随月转清阴。

注　释

①**闵损**：字子骞。**曾参**：字子舆。二人均为孔子弟子。②**泣玉**：卞和献玉于楚王，三献而两刖其足，和抱玉而泣。③**辞金**：《后汉书·杨震传》载，杨震为太守，人奉以金，不受。人曰："暮夜无知者。"震曰："天知，神知，我知，子知，何谓无知？"

原　文

前对后，古对今。野兽对山禽。犍（jiān）牛对牝（pìn）马[①]，水浅对山深。曾点瑟②，戴逵琴③。璞玉对浑金④。艳红花弄色，浓绿柳敷阴。不雨汤王方剪爪⑤，有风楚子正披襟⑥。书生惜壮岁韶华，寸阴尺璧⑦；游子爱良宵光景，一刻千金⑧。

注释

①**犍牛：**阉过的牛。**牝马：**母马。②**曾点瑟：**《论语·先进》载，孔子问曾点志向，曾停瑟作答，极为孔子所赏识。③**戴逵琴：**《晋书·戴逵传》载，戴逵能琴，武陵王召之，戴不就，对使者碎其琴。④**璞玉、浑金：**《世说新语·赏赞》载，山涛为人厚重，人拟为璞玉浑金。⑤**剪爪：**汤时大旱，汤剪爪发祷于桑林，以六事自责，乃雨。⑥**披襟：**楚襄王游于兰台之宫，有风飒然至者，王披襟当之。⑦**寸阴：**夏大禹惜寸阴。⑧**一刻千金：**宋苏轼《春宵》诗："春宵一刻值千金，花有清香月有阴。"

●苏轼

原文

丝对竹，剑对琴。素志对丹心。千愁对一醉，虎啸对龙吟。子罕玉①，不疑金②。往古对来今。天寒邹吹律③，岁旱傅为霖④。渠说子规为帝魄⑤，侬知孔雀是家禽⑥。屈子沉江，处处舟中争系粽⑦；牛郎渡渚（zhǔ），家家台上竞穿针⑧。

注释

①**子罕玉：**《左传·襄公十五年》载，宋人献玉于子罕，子罕不受，曰："我以不贪为宝。"②**不疑金：**《汉书·直不疑传》载，直不疑为郎，其同舍有告归，误持同舍郎金去。金主意不疑，疑即以己金偿之。后告归者来归金，前之亡金者大惭，以此称长者。③**邹吹律：**《韵略》："燕有寒谷，黍稷不生。邹衍吹律，暖气乃至，草木皆生。"④**傅为霖：**《尚书·说命》载，商王武丁以傅说为相，对其曰：若岁大旱，用汝作霖雨。⑤**渠：**他。⑥**家禽：**《世说新语·言语》载，杨德祖年九岁，孔君平诣其家，设果有杨梅。孔指之曰："此君家果也。"应声答曰："未闻孔雀是夫子家禽。"⑦**系粽：**《荆楚岁时记》载，屈原五月五日沉江，楚人哀其忠，贮米为粽以吊之，相沿至今。

⑧**穿针**：《荆楚岁时记》载，七夕这天晚上，妇女们纷纷以彩色线穿七孔针，于庭院中陈列瓜果乞巧。南朝柳恽有《七夕穿针》诗。

十三　覃

原　文

千对百，两对三。地北对天南。佛堂对仙洞，道院对禅庵。山泼黛，水浮蓝。雪岭对云潭。凤飞方翙(huì)翙①，虎视已眈眈②。窗下书生时讽咏，筵前酒客日耽酣。白草满郊，秋日牧征人之马；绿桑盈亩，春时供农妇之蚕。

注　释

①**翙翙**：鸟羽飞动之声。《诗经·大雅·卷阿》："凤凰于飞，翙翙其羽。"②**眈眈**：贪婪而凶狠地注视。《易经·颐》："颠颐吉，虎视眈眈，其欲逐逐，无咎。"

●荔枝

原　文

将对欲，可对堪。德被对恩覃(tán)①。权衡对尺度，雪寺对云庵。安邑枣②，洞庭柑③。不愧对无惭。魏徵能直谏④，王衍善清谈⑤。紫梨摘去从山北，丹荔传来自海南⑥。攘鸡非君子所为，但当月一⑦；养狙(jū)是山公之智，止用朝三⑧。

注　释

①**覃**：深长。②**安邑枣**：《史记·货殖列传》："安邑千树枣，燕秦千树栗。"③**洞庭柑**：《广志》："洞

庭以南多产柑。”④**直谏**：《新唐书·魏徵传》载，魏徵事太宗能直谏。⑤**清谈**：西晋大臣王衍，字夷甫，尝挥麈清谈虚无，遇义理有所不当，随口更改，时称“口中雌黄”。⑥**紫梨**：《洞冥记》载：涂山有梨大如瓜，紫色，千年一花。**丹荔**：见前妃子骑注。⑦**攘鸡**：《孟子·滕文公下》：“孟子曰：‘今有人日攘其邻之鸡者，或告之曰：是非君子之道，曰，请损之，月攘一鸡，以待来年而后已。’”⑧**养狙**：《庄子·齐物论》载，狙公赋芧，朝三而暮四，众狙皆怒。山公曰：“朝四而暮三何如？”众狙皆喜。

原　文

中对外，北对南。贝母对宜男[①]。移山对浚(jùn)井[②]，谏苦对言甘。千取百[③]，二为三[④]。魏尚对周堪[⑤]。海门翻夕浪，山市拥晴岚[⑥]。新缔直投公子纻(zhù)[⑦]，旧交犹脱馆人骖(cān)[⑧]。文达淹通，已咏冰兮寒过水[⑨]；永和博雅，可知青者胜于蓝[⑩]。

注　释

①**贝母**：药名。**宜男**：萱草一曰宜男。②**浚井**：淘井。③**千取百**：《孟子·梁惠王上》：“千乘之国，弑其君者，必百乘之家。万取千焉，千取百焉，不为不多矣。”④**二为三**：《庄子·齐物论》：“一与言为二，二与一为三，自此以往，巧历不能得，而况其凡乎？”⑤**魏尚**：汉兴平人，拜云中守。**周堪**：字少卿，曾于石渠阁讲书经。⑥**海门**：《广舆记》：“海门山在台州府城东南，枕海。”**山市**：潇湘八景内有“山市晴岚”一景。⑦**投纻**：《左传·襄公二十九年》：吴公子札“见子产，如旧相识，与之缟带，子产献纻衣焉。”⑧**脱馆人骖**：《孔子家语》载，孔子之卫，遇旧馆人之丧，使子贡脱骖赙之。骖乃拉车外套之马。⑨**“文达”句**：《旧唐书·盖文达传》载，盖文达学于刘焯，后淹通经史，远胜于焯。尝曰：冰生于水而寒于水。⑩**“永和”句**：《北史》载，李谧初师孔璠，后璠就谧请业。语曰：青成蓝，蓝谢青，师何常，在明经。

十四　盐

原　文

悲对乐，爱对嫌。玉兔对银蟾[①]。醉侯对诗史[②]，眼底对眉尖。风飘，

雨绵绵。李苦对瓜甜。画堂施锦帐，酒市舞青帘③。横槊(shuò)赋诗传孟德④，引壶酌酒尚陶潜⑤。两曜(yào)迭明，日东升而月西出；五行式序，水下润而火上炎⑥。

注　释

①**玉兔、银蟾：**均月之别称。②**醉侯：**唐人诗有“若使刘伶为酒帝，也许封我醉乡侯”诗句。**诗史：**《新唐书·杜甫传赞》载，杜甫诗善陈时事，法律精严，号为“诗史”。③**帘：**酒旗。④**横槊：**《三国志》载，曹孟德战赤壁，横槊赋诗。孟德，曹操字。槊，画戟。⑤**引壶：**陶潜《归去来兮辞》：“引壶觞而自酌。”⑥**五行：**金、木、水、火、土。**下润：**《尚书·洪范》：“水曰润下，火曰炎上。”

原　文

如对似，减对添。绣幕对朱帘。探珠对献玉，鹭立对鱼潜。玉屑饭①，水晶盐②。手剑对腰镰。燕巢依邃阁，蛛网挂虚檐。夺槊至三唐敬德③，弈棋第一晋王恬④。南浦客归，湛湛春波千顷净；西楼人悄，弯弯夜月一钩纤。

注　释

①**玉屑饭：**《古事苑》载，唐郑仁本游嵩山，见一人，谓曰：“月乃七宝合成者，其缺处有三万人修之，吾数中一人也。”因示以斧凿，既而取玉屑饭与之食，曰：“此可延年。”②**水晶盐：**《佩文韵府》载，崔浩尝论事，帝大悦，赐御缥醪酒、水晶盐，曰：“味卿言如此盐酒。”③**夺槊：**《旧唐书·尉迟敬德传》载，尉迟敬德善使槊，帝令与弟齐王戏，敬德三夺其槊。④**弈棋：**《晋书·王恬传》载，王恬，王导次子，自称弈棋称第一。

●西楼顾曲

原　文

逢对遇，仰对瞻。市井对闾阎①。投簪对结绶，握发对掀髯②。张绣幕，卷珠帘。石

碏对江淹[3]。宵征方肃肃[4]，夜饮已厌厌[5]。心褊小人长戚戚[6]，礼多君子屡谦谦。美刺殊文，备三百五篇诗咏；吉凶异画，变六十四卦爻占。

注　释

①**闾阎：** 平民居住的地方。②**握发：**《史记·鲁周公世家》：周公“一沐三握发，一饭三吐哺，起以待士，犹恐失天下贤人。”**掀髯：** 掀髯而笑。③**石碏：** 春秋时期卫国大夫曾大义灭亲，处死了自己犯上作乱的儿子。**江淹：** 字文通，南朝文学家，曾梦笔生花。④**宵征：**《诗经·召南·小星》：“肃肃宵征，夙夜在公。”⑤**夜饮：**《诗经·小雅·湛露》：“厌厌夜饮，不醉无归。”⑥**戚戚：** 忧惧。

十五　咸

原　文

清对浊，苦对咸。一启对三缄[1]。烟蓑对雨笠，月榜对风帆。莺睍睆[2]，燕呢喃[3]。柳杞对松杉。情深悲素扇[4]，泪痛湿青衫[5]。汉室既能分四姓[6]，周朝何用叛三监[7]。破的而探牛心，豪矜王济[8]；竖竿以挂犊鼻，贫笑阮咸[9]。

注　释

①**三缄：**《孔子家语·观周》：孔子观周庙，有金人三缄其口，而铭其背，曰：“古之慎言人也。”②**睍睆：** 美好貌。《诗经·邶风·凯风》：“睍睆黄鸟，载好其音。”③**呢喃：**《韵略》：“呢喃语不了。”又燕语。④**素扇：** 汉班婕妤《怨歌行》诗：“常恐秋节至，凉飙夺炎热。弃捐箧笥中，恩情中断绝。”⑤**青衫：** 白居易为江州司马，作《琵琶行》诗云：“坐中泣下谁最多，江州司马青衫湿。”⑥**四姓：** 东汉外戚樊、郭、阴、马四姓。见《后汉书·明帝纪》。永平九年，为四姓小侯开立学校，号四姓小侯，置五经师。⑦**三监：** 周武王使三叔监于纣子武庚之国，三叔反助武庚为敌以叛周。⑧**破的：**《晋书·王济传》载，王恺有牛名八百里驳，王济请以钱千万与牛对赌。济先射，一发破的。因据胡床叱左右曰：“速探牛心来。”须臾而至，一割便去。⑨**竖竿：**《晋书·阮咸传》载，阮咸字仲容，居道南，诸阮居道北，北阮皆富。七月七日盛晒衣，皆纱罗锦绮。仲容以竿

挂大布犊鼻于庭，曰："未能免俗，聊复尔耳。"

原　文

能对否，圣对贤。卫瓘(quàn)对浑瑊[①]。雀罗对鱼网，翠𪩘对苍崖[②]。红罗帐，白布衫。笔格对书函。蕊香蜂竞采，泥软燕争衔。凶孽誓清闻祖逖[③]，王家能乂有巫咸[④]。溪叟新居，渔舍清幽临水岸；山僧久隐，梵宫寂寞倚云岩。

注　释

①**卫瓘：**字伯玉，晋尚书令，善草书。**浑瑊：**唐人，年十一善骑射，官至尚书同平章事。②**𪩘：**高山。③**誓清：**《晋书·祖逖传》载，祖逖初北渡江，击楫誓曰："不能清中原而复济者，有如大江！"④**巫咸：**传说中的神巫。《姓氏谱》："咸山，西夏县人，学术之士，为商大戊相。"

原　文

冠对带，帽对衫。议鲠(gěng)对言谗[①]。行舟对御马，俗弊对民嵒(yán)[②]。鼠且硕[③]，兔多毚(chán)[④]。史册对书缄。塞城闻奏角，江浦认归帆。河水一源形㳽㳽[⑤]，泰山万仞势岩岩[⑥]。郑为武公，赋缁衣而美德[⑦]；周因巷伯，歌贝锦以伤谗[⑧]。

注　释

①**鲠：**古有骨鲠之臣，言不从众也。②**嵒：**不守规矩。《书经·召诰》："王不敢后，用顾畏于民嵒。"③**鼠且硕：**大鼠。《诗经》有《硕鼠》篇。④**兔多毚：**兔子太狡猾。《诗经·小雅·巧言》："跃跃毚兔，遇犬获之。"⑤**㳽㳽：**水深且满。"新台有泚，河小弥弥。"⑥**岩岩：**高峻。《诗经·鲁颂·閟宫》："泰山岩岩，鲁邦所詹。"⑦**缁衣而美德：**《诗经·郑风·缁衣》旧说，据载，郑桓公、武公相继为周司徒，善于其职，周人爱之，作缁衣以美其德。⑧**"周因"句：**巷伯，寺人之官。幽王时有被谗遭宫刑者，乃作贝锦之诗以伤之。后来用"贝锦"比喻用花言巧语罗织罪名，诬陷别人。

附：

弟子规

弟子规

一　总　叙

原　文

弟子规，圣人训。首孝悌，次谨信。

泛爱众，而亲仁。有余力，则学文[①]。

注　释

①《论语·学而》："弟子入则孝，出则弟，谨而信，泛爱众，而亲仁。行有余力，则以学文。"**弟：**同"悌"，儒家的伦理范畴，指敬爱兄长，顺从兄长。文，指经典中的知识。

译　文

《弟子规》这本书，是根据圣人孔子的训导编成的。我们在家里首先要孝敬父母，尊敬兄长。其次，在日常生活中要言行谨慎，对别人要讲信用。我们要关爱他人，亲近那些有仁德的人，跟他们学习。如果做到这些后还有余力，就可以去学习圣贤的经典了。

二　入则孝，出则弟

原　文

父母呼，应勿缓；父母命，行勿懒。父母教，须敬听；父母责，须顺承[①]。

注　释

①**顺承：**顺从地接受。

译　文

听到父母呼唤，回答不能迟缓；父母指派差遣，快去做不偷懒。父母谆谆教导，应当恭敬聆听；父母批评责备，必须接受顺从。

原　文

冬则温，夏则清（qìng），晨则省，昏则定[1]。**出必告，反必面，居有常，业无变**[2]。

注　释

①《礼记·曲礼》："凡为人子之礼，冬温而夏凊，昏定而晨省。"②《礼记·曲礼》："夫为人子者，出必告，反必面，所游必有常，所习必有业。"**反**：同返。

译　文

冬天我们要保证父母生活温暖，夏天要让他们感到凉爽。早上起床要向父母问早，晚上要先照料父母休息。出外要告诉父母去哪里了，回来当面告诉父母回来了，让父母安心。自己生活要有规律，所从事的事情不要随意变动，免得让父母担心。

原　文

事虽小，勿擅为，苟擅为，子道亏[1]。**物虽小，勿私藏，苟私藏，亲心伤**。

注　释

①**子道**：为人子女应该遵守的本分。

译　文

即使是小事，也要和父母商量，不能擅自做主。如果什么事都自己做主，有损于做人子女的本分。很小的东西也不要不经允许就私藏起来，私自藏匿，父母知道了一定很伤心。

原　文

亲所好[1]，**力为具**[2]；**亲所恶，谨为去。身有伤，贻亲忧**[3]；**德有伤，贻亲羞。亲爱我，孝何难？亲恶我，孝方贤**。

注　释

①**好**：喜好。②**具**：办理。③**贻**：留给。

译文

父母喜欢的东西，要尽自己的能力去准备；父母厌恶的东西，要小心谨慎地去除。如果我们身体受到伤害，就会让父母担心；如果我们品德有欠缺的地方，父母就会感到羞耻。父母爱我们时，孝敬有何难；父母不爱我们时，仍然坚持孝顺父母才难能可贵。

原文

亲有过，谏使更[①]，怡吾色，柔吾声。谏不入，说复谏[②]，号泣随，挞无怨[③]。

注释

①《礼记·内则》："父母有过，下气怡色，柔声以谏。"②《礼记·内则》："谏若不入，起敬起孝，说则复谏。"**说：**同"悦"。③**挞：**鞭打。

译文

当父母有过错时，我们要小心劝谏，让他们改正；劝谏时我们要脸色和气，要语气舒缓。如果父母不接受劝谏，我们要等父母心情好时再次劝谏。有时免不了会痛哭流泪恳求父母改过，如果因此导致父母生气鞭打我们，我们也不应该有怨言。

原文

亲有疾，药先尝，昼夜侍，不离床。丧三年，常悲咽，居处变，酒肉绝。丧尽礼，祭尽诚，事死者，如事生[①]。

注释

①《论语·八佾》："祭如在，祭神如神在。"

译文

如果父母病了，熬制的药要先尝，看温度是否合适；白天黑夜都要在旁边服侍守候，不离开他们的病床。如果父母不幸去世了，要守孝三年，追念父母的养育之恩。居丧期间我们会因思念父母而常常哭泣，居住的地方也要改变，要戒除酒肉的享受，生活简朴才能表达对父母的哀思。举行父母丧礼时，要严肃恭敬按照礼仪，祭拜父母要心诚。父母虽然去世了，我们对待父母要像生前一样，好像他们就活在身边。

原　文

兄道友[1]，弟道恭，兄弟睦，孝在中。财物轻，怨何生？言语忍，忿自泯[2]。

注　释

①**兄道：**为兄的道理。②**泯：**消除。

译　文

兄长要爱护弟弟，弟弟要尊敬兄长，兄弟姐妹和睦相处，孝道就在其中了。不把钱财看得太重，兄弟之间自然没有怨隙。说话时常注意忍让包容，仇恨也自然会消除。

原　文

或饮食，或坐走，长者先，幼者后。长呼人，即代叫，人不在，己即到[1]。

注　释

①**己即到：**自己去长辈那里看看。

译　文

和长辈一起吃饭，要让长辈先吃；在就座和行走时，要给长辈让座，要让长辈先走。长辈叫人，如果自己听到，要马上代为传唤；如果所叫的人不在，自己应当去长辈那里看看，还要问问有没有需要帮忙的。

原　文

称尊长，勿呼名，对尊长，勿见能[1]。路遇长，疾趋揖，长无言，退恭立。骑下马，乘下车，过犹待[2]，百步余。

注　释

①**见：**同“现”，显露。②**犹：**还要。

译　文

对长辈要尊敬，不可以直接称长辈的名字；如果有长辈在场要谦逊，不可以卖弄自己的才华。路上遇到长辈要马上走过去和他打招呼，如果长辈没有什么吩咐，就恭敬地站在一边，让长辈先走。不管是骑马还是坐车，路上遇到长者，都要下来问候。

等长辈离去大约一百步时，才可以离开。

原 文

长者立，幼勿坐，长者坐，命乃坐。尊长前，声要低，低不闻，却非宜[1]。

注 释

①**宜**：恰当。

译 文

和长辈在一起，长辈站着我们就不能坐下；等长辈坐下，吩咐我们坐下才可以坐下。和长辈说话声音要放低，不可以大声喧哗，但不要太低，让长辈听不到也是不恰当的。

原 文

进必趋，退必迟，问起对，视勿移。事诸父[1]，如事父；事诸兄，如事兄。

注 释

①**事**：侍奉。**诸父**：指叔叔、伯伯等。

译 文

去见长辈时，脚步要快，离开时则要缓步慢行。和长者说话，眼睛要看着长者，视线不可以看别的地方。对待叔叔伯伯要像对待自己的父亲一样尊敬，对待同族的兄长也要像对待自己的兄长一样。

三 谨而信

原 文

朝起早，夜眠迟，老易至，惜此时。晨必盥[1]，兼漱口，便溺(nì)回，辄净手[2]。

注 释

①**盥**：晨起洗脸。②**辄**：于是，就。

译 文

清早要早起，晚上要晚睡，因为时光有限容易流逝，一转眼少年就成了老年。早晨起来要养成洗脸漱口的习惯，便后要洗手注意讲究卫生。

原　文

冠必正，纽必结①，袜与履，俱紧切。置冠服②，有定位，勿乱顿，致污秽。

注　释

①**纽**：纽扣。②**置**：放置。

译　文

帽子要端正，扣子要扣好，袜子和鞋子要穿得平整，这样看起来才整洁。帽子和衣服要放在固定的位置，不要随手乱放，以免把它们弄脏了。

原　文

衣贵洁，不贵华，上循分①，下称家。对饮食，勿拣择，食适可，勿过则②。年方少，勿饮酒，饮酒醉，最为丑。

注　释

①**循分**：符合自己的身份。②**则**：标准，常规。

译　文

穿衣服最重要的是讲求整洁，而不是讲求华贵；衣服要符合我们的身份，并要考虑家里的经济条件。对饮食不要挑剔，吃要适量，不要吃得太多。我们年龄还小时，不要喝酒，喝醉了丑态百出，让人反感。

原　文

步从容，立端正，揖深圆①，拜恭敬。勿践阈②，勿跛倚，勿箕踞，勿摇髀。

注　释

①**揖**：拱手行礼。②**阈**：门槛。

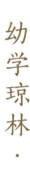

译　文

我们脚步要从容，站立要端正，作揖行礼时要躬下去，跪拜时态度要恭敬。进门时脚不要踩在门槛上，站立时身体不要倚着靠着，坐着时两脚不叉开更不要伸出，也不要摇晃大腿。

原　文

缓揭帘，勿有声，宽转弯，勿触棱①。执虚器，如执盈；入虚室，如有人②。

注　释

①**棱：** 棱角。②《礼记·少仪》："执虚如执盈，入虚如有人。"

译　文

揭帘子动作要缓慢，不要弄出太大的声音，转弯时要留有余地才不会被棱角碰伤身体。手里拿着空的器具，也要像拿着盛满的器具一样；进入没人的房子，行为也不能随便，要像有人一样。

原　文

事勿忙，忙多错，勿畏难，勿轻略①。斗闹场，绝勿近；邪僻事②，绝勿问。

注　释

①**轻略：** 轻率，马虎。②**邪僻：** 邪恶不正的事情。

译　文

做事情要从容，不要忙乱，忙乱容易出错误；做事不要怕困难，也不要轻率应付。打斗的场面不要靠近，以免发生危险；遇到邪恶的事，不要过问，尽量远离。

原　文

将入门，问孰存①；将上堂，声必扬。人问谁，对以名，吾与我，不分明。

注　释

①**孰存：** 谁在。

译　文

进入别人家门时，要敲门，问有没有人在家；将要进客堂时，声调要提高，让别人听到。如别人问是谁，要回答姓名，如回答"是我"，则让别人搞不清楚。

原　文

用人物，须明求，倘[1]不问，即为偷。借人物，及时还；人借物，有勿悭。

注　释

①**倘**：如果。

译　文

用别人东西，要事先向别人说明；如果没有经过别人允许即拿取，则是偷盗行为。借用别人东西要及时归还，别人来借东西，如果有就借给别人，不要吝啬。

原　文

凡出言，信为先，诈与妄[1]，奚可焉！话说多，不如少，惟其是，勿佞(nìng)巧[2]。刻薄语，秽(huì)污词，市井气，切戒之。

注　释

①**诈**：欺骗的话。**妄**：不合情理的话。②**佞巧**：用花言巧语取悦别人。

译　文

说话要真诚可信，要把真实放在第一位，不应该说欺骗别人和不切实际的话。多说话往往是惹祸的根源，所以多说话不如少说话。说话要得体恰当，不可以花言巧语取悦他人。尖酸刻薄的话、肮脏粗鲁的话不要说，一切市井的习气都要切实戒除。

原　文

见未真，勿轻言；知未的[1]，勿轻传。事非宜，勿轻诺，苟轻诺[2]，进退错。

注　释

①**的**：真切、实在。②**诺**：许诺、答应。

译　文

对没有看真切的事情，不要轻易地发表自己的意见；对没有切实了解的事情，不要到处传播。觉得不合适的事情就不要轻易答应，如答应了就会将自己陷入进退两难之地。

原　文

凡道字，重且舒[1]，勿急疾，勿模糊。彼说长，此说短，不关己，莫闲管。

注　释

①**重**：稳重，庄重。

译　文

和别人谈话时，语气要庄重舒缓。说话不要太快，也不要模糊不清。遇到别人谈论他人长短，自己不要介入其中，如果与自己无关，不要管闲事。

原　文

见人善，即思齐[1]，纵去远[2]，以渐跻。见人恶，即内省[3]，有则改，无加警。

注　释

①**思齐**：《论语·里仁》："见贤思齐焉，见不贤而内自省也。"**齐**：与别人一致。②**去**：距离。③**内省**：反省自己、检查自己。

译　文

看到别人的优点，应该向别人学习，即使和别人相差很远，也要坚持努力逐渐赶上。如果看到别人的错误，要反省自己，如果自己也有就改过，如果没有则引以为戒。

原　文

惟德学，惟才艺，不如人，当自励。若衣服，若饮食，不如人，勿生戚[1]。

注　释

①**戚**：忧愁、难过。

译　文

如果我们品德、学问、才艺不如别人，则要勉励自己加强各方面的修养。如果衣服不如别人漂亮，饮食不如别人精美，则不用为此忧伤难过。

原　文

闻过怒，闻誉乐[1]，损友来，益友却。闻誉恐，闻过欣，直谅[2]士，渐相亲。

注　释

①**誉：**赞美。②**谅：**谅直、信实。

译　文

听到别人批评我们则生气，听到别人表扬我们则高兴，坏朋友就会亲近我们，好朋友则会疏远我们。听到表扬，我们应该恐惧，因为表扬能引起傲慢；听到批评我们应该高兴，因为这有利于我们改正过错，这样，良师益友才会和我们亲近。

原　文

无心非，名为错；有心非，名为恶。过能改，归于无，倘掩饰，增一辜[1]。

注　释

①**辜：**过错。

译　文

无意中犯了错误，是无心的则称之为错；若故意做坏事，这是有心的，则为罪恶。有错改之，则不再有过错；如果犯了错一味掩饰不让别人知道，那么便是错上加错。

四　泛爱众而亲仁

原　文

凡是人，皆须爱，天同覆，地同载[1]。行高者，名自高，人所重，非貌高。才大者，望自大，人所服，非言大[2]。

注　释

①《礼记·孔子闲居》："孔子曰：'天无私覆，地无私载，日月无私照，奉斯三者，以劳天下，此谓之三无私。'"②**言大：**长于言辞，善于说话。

译　文

人与人应该相互爱护，和睦相处，像天和地一样承载一切，心胸宽广。品德高尚的人，自然会受到人们的推崇和尊重，受人们尊重的并非外貌，而是内心修养。才学高的人，名望也会随之提升，大家敬服他，是因为他的真才实学，而不是他会说话。

原　文

己有能，勿自私；人有能，勿轻訾（zǐ）①。勿谄富，勿骄贫，勿厌故，勿喜新。人不闲，勿事搅；人不安，勿话扰。

注　释

①**訾：**说别人坏话。

译　文

自己有才能，不能自私自利，要帮助他人；别人有才能，不要轻视贬低，要赞扬别人。对有钱的人不要巴结逢迎，对穷人不要傲慢骄横。不要喜新厌旧，厌恶老朋友，贪恋新朋友。当别人很忙的时候，不要打搅他，以免给他带来麻烦；别人不安的时候，不要和他说话，以免妨碍到他。

原　文

人有短，切莫揭；人有私①，切莫说。道人善，即是善，人知之，愈思勉。

注　释

①**私：**隐私、秘密。

译　文

人的缺陷和短处，我们不要去揭穿；人的隐私，我们要替人家保密，不要传扬出去。宣扬别人的善行，等于我们自己也行善，别人知道了会更努力地做好事，所以我们要隐恶扬善。

原　文

扬人恶，即是恶，疾之甚，祸且作[1]**。善相劝，德皆建；过不规，道两亏。**

注　释

①**且**：将要。

译　文

随意揭露别人的短处，这本是一种恶行，若这样做得太过分，会给自己带来祸患。朋友之间应该相互劝勉，有了错误加以规劝，才能促进彼此道德行为的提高；看到别人作恶而不去规劝，两个人的品德都会留下缺陷。

原　文

凡取与，贵分晓，与宜多，取宜少。将加人，先问己，己不欲，即速已[1]**。恩欲报，怨欲忘，报怨短，报恩长。**

注　释

①**已**：停止。

译　文

不管是在别人那里取得东西，或给别人东西，心里一定要清楚明白。给予别人的要多一些，自己取的要少一些。要托人做事或有话说给别人，先要考虑别人能不能接受，如果自己都不喜欢，就不要让别人做。别人有恩于我，一定要记得报答，和别人产生了怨恨一定要忘记，怨恨忘记得越快越好，恩情则要铭记在心。

原　文

待婢仆，身贵端，虽贵端，慈而宽[1]**。势服人，心不然，理服人，方无言。**

注　释

①**宽**：宽容、宽厚。

译　文

对家里的婢女和仆人要行为举止端正，虽以端正为贵，但也不要太苛刻，对他们要慈悲宽容。用权势威逼他人，表面上他们服从了，其实心里不服，用讲道理的方法，他们才能心服口服。

原 文

同是人，类不齐，流俗众，仁者稀。果[①]仁者，人多畏，言不讳，色不媚。

注 释

①**果**：确实、真正。

译 文

同样是人，但人和人之间有差别，流于庸俗的人很多，有仁德的人却很少。真正有仁德的人，人们都敬畏他，因为他总是直言不讳，不会谄媚奉承别人。

原 文

能亲仁[①]，无限好，德日进[②]，过日少。不亲仁，无限害，小人进，百事坏。

注 释

①**亲仁**：亲近有仁德的人。②**日进**：一天天进步。

译 文

能亲近有仁德的人，对我们有很多好处，我们的品德会一天一天提升，过错会一天一天减少。不亲近有仁德的人，坏处很多，坏朋友会乘虚而入，我们的行为举止会受到不良影响，做什么事情都会失败。

五　行有余力则以学文

原 文

不力行[①]，但学文，长浮华，成何人！但力行，不学文，任己见，味理真[②]。

注　释

①**力行**：努力做事，竭力而行。②**昧**：掩盖。

译　文

不管做什么事都要有恒心，要努力去实践，只一味读书会增长浮华的习气，这样做又有什么用呢？如果只肯埋头做事，不肯学习思考，凡事凭自己的主观臆断来做，就会掩盖。

原　文

读书法，有三到，心眼口，信皆要①。**方读此，勿慕彼，此未终，彼勿起。**

注　释

①**信**：确实。

译　文

读书有三个要旨，要眼到、口到、心到，三个要素缺一不可。正在读这本书时，就不要想其他的书，这本书没读完，就不要读其他的书，要学会专注。

原　文

宽为限，紧用功，工夫到，滞塞通。心有疑，随札记①**，就人问，求确义**②。

注　释

①**札记**：读书时记下要点。②**确义**：精确的解答。

译　文

读书要学会安排时间，刚读书时，时间要放宽些，计划定下来，就要抓紧用功不能耽误。功夫用到了一定程度，有疑惑的地方自然就通解了。如果还有不懂的地方就随手做笔记，记下来问别人，寻求正确答案。

原　文

房室清，墙壁净，几案洁，笔砚正。墨磨偏，心不端，字不敬，心先病。